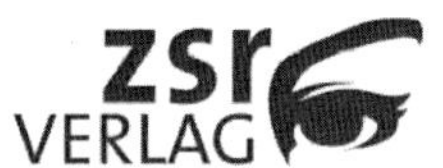
zsr
VERLAG

♠♣♥♦

Erfolg bei Pokerturnieren

Von der ersten bis zur letzten Hand

Band 1

♠♣♥♦

Von

Jon "PearlJammer" Turner

Eric "Rizen" Lynch

Jon "Apestyles" Van Fleet

Aus dem Amerikanischen von Eike Adler

Vorwort und Einleitung von Matthew Hilger

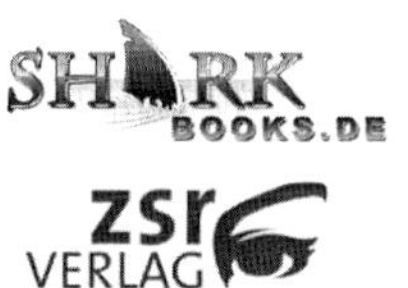

Die Deutsche Bibliothek verzeichnet diese Publikation in der Deutschen Nationalbibliografie; detaillierte bibliografische Daten sind im Internet über http://dnb.ddb.de abrufbar.

Erfolg bei Pokerturnieren – Von der ersten bis zur letzten Hand, Band 1

1. Auflage zsr Verlag OHG, Mai 2010

ISBN-13: 978-3-940-75809-5

Die Originalausgabe erschien 2008 unter dem Titel „Winning Poker Tournaments One Hand at a Time Volume 1", veröffentlicht von Dimat Enterprises, Inc.

Übersetzung: Eike Adler
Co-Übersetzung: Thorsten Schufflitz
Lektorat: Niklaus Mönch
Satz, Cover und Gestaltung: Mario Kattwinkel
Original Covergestaltung: Craig Ditman
Die Coverfotos von Eric Lynch und Jon Turner mit freundlicher Genehmigung von Cardplayer.com

Anregung und Kritik nehmen wir sehr gerne entgegen auf: **www.sharkbooks.de**

Über die Autoren

Eric "Rizen" Lynch

Eric „*Rizen*" Lynch ist sowohl live als auch im Internet als einer der Top Turnierspieler der Welt bekannt. In nur zwei Jahren erreichte er bei der „World Series of Poker" sieben Platzierungen im Preisgeld, darunter ein zweiter und ein dritter Platz. Er wurde 24. im Main Event 2006 und gewann dabei seinen bisher größten Preis in Höhe von 494.000 $. Insgesamt kommt er auf über eine Million Dollar Preisgeld allein in Liveturnieren.

Im Internet gewann Eric alias „*Rizen*" über 50 Turniere und erreichte mehr als 300 Finaltische, wobei er einen Gesamtgewinn von über 1,5 Millionen Dollar erzielte. Im Jahr 2007 gewann er unter anderem eines der großen Sonntagsturniere und erhielt alleine hierfür 156.000 $ Preisgeld.

Eric schreibt regelmäßig in seinem Blog auf www.rizenpoker.com und ist Kolumnist für das renommierte Bluff Magazin.

Jon "PearlJammer" Turner

Jon „*PearlJammer*" Turnier ist einer der bekanntesten und erfolgreichsten Turnierspieler weltweit, besonders im Internet. 2007 erhielt er den "Internet-Spieler des Jahres Award" – vergeben von InternetPokerRankings.com – nachdem er im Jahr zuvor bereits dritter dieser Rangliste um die meisten Turniererfolge geworden war. Jon ist außerdem Dauergast der Top 10 Spieler in der Rangliste auf www.PocketFives.com.

In den letzten Jahren hat *PearlJammer* eine beachtliche Serie an Erfolgen hingelegt: Er verzeichnet über 200 Turniersiege, hat mehr als 1.000 Finaltische erreicht und dabei insgesamt über 4 Millionen Dollar an Preisgeldern gewonnen. Im April 2009 gelang ihm mit dem Gewinn von 527.000 $ sein bisher größter Erfolg bei einem einzelnen Internetturnier.

Jon “Apestyles” Van Fleet

Jon "*Apestyles*" Van Fleet fing 2004 an, professionell zu pokern, nachdem er seinen Collegeabschluss gemacht hatte. In kürzester Zeit kletterte er danach in den Ranglisten der Internetpokerwelt nach oben und wurde sowohl 2006 als auch 2007 in den Top 20 auf InternetPokerRankings.com geführt. Jon wurde im Jahr 2009 5-ter sowohl in der Rangliste von IPR als auch von PocketFives.com und konnte zusätzlich zweimal deren Triple Crown-Award gewinnen.

Jon hat knapp 3 Millionen Dollar Preisgeld bei Onlineturnieren erzielt und dabei über 500 Finaltische erreicht, sowie 85 Turniere gewonnen. Sein größter Einzelgewinn waren 135.000 $, die er für den zweiten Platz bei einem großen Sonntagsturnier erhielt.

Danksagungen

Eric Lynch

Ich möchte gerne meiner wunderschönen Frau Shauna und unseren zwei wundervollen Kindern Corbin und Kira danken. Ich weiß, dass die Zeit und die Opfer, die sowohl mein Beruf als auch dieses Buch von ihnen abverlangt haben, nicht unerheblich sind, und ich schätze ihre Unterstützung mehr, als sie vielleicht jemals ahnen werden. Ohne ihren Segen hätte dieses Buch in der vorliegenden Form niemals entstehen können. Ich möchte mich außerdem bei dem Rest meiner Familie bedanken für ihre unterstützenden Worte und durchgängigen Ermutigungen während der Fertigstellung dieses Buches und meines gesamten Lebens. Denn sie haben stets an mich geglaubt und dafür gesorgt, dass ich ebenfalls an mich glaube. Ein Dankeschön geht auch an die mit mir befreundeten Pokerspieler, die ihre Zeit geopfert haben, Hände und Situationen mit mir zu diskutieren, speziell an die, mit denen ich jede Nacht spreche (Ihr wisst, wer Ihr seid). Ich hoffe, Ihr habt nur halb so viel von mir gelernt wie ich von Euch. Und schließlich möchte ich all den Fans da draußen danken (entweder von mir oder vom Pokern allgemein), die dieses Buch überhaupt erst ermöglicht haben. Die Leidenschaft, die Ihr alle für dieses einfache Kartenspiel mitbringt, das wir alle so lieben, ermöglicht nicht nur Bücher wie dieses. Sie erinnert auch diejenigen unter uns, die in der glücklichen Lage sind, Ihr Leben damit zu bestreiten, daran, weshalb wir ursprünglich einmal mit diesem Spiel begonnen haben. Das ist eine Tatsache, die man im Alltag eines professionellen Pokerspielers schnell vergisst.

Jon Turner

Der Dank gilt meinen Eltern, die mich in meiner Pokerleidenschaft immer unterstützen. Ebenfalls bedanken möchte ich mich bei meinen Freunden, meiner Familie und speziell bei meiner Freundin Tracey, die mich überzeugt hat, an diesem Projekt teilzuhaben und mir geholfen hat, mich dafür während der gesamten Zeit zu motivieren.

Jon Van Fleet

Ich möchte mich gerne bei Danny Neylon bedanken, dessen Ratschläge, Ideen und Schreibfähigkeiten mir beim Erstellen meiner Sektion dieses Buches erheblich geholfen haben. Außerdem möchte ich Stephen Chidwick danken, der mir durch wertvolles Feedback geholfen hat, meine Kapitel zu überarbeiten.

Matthew Hilger

Ich möchte diversen Personen danken, die dieses Buch ermöglicht haben:

- Neil Myers und Julie Risinit für Stil und Überarbeitung.
- Andrew und Eva Kuczynski für Satz und Design.
- Craig Ditman und Susan Myers für das Cover Design und Artwork.

Gleichzeitig möchte ich den Forumsmitgliedern auf
www.InternetTexasHoldem.com danken.
Ich wäre nicht ansatzweise ein so erfolgreicher Pokerspieler und Autor ohne Eure Unterstützung.

Inhaltsverzeichnis

Vorwort

von Matthew Hilger

Sind Sie bereit, Ihr Spiel auf ein neues Niveau zu bringen? Dieses Buch gewährt Ihnen Einblick in die Gedanken und Arbeitsprozesse von drei der klügsten Pokerköpfe der heutigen Zeit: Eric "*Rizen*" Lynch, Jon "*PearlJammer*" Turner, and Jon "*Apestyles*" Van Fleet. Dieses Buch wird Ihnen zeigen, wie drei der weltweit besten Pokerspieler eine Hand analysieren und diskutieren, vom Anfang bis zum Ende.

Was unterscheidet dieses Buch von allen anderen Turnier-Pokerbüchern?

Erstens werden Sie es schwer haben, drei Pokerspieler zu finden, die mehr Erfolge vorweisen können. Ein Profi, der ausschließlich Liveturniere spielt, kommt vielleicht auf 100 Turniere im Jahr. *Unsere Autoren spielen diese Anzahl an Turnieren häufig in einer Woche!* Zusammen haben sie über 50.000 Turniere gespielt, über 1.800 Finaltische erreicht, haben über 300 Hauptturniere gewonnen und mehr als 10 Millionen Dollar gecasht! Zweitens beschäftigt sich dieses Buch nicht mit allgemeiner Spieltheorie, sondern mit der Frage, wie man ganz konkret eine einzelne Hand spielt.

Das Erlernen von Theorien und Konzepten ist grundlegend wichtig, um ein guter Pokerspieler zu werden. Und es gibt einige gute Bücher, die diese Grundsätze vermitteln und es Ihnen ermöglichen, eine solide Basis an theoretischem Wissen zu erlangen. Und sobald Sie diese theoretische Basis erlernt haben, müssen Sie sie in die Praxis umsetzen.
Dieses Buch führt Sie auf den Weg zum Erfolg bei Pokerturnieren, indem es Sie in die Köpfe einiger der weltbesten Spieler schauen lässt. Sie werden exakt erfahren, wie diese Spieler nicht nur eine einzelne Hand, sondern ein komplettes Pokerszenario analysieren und einschätzen.

Die Inspiration zu dem Format dieses Buchs kam aus *Middle Limit Hold'em,* von Jim Brier und Bob Ciaffone, ein Buch das Hunderte von Beispielhänden beinhaltet, um zu demonstrieren, wie Theorie und Praxis zusammen kommen. Ich bin sehr überzeugt von dieser Art, Poker zu unterrichten. Damit es funktioniert, braucht man äußerst erfahrene Spieler als Lehrer bzw. Autor. Doch Erfahrung alleine macht noch keinen guten Mentor. Was diese drei Experten von anderen guten Spielern zusätzlich unterscheidet, ist Ihre Fähigkeit, Ihren

Entscheidungsprozess exakt und verständlich zu beschreiben, indem sie alle wichtigen Gedanken während jeder einzelnen Hand formulieren.

Ich bin überzeugt, dass dieses Buch eine einzigartige Bereicherung zur verfügbaren Pokerliteratur darstellt. Die Spieler, die diese beiden Bände lesen und studieren (*Anm. d. Verl.: Band 2 wird auf Deutsch Mitte2010 erscheinen*), werden dadurch Zeit, Geld und Jahre der Frustration sparen, indem sie von der Erfahrung und dem Wissen dreier äußerst erfolgreicher Turnierprofis partizipieren und profitieren.

Einleitung

Wie dieses Buch entstand, und was es für Sie tun kann.

von Matthew Hilger

Anfang 2007 war ich auf der Suche nach einem weiteren Gemeinschaftsprojekt für meinen Verlag. Es hatte mir wahnsinnig viel Spaß gemacht, mit Ian Taylor zusammen zu arbeiten, meinem Co-Autor bei *„Das Poker Mindset: Die richtige Einstellung für erfolgreiches Poker“.* Das Buch ist sehr gut in der Pokerwelt angekommen, und es war dementsprechend auch sehr erfolgreich. An diesem Gemeinschaftsprojekt hatte es mir besonders viel Spaß bereitet, Ideen mit einem anderen Pokerspieler und Autoren auszutauschen. Ein Buch, das sich speziell auf einzelne Hände in Pokerturnieren konzentriert, erschien mir als ein großartiges nächstes Projekt, allerdings nur, wenn ich die passenden Experten dafür finden würde.

Ungefähr zur selben Zeit las ich einen Artikel von *Rizen* mit dem Titel „Beyond Harrington“ (= „Über Harrington hinaus“ – bezieht sich auf die Klassiker *Harrington on Hold'em*, Anm. d. Übers.). In diesem Artikel erklärte Eric dem Leser, wie man sich an die sich ständig ändernde Pokerlandschaft anpasst. Am meisten beeindruckt war ich von Erics klarem Schreibstil, und wie er neue Ideen und Konzepte beschrieb.

Ich nahm mit ihm Kontakt auf, es entwickelte sich direkt ein sehr fruchtbarer Gedankenaustausch, und dieses Buch nahm erste Gestalt an. Während des Brainstormings für das Projekt diskutierten wir über potentielle weitere Autoren. Da ich die Seite InternetPokerRankings.com (IPR) betreibe, lag es nahe, dass ich dort mit der Suche begann, und zwar unter den bestplatzierten Spielern der „Internet-Spieler des Jahres“-Wertung. Die Platzierung der Spieler basiert auf deren Ergebnissen bei den großen Internetturnieren, den sog. Major Online Tournaments. Diejenigen, die in dieser Rangliste Woche für Woche, Monat für Monat und Jahr für Jahr in den vorderen Plätzen geführt wurden, machten offensichtlich und dauerhaft etwas, das sie vom Rest des Feldes unterschied und abhob.

Einer dieser Spieler war Jon *„PearlJammer“* Turner. *PearlJammer* wurde Dritter in der „Internet-Spieler des Jahres“-Wertung 2006 und gewann diese

Wertung 2007. Eric und Jon kannten sich, und Eric war der Meinung, dass Jon perfekt für dieses Projekt passen würde. Ich rief *PearJammer* an, und bereits am nächsten Tag sagte er zu – definitiv jemand, der weiß wie man eine schnelle Entscheidung fällt. Daraufhin bat ich *PearlJammer* und Eric, eine kurze Liste aufzustellen mit anderen Spielern, die passende Co-Autoren sein könnten. Zu meiner Überraschung und Freude stand ganz oben auf der Liste von beiden ein und derselbe Name: Jon „*Apestyles*" Van Fleet.

PearlJammer hat einen ähnlichen Stil wie ich: früh in einem Turnier konzentriert er sich darauf, die Größe des Pots zu kontrollieren, um sein Risiko zu minimieren, bis er seinen Gegnern schließlich eine Falle stellen kann. Er ist bereit, in der frühen Phase eher kleinere Pots einzustreichen, wenn er dadurch seine Risiken minimieren kann. Später im Turnier öffnet er dann sein Spiel in den richtigen Situationen, aber grundsätzlich ist er ein wesentlich konservativerer Spieler als *Rizen* oder *Apestyles*. *PearlJammer* ist immer fokussiert und macht nur selten etwas Verrücktes während des Spiels.

Apestyles hat einen deutlich aggressiveren Ansatz und erhöht den Druck speziell auf der Bubble. Er versucht, schnell einen großen Stack aufzubauen, indem er sehr aggressiv gegen Gegner spielt, die zurückhaltender und vorsichtiger in der frühen Phase eines Turniers sind. *Apestyles* hat keine Angst davor, auch kleinste Vorteile konsequent auszunutzen. Zudem hat er eine klare und eindeutig definierte Strategie, wie er gegen die unterschiedlichen Stackgrößen spielt.

Rizen ist vielseitiger in seinem Spiel als die meisten anderen Pokerspieler. Er konzentriert sich stark auf sein Image und den Spielstil seiner Gegner und setzt dann die passende Strategie oder den passenden Stil ein, angepasst an die Situation, den Moment oder den Gegner. *Rizen* verfolgt manchmal einen konservativen, zurückhaltenden Ansatz, aber er ist in der Lage, das Spiel umzudrehen, wenn die Situation es verlangt. *Rizen* ist bereit, Risiken einzugehen, tut dies allerdings meist nur, wenn es sich um Situationen mit kleinem Risiko und hohem Wert handelt.

Dieses Buch ist der erste Band einer voraussichtlich zweiteiligen Serie. Band 1 befasst sich mit Händen bis zur Money Bubble. Band 2 wird sich mit Händen beschäftigen, bei denen die Spieler bereits in den Preisgeldrängen sind und einen Fokus auf das Spiel am Finaltisch legen. *Rizen* und *PearlJammer* diskutieren jeweils 50 Hände, die sie aus ihren eigenen Turnieren herausgesucht haben. *Apestyles* diskutiert 30 seiner Hände und anschließend 24 Hände aus einem einzelnen Turnier, bei dem er auf der Bubble war.

Eins der Ziele dieses Buches war es, Spieler mit unterschiedlichen Stilen zu finden, damit Sie – der Leser – die Gegensätze dieser Stile in vergleichbaren Situationen beobachten und verstehen können. Um diese Gegensätze noch weiter zu illustrieren, habe ich 20 meiner Hände genommen, und alle drei Autoren gebeten, diese Hände zu kommentieren und zu erklären, wie sie gespielt hätten. Einige Hände wurden gewählt, um die Übereinstimmungen bei wichtigen Konzepten zu demonstrieren, während andere absichtlich ausgewählt wurden, um Kontroversen und Debatten unter den Autoren zu provozieren. Ich war sehr zufrieden, als ich teilweise drei unterschiedliche Antworten zu den Händen zurück bekam. Ich schickte ihnen ebenfalls absichtlich ein paar Hände, die ich meiner Einschätzung nach *nicht* korrekt gespielt hatte: es ist lehrreich zu sehen, wie Top Spieler diese Hände anders gespielt hätten.

Mit diesen Top Spielern zu arbeiten, brachte einen unfassbaren Aufschwung für mein eigenes Spiel. Ich habe kürzlich ein Turnier mit 750.000 $ garantiertem Preisgeld gewinnen können und dafür 132.000 $ Preisgeld erhalten. Kann dieses Buch die gleichen Resultate auch für Sie garantieren? Natürlich gibt es niemals Garantien, aber ich bin mir absolut sicher, dass jeder Spieler – egal ob Anfänger oder Fortgeschrittener – sein Spiel mit dem in diesem Buch offenbarten Pokerwissen erheblich verbessern kann. Diese drei Spieler sind die „Creme de la creme“, sie sind die Besten der Besten. Wie häufig bekommt man die Chance, von einem Top Poker-Experten unterrichtet zu werden? Dieses Buch zu lesen ist, als ob man an einem Meisterkurs in Turnierpoker teilnimmt.

Poker ist ein Spiel, das Spaß macht. Aber es macht noch wesentlich mehr Spaß, wenn man gewinnt. Können Sie sich einen besseren Weg vorstellen, ein Gewinner zu werden, als zu studieren, wie die besten Spieler der Welt spielen?

Jon "Pearljammer" Turner

Hand 1

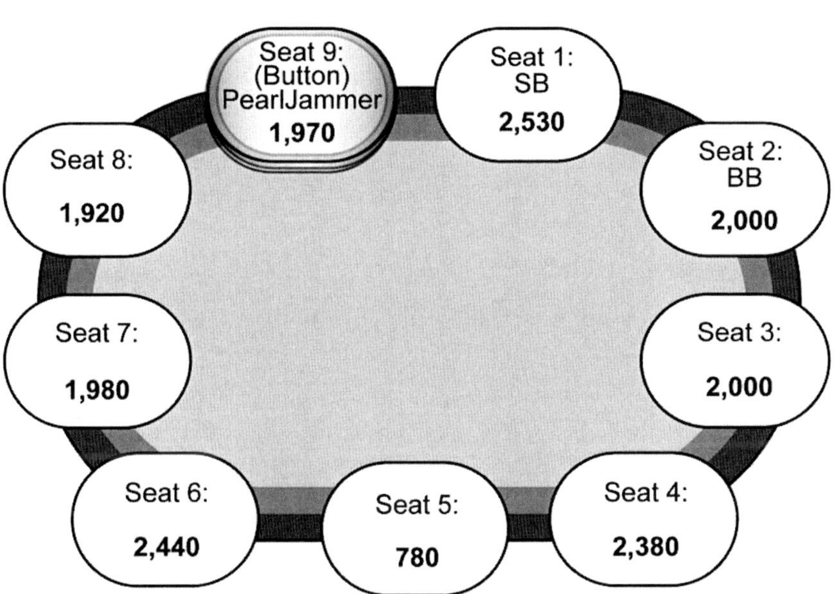

Situation: Es ist die erste Blindstufe eines Freezout-Turniers mit 50 $ Buy-In und 50.000 $ garantiertem Preisgeld. Die Blinds sind bei 10/20, und ich habe noch knapp den Anfangsstack von 2.000. Ich kenne am Tisch lediglich Spieler 6 ein wenig, und schätze ihn als einen recht soliden Spieler ein. Die anderen Spieler sind mir unbekannt.

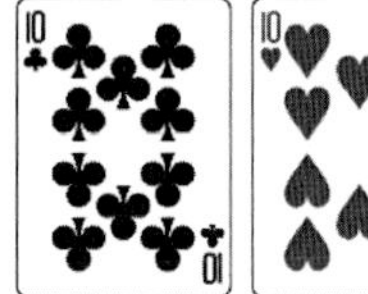

Vor dem Flop (30): Spieler 3 limpt, Spieler 4 raist das Minimum auf 40 und Spieler 6 callt. Die anderen Spieler danach folden. Ich habe wahrscheinlich die beste Hand zu diesem Zeitpunkt, da ein Minimum-Raise von einem unbekannten Spieler in dieser Phase des Turniers normalerweise nicht sonderlich viel Stärke signalisiert.

Trotzdem möchte ich hier ungerne reraisen und mit einem so verletzbaren Paar vor dem Flop einen großen Pot aufbauen, speziell mit einem recht großen Stack.

Aktuell ist auch nicht genügend Geld im Pot, um für einen Versuch, den Pot direkt an dieser Stelle einzustreichen, viel zu riskieren. Außerdem habe ich die Art von Hand, mit der ich gerne einen Flop sehen möchte. Meine Hoffnung ist, in guter Position eventuell ein Set zu treffen, um dann gegen meinen ahnungslosen Gegner einen großen Pot zu gewinnen. Ich kann meine Position zusätzlich dazu nutzen, gute Entscheidungen nach dem Flop zu fällen, selbst wenn ich kein Set treffe. Also calle ich nur, und Spieler 3 callt ebenso. Wir sehen zu viert den Flop.

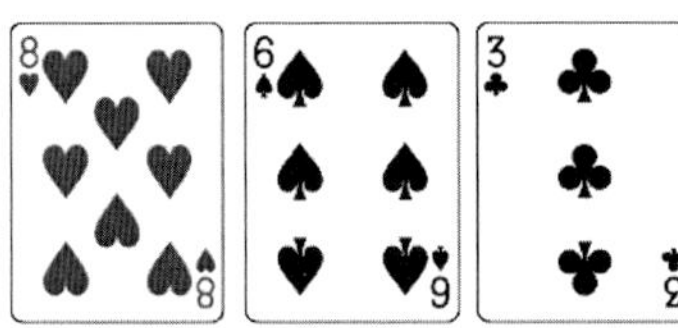

Flop (190): Obwohl ich keine dritte Zehn erwischen konnte, ist das ein sehr guter Flop für meine Hand. Auf einem recht unkoordinierten Board habe ich ein Overpair. Ein höheres Pocket Pair ist in Anbetracht der Action vor dem Flop eher unwahrscheinlich. Meine einzige Sorge gilt also einem gefloppten Set, aber ich kann in den meisten Fällen davon ausgehen, dass mein Paar Zehner auf diesem Flop gut ist. Spieler 3 checkt, Spieler 4 eröffnet mit einer Bet in Höhe des Pots von 190 und Spieler 6 callt.

Angesichts der Karten auf dem Flop sah meine Hand noch sehr gut aus, aber diese Action jetzt sollte mir doch ersthafte Sorgen machen. Durch die große Bet in Höhe des Pots hat der Preflop-Raiser, Spieler 4, signalisiert, dass er sich seiner Hand recht sicher ist: eventuell verteidigt er hier doch ein Overpair. Spieler 6, den ich als soliden Spieler eingestuft habe, sollte dies ebenfalls bemerkt haben, und demonstriert demnach mit seinem Call enorme Stärke. In Anbetracht der Action vor mir, und weil auch kein Flush Draw auf dem Flop möglich ist, muss ich mir Gedanken über die Hände meiner Gegner machen. Es ist möglich, dass Spieler 4 ohne eine starke Hand bietet, und dass Spieler 6 mit einem mittleren Pocket Pair wie 99 oder 77 callt; allerdings ist das der Optimalfall. In den meisten Fällen sollte ich davon ausgehen, dass mich in dieser Situation einer, wenn nicht beide Spieler geschlagen haben. Ein anderes großes Problem ist die Tatsache, dass mein Blatt – selbst in dem unwahrscheinlichen Szenario, dass ich noch vorne bin – auf Turn und River schwer zu spielen ist. Ich entscheide mich also für den sicheren Pfad und folde. Spieler 3 foldet ebenfalls.

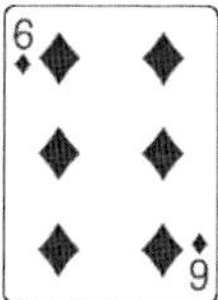

Turn (570): Spieler 4 bietet erneut in Höhe des Pots (570) und Spieler 6 callt abermals.

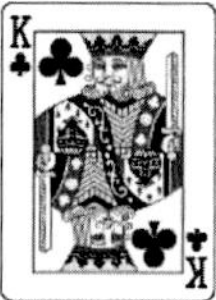

River (1.710): Spieler 4 checkt und Spieler 6 bietet 700. Daraufhin checkraist Spieler 4 All-In für 1.580, Spieler 6 callt sofort und deckt 33 auf – ein Set. Spieler 4 zeigt einen hoffnungslosen Bluff mit A-J.

Spieler 6 hatte das niedrige Set gefloppt und es über alle Setzrunden für maximale Auszahlung slow gespielt. Und dadurch dass er einen sturköpfigen Preflop-Raiser hatte, der unentwegt groß in ihn hinein gebettet hat, war Slowplay natürlich eine profitable Route. Der Check-Raise All-In von Spieler 4 auf dem River ist ein klassisches Indiz für einen Amateurspieler in Turnieren mit niedrigem Buy-In. Ihm hätte längst bewusst sein müssen, dass er in ein Monster gelaufen war, und trotzdem hat er all seine Chips investiert. Vielleicht hatte er die Hoffnung, dass Spieler 6 ihn mit einem Straight Draw in allen Setzrunden gecallt hat und jetzt auf dem River versucht, den Pot zu stehlen. Aber selbst wenn er davon überzeugt ist, wäre es die beste Variante gewesen, die River Bet lediglich zu callen. Schließlich kann er mit A-J einen Bluff schlagen. Dazu kommt, dass der All-In-Raise am River recht klein war. Und selbst wenn er denkt, dass sein Gegner mit einem kleinen Paar auf dem River bietet (was sehr unwahrscheinlich ist), ist es recht fragwürdig, ob er ihn dann in Anbetracht der Größe des Pots und des kleinen Raises noch zum Folden bewegen kann.

Hand 2

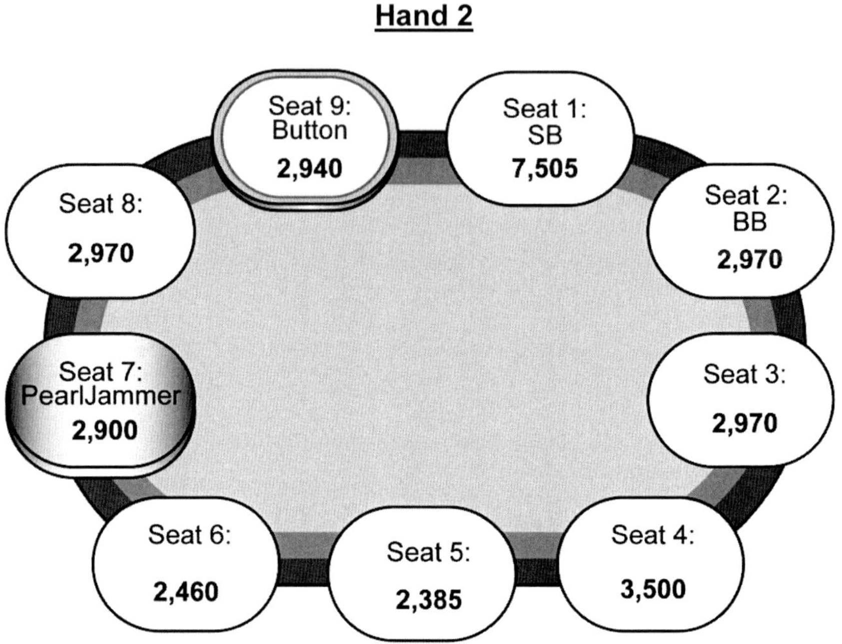

Situation: Ich befinde mich im ersten Level eines Freezout-Turniers mit 150 $ Buy-In und 100.000 $ garantiertem Preisgeld. Die Blinds sind bei 10/20, und ich kenne keinen meiner Gegner.

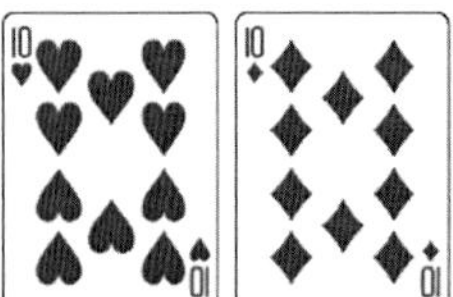

Vor dem Flop (30): Es wäre Standard und absolut akzeptabel, mit dieser Hand als erster Akteur zu raisen. Meist habe ich vor dem Flop damit schließlich die beste Hand. Allerdings bin ich nicht daran interessiert, die 30 Chips in den Blinds zu gewinnen. Vielmehr möchte ich günstig eine Monsterhand treffen können, und eventuell einem nichtsahnenden Gegner seinen Stack abnehmen. Durch das Limpen bin ich außerdem viel schneller dazu bereit, die Hand ohne weitere Investition nach dem Flop aufzugeben, wenn ich das Gefühl habe, geschlagen zu sein. Ich calle die 20, der Small Blind füllt auf und der Big Blind checkt.

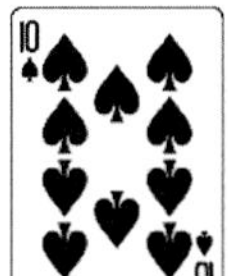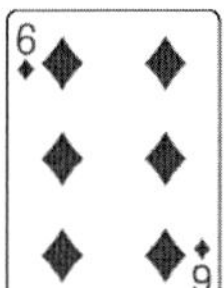

Flop (60): Ein Traumflop! Nicht nur dass ich ein gut verstecktes Monster gefloppt habe; falls einer meiner Gegner eine Sechs hat, kann ich hiermit sogar einen sehr großen Pot aufbauen. Meine beiden Gegner checken. Es ist natürlich sehr verlockend, ebenfalls checken, und damit meinen Gegnern eine kostenlose Karte zu geben, damit sie sich verbessern. Vielleicht treffen sie z.B. mit einer ihrer höheren Karten ein Paar. Wenn ich ihnen aber diese Möglichkeit gebe, und sie treffen wirklich, werde ich dennoch höchstwahrscheinlich keine große Auszahlung von ihnen bekommen. Denn dann werden sie immer noch vor Trips mit den beiden Sechsen Respekt haben, wenn ich urplötzlich mit einem Raise hervor komme.

Aber was noch viel wichtiger ist: falls einer meiner Gegner mit einer Sechs auf dem Flop gecheckt hat, verpasse ich wahrscheinlich meine beste Chance, einen großen Pot aufzubauen und gebe ihm vielleicht sogar am Turn oder am River noch Grund, an der relativen Stärke seiner Hand zu zweifeln. Wenn ich aber am Flop direkt mit meinem Full House bette, und einer meiner Gegner die Sechs hat, habe ich gute Chancen, seinen kompletten Stack zu bekommen. Schließlich würde er doch erwarten, dass ich ein gefloppte Full House erst einmal checke, oder nicht? Ich biete 40 und Spieler 1 callt.

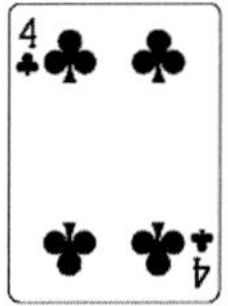

Turn (140): Nun bietet mein Gegner 120. Das sind exzellente Neuigkeiten, denn es dürfte bedeuten, dass er eine Sechs hat und jetzt versucht, einen Pot aufzubauen. Im ungünstigsten Fall hat er die einzig verbleibende Zehn und sein Kicker ist ihm gut genug, um mir damit ein wenig Action zu geben. Aber da ich bereits zwei Zehner halte, und aufgrund seines Calls am Flop, kann ich eigentlich sicher davon ausgehen, dass er eine Sechs hat. Ich sollte meine Hand also nicht slow spielen, sondern einen Raise ***For Value*** bringen, da es für jeden Gegner an dieser Stelle fast unmöglich ist, Trips Sechsen zu folden. Ich möchte einen so großen Pot aufbauen, dass ich am River noch einmal maximale Auszahlung bekomme. Ich raise also in etwa das Dreifache seiner Bet auf 340 und mein Gegner callt.

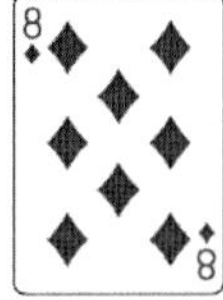

River (820): Mein Gegner bietet 420 in einen Pot von 820. Er hat mit Sicherheit eine Sechs, und selbst wenn ich jetzt All-In gehe, würde das ein sehr schwerer Fold für ihn. Demnach spiele ich hier auf maximale Auszahlung und gehe mit meinen restlichen 2.500 All-In. Spieler 1 callt und zeigt 8♠6♥ für das schlechtere Full House.

Dass mein Gegner auf dem River seine Hand zum Full House vervollständigte, war natürlich sehr gut für mich. Dadurch war es ihm unmöglich, seine Hand zu folden. Vielleicht hätte er nur gecheckt und meine Bet gecallt, wenn er nicht noch die Acht getroffen hätte. Falls er gecheckt hätte, wäre ich am River aber dennoch All-In gegangen, auch wenn das eine ziemlich starke ***Overbet*** gewesen wäre. Mein Gegner hätte zwar nur 500 Chips in den Pot investiert und mein All-In wären 2.500 gewesen, aber ich hätte seinen Call trotzdem in beinahe 100 Prozent der Fälle bekommen. Selbst ein äußerst erfahrener Spieler hätte in dieser Situation extreme Probleme, Trips Sechser zu folden.

Hand 3

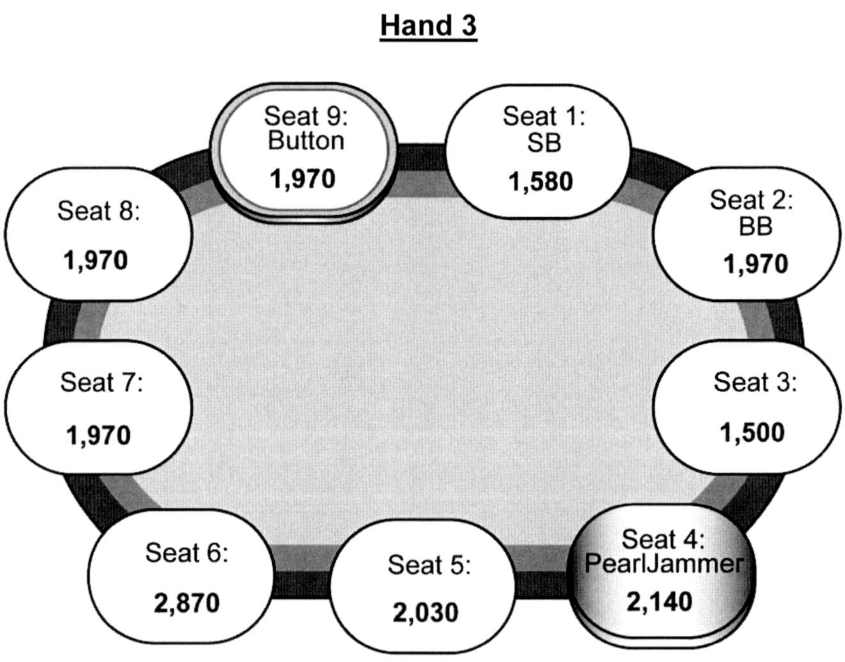

Situation: Ich befinde mich in der frühen Phase eines Satellite-Turniers mit 100 $ Buy-In für ein Turnier mit 1000 $ Buy-In. Die Blinds sind bei 10/20, und ich kenne keinen der Spieler an meinem Tisch.

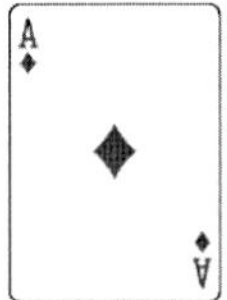
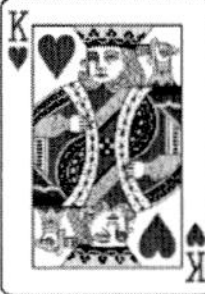

Vor dem Flop (30): Spieler 3 limpt in der ersten Position. In einer so frühen Phase des Turniers raise ich mit A-K immer lieber etwas höher, speziell wenn vor mir Spieler gelimpt sind. Wenn jemand callt, muss ich die Hand in ungünstiger Position spielen, und dies ist auch nicht die Art von Händen, mit denen ich gerne einen Pot mit vielen Gegnern spielen möchte. Ich möchte weitere potentielle Caller lieber verscheuchen und raise in voller Höhe des Pots auf 90. Die Spieler nach mir folden alle, aber der Small Blind und der Limper callen.

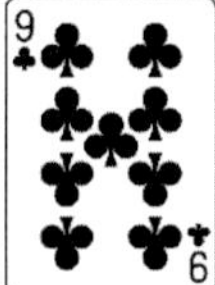
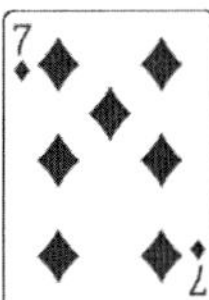
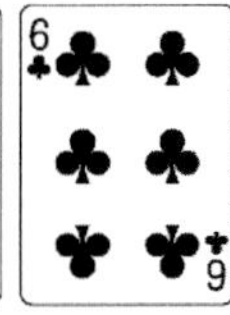

Flop (290): Beide Spieler checken. Hier eine Continuation Bet zu versuchen, ist recht riskant in Anbetracht der Struktur des Flops. Solange ich meine Gegner nicht davon überzeugen kann, dass ich wirklich ein Overpair habe, und keiner von beiden eine ansatzweise starke Hand oder einen Draw hat, werde ich nur selten den Pot an dieser Stelle gewinnen können. Ich nehme lieber eine kostenlose Karte in Position und checke ebenfalls.

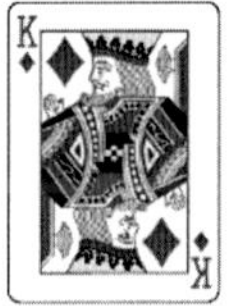

Turn (290): Es fühlt sich natürlich immer klasse an, wenn man eine kostenlose Karte nimmt, und dann direkt trifft! Ich habe jetzt Top Pair mit Top Kicker, aber die Struktur des Boards ist immer noch gefährlich. Wenn beide Gegner checken, würde ich dazu tendieren ebenfalls zu checken, um kostenlos den River zu sehen. Das würde die Stärke meiner Hand sehr gut verstecken und gute Voraussetzungen für eine Value Bet auf dem River schaffen, wenn sie wieder zu mir checken sollten.
Ich bekomme diese Möglichkeit allerdings nicht, denn Spieler 1 bietet direkt 290, die volle Größe des Pots. Wenn Spieler 3 nun foldet, würde ich wahrscheinlich nur callen, um den Pot so klein wie möglich zu halten. Spieler 3 entscheidet sich allerdings, das Minimum zu raisen auf 580! Angesichts dieser Action vor mir kann ich nicht mehr wirklich davon ausgehen, dass meine Hand die beste ist, also folde ich.

Spieler 1 callt die zusätzlichen 290.

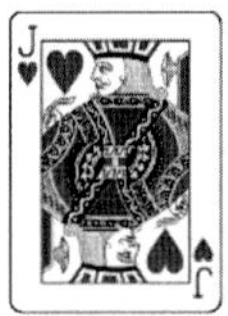

River (1.450): Spieler 1 checkt und Spieler 3 bietet 540. Spieler 1 foldet daraufhin und Spieler 3 wirft seine Karten verdeckt ab.

Auch wenn ich es niemals mit absoluter Sicherheit herausfinden werde, so sagt mir die Erfahrung in ähnlichen Situationen doch, dass Spieler 3 wahrscheinlich ein Set gefloppt und gehofft hatte, mir auf dem Flop mit einem Check-Raise eine Fall zu stellen. Dadurch, dass ich die Hand sehr bedacht gespielt habe, gelang es mir, von der Hand los zu kommen, ohne nach dem Flop einen weiteren Chip zu investieren.

Hand 4

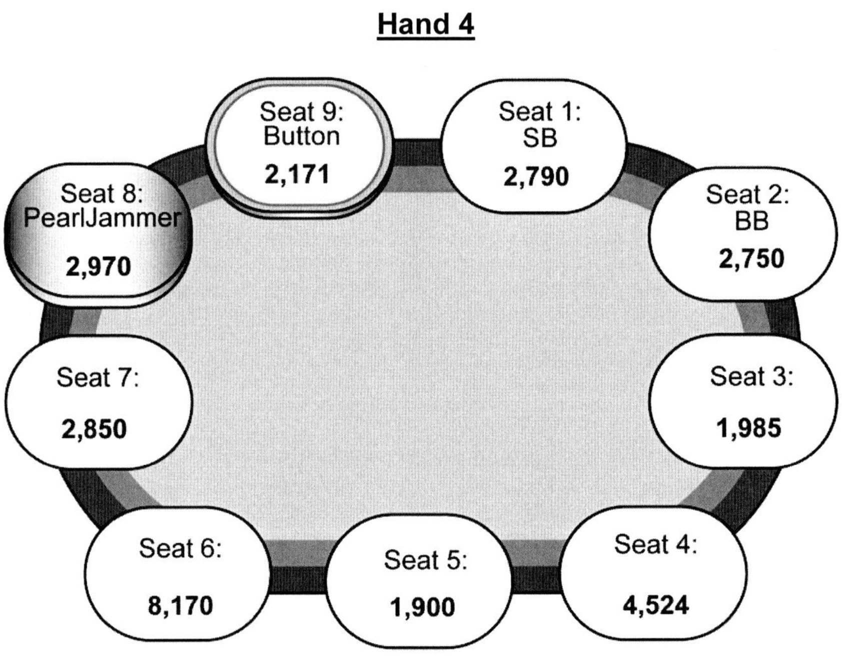

Situation: Ich befinde mich in der frühen Phase eines Freezout-Turniers mit 300 $ Buy-In und einer sehr guten, langsamen Struktur. Die Blinds sind bei 15/30. Ich weiß wenig über die anderen Spieler an meinem Tisch mit Ausnahme von Spieler 5, den ich als sehr starken Gegner kenne.

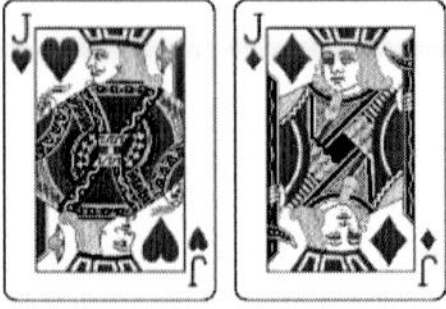

Vor dem Flop (45): Spieler 3 eröffnet in erster Position für 90. Alle folden bis zu mir. In den frühen Phasen eines Turniers, wenn die Stacks noch recht groß sind, bevorzuge ich es normalerweise, mit Paaren wie JJ oder TT Raises nur zu callen anstatt zu reraisen. Indem ich sie behandle wie kleine Pocket Pairs, halte ich den Pot vor dem Flop klein. Und das erlaubt es mir, schnell und günstig wieder von der Hand loszukommen, wenn Overcards auf dem Flop erscheinen und ich mich nicht verbessere. Außerdem begünstigt dieses Spiel eventuell weitere Caller nach mir, die mir wiederum bessere Implied Odds geben, falls ich mein Set treffen sollte. Wenn ich in dieser Situation mit JJ reraise, verscheuche ich wahrscheinlich alle Hände bis auf QQ oder besser und evtl. A-K. Ich calle also die 90, Spieler 9 callt ebenfalls und die Blinds folden. Wir sehen zu dritt den Flop.

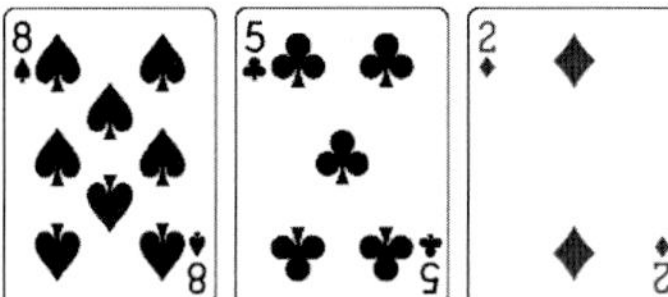

Flop (315): Auf den ersten Blick scheint das ein sehr guter Flop für meine Hand zu sein. Ich habe ein Overpair zum Board, und durch die Art, wie ich die Hand vor dem Flop gespielt habe, ist dessen Stärke gut versteckt. Die Struktur des Flops allerdings könnte sich als etwas trügerisch erweisen. Ich dürfte es schwer haben, auf diesem Flop in dieser frühen Phase eines langsamen Turniers mit guter Struktur all mein Geld in die Mitte zu bekommen, und dabei Action von schlechteren Händen zu erhalten. Ich sollte also etwas vorsichtig spielen.

Spieler 3 bietet 180 in einen Pot von 315. Diese Bet befördert mich in eine schwierige Situation: wenn ich raise und Action von Spieler 9 bekomme, liege ich mit Sicherheit zurück, und kann die Hand ohne weitere Analyse folden. Foldet Spieler 9 nach meinem Raise, doch Spieler 3 callt oder reraist seinerseits, müsste ich meine Hand ebenfalls aufgeben, da ein höheres Overpair oder ein Set dann einfach zu wahrscheinlich ist.

Jedoch könnte Spieler 3 einen solchen Spielzug genauso gut mit TT, 99, 77 oder sogar mit absolut Nichts bringen, falls er glaubt, dass ich seine Continuation Bet mit einem Bluff raise. Mein Raise könnte also dazu führen, dass ich einen großen Fehler mache, wenn ich später die bessere Hand folde. Entscheide ich mich allerdings dazu, die Bet von Spieler 3 nur zu callen, habe ich auf dem Turn durch die Action von Spieler 9 und Spieler 3 mehr Anhaltspunkte, wo ich mit meiner Hand stehe. Zusätzlich riskiere ich weniger Chips durch diese Spielweise. Die Kehrseite dieser Spielfolge ist, dass ich Spieler 3 dadurch eine Freecard gewähre. Der Positionsvorteil, den ich für den gesamten Verlauf der Hand allerdings ihm gegenüber habe, sollte diesen Nachteil aufheben. Ich calle die 180 und Spieler 9 foldet.

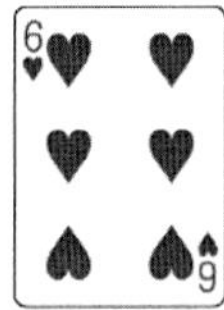

Turn (675): Mein Gegner checkt. Nun habe ich die Information erhalten, die ich bekommen wollte, denn Spieler 9 ist nicht mehr

dabei und Spieler 3 scheint seine Hand aufgegeben zu haben. Ich sollte jetzt durch eine Bet versuchen, meinen Verdacht zu bestätigen, dass Spieler 3 hier schwach ist, und ihm keine weitere freie Karte mehr geben. Eine Bet in Höhe des halben Pots sollte diese Anforderungen ausreichend erfüllen.
Ich bette also 330 und mein Gegner check-raist auf 1080, was ihm noch 635 an Chips übrig lässt! Es ist an der Zeit, meine Analyse seines Checks noch einmal zu überdenken. Er hat sich mit dieser Bet eindeutig Pot-Committed, also sollte ich sie so behandeln, als wäre er All-In gegangen. Mein Gegner scheint nicht davon beeindruckt zu sein, dass ich auf einem relativ unkoordinierten Board im 15/30er Level eines Turniers mit großen Stacks und hohem Buy-In insgesamt knapp 600 in diesen Pot investiert habe. Er sollte wissen, dass ich eine sehr starke Hand habe (also mindestens ein Overpair), und ist dennoch bereit, seinen gesamten Stack in dieser Hand zu riskieren. Im Nachhinein muss ich also feststellen, dass meine Buben hier niemals vorne sind. Mein Gegner repräsentiert mindestens ein besseres Paar. Die Wahrscheinlichkeit, dass mein Gegner hier blufft, ist sehr gering bis nicht vorhanden. Ich habe eine starke Hand repräsentiert und mein Gegner hat nicht ausreichend Chips in dieser Situation, um viel Druck auf mich ausüben zu können.

Doch in der Hitze des Gefechts ignoriere ich alle offensichtlichen Warnungen und überzeuge mich selbst davon, dass ich gegen TT oder 99 spiele. Ich treffe eine überhastete Entscheidung, gehe All-In und riskiere den Großteil meines Stacks für ein Paar, das niemals gut sein dürfte in Anbetracht der Action bis dahin. Schande über mich! Ich gehe All-In, mein Gegner callt mit AA. Die Q♣ kommt auf dem River und ich verliere gegen ein Paar Asse.

Hand 5

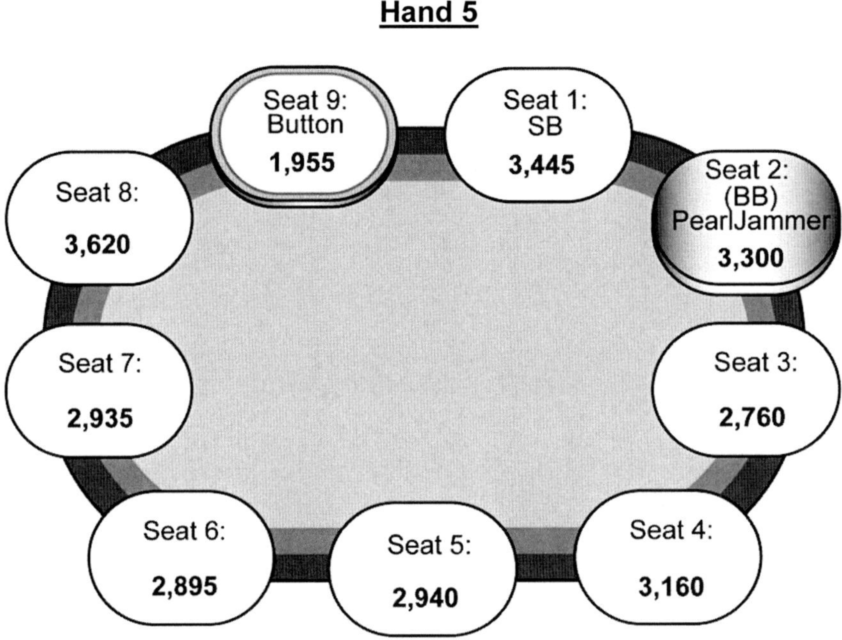

Situation: Ich befinde mich in der frühen Phase eines Freezout-Turniers mit 300 $ Buy-In, 150.000 $ garantiertem Preisgeld und einer exzellenten, langsamen Struktur. Ich sitze an einem recht schweren Tisch, denn die Spieler 1, 4, 5, 6 und 7 sind mir als sehr stark bekannt. Die Blinds sind bei 15/30.

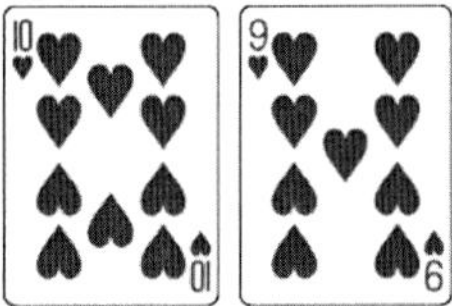

Vor dem Flop (45): Spieler 4 eröffnet in früher Position für 90. Alle Spieler folden bis zum Small Blind auf Platz 1, der callt. Da ich einen guten Preis für mein Geld bekomme und einen starken Suited Connector habe, entscheide ich mich, meinen Big Blind zu verteidigen und calle die 60. Wir sehen zu dritt den Flop.

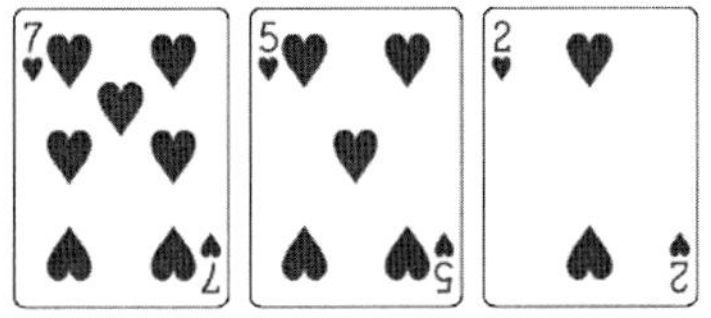

Flop (270): Bingo! Ich floppe einen Flush. Die Hand ist jedoch leicht verletzbar (etwa durch ein viertes Herz); und ich spiele gegen zwei exzellente Gegner. Es könnte schwer werden, mit dieser Hand gut ausbezahlt zu werden. Spieler 1 checkt und ich bin an der Reihe. In einem Pot, der vor dem Flop nicht erhöht wurde, biete ich mit einer gefloppten Straight oder einem Flush normalerweise direkt aus den Blinds. Ich möchte schließlich keine kostenlosen Karten vergeben und außerdem so schnell wie möglich versuchen, einen Pot aufzubauen. Direkt zu eröffnen könnte außerdem meine Hand etwas verstecken, da die meisten Gegner nicht erwarten würden, dass ich mit einer so starken Hand direkt bette. Wenn vor dem Flop allerdings erhöht wurde, bevorzuge ich es, zu dem Raiser zu checken, um ihm die Initiative zu überlassen. Ich checke, aber Spieler 4 enttäuscht mich und checkt ebenfalls.

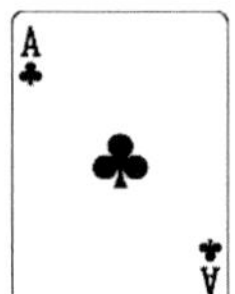

Turn (270): Dies ist eine hervorragende Karte für mich, denn es hat den Anschein, dass der Flop keinem meiner Gegner gefallen hatte. Demnach haben sie häufig Hände wie AK oder AQ. Spieler 1 checkt. Ich könnte ebenfalls erneut checken und hoffen, dass Spieler 4 diesmal bietet, denn ich erwarte hier, dass er das Ass getroffen hat. Wenn Spieler 4 ein schwacher Spieler wäre, würde ich das auch tun. Da ich allerdings weiß, dass er ein starker Spieler ist, und er auf dem Flop vorsichtig gespielt hat, erwarte ich, dass er den Turn erneut checken wird, selbst wenn er eine starke Hand wie A-K hält. Also halte ich es für die beste Vorgehensweise, die Initiative zu ergreifen und zu betten, um keinem meiner beiden Gegner eine weitere Freecard zu gewähren. Ich möchte allerdings nicht allzu stark bieten, und meine Gegner dadurch überzeugen, sich von ihrem Ass zu trennen. Ich biete also 140, knapp die Hälfte des Pots. Spieler 4 und Spieler 1 callen.

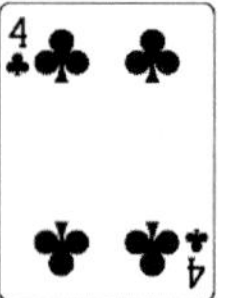

River (690): Dies ist eine weitere sehr gute Karte für mich, denn ich wollte weder ein weiteres Herz noch ein Paar auf dem Board sehen. Wenn meine Hand auf dem Flop gut war, dann ist sie des demnach auch noch auf dem River. Spieler 1 überrascht mich allerdings und bietet nun plötzlich 540 bei einem Pot von 690! Ich bin an der Reihe.

Ich weiß, dass Spieler 1 ein sehr starker, aggressiver Spieler ist, aber auch dass er ganz sicher keine übereifrigen Moves in der frühen Phase eine Turniers machen würde. Bevor ich mich also zu sehr über meinen Flush freue und raise, sollte ich noch einmal ganz genau die Situation analysieren. Die Vier auf dem River komplettiert vier Karten zu einer möglichen Straight auf dem Board. Dennoch ist es recht unwahrscheinlich, dass Spieler 1 eine Straight hat. Er könnte vor dem Flop mit 33 gecallt haben, aber er hätte sicher auf dem Turn gefoldet nach einer Bet und einem Call. Und dass er 86 hat, ist ähnlich unwahrscheinlich, denn er würde keinem Open-ended Straight Draw hinterher jagen, wenn drei Herz-Karten auf dem Board liegen, geschweige denn mit dieser Hand vor dem Flop einen Raise im Small Blind callen.

Da ich von Spieler 1 nicht erwarte, dass er in dieser Phase des Turniers einen unüberlegten Move macht und einen übergroßen Bluff spielt, hat er entweder ein Set oder einen Flush. Es ist allerdings sehr unwahrscheinlich, dass er ein Set bis zum River checkt und dann plötzlich so eine große Bet damit macht. Gleichzeitig ist es zweifelhaft, ob er diese Spielfolge mit einem Flush gewählt hätte. Auch wenn es einige Flush-Kombinationen gibt, die ich schlage, callte er den Raise vor dem Flop eher mit zwei hohen Herzkarten, als mit zwei niedrigen. Der ungewöhnliche Spielverlauf in der gesamten Hand macht es sehr schwierig, seine möglichen Karten exakt zu bestimmen.

Vielleicht ist die bessere Frage, ob ich Value aus einem Raise bekommen kann? Wäre Spieler 1 nach dieser großen Bet auf dem River in der Lage, einen kleinen Flush oder ein Set – die beiden ansatzweise möglichen Hände, die ich schlage – zu folden? In dieser Phase des Turniers sollte ein starker Spieler durchaus in der Lage sein, schlechtere Hände als meine nach einem Raise zu folden. Demnach ist keinerlei Value in einem Raise. Ein Fold kommt angesichts des Verlaufs der Hand insgesamt nicht in Frage. Ich calle die Bet von Spieler 1, Spieler 4 foldet.

Spieler 1 zeigt Q♥J♥ und gewinnt den Pot mit einem Flush mit Dame als höchster Karte. Auch wenn ich die Hand verloren habe, bin ich froh, dass mein Gegner keinen aggressiveren Pfad gewählt hat, denn dadurch hätte ich wesentlich mehr Chips verlieren können.

Hand 6

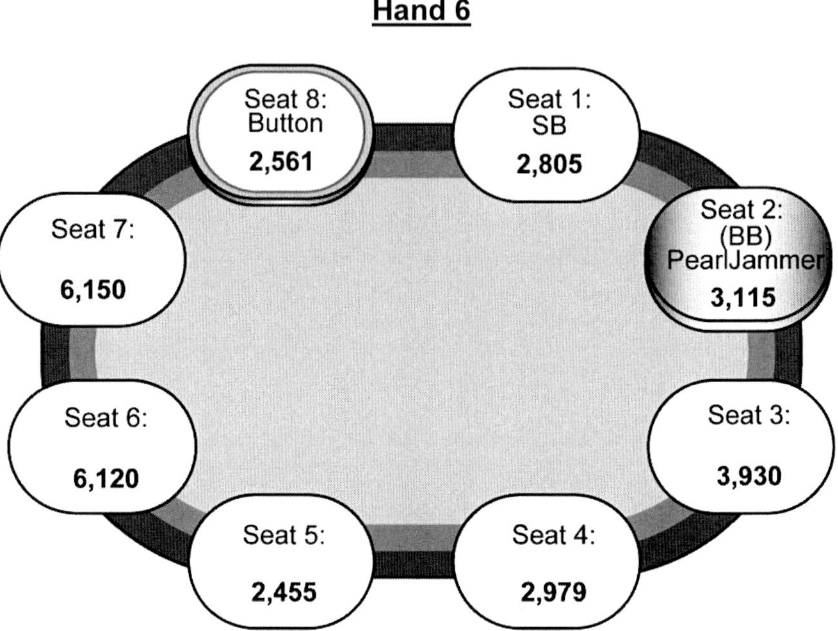

Situation: Ich befinde mich früh in einem Freezout-Turnier mit 150 $ Buy-In bei Blinds von 20/40. Die Spieler am Tisch scheinen recht zu solide zu sein, und niemand fällt aus dem Rahmen.

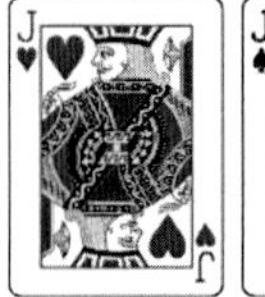
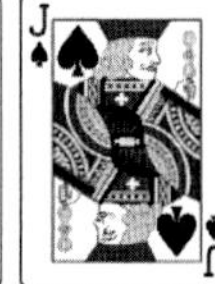

Vor dem Flop (60): Alle folden zu Spieler 6, der einen Standard-Raise auf 120 macht, das Dreifache des Big Blinds. Zwei weitere Spieler folden und der Small Blind reraist auf 320. Ich sitze im Big Blind und bin an der Reihe.

Dies ist eine klassische Problemsituation für viele Spieler. Ich halte ein Paar Buben, sicherlich eine Premium-Hand, aber die Action vor mir versetzt mich in eine schwierige Lage. Es ist noch recht früh im Turnier, ich habe einen Stack von über 75 Big Blinds und keiner meiner Gegner hat nur noch einen kleinen Stack. Spieler 6 hat vom Hijack aus geraist, was ein weites Spektrum an Händen bedeuten kann. Doch ich glaube nicht, dass er dies in dieser Phase des Turniers völlig ohne Grund gemacht hat. Spieler 1 hat aus dem Small Blind, also aus ungünstiger Position, gereraist. Und da er weniger als das Dreifache des ursprünglichen Raises erhöht hat, scheint er auf Action mit seiner Hand aus zu sein. In Anbetracht dieses Spielverlaufs und der Phase des Turniers kann ich ihn recht sicher auf eine sehr schmale Auswahl an Händen setzen: AA, KK, QQ und AK in fast 100 Prozent der Fälle.

Jetzt, da ich Spieler 1 ein eindeutiges Handspektrum zugewiesen habe, muss ich meine Optionen abwiegen. Erneut zu raisen kommt nicht in Frage, da ich eindeutig gegen mindestens einen meiner Gegner hinten bin. Ich könnte die 280 callen. In dem Fall würde ich nur spielen, um ein Set zu floppen und zu folden, wenn ich es nicht treffe, und Spieler 1 nach dem Flop bietet. Ein Call könnte mich aber in eine unangenehme Situation bringen, wenn auf dem Flop nur Karten unter dem Buben erscheinen sollten. Bietet dann einer meiner Gegner, kann es manchmal schwierig sein zu folden. Ich könnte versucht sein, zu glauben, dass mein Gegner den Flop z.B. mit AK verpasst hat. Und das könnte mich dazu verleiten, weitere Chips zu verlieren. Ein weiteres Problem mit dem Call ist die Tatsache, dass Spieler 6 immer noch weiter erhöhen könnte. Danach könnte ich mir sicher sein, hinten zu liegen und müsste in jedem Fall folden.

Selbst wenn ich vor hätte, zu folden, wenn ich mein Set nicht treffe, sind die Implied Odds nicht auf meiner Seite. Es kostet mich 280 zu callen und ich treffe mit einer Quote von 1-zu-7.5 das Set auf dem Flop. Betrachte ich also den Erwartungswert, müsste ich mindestens 2.100 gewinnen, um die Kosten für den Draw zum Set zu rechtfertigen. Auch wenn ich über 3.000 in Chips habe und meine beiden Gegner sogar noch mehr als das, besteht keine Garantie, dass sie all ihre Chip in den Pot bringen werden.

Auf einem Flop wie AJx würde ich wahrscheinlich nur sehr wenig Geld von einem Gegner bekommen, der KK oder QQ hält. Ich könnte auch ein Full House auf einem Flop wie J-T-T treffen, und das drosselt dann die Action meiner Gegner, weil sie Angst vor einem Drilling Zehner haben. Ich muss auch in Betracht ziehen, dass ich ab und zu mein Set treffen und dennoch verlieren werde. Der AJx Flop ist ein wunderbares Beispiel dafür, da mein Gegner gut auf AA sitzen könnte. Da es keine Garantie gibt, dass ich jedes Mal voll ausbezahlt werde oder überhaupt gewinne, wenn ich ein Set floppe, benötige ich als Faustregel 15-zu-1 Implied Odds, um mit einem Paar vor dem Flop auf ***Set-Value*** callen zu können.

Demnach ist es am besten, die Buben an dieser Stelle einfach zu folden und weitere Schwierigkeiten zu vermeiden. JJ zu bekommen ist ein sehr schöner Anblick, wenn man in den frühen Phasen eines Turniers für längere Zeit eine

Hand nach der anderen gefoldet hat. Aber diese Hand verkümmert recht schnell, wenn man einen Raise und Reraise vor sich hatte. Ich nehme die sichere Route und folde.

Spieler 6 foldet ebenso und Spieler 1 gewinnt die Hand ohne einen Flop.

Hand 7

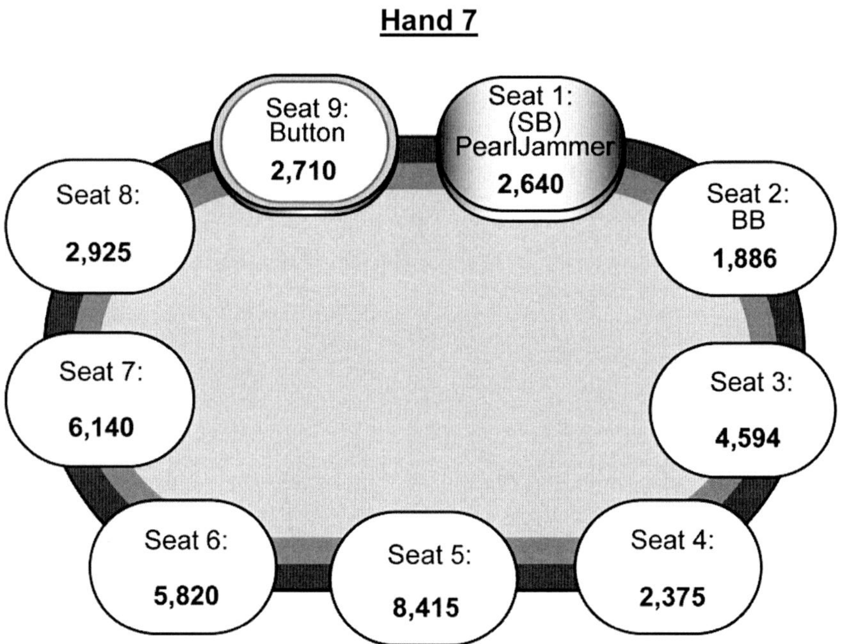

Situation: Ich befinde mich früh in einem Freezout-Turnier mit 100 $ Buy-In und habe noch knapp den Anfangsstack von 3.000. Bisher war ich nicht in größere Pots involviert, und die Blinds sind bei 25/50.

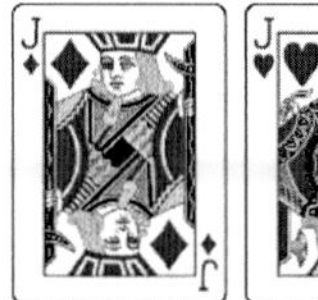

Vor dem Flop (75): Spieler 5 limpt aus mittlerer Position. Die übrigen Spieler folden bis zu mir und ich raise das Fünffache des Big Blinds auf 250. In dieser Phase des Turniers kann ich mit JJ limpen, um die Potgröße zu kontrollieren oder auch raisen, um mit der wahrscheinlich besten Hand den Pot aufzubauen. Beide Spielweisen ergeben an dieser Stelle absolut Sinn.

In dieser Situation, in der ich mich eigentlich nur dem Limper in mittlerer Position und dem Big Blind gegenüber sehe, entscheide ich mich zu raisen. In später Position hätte ich auf 200, also das Vierfache des Big Blinds, geraist. Wenn Spieler vor mir limpen, dann addiere ich einen Big Blind pro Limper zu meinem Standard-Raise hinzu. In dieser Hand allerdings erhöhe ich die Größe meines Raises ein wenig, um meinen Positionsnachteil im Small Blind aufzuwiegen. Ich finde, dass es sehr wichtig ist, ein wenig mehr zu raisen als sonst, wenn ich eine starke Hand habe, aber nach dem Flop in ungünstiger Position bin. Der Big Blind und der Limper callen.

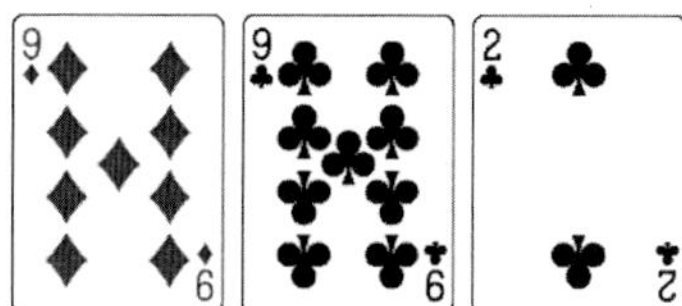

Flop (750): Ich floppe ein Overpair zum Board, das aber ein wenig gefährlich ist, da ein Paar auf dem Tisch liegt. Wenn einer meiner Gegner eine 9 hat, bin ich in ernsthaften Schwierigkeiten. Aber da ich vor dem Flop auf das Fünffache des Big Blinds erhöht hatte, bezweifle ich stark, dass einer meiner Gegner eine 9 hat. Die wahrscheinlichsten Hände sind eher kleine Paare niedriger als JJ oder zusammenhängende Broadway-Karten wie AQ oder KQ. Wenn ich eine Continuation Bet bringe, kann ich von einem Gegner mit einem kleineren Paar als meinem durchaus einen Call oder sogar einen Raise erwarten, denn er würde diesen Flop ebenfalls als recht günstig für seine Hand interpretieren. Ich biete 400 in einen Pot von 750; genug, um meine Hand gegen mögliche höhere Karten auf dem Turn zu schützen, aber nicht so viel, dass kleine Paare verscheucht würden. Spieler 2 erhöht das Minimum auf 800, Spieler 5 foldet.

Auch wenn Minimum-Raises furchteinflößend wirken können, weil sie häufig sehr starke Hände repräsentieren, sollte ich mir hier keine Sorgen machen, hinten zu liegen. Natürlich könnte mein Gegner diesen Spielzug auch mit einer 9 machen, aber er macht diesen Raise eben auch mit kleinen Paaren, die ich bereits als seine wahrscheinlicheren Hände definiert habe. Wenn ich wirklich in eine 9 laufe, hake ich diese Hand ab als "unglücklich gelaufen". Mein Gegner hat nach seinem Raise noch 836 übrig, also dürfte er Pot-Committed sein. Ich reraise All-In, er callt mit seinen verbleibenden 836 in Chips und zeigt 44.

Die 9♥ kommt auf dem Turn und die 9♠ auf dem River, und mein Bube spielt als Kicker, da wir beide einen Vierling Neuner machen.

Hand 8

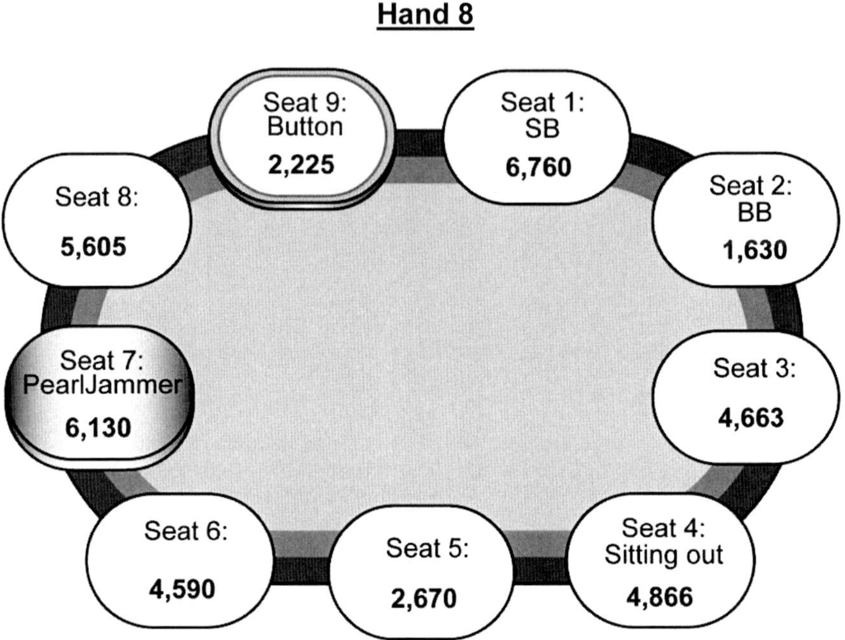

Situation: Ich befinde mich früh in einem Freezout-Turnier mit 150 $ Buy-In und 100.000 $ garantiertem Preisgeld. Die Blind sind bei 25/50. Ich konnte meinen Stack bereits verdoppeln, habe also eine gute Ausgangssituation. Spieler 9, mein Gegner in dieser Hand, ist mir bisher unbekannt.

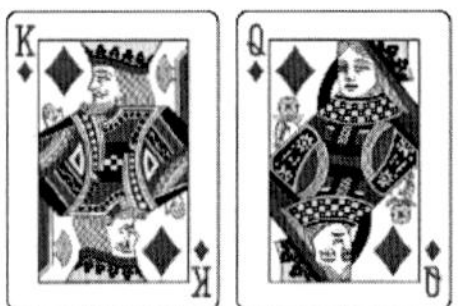

Vor dem Flop (75): Alle Spieler folden zu mir. In später Position und als erster im Pot erhöhe ich mit KQ fast immer, egal ob gleichfarbig oder nicht.

In der frühen Phase eines Turniers ist mein Standard-Raise das Drei- bis Vierfache des Big Blinds. Die Blinds sind zu diesem Zeitpunkt so klein, dass ich nicht wirklich daran interessiert bin, sie zu stehlen. Ich möchte viel eher mit dem Raise das Feld ausdünnen und sicher gehen, dass ich keinen Pot mit allzu vielen Gegnern spiele, weil das schnell gefährlich werden kann. Ein etwas größerer Pot vor dem Flop ermöglicht es mir auch, eine größere Continuation

Bet nach dem Flop anzusetzen, die wiederum die Hände meiner Gegner klarer definieren kann.

Sobald die Blinds auf eine Größe ansteigen, bei der sie eine stärkere Bedeutung haben – meistens im Bereich des 100/200er Levels – verringere ich meinen Standard-Raise ganz gerne auf das 2,5-fache des Big Blinds. Denn zu diesem Zeitpunkt wird das Stehlen der Blinds und Antes ein wichtiger Teil meiner Strategie, und das möchte ich mit so wenig Risiko wie möglich erreichen. Außerdem versuche ich, die Pots so klein wie möglich zu halten, und eher meine Fähigkeiten nach dem Flop zu meinem Vorteil zu nutzen. Wenn ich vor dem Flop einen größeren Pot aufbaue, stehe ich nach dem Flop häufiger vor schwierigen Entscheidungen, bei denen schnell ein Großteil meines Stacks auf dem Spiel stehen kann.

Ich mache meinen Standard-Raise auf das Dreifache des Big Blinds, also auf 150. Der Button auf Platz 9 reraist auf 300. Die Blinds folden und ich bin wieder an der Reihe.

Das Reraise von Spieler 9 ist außerordentlich klein. Wenn *ich* in diesem Blindlevel aus Platz 9 einen Reraise machen wollte, dann würde ich wahrscheinlich eher eine Höhe zwischen 450 und 550 wählen. Dadurch, dass er aber nur auf 300 geraist hat, bietet mein Gegner mir für meine Chips eine Quote an, bei der ich mit jeder beliebigen Hand callen muss. Ich calle die 150 und wir sehen zu zweit den Flop.

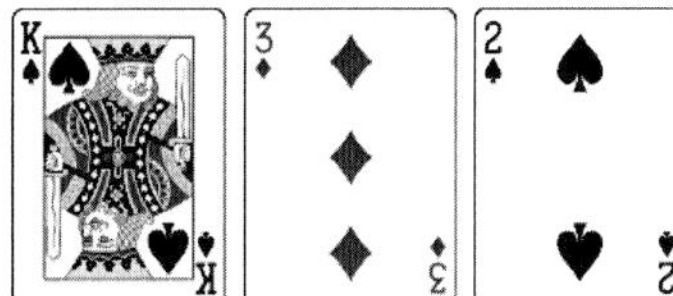

Flop (675): Dies ist auf den ersten Blick ein exzellenter Flop für meine Hand. Ich habe Top Pair und einen starken Kicker auf einem recht harmlosen Board. Andererseits: Hat mein Gegner mich geschlagen, werde ich ihn angesichts seines kleinen, verbleibenden Stacks wahrscheinlich ausbezahlen. Da mein Gegner durch seinen Reraise vor dem Flop die Führung in der Hand übernommen hat, sollte ich zu ihm checken, denn er wird auf diesem Flop ziemlich sicher eine Continuation Bet abfeuern. Ich checke, und er bietet 500 in einen Pot von 675.

Nach dieser Bet hat er noch 1.425 übrig. Er ist damit wahrscheinlich Pot-Committed, es sei denn er hat absolut gar nichts auf der Hand. Ich bin mir ziemlich sicher, dass er committed ist. Die erste Frage für mich lautet, ob ein Fold überhaupt eine mögliche Option ist. Ich sollte in der Lage sein, meinen Gegner auf ein ziemlich schmales Spektrum an Händen zu setzen, wenn ich die

Stärke, die er vor dem Flop gezeigt hat, und die Phase des Turniers betrachte. AA, AK, AQ, KK, QQ, JJ, TT und 99 sind durchaus wahrscheinliche Hände, aber es ist auch möglich, dass sein Spektrum wesentlich mehr Hände beinhaltet. Wenn mein Gegner AA, AK oder auch – was mehr als unwahrscheinlich ist – KK hat, bin ich natürlich in echten Schwierigkeiten. Doch nachdem ich diesen Flop nun einmal getroffen habe, noch dazu in einem Heads-Up, nehme ich meine Chancen gegen einen Gegner mit nur noch kleinem Stack auch wahr. Ein Fold steht nicht zur Debatte.

Sollte ich raisen oder nur callen? Wenn ich die Bet meines Gegners nur calle, wären 1.675 im Pot und mein Gegner hätte noch 1.425 übrig. Wenn auf dem Turn die einzige gefährliche Karte – das Ass – kommen sollte, würde ich bei diesen Odds nicht mehr folden, selbst wenn mein Gegner seine restlichen Chips setzt. Ich sollte also besser direkt reraisen und – in Anbetracht seines kleinen Stacks – sollte mein Reraise ihn All-In setzen. Neben dem König könnte ich damit auch einen Flush Draw repräsentieren, und er sollte sich mit jedem Paar committed fühlen. Natürlich könnte es sein, dass ich gegen AA oder AK antrete, doch dies ist ein Risiko, das ich eingehen muss. Ich reraise All-In, mein Gegner callt und zeigt J♥ J♦.

Das A♥ kommt auf dem Turn und 5♥ auf dem River. Ich gewinne mit einem Paar Könige und befördere meine Gegner aus dem Turnier.

Beachten Sie, dass – wenn ich die Bet meines Gegners auf dem Flop nur gecallt hätte – mein Gegner sich vielleicht nicht so committed gefühlt hätte wie ich auf dem Turn. Er hätte eventuell sein Paar Buben aufgegeben, nachdem nicht nur der König auf dem Flop, sondern auch das Ass auf dem Turn aufgedeckt wurde. Dadurch, dass ich aber am Flop direkt All-In geraist habe, konnte ich sicherstellen, dass das Board nicht zu gefährlich für die Hand meines Gegners wurde und ihm noch erlaubt hätte, seine verbleibenden Chips zu sparen.

Hand 9

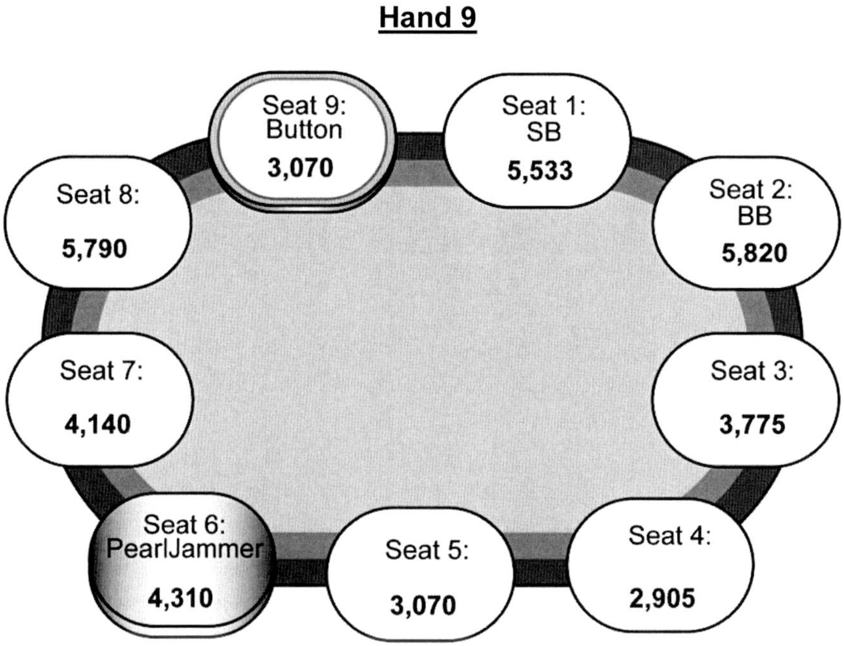

Situation: Ich befinde mich früh in einem Freezout-Turnier mit 100 $ Buy-In und 25.000 $ garantiertem Preisgeld. Die Blinds sind bei 25/50. Ich kenne nur Spieler 2, ein tighter und solider Spieler, der meiner Meinung nach glaubt, ich hätte einen ähnlichen Stil.

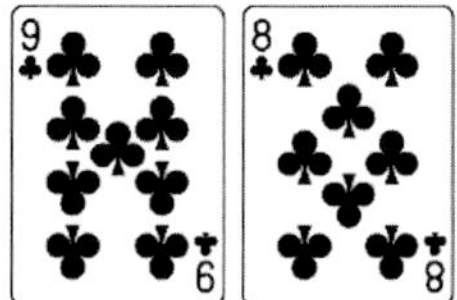

Vor dem Flop (75): Es wird zu mir gefoldet. Wenn vor mir bereits gelimpt wurde, limpe ich in dieser Phase des Turniers mit Suited Connectors meist ebenfalls. Wird mir jedoch die Gelegenheit geboten, dann eröffne ich den Pot als erster mit einem Raise. Indem ich bei meinen Raises ab und zu Suited Connectors unter meine Premium-Hände einstreue, stelle ich sicher, nicht allzu vorhersehbar zu sein. Außerdem ermöglicht diese Spielweise mir, hin und wieder meinen Stack zu verdoppeln, wenn ich das Board sehr gut treffe. Ich raise auf 150, also das Dreifache des Big Blinds, und es folden alle bis zum Spieler auf Platz 2, der im Big Blind sitzt und callt.

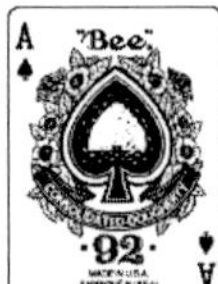  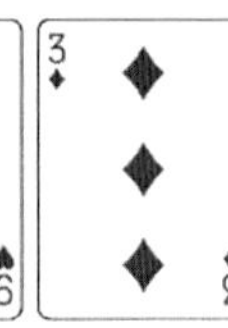

Flop (325): Ich floppe das mittlere Paar auf einem dreifarbigen Flop mit einem Ass. Mein Gegner checkt. Ich habe einen Teil des Flops getroffen, doch wenn ich Action von meinem Gegner bekomme, liege ich wahrscheinlich hinten. Ich könnte checken, eine Freecard nehmen und – abhängig davon, was er auf dem Turn macht – eine bessere Vorstellung von der Hand meines Gegners bekommen. Aber dann riskiere ich auch, dass K, Q, J oder T auf dem Turn erscheint – alles Karten, die die Hand meines Gegners möglicherweise verbessern.

Mit KQ auf einem A-K-x Flop würde ich in der ansonsten gleichen Situation normalerweise checken, um meine Hand zu verschleiern und zugleich den Pot klein zu halten. Falls ich aktuell vorne liege, kann ich nur von einem Gutshot oder von einem Pocket Pair, das sein Set trifft, noch überholt werden. Eine Hand wie 98 ist auf einem A9x Flop jedoch zu verletzlich, um eine Freecard zu erlauben.

Bringe ich zu einem so frühen Zeitpunkt im Turnier eine Continuation Bet, sollte mir mein Gegner eigentlich ein Ass zutrauen. Wenn er selbst ein Ass hat, wird er höchstwahrscheinlich nur callen, weil er sich unsicher bezüglich seines Kickers ist. Meine Position dürfte es mir dann erlauben, kostenlos den River zu sehen, falls ich mich nicht auf dem Turn verbessere. Doch ich erwarte, dass mein Gegner in den meisten Fällen auf dem Flop foldet. Sein Handspektrum sollte hier aus jedem Pocket Pair – evtl. JJ oder kleiner – jeder Menge mittlerer Suited Connectors wie QJ oder JT bestehen, und maximal noch sehr starke Asse wie AJ oder besser beinhalten. Von ihm als tighten, soliden Spieler erwarte ich, dass er viele schwache, gleichfarbige und nicht gleichfarbige Ax-Hände bereits vor dem Flop foldet. Ich bette also 200, etwas weniger als 2/3 des Pots mit 325 in Chips, und er callt.

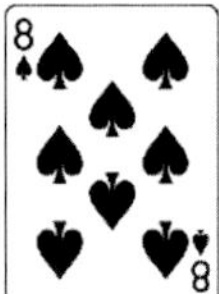

Turn (725): Mein Gegner checkt. In Anbetracht seine Calls auf dem Flop bin ich mir ziemlich sicher, dass er AK, AQ oder AJ hat. Anhand der Informationen, die ich bisher über ihn habe, könnte er in dieser frühen Turnierphase meinen Raise vor dem Flop auch mit einer starken Hand wie A-K lediglich gecallt haben, anstatt in ungünstiger Position zu reraisen. Es ist auch möglich, dass er mich mit 99 oder 33 in eine Falle locken möchte, aber mit seinem Set würde er normalerweise auf dem Flop betten oder checkraisen. 99 ist außerdem eher unwahrscheinlich, da ich selbst eine Neun habe.

Jetzt, da ich mir recht sicher bin, dass ich mit meinen gut versteckten Two Pair die beste Hand halte, sollte ich For Value betten. Der Einsatz sollte etwas höher als meine übliche Bet in Höhe des halben Pots sein, da ich mir meiner Handstärke recht sicher bin, und mein Gegner eine Hand hält, die schwer zu folden ist. Ich bette also 550 in einen Pot von 725 und er callt.

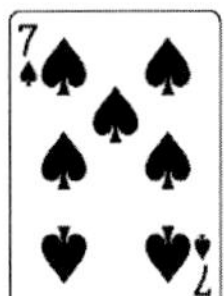

River (1.825): Mein Gegner checkt erneut. Obwohl diese Karte einen möglichen Flush und eine mögliche Straight bringt, ist es keine sonderlich angsteinflößende Karte für mich. Es dürfte ziemlich schwierig für meinen Gegner sein, eine Hand, mit der er am Flop callen konnte, in einen Flush oder eine Straight auf dem River zu verwandeln. Wenn die Farben des Ass und der 3 auf dem Flop vertauscht wären, hätte ich mir evtl. etwas mehr Sorgen machen müssen, dass mein Gegner so etwas wie Ax in Pik hält und jetzt ***Runner-Runner***, also mit den letzten zwei Karten, seinen Flush gemacht hat. Aber selbst wenn das der Fall gewesen wäre, würde ich mich hier recht sicher fühlen und eine Value Bet auf dem River ansetzen. Ich sollte nicht allzu hoch betten, da mein Gegner von mir nicht erwarten wird, dreimal hintereinander mit einem Bluff zu setzen. Folglich könnte er einen guten Fold mit A-Q oder A-J machen, wenn ich auf dem River zu starke setze. Ich bette 850 in einen Pot von 1.825.

Mein Gegner callt, zeigt 3♠3♣ und gewinnt den Pot mit einem Set Dreien. Ich bin sehr überrascht, dass mein Gegner ein Set gefloppt und meine Einsätze über die gesamte Hand kein einziges Mal geraist hat. Eventuell hat das Image als sehr tighter Spieler, das er von mir hat, mir ein paar Chips erspart, denn nach einem Check-Raise auf dem Turn wäre ich nur schwer von meiner Hand los gekommen. Er könnte vermutet haben, nach einem Check-Raise auf Flop oder Turn nur von einem Set, einem unwahrscheinlichen Two Pair oder AK Action zu bekommen. Und als auf dem River die Karte kam, die sowohl eine Straight als auch einen Flush ermöglich hat, und ich immer noch angriff, muss er wohl Angst vor einem Flush, einer Straight oder einem besseren Set gehabt haben und entschied sich, nur zu callen, da seine Hand für einen Fold zu stark war. Was auch immer seine Beweggründe waren, ich bin glücklich, mit der Hälfte meines Stacks aus einer Hand entkommen zu sein, die problemlos mein Turnierleben hätte beenden können.

Hand 10

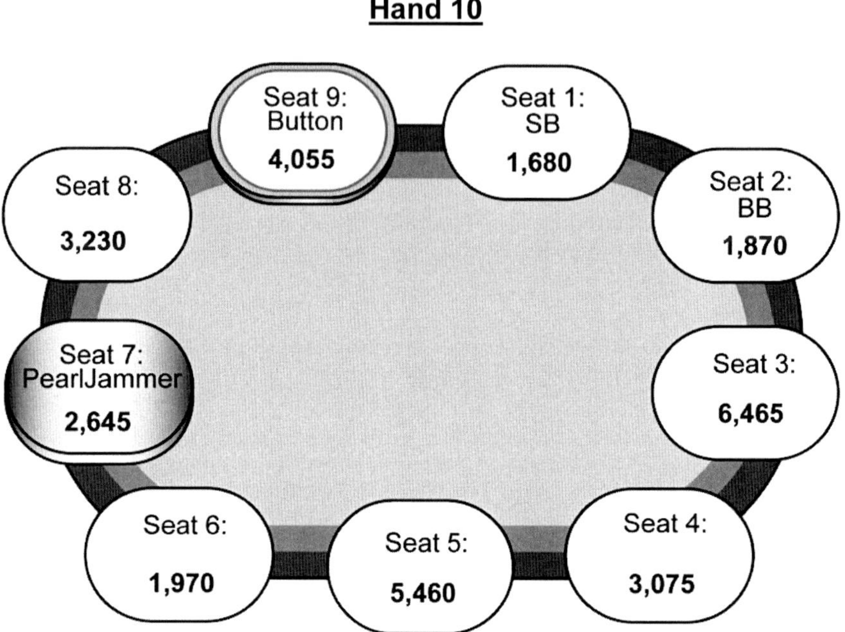

Situation: Ich befinde mich früh in einem Freezout-Turnier mit 300 $ Buy-In und 150.000 $ garantiertem Preisgeld. Die Blinds sind bei 25/50, ich kenne nur die beiden Spieler 2 und 6, und der Tisch scheint recht tight zu sein, da das Turnier eine recht langsame Struktur hat.

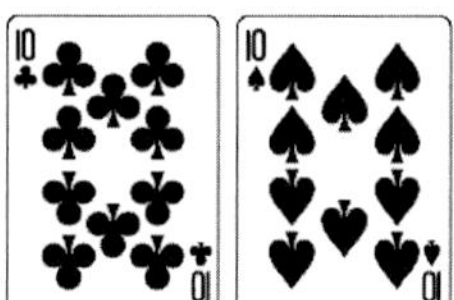

Vor dem Flop (75): Spieler 4 und Spieler 6 limpen aus früher Position und ich bin an der Reihe. Ich könnte mit TT raisen, da dies eine durchaus starke Hand ist. Zu diesem Zeitpunkt im Turnier entscheide ich mich nach ein paar Limpern jedoch normalerweise dazu, ebenfalls zu limpen, um die Hand hauptsächlich für ihre Chancen für ein Set zu spielen. Wenn ich raise und gereraist werde, müsste ich definitiv folden. Daher calle ich lieber nur, halte den Pot klein und verschleiere die Stärke meiner Hand. Und ich reduziere das Risiko, vor dem Flop aus der Hand gedrängt zu werden. Ich calle also 50, der Small Blind füllt auf und der Big Blind checkt. Fünf Spieler sehen den Flop.

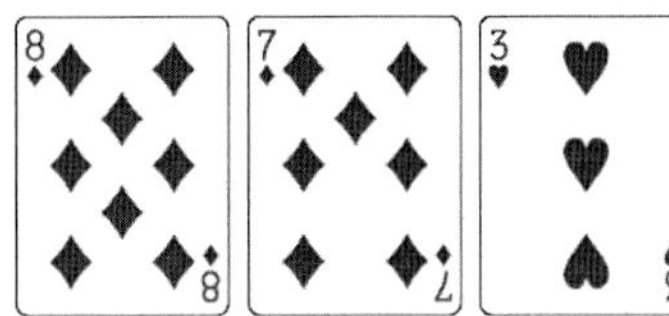

Flop (250): Dies ist ein guter Flop für mich, da ich ein Overpair habe, das wahrscheinlich nur geschlagen ist, wenn einer der Spieler in den Blinds Two Pair gefloppt oder jemand ein Set getroffen hat. Es ist auf der anderen Seite aber auch nur schwer vorstellbar, dass ich auf diesem Flop all mein Geld gegen eine schlechtere Hand in die Mitte bekomme. Ich könnte mich in einer Münzwurfentscheidung gegen zwei Overcards mit Flush Draw befinden, aber selbst in dieser bestmöglichen Situation wäre ich leichter Außenseiter. Wenn ich es also schaffe, auf diesem Flop All-In zu kommen, bin ich meistens hinten, und habe nur wenige Chancen zu gewinnen. Der erste Limper eröffnet für 100 in einen Pot von 250, Spieler 6 callt und ich bin an der Reihe.

Hätte Spieler 4 nahe der Potgröße geboten und Spieler 6 dann gecallt, würde ich dazu tendieren, meine Hand zu folden. Mindestens einer der beiden, wenn nicht beide Spieler säßen dann normalerweise auf einem höheren, gelimpten Pocket Pair oder einem Set. Nach einer so kleinen (vermeintlich schwachen) Bet und dem Call scheint mir dies jedoch eine gute Gelegenheit für einen Raise zu sein, auch um besser einschätzen zu können, wo ich in der Hand stehe. Außerdem kann ich aufgrund der kleinen Bet von Spieler 4 einen vernünftigen Raise ansetzen, ohne anschließend committed zu sein. Ich raise auf 350, die Blinds folden, Spieler 4 callt und Spieler 6 foldet. Wir sehen zu zweit den Turn.

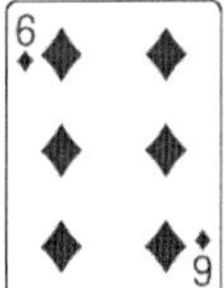

Turn (1.050): Ugh! Das ist eine schlimme Karte für meine Hand! Nicht nur der Flush Draw ist angekommen, sondern falls mein Gegner vor dem Flop mit T9 gelimpt ist, hat er gerade die Straight komplettiert. Ich schlage immer noch A8, 99 und 65 – alles durchaus mögliche Hände, die auf dem Flop gecallt hätten – aber davon passt einzig 99 zum Limp meines Gegners in früher Position vor dem Flop. Es ist wesentlich wahrscheinlicher, dass er mit einer Hand wie K♦Q♦ den Flush getroffen hat, dass er ein höheres Pocket Pair hält als ich, oder dass er mich auf dem Flop mit einem Set lediglich gecallt hatte. Wenn mein Gegner jetzt bettet, werde ich meine Hand folden. Aber er checkt zu mir und erlaubt es mir, ebenfalls zu checken und eine kostenlose Riverkarte zu nehmen.

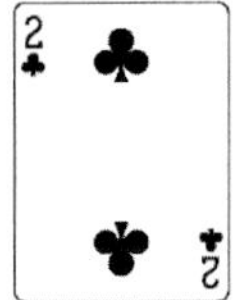

River (1.050): Dies ist eine eher harmlose Karte. Mein Gegner bietet von vorne 100 in einen Pot von 1.050. Seine Bet ist extrem klein im Vergleich zum Pot und kann verschiedene Dinge bedeuten. Er könnte damit versuchen so zu tun, als hätte er eine eher schwache Hand, um einen Reraise als Bluff zu provozieren, während er auf einer extrem starken Hand sitzt. Wahrscheinlicher ist aber, dass er eine mittelstarke Hand hält, und diese kleine Bet eine ***Blocking Bet*** ist, um günstig zum Showdown zu kommen. Ich könnte hier raisen, aber das verwandelt meine Hand im Grunde in einen Bluff, und es scheint eher unwahrscheinlich, dass ich eine bessere Hand zum Folden bekomme. Lediglich 100 Chips zu callen bei 1.050 im Pot ist ein einfacher Call. Ich bezahle also die 100, und mein Gegner zeigt J♠ J♥ für ein höheres Paar.

Hand 11

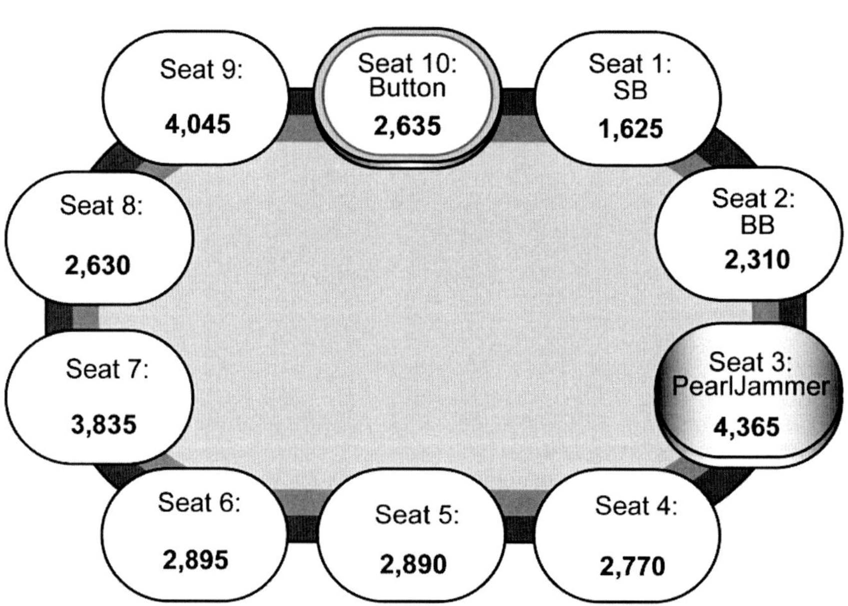

Situation: Es ist die frühe Phase eines Freezout-Turniers mit 120 $ Buy-In und 20.000 $ garantiertem Preisgeld. Die Blinds stehen bei 30/60. Ich befinde mich in einer komfortablen Situation mit knapp dem doppelten Anfangsstack von 2.500. Die meisten Spieler an meinem Tisch sind mir unbekannt.

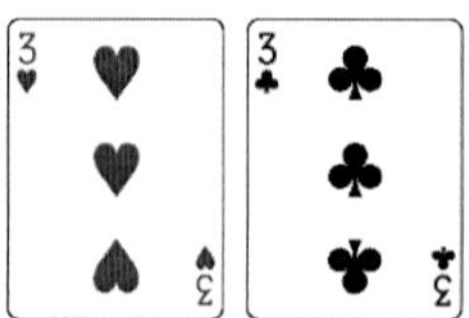

Vor dem Flop (90): Mit einem großen Stack und vergleichsweise kleinen Blinds bin ich bereit, kleine Paare in früher Position wahlweise zu raisen oder zu limpen. In diesem Turnier spielen wir an den Tischen mit 10 Spielern, ich spiele also tendenziell etwas vorsichtiger als normal und bevorzuge es, zu limpen. Beachten Sie, dass ich, wenn ich nach einem Raise einen Reraise bekomme, nicht mehr die korrekten Implied Odds bekäme, die ich benötige, um ein Set zu treffen. Ich kann in dieser frühen Phase des Turniers allerdings problemlos einen Standard-Raise callen. Ich limpe für 60.

Wie in einer Hand weiter oben erklärt, brauche ich mindestens 15-zu-1 Implied Odds, wenn ich mit einem Pocket Pair einen Raise calle. Verfehle ich mein Set, folde ich auf dem Flop normalerweise. Gegen einen bekanntermaßen schwachen Gegner kann ich bei der 15-zu-1 Regel auch etwas mogeln und mit einer 10-zu-1 Regel callen. Gegen schwache Gegner ist es wesentlich wahrscheinlicher als gegen starke, mit meinem gesamten Stack ausbezahlt zu werden.

Spieler 6 limpt ebenfalls nach mir und Spieler 8 raist auf 180. Ich calle die zusätzlichen 120 und bin glücklich, günstig den Flop sehen zu können. Spieler 6 callt ebenfalls.

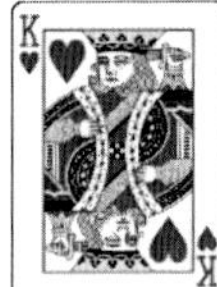

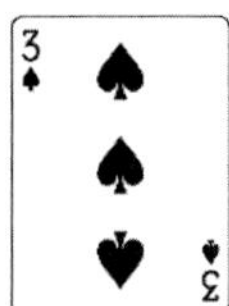

Flop (630): Hurra! In dieser Situation direkt zu betten, kann sehr profitabel sein, da es die Stärke meiner Hand gut verschleiert: meine Gegner erwarten von mir nicht, mit einer so starken Hand in sie hinein zu betten. Zum ursprünglichen Raiser zu checken und zu hoffen, dass er oder der andere Limper bettet, ist allerdings der gängigere Weg. In dieser Situation entscheide ich mich für den klassischen Weg und checke. Unglücklicherweise checken Spieler 6 und 8 ebenfalls.

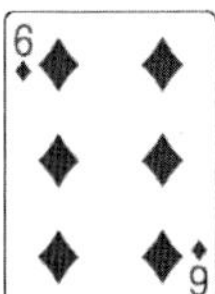

Turn (630): Ich sollte meine Hand nicht länger slow spielen. Wenn ich mit ihr noch weitere Chips gewinnen will, muss ich auf dem Turn betten und anfangen, einen Pot aufzubauen. Ich mache eine schwach wirkende Bet von 260 in einen Pot von 630 und sowohl Spieler 6 als auch Spieler 8 callen.

River (1.410): Bei 1.410 im Pot sollte ich knapp in Höhe des Pots bieten, um meine Hand gut ausbezahlt zu bekommen. Ich biete also erneut von vorne in Höhe von diesmal 850. Der Spieler auf Platz 6 geht All-In für 2.455 und Spieler 8 geht ebenfalls All-In für 2.190! Ich bin wieder an der Reihe.

Wow! Diese Hand hat eine komplett unerwartete Wendung genommen. Nun sind 6.905 im Pot und ich muss lediglich 1.605 callen. Aber ich sollte die Situation vorerst noch einmal genau analysieren, bevor ich calle. Ich feuere eine recht solide Bet auf dem River und bis zu dem Zeitpunkt schien niemand eine starke Hand zu halten. Dann jedoch, trotz meiner recht großen Bet, geht nicht nur einer, sondern sogar beide meine Gegner All-In!

Es ist sehr unwahrscheinlich, dass einer meiner Gegner auf diesem Board Two Pair hat. Spieler 8, der Preflop-Raiser, hat wahrscheinlich nicht AA auf so sonderbare Weise gespielt, obwohl eine kleine Chance für diese Hand besteht. Für AK wäre seine Spielweise ebenfalls sehr ungewöhnlich. Ich würde von ihm erwarten, dass er wahrscheinlich AA und ganz sicher AK in Anbetracht der Action vor ihm auf dem River gefoldet hätte. Demnach ist es am wahrscheinlichsten, dass er ein Set hält, höchstwahrscheinlich KK oder eventuell 99.

Der Spielzug von Spieler 6 ist mindestens genauso überraschend. Jedoch, neben der Möglichkeit eines höheren Sets, könnte er mit 87 auf dem River eine Straight getroffen haben. Auf einem so unkoordinierten Board ist es schwer vorstellbar, dass beide Gegner eine schlechtere Hand halten als das untere Set, und dennoch zum All-In bereit sind. Und es braucht mich natürlich nur einer der beiden Spieler geschlagen haben, damit dies ein guter Fold ist. Obwohl ich knapp 4.5-zu-1 auf mein Geld bekomme, entscheide ich mich aufgrund meines Reads für einen Fold meiner Hand.

Spieler 6 zeigt 8♠7♣ für die Nut Straight, und Spieler 8 zeigt 5♠5♦ für ein Set.

Beachten Sie, dass Spieler 8 sich entschied, in letzter Position sein Set zu checken, nachdem er vor dem Flop geraist hatte. Durch dieses Slowplay hat er nicht nur die Chance verpasst, seinen Stack auf meine Kosten zu verdoppeln, was wahrscheinlich passiert wäre, wenn er am Flop einen Einsatz gebracht hätte. Letztlich hat er die Hand gegen eine Runner-Runner Straight verloren. Mit günstiger Position auf seine Gegner und einer Hand, mit der er einen großen Pot aufbauen möchte, sollte er auf dem Flop immer eine Continuation Bet bringen, speziell wenn die Chipstacks so groß sind, und er gegen mehr als einen Gegner spielt.

Hand 12

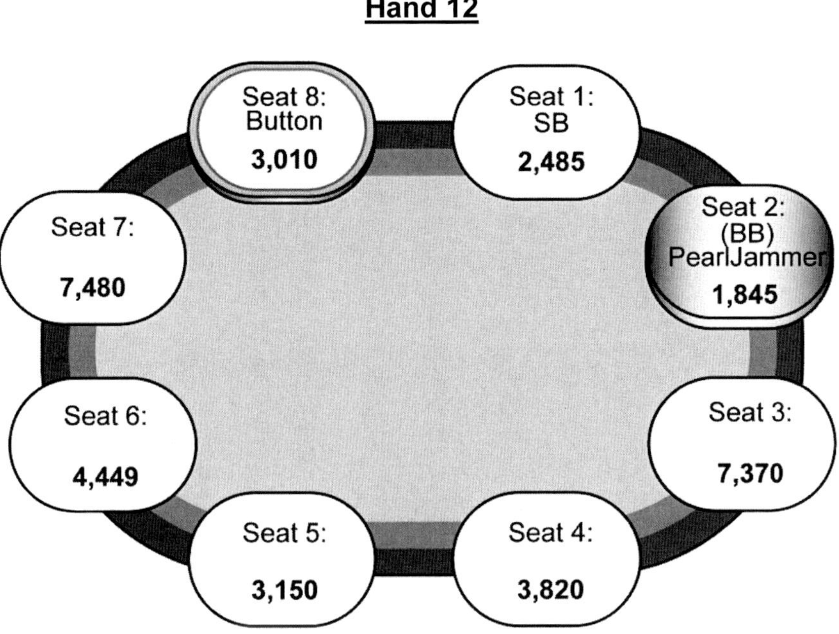

Situation: Ich befinde mich früh ein einem Freezout-Turnier mit 150 $ Buy-In und 55.000 $ garantiertem Preisgeld. Die Blinds sind bei 30/60. Ich habe einen großen Teil meines Anfangsstacks verloren und bin schon recht früh weit unter den Durchschnitt gefallen. Ich kenne keinen der Spieler am Tisch.

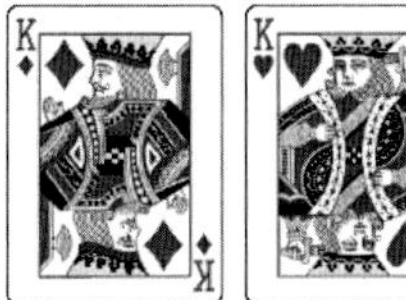

Vor dem Flop (90): Der Spieler 3 raist in erster Position auf 180. Spieler 6 und Spieler 1 callen und ich bin an der Reihe. Mit einer Premium-Hand und jeder Menge Action vor mir habe ich eine exzellente Chance, meinen Stack zu verdoppeln. Ich sollte unbedingt reraisen, um den Flop möglichst nicht zu viert sehen zu müssen. Ich möchte definitiv einen großen Pot aufbauen und bin bereit, die Hand für meinen gesamten Stack zu spielen. Die Frage ist nur, wie ich das erreichen kann.

Momentan sind 600 im Pot – 720 sobald ich meinen Call dazu addiere – aber da ich nach dem Flop in ungünstiger Position spielen muss, möchte ich mindestens in Potgröße reraisen. Ein solcher Reraise würde bedeuten, fast die Hälfte meines

Stacks zu investieren. Ein Problem mit einem Raise in dieser Größe ist, dass es für meine Gegner natürlich so aussieht, als ob ich Action haben möchte. Wenn ich einen so hohen Anteil meines Stacks investiere, kann ich auch genauso gut All-In gehen. Ein Reraise All-In sieht in einer solchen Situation häufig sehr stark nach einem ***Squeeze Play*** aus. In der Tat würden meine Gegner eher ein großes All-In callen, das sie als schwächer einschätzen, als ein kleineres Reraise. Da der Raise von dem Spieler aus erster Position kam und zwei Spieler ihn gecallt haben, ist es recht wahrscheinlich, dass jedenfalls einer der Spieler eine Hand hat, die stark genug ist, das All-In eines relativen Shortstacks zu callen. Demnach entscheide ich mich, für 1.845 All-In zu gehen. Spieler 3 foldet, Spieler 6 callt und Spieler 1 foldet.

Spieler 6 zeigt T♦T♥ und gibt mir damit die Möglichkeit, in 80 Prozent der Fälle meinen Stack zu verdoppeln! Auf dem Board kommt 9♦5♠3♠Q♥8♦, und ich verdoppele.

Diese Psychologie kann auch rückwärts angewandt werden. Mal angenommen, ich hätte AQ oder 88 in derselben Situation. In Anbetracht der Größe würde ich den Pot gerne direkt gewinnen, und dabei das Ririko in Kauf nehmen, in eine Premium-Hand zu laufen. Aber gleichzeitig möchte ich andere Spieler davon abhalten, mit mittelstarken Händen zu callen. Ich könnte dann einfach die Hälfte meines Stacks reraisen, um Stärke zu repräsentieren. Ich wäre offensichtlich committed, sende aber gleichzeitig die Botschaft aus, Action zu wollen. Im Gegensatz dazu wird ein All-In Move meine Gegner eher dazu bringen zu glauben, dass ich sie zum Folden bewegen will.

Hand 13

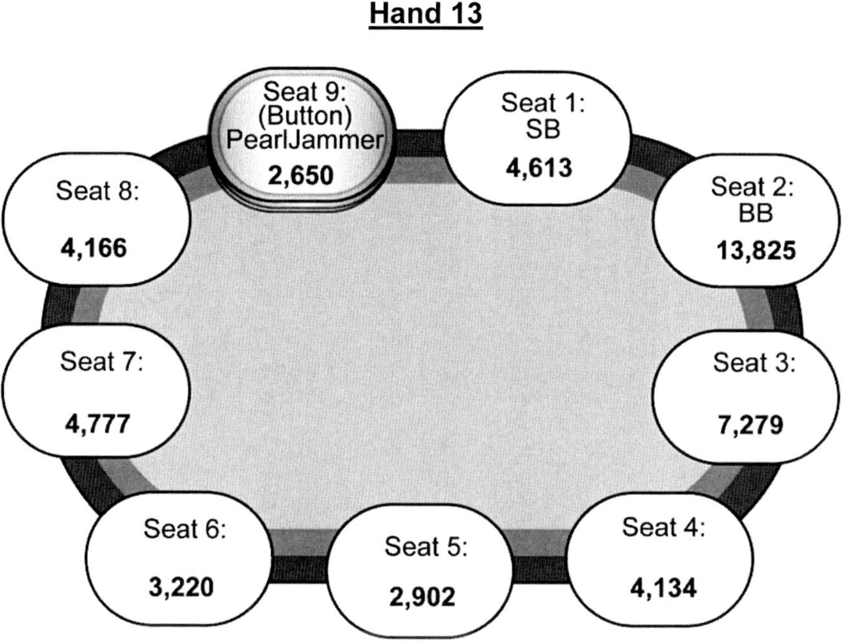

Situation: Es ist die frühe Phase eines großen Sonntagsturniers mit $240 Buy-In. Die Blinds sind bei 40/80. Bei einem Anfangsstack von 3.000 in Chips bin ich schon recht weit unter den Durchschnitt gefallen, habe aber aufgrund der langsamen Struktur immer noch genug, um damit arbeiten zu können. Die meisten meiner Gegner sind mir fremd, aber der Tisch scheint solides, tightes Poker zu spielen.

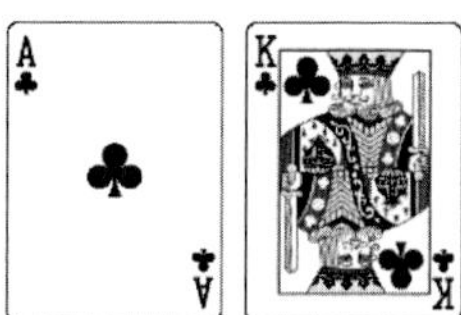

Vor dem Flop (120): Es wird zum Spieler 7 gefoldet, der auf 160 – also das Minimum – raist. Der Cut-Off foldet und ich bin an der Reihe. Normaler-weise gebe ich Minimum-Raises in später Position nicht sonderlich viel Respekt, auch wenn sie manchmal durchaus Fallen sein können. In dieser Situation ist A-K auf jeden Fall eine Hand zum Reraisen. Mit einem kleineren Stack (wie z.B. 1.500 oder weniger) würde ich mit einer Hand wie A-Ks All-In gehen in der Hoffnung, Action von hohen Broadway-Karten zu bekommen oder falls notwendig auch eine Münzwurfsituation gegen ein Pocket Pair einzugehen. Für ein All-In ist mein Chipstapel jedoch zu groß, also reraise ich stattdessen auf das Drei- bis Vierfache des ursprünglichen Raises. Ich entscheide mich für das untere Ende dieses Bereiches, um vor dem Flop nicht übermäßig committed zu erscheinen und erhöhe auf 480. Die Blinds folden und Spieler 7 callt.

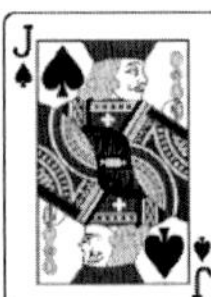
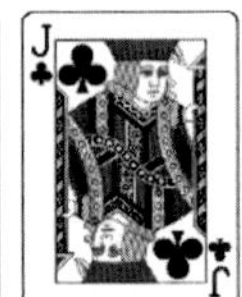
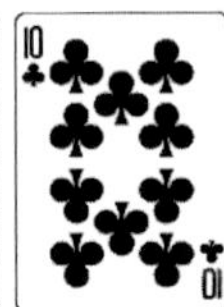

Flop (1.080): Ich habe einen äußerst starken Draw gefloppt mit zwei Overcards, dem Nut Flush Draw und dem Nut Straight Draw (ganz zu schweigen von dem möglichen Royal Flush). Wenn mein Gegner von vorne bieten sollte, würde ich definitiv All-In gehen, selbst auf einem gepaarten Board. Auf der anderen Seite erwarte ich nicht, dass mein Gegner mit einem J oder TT – die beiden einzigen Hände, vor denen ich mich hier fürchte – in dieser Situation von vorne in mich hinein bietet. Wie erwartet checkt er. Mit 1.080 im Pot werde ich eine normal aussehende Continuation Bet in halber Potgröße bringen und bin natürlich bereit, ein All-In zu callen. Ich bette 575 und mein Gegner callt.

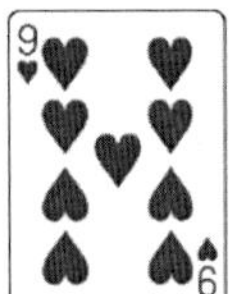

Turn (2.230): Mein Gegner checkt. Mit dieser Turnkarte hat sich meine Situation dramatisch gewandelt. Hatte ich zuvor noch das Bedürfnis, all mein Geld in die Mitte zu bekommen, bin ich nun froh, eine Freecard nehmen zu können. Es ist schwer vorstellbar, dass mein Gegner auf diesem Board keine fertige Hand hält, in welcher Form auch immer. Mit meinen verbleibenden 1.595 Chips und einem Pot von 2.230 würde er ein All-In meinerseits sicherlich callen. Demnach nehme ich dankend die Freecard in guter Position und checke ebenfalls.

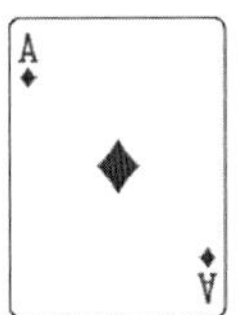

River (2.230): Mein Gegner geht All-In und hat fast 2.000 Chips mehr als ich. Ich habe das Ass auf dem River getroffen, was mir mit Two Pair Assen und Buben mit König Kicker eine scheinbar starke Hand verschafft. Also sollte ich das All-In auf jeden Fall callen, richtig? Nicht so schnell! AK ist eine relativ starke Hand auf diesem Board und ich bekomme mehr als 2.5-zu-1 für meinen Call. Dennoch sollte ich noch einmal die Aktionen meines Gegners durchgehen, bevor ich selber agiere. Welches Spektrum an Händen kann ich meinem Gegner geben, die durchgängig zu den Aktionen in jeder Setzrunde passt, speziell zu dem All-In auf dem River? Und was vielleicht noch wichtiger ist, mit welchen Händen kann er mich All-In setzen in Anbetracht *meiner* Aktionen während der Hand, speziell nachdem das Ass auf dem River erschienen ist?

Ich weiß nicht viel über meinen Gegner, aber so wie der Tisch bisher gespielt hat, sollte ich annehmen, dass er ansatzweise rational denkt und recht tight spielt. Er sollte in der Lage sein, mich in dieser Situation auf A-K oder eventuell AQ zu setzen. Ich habe in günstiger Position einen niedrigen Reraise gemacht, eine Continuation Bet gefeuert und auf dem Turn gecheckt, auf dem sich A-K und A-Q nicht verbessert hatten. Er hat keinen Grund, mich auf Kreuz zu setzen. Auf der anderen Seite habe ich die Hand natürlich bis hierhin so gespielt, als hätte ich AK oder AQ. Und da er auf dem River All-In geht, nachdem das Ass erschienen ist, erscheint es, als ob mein Gegner möchte, dass ich mit AK oder AQ calle. Er könnte meinen, ich wäre committed, falls ich tatsächlich mein Ass getroffen habe und möchte mir nicht die Chance geben, auf dem River nach ihm zu checken, was eine absolut angemessene Annahme ist.

Wenn er in der Lage ist, mich auf ein großes Ass zu setzen, und dann einen Call von mir möchte, sollte ich ihn wiederum auf ein Handspektrum von AJ, KQ, JJ, TT, oder JT setzen. Jede dieser Hände würde mit seinen Aktionen in den einzelnen Setzrunden Sinn ergeben, da er höchstwahrscheinlich AJ, JJ, TT und JT auf dem Flop slow spielen und lediglich callen würde. Mit KQ könnte er ebenfalls nur callen, um seinen Draw zu treffen, was ihm auf dem Turn gelungen wäre. Ich bezweifle, dass er auf dem River mit etwas schlechterem als AK bluffen würde, da es so aussieht, als ob ich Pot-Committed bin. Außerdem sollte jede Hand, mit der er meinen Reraise vor dem Flop und meine Bet auf dem Flop callen kann, zum jetzigen Zeitpunkt AK geschlagen haben. Eventuell könnte er AQ oder 98 haben, aber wahrscheinlich hätte er AQ auf dem Flop gefoldet und 98 vor dem Flop. Nach dieser Analyse, und obwohl ich Pot-Committed erscheine, wird AK ein einfacher Fold.

Ich folde und mein Gegner wirft seine Hand verdeckt ab.[1]

---

[1] Nachdem die Hand vorbei war, schrieb mein Gegner im Chat, er hätte TT gehabt – eine durchaus annehmbare Hand in Anbetracht seines Verhaltens in den einzelnen Setzrunden. Obwohl Gegner ständig lügen über ihre Karten, glaube ich, dass er in diesem Fall die Wahrheit gesagt hat.

Hand 14

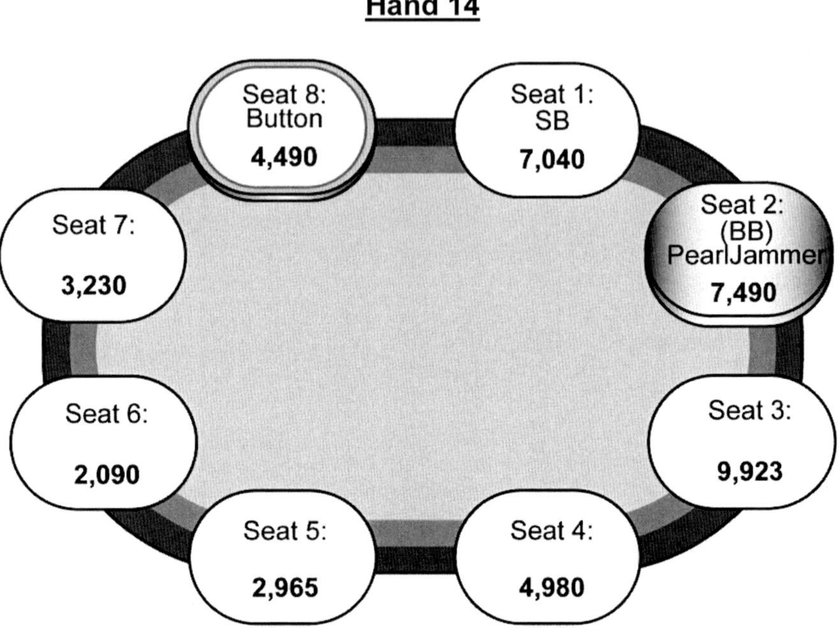

Situation: Es ist früh in einem Freezout-Turnier mit 150 $ Buy-In und 55.000 $ garantiertem Preisgeld. Die Blinds sind bei 50/100 und ich habe einen komfortablen Chipstapel in Höhe des 2,5-fachen des Anfangsstacks. Alle meine Gegner sind mir unbekannt.

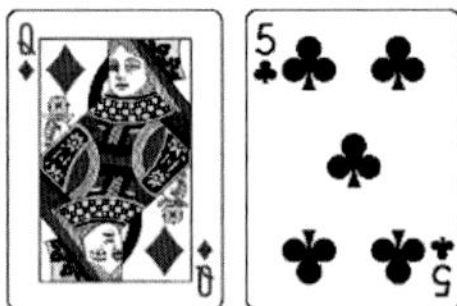

Vor dem Flop (150): Spieler 3 und 5 limpen, Spieler 1 füllt im Small Blind auf und ich bin froh, mit meiner Schrotthand checken und einen kostenlosen Flop sehen zu können.

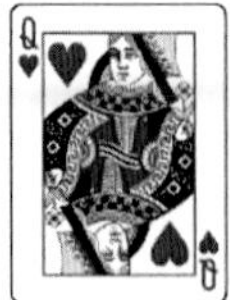
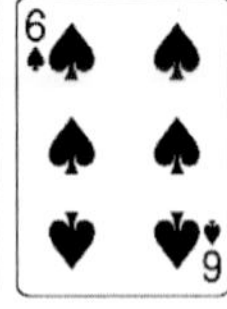
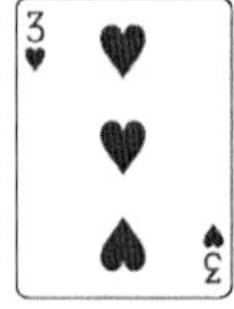

Flop (400): Ich floppe das Top Pair mit schlechtem Kicker auf einem recht unkoordinierten Board. Spieler 1 checkt. In dieser Phase des Turniers bin ich nicht darauf aus, einen großen Pot mit so einer schwachen

Hand zu spielen. Ich würde eventuell eine kleine Bet auf dem Flop callen, wenn der letzte Limper bietet, da er dies mit einem sehr weiten Handspektrum machen kann, nachdem zu ihm gecheckt wurde. Falls jedoch der erste Limper bietet, werde ich meine Hand aufgeben, genauso als wenn der Small Blind vor mir mit einer Bet eröffnet hätte. Ich checke, da ich in ungünstiger Position mit meiner schwachen, marginalen Hand keinen Pot aufbauen möchte. Die beiden Limper checken ebenfalls.

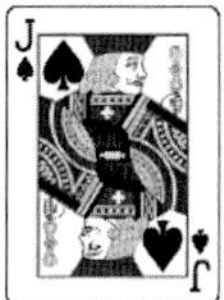

Turn (400): Nachdem all meine Gegner auf dem Flop Schwäche gezeigt haben, und eine Karte unter der Q auf dem Turn erschienen ist, gefällt mir meine Hand nun doch. Spieler 1 checkt. Ich sollte jetzt betten, um Auszahlung für meine Hand zu erhalten und sie zu schützen. Bei 400 im Pot bette ich 250, was etwas mehr als die Hälfte des Pots ist. Spieler 3 und 5 callen und Spieler 1 foldet.

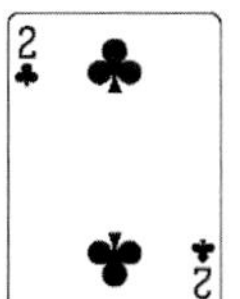

River (1.150): Mit dieser absolut unbedeutenden Karte auf dem River bin ich überzeugt davon, dass mein Paar Damen die beste Hand ist. Die 2 hat eine mögliche Straight vervollständigt, aber ich gehe nicht davon aus, dass einer der Spieler mit 5-4 gelimpt ist. Falls doch, hätte er auf dem Flop wahrscheinlich gebettet. Ich überlege für einen Moment, hier Check und Call zu spielen, um einen Bluff von einem verpassten Straight Draw mit hohen Broadway-Karten oder einem Flush Draw zu provozieren.

Auf der anderen Seite haben beide Gegner während der kompletten Hand passiv gespielt, und es ist nicht unwahrscheinlich, dass einer einen Buben hält. Durch ihre passive Spielweise bezweifle ich, dass sie auf dem River bluffen werden, und falls einer einen Buben hat, wird er keinen Anlass sehen zu bluffen, um den Pot zu gewinnen. Also sollte ich die Gelegenheit nicht verpassen, meine scheinbar schwache Hand For Value zu betten.

Ich sollte so niedrig betten, dass meine Bet von einem Buben oder schlechter – eventuell sogar von beiden Gegnern – bezahlt werden kann, aber auch nicht zu klein, um so viel Auszahlung wie möglich aus der Hand zu bekommen. Ich bette 550 in einen 1.150er Pot. Spieler 3 callt und Spieler 5 foldet. Spieler 3 wirft K♥J♥ ab und ich gewinne mit einem Paar Damen.

Beachten Sie: Auch wenn ich es nicht unbedingt empfehlen würde, aus früher Position mit K♥J♥ zu limpen, ist es dennoch eine durchaus akzeptable Hand, um durch einen Limp sein Spiel aufzulockern, wenn man viele Chips hat. Als erster Limper hätte Spieler 3 jedoch auf dem Flop für ungefähr 300 eröffnen sollen, dann hätte ich wahrscheinlich gefoldet. Selbst wenn ich gecallt hätte, wäre er in der Lage gewesen, auf dem Turn eine Freecard zu nehmen und eventuell einen netten Pot einzustreichen, wenn sein Draw angekommen wäre.

Hand 15

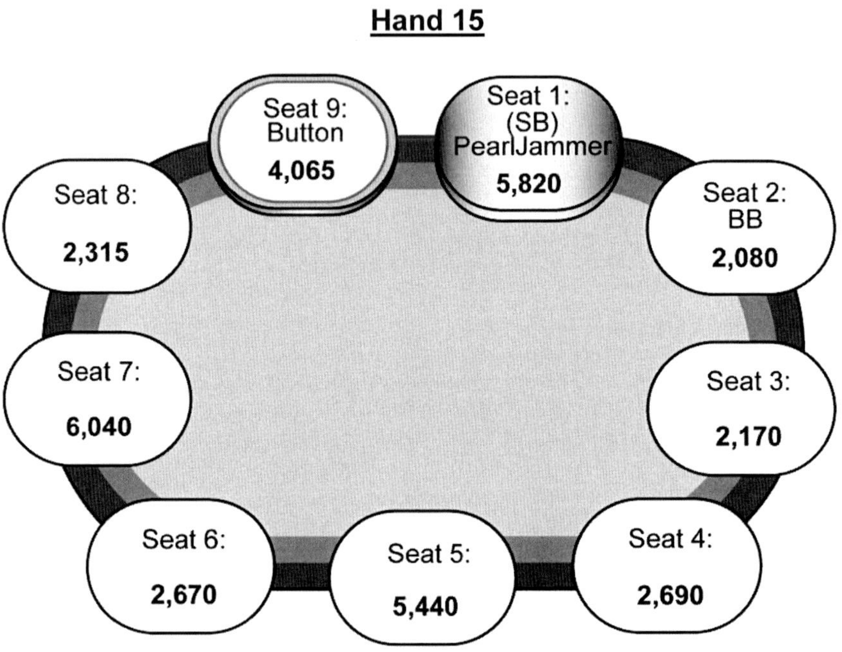

Situation: Ich befinde mich früh in einem Freezout-Turnier mit 10 $ Buy-In und 100.000 $ garantiertem Preisgeld. Das Turnier hat knapp 20.000 Teilnehmer, von denen viele Gewinner von Satellites und/oder unerfahrene Spieler sind. Die Blinds sind bei 50/100.

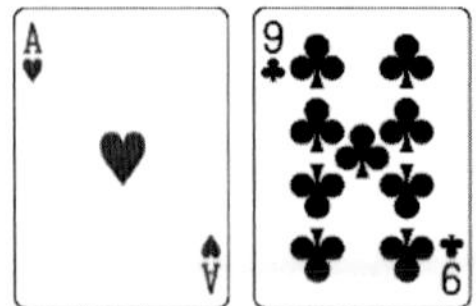

Vor dem Flop (150): Spieler 7 limpt in mittlerer Position. Ich bin glücklich, im Small Blind auffüllen zu können und einen Flop zu sehen. Der Big Blind checkt.

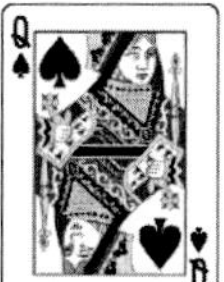 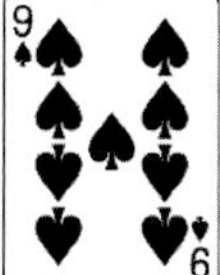 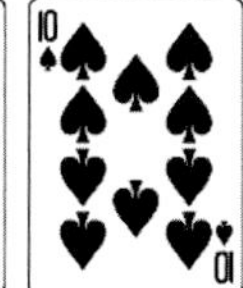

Flop (300): Ich floppe das niedrigste Paar auf einem extrem zusammenhängenden Board mit drei Karten in Pik, die auch eine Straight ermöglichen. Ich habe nicht vor, mit der Hand fortzufahren, falls einer meiner Gegner bettet. Meine beiden Gegner checken allerdings und geben mir eine freie Turnkarte.

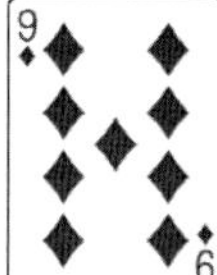

Turn (300): Als ich auf Turn einen Drilling Neuner mit Ass als Kicker bekomme, ändern sich meine Pläne schlagartig,– eine starke aber nicht allzu starke Hand in Anbetracht der Gefährlichkeit des Boards. Ich gehe davon aus, die beste Hand zu halten und kann demnach mit meiner Hand For Value betten. Gleichzeitig habe ich aber im Hinterkopf, dass falls ich einen Raise bekomme, einer meiner Gegner auf dem Flop einen Flush oder eine Straight slow gespielt haben könnte. In so einem Turnier mit niedrigem Buy-In und vielen unerfahrenen Spielern sollte ich sogar stärker als normal auf mögliche Gegner bedacht sein, die große Hände auf dem Flop slow spielen. Sie verlieren dadurch häufig einen Teil der möglichen Auszahlung, aber viele Spieler auf diesem Level tendieren recht häufig zu diesem Fehler.

Trotz dieses Risikos muss ich mit meiner Hand For Value betten, da ich wahrscheinlich das beste Blatt halte, aber vermutlich wegen der diversen möglichen Draws sehr verwundbar bin. Ich eröffne für 200 in einen 300er Pot. Der Big Blind foldet und der Limper callt.

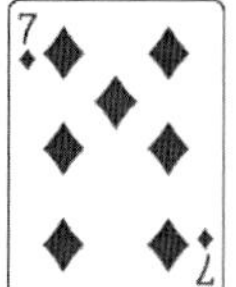

River (700): Dies ist eine relative sichere Karte für meine Hand, denn nur wenn mein Gegner ausgerechnet mit 86 auf der Hand dem unteren Ende eines ***doppelten Gutshot*** hinterher lief, hat er mich nun überholt. Ich bin sehr froh, weder Pik, noch einen König oder eine Acht auf dem River zu sehen, da jede dieser Karten durchaus plausible Draws vervollständigt hätte.

Nun muss ich entscheiden, ob ich meine Hand For Value betten oder stattdessen checken sollte in der Hoffnung, einen Bluff zu provozieren. Ich glaube, mein Gegner hatte möglicherweise einen Draw, also hat eine Bet keinen Wert, da ich von einem verpassten Draw nicht ausbezahlen werde. Auf der anderen Seite, wenn ich annehme, dass mein Gegner mich mit AT, KQ oder QJ gecallt hat, dann sollte ich betten, um ihm eventuell meinerseits einen verpassten Draw zu verkaufen und Auszahlung für meine Hand zu erhalten. In Anbetracht eines so drawlastigen Boards denke ich, dass mein Gegner höchstwahrscheinlich einen verpassten Draw hat, der keinen Wert beim Showdown hätte, also checke ich.

Mein Gegner bettet 300 in einen 700er Pot. Ein Raise ist sinnlos, denn es ist sehr unwahrscheinlich, dass er einen Check-Raise mit einer schlechteren Hand als A-9 callt. Ich sollte außerdem das – allerdings unwahrscheinliche – Szenario nicht vergessen, dass er eine sehr große Hand auf dem Flop slow gespielt hat. Ich calle lediglich. Mein Gegner zeigt 8♦4♦ für einen verpassten Gutshot und ich nehme den Pot mit meinem Drilling Neuner mit.

Beachten Sie, dass mein Gegner aus mittlerer Position mit einer Schrotthand limpte. Diese Art des Spiels findet sich oft in Turnieren mit niedrigem Buy-In wie diesem hier, aber seltener bei höheren Buy-Ins. Wenn man solche Low-Stake-Turniere online spielt (was häufig unglaublich profitabel sein kann in Anbetracht des großen Feldes an sehr schwachen Spielern) ist es oft das beste, simples ABC-Poker zu spielen – speziell in der frühen Phase – um das „Minenfeld“ an schwachen Spielern, wie es gemeinhin bezeichnet wird, zu überstehen.

Hand 16

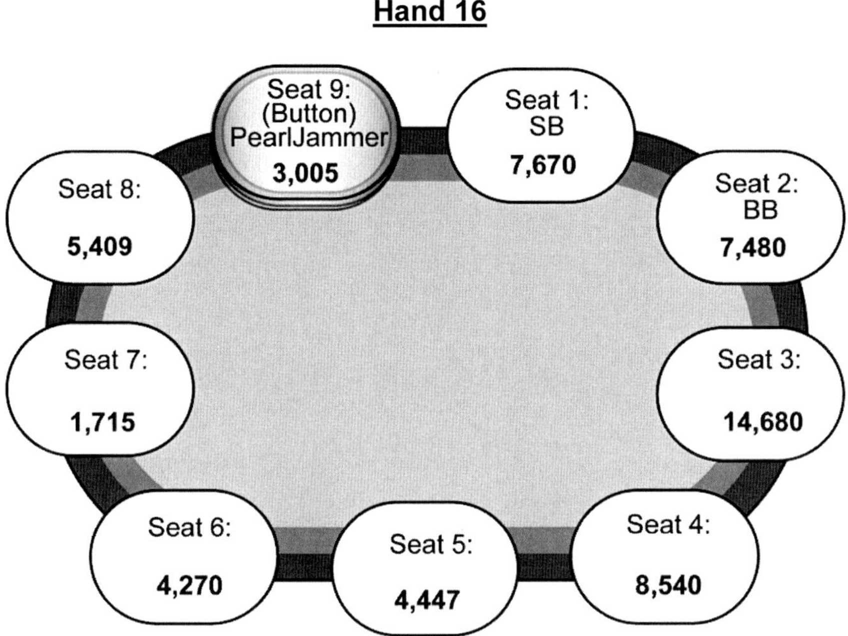

Situation: Es ist die frühe Phase eines Freezout-Turniers mit 150 $ Buy-In und 55.000 $ garantiertem Preisgeld, und die Blinds sind bei 50/100. Ich habe kaum mehr als den Anfangsstack und noch nicht sehr viele Hände gespielt.

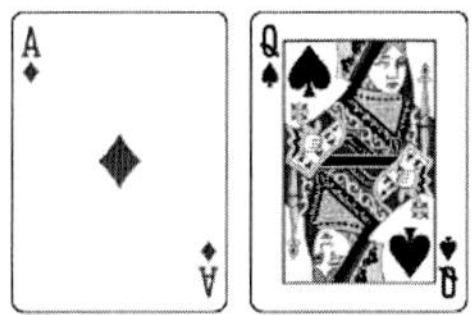

Vor dem Flop (150): Es wird zu Spieler 6 gefoldet, der den zweieinhalbfachen Big Blind auf 250 raist. Ich könnte in dieser Situation verschiedene Spielzüge mit AQ machen.

Ein Fold wäre in Ordnung, da die meisten Spieler zu diesem Zeitpunkt des Turniers mit einem relativ tighten Handspektrum raisen. Ich könnte von AK dominiert werden oder gegen ein hohes Pocket Pair antreten. Selbst wenn ich meinen Gegner dominiere oder mich vor dem Flop in einer knappen Situation befinde, könnte es dennoch korrekt sein, AQ zu folden, wenn ich denke, dass sein Spektrum an Händen sehr schmal ist.

Ein Reraise wäre ebenfalls akzeptabel, da es sehr viele Blätter gibt, gegen die ich einen Münzwurf habe – etwa kleine bis mittlere Paare – und ein Reraise meinen Gegner zu einem Fold bewegen könnte. Allerdings würden Blätter, die ich dominiere, wie zum Beispiel AJ oder KQ, ebenfalls folden. Reraise ich und mein Gegner geht All-In, wäre ich nicht gewillt zu callen, da er dies wahrscheinlich nur mit AK oder einem hohen Pocket Pair macht – ein Spektrum das mich wiederum größtenteils dominiert. Er würde so gut wie nie mit einer Hand callen oder reraisen, die ich mit AQ geschlagen habe, was meine Hand effektiv in einen Bluff verwandelt! Bei 30 Big Blinds und noch keinen Antes sollte ich nicht versuchen, vor dem Flop mit AQ einen großen Pot zu spielen. Ich reraise mit AQ so gut wie nie, es sei denn, ich habe guten Grund zu der Annahme, dass der ursprüngliche Preflop-Raiser versucht zu stehlen.

Ständig Raises vor dem Flop nur zu callen, ist nicht sonderlich ratsam, kann aber eine annehmbare Option darstellen, speziell in günstiger Position. Ein Call hält den Pot klein und vermeidet, durch einen Reraise des ursprünglichen Raisers aus dem Pot gedrängt zu werden. Wäre der Raise in dieser Hand aus früher Position gekommen, hätte ich AQ gefoldet. Aber da ich mich auf dem Button befinde, und der Raise aus mittlerer Position kommt, entscheide ich mich für einen Call. Die Blinds folden und ich sehe den Flop Heads-Up gegen Spieler 6.

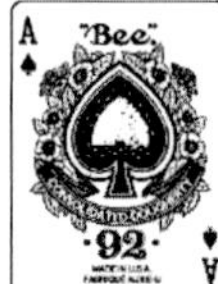
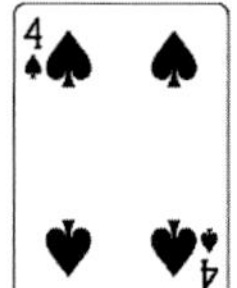
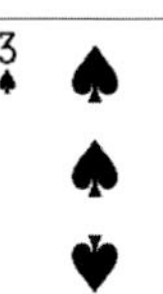

Flop (650): Ich floppe Top Pair plus Flush Draw mit der Dame als höchster Karte. Mein Gegner bettet 300 in einen Pot von 650. Dieser Flop sollte mir sehr gut gefallen, aber ich hüte mich davor, einen großen Pot zu spielen. Sollte mein Gegner überzeugt genug von seiner Hand sein, auf dem Flop gegen einen Raise weiter zu spielen, könnte ich sehr gut gegen AK mit dem Pik-König oder vielleicht sogar gegen einen gefloppten Flush oder ein Set antreten. Folglich entscheide ich mich für höchste Vorsicht und dafür, den Pot klein zu halten. Ich calle lediglich.

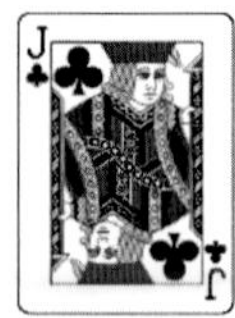

Turn (1.250): Dies ist eine sehr schlechte Karte für mich. Ich verpasse meinen Flush Draw, und eine weitere Hand, die ich geschlagen hatte, übernimmt nun die Führung. AJ ist durchaus im Handspektrum meines Gegners und hätte mich jetzt überholt. Mein Gegner checkt. Ich könnte hier eine Value Bet ansetzen mit dem Ziel, eine Hand wie KK (mit dem Pik-König) für seinen Draw bezahlen zu lassen. Allerdings schlage ich auf der anderen Seite nur sehr wenige Hände, die eine Bet auf dem Turn callen würden. Bekomme ich auf meine Turnbet Action, bedeutet das wahrscheinlich, dass ich hinten liege. Und falls mein Gegner checkraist, stünde ich vor einer sehr schweren Entscheidung. Höchstwahrscheinlich müsste ich folden, da ich meinem Gegner dann eine Hand wie AK, AJ oder besser zutrauen sollte. Ich checke ebenfalls.

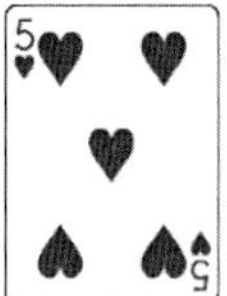

River (1.250): Mein Gegner checkt erneut zu mir. Hier sollte ich mit meiner Hand vermutlich eine Value Bet ansetzen, ungefähr die Hälfte des Pots mit 1.250. Es ist allerdings recht schwierig, auf diesem Board von einer schlechteren Hand ausbezahlt zu werden. Mit einem schwachen Ass würde mein Gegner eine Bet auf dem River wahrscheinlich callen, aber AT, A9 und A8 sind die einzigen Hände in seinem Handspektrum, die ich schlage. Er könnte mich auch noch mit einem Pocket Pair in der Annahme ausbezahlen, ich würde mit einem verpassten Flush Draw bluffen. Aber da ist die Hoffnung größer als die Wahrscheinlichkeit. Ich entscheide mich gegen die Value Bet und hoffe, einfach beim Showdown die Gewinnerhand zu zeigen. Ich checke, mein Gegner zeigt A♥K♥ und gewinnt den Pot.

Er könnte auf dem River gecheckt haben, um einen Bluff zu provozieren. Wahrscheinlich hatte er erkannt, dass er zwar die beste Hand hielt, es aber schwer werden würde, noch weitere Auszahlung damit zu erzielen. Wenn er gebettet und ich ihn geraist hätte, wäre es ihm außerdem sicher schwer gefallen, mit AK zu callen. Er nahm mit seinem Check die konservative Route. Anstatt einen Einsatz auf den kleinen, möglichen Vorteil zu setzen, zog er es vor, seinen Stack zu schützen, für den Fall, dass er hinten lag.

Hand 17

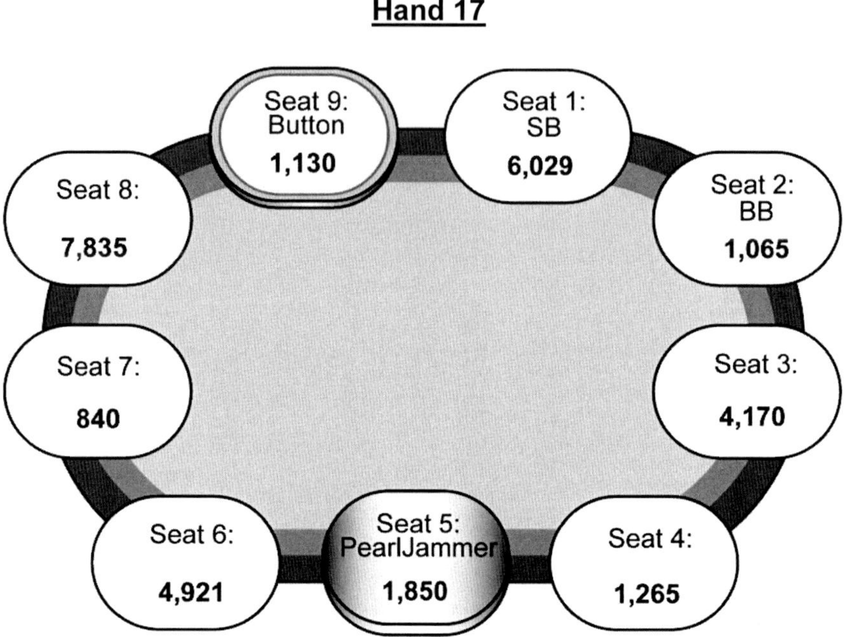

Situation: Es ist die frühe Phase eines Freezout-Turniers mit 50 $ Buy-In, 15.000 $ garantiertem Preisgeld und mit einem Anfangsstack von nur 1.500. Die Blinds sind bei 60/120. Ich bin mit keinem meiner Gegner vertraut, sie scheinen aber insgesamt vorhersehbar und recht passiv zu spielen, was in Turnieren mit kleinerem Buy-In üblich ist.

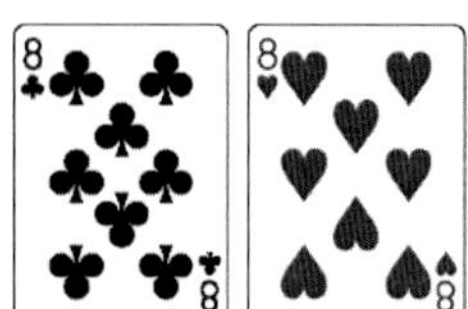

Vor dem Flop (180): Spieler 4 limpt und ich bin an der Reihe. Ohne einen Limper vor mir hätte ich mit dieser Hand geraist. Mit nur 15 Big Blinds bin ich nach einem Limper allerdings in einer unangenehmen Lage. Ich könnte All-In pushen, allerdings führe ich diesen Spielzug lieber mit einem kleineren Stack aus, damit er profitabel ist. Ich könnte auch raisen, aber dann wäre ich auf dem Flop in einer schwierigen Situation, wenn der Limper oder einer der anderen Spieler callt. Ich wäre Pot-Commited und würde mich wahrscheinlich einigen Overcards gegenüber sehen. Beide Spielweisen sind akzeptabel, aber mit 15 Big Blinds ist mein Stack gerade groß genug, um nach einem Limper ebenfalls zu limpen. In der Hoffnung, Spieler 4 und die Blinds in einem kleinen Pot Position zu haben, entscheide ich mich für einen Call. Gelingt dies, kann ich auf fast jedem Flop betten, andernfalls locke ich nach mir weitere Limper in den Pot, die wiederum meine Implied Odds erhöhen, falls ich ein Set treffe.

Spieler 6 limpt ebenfalls nach mir und es wird bis zu Spieler 2 im Big Blind gefoldet. Spieler 2 geht für weitere 945 All-In. Spieler 4 foldet und ich bin an der Reihe. Hätte Spieler 4 gecallt oder All-In gereraist, hätte ich mein mittleres Paar gefoldet und den kleinen Verlust in der Hand akzeptiert. Es wäre zu wahrscheinlich gewesen, dass ich zumindest gegen ein höheres Paar als mein Paar Achter angetreten wäre. Da Spieler 4 allerdings gefoldet hat, und ich bei einem Pot von 1.485 nur 945 callen muss, kann ich mit meiner Hand nun eindeutig callen.

So klein wie der Stack von Spieler 2 ist, kann er hier durchaus mit einem sehr weiten Spektrum All-In gehen – im Prinzip mit jeder Kombination aus zwei Broadway-Karten, jedem Pocket Pair oder sogar jedem schwachen Ass. Da ich gute Siegchancen gegen diese Hände habe, und mein Gegner nur selten mit einem höheren Paar aufwarten wird, sollte ich diese Möglichkeit nicht verpassen, Chips einzusammeln. Die beste Spielweise ist, mit einem All-In den Spieler zu isolieren, um den Limper mit dem großen Stack nach mir nicht einzuladen, ebenfalls zu callen. Ich reraise All-In und Spieler 6 foldet.

Mein Gegner zeigt A♥T♣, hat somit zwei Overcards und ich befinde mich in einer Münzwurfsituation. Auf dem Board erscheint K♠J♠4♥2♣6♥, ich gewinne das Rennen und vergrößere meinen Stack auf 3.215.

Hand 18

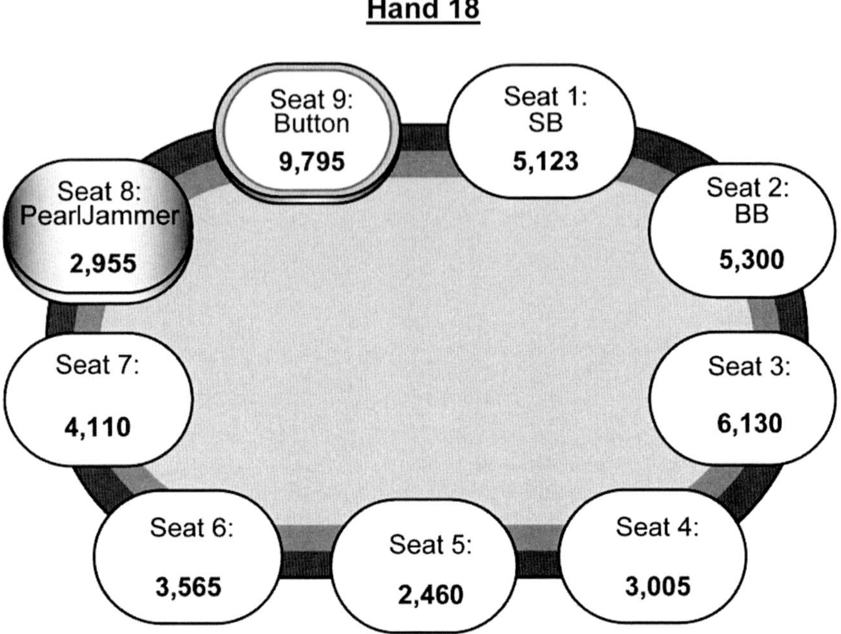

Situation: Ich befinde mich früh in einem 500 $-Qualifikationsturnier zu einem großen Live-Turnier. Ich habe knapp den Anfangsstack und war noch nicht in sehr viele Pots verwickelt. Die Blinds sind bei 60/120.

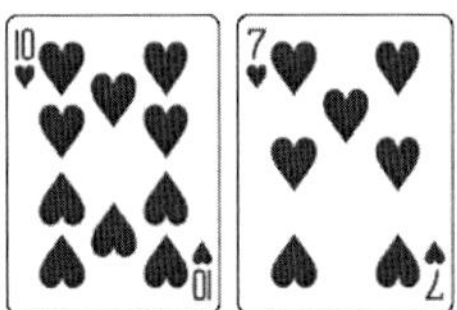

Vor dem Flop (180): Spieler 5 und 6 limpen in mittlerer Position für je 120. Ich entschließe mich, ebenfalls zu limpen in Anbetracht der Möglichkeit, hier günstig in einen Pot mit vielen Spielen zu kommen, bei dem ich eine starke Position und eine gut verstecke Hand habe. Der Button foldet, der Small Blind füllt auf und der Big Blind checkt.

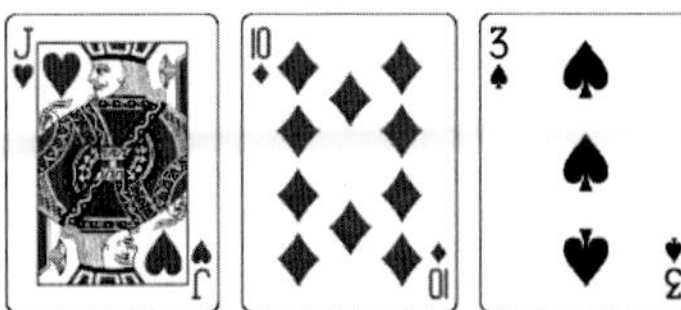

Flop (600): Es wird zu mir gecheckt. Gegen einen einzelnen Gegner würde ich hier in den meisten Fällen betten; bei vier Gegnern, ist dies allerdings etwas zu riskant. Mit einer Bet würde ich einen Check-Raise ermöglichen, bei dem ich folden müsste. Selbst wenn nur einer meiner Gegner callen sollte, wäre es schwer, mit der Hand fortzufahren, falls ich keine weitere Zehn auf dem Turn bekomme. Selbst die Sieben ist eine gefährliche Karte, denn es ist recht wahrscheinlich, dass einer meiner Gegner hier 98 hält. Und da meine Bet in Anbetracht meiner Position sehr verdächtig wirken würde, erwarte ich, dass jeder Spieler mit einer 10 (und sicher einem besseren Kicker) entweder callt oder sogar raist. Ich entschließe mich also zu checken.

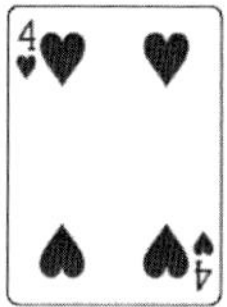

Turn (600): Dies ist eine hervorragende Karte für mich. Es ist höchst unwahrscheinlich, dass diese Karte irgendjemandem geholfen hat, also habe ich eventuell immer noch die beste Hand. Zusätzlich habe ich jetzt noch einen Flush Draw erhalten.

Der Small Blind ergreift die Initiative und bietet 300 in einen Pot von 600. Der Big Blind callt und beide Limper folden. Es spräche hier einiges für einen Raise, da der Caller sich höchstwahrscheinlich auf einem Draw befindet. Da diese beiden Spieler am Flop allerdings noch vor drei Limpern agieren mussten, kann ich mir auch vorstellen, dass der Small Blind mit einem Buben oder sogar Two Pair auf dem Flop gecheckt hatte. Mit meiner sehr starken Hand – einem Paar plus Flush Draw – würde ich gerne günstig den River sehen, doch ein Reraise von einem meiner Gegner könnte mich zum Fold zwingen. Ein einfacher Call lässt mich die Größe des Pots kontrollieren und vermeidet das Risiko, aus dem Pot geraist zu werden, also entscheide ich mich dazu, lediglich zu callen.

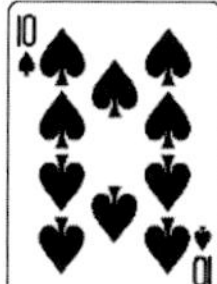

River (1.500): Bingo! Dies ist vielleicht die bestmögliche Riverkarte für mich. Meine Gegner checken. Natürlich muss ich nun auf dem River For Value betten, fraglich ist nur die Höhe meiner Bet. Ich könnte durchaus auf einem Draw gewesen sein, wenn man bedenkt, dass ich auf dem Flop gecheckt und auf dem River lediglich gecallt habe. Demnach könnten meine Gegner denken, dass ich bluffe.

Ich will einen schwachen Call von einem meiner Gegner provozieren. Manchmal erreicht eine kleine Bet dieses Ziel, wenn der Preis im Vergleich zum Stack des Gegenübers angemessen ist. Auf der anderen Seite folden einige Spieler häufig nach einer kleinen Bet, weil sie denken, dass man damit einen Call möchte. Eine größere Bet kann verdächtiger aussehen, da der Gegner vermutet, man wolle eher einen Call vermeiden. Ich tendiere eher dazu, einen größeren Betrag zu setzen, da ich besser ausbezahlt werde, wenn mein Gegner den Köder schluckt. Ich bette 1.150, in etwa dreiviertel des Pots von 1.500, aber unglücklicherweise folden beide Spieler.

Hand 19

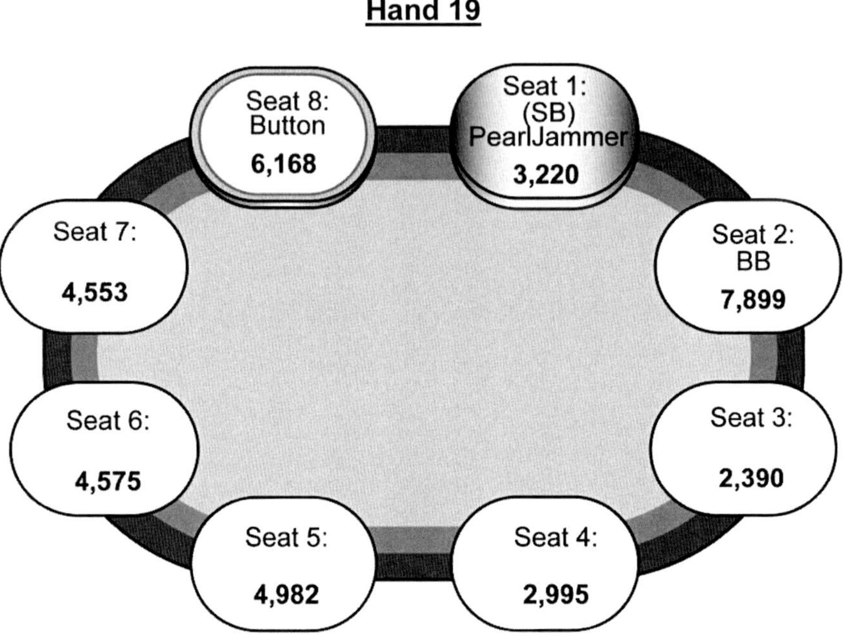

Situation: Es ist früh in einem Freezout-Turnier mit 100 $ Buy-In, die Blinds sind bei 75/150, und ich habe ungefähr den Anfangsstack. Ich habe mir ein tightes Image aufgebaut, da ich bisher nur sehr wenige Hände gespielt habe.

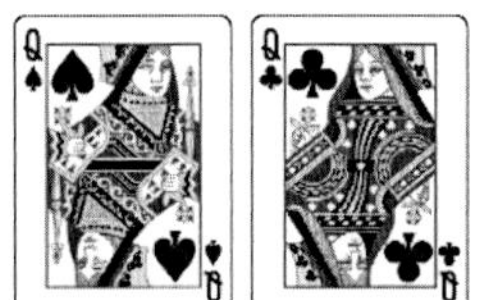

Vor dem Flop (225): Es wird zu Spieler 6 gefoldet, der aus der Hijack-Position auf 500 erhöht. Der Cut-Off und der Button folden, und ich bin an der Reihe. Den Raise einfach nur zu callen verwerfe ich sofort, da ich in ungünstiger Position keine Falle aufbauen möchte mit einer Hand, die durch zwei Overcards verwundbar ist. Ein Reraise ist auf jeden Fall die richtige Wahl, es stellt sich lediglich die Frage nach der Höhe.

Normalerweise würde ich auf 1.500 raisen, das Dreifache des ursprünglichen Raises. Das entspricht allerdings fast der Hälfte meines Stacks. Nachdem ich einen so großen Teil meines Stacks investiert habe, würde ich selbst auf einem

Flop mit einem ein Ass nicht mehr folden, also ist es die beste Option, jetzt direkt All-In zu gehen.

Ein All-In mit 3.220 mag wie eine Overbet aussehen, aber wenn ich den Pot vor dem Flop mitnehmen kann, vergrößere ich meinen Stack damit um mehr als 20 Prozent. Natürlich würde ich in dieser Situation am liebsten von einer Hand gecallt werden, die ich dominiere und manche Gegner interpretieren eine große All-In Bet als schwach. Deshalb denke ich, dass ein All-In größere Chancen hat, von einem kleineren Pocket Pair gecallt zu werden, als ein Reraise auf 1.500. Ich reraise also für 3.220 All-In, und sowohl der Big Blind als auch Spieler 6 folden zügig.

Hand 20

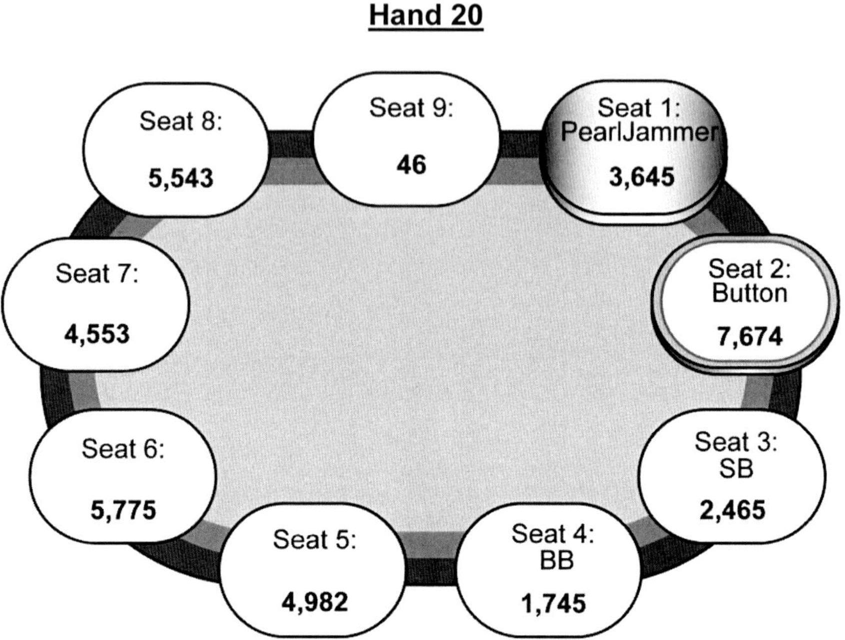

Situation: Es ist dasselbe 100 $ Freezeout-Turnier wie in der Hand zuvor, nur eine Runde später. Die Blinds stehen noch immer bei 75/150.

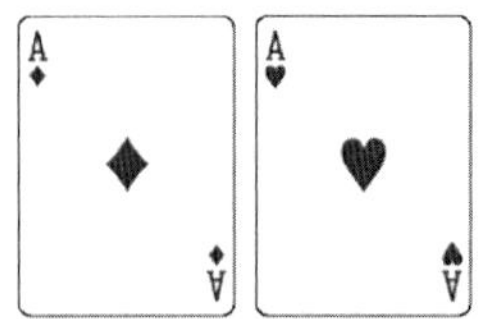

Vor dem Flop (225): Spieler 6, der gleiche Spieler wie in der vorigen Hand, raist in früher Position erneut auf 500. Die Spieler zwischen uns folden und ich bin am Zug.

Es ist immer wichtig, mit seinen Premium-Händen den maximalen Profit auszuschöpfen, ganz besonders mit Assen. Nach einem Raise gehe ich mit Assen in der Regel All-In, sobald mein Stack kleiner als das Zwölffache des Big Blinds ist. Ich möchte, dass der Raiser seine Chips sofort investiert, und ihm die Chance verwehren, noch aufzugeben, wenn ihm der Flop nicht gefallen sollte.

Sind die Stacks groß, reraise ich fast immer, um das Feld auszudünnen und meine Hand besser vor dem Flop zu definieren. Bloßes Callen von Raises mit großen Stacks ist ziemlich riskant, weil es mit „nur“ einem Paar nach dem Flop schnell gefährlich werden kann.

Bei effektiven Stacks mittlerer Größe (ungefähr zwischen 12 und 20 Big Blinds) ziehe ich eher in Betracht, meine Asse slow zu spielen. Ein simpler Call in dieser Situation könnte einen Spieler nach mir zu einem Reraise bewegen – allgemein bekannt als ***Squeeze Play***. Falls nicht, habe ich gute Position auf einen Spieler, der aller Wahrscheinlichkeit nach eine Continuation Bet machen wird. Mit der richtigen Stackgröße bietet mir dies die Möglichkeit, allein durch die Bet meines Gegners auf dem Flop meinen Stack signifikant zu vergrößern Entscheidet er sich, einen Raise auf dem Flop zu callen, bin ich bereit, in Anbetracht der Größe meines Stacks mit meinem Premium-Paar alles zu riskieren. Ob ich bei dieser Stackgröße slow spiele oder nicht, hängt generell von der Wahrscheinlichkeit ab, mit der mein Gegner einen Reraise vor dem Flop callen würde oder nicht.

Speziell in dieser Hand entscheide ich mich aufgrund des schnellen Folds vom Spieler 6 in der Hand zuvor und dem unwahrscheinlichen Fall, dass die Spieler zwischen uns mit einer weiteren Monsterhand aufwachen, zu einem einfachen Call. Der Button und der Big Blind hinter mir callen ebenfalls.

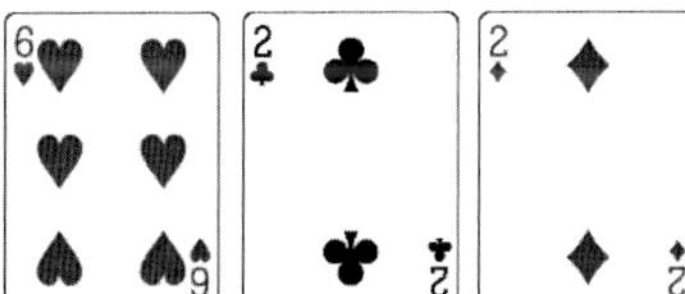

Flop (2.075): Ich bin nicht sonderlich froh, einen Flop zu viert zu sehen. Aber trotzdem ist dies ein exzellenter Flop für mich! Da es sehr unwahrscheinlich ist, dass einer meiner Gegner eine 2 hält, brauche ich mir nur um 66 Sorgen zu machen. Wichtig ist, dass ich höchstwahrscheinlich komplett ausbezahlt werde, wenn einer meiner Gegner ein Pocket Pair hält. Spieler 4 checkt, und Spieler 6 setzt 1.450 in einen Pot von 2.075. Ich könnte diese Bet zwar callen, hätte dann nur noch weitere 1.595 Chips und entscheide mich, direkt All-In zu gehen. In Anbetracht seiner Bet bin ich mir recht sicher, dass Spieler 6 ein Pocket Pair hält und dass er mein All-In callen wird. Außerdem besteht die Möglichkeit, dass einer der beiden Spieler hinter mir ebenfalls mit einem Paar callt. Ich gehe mit 3.145 All-In.

Die Spieler 2 und 4 folden und Spieler 6 callt mein All-In mit T♥T♣. Auf dem Turn erscheint die T♦ und der River bringt die 8♥. Mein Gegner trifft somit seinen 2-Outer und gewinnt den Pot mit einem Full House, Zehner über Zweier.

Hand 21

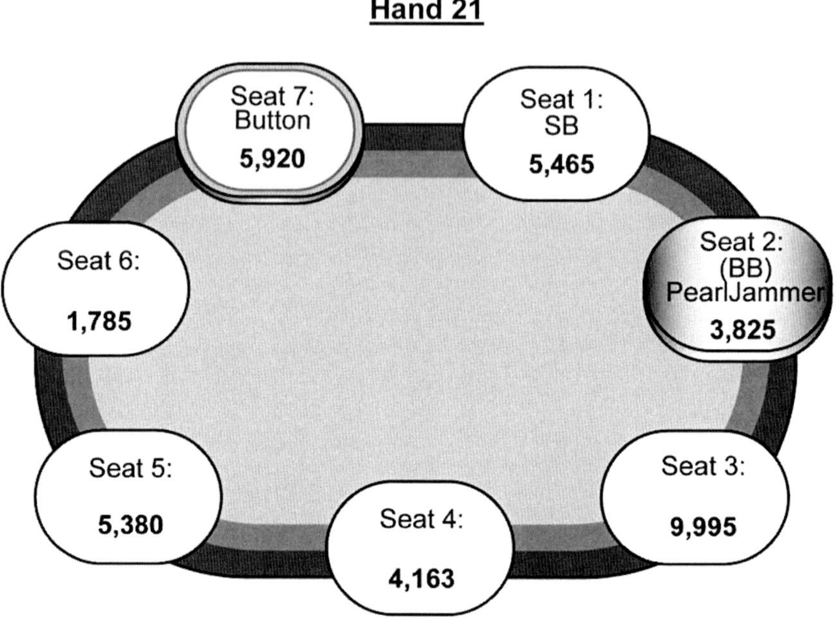

Situation: Nach etwa zwei Stunden in einem Satellite für ein Major Live-Event befinde ich mich in einer Blind-gegen-Blind-Situation gegen einen sehr aggressiven Spieler wieder. Eine Runde zuvor hatte derselbe Gegner in eben dieser Situation gegen mich einen Check-Raise gespielt, nachdem ich versucht hatte, den Pot zu stehlen. Die Blinds stehen bei 100/200.

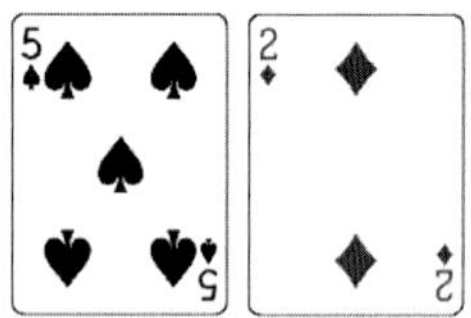

Vor dem Flop (300): Die Spieler folden zum Small Blind, der mit 100 Chips limpt. Ich checke und bin froh, mit einer Schrotthand einen kostenlosen Flop sehen zu können.

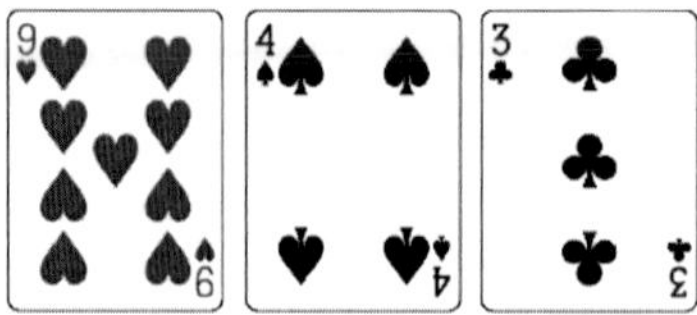

Flop (400): Mein Gegner bietet 250 in einen Pot mit 400. Ich habe einen Open-ended Straight Draw auf einem dreifarbigen Board gefloppt. Da ich Position habe, einen guten Draw halte und mich lediglich mit einer kleinen Bet konfrontiert sehe, spiele ich diese Hand definitiv weiter. Aus der Erfahrung, wie er bisher Blind-gegen-Blind gespielt hat, weiß ich, dass er diese Bet mit jeder x-beliebigen Hand machen würde, egal ob er den Flop getroffen hat oder nicht. Ich könnte raisen, doch falls mein Gegner eine starke Hand wie Two Pair oder Top Pair oder auch nur etwas Schwaches wie ein mittleres Paar hält, könnte er reraisen und mich somit zum Folden zwingen. Ich möchte mich aber nicht aus meinem Draw drängen lassen.

Dazu kommt, dass mein aggressiver Gegner hier recht häufig überhaupt nichts hat. Und die meisten Spieler, die auf dem Flop mit Nichts betten, geben auf dem Turn auf. Demnach könnte mir ein einfacher Call auf dem Flop die Möglichkeit eröffnen, auf dem Turn den Pot zu stehlen, falls mein Gegner zu mir checkt. . Und falls ich gegen eine fertige Hand spiele, begrüße ich natürlich die Möglichkeit, in Position günstig auf meine Straight zu drawen. Ich calle die 250.

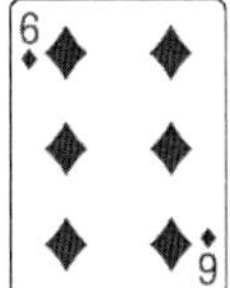

Turn (900): Jackpot! Ich habe auf dem Turn die zweithöchste Straight getroffen. Unglücklicherweise checkt mein Gegner zu mir. Zwar könnte ich nun ebenfalls checken und darauf hoffen, mir die Hand auf dem River ausbezahlen zu lassen. Doch mit einer so starken Hand möchte ich nur selten slow spielen. Wenn ich nun checke und eine 7, 5 oder 2 käme, könnte ich nur wenig Profit mit meiner Hand erzielen – selbst wenn mein Gegner eine starke zweitbeste Hand hätte. Doch wenn ich bette, könnte dies meinen aggressiven Gegner dazu bringen, mich mit irgendeiner fertigen Hand oder sogar einen Bluff oder Semibluff zu checkraisen. Und natürlich will ich möglichst viel Gewinn mit meiner Hand erzielen.

Da ich also mit meiner Monsterhand bieten sollte, muss ich mir nur noch überlegen, welches hier die richtige Höhe für eine Bet ist. Weniger als halbe Potgröße zu bieten, könnte meinen Gegner zu einem Check-Raise motivieren, doch falls er einen Draw hält, könnte er mich damit zu günstig noch schlagen. Setze ich meine Bet dagegen zu hoch an, könnte er folden. Ich suche eine Höhe, die keine Information über meine Hand verrät, und gleichzeitig meinen Gegner auch nicht aus der Hand drängt. Ich entscheide mich für etwas mehr als die halbe Potgröße, und biete 550 in einen Pot von 900.

Zu meiner Freude checkraist mein Gegner auf 2.550 und setzt mich somit praktisch All-In! Ich reraise meine restlichen 825, da der Pot nun so groß ist, dass mein Gegner auf keinen Fall mehr folden wird. Es könnte zwar sein, dass mein Kontrahent 75 und somit die Nut-Straight hält, doch dann wären das einfach unglückliche Umstände. Mein Gegner callt und zeigt mit J♣5♣ einen Open-ended Straight Draw, der aber auch nur den Pot teilen würde, wenn er ankommt. Auf dem River kommt die T♣, meine Straight hält und ich kann verdoppeln.

Beachten Sie, dass mein Gegner auf dem Flop mit Nichts gebettet hat, ein typischer Spielzug in Blind-gegen-Blind-Situationen. Nachdem er auf dem Turn einen Draw bekam, wollte er möglichst günstig den River sehen. Allerdings wurde er nach meiner Bet zu gierig und beging einen schweren Fehler, indem er bei nur noch einer verbleibenden Karte zu viele Chips setzte. Um sich in Turnieren einen großen Chipstapel aufzubauen kann es sehr wichtig sein, seine Gegner zu so fatalen Fehlern zu provozieren.

Hand 22

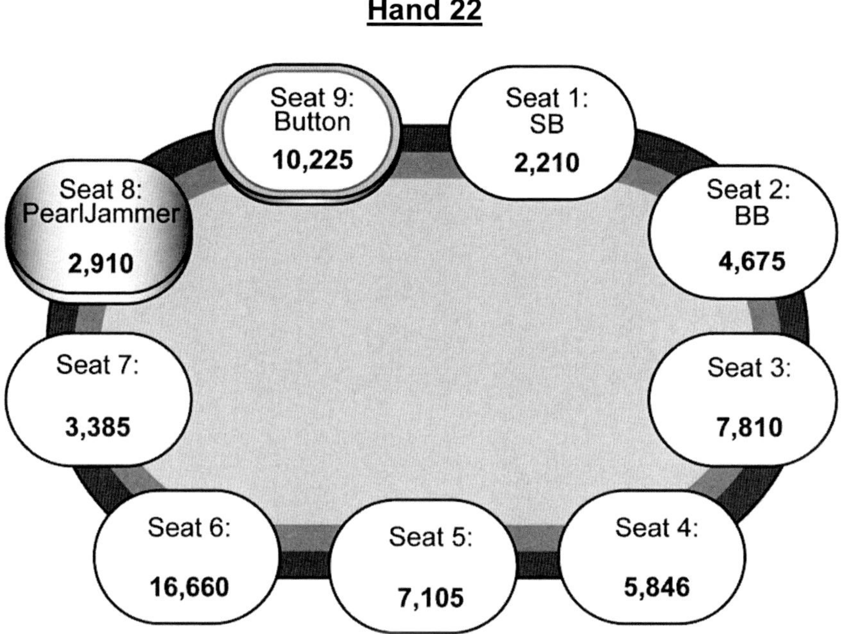

Situation: Es ist die frühe Phase eines 50 $ Freezeout-Turniers und ich war bisher kaum in Pots involviert. Ich habe noch fast meinen gesamten Anfangsstack von 3.000 Chips und die Blinds sind bei 100/200.

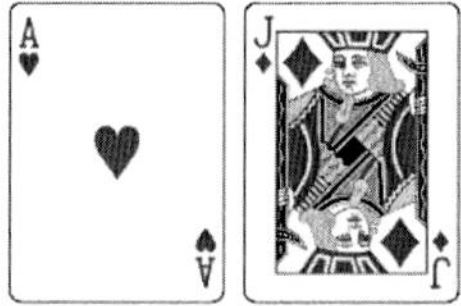

Vor dem Flop (300): Der reichlich aktive Spieler 3 limpt in erster Position. Die verbleibenden Spieler folden zu mir. Ich könnte raisen, um den Pot direkt vor dem Flop mitzunehmen, oder um den Limper zu isolieren. Jedoch ist dieser Move ziemlich riskant, speziell in Anbetracht der Größe meines Stacks. Um den Spieler 3 effektiv zu isolieren, müsste ich praktisch ein Drittel meines Stacks setzen. Sollte ich jedoch Action bekommen, würde ich aller Wahrscheinlichkeit nach gegen ein stärkeres Blatt spielen und wäre schnell Pot-Committed gegen eine dominierende Hand.

Der Limper in erster Position macht die ganze Situation sehr interessant. Hätte er sich bisher an wenigen Pots beteiligt, hätte ich AJ weg geworfen, da ich fürchten müsste, dass er mit einem hohen Pocket Pair oder einem besseren Ass limpte. Da er bisher aber sehr aktiv war, möchte ich in Position den Flop sehen. Ich entscheide mich, hinterher zu callen, der Button limpt ebenfalls, der Small Blind füllt auf und der Big Blind checkt. Insgesamt sehen nun fünf Spieler den Flop.

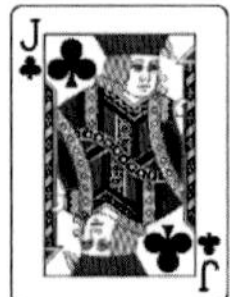
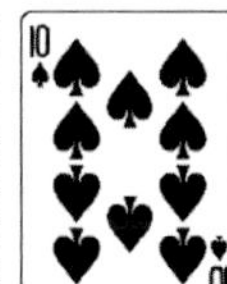
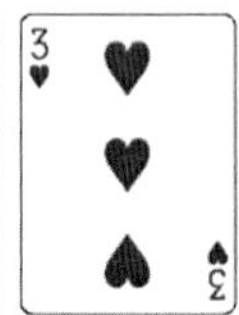

Flop (1.000): Ich floppe Top Pair mit Top Kicker, eine starke, wenn auch etwas gefährliche Hand in Anbetracht zweier Broadway-Karten auf dem Flop. Der Small Blind auf Platz 1 setzt 800 in einen Pot von 1.000. Der Big Blind und der Limper auf Platz 3 folden. Der Small Blind hat nach seiner Bet von 800 nur noch 1.210 Chips übrig und ist somit auf jeden Fall Pot-Committed. Er könnte aus dem Small Blind sehr gut Two Pair oder sogar ein Set Dreier gefloppt haben. Allerdings hätten die meisten Spieler mit einer stärkeren Hand als AJ hier versucht, eine Falle zu stellen, und bei so vielen Limpern zu checkraisen. Wahrscheinlicher ist, dass er einen Buben mit einem niedrigeren Kicker als ich hält, oder dass er versucht, mit einem Open-Ended Straight Draw (KQ, Q9, oder 98) zu semibluffen. Ich bin mir ziemlich sicher, vorne zu sein und raise ausreichend, um ihn All-In zu setzen. Ich raise auf 2.400.

Der Button foldet, aber Spieler 1 callt und zeigt Q♣J♠. Auf dem Turn erscheint die 2♥, auf dem River die 7♦ und meine Hand hält.

Hand 23

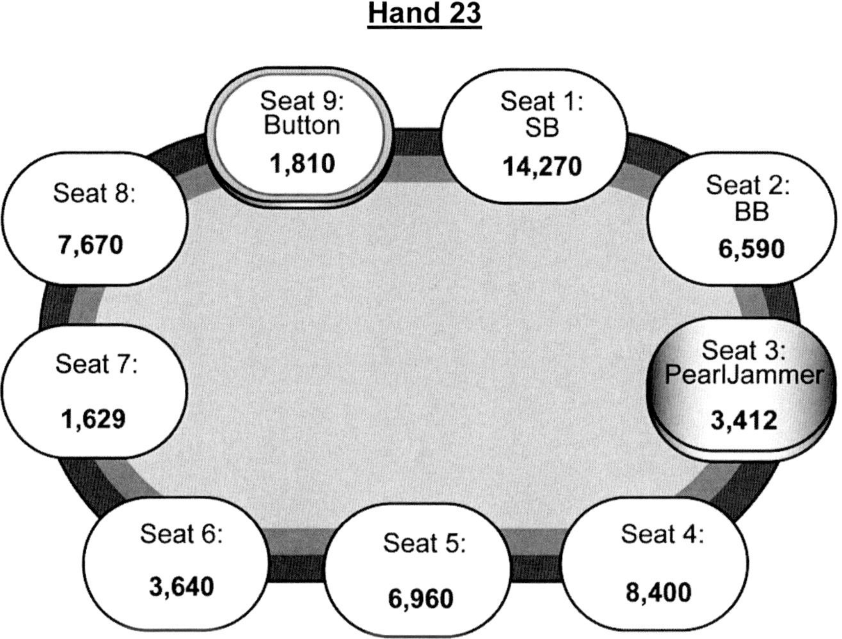

Situation: Ich befinde mich in einem 100 $ Freezeout-Turnier, ein Level bevor das Ante einsetzt. Die Blinds stehen bei 100/200, und ich liege mit etwas mehr als meinem Anfangsstack weit unter dem Durchschnitt. Spieler 8 ist ein ziemlich intelligenter und aggressiver Spieler, den ich durchaus respektiere.

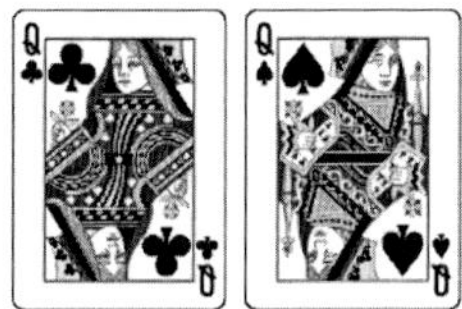

Vor dem Flop (300): Mit nur 17 Big Blinds bin ich bereit, all meine Chips noch vor dem Flop in die Mitte zu bekommen. Ich eröffne mit meinem Standard-Raise in Höhe von 2,5 Big Blinds auf 500. Spieler 5 mit 7.000 Chips reraist auf 2.000. Der Spieler 8 reraist vom Cut-Off aus All-In auf 7.670 und nun bin ich wieder an der Reihe.

Als ich mit QQ geraist habe, was mir weniger als 3.000 Chips übrig ließ, wollte ich eigentlich Action bekommen. Doch nun, bei so viel Action nach mir, ist es an der Zeit, die Situation neu zu analysieren. Mit einem kleinen Stack raiste ich aus erster Position und sollte daher annehmen, dass meine Gegner mir eine starke Hand zutrauen. Sie dürften mich auf ein Spektrum an Händen zwischen 88+, AQ+, vielleicht sogar AJ oder KQ setzen. Da Spieler 5 gereraist hat – höchstwahrscheinlich in der Annahme, dass ich committed bin – sollte ich ihm ein Spektrum von TT+ und AK geben, eventuell noch so schwach wie 99 oder AQ.

Da ich weiß, dass Spieler 8 ein sehr intelligenter Spieler ist, und keinen großen Fehler auf Kosten seines gesamten Stacks in dieser Phase des Turnier machen würde, sollte ich ihm zutrauen, dass er weiß, was ich weiß, sowohl über das Handspektrum von Spieler 5 als auch über meine möglichen Hände. Ich sollte außerdem davon ausgehen, dass er eher auf Nummer sicher geht und mit einer schwachen Hand wie JJ nicht seinen gesamten Stack in die Mitte schiebt – eventuell nicht einmal mit AK – wenn er noch kein Geld in den Pot investiert hat. Demnach sollte ich sein Spektrum auf AA, KK, QQ (auch wenn nur noch eine Kombination für QQ übrig ist) und vielleicht noch AK reduzieren können.

In dieser Situation ist AK normalerweise wahrscheinlicher als AA oder KK, denn es gibt 16 Kombinationsmöglichkeiten von AK gegenüber 12 Kombinationen von AA oder KK. In diesem Fall ist es jedoch plausibel anzunehmen, dass Spieler 8 AK wohl gefoldet hätte, und AA oder KK somit die wesentlich wahrscheinlicheren Möglichkeiten sind. Da ich mich gegen AK in einer Münzwurfsituation befinde und von den beiden höheren Paaren dominiert werde (ich muss ebenso die Möglichkeit beachten, dass Spieler 5 mit AA oder KK gereraist hat), entscheide ich mich, QQ zu folden. Spieler 5 foldet ebenfalls und Spieler 8 legt seine Hand verdeckt ab.

Hand 24

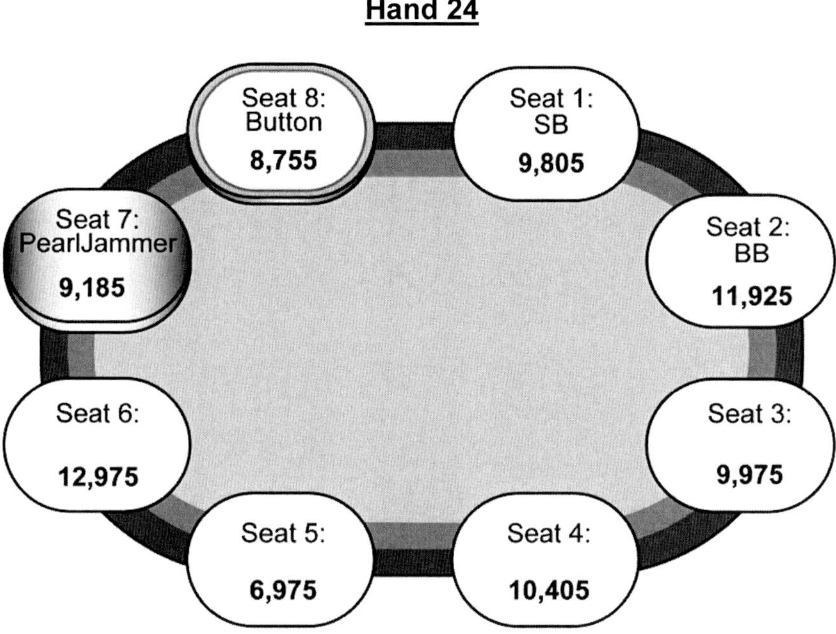

Situation: Es ist die mittlere Phase eines 200 $ Freezeout-Turniers und fast der gesamte Tisch hat relativ große Stacks im Vergleich zu den Blinds, die bei 100/200 stehen.

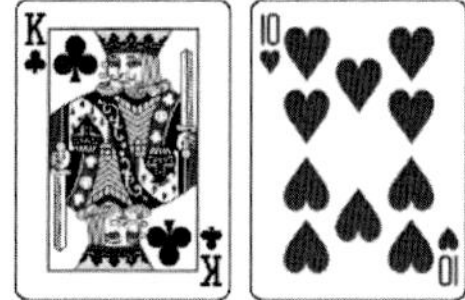

Vor dem Flop (300): Alle Spieler folden bis zu mir und ich mache meinen Standard-Raise in Höhe von 2,5 Big Blinds auf 500. Dies ist ein etwas bedenkliches Spiel, weil KT eine schwache Problemhand ist. Selbst wenn ich ein Paar als Top Pair floppe, könnte ich in schlechter Verfassung gegen viele gute Hände sein. Trotzdem stehle ich an einem tighten Tisch häufiger mit dieser Hand aus später Position heraus. Der Button und der Small Blind callen, der Big Blind foldet.

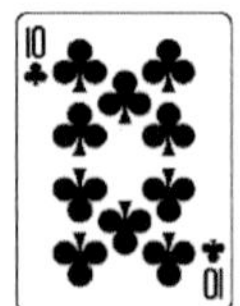 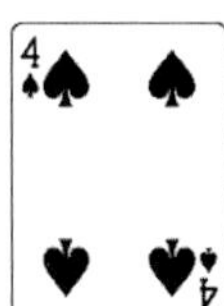 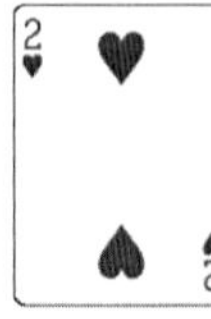

Flop (1.700): Ich floppe Top Pair mit dem zweitbesten Kicker. Abgesehen von den seltenen Situationen, in denen ich Two Pair oder einen Drilling treffe, könnte ich mir keinen sicherer aussehenden Flop für meine Hand wünschen. Spieler 1 eröffnet für 500, weniger als ein Drittel des Pots mit 1.700. Natürlich könnte ich raisen, da ich vermute, die beste Hand zu halten. Dies wäre allerdings eher ein Testraise, denn ich müsste folden, falls einer der Spieler daraufhin Stärke zeigt. Selbst wenn nur einer von ihnen callen sollte, hätte ich erhebliche Zweifel an meiner Hand. Ich halte den Pot lieber klein und calle die Bet um zu sehen, was sich auf dem Turn entwickelt. Spieler 8 callt ebenfalls und wir sehen den Turn zu dritt.

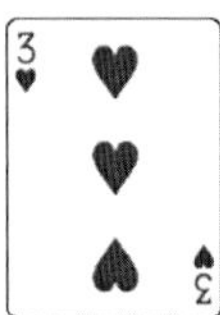

Turn (3.200): Dies ist eine sehr sichere Karte für meine Hand. Die einzige Möglichkeit, wie diese Karte einem meiner Gegner hätte helfen können, wäre ein Gutshot beim ursprünglichen Bieter oder dem Button wie z.B. A5 oder 65. Hier sind diese beiden Hände jedoch mehr als unwahrscheinlich. Wieder eröffnet Spieler 1 mit 500. Diese Bet ist bei einem Pot von 3.200 extrem niedrig. Ich glaube nicht, dass ich meine Hand zu diesem Zeitpunkt aufgeben kann, auch wenn ich mir immer noch Sorgen über die Karten meines Gegners mache. Dies ist exakt der Grund, weshalb eine Hand wie KT so eine Problemhand ist!

Ich entscheide mich zu einem Raise, um sicher herauszufinden, wo ich stehe. Die niedrige Bet meines Gegners erlaubt es mir zu raisen, ohne anschließend Pot-Committed zu sein. Ich hoffe, entweder den Pot direkt mitzunehmen, oder zumindest Spieler 8 aus der Hand drängen zu können, und dann auf dem River Position zu haben. Sollte einer der beiden Spieler Gegenwehr zeigen, weiß ich, dass ich den Pot aufgeben werde. Ein Raise sollte zumindest den Button aus der Hand drängen, sofern er keine Monsterhand slow spielt, denn er sieht sich einer Bet und einem Raise gegenüber, was immer eine schwierige Situation darstellt. Sollte Spieler 1 callen und wir somit den River Heads-Up sehen, sollte ich in der Lage sein, auf dem River hinterher zu checken. Ein niedriges Raise ermöglicht es mir also, einen günstigen Showdown zu „kaufen", indem ich die Kontrolle in der Hand übernehme ohne eine weitere Bet zu beabsichtigen – es sei denn, meine Hand verbessert sich. Da meine Hand ausreichend Wert für einen Showdown besitzt, versuche ich aber nicht, allzu viele Chips zu riskieren um eine bessere Hand aus dem Pot zu bluffen. Ich raise auf 1.450, ungefähr den dreifachen Betrag der Bet meines Gegners. Spieler 8 foldet, doch Spieler 1 callt.

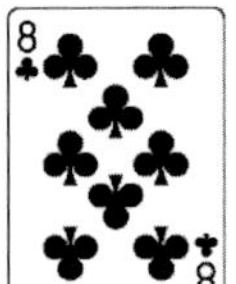

River (6.100): Das ist erneut eine sehr sichere Karte für meine Hand. Dennoch bin ich mir nicht sicher, das beste Blatt zu haben. Spieler 1 checkt. Durch meinen Raise auf dem Turn habe ich Spieler 1 in die Defensive gedrängt. Er eröffnet mir nun die Option, mit meiner Hand zu setzen. Sollte ich betten, könnte er mich vielleicht mit Händen wie QT oder JT callen, doch es ist eher unwahrscheinlich, dass ich vor dem Flop von einer solchen Hand vom Small Blind aus gecallt werde. Ich glaube, dass mein Gegner hier sehr gut ein Paar geschlagen haben kann. Er könnte 99 oder 55 haben, doch es ist unwahrscheinlich, dass er mich mit einer dieser Hände auf dem River callt. Ich checke zum Showdown und versuche keine riskante Value Bet.

Mein Gegner zeigt J♦J♠ und gewinnt den Pot.

Hand 25

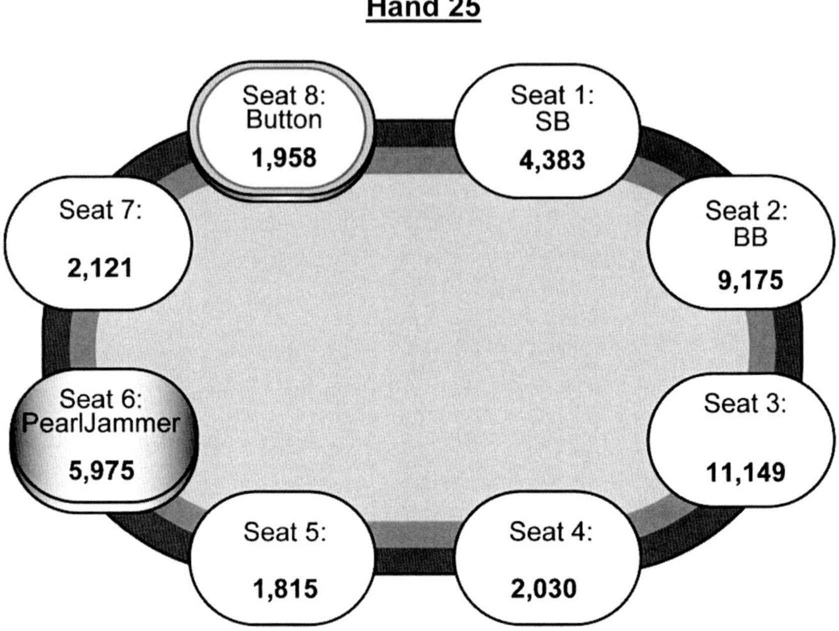

Situation: Es ist die frühe bis mittlere Phase eines großen Sonntagsturniers mit 200 $ Buy-In. Die Blinds sind bei 100/200 und mein Stack, der etwas unter dem Doppelten des Anfangsstacks liegt, entspricht ungefähr dem Durchschnitt in dieser Phase des Turniers. Ich kenne keinen meiner Gegner.

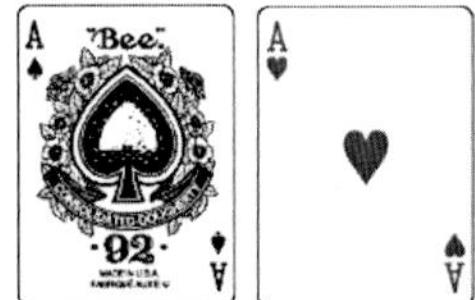

Vor dem Flop (300): Spieler 3 eröffnet in erster Position für 700 und Spieler 4 und 5 folden. Mein Gegner hat den Pot aus der ersten Position für das 3,5-fache des Big Blinds eröffnet. Sowohl die Höhe seines Raises als auch seine Position sind unmissverständliche Zeichen von Stärke. Ich kann davon ausgehen, dass mein Gegner in den meisten Fällen ein hohes Pocket Pair oder AK hält. Den Raise einfach nur zu callen mit der Absicht, auf fast jedem Flop All-In zu raisen, ist eine Möglichkeit. Ich bevorzuge aber, vor dem Flop zu reraisen und zu versuchen, bereits jetzt all mein Geld in die Mitte zu bekommen.

Calle ich nur und mein Gegner verpasst mit AK den Flop, könnte ich eventuell keine Action mehr bekommen. Gleiches gilt, wenn mein Gegner ein Pocket Pair hält wie JJ oder TT, und einige Overcards auf dem Flop erscheinen. Dann verpasse ich vielleicht die Chance, meinen Stack zu verdoppeln. Wäre entweder mein Stack oder der meines Gegners in der Region von 12 bis 20 Big Blinds, dann wäre der einfache Call deutlich profitabler. In dem Fall wäre mein Gegner mit quasi jeder Continuation Bet committed oder All-In, und ich sollte demnach auch voll ausbezahlt werden. Sind die Stacks groß, dann riskiert man mit einem Call, dass der Gegner oder ein nachfolgender Caller billig den Flop sieht und dort eine bessere Hand trifft. Das Spiel nach dem Flop kann dann gefährlich werden, obwohl es gar nicht nötig wäre.

Unglücklicherweise committet mich jeder Reraise offensichtlich, und wenn mein Gegner die Situation gut analysiert, sollte er in der Lage sein, mich auf ein sehr schmales Spektrum von AA, KK, QQ und AK setzen zu können. Schließlich reraise ich gegen einen hohen Raise aus der ersten Position und committe mich mit einem Stack von 30 Big Blinds. Gegen einen unbekannten Gegner, der sehr viel Stärke signalisiert, kann ich erwarten, meistens Action zu bekommen. Ich möchte nicht das Minimum reraisen, was meine Hand offen legen würde. Ebenfalls möchte ich nicht All-In pushen, denn das könnte meinen Gegner dazu verleiten, sich von mittleren Paaren, AK oder AQ zu trennen. Man beachte den Unterschied zwischen dieser Hand und der Hand #19, wo ich mit QQ All-In ging. Dort startete ich lediglich mit 15 Big Blinds, in dieser Hand habe ich 30 Big Blinds. Mit einem Stack von 30 Big Blinds All-In zu reraisen generiert nicht ansatzweise so viel Action wie ein All-In mit 15 Big Blinds.
Ich reraise auf 2.350, ungefähr das Dreifache der Bet meines Gegners.

Spieler 7,8,1 und 2 folden und Spieler 3 reraist All-In. Ich calle und mein Gegner zeigt T♠T♣. Das Board bringt 8♣7♠6♦A♣2♦, ich gewinne mit einem Set Assen und verdopple meinen Stack auf 12.250.
Beachten Sie, dass ein starker Gegner in der Lage sein sollte, TT in dieser Situation niederzulegen, aber mit KK, QQ, AK und eventuell JJ fast sicher pleitegehen wird. Ich hatte das Glück, dass mein Gegner mich voll ausbezahlt hat, obwohl er eine Hand am schwächeren Ende des Spektrums hielt, auf das ich ihn gesetzt hatte.

Hand 26

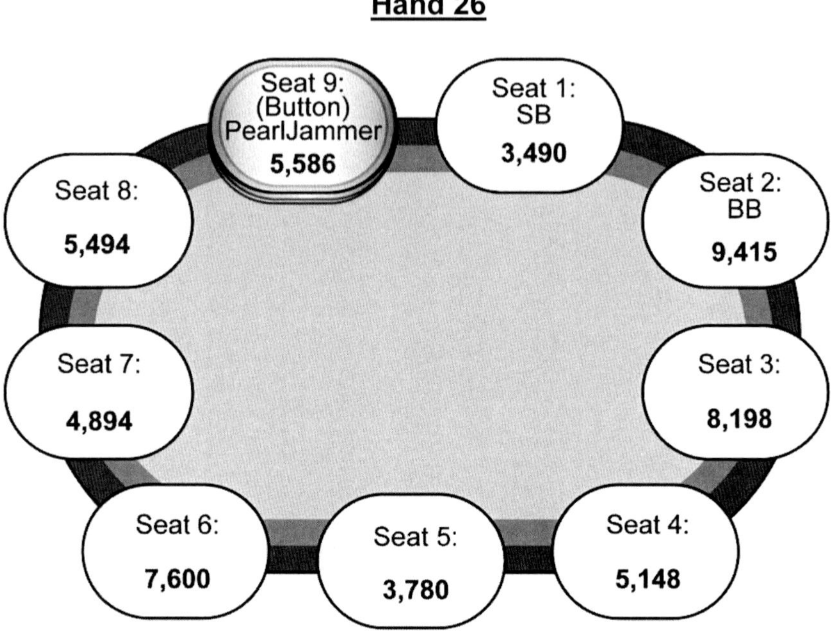

Situation: Es ist die mittlere Phase eines Freezout-Turniers mit 50 $ Buy-In und 50.000 $ garantiertem Preisgeld. Die Blinds sind bei 100/200. Über die Spieler in den Blinds besitze ich keinerlei Informationen.

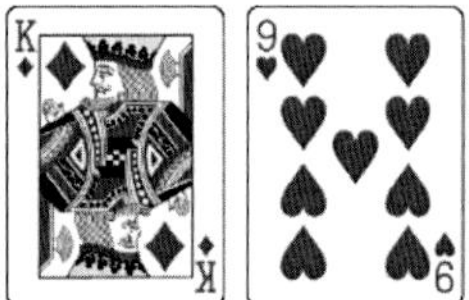

Vor dem Flop (300): Es wird bis zu mir gefoldet und ich bin an der Reihe. Meine Hand ist nicht sonderlich stark, jedoch ist sie stark genug für einen Steal vom Button. Ich mache meinen Standard-Raise in Höhe des 2,5-fachen Big Blinds auf 500. Der Small Blind foldet, doch der Big Blind callt und verteidigt sich mit seinem recht großen Stack.

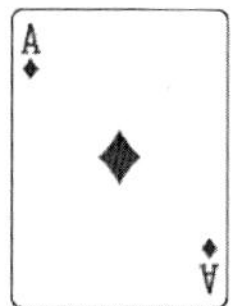
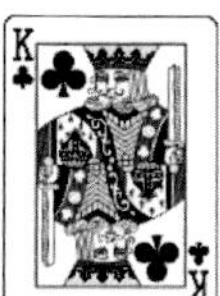
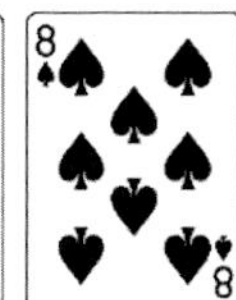

Flop (1.100): Ich habe das zweithöchste Paar gefloppt, jedoch mit einem sehr schwachen Kicker. Mein Gegner checkt. Er weiß wahrscheinlich, dass mein Spektrum an Händen auf dem Button sehr weit ausfällt und fast alle beliebigen zwei Karten beinhalten kann. Er besitzt außerdem einen sehr großen Stack, und ich bin mir nicht sicher, ob er dazu tendiert, Spieler erneut zu attackieren, die er für schwach hält. Wenn ich bette und von ihm geraist werde, müsste ich meine Hand wegwerfen. Obwohl ich den Flop halbwegs getroffen habe, ist meine Hand nicht stark genug, um damit einen großen Pot zu spielen. Ich nehme lieber eine Freecard und hoffe, auf dem Turn meine Hand zu verbessern und die Situation neu bewerten zu können. Ich checke.

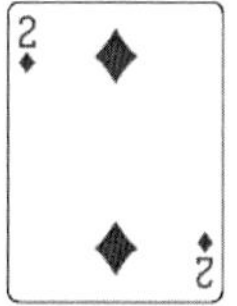

Turn (1.100): Die Turnkarte bringt keine Veränderung und mein Gegner checkt erneut zu mir. Nach zwei Checks meines Bigstack-Gegners glaube ich, mit meinem Paar Königen in Führung zu sein. Obwohl es auch möglich ist, dass er zwei Mal mit einem Ass oder einem König mit besserem Kicker gecheckt hat, ist es doch wahrscheinlicher, dass er eine schwache Hand wie z.B. Suited Connectors (vielleicht mit einer Acht) oder auch niedrige Broadway-Karten wie J-T hält. Ich könnte jetzt betten und den Pot mitnehmen, ohne ihm eine weitere Freecard mit dem Potential für eine Gutshot Straight zu gewähren, oder ich könnte meinem Gegner ein weitere Chance geben aufzuholen.

Die gängige Vorgehensweise wäre zu betten, um ihm keine Freecard zu geben, jedoch bevorzuge ich in dieser Situation einen Check. Nachdem ich auf dem Flop gecheckt habe um Schwäche vorzutäuschen, könnte mein Gegner vermuten, dass ich versuche, den Pot zu stehlen und unternimmt den Versuch eines ambitionierten Check-Raise-Bluffs, falls ich auf dem Turn bette. In dieser Phase des Turniers wäre es mit meinem Stack schwierig, einen solchen Raise zu callen und um einen großen Pot zu spielen. Ich bevorzuge einen weiteren Check, um ihm diese Option nicht zu eröffnen und den Pot klein zu halten. Checken könnte meinen Gegner auch in die Versuchung führen, seinen großen Stack zu nutzen und mich auf dem River zu bluffen. Falls er keine Chance hat, einen Showdown zu gewinnen, greift er eventuell den Pot an. Sollte er dagegen auf dem River ein drittes Mal zu mir checken, bin ich mir noch umso sicherer, dass mein König gut ist, und kann eine Value Bet tätigen. Mein Gegner zahlt mich vielleicht mit einigen sehr schwachen Händen auf dem River aus, wenn er denkt, dass ich den Pot zu stehlen versuche. Ich checke erneut.

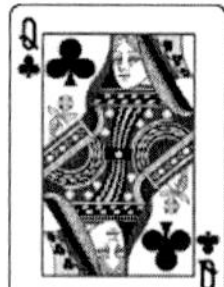

River (1.100): Mein Gegner checkt nochmal. Es ist eindeutig an der Zeit für eine Value Bet. Meine Bet sollte niedrig sein, da ich meinen Gegner überzeugen muss, mit einer schwachen Hand zu callen. Jedoch sollte sie aber auch nicht zu klein ausfallen, damit nicht zu offensichtlich ist, dass ich eine Value Bet mache. Ich biete 650, etwas mehr als die halbe Potgröße. Mein Gegner callt, wirft anschließend Q♠T♣ weg, und ich gewinne den Pot.

Hand 27

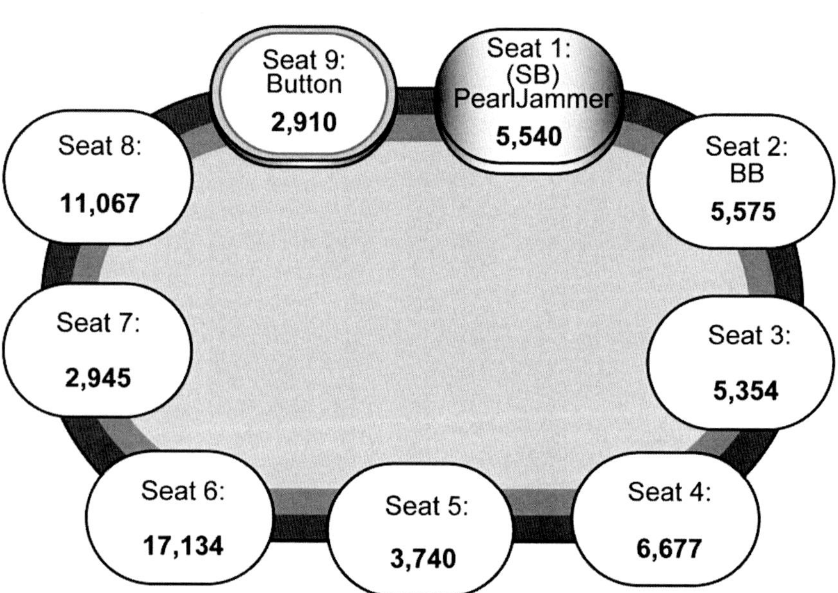

Situation: Ich befinde mich am Anfang der mittleren Phase eines Freezeout-Turniers mit 300 $ Buy-In. Die Blinds stehen bei 100/200 mit Antes von 10.

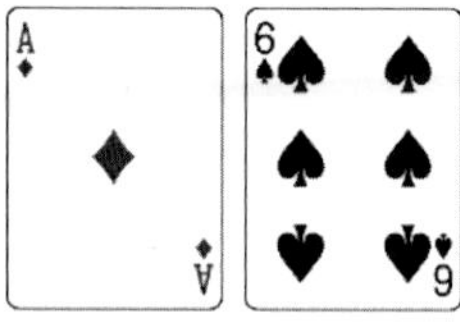

Vor dem Flop (390): Es wird bis zu mir gefoldet. Den Spieler im Big Blind kenne ich, er ist ein starker und recht aggressiver Spieler. Wenn ich mein schwaches Ass raise, müsste ich nach einem Reraise folden. Ich bevorzuge, mit schwachen Assen nicht in Blind-gegen-

Blind Duellen mit großen Stacks zu raisen; einerseits um meine Hand zu tarnen, und andererseits um die Potgröße kontrollieren zu können. Somit limpe ich und mein Gegner checkt.

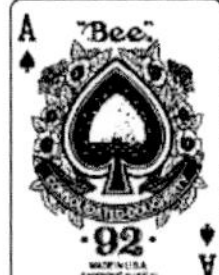
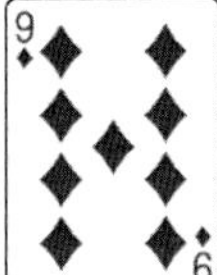
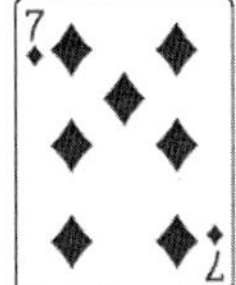

Flop (490): Ich floppe Top Pair mit schwachem Kicker auf einem Board, das viele Draws bietet. Ich könnte zu meinem Gegner checken, um ihn zu einem Bluff zu bewegen. Es ist durchaus möglich, dass mein Gegner mit einer 9, einer 7, einem Straight Draw oder einem Flush Draw bettet. Aber er könnte sich auch entscheiden, eine Freecard zu nehmen, was für mich sehr gefährlich wäre. Bette ich als Erster, würde ich meine Hand nicht verraten, da ich diese Bet mit einem sehr weiten Spektrum an Händen machen kann. Zusätzlich würde ich sicherstellen, dass mein Gegner keine Freecard erhält, und ich bekomme zugleich Auszahlung für meine Hand. Ich setze 300 bei einem Pot von 490.

Mein Gegner raist auf 1.050. Diesen Zug kann er mit allem Möglichen machen, angefangen bei absolut nichts bis hin zu einer wirklich starken Hand wie Two Pair. Da ich jedoch ein Ass habe, ist es weniger wahrscheinlich, dass er auch eines besitzt. Es ist ebenfalls unwahrscheinlich, dass er ein Ass nach einem Limp gecheckt hat, und er könnte meine Bet als einen Steal betrachten oder etwas wie ein mittleres oder niedriges Paar bei mir vermuten. In Anbetracht des weiten Handspektrums meines Gegners – viele Draws und nur wenige, fertige Hände – gehe ich davon aus, dass ich zu diesem Zeitpunkt wahrscheinlich die beste Hand halte. Die Frage ist, ob ich callen oder reraisen sollte; und falls Letzteres, um wie viel?

In dieser Situation zu callen und den Turn zu checken, wäre zu ängstlich und ein potentielles Desaster. Hat mein Gegner einen Draw oder ein schwaches Paar, ist es unwahrscheinlich, dass er weitere Chips in den Pot investiert, solange er seine Hand nicht komplettiert hat. Durch das Callen des Flops und das Checken des Turns gäbe ich meinem Gegner zwei Chancen seine Hand zu verbessern, ohne dafür bezahlen zu müssen. Eine weitere Option wäre, zu callen und dann auf dem Turn zu betten. Sollte eine weitere unbedeutende Karte auf dem Turn kommen, könnte ich ihn mit dieser Setzfolge glauben lassen, ich hätte einen Draw und ihn so vielleicht dazu bewegen, eine noch ambitioniertere Attacke auf den Pot zu wagen. Die Kehrseite dieser Spielweise ist jedoch, dass ich ihn zum Preis von nur einer weiteren Bet – der auf dem Turn – zum River kommen lasse. Trifft er auf Turn oder River eine starke Hand, wäre es schwierig für mich, von meiner Hand loszukommen, da der Pot bereits groß ist und seine Hand schwer zu bestimmen wäre. Somit bevorzuge ich es, jetzt auf dem Flop zu reraisen.

Ein Reraise auf ungefähr 2.800 wäre angemessen, doch in diesem Fall bevorzuge ich ein direktes All-In. Durch mein All-In lasse ich meinen Gegner das Maximum für seinen Draw bezahlen. Wenn er einen doppelten Draw wie JT, T8 oder 86 in Karo hat, zwinge ich ihn all seine Chips einzusetzen, falls er sich zu einem Call entscheidet. Durch eine so große Overbet könnte mein Gegner ebenfalls glauben, dass ich schwach bin und einen Draw hätte, und er könnte mich mit einer schwachen Hand, wie beispielsweise einem Paar Neunen, callen. Dies mag zwar unwahrscheinlich erscheinen, doch es gab schon seltsamere Calls. Ich gehe mit 5.330 All-In und mein Gegner foldet.

Diese Art von Händen zu spielen ist schwierig; ich riskiere praktisch meinen gesamten Stack im Vertrauen darauf, die Hand meines Gegners korrekt analysiert zu haben. Im Wesentlichen riskiere ich 5.000 Chips um die 1.700 im Pot zu gewinnen – nicht gerade das beste Risiko-Gewinn-Verhältnis. Werde ich gecallt, liege ich in den meisten Fällen hinten. Um im Turnierpoker erfolgreich zu sein muss man allerdings lernen, seinen Handanalysen zu vertrauen. In dieser speziellen Hand liegt die Schlüsselinformation darin, dass mein Gegner vor dem Flop nicht raiste, was die meisten Spieler mit A7 oder höher getan hätten. Natürlich werde ich damit nicht immer richtig liegen, aber ich bin bereit das Risiko einzugehen, um meinen Stack um 1.700 zu erhöhen, oder im Fall eines Calls eventuell sogar mehr.

Hand 28

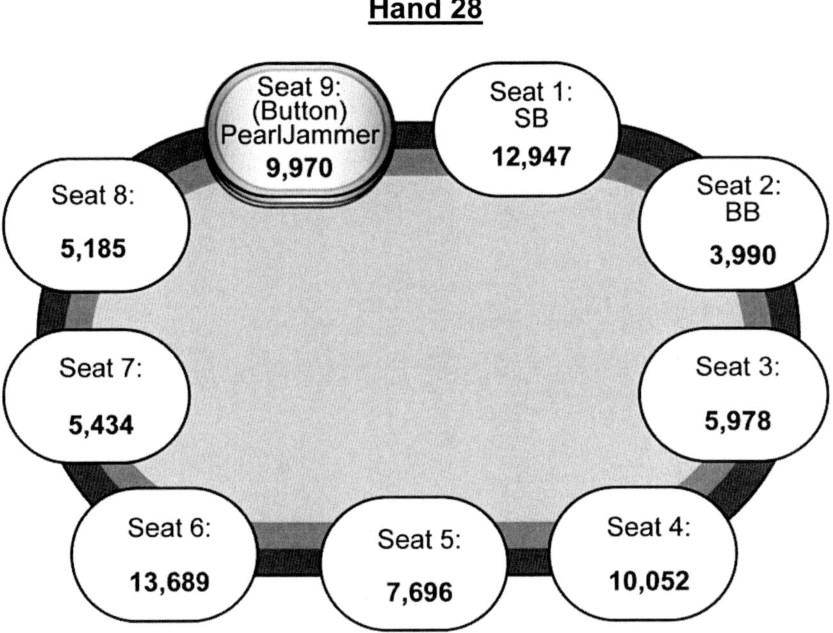

Situation: In einem 150 $-Turnier mit 55.000 $ garantiertem Preisgeld liegen die Blinds bei 120/240, und gerade wurde das Ante von 25 eingeführt. Ich besitze einen großen Stack und habe bereits viele Pots in Position eröffnet.

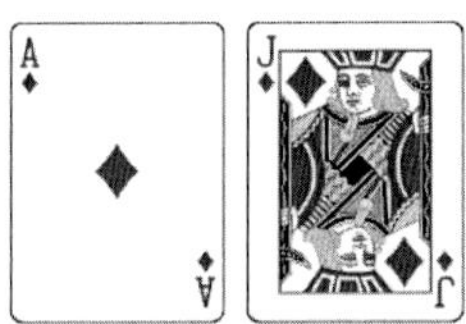

Vor dem Flop (585): Es wird zu mir gefoldet, und ich bringe meinen Standard-Raise auf 575, etwas niedriger als das 2,5-fache des Big Blinds. Der Small Blind verteidigt sich und callt meinen Raise, der Big Blind foldet. Ich habe nicht viele Pots mit diesem Spieler gespielt, halte ihn aber für recht aktiv und gehe davon aus, dass er nach meinem Button-Raise verständlicherweise misstrauisch ist.

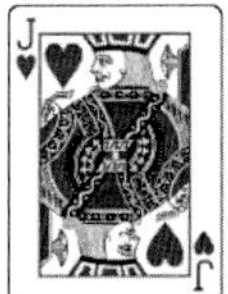
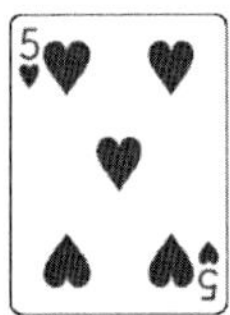
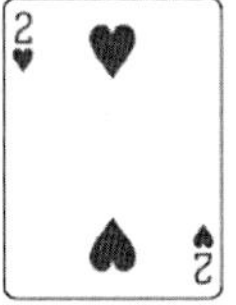

Flop (1.615): Mein Gegner checkt. Ich habe Top Pair mit Top Kicker gefloppt, doch mit den drei Herzkarten auf dem Board ist meine Hand verwundbar. Immerhin brauche ich mir auf diesem Flop wohl keine Sorgen über mögliche Two Pair-Kombinationen zu machen. In Anbetracht seiner Stackgröße wäre es für meinen Gegner allerdings durchaus angemessen, mich vor dem Flop mit 55 oder 22 zu callen, weswegen eine geringe Chance auf ein Set besteht. Mit einem starken Treffer auf diesem Flop und meinem vorigen Raise aus einer so verdächtigen Position heraus, sollte ich mich sicher genug fühlen, um eine Continuation Bet For Value zu bringen. Diese Bet schützt auch meine Hand, denn ich sollte meinen Gegner auf diesem gefährlichen Board für einen Draw mit einer weiteren Herz-Karte bezahlen lassen.

Ich setze mit 765 ungefähr die Hälfte des Pots mit 1.615. Mein Gegner checkraist auf 2.300.

Um zu entscheiden, ob ich All-In gehen (oder auf eine Höhe raisen, die mich committen würde), die Bet callen oder sogar folden sollte, muss ich vorab schnell die Entscheidungen analysieren, die mir im weiteren Verlauf der Hand bevorstehen könnten.

Ich entscheide mich gegen ein All-In oder einen Reraise zu diesem Zeitpunkt, da ich kaum von einer schlechteren Hand gecallt werden würde. Mein Gegner bräuchte für einen Call vermutlich einen Flush oder ein Set, vielleicht auch KJ, QJ oder JT mit dem Kicker in Herz. Gegen diese schwächeren Buben plus Flush Draw lägen die Gewinnchancen bei 50/50. Und angesichts der Summe, die mein Gegner bereits investiert hat, würde ich einen Call erwarten. Ich könnte aber auch gegen Ax mit dem Ass in Herz spielen. Checkraist mein Gegner mit dieser Hand, fühlt er sich wahrscheinlich Pot-Committed und callt mein All-In im Glauben, 12 Outs zu haben, obwohl er in Wahrheit nur 9 hat. Dies ist eine Hand, von der ich einen Call begrüßen würde. In dieser relativ frühen Phase des Turniers jedoch nehme ich zugunsten der Pot-Kontrolle das Risiko einer weiteren Herzkarte in Kauf.

Jetzt zu folden wäre zu ängstlich. Ich habe den Flop Heads-Up gesehen und mein Gegner könnte annehmen, dass ich aus meiner Position mit einer schwachen Hand eine einfache Continuation Bet gemacht habe. Außerdem ist sein Spektrum für diesen Check-Raise viel größer, als wenn ich aus früher Position heraus eröffnet hätte.

Wenn man so will ist lediglich zu callen auch ein schwaches Spiel: Falls mein Gegner eine Herzkarte hält (was sehr wahrscheinlich ist), erlaube ich ihm, seinen eigenen Preis zu bestimmen. Da ich jedoch Position auf ihn habe, bevorzuge ich, mein Geld erst nach einer ungefährlichen Karte auf dem Turn in die Mitte zu bekommen. Erscheint nach meinem Call eine weitere Herzkarte auf dem Board, kann ich nach einer Bet meines Gegners mit Sicherheit davon ausgehen, geschlagen zu sein, da er für diesen Check-Raise mindestens eine Herzkarte oder ein Set haben muss.

Hat er dagegen keine Herzkarte, wird ihn ein viertes Herz auf dem Turn zwingen, einen Gang herunter zu schalten und zu checken. Die meisten Turnkarten würden jedoch für mich ungefährlich erscheinen und ich könnte mich somit sicher genug fühlen, meinen Gegner All-In zu setzen oder nach einem Check von ihm eine hohe Bet zu bringen. Bei jeder Turnkarte außer einer Dame oder einem König, würde ich mich sicher fühlen und mein Geld in die Mitte bringen. Calle ich jetzt, repräsentiere ich für meinen Gegner einen Flush Draw. Erscheint auf dem Turn eine ungefährliche Karte, erwarte ich von ihm eine Bet von mindestens 3.000, nach welcher ich dann All-In gehen würde. Die einzigen Karten, mit denen ich auf dem Turn Schwierigkeiten hätte, wären ein König oder eine Dame in einer anderen Farbe als Herz. Sollte eine dieser Karten erscheinen, muss ich meine Entscheidung in Anhängigkeit von der Höhe der Bet meines Gegners treffen.

In der Annahme, vorne zu liegen, entscheide ich mich zu einem Call, wohlwissend dass die Turnkarte die Stärke meiner Hand genauer definieren wird. Ich habe vorausgeplant, den Großteil meines Geldes bei einer sicheren Turnkarte zu investieren und bei einer vierten Herzkarte auf eine Bet meines Gegners zu folden.

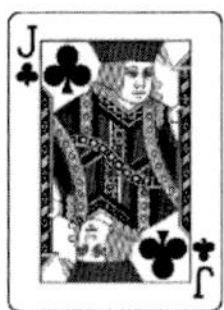

Turn (6.215): Dies ist ein exzellenter Turn für meine Hand. Ich fühle mich nun extrem sicher, weit vorne zu liegen. Selbst im schlimmsten und unwahrscheinlichen Fall, dass mein Gegner den Flush oder ein niedriges Set gefloppt hat, habe nun noch Outs auf dem River für ein Full House.

Mein Gegner geht All-In, er hat mehr als meine verbliebenen 7.070 Chips. Da ich bereits nach meinem Call auf dem Flop wusste, dass ich bei einer sicheren Turnkarte meinen Stack investieren würde, kann ich ohne weitere Analyse der jetzigen Situation callen.

Mein Gegner zeigt 9♠9♥, einen Flush Draw. Ich muss einer 9 oder einer weiteren Herzkarte (außer dem A♥) auf dem River ausweichen, um zu gewinnen. Schade, auf dem River kommt der K♥ und mein Gegner gewinnt mit einem Flush! Obwohl ich verloren habe, hat mir meine Analyse geholfen, mein

Geld bei nur noch einer verbleibenden Karte als klarer Favorit in die Mitte zu bekommen.

Hand 29

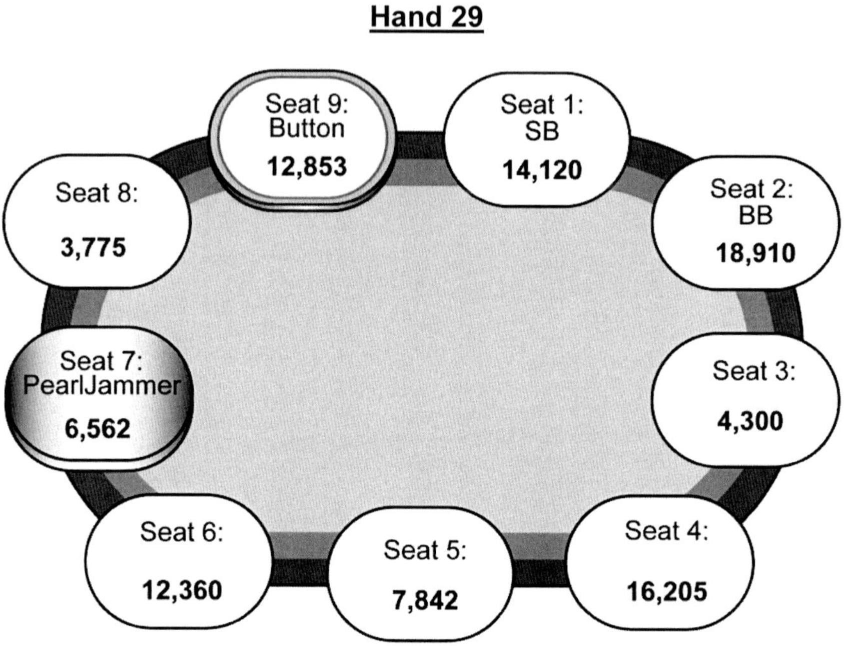

Situation: In einem 100 $ ***Rebuy-Turnier*** liege ich weit unter dem Durchschnitt, habe aber noch keinen wirklich kleinen Stack. Wir befinden uns ein paar Stufen nach dem Ende der Rebuy-Phase, die Blinds sind bei 150/300 mit Antes von 25.

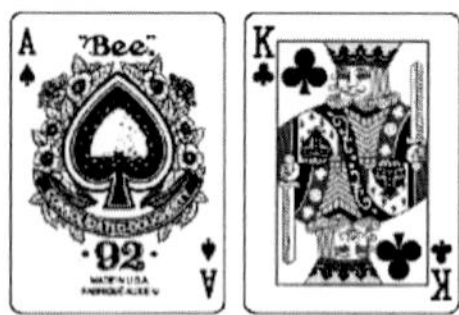

Vor dem Flop (675): Es wird zu mir gefoldet, und ich mache meinen Standard-Raise in Höhe des 2,5-fachen Big Blinds auf 750. Spieler 9 auf dem Button und Spieler 2 im Big Blind callen.

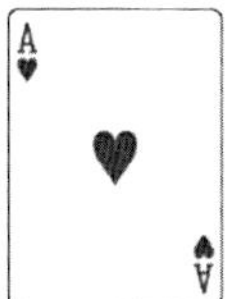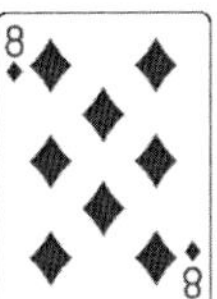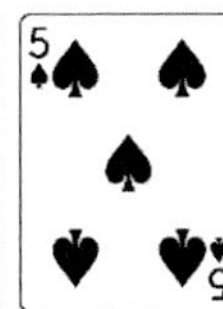

Flop (2.625): Ich floppe Top Pair mit Top Kicker auf einem sehr sicheren Board. Spieler 2 checkt und ich bin am Zug. Ich sollte circa ein Drittel bis die Hälfte des Pots betten, was meiner normalen Continuation Bet entspricht. Da meine Gegner erwarten, dass ich diese Bet mit jedem beliebigen Blatt bringe, offenbare ich so nicht die Stärke meiner Hand. Ich biete 1.150 bei einem Pot von 2.625. Spieler 9 callt und Spieler 2 foldet.

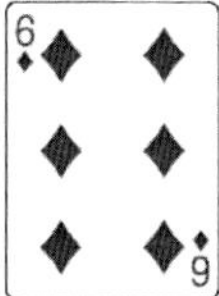

Turn (4.925): Ich bin mir sehr sicher, die beste Hand zu haben. Falls mein Gegner mich geschlagen hat, diktieren meine Stackgröße und die Potgröße, dass ich hier bereit bin, pleite zu gehen. Die einzige Frage ist, wie ich innerhalb der nächsten zwei Setzrunden das Geld meines Gegners in den Pot bekomme.

Wäre ich mir sicher, dass mein Gegner eine so starke Hand wie AQ oder AJ hält, würde ich jetzt betten und sein Geld problemlos in die Mitte bekommen. Jedoch traue ich ihm keine solche Hand zu. In Position hat er meine Bet auf dem Flop einfach nur gecallt. Möglicherweise hat er meine Bet als schwach empfunden, da ich eine Continuation Bet mit zwei beliebigen Karten machen würde. Somit könnte er mit allem Möglichen – angefangen bei einem schwachen Ass, bis hin zu einem unverbesserten Pocket Pair – gecallt haben. Es ist sogar möglich, dass er mit Nichts auf der Hand einen ***Float*** spielt, also allein in der Hoffnung callte, den Pot auf dem Turn stehlen zu können, falls ich durch einen Check Schwäche zeige.

Bette ich auf dem Turn, wird mein Gegner ein unverbessertes Pocket Pair oder noch schwächere Hände höchstwahrscheinlich aufgeben, da ich nach der Bet eindeutig committet bin. Checke ich jedoch, wird er andererseits unabhängig von seinem Blatt wahrscheinlich versuchen, den Pot zu stehlen. Hat er ein Ass, bekomme ich sein Geld in jedem Fall. Das einzige Risiko bei einem Check ist, dass mein Gegner eine Freecard nimmt und seine Hand mich auf dem River überholt. Aber aufgrund meiner Analyse bin ich mir fast sicher, dass mein Gegner auf dem Turn betten wird.

Ich checke und mein Gegner geht All-In. Das ist genau das, was ich von ihm wollte. Ich calle und mein Gegner zeigt 9♦9♥. Auf dem River erscheint die 2♦ und ich gewinne den Pot mit Assen und einem König als Kicker.

Hand 30

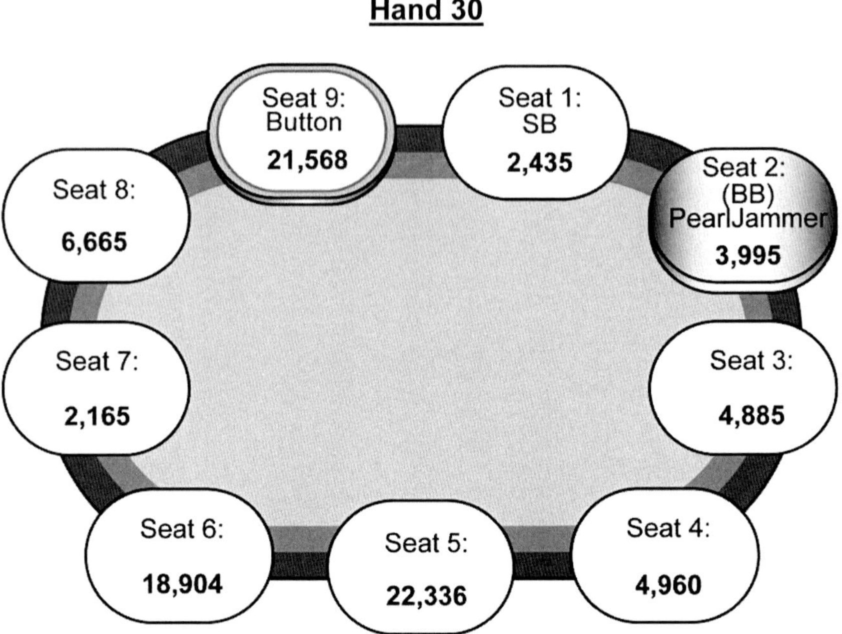

Situation: Ich befinde mich in der mittleren Phase eines Freezout-Turniers mit 50 $ Buy-In. Ich bin neu am Tisch und habe keinerlei Informationen über irgendeinen meiner Gegner. Die Blinds sind bei 150/300 mit Antes von 25.

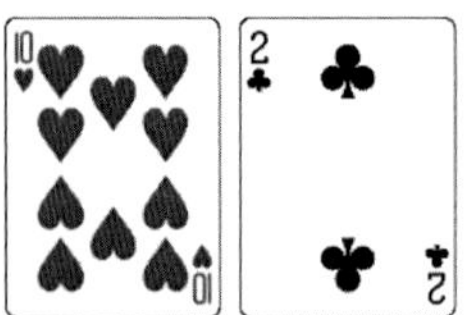

Vor dem Flop (675): Spieler 6 limpt, und der Small Blind füllt auf. Ich checke und bin froh, einen kostenlosen Flop zu sehen.

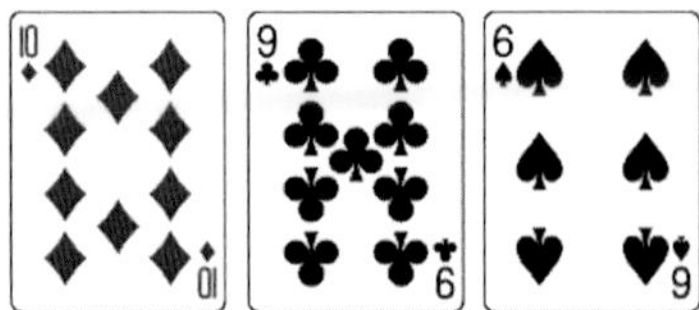

Flop (1.425): Ich floppe Top Pair ohne Kicker auf einem recht gefährlichen Board. Es ermöglicht zwar keinen Flush Draw, aber eine Straight ist möglich. Der Small Blind checkt, und ich könnte durchaus betten.

Allerdings wäre es schwer, nach einem Call oder Raise mit der Hand fortzufahren. Beide Limper sitzen auf großen Stacks, also entscheide ich mich für einen Check und erwarte, dass einer der beiden bettet und mir dadurch weitere Informationen gibt.

Spieler 6 bettet 675 in einen Pot von 1.425. Spieler 9 und Spieler 1 folden und ich befinde mich Heads-Up gegen einen einzelnen Gegner, der vor dem Flop keinerlei Stärke gezeigt hatte. Calle ich jetzt, kann nur eine Zehn oder Zwei meine Hand verbessern, während mir viele Karten nicht gefallen würden. Da mein Top Pair gute Chancen hat, gegen einen einzelnen Gegner mit einem breiten Handspektrum die beste Hand zu sein, und ich in einem Pot bin, der bereits mehr als die Hälfte meines relativ kleinen Stacks ausmacht, sollte ich raisen. Mit nur noch 3.670 an Chips übrig und bereits 2.100 im Pot, bleibt dabei nur ein All-In.

In Anbetracht der Größe des Pots möchte ich, dass mein Gegner Hände wie KQ, KJ oder 98 foldet – alles Hände, die neun oder 10 Outs haben. Dennoch bin ich Favorit, meinen Stack zu verdoppeln, falls mich mein Gegner callt. Ich könnte sogar Action von Händen wie A9, 88 oder 77 bekommen, falls mein Gegner sich einredet, ich würde versuchen, den Pot mit einem Draw zu stehlen, und sich mit seinem großen Chipstack für einen Call entscheidet. Falls ich allerdings auf dem Flop geschlagen bin, werde ich sicher gecallt und scheide auch recht sicher aus dem Turnier aus. Aber dieses Risiko muss ich angesichts meiner Stackgröße und dem Spektrum meines Gegners eingehen.

Ich raise All-In für weitere 2.995, und mein Gegner foldet.

Hand 31

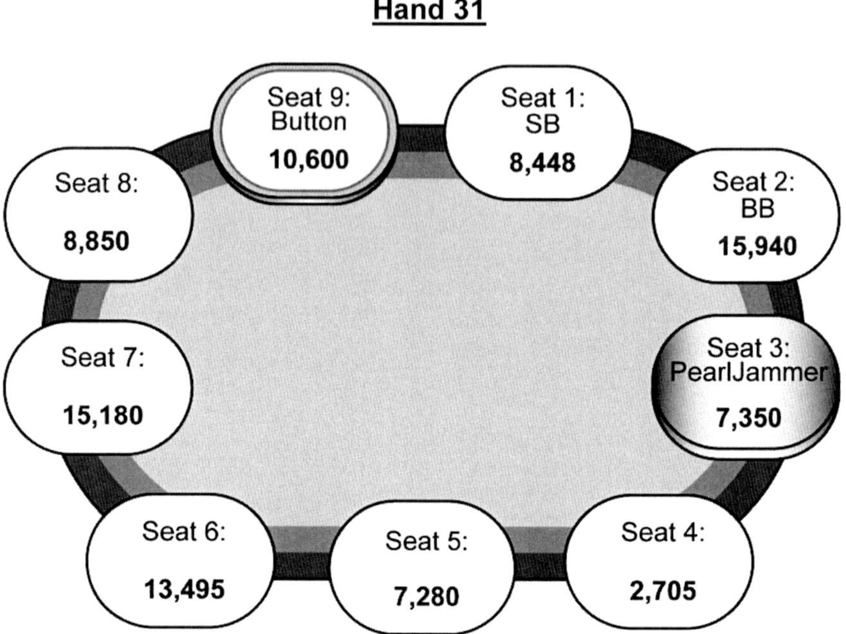

Situation: Es ist die mittlere Phase eines Rebuy-Turniers mit 100 $ Buy-In. Die Rebuy-Phase ist vorbei und die Blinds liegen bei 150/300 mit Antes von 25. Mein Tisch ist mit vielen sehr aggressiven Spielern besetzt.

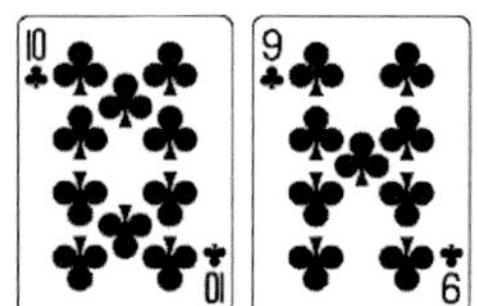

Vor dem Flop (675): Um für meine Gegner schwer einschätzbar zu bleiben, wähle ich mit diesem Suited Connector einen Raise aus früher Position. Werde ich von einem oder zwei Gegnern gecallt, wird meine Continuation Bet durch meinen Raise aus früher Position glaubwürdiger sein. Desweiteren habe ich, wenn ich mit meinen Suited Connector aus dieser Position den Flop gut treffe, sehr gute Chancen, ausbezahlt zu werden und einen großen Pot zu gewinnen, da meine Hand gut getarnt ist. Ich raise das 2,5-fache des Big Blinds auf 750. Spieler 8 callt vom Cut-Off, der Button sowie die Blinds folden.

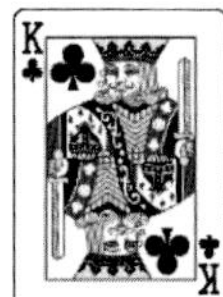  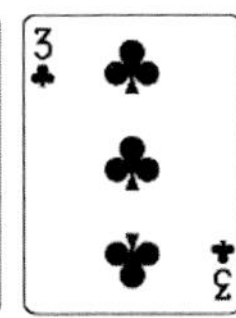

Flop (2.175): Mit einem Flush Draw übernehme ich häufig die Initiative, speziell in Anbetracht meines Preflop-Raises aus früher Position heraus. Allerdings verlangt die spezielle Dynamik am Tisch und die Größe der Stacks in diesem Fall eine andere Herangehensweise. Es liegen 2.175 im Pot. Wenn ich die Initiative mit ungefähr 1.200 ergreife und mich mein Gegner raist, wäre er angesichts der Größe unserer Stacks wohl Pot-Committed. Ich möchte nicht mit nur neun Outs All-In gehen, wenn ich meinen Gegner als committed betrachte. Auch bei einem Call meines Gegners bin ich in einer ähnlich schwierigen Situation auf dem Turn, falls ich meinen Draw verpasse. Da mein Tisch bisher sehr aggressiv war, erwarte ich von meinem Gegner, dass er bettet, wenn ich checke. Wenn er ebenfalls checkt, bekomme ich wenigstens eine Chance, kostenlos meinen Draw zu vervollständigen. Ich checke und mein Gegner setzt 1.200.

Da mein Gegner einen Raise aus erster Position für fast ein Zehntel seines Stacks gecallt hat, kann ich ihm ein ziemlich genaues Handspektrum geben. Pocket Pairs sind sehr wahrscheinlich, genau wie AQ, AJ, oder auch eine schwächere, gleichfarbige Ass-Kombination. Suited Connectors sind auch eine Möglichkeit, ebenso wie KQ oder KJ. Schließlich könnte mein Gegner eine starke Hand wie AA, KK oder AK slow spielen. Gehen wir davon aus, dass mein Gegner in dieser Situation unabhängig von seiner Hand bettet, wenn zu ihm gecheckt wurde. Mit dem Großteil der Hände in seinem Spektrum wird er nach einem Check-Raise folden. Er könnte nur weitermachen, wenn er slow spielt, ein Set getroffen hat, oder KQ bzw. KJ hält. Mit einem Check-Raise konfrontiert würde er wahrscheinlich starke Hände wie QQ, vielleicht auch KQ oder KJ folden, weil er fürchten müsste, schon geschlagen zu sein. Falls er eine starke Hand wie AK oder ein Set hat, habe ich immerhin noch Outs für meinen Flush Draw. Die einzigen Hände, gegen die ich furchtbar schlecht dastehe, sind höhere Flush Draws. Doch selbst in diesem unwahrscheinlichen Fall hätte ich zweimal sechs Outs[2], sofern der Flush nicht auf dem Turn kommt.

Ich checkraise auf 3.300 im Wissen, dass ich Pot-Committed bin und ein mögliches All-In meines Gegners callen werde. Ich könnte All-In checkraisen, aber ein kleineres Raise wirkt gewöhnlich stärker und sollte meinem Gegner eindeutig zeigen, dass ich Pot-Committed bin. Oft sieht ein All-In Check-Raise zu sehr nach einem Draw aus, genau die Information, die ich nicht hergeben möchte. Mein Gegner foldet.

---

[2] Dies bezieht sich auf die zwei kommenden Karten auf dem Turn und River.

Hand 32

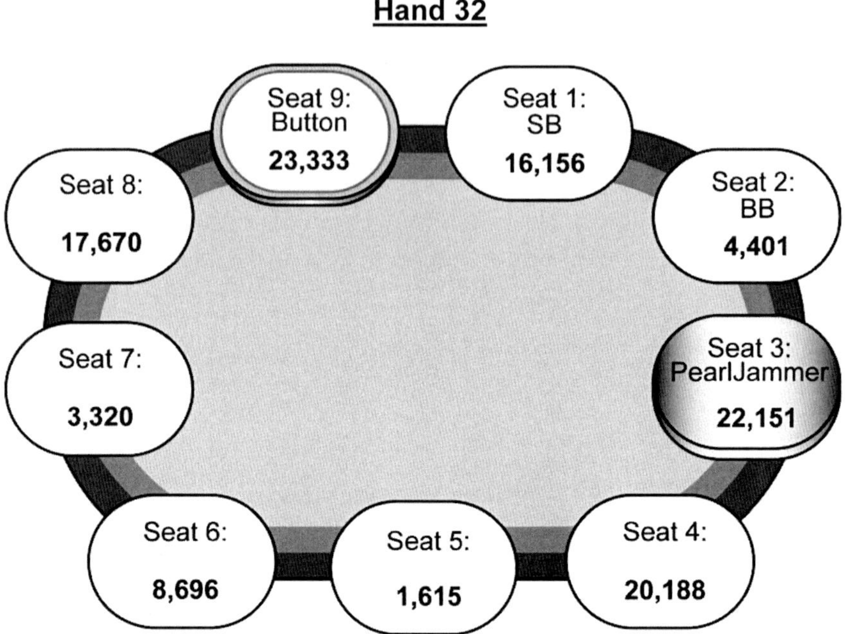

Situation: Es ist die mittlere Phase eines Freezeout-Turniers mit 150 $ Buy-In. Die Blinds sind bei 150/300 mit Antes von 25.

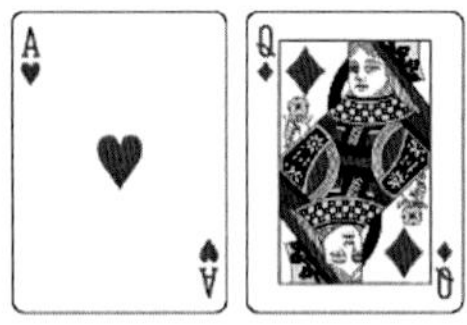

Vor dem Flop (675): Ich mache meinen Standard-Raise von knapp dem 2,5-fachen Big Blind auf 725. Es wird bis zu Spieler 8 gefoldet, der callt. Der Button und die Blinds folden ebenfalls. Ich sehe den Flop Heads-Up gegen einen Gegner mit ebenfalls vielen Chips.

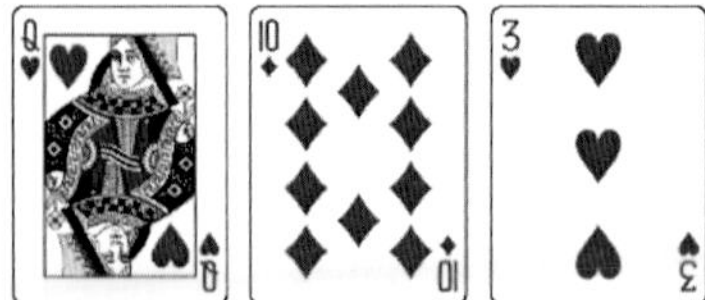

Flop (2.125): Ich treffe Top Pair mit Top Kicker auf einem für mich guten Flop, der jedoch auch Flush oder Straight Draws ermöglicht. Ich sollte die gleiche Continuation Bet wie auf fast jedem Flop bringen, und so nach meinem Raise aus erster Position weiter Stärke zeigen. Ich eröffne mit 950, circa der Hälfte des Pots mit 2125, und mein Gegner callt.

Turn (4.025): Biete ich hier erneut und bekomme Action in Form eines Calls oder Raises, werde ich in einem sehr großen Pot involviert sein und spiele vielleicht um meinen gesamten Stack. Bevor ich also weitermache und erneut bette, sollte ich das Handspektrum meines Gegners analysieren um zu sehen, welche Blätter in Bezug auf sein bisheriges Spiel Sinn ergeben.

Er könnte eine Dame mit schwächerem Kicker haben, aber er hätte vor dem Flop wohl mit nur wenigen dieser Hände meinen Raise aus erster Position gecallt. Vermutlich fällt KQ in sein Spektrum, aber wohl keine weiteren Hände mit einer Dame. Er könnte einen Open-ended Straight Draw mit KJ oder J9 gefloppt haben; aber erneut ist dies unwahrscheinlich angesichts des Spektrums, mit dem er vor dem Flop gecallt hatte. Er könnte mit einem Flush Draw auf dem Flop gecallt haben, aber ich halte das Herz-Ass. Demnach ist ein Flush Draw zwar weiterhin eine Möglichkeit, jedoch unwahrscheinlich, weil das Herz-Ass aus dem Spiel ist. Er könnte vor dem Flop auch mit einem starken Ass wie AK, AQ, oder AJ gecallt haben, hätte aber vor dem Flop mit AK wohl eher gereraist oder auf dem Flop mit AQ geraist.
Ein Pocket Pair bei meinem Gegner würde ebenfalls Sinn ergeben. Mittlere bis kleine Paare sind übliche Hände für Spieler, die einen Raise vor dem Flop mit großem Stack einfach nur callen. Meine Bet mit etwas weniger als der halben Potgröße auf dem Flop könnte ihn verleitet haben, mit einem unverbesserten Pocket Pair in Position zu callen – im Glauben, es wäre nach wie vor gut. Ergreife ich auf dem Turn ein weiteres Mal die Initiative, werden diese Hände wohl gefoldet, könnten mich auf dem River aber komplett ausbezahlen, falls ich meinen Gegner überzeuge, dass sein Paar gut ist. Schließlich könnte mein Gegner auch eine Hand, welche mich schlägt, slow spielen. TT und 33 sind Möglichkeiten, und wenn ich die Initiative ergreife und von einer dieser Hände geraist werde, bin ich ***drawing dead*** und könnte große Probleme haben, mich von meiner Hand zu trennen.

Ich entscheide mich für einen Check, um in einer verwundbaren Situation die Größe des Pots zu kontrollieren. Ich schütze mich selbst, falls ich gegen ein Set spiele und habe gleichzeitig die Möglichkeit, falls er ebenfalls checken sollte, auf dem River eine Value Bet von einer schwachen Hand ausbezahlt zu bekommen. Mein Gegner checkt.

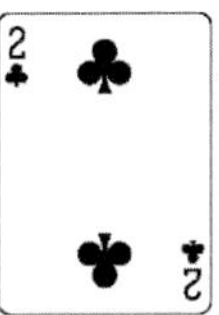

River (4.025): Dies ist eine weitere unbedeutende, und somit exzellente Karte für mich. Es ist an der Zeit, meinen Gegner zur Kasse zu bitten. Wenn er seinen Draw verpasst hat, ist es am besten zu checken, um einen Bluff zu provozieren. Jedoch verliere ich

Value, wenn er eine schlechtere Hand als AQ hat, mit welcher er mich ausbezahlen könnte. Mein Check auf dem Turn hilft mir, einen Bluff auf dem River zu verkaufen, und mich von weit schwächeren Händen ausbezahlen zu lassen. Bei 4.025 im Pot möchte ich das Maximum bieten, von dem ich glaube, dass mein Gegner es callen wird. Ich biete 2.450, etwas mehr als die Hälfte des Pots. Mein Gegner callt und legt JJ beim Showdown ab.

Hätte ich am River gecheckt, dann hätte er vielleicht eine Value Bet mit JJ versucht, in der Annahme gut zu sein. Allerdings hätte er in den meisten Fällen ebenfalls gecheckt, und gehofft den Showdown zu gewinnen, ohne weitere Chips oder einen Check-Raise zu riskieren. Daher hätte mich ein Check auf dem River meist eine Menge Value gekostet.

Hand 33

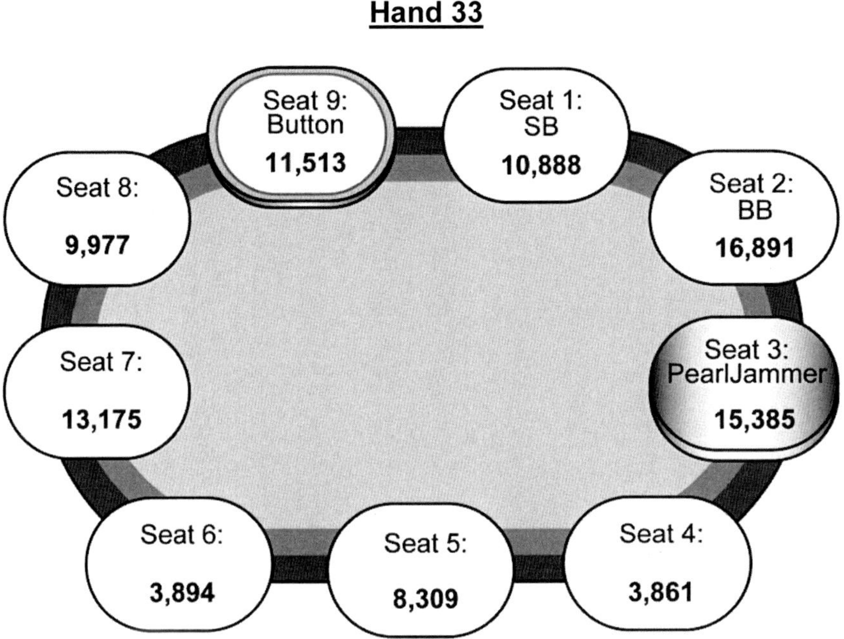

Situation: Es ist die mittlere Phase eines Satellites mit 1.000 $ Buy-In für ein großes Live-Turnier. Es sind noch 70 Spieler übrig und es gibt sieben Tickets zu gewinnen. Die Blinds sind bei 200/400 mit Antes von 25. Mit etwas mehr als 15.000 an Chips liege ich über dem Durchschnitt, und ich sollte ein tightes Image besitzen, da ich noch nicht um viele Pots gespielt habe. Ich kenne einige sehr starke und erfahrene Spieler an meinem Tisch, unter anderem Spieler 2.

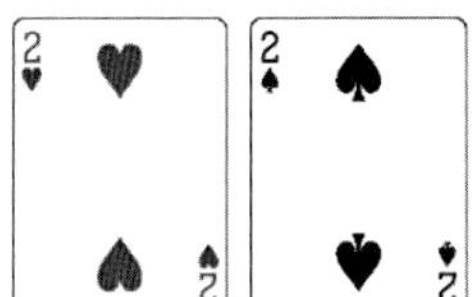

Vor dem Flop (825): Ich könnte mein kleines Pocket Pair in früher Position in dieser Phase des Turniers problemlos folden. Häufig ziehe ich es jedoch vor, damit direkt zu raisen, da meinen Raises aus früher Position viel Respekt entgegengebracht wir. Auch meine Continuation Bets aus dieser Position werden stärker respektiert, und wenn ich ein Set floppe, ist meine Hand sehr gut getarnt.

In einem Satellite-Turnier wie diesem respektieren meine Gegner meinen Raise noch mehr als gewöhnlich und werden wohl ihre niedrigen oder mittleren

Pocket Pairs folden, da sich alle mehr auf das Überleben konzentrieren, als darauf, einen großen Stack aufzubauen. Genau deswegen sollte ich diese Tendenz ausnutzen und mein Spiel etwas erweitern – besonders aus früher Position heraus, wo meine Gegner mir wahrscheinlich eine starke Hand zutrauen und keinen Re-Steal versuchen. Ich mache meinen Standard-Raise in Höhe des 2,5-fachen Big Blinds auf 1.000. Die Spieler folden bis zum Big Blind auf Platz 2, einem starken Gegner, der sich verteidigt und callt.

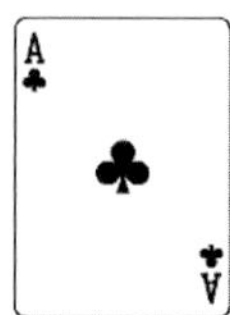
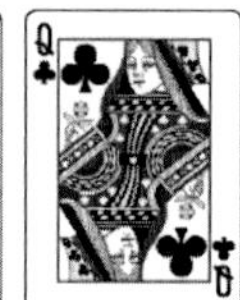
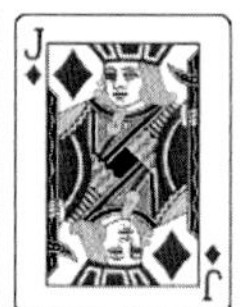

Flop (2.425): Mein Gegner checkt. Solange ich mein Set verfehle wird mich natürlich kein Flop begeistern. Doch meine Position und die Tatsache, dass mich mein Gegner vom Big Blind aus gecallt hat, von wo aus er sich mit einem weiten Handspektrum hätte verteidigen können, bringen mich in eine Situation, in der ich meine eigene Hand vergessen und die meines Gegners spielen muss. Ich sollte hier in nahezu 100 Prozent der Fälle eine Continuation Bet bringen und weiterhin die Stärke repräsentieren, die mit meinem Raise aus erster Position begonnen hat. Ich möchte niedrig bieten; nicht nur um das Minimum zu verlieren, wenn mich mein Gegner checkraist, sondern auch, weil ich in dieser Situation in den kommenden Setzrunden zwei, eventuell sogar drei Salven abfeuern möchte. Je niedriger meine Bet auf dem Flop ist, desto niedriger muss meine Bet auf dem Turn ausfallen. Ich biete 1.250, etwa die Hälfte des Pots mit 2.425. Mein Gegner callt.

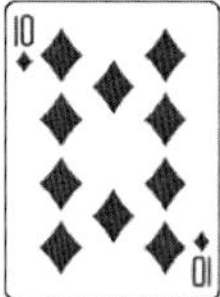

Turn (4.925): Diese Karte bringt eine vierte Karte zur Straight und einen zweiten, wenn auch unwahrscheinlichen Flush Draw. Mein Gegner checkt. Dies ist insbesondere aus zwei Gründen ein exzellenter Moment für eine zweite Salve: erstens bin ich in einem Satellite-Turnier, wo es wichtiger ist, seine Chips zu sparen anstatt auf Sieg zu spielen. Zweitens ist sich mein Gegner darüber im Klaren und sollte in der Lage sein, seine Hand abzulegen. Selbst wenn mein Gegner eine starke Hand wie Two Pair mit AT oder QJ hält, was könnte er damit erwarten zu schlagen? Nahezu alle beliebigen zwei Broadway-Karten schlagen selbst eine starke Hand wie AT und dünnen seine Draw-Möglichkeiten extrem aus. Er würde von mir wahrscheinlich nicht erwarten, mit einem Pocket Pair unter TT auf diesem Board eine zweite Salve abzufeuern. Ich sollte nicht davon ausgehen, dass mein Gegner ein Set hat, da er damit höchstwahr-scheinlich auf dem Flop gecheckraist hätte. Ich gehe ebenfalls nicht davon aus, dass mein Gegner AK hält, da er mit einer so starken Hand vor dem Flop gereraist hätte. Die einzigen Hände, vor denen ich Angst habe, sind KQ, KJ, oder KT. Wenn mein Gegner eine dieser Hände hat, wird er es mich jetzt wissen lassen, aber alles andere wird er wohl folden.

Ich tätige erneut eine relativ kleine Bet von 2.150, weniger als die Hälfte des Pots mit 4.925. Meine Bet könnte meinen Gegner davon überzeugen, dass ich Action möchte. Und natürlich riskiere ich damit weniger von meinem Stack, falls mein Gegner seine Hand nach wie vor gut findet. Mein Gegner foldet.

Hand 34

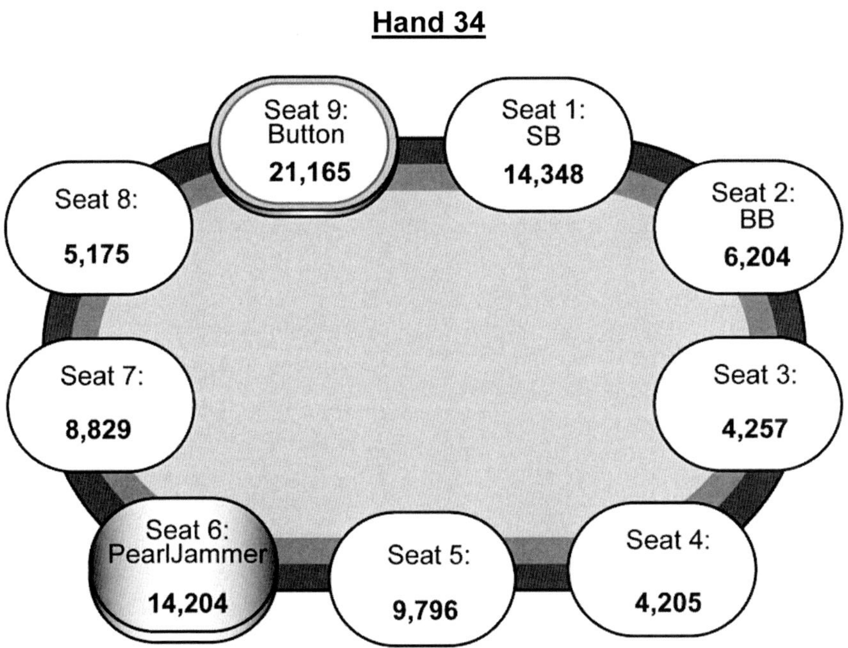

Situation: Ich befinde mich nahe der Bubble eines 50 $ Freezeout-Turniers mit 50.000 $ garantiertem Preisgeld. Die Blinds sind bei 200/400 mit Antes von 25. Es sind noch 174 Spieler übrig, und das Turnier zahlt 153 Plätze aus. Der durchschnittliche Stack beträgt 10.000.

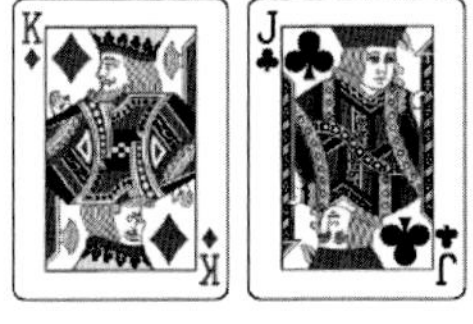

Vor dem Flop (825): Nah an der Bubble erweitere ich mein Spektrum für einen Raise aus mittlerer Position, und KJ fällt nun in dieses neue Spektrum. Die Spieler folden bis zu mir, und ich raise das 2,5-fache des Big Blinds auf 1.000. Spieler 7 und Spieler 1 callen.

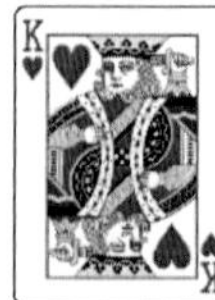
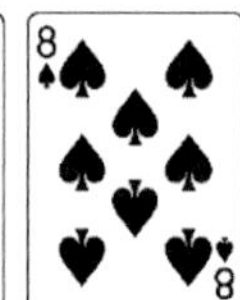
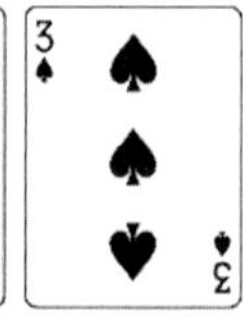

Flop (3.625): Ich habe Top Pair auf einem relativ sicheren Board gefloppt, jetzt muss ich mir um meinen Kicker Gedanken machen. AK und KQ sind annehmbare Hände, mit denen meine Gegner mein Raise gecallt haben könnten. Obwohl beide mit AK aufgrund ihrer Positionen und ihrer Stackgrößen hätte reraisen sollen, erlebe ich im Internet oft Spieler, die einen Raise mit AK lediglich callen, ganz besonders auf der Bubble. Spieler 1 checkt.

Wenn ich bette und von einem meiner Gegner geraist werde, entsteht für mich eine sehr komplexe Entscheidung. Ich könnte mit einem Reraise All-In gehen und hoffen, dass mein Gegner lediglich bluffte. Allerdings würde ich nur von stärkeren Händen oder einem Flush Draw gecallt werden. Gegen die meisten Gegner sollte ich nach einem Raise folden, was meine Bet in einen Bluff verwandeln würde. Mit einem Check verschleiere ich die Stärke meiner Hand und könnte so eventuell in späteren Setzrunden von schwächeren Händen ausbezahlt werden. Ich könnte auch schwächere Hände zu einem Versuch verleiten, den Pot zu stehlen. Ich checke und Spieler 7 checkt ebenfalls.

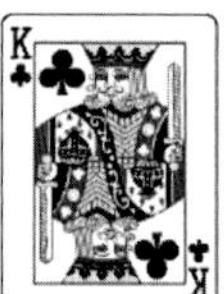

Turn (3.625): Welch eine schöne Karte! Zwar riskiere ich nach wie vor, von AK oder KQ dominiert zu werden, das ist nun aber sehr unwahrscheinlich geworden, da beide Gegner auf dem Flop Schwäche gezeigt haben und nun drei Könige aus dem Spiel sind. Noch viel wichtiger ist, dass mich meine Gegner nur schwer auf eine so starke Hand einschätzen können, was die Auszahlung, die ich für meine Hand bekommen kann, deutlich erhöhen könnte.

Spieler 1 bettet nun aus erster Position 2.000 in einen Pot mit 3.625. Betrachtet man die Action nach ihm auf dem Flop, kann er das mit einem sehr breiten Handspektrum machen. Wenn er ein Pocket Pair oder eine Acht hat, denkt er wahrscheinlich, er habe die beste Hand. Er könnte auch mit einem Flush Draw betten, aber die meisten Spieler, die einen Flush Draw auf dem Flop checken, checken auch auf dem Turn. Es ist ebenso möglich, dass ich von einem König mit besserem Kicker oder einem slow gespielten Set geschlagen bin. Zu diesem Zeitpunkt bin ich allerdings bereit, mit meiner Hand pleite zu gehen.

Ich könnte jetzt raisen und bekomme vielleicht Action von einem Gegner, der mich auf einen Steal setzt. Aber ich würde riskieren, meinen anderen Gegner aus der Hand zu drängen, besonders aufgrund der Stackgrößen und der Bubble. Spieler 1 hat nach seiner Bet noch 11.000 übrig. Wird er nun mit einem Raise konfrontiert, könnte er fürchten, auf dem River vor eine Entscheidung über all seine Chips gestellt zu werden. Diesen Eindruck möchte ich ihm nicht vermitteln, da ihn dies wohl aus dem Pot verscheuchen könnte. Also ist die beste Option, einfach nur zu callen, Schwäche vorzutäuschen und erst auf dem River Auszahlung für meine Hand zu verlangen. Ein Call könnte Spieler 7 auch dazu verleiten, einen trickreichen Spielzug zu versuchen, oder sogar mit einer schwachen Hand wie einem mittleren Paar zu callen. Ich calle die Bet von 2.000 und Spieler 7 foldet.

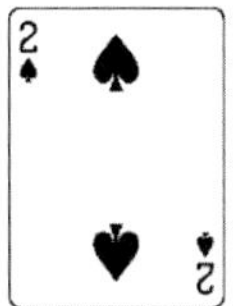

River (7.625): Der Flush Draw kommt an, was ich definitiv nicht sehen wollte. Mein Gegner checkt. Ich hatte ihn vorher nicht auf einen Flush Draw eingeschätzt, und sein Check auf dem River überzeugt mich umso mehr, dass er ein mittleres Paar hat. Mit 7.625 im Pot muss ich versuchen, noch mehr Auszahlung für meine Hand zu bekommen. Mein Gegner hat ungefähr 11.000 Chips und meine Bet sollte so ausfallen, dass sie ihm nicht allzu schwer schadet. Ich will, dass er in der Lage ist zu callen und nicht, dass sein Stack dadurch angeschlagen wird. Eine Bet von ungefähr dem halben Pot ist wohl das höchste, was ich von ihm erwarten kann, das er mit einem mittleren Paar noch callt. Ich biete 4.250. Mein Gegner callt und legt 8♥7♥ beim Showdown ab.

Hand 35

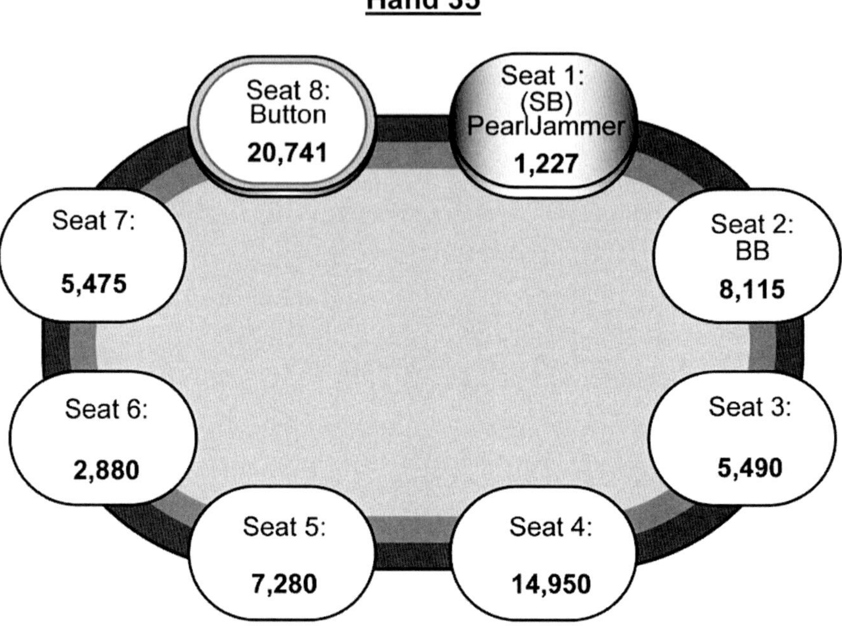

Situation: Ich befinde mich in der mittleren Phase eines 100 $ Freezeout-Turniers und bin mit nur noch 1.227 an Chips extrem ***shortstacked***. Die Blinds sind bei 200/400 mit Antes von 25.

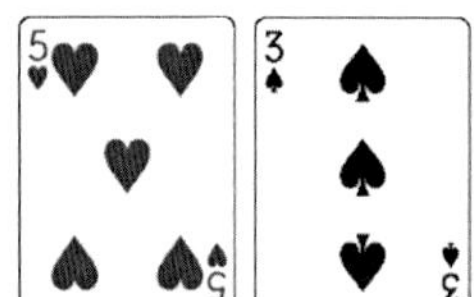

Vor dem Flop (825): Es wird zu mir gefoldet und ich bin an der Reihe. Zwar könnte ich folden, wonach ich noch 1.002 Chips hätte, aber mit 825 im Pot und nur einem Gegner wäre dies ein sehr schwaches Spiel. Den Pot mit 825 Chips zu gewinnen würde einen so beträchtlichen Unterschied für meinen Stack bedeuten, dass viele Spieler dafür eintreten, unabhängig von meinem Karten in jedem Fall All-In zu gehen.

Sollte ich dies tun, müsste mein Gegner für einen Call lediglich 802 mehr investieren, um 1.827 zu gewinnen. Angesichts der Pot Odds von 2.28 zu 1 und meines enorm großen Handspektrums für ein All-In vom Small Blind müsste er jederzeit callen. Ich gehe davon aus, dass mein Gegner in dieser Situation immer callen wird. Ich kann ebenfalls sicher davon ausgehen, gegen diese zufällige Hand in den meisten Fällen weit zurück zu liegen.

Es gibt noch eine dritte Option, die ich anwenden kann, um mir selbst eine weitere Möglichkeit zu geben, diesen Pot zu gewinnen. Ich könnte limpen und auf dem Flop unabhängig vom Board All-In gehen! Ich weiß, dass mein All-In vor dem Flop gecallt wird und ich gehe davon aus, gegen diese zufällige Hand weit hinten zu liegen. Warum sollte ich die einzige Möglichkeit, ohne Showdown durch einen Limp zu gewinnen, nicht wahrnehmen? Wenn mein Gegner nach meinem Limp all seine Chips setzt, bekomme ich dieselben Odds wie er, wäre ich All-In gegangen, und würde mit Odds von 5-3 natürlich callen. Checkt mein Gegner, bekomme ich die Chance, auf dem Flop für 802 Chips bei einem Pot von 1.025 All-In zu gehen. Hat er den Flop verpasst, foldet er vielleicht. Die Chancen, dass er nach einem verpassten Flop foldet, stehen recht gut – schließlich würde er mit Ax oder Kx wohl vor dem Flop All-In gehen. Ich komplettiere den Einsatz vom Small Blind aus für 200 und mein Gegner checkt.

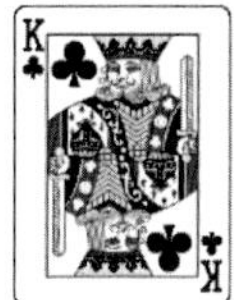
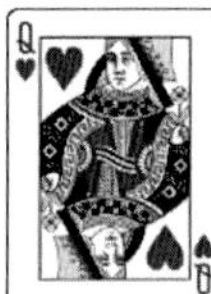

Flop (1,025): Obwohl ich den Flop verpasst habe, bleibe ich bei meinem Preflop-Plan. Ich gehe mit 802 Chips All-In und mein Gegner foldet!

Ich nenne diese Spielweise gerne „Limp and Go“, was eine andere Variante des „Stop and Go“ ist. Beim „Stop and Go“ callt man einen Preflop-Raise im Wissen, nach dem Flop als erster an der Reihe zu sein. Auf dem Flop geht man unabhängig vom Board All-In in der Hoffnung, dass der Gegner den Flop verpasst hat und foldet. Diese Variante wird meist genutzt, wenn man nur eine geringe Chance hat, dass der Gegner nach einem All-In Reraise vor dem Flop foldet, da er Pot-Committed ist. „Limp and Go“ ist dasselbe Konzept, außer dass man vor dem Flop in den Pot limpt, statt einen Raise zu callen.

Hand 36

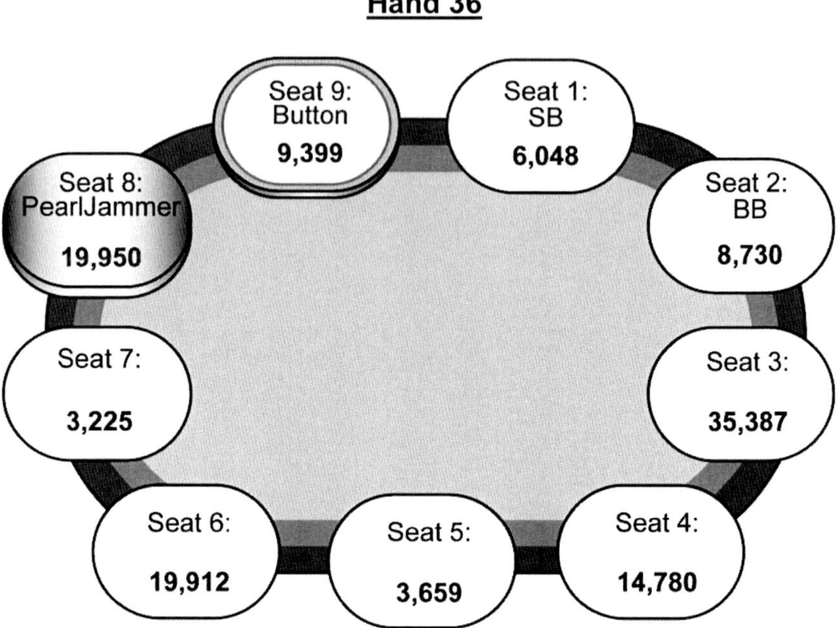

Situation: Es ist die mittlere Phase eines 10 $ Rebuy-Turniers mit 15.000 $ garantiertem Preisgeld. Die Blinds sind bei 200/400 mit Antes von 50. Meine Gegner kenne ich nicht, aber ich erwarte, dass das Spiel in einem Turnier mit sehr niedrigem Buy-In schwach und vorhersehbar sein wird.

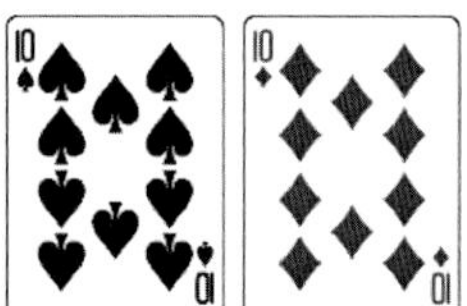

Vor dem Flop (1.050): Spieler 4 raist aus früher Position das Dreifache des Big Blinds auf 1.200. Spieler 7 geht mit 3.175 All-In. Ich befinde mich im Cut-Off und bin nun an der Reihe.

Mit einer starken Hand wie TT bin ich natürlich gewillt, gegen Spieler 7 mit seinem kleinen Stack von nur 3.175 anzutreten. Sein M[3] ist lediglich 3, er sollte

[3] M ist das Verhältnis des eigenen Stacks zur Summe der aktuellen Blinds und Antes, die die Kosten für das Spielen einer vollen Runde repräsentiert. M und dessen Implikationen wurden durch das Buch *Harrington on Hold'em Volume 2* von Dan Harrington und Bill Robertie bekannt gemacht.

also recht verzweifelt bemüht sein, mit einer anständigen Hand all sein Geld in den Pot zu bringen. Allerdings muss ich die Situation neu bewerten, da sein All-In über einen Raise aus früher Position erfolgte. Spieler 7 dürfte dies mit jedem Paar, wahrscheinlich 77 oder höher, oder zwei beliebigen, starken Broadway-Karten wie AJ, KQ, oder besser machen. Gegen dieses Handspektrum sollte ich bereit sein, das Risiko einzugehen. Die mögliche Hand von Spieler 4 bereitet mir mehr Bedenken.

Ich habe keine Informationen über Spieler 4, außer dass seine Hand stark genug ist, um aus früher Position heraus zu raisen. Es ist ungefähr gleich wahrscheinlich, dass er ein höheres oder ein niedrigeres Paar als meins hält. Er könnte auch mit einem sehr breiten Spektrum an Broadway-Karten raisen. Wahrscheinlich liege ich häufiger vor als hinter ihm. Gehe ich All-In oder raise auf circa 7.000, um damit Spieler 7 zu isolieren, würde ich effektiv drei Viertel meines Stacks gegen Spieler 4 riskieren. Ich glaube nicht, dass Spieler 4 ohne ein höheres Pocket Paar oder AK callt (oder nach meinem Reraise All-In geht), doch falls dies geschieht, wäre ich stark angeschlagen. Zwinge ich ihn zum Folden, wird meine Belohnung ein Münzwurf gegen Spieler 7 mit etwas Dead Money im Pot sein. Die Situation bietet nicht genügend Potential, um meinen Stack zu gefährden.

Ich habe also ermittelt, dass es sich nicht lohnt, All-In zu gehen oder zu reraisen; aber ist ein simpler Call gegen das All-In von Spieler 7 eine Option? Nach meinem Call wird Spieler 7 mit Paaren, die mich schlagen, oder AK wahrscheinlich All-In gehen. Hat er eine dieser Hände und schiebt seine Chips in die Mitte, muss ich folden. Doch selbst wenn er nur das All-In callt, muss ich gegen drei oder vier höhere Karten bei Spieler 4 und Spieler 7 zusammen betrachtet bestehen. Sobald eine höhere Karte auf dem Board erscheint, wäre es selbst in Position schwierig, mit meiner Hand weiterzumachen. Auf das All-In von Spieler 7 mit einem Call zu antworten, ist also reine Chipverschwendung. Ich gehe auf Nummer sicher und folde.

Spieler 4 callt und zeigt A♠J♠. Spieler 7 zeigt A♣Q♦. Auf dem Board kommt K♠Q♣9♥6♠7♣, und Spieler 7 gewinnt mit einem Paar Damen.

Dies ist eine grenzwertige Situation, in der viele Spieler ihren Stack mit TT in die Mitte bringen. Von Zeit zu Zeit bauen diese Spieler so ihren Stack erheblich aus, wenn der ursprüngliche Raiser mit AK callt und sie den Münzwurf gewinnen. Allerdings scheiden sie auch häufig unnötig bereits in der frühen Phase eines Turniers aus. Wenn ich mit einem Raise aus früher Position heraus und einem ähnlich großen Stack konfrontiert werde, gehe ich für gewöhnlich auf

Nummer sicher und riskiere nicht meinen gesamten Stack, um einen Spieler mit kleinem Stack zu isolieren. Beachten Sie aber, dass ich mit einem Stack von 8.000 oder weniger in der ansonsten gleichen Situation viel eher geneigt gewesen wäre, das Risiko einzugehen!

Hand 37

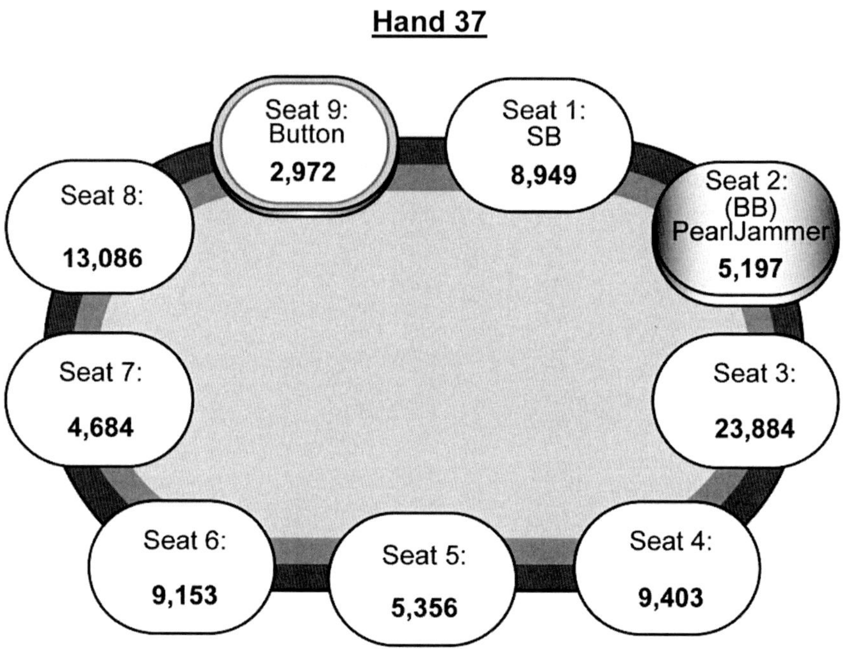

Situation: Ich befinde mich in der mittleren Phase eines 150 $ Freezeout-Turniers mit 55.000 $ garantiertem Preisgeld und habe einen ziemlich kleinen Stack. Die Blinds sind bei 200/400 mit Antes von 50.

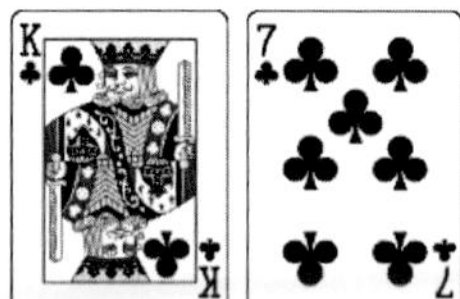

Vor dem Flop (1.050): Nach einem Raise aus früher Position hätte ich die Hand ohne einen weiteren Gedanken weggeworfen. Doch es wird bis zum Button gefoldet, einem sehr starken, aggressiven Spieler, mit dem ich viel Erfahrung habe. Dieser Spieler weiß von mir, dass ich für teure Calls ein relativ schmales Handspektrum habe. Er hat nur noch einen extrem kleinen Stack mit weniger als 3.000 und geht von Button aus All-In. Der Small Blind foldet.

Ich muss die Pot Odds abschätzen, die ich für den Call seines All-In bekomme, und vergleichen, wie oft meine Hand gegen die Hände gewinnt, mit denen er vom Button aus All-In gehen würde. Mit den Blinds, Antes und der Bet meines Gegners befinden sich 3.972 im Pot und ein Call würde mich 2.522 kosten, was mir Pot Odds von 1.57 zu 1 gibt. Ich würde mindestens Odds von 2 zu 1 brauchen, um diesen Call mit nahezu allen beliebigen zwei Karten machen zu können. Selbst wenn ich 2 zu 1 bekomme, würde ich gewöhnlich ungleichfarbige Karten wie 92, 83, etc. folden.

Obwohl die Pot Odds angesichts des sehr breiten Handspektrums meines Gegners (mit nahezu jedem beliebigen Blatt) für einen Call sprechen, würde der Verlust von knapp der Hälfte meines bereits kleinen Stacks mich beinahe jegliche ***Fold Equity*** für zukünftige Hände kosten. Dies würde meine Chancen, ohne sehr starke Hände ins Turnier zurückzukommen, dramatisch verringern. Somit muss ich mir sicher genug sein, dass das Handspektrum meines Gegners breit genug ist, um mit K7s und Pot Odds von circa 1.6 zu 1 zu callen.

Aufgrund voriger Erfahrungen mit diesem Gegner weiß ich, dass er sich über Turnierdynamiken sehr bewusst ist. Als ein starker, aggressiver Spieler versteht er, dass ihn jede Runde 1.050 kostet. Und da sein Stack unter 3.000 ist, muss er nach jeder Chance Ausschau halten, in der er Chips ohne Showdown bekommen kann. Da zu ihm auf dem Button gefoldet wurde, würde er höchstwahrscheinlich mit jedem beliebigen Blatt All-In gehen. Um Chips anzuhäufen sollte ich das Risiko eingehen und callen, da ich weiß, dass selbst wenn ich in diesem Fall unrecht habe, mein K7 auf lange Sicht die angemessenen Pot Odds bekommt.

Ich calle sein All-In, und er zeigt T♥4♦. Auf dem Board kommt 9♣6♣4♠A♣3♠, ich treffe den Nut Flush und eliminiere einen starken Gegner.

Hand 38

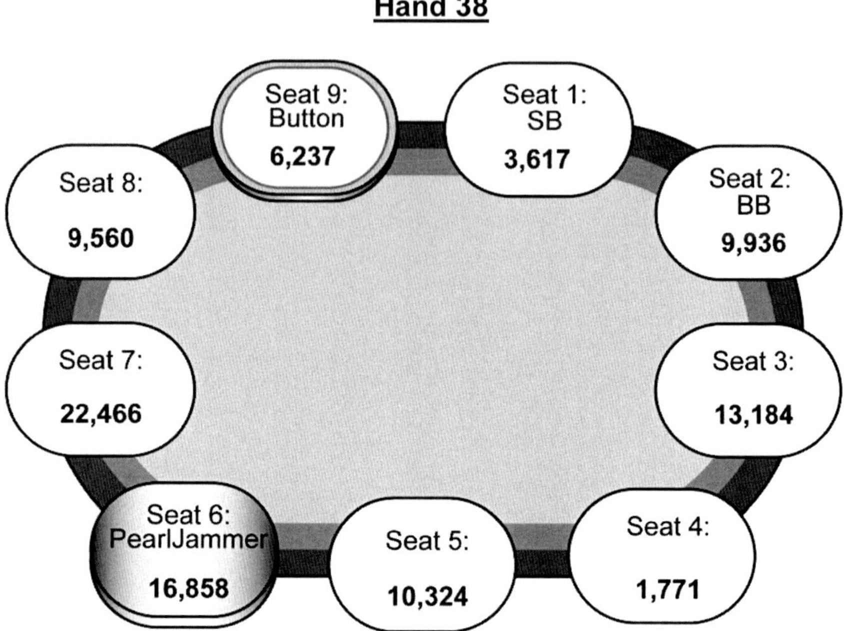

Situation: Ich befinde mich auf der Bubble eines 69 $ Freezeout-Turniers. Ich habe viele Pots eröffnet und somit ein looses Image aufgebaut. Die Blinds sind bei 200/400 mit Antes von 25.

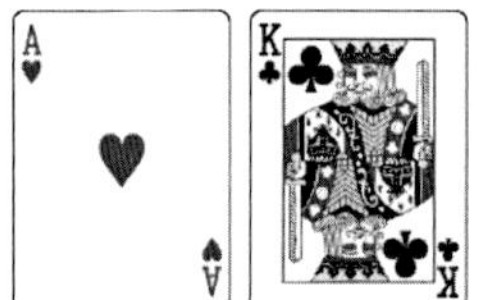

Vor dem Flop (1.050). Ich bin an der Reihe und mache meinen Standard-Raise von knapp dem 2,5-fachen Big Blind auf 950. Spieler 7 reraist auf 3.333. Die verbleibenden Spieler folden.

Spieler 7 ist der Chipleader am Tisch und sich wahrscheinlich bewusst, dass ich viele Pots eröffnet habe und wir uns auf der Bubble befinden. Ich kann sicher annehmen, dass er mich mit einem ziemlich breiten Spektrum reraist. Somit steht ein Fold von AK nicht zur Debatte. Ich muss mich entscheiden, ob ich callen und den Flop spielen, reraisen, oder All-In gehen sollte.

Wenn ich calle, verpasse ich in ungefähr zwei Drittel der Fälle den Flop. Der Pot würde bei fast 8.000 sein, doch mit mehr als 13.000 verbleibenden Chips wäre ich nicht Pot-Committed. Da ich jedoch weiß, dass das Spektrum meines Gegners recht groß ist, riskiere ich, zu häufig nach einer Bet die beste Hand zu folden.

Die bessere Spielweise ist zu reraisen. Ich bin nicht in Position, also sollte mein Reraise mindestens drei Mal so hoch sein wie die Bet meines Gegners. Mit weniger als 17.000 in meinem Stack, sollte ich – wenn ich reraise – direkt All-In gehen, da ich eh Pot-Committed bin. Diese Bet wird meinen Gegner normalerweise dazu bringen, mittlere Paare wie TT bis 77 zu folden, da er einen Großteil seines Stacks in einer Situation riskieren müsste, in der er dominiert werden könnte. Wahrscheinlich wird es ihn auch dazu bringen, sich von Händen wie AQ, AJ, und KQ zu trennen. Doch in Anbetracht der Bubble Situation und meines loosen Images könnte ich das Glück haben, einen Call von einer dieser Hände zu bekommen, wodurch ich verdoppeln könnte. Ich gehe All-In, und mein Gegner foldet.

Beachten Sie, dass AK eine gute Hand für ein All-In bei passenden Stackgrößen ist. Die einzige Hand, gegen die ich in großen Schwierigkeiten bin, ist AA. Und da ich bereits ein Ass auf der Hand habe, ist es unwahrscheinlich, dass mein Gegner AA hält. Wenn mein Gegner mit einem Paar wie QQ oder niedriger callt, bin ich nur knapper Außenseiter. Selbst gegen KK gewinnt A-K in circa 30 Prozent der Fälle. Mit anderen Worten: Bei relativ kleinen Stacks ist es nur selten falsch, mit AK All-In zu gehen.

Ich habe es nicht geschafft das beste Ergebnis für meine Hand zu bekommen, also einen Call von einer dominierten Hand. Jedoch habe ich 4.383 Chips bekommen ohne den Flop zu sehen, und meinen Stack um mehr als 25 Prozent vergrößert!

Hand 39

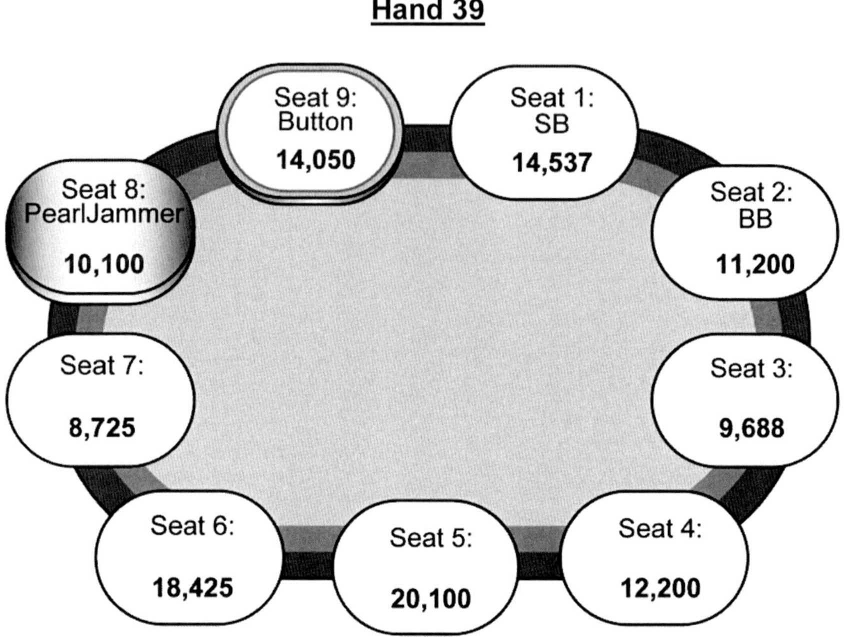

Situation: Es ist die frühe Phase eines großen Sonntagsturniers mit 500 $ Buy-In und 1.000.000 $ garantiertem Preisgeld, die Anfangsstacks lagen bei 10.000. Die Blinds sind bei 300/600. Spieler 3 und 7 sind sehr starke Spieler. Mein Zielobjekt ist Spieler 6, da er zu viele Hände spielt und ich ausgezeichnete Position auf ihn habe. Er hat mich zweimal mit marginalen Händen bis zum Ende runter gecallt, und dabei einmal meinen Bluff aufgedeckt und mir das andere Mal geholfen, meinen Stack wieder aufzubauen.

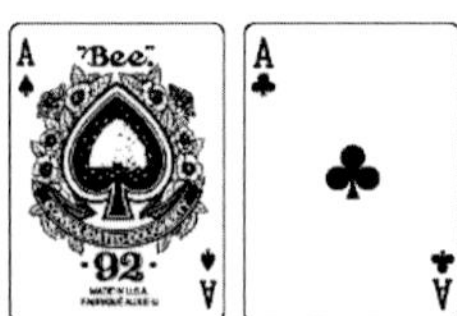

Vor dem Flop (900): Es wird zu Spieler 6 gefoldet, der mit einem Raise auf 1.450 eröffnet – etwas weniger als dem 2,5-fachen Big Blind, was ein recht typischer Raise in diesem Turnier ist. Spieler 7 foldet und ich bin an der Reihe.

Ich spiele meine starken Hände nur selten slow, da ich riskiere, dass mein Gegner zu günstig aufholt, und ich manchmal beim Auftauchen gefährlicher Karten Value einbüße. Jedoch erscheint dies aus mehreren Gründen eine gute

Situation für mich zu sein, um trickreich zu spielen und den Preflop-Raise lediglich zu callen. Die vergangenen Hände und meine Erfahrung mit Spieler 6 sagen mir, dass er mich ausbezahlen wird, sofern er irgendetwas auf dem Flop trifft. Desweiteren bin ich aufgrund meiner Stackgröße nach jedem Reraise eindeutig Pot-Committed. Spieler 6 raist sehr wahrscheinlich mit einer marginalen Hand, um die Blinds einzusammeln, also wird ihn jedes Reraise aus dem Pot drängen. Und zu guter letzt besteht durch einen Call die Chance, dass ich ein Squeeze Play vom Button oder einem der Blinds provoziere. Bei 3.800 im Pot könnte einer von ihnen mit einem mittleren bis starken Paar oder AQ und besser All-In gehen (vielleicht sogar mit einer schwächeren Hand, falls sie fälschlicherweise glauben, Dead Money abgreifen zu können). Mit einem Reraise dränge ich sie dagegen eventuell aus der Hand, sofern sie kein hohes Paar oder möglicherweise AK halten.

Da ich für das Spiel in den weiteren Setzrunden nur noch 8.650 Chips übrig haben werde, sollte ich auf dem Flop problemlos all mein Geld in die Mitte bringen können, falls mein Gegner etwas trifft. Hätte ich anstelle meines jetzigen Stacks 20.000 in Chips, wäre es wesentlich riskanter, mit AA meine Hand vor dem Flop nicht zu schützen. Ich calle den Raise von Spieler 6 und die übrigen Spieler folden.

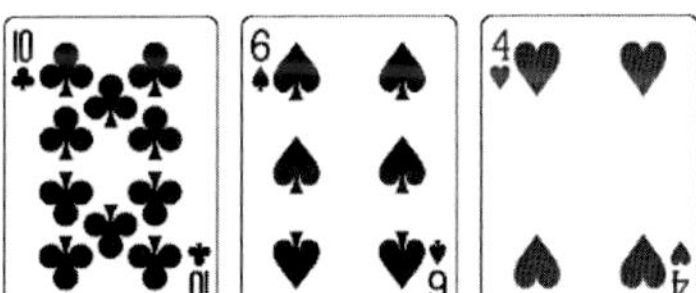

Flop (3.800): Mein Gegner checkt. Auf einem so unkoordinierten Flop könnte ich meine Asse nach meinem Gegner ebenfalls checken. Da er mich in den Händen zuvor jedoch leicht herunter gecallt hat, und selten eine Möglichkeit für eine Continuation Bet auslässt, nehme ich an, dass er den Pot nach einer Bet von mir nicht aufgeben wird. Wenn er nichts hat, macht er eventuell sogar einen Move in der Hoffnung, dass ich schwach bin. Wenn er natürlich eine brauchbare Hand wie ein unverbessertes Pocket Pair oder sogar Top Pair hat, möchte ich jetzt gerne das Geld in die Mitte bekommen, da ihn eine hohe Turnkarte eventuell verschrecken könnte.

Ich setze 1.850, ungefähr die Hälfte des Pots. Diese Bet scheint mich nicht an den Pot zu binden und soll den Eindruck erwecken, mein Gegner habe Fold Equity für einen möglichen Bluff. Mein Gegner checkraist auf 5.400 und setzt mich damit praktisch All-In. Ich gehe mit meinen restlichen 3.250 All-In und er callt schnell mit T♦9♦, was ihm zweimal 5 Outs gibt. Mein Gegner trifft den Drilling auf dem Turn und streicht den Pot ein.

Mein Slowplay hat mich letztlich aus dem Turnier geschmissen, da mein Gegner nach einem Reraise Preflop mit Sicherheit gefoldet hätte. Aber ich habe mein Geld mit der besten Hand auf dem Flop untergebracht und sollte nicht durch mein Pech deprimiert sein. Das Ergebnis der Hand sollte mich nicht entmutigen, in Zukunft in vergleichbaren Situationen ähnliche Schlussfolgerungen zu ziehen und ähnlich zu spielen.

Hand 40

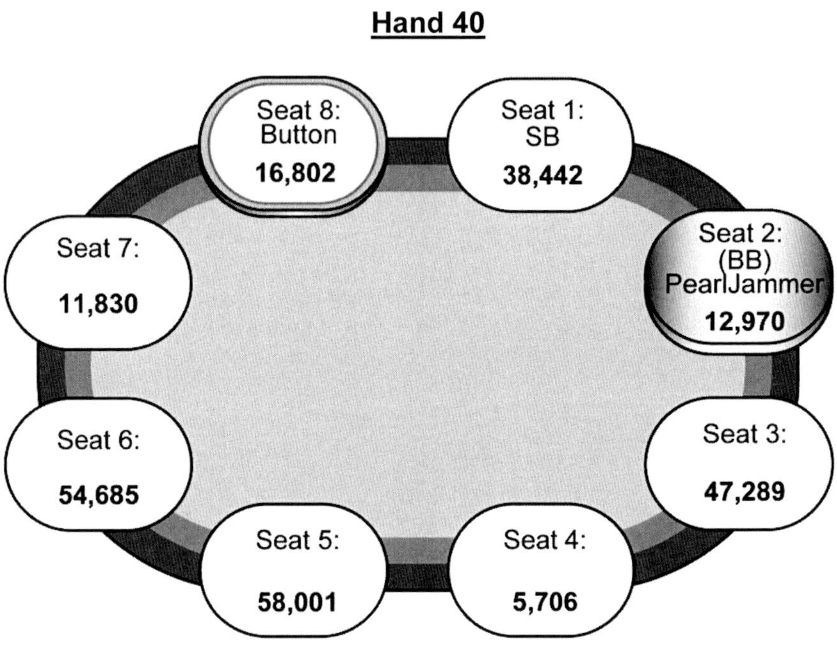

Situation: Ich bin in der mittleren Phase eines Rebuy-Turniers mit 100 $ Buy-In. Die Rebuy-Phase ist längst vorbei und die Blinds sind bei 300/600 mit Antes von 50. Mein Stack ist deutlich unter Durchschnitt, jedoch habe ich mit einem M von 13 noch Platz zum Manövrieren. Spieler 3 ist ein sehr starker und trickreicher Spieler, der gewöhnlich loose-aggressiv agiert, jedoch durchaus zu einem Wechsel der Gangart in der Lage ist. Der Rest der Spieler ist relativ unbekannt.

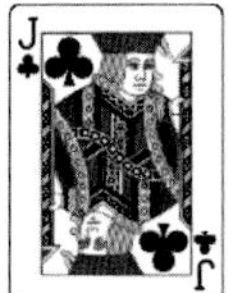
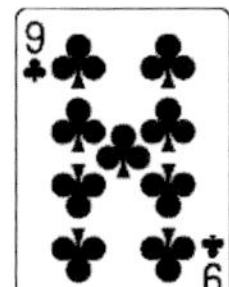

Vor dem Flop (1.300): Spieler 3 raist in erster Position auf 1.600. Spieler 1 callt vom Small Blind und ich bin am Zug. Es sind 4.200 im Pot und es kostet mich nur 1.000, um den Flop mit meinem „Suited One-Gapper“ (zwei gleichfarbige Karten mit einer einfachen Lücke) zu sehen. So spät im Turnier calle ich nur selten einen Raise mit einer spekulativen Hand, aber meine Kenntnisse über das Handspektrum von Spieler 3 und die verbesserten Pot Odds durch den Call von Spieler 1 ermutigen mich, mir den Flop anzuschauen. Ich calle und wir sehen zu dritt den Flop.

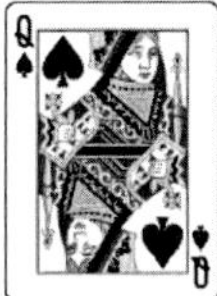
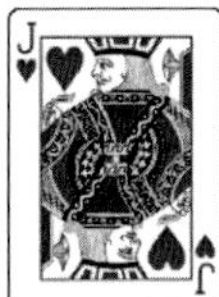
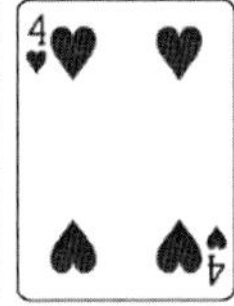

Flop (5.200): Ich floppe das mittlere Paar auf einem drawlastigen Board. Spieler 1 checkt. Ich könnte als erster betten, noch vor dem Preflop-Raiser. Aber da ich ihn als sehr aggressiv kenne, könnte er mit einem sehr breiten Spektrum an Händen raisen und mich auf die Probe stellen. Ich würde lieber zu ihm checken und ihm erlauben, die Initiative zu ergreifen, da er mit ziemlicher Sicherheit unabhängig von seiner Hand eine Continuation Bet bringen wird. Ich checke, und Spieler 3 setzt 2.985, circa die Hälfte des Pots. Spieler 1 callt.

Mein erster Gedanke sollte ein Fold sein, da ich vermute, dass wenigstens einer meiner beiden Gegner zumindest Top Pair hat. Allerdings gibt es mehrere Faktoren, die allesamt auf ein anderes Fazit hindeuten und mich davon überzeugen, diesen Pot zu attackieren. Zu allererst ist Spieler 3 ein starker und aggressiver Spieler, dessen Handspektrum für ein Raise aus erster Position sehr groß ist. Ich kann annehmen, dass er mit jedem Pocket Pair, starken Broadway-Karten, vielen Suited Connectors und vielen gleichfarbigen Ass-Kombinationen raist. Er könnte auf diesem Flop eine starke Hand haben, aber vermutlich brachte er einfach eine normale Continuation Bet. Meiner Schätzung nach schlage ich mindestens 50 Prozent seines Handspektrums. Selbst wenn er mich mit AJ, KJ, oder JT durch einen besseren Kicker geschlagen hat, wäre es für ihn sehr schwierig, einen Check-Raise zu callen, wenn Spieler 1 noch nach ihm agieren muss.

Die Hand von Spieler 1 ist ein kleines Rätsel. Auf einem so drawlastigen Board repräsentiert sein Call auf dem Flop eventuell einen Draw, obwohl es auch durchaus möglich ist, dass er eine fertige Hand hat. Desweiteren haben meine beiden Gegner große Stacks, was ihre möglichen Hände ebenfalls jeweils vergrößert.

Der Pot von ungefähr 11.000 würde für meinen Stack einen enormen Unterschied bedeuten und ihn mehr als verdoppeln. Ich bin mir nicht sicher, die beste Hand zu haben, und durch ein All-In riskiere ich, aus dem Turnier auszuscheiden. Aber aufgrund der Analyse der möglichen Hände meiner Gegner scheint sich das Wagnis zu lohnen. Laufe ich in eine gute Hand, habe ich wahrscheinlich immer noch zweimal 5 Outs.

Ich checkraise All-In für weitere 8.335. Spieler 3 foldet, Spieler 1 callt und zeigt mit T♠9♠ einen Opend-Ended Straight Draw plus Backdoor-Flush Draw. Auf dem Board erscheinen 6♦ und 4♣ und ich kann meinen Stack beinahe verdreifachen!

Hand 41

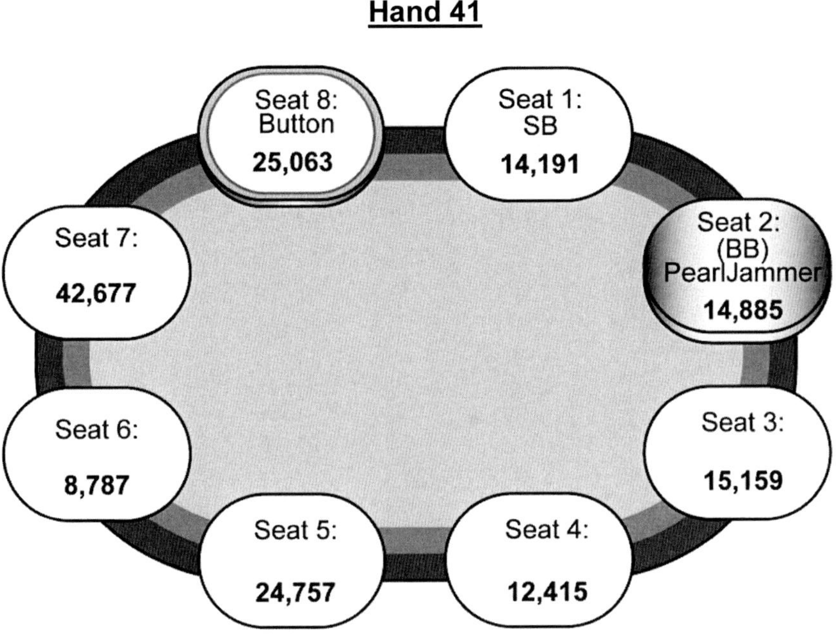

Situation: Ich nähere mich der Bubble in einem großen Sonntagsturnier mit 200 $ Buy-In. Die Blinds sind bei 300/600 mit Antes von 75. Es sind noch 161 Spieler übrig, 90 werden bezahlt und der Durchschnittsstack liegt bei 16.000. Ich kenne keinen der Spieler an meinem Tisch.

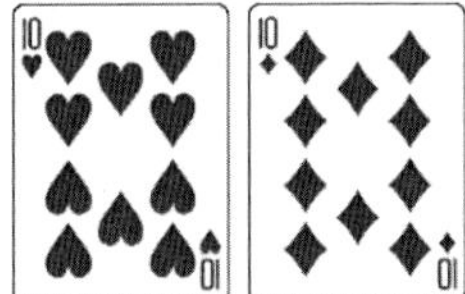

Vor dem Flop (1.500): Spieler 3 limpt in erster Position. Es wird bis zum Small Blind gefoldet, der auffüllt. Ich muss nun entscheiden, ob ich mit meinem mittleren Paar raisen sollte, oder nur checken, um mit einer recht starken und gut versteckten Hand den Flop zu sehen. Ich mache mir keine Sorgen um das Auffüllen des Small Blinds, aber der Limper aus erster Position stellt eine Bedrohung dar. Ich habe diesen Spieler bisher nicht einmal limpen gesehen, und habe daher keine Ahnung, ob er eher schwach ist oder mit einem Monster eine Falle stellt.

Falls ich aus dem Big Blind raise, sollte ich ungefähr auf 2.400 raisen, das Vierfache des Big Blinds. Geht der Limper danach aber All-In, werde ich wahrscheinlich folden. Ich müsste annehmen, dass er sehr stark ist, vermutlich ein Spektrum von AA bis JJ und AK spielt, und ohne weitere Informationen hätte ich mit meiner Hand einen klaren Fold. Nur selten wird er mit einem niedrigeren Pocket Pair gelimpt haben und nun über die Stränge schlagen in der Hoffnung, mich von einer starken Hand lösen zu können. Geht mein Gegner nicht All-In, foldet er höchstwahrscheinlich niedrigere Pocket Pairs, callt aber mit zwei höheren Karten. Damit würde ich also die Hände verjagen, die ich dominiere, und wäre gezwungen, Post-Flop einen großen Pot in ungünstiger Position gegen unbekannte Overcards zu spielen. Vermutlich werde ich bei einer solchen Spielweise nach dem Flop nur Action von den Händen bekommen, die mich geschlagen haben, es sei denn ich habe Glück, treffe ein Set, und er trifft eine seine höheren Karten oder bekommt einen starken Draw.

Eine weitere Option wäre, vor dem Flop All-In zu gehen, was im Erfolgsfall meinen Stack um 17 Prozent erhöhen oder sogar verdoppeln könnte, wenn mich der Limper mit zwei höheren Karten callt und ich das Wettrennen gewinne. Allerdings wird er wohl nur mit einem höheren Pocket Pair und AK callen – ein Handspektrum, gegen das TT eher schlecht aussieht. Ich entscheide mich für einen Check und schaue mir den Flop an.

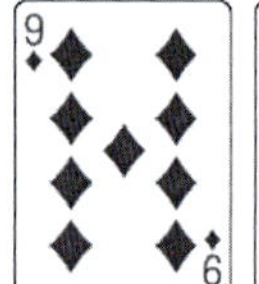
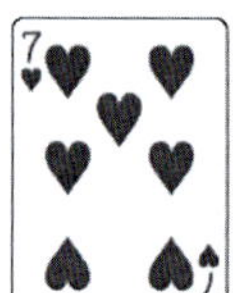
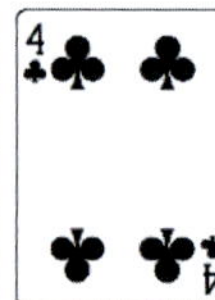

Flop (2.400): Dies ist so ziemlich der beste Flop, auf den ich hoffen darf, ohne eine Zehn zu treffen. Ich habe ein gut verstecktes Overpair. Allerdings sollte ich Vorsicht walten lassen, da ich es wohl nicht schaffen dürfte, auf diesem Flop all meine Chips unterzubringen und Action von einer schlechteren Hand zu bekommen. Spieler 1 checkt und ich bin an der Reihe. Die Initiative zu übernehmen scheint hier angemessen, da ich Action von einer 9 oder einem Straight Draw bekommen könnte, falls Spieler 1 mit einer solchen Hand gecheckt hat. Dass Spieler 3 eine Neun oder einen Draw auf diesem Board hat, ist aufgrund seines Limps in früher Position unwahrscheinlich. Sollte er auf dem Flop raisen, würde mich das in eine schwierige Situation bringen, und ich wäre unter Umständen gezwungen zu folden, da ich dann lediglich einen Bluff schlage. Auf der anderen Seite wird Spieler 3 wahrscheinlich auf diesem Flop bieten, um Stärke zu repräsentieren, egal ob er stark ist oder nicht, also checke ich. Spieler 3 bietet 1.800 und Spieler 1 foldet.

Bevor ich mich zu sehr darüber freue, dass der Limper wie erwartet geboten hat und ihn checkraise, sollte ich über die Folgen nachdenken. Aktuell befinden sich 4.200 im Pot. Wenn ich den Pot jetzt mitnehme, könnte ich meinen Stack signifikant vergrößern. Mit einem Check-Raise bekomme ich allerdings nur

Action, wenn Spieler 3 mich geschlagen hat! Sein Spektrum an Händen umfasst höchstwahrscheinlich jedes Pocket Pair AA bis 22 und diverse Broadway-Karten. Falls ich checkraise, wird er mir mit höheren Pocket Pairs und Sets Action geben, aber unverbesserte Broadway-Karten und kleine Pocket Pairs folden. Also besteht der einzige Wert eines Check-Raise darin, den Pot direkt zu gewinnen ohne meinem Gegner zu ermöglichen, sich zu verbessern.

Hätte ich 8.000 oder weniger, wäre ein All-In wahrscheinlich mein bevorzugter Spielzug in Anbetracht der möglichen Vergrößerung meines Stacks. Mit 14.000 will ich zu diesem Zeitpunkt allerdings nicht mein Turnierleben in der Hoffnung riskieren, ich könnte die beste Hand halten. Gleichzeitig ist meine Hand zu stark zum Folden. Der beste Weg erscheint mir ein Call der Bet meines Gegners und eine Neubewertung der Situation anhand seiner Action auf dem Turn. Ich calle.

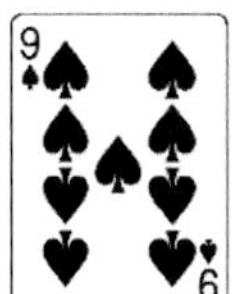

Turn (6.000): Falls mein Gegner ausgerechnet eine Neun hält, ist er gerade an mir vorbeigezogen, doch dies bereitet mir keine Sorgen, da es sehr unwahrscheinlich ist, dass er mit einer Neun limpte. In dieser Phase des Turniers limpen nur wenige Spieler mit Händen wie A9 oder T9s, speziell aus erster Position. Wenn mein Gegner mich mit einem höheren Paar dominiert, könnte diese Karte ihn davon abhalten, weiter zu betten und mir in einem Pot Geld sparen, in dem ich andernfalls meinen Stack verloren hätte. Aus denselben Gründen, aus denen ich auf dem Flop nicht gecheckraist habe, sollte ich nun erneut checken. Ich checke und mein Gegner checkt ebenfalls.

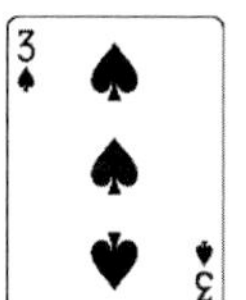

River (6.000): Aufgrund des Checks meines Gegners und der unbedeutenden Karte auf dem River sollte ich nun eine Value Bet bringen. Die Turnkarte könne meinen Gegner eingeschüchtert und dazu verleitet haben, ein Overpair zu checken. Bette ich aber nun auf dem River, wird er mit einer solchen Hand auch nur callen, da er zu verängstigt wäre hier zu raisen. Sollte mein Gegner auf einem höheren Paar sitzen, könnte ich einige Chips sparen, indem ich nur die Hälfte des Pots bette. Mit dieser ***Block-Bet*** halte ich meinen Gegner davon ab, selbst eine höhere Bet zu bringen, die ich wahrscheinlich callen müsste.

Wahrscheinlicher als ein Overpair ist, dass mein Gegner eine nicht verbesserte Hand mit Broadway-Karten oder ein kleineres Pocket Pair hält. Er könnte mich mit diesen Händen noch ausbezahlen, da er mich auf diesem Board durchaus auf einen verpassten Straight Draw setzen kann. T8 und 86 sind beide aus Sicht meines Gegners annehmbare Hände. Auf der anderen Seite dürfte er 65 oder jede Neun fürchten – ebenfalls mögliche Hände, die auf dem Flop gecallt und sich bis zum River zu sehr starken Händen verbessert hätten. Nichtsdestotrotz sollte ich mit meiner Hand eine Value Bet bringen, mit dem gleichzeitigen Nutzen als Blocking Bet, falls mein Gegner wirklich ein höheres Pocket Pair hat.

Ich bette 3.250, etwas mehr als die Hälfte des Pots von 6.000. Mein Gegner callt und verliert mit 5♦5♥.

Hand 42

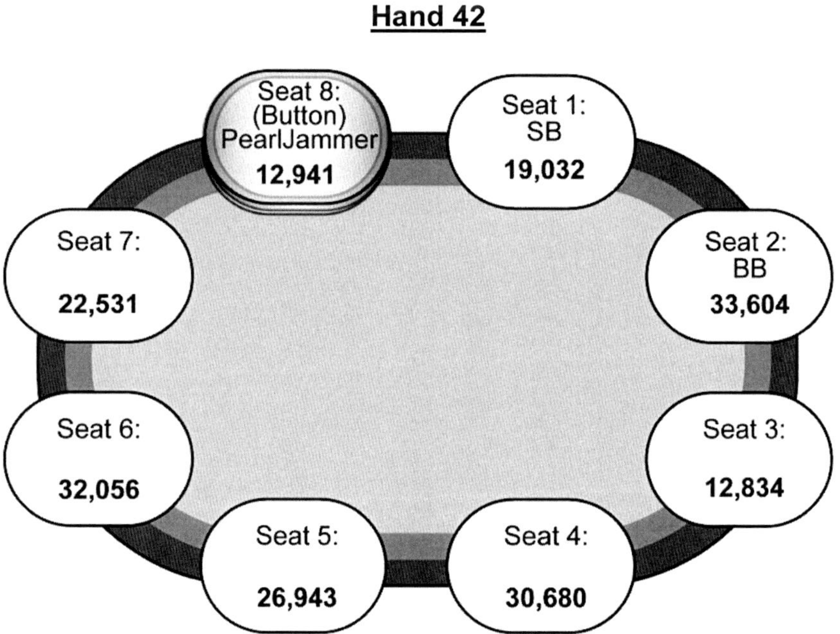

Situation: Ich befinde mich auf der Bubble in einem sonntäglichen 200 $-Turniers mit einem Stack, der weit unter dem Durchschnitt von 26.000 liegt. Bei 81 bezahlten Plätzen sind noch 94 Spieler übrig, und die Blinds liegen bei 500/1.000 mit Antes von 125. Spieler 1 und 4 sind beide extrem starke, aggressive Gegner, und mir fiel es an diesem Tisch bisher schwer, Situationen zu finden um Chips einzusammeln. In den letzten Runden habe ich zweimal mit mittelmäßigen Händen geraist, nur um durch Reraises zum Folden gezwungen zu werden. Obwohl ich auf Sieg spiele und nicht, um einen Platz im Preisgeld zu erreichen, bin ich mir bewusst, dass ich sehr bald verdoppeln muss, um nicht von den Blinds aufgefressen zu werden, bevor ich ins Geld komme.

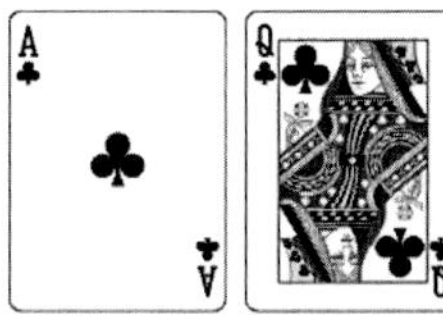

Vor dem Flop (2.500): Es wird zu mir gefoldet. Bei 2.500 im Pot und mit so einer starken Hand am Button, bin ich angesichts meines kleinen Stacks absolut bereit, mein Turnierleben zu riskieren. Mit einem M von ungefähr 5 wäre ein All-In durchaus angemessen und keine Overbet. Bevor ich allerdings meinen Stack in die Mitte schiebe, sollte ich überlegen, welches Image ich am Tisch habe und wie ich mit meiner Hand am besten Action erzeuge.

Wäre ich kurz zuvor bereits ein- oder zweimal All-In gegangen, sollte ich bei der Taktik bleiben und hier All-In gehen. Einen anderen, etwas kleineren Betrag zu raisen würde meinen Gegnern nur signalisieren, dass ich Action bekommen möchte! Da ich in den letzten Runden allerdings bereits zweimal meinen Standard-Raise auf das 2,5-fache des Big Blinds gebracht und auf einen Reraise gefoldet habe, sollte ich bei dieser Taktik bleiben und auf den gleichen Betrag erhöhen. Meine Gegner könnten diesen Raise als einen weiteren Versuch sehen, die Blinds zu stehlen, und Druck auf mich ausüben, so wie sie es zuvor getan haben.

Da ich mich in auf dem Button – der bevorzugten Position für einen Stehlversuch – und nicht in früher Position befinde, verbessert sich der relative Wert meines Blattes mit AQs dramatisch. Meine Gegner dürften annehmen, dass ich in dieser Situation mit einem sehr breiten Spektrum an Händen eröffne. Ich möchte mit so einer starken Hand also Action bekommen, und nicht meine Gegner verscheuchen.

Ich raise auf 2.500 und Spieler 1 im Small Blind geht mit 18.907 All-In. Der Big Blind foldet und ich calle. Spieler 1 zeigt K♥Q♥. Auf dem Board erscheint J♥7♠6♣5♠8♥, mein Ass als höchste Karte hält zum Sieg, und ich kann zu einem sehr kritischen Zeitpunkt meinen Stack verdoppeln.

Beachten Sie: Wäre ich mit meinem AQ All-In gegangen, hätte der Small Blind wahrscheinlich gefoldet. Da er zuvor gesehen hat, wie ich mit einem ähnlichen Stack geraist und dann gefoldet habe, meinte er, es wäre mit einer relativ starken Hand seinerseits den Versuch wert, mich von meiner Hand zu trennen. Nach einem All-In hätte er nur zwischen einem Fold oder einem Call für zwei Drittel seines Stacks wählen können – und das auf der Bubble mit einem König als höchster Karte. Da er ein starker und erfahrener Spieler ist, nehme ich an, dass er KQ in diesem Fall gefoldet hätte.

Hand 43

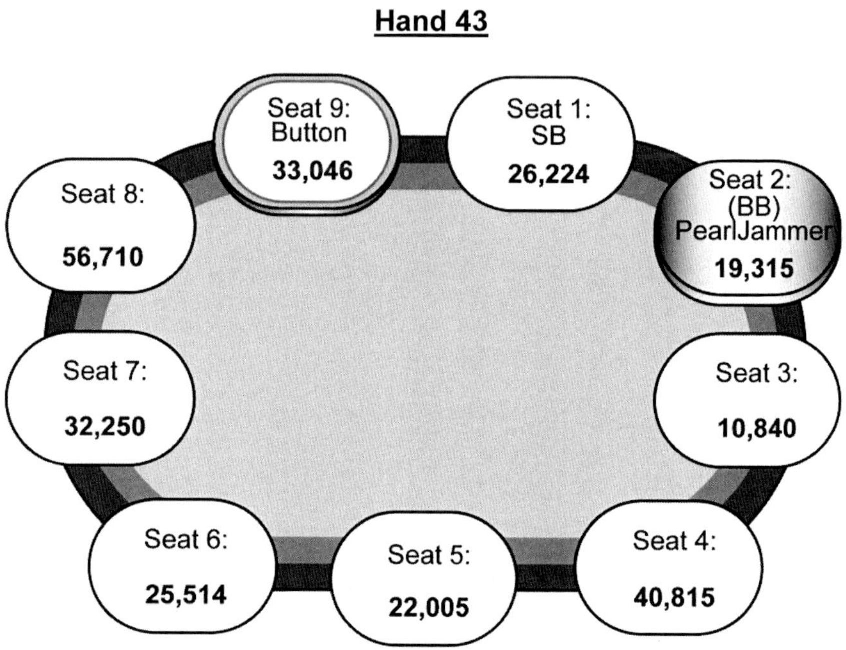

Situation: Es ist die mittlere Phase eine 10 $ Rebuy-Turniers mit 55.000 $ garantiertem Preisgeld. Die Blinds liegen bei 500/1.000 mit einem Ante von 100. Es sind noch 611 Spieler übrig und 270 Plätze werden bezahlt. Der Durchschnittsstack liegt bei 26.000. Ich kennen niemanden an meinem Tisch, kann aber davon ausgehen, dass die meisten Spieler in einem Turnier mit so niedrigem Buy-In und hoher Teilnehmerzahl schwach sind.

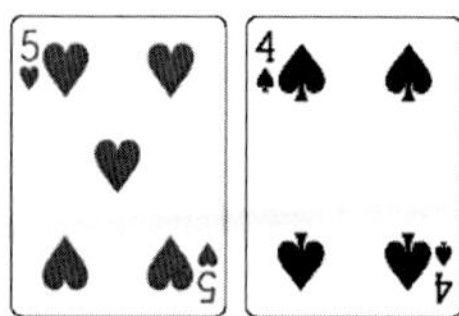

Vor dem Flop (2.400): Spieler 4 limpt gefolgt von Spieler 6 und 9. Der Small Blind foldet, ich checke und wir sehen zu viert den Flop.

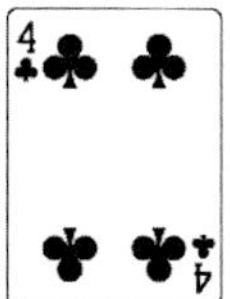 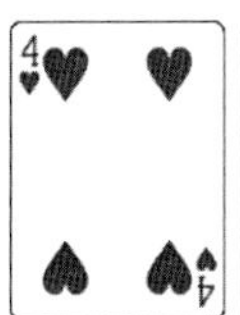 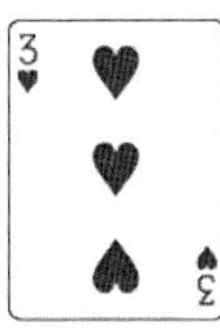

Flop (5.400): Leichtes Spiel! Durch das Limpen haben mir meine Gegner erlaubt, einen Flop zu treffen, obwohl ich nach einem Raise niemals in der Hand involviert gewesen wäre. Ich könnte jetzt die Initiative ergreifen, da meine Gegner wahrscheinlich nicht von mir erwarten, dass ich mit einem Drilling Vierer auf dem Flop biete. Dies würde allerdings sicher meine Action töten, falls all meine Gegner mit nicht gepaarten Broadway-Karten oder hohen Suited Connectors limpten. Sollte auch nur ein Gegner ein Overpair haben, dürfte ich Action bekommen, wenn ich mit einer Bet eröffne. Ein Gegner mit einem Overpair wird nach einem Check von mir aber sehr wahrscheinlich von sich aus betten. Ich ergreife lieber auf einem Board mit K-4-4 oder A-4-4 die Initiative, da solch ein Board häufiger von einem meiner Gegner getroffen wird. Ich checke und hoffe, so eine Bet zu provozieren, auch wenn ich dadurch eine Freecard geben könnte.

Spieler 4 bietet 5.000 in einen Pot von 5.400. Spieler 6 und 9 folden und ich bin wieder an der Reihe. Durch seine Bet in knapp Potgröße und sein Limpen vor dem Flop bin ich mir sehr sicher, dass Spieler 4 ein Overpair auf der Hand hält. Die einzig andere mögliche Alternative wäre ein Flush Draw. Sein Limp in früher Position und die Höhe seiner Bet lassen allerdings vermuten, dass er ein Pocket Pair hält, das er nun zu verteidigen versucht.

Meine Optionen sind nun, entweder zu raisen oder lediglich zu callen. Ein Raise wäre in Anbetracht meines Stacks und der Größe des Pots zwangsläufig ein All-In. Dieser Raise könnte meinem Gegner aber erlauben, sich von seiner Hand zu trennen. Die Bet meines Gegners lediglich zu callen könnte einem guten Spieler wiederum meine Hand verraten. Durch die Spielweise vor dem Flop und die Größe der Bet nach dem Flop kann ich aber davon ausgehen, dass mein Gegner ein schwacher Spieler ist. Durch einen Call werde ich versuchen, meinem Gegenüber zu suggerieren, ich hätte einen Flush Draw. Und falls er ein wirklich schwacher Spieler ist, könnte er mich sogar auf eine Drei setzen. Ich calle.

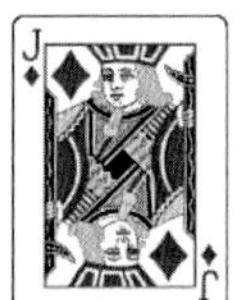

Turn (15.400): Nachdem ich in ungünstiger Position eine Bet gecallt habe, checke ich bei der nächsten Karte normalerweise zum Bettor. Dies ist allerdings eine hervorragende Möglichkeit, um zu betten! Mit einem Check riskiere ich, dass mein Gegner ebenfalls checkt. Ich habe noch 13.215 übrig, und falls am Turn kein Geld in die Mitte geht, könnte mein Gegner in der Lage sein, bei einer Bet von 13.000 auf dem River zu folden, insbesondere wenn ein weiteres Herz erscheint. Ich möchte sicher gehen, dass am Turn Geld in den Pot kommt. Bei einer kleinen

Bet dürfte mein Gegner nicht imstande sein, ein beliebiges Paar zu folden. Auch wird auf diese Weise mein All-In auf dem River eine kleinere Bet in einen größeren Pot sein, als wenn wir beide auf dem Turn checken. Zusätzlich könnte mein Angriff meinen Gegner zu einem Raise veranlassen, falls er mich auf einen Flush Draw oder eine Drei setzt. Ich bette 3.650.

Mein Gegner raist auf 17.300, was ausreicht, um mich All-In zu setzen. Ich calle und mein Gegner zeigt 8♦8♣. Die 3♣ erscheint auf dem River und ich gewinne mit einem Full House.

Hand 44

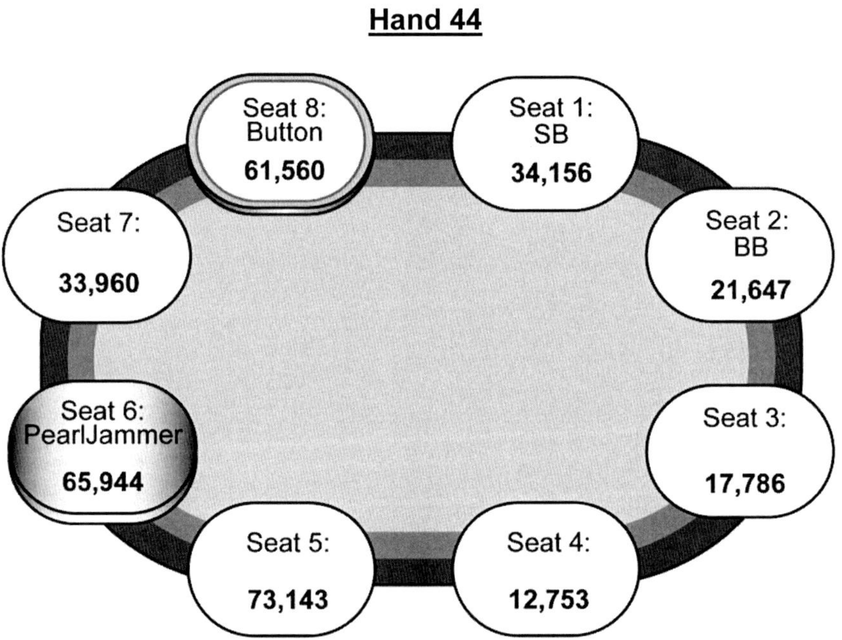

Situation: Ich befinde mich nah der Bubble in einem 10 $-Rebuy-Turnier mit 55.000 $ garantiertem Preisgeld. Ich habe eine Menge Pots eröffnet, beim Showdown aber immer nur starke Hände gezeigt. Die Blinds sind bei 500/1000 mit Antes von 100.

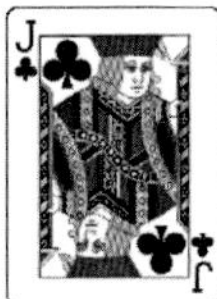 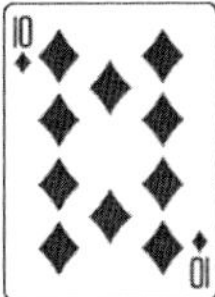

Vor dem Flop (2.300): Es wird zu mir gefoldet und ich bringe meinen Standard-Raise von knapp dem 2,5-fachen Big Blind auf 2.400. Der Cut-Off foldet, der Button callt und beide Blinds folden.

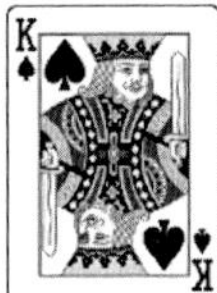  

Flop (7.100): Ich könnte auf diesem Flop eine Continuation Bet bringen, aber wegen meiner ungünstigen Position entscheide ich mich, den Pot klein zu halten und meinem Gegner mit einem Check die Initiative zu überlassen. Das Beste für mich wäre ein postwendender Check meines Gegners. Dann würde ich aufgrund der offenbarten Schwäche nach jeder beliebigen Turnkarte in Höhe des halben Pots betten. Sollte er niedrig betten, werde ich gerne callen, um mit meinem gute versteckten ***doppelten Gutshot*** den Turn zu sehen. Wir haben beide viele Chips. Falls ich also treffe, könnte ich einen sehr großen Pot gewinnen. Indem ich hier die Chance auf eine Continuation Bet auslasse, lockere ich außerdem mein Spiel auf, was wiederum den Continuation Bets in zukünftigen Händen mehr Gewicht verleihen könnte.

Mein Gegner bettet 3.000 in einen Pot von 7.100. Seine Bet ist eher klein, was eine breites Spektrum an Händen zulässt. Er könnte mit jedem Paar betten, selbst mit einem kleinen Pocket Pair, um den Pot günstig mitzunehmen. Ebenfalls könnte er mit einem Draw betten, vielleicht sogar mit einem so schwachen wie einem Gutshot. Auch wenn es unwahrscheinlicher ist als ein Paar, wäre es sogar möglich, dass hinter seiner niedrigen Bet ein Set steht, mit dem mein Gegner einen Check-Raise provozieren will. Vermutlich sind AK, KQ und KJ eher unwahrscheinlich, da er solch eine Hand höchstwahrscheinlich mit einer größeren Bet schützen würde. Und im Fall von AK hätte er wohl vor dem Flop gereraist. Ich nehme die Chance, meinen gut versteckten Draw günstig vervollständigen zu können, dankend an und calle.

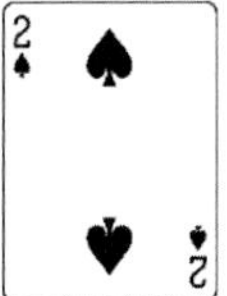

Turn (13.100): Die 2♠ ist nicht das, was ich sehen wollte. Ich checke, da ich selten in einen Gegner hinein bette, dem ich zuvor die Kontrolle in der Hand überlassen habe.

Mein Gegner bettet 4.000 in einen Pot von 13.100. Ich könnte hier erneut nur callen und meinem Draw hinterher jagen, da ich sicher ausreichend Implied Odds habe. Allerdings hätte ich mit einem Call so gut wie keine Chance, den Pot zu gewinnen, falls ich meinen Draw verpasse. Die Bet meines Gegner schreit förmlich heraus, dass er schwach ist. Zuerst hat er eine recht kleine Bet auf dem Flop gemacht, und dann hat er auf einem drawlastigen Board weniger als ein Drittel des Pots gesetzt: zwei Flush Draws und diverse Straight Draws sind möglich. Angesichts so vieler Draws versuchen Spieler mit einer starken Hand normalerweise, diese mit einer Bet nahe Potgröße zu schützen.

Mit einem Check-Raise könnte ich hier eine sehr starke Hand repräsentieren, die ich zuvor slow gespielt habe. Mein Gegner könnte mich auf ein Set oder AK setzen. Und diese Hände würden sehr gut zu meiner Spielfolge passen. Was noch wichtiger ist: falls mein Gegner nicht mindestens einen starken König hat, dürfte er diesen Pot wahrscheinlich aufgeben. Mit meinem großen Stack und der Drohung einer großen Bet auf dem River könnte ich meinen Gegner sogar zum Fold einer relativ starken Hand wie KJ oder A9 bringen.

Ich checkraise auf 11.500. Mein Gegner überlegt so lange, dass seine Bedenkzeit abläuft und foldet. Sein langes Überlegen deutet auf ein mittleres Pocket Pair, eine Neun oder einen schwachen König hin. Er hätte meinen niedrigen Check-Raise sehr wahrscheinlich mit jedem Draw gecallt, und mit absolut Nichts auf der Hand hätte er schneller gefoldet. Beachten Sie die geringe Größe meines Check-Raise: Es gelang mir, einen Pot von 17.100 zu gewinnen und dafür nur 11.500 zuriskieren.

Hand 45

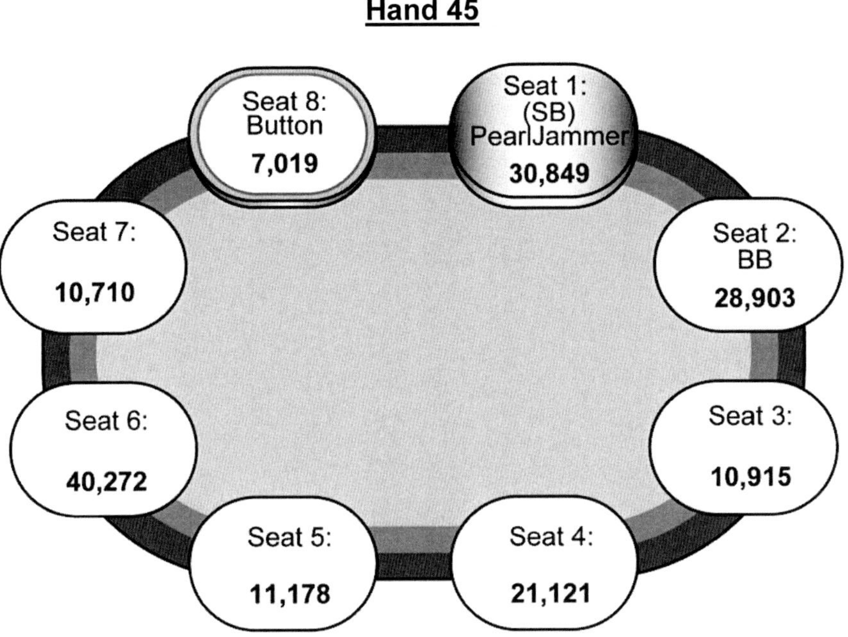

Situation: Ich befinde mich nah der Bubble in einem Freezout-Turnier mit 50 $ Buy-In und 50.000 $ garantiertem Preisgeld. Die Blinds sind bei 500/1.000 mit Antes von 100. Es sind noch 172 Spieler übrig und 153 Plätze werden bezahlt. Der Durchschnittsstack liegt bei 20.000. Ich bin neu am Tisch und habe keinerlei Informationen über die anderen Spieler.

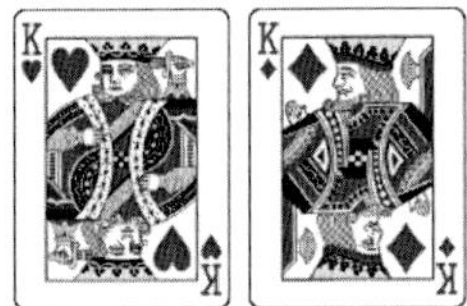

Vor dem Flop (2.300): Spieler 6 eröffnet für 2.680, ein recht standardmäßiger Raise zu diesem Zeitpunkt im Turnier. Der Cut-Off und der Button folden und ich bin an der Reihe. Ich habe 30 Big Blinds in meinem Stack und mein Gegner hat mehr als ich.

Ich muss hier reraisen, da ich nicht versuchen sollte, so spät im Turnier einem Gegner mit ähnlich vielen Chips eine Falle zu stellen, insbesondere wenn ich den Rest der Hand in ungünstiger Position spielen müsste. Idealerweise möchte ich mit einer so starken Hand all meine Chips vor dem Flop in die Mitte bekommen. Ein All-In als Reraise wäre allerdings ungeeignet, da die meisten Gegner danach Alles außer AA, QQ, AK und eventuell noch JJ folden würden.

Anstatt All-In zu gehen, sollte ich auf das Dreifache der Bet meines Gegner reraisen. Ich will meinen Gegner zu einem Fehler verleiten, indem er entweder meinen Reraise callt oder seinerseits erneut reraist. Sollte mein Gegner lediglich callen, bin ich auf jedem Flop ohne Ass zum All-In bereit. Ich reraise auf 6.950, was mir noch 24.000 übrig lässt.

Der Big Blind foldet und Spieler 6 reraist All-In für 40.272. Ich calle und er zeigt 6♥6♠. Auf dem Board erscheint K♣Q♦T♠A♦Q♠, ich gewinne mit einem Full House und verdoppele meinen Stack!

Beachten Sie: Bei einem All-In von mir vor dem Flop hätte mein Gegner seine Hand sicherlich gefoldet. Vermutlich hätte er auch nach einem höheren Reraise von mir gefoldet, da ich dann offensichtlich Pot-Committed gewesen wäre. Der Trick, meinen Gegner in dieser Situation zum All-In zu bewegen, liegt darin, es so aussehen zu lassen, als ob ich ausreichend viele Chips zurückbehielte, um mich von meiner Hand lösen zu können. Falls mein Gegner glaubt, er habe noch Fold Equity, könnte er versuchen, mich mit seinem großen Stack herum zu schubsen. Das gilt besonders, weil wir nah an der Bubble sind und ich ohne Premium-Hand vor dem Flop nicht all meine Chips investieren würde.

Hand 46

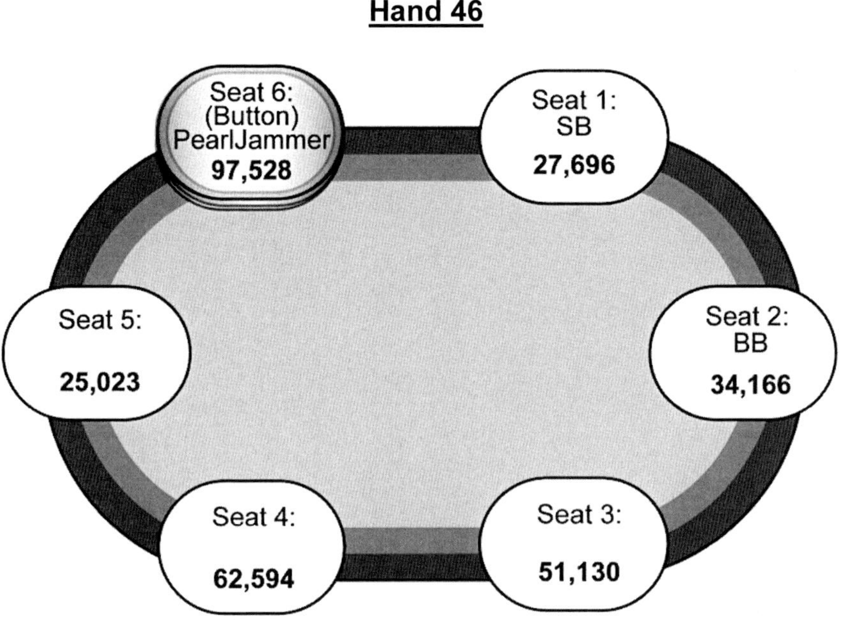

Situation: Ich befinde ich auf der Bubble in einem 30 $-Rebuy-Turnier mit 16.000 $ garantiertem Preisgeld. Die Blinds sind bei 800/1.600 mit Antes von 200. Es sind noch 20 Spieler übrig, 18 Plätze werden bezahlt. Der durchschnittliche Stack liegt bei 47.000 und ich habe den zweitgrößten Stack im Turnier. Ich sitze erst seit ein paar Runden an diesem Tisch, und habe einige Male mit einem Raise eröffnet, aber noch niemanden vor dem Flop gereraist. Spieler 1 und Spieler 3 sind mir als sehr starke Spieler bekannt, die restlichen Gegner kenne ich nicht.

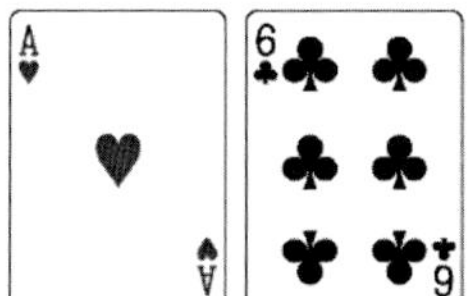

Vor dem Flop (3.600): Spieler 4 eröffnet für 3.825, etwas weniger als das 2,5-fache des Big Blinds und damit ein Standard-Raise zu diesem Zeitpunkt des Turniers. Der Cut-Off foldet und ich bin an der Reihe. In den meisten Turniersituationen würde ich A6o ohne weiteres Nachdenken wegwerfen. Diese Situation scheint jedoch wie maßgeschneidert für einen Re-Steal zu sein! Schauen wir uns einmal an, welche Gründe dafür sprechen, diesen Pot anzugreifen.

Da wir uns direkt auf der Bubble befinden, werden die meisten Spieler nicht unnötig ihre Chips riskieren wollen. Das ist exakt der Grund, weshalb ich nach Möglichkeiten Ausschau halten sollte, in denen ich attackieren und meinen Stack vergrößern kann! Außerdem sind wir wegen der Zahl der noch im Turnier verbliebenen Spieler nur zu sechst am Tisch. Viele Spieler sind an die korrekte Spielweise an Tischen mit wenigen Gegnern nicht gewöhnt. Die meisten sind sich allerdings darüber bewusst, dass sie ihr Handspektrum zur Eröffnung auflockern müssen. In diesem Fall hat Spieler 4 relativ viele Chips, und ich kann davon ausgehen, dass er an einem Tisch mit nur sechs Spielern mit einem recht breiten Spektrum an Händen eröffnet. Ohne eine extrem starke Hand dürfte er allerdings nicht darauf aus sein, in ungünstiger Position einen Pot gegen einen Spieler zu spielen, der mehr Chips hat als er.

Wichtig ist auch, dass meine Gegner noch kein einziges Reraise von mir vor dem Flop gesehen haben. Sobald ich das ein paar Mal gemacht habe, kann ich erwarten, dass aufmerksame Spieler mit einem recht breiten Spektrum Gegenwehr zeigen. Aber zum jetzigen Zeitpunkt sollte mein Image mir jede Menge Glaubwürdigkeit verschaffen. Es gibt keinen Grund für meine Gegner, an der Stärke meiner Hand zu zweifeln. Und schließlich sind mit den Blinds, Antes und dem Raise meines Gegners bereits 7.425 im Pot. Ein kleiner Reraise auf knapp 10.000 sollte ausreichen, um meinen Gegner zum Folden zu bringen.

Ich muss nur in 57 Prozent der Fälle erfolgreich sein, um mit dem Steal plus/minus Null abzuschneiden. In Anbetracht der vielen Hände, mit denen mein Gegner raist – verglichen mit den wenigen Hände, mit denen er callt (oder reraist) – kann ich erwarten, dass er in mindestens 80 Prozent der Fälle folden wird. Falls er aber callt, habe ich Position auf ihn und kann anhand der Textur des Flops abwägen, ob eine Continuation Bet aussichtsreich ist. Und natürlich treffe ich den Flop von Zeit zu Zeit auch mal sehr stark.

Das größte Risiko dieses Re-Steals ist die Gefahr, dass einer der Blinds mit einer sehr starken Hand aufwachen und All-In gehen könnte. Nach der Action vor ihnen sollten sie allerdings davon ausgehen, dass entweder Spieler 4, oder ich, oder sogar wir beide eine sehr starke Hand halten. Sie würden ein absolutes Monster – vermutlich JJ+ oder AK – benötigen, speziell auf der Bubble.

Das Ass in meiner Hand macht es noch etwas unwahrscheinlicher, dass einer meiner Gegner ebenfalls ein Ass mit einem stärkeren Kicker hat. Auf der anderen Seite hätte ich für diesen Spielzug lieber einen Suited Connector oder eventuell ein kleines Pocket Pair. Dann hätte ich, falls ich gecallt werde, die Chance, auf dem Flop eine sehr starke, gut versteckte Hand zu treffen. In dieser speziellen Situation spielen die Karten aber kaum eine Rolle. Ein Re-Steal sollte mit zwei mehr oder weniger beliebigen Karten profitabel sein!

Ich raise auf 9.750 und alle folden.

Hand 47

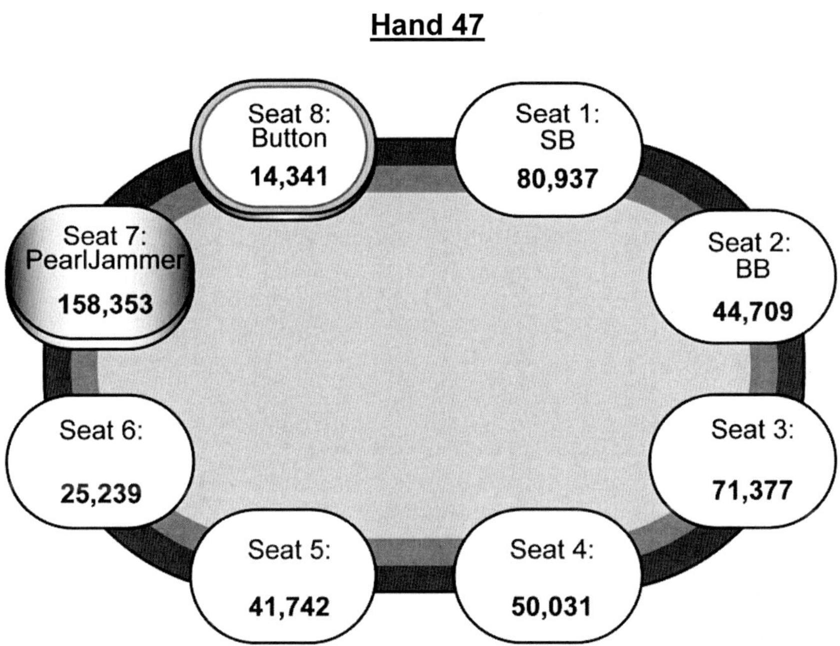

Situation: Ich befinde mich auf der Bubble eines Rebuy-Turniers mit $100 Buy-In. Die Blinds sind bei 1.000/2.000 mit Antes von 200. Es sind noch 40 Spieler übrig bei 36 bezahlten Plätzen und der Durchschnittsstack liegt bei 58.000. Obwohl ich unter den Chipleadern bin glaube ich – in Anbetracht der Dinge, die in der Chatbox geschrieben werden und der Tatsache, dass ich zuletzt in wenige Pots involviert war –, dass ich ein recht tightes Image habe. Ich kenne Spieler 1 und 2 als starke, loose-aggressive Spieler, die zu Tricks in der Lage sind und auf einem hohen Level zu denken – speziell auf der Bubble in einem Turnier mit relativ hohem Buy-In.

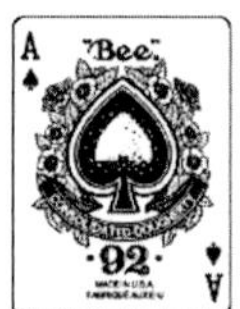
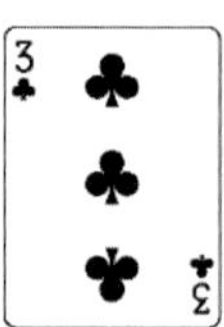

Vor dem Flop (4.600): Es wird bis zu mir gefoldet. Im Bewusstsein, dass Spieler 1 und 2 in den Blinds durchaus zu Gegenwehr in der Lage sind, raise ich mit keinem so breiten Spektrum, wie es mein Stack und die Bubble-Situation empfehlen würden. In dieser Situation jedoch sind beide Spieler dazu gezwungen, in ungünstiger Position zu spielen, falls sie mitgehen. Meine Hand ist hier auf jeden Fall stark genug und mein tightes Image sollte mir ein wenig Respekt verschaffen.

Ich sehe, dass Spieler 8 auf dem Button nur noch einen relativ kleinen Stack hat. Reraist er All-In, habe ich kein Problem, mit einer brauchbaren Hand für einen so kleinen Prozentsatz meines Stacks zu callen. Ich bringe meinen Standard-Raise von etwas weniger als 2,5 Big Blinds auf 4.850. Spieler 8 und 1 folden, aber Spieler 2 verteidigt seinen Big Blind und callt.

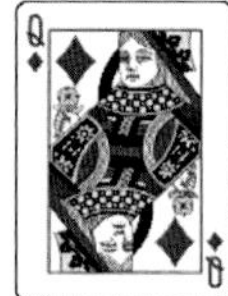
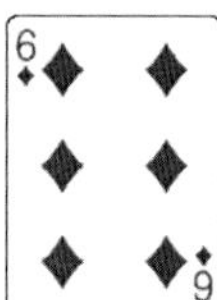
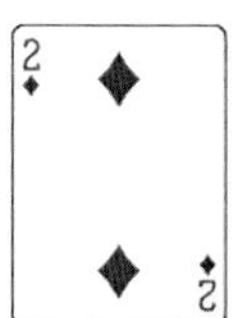

Flop (12.300): Ich habe den Flop komplett verpasst. Unabhängig davon sollte ich die Hand aber nicht aufgeben, insbesondere da wir uns auf der Bubble befinden und ich Druck auf meinen Gegner ausüben kann, dessen Stack knapp unterdurchschnittlich ist. Mein Gegner checkt. Mein erster Gedanke sollte sein, eine Continuation Bet zu bringen und die Bubble als Extra-Hebel zu benutzen, um meinen Gegner zum Fold zu bewegen. Mein Gegner spielt allerdings auf hohem Niveau, ist sicher kein Schwächling, und erwartet von mir in circa 100 Prozent der Fälle eine Continuation Bet. Er könnte sich zu einem Check-Raise entschließen oder All-In gehen, und zwar mit jedem beliebigen Paar oder vielleicht sogar mit dem nackten A oder K in Karo. Nach jedem Check-Raise wäre er Pot-Committed. Jede Gegenwehr am Flop würde die Hand für mich beenden. Daher entscheide ich mich, einen Haken zu schlagen und checke ebenfalls.

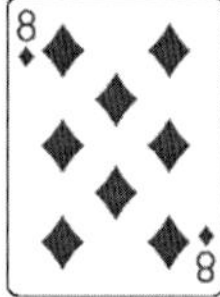

Turn (12.300): Mein Gegner bettet 8.000. Nun liegen vier Karo auf dem Board und meine Hand ist kompletter Schrott. Allerdings ist mein Gegner durchaus zu Bluffs in der Lage, und er weiß, dass ich ohne ein Karo seine Bet nicht callen kann. Andererseits könnte ich durch das Checken auf dem Flop sehr gut mit einem hohen Karo aus der Hand eine Freecard genommen haben. Falls ich also calle oder raise, und mein Gegner hat kein A oder K in Karo, wird er sicher davon ausgehen, dass ich eine dieser Karten halte. Darüber hinaus erwarte ich von meinem Gegner, in dieser Situation häufiger zu bluffen als nicht, schließlich muss er eine spezielle Karte (oder vielleicht eine von zweien) haben, um sich mit seiner Hand wohl zu fühlen.

Durch einen Raise verliere ich viele Chips, falls ich wirklich in ein Monster laufe. Calle ich allerdings nur calle, riskiere ich weniger Chips und kann meine Position ausnutzen, um den Pot auf den River zu stehlen, wenn mein Gegner Schwäche zeigt. Nur zu callen (also den Turn zu floaten) dürfte in dieser Situation auch überzeugender wirken als ein Raise, da mein Gegner einen Raise wesentlich eher als einen Bluff interpretiert als einen Call.

Beachten Sie, dass die einzig potentiell furchteinflößende Karte auf dem River ein Paar auf dem Board bringen müsste. In dem unwahrscheinlichen Fall, dass mein Gegner ein Set hat, wird er sich dann offensichtlich mit seiner Hand auf dem River sehr sicher fühlen. Er wird definitiv mit seinem Full House betten, da er erwarten und wünschen würde, von einem hohen Flush ausgezahlt zu werden. Wenn er auf einem River ohne Paar auf dem Board die Initiative ergreift, plane ich eh zu folden, da er dies wahrscheinlich nur mit dem A oder K in Karo machen wird. Selbst wenn er im Moment Top Pair hat, kann er nach meinem Call auf dem Turn nicht mehr glauben, vorne zu sein. Falls er kein hohes Karo auf der Hand hat, sollte mein Call ihn also glauben lassen, seine Hand wäre nun wertlos. Ich calle die 8.000.

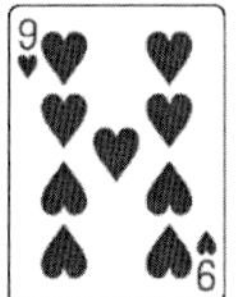

River (28.300): Diese Karte ändert nichts, und mein Gegner checkt. Ich habe auf dem Turn lediglich gecallt, um den Pot auf den River zu stehlen, also werde ich genau das tun. Ich möchte meine Bet wie eine Value Bet aussehen lassen. Ich sollte aber nicht so niedrig betten, dass mein Gegner zu einem günstigen, heldenhaften Call verleitet wird. Gleichzeitig darf meine Bet aber auch nicht zu groß sein, um in dem unwahrscheinlichen Fall, dass mein Gegner auf dem River eine Falle stellt, nicht allzu viel von meinem Stack zu verlieren. Ich bette 16.500 in einen Pot von 28.300 und mein Gegner foldet.

Hand 48

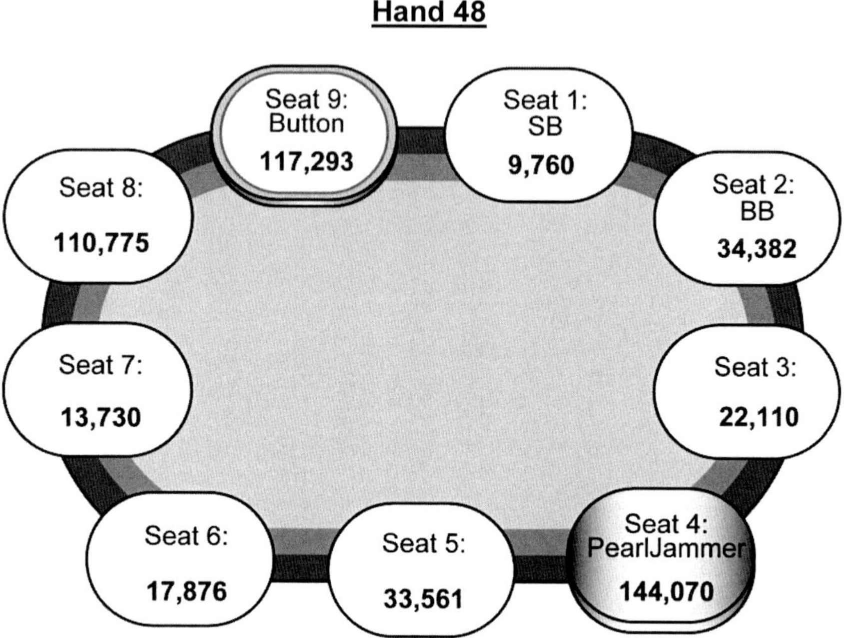

Situation: Ich befinde mich auf der Bubble eines großen Sonntagsturniers mit 100 $ Buy-In. Es sind noch 902 Spieler übrig und 900 Plätze werden bezahlt. Die Blinds sind bei 1.500/3.000 mit Antes von 300. Ich kenne keinen meiner Gegner und bin der Chipleader am Tisch.

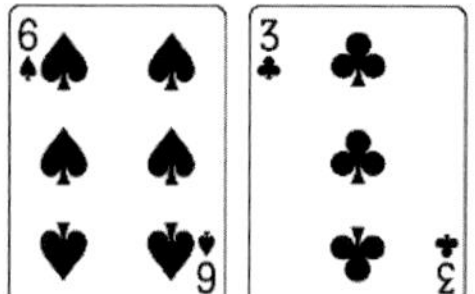

Vor dem Flop (7.200): Unter normalen Umständen wäre dies ein Fold ohne nachzudenken, aber aufgrund der Bubble-Situation wäge ich ab. Man beachte, dass mit Ausnahme von mir, dem Cut-Off und dem Button alle Spieler an meinem Tisch nur noch einen kleinen Stack haben. Würde ich aus später Position eröffnen, müsste ich mir um diese Spieler Gedanken machen, da sie zurückfeuern könnten. Raise ich aber aus früher Position, folden sie höchstwahrscheinlich alles außer Premium-Händen wie TT+, AK und AQ. Ähnlich wie die Spieler mit kleinem Stack wollen sie keinen großen Fehler auf der Bubble gegen den einen Spieler machen, der sie gecovert hat.

Wären nur noch weniger als 900 Spieler übrig, würde ich über einen Raise in dieser Situation nicht nachdenken, da die vielen Spieler mit kleinen Stacks sich mir mit einem breiten Spektrum an Händen in den Weg stellen könnten. In dieser Situation geben sich diese Spieler jedoch meist damit zufrieden, bis zum Platzen der Bubble zu überleben. Bei 7.200 im Pot und meinem Standard-Raise in Höhe von 2,5 Big Blinds auf 7.500 (was normalerweise ausreicht, um den Pot vor dem Flop mitzunehmen), bekomme ich eine solch gute Rendite auf meine Steal-Investition, dass ich bei jeder Gelegenheit mit einem Raise eröffnen sollte, solange ich annehmen darf, den Pot meist zu gewinnen. Ich raise auf 7.500 und alle anderen folden.

Hand 49

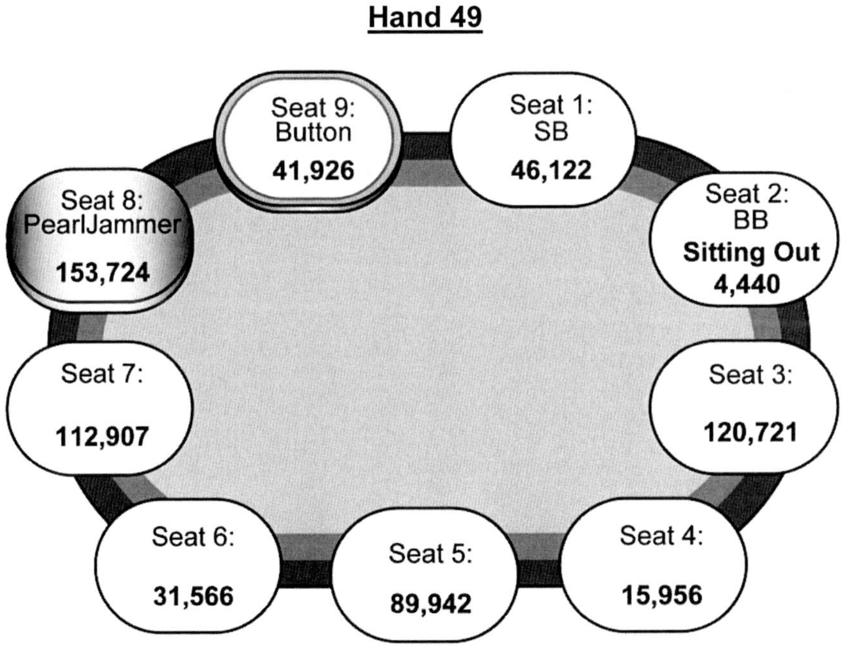

Situation: Ich befinde mich nahe der Bubble eines Rebuy-Turniers mit 10 $ Buy-In und 55.000 $ garantiertem Preisgeld. Die Blinds sind bei 2.000/4.000 und die Antes bei 400. Es sind noch 257 Spieler übrig, 225 Plätze werden bezahlt. Der durchschnittliche Stack liegt bei 60.000. Ich bin neu am Tisch und kenne keinen meiner Gegner.

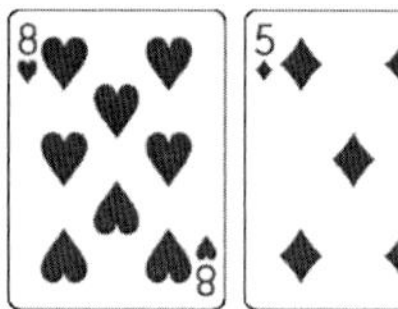

Vor dem Flop (9.600): Es wird zu Spieler 7 gefoldet, der das Dreifache des Big Blinds auf 12.000 erhöht. Bevor ich meine Hand entsorge, was ich mit solchem Schrott normalerweise tue, sollte ich die Situation analysieren.

Genauso wie ich hat Spieler 7 mit seinen verbleibenden 100.000 nach dem Raise noch recht viele Chips. Aufgrund seiner Position und seines Stacks kann ich erwarten, dass er mit einem sehr breiten Spektrum an Händen eröffnet. Außerdem stelle ich fest, dass der Big Blind auf Platz 2 aussitzt! Wäre Spieler 2 anwesend, würde ich mit einer so schwachen Hand keinen Re-Steal in Betracht ziehen, da dieser Spieler offensichtlich Pot-Committed ist. Allerdings können sich beim Spiel im Internet unvorhersehbare Umstände ergeben, und er könnte durch einen Notfall vom Computer weggerissen worden sein oder Probleme mit seiner Internetverbindung haben. In jedem Fall bewirkt seine Abwesenheit, dass sein Big Blind ein hervorragendes Ziel für einen Steal darstellt. Spieler 7 ist sich darüber bestimmt bewusst, und ich kann davon ausgehen, dass sein Handspektrum sogar breiter als sonst ist.

Sofern er keine Premium-Hand hält, mit der er meint, All-In gehen zu müssen, dürfte Spieler 7 nach einem Reraise wohl nicht unbedingt einen Pot aus ungünstiger Position spielen wollen. Zusätzlich kann ich davon ausgehen, dass Spieler 9 und 1 ohne extrem starke Hand nicht um ihren gesamten Stack werden spielen wollen. Sie müssen fürchten, dass sowohl Spieler 7 als auch ich eine sehr starke Hand haben könnten, und es ist klar, dass ich Pot-Committed bin, wenn einer der beiden Spieler mit kleinem Stack All-In geht.

Ein Reraise auf knapp das 2,5-fache der Bet von Spieler 7 ist genug, um Stärke zu zeigen und mich nicht an den Pot zu binden, falls Spieler 7 All-In reraist. Ich riskiere in etwa 30.000, um meinen Stack um 21.600 erhöhen zu können, was unter diesen Umständen ein exzellentes Verhältnis zwischen Risiko und Ertrag darstellt. Ich reraise auf 29.500 und alle folden.

Hand 50

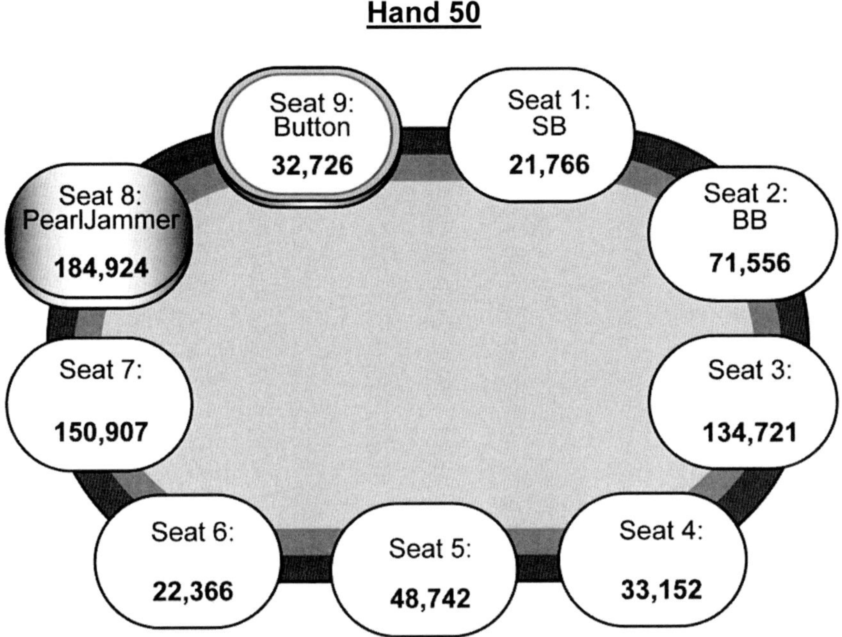

Situation: Dasselbe Turnier wie in der Hand zuvor. Die Blinds sind immer noch bei 2.000/4.000 mit Antes von 400. Nun sind noch 235 Spieler übrig bei 225 bezahlten Plätzen, und der Durchschnittsstack ist bei 65.000. Ich kenne keinen meiner Gegner, aber der Tisch ist insgesamt sehr tight, da alle Spieler darauf aus scheinen, bis ins Geld zu überleben.

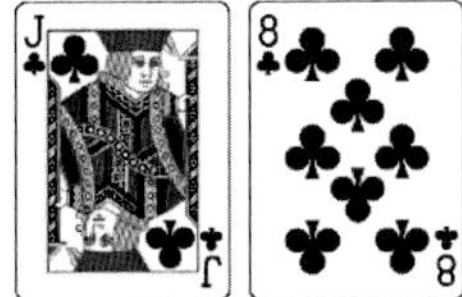

Vor dem Flop (9.600): Es wird zu mir gefoldet. Mit einem dominanten Stack auf der Bubble benötige ich keine sonderlich starke Hand, um aus dieser Position mit einem Raise zu eröffnen. Und J8s ist sicherlich stark genug, um einen Angriff auf die Blinds zu unternehmen. Bei 9.600 im Pot gibt mir mein Standard-Raise von 9.500 ein unglaubliches Risiko-Ertrags-Verhältnis und erlaubt es mir, profitabel mit einem sehr breiten Spektrum an Händen zu eröffnen. Ich raise auf 9.500. Der Button und der Small Blind folden aber der Big Blind callt. Mein Raise auf weniger als das 2,5-fache des Big Blinds ermutigt mehr Spieler, aus dem Big Blind zu callen, als dies bei einem höheren Raise der Fall wäre. Auf diesem Wege kann ich aber auch meine Fähigkeiten nach dem Flop und meine Position zu meinen Vorteil zu nutzen.

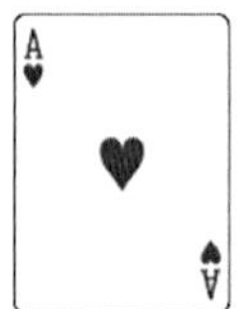 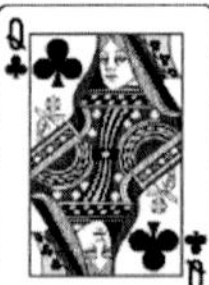 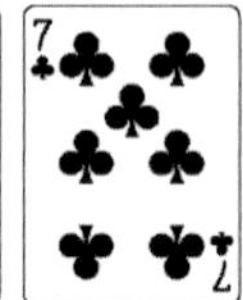

Flop (24.600): Ich habe einen Flush Draw gefloppt. Mein Gegner checkt. Es sind fast 25.000 im Pot und mein Gegner hat noch ca. 62.000 übrig. Bringe ich eine Standard-Continuation Bet von etwa 13.000 bis 15.000, erlaube ich meinem Gegner, mit einem Ass oder sogar einer Dame per Check-Raise All-In zu gehen, da er mich auf einen Steal setzen könnte.

Gehe ich stattdessen All-In, stelle ich meinen Gegner auf eine harte Probe. Ein Call mit einer Dame wäre fast unmöglich, und ein Call mit einem Ass sehr schwer. Ich setze ihn auf keine so starke Hand wie AK oder AQ, da er mit einer dieser Hände sehr wahrscheinlich vor dem Flop über meinen Raise All-In gegangen wäre. Callt er, habe ich eine Chance von 36 Prozent, die Hand mit meinem Flush Draw zu gewinnen. In den meisten Fällen wird mein Gegner jedoch folden. Ich gehe All-In und zwinge meinen Gegner, zu folden oder mit einem Call seinen gesamten Stack auf der Bubble zu riskieren. Er foldet.

Eric "Rizen" Lynch

Hand 51

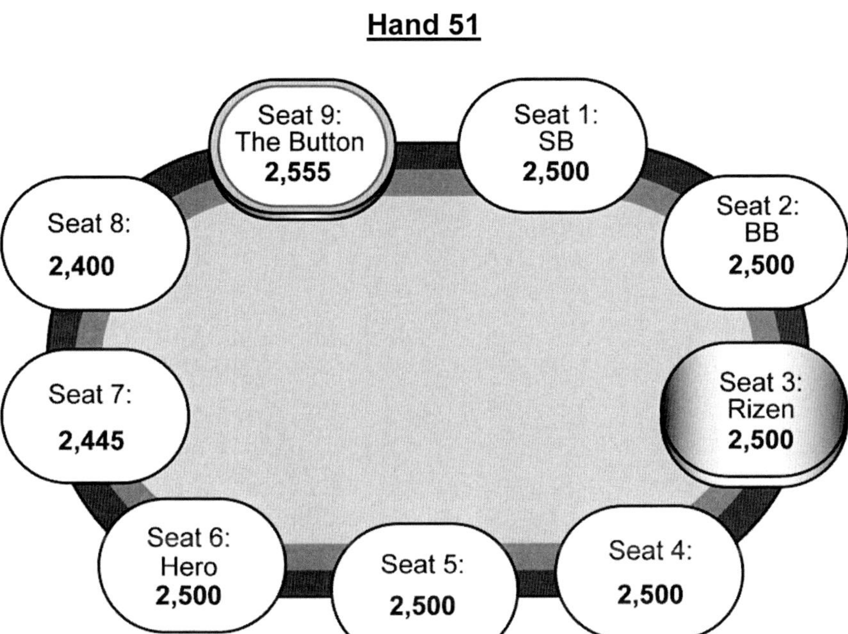

Situation: Es ist noch früh in einem großen Sonntagsturnier mit 200 $ Buy-In. Viele der Spieler haben ihre Teilnahmeberechtigung über Qualifikationsturniere erworben. Die Blinds sind bei lediglich 5/10. Der Big Blind an diesem speziellen Tisch ist ein sehr guter, sehr tighter Spieler. Er ist nach dem Flop zu einigen Tricks fähig, vor dem Flop spielt er jedoch ziemlich tight und konventionell.

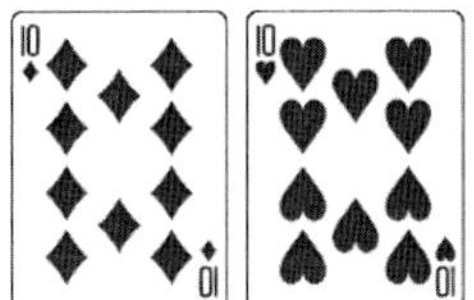

Vor dem Flop (15): Ein Paar Zehnen kann bei großen Stacks in einer Runde mit neun Spielern nach dem Flop und ohne Position sehr schwer zu spielen sein, dennoch handelt es sich um eine Premium-Hand, mit der sich ein Raise lohnt. Trifft man nach dem Flop jedoch aus Widerstand, sollte man am besten Vorsicht walten lassen. Ich raise auf 35, es wird bis zum Small Blind gefoldet, welcher callt. Der Big Blind geht auf 160. Laut meiner Kenntnisse über den Big Blind hat er vermutlich eine starke Hand. Bei so großen Stacks kann ich die zusätzlichen 125 in den Pot von 230 allerdings einfach callen und versuchen, mein Set zu treffen. Außerdem kommt nach meinem Call möglicherweise der Small Blind ebenfalls hinzu, was eine noch bessere Situation für mich ergibt, falls ich mein Set treffe. Ich calle die 125 und der Small Blind callt ebenfalls.

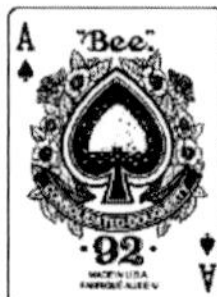
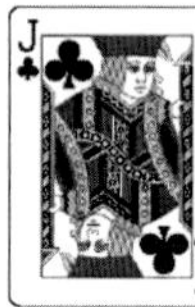
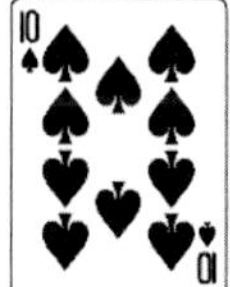

Flop (480): Ich treffe mein Set, aber abgesehen davon ist dies einer der schlechtesten Flops, die kommen konnten. Zunächst einmal hat der Big Blind wahrscheinlich eine starke Hand. Da er vor dem Flop tight ist, bezweifle ich, dass er hier mit JJ raist, doch AA ist definitiv Teil seines Spektrums an Händen, genau wie AK, KK und QQ. Die Hand des Small Blinds lässt sich nur schwer einschätzen. Der Small Blind checkt, ebenso wie der Big Blind. Wäre ich Heads-Up gegen den Big Blind, würde ich hier jedes Mal betten und erwarten, dass er KK oder QQ hält. Wegen der vielen Draws bezweifle ich, dass er auf diesem Board mit AK oder AA slow spielen würde.

Der Small Blind kann hier jedoch alles Mögliche haben, und falls der Big Blind KK oder QQ hält, hat er sechs Outs. Früh in diesen Sonntagsturnieren tendiere ich auf drawlastigen Boards zu einer etwas konservativeren Spielweise und bevorzuge, lieber die Potgröße kontrollieren, als bereits jetzt einen großen Pot gegen einen Draw zu spielen. Darüber hinaus glaube ich, aufgrund unserer Vorgeschichte ein gutes Gespür zu haben, wo der Big Blind derzeit steht. Ich checke ebenfalls.

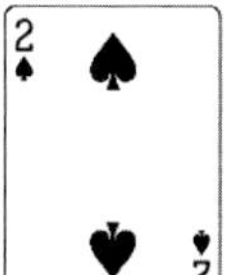

Turn (480): Falls jemand den Pik Draw hatte, ist der soeben angekommen. Der Small Blind eröffnet für 70, einer extrem kleinen Bet bei diesem großen Pot. Der Big Blind callt die 70 nur, was mich in der Annahme bestärkt, dass er entweder KK oder QQ hat, da es mit fast keiner anderen Hand Sinn ergibt, vor dem Flop auf 160 zu raisen, auf dem Flop zu checken und 70 auf dem Turn zu callen.

Meiner Erfahrung nach ist eine wirklich kleine Bet auf einem Turn bei einem Board wie diesem entweder ein kompletter Bluff, ein fertiger Flush mit König als höchster Karte (die Nuts), oder ein einfacher K♠. Manchmal ist es auch eine ängstliche Bet von jemandem, der KQo slow gespielt hatte und sich nun aus Angst vor dem Flush für eine schwache Attacke entschieden hat. In jedem Fall gibt es zu viele Riverkarten, die ich nicht sehen möchte, um meine Gegner sich allzu günstig verbessern zu lassen. Ich möchte weder eine Pik-Karte (ausgenommen J♠), noch einen König, noch eine Dame sehen. Ich raise auf 525, um meine Hand zu schützen.

Falls der Small Blind All-In geht, werde ich das hassen, aber ich darf meinen Gegnern nicht erlauben, hier eine günstig einen Draw vervollständigen zu können. Aufgrund der bisherigen Action ist es sehr unwahrscheinlich, dass mich der Big Blind schlägt, aber der Small Blind wird das wohl nicht wissen und wird sich durch meinen Raise eingeengt fühlen, da der Big Blind noch nach ihm handelt. Das sollte ihn von irgendwelchen verrückten All-In-Bluffs mit einem einfachen K♠ oder ähnlichem abhalten. Der Small Blind foldet, der Big Blind foldet ebenfalls, zeigt Q♣Q♦ und bestätigt meinen Read.

Hand 52

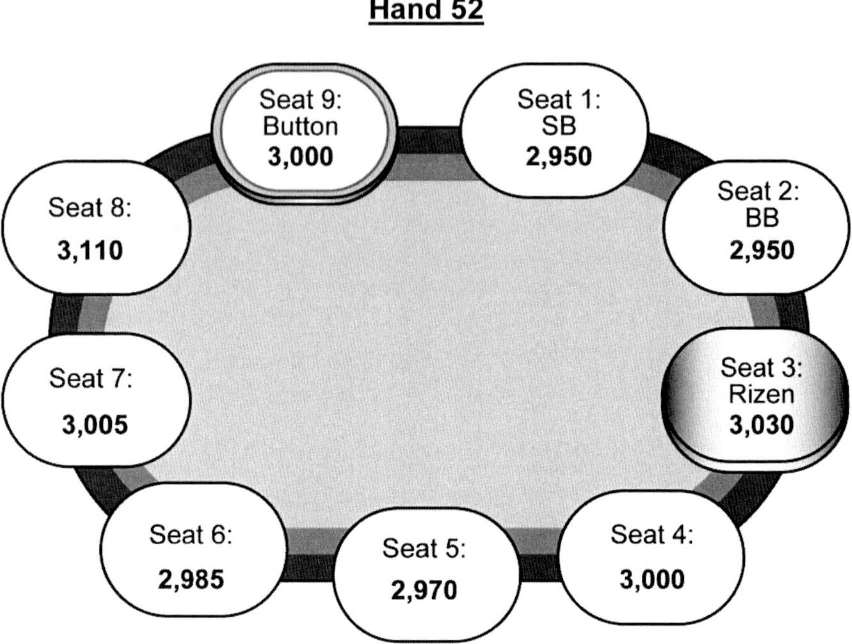

Situation: Es ist sehr früh in einem wöchentlichen Freezeout-Turnier mit 300 $ Buy-In. Die Blinds liegen bei 10/20. Es sind viele Satellite-Spieler im Turnier, aber auch eine Menge regelmäßiger Teilnehmer. Ich bin noch nicht lange genug am Tisch, um irgendwelche Beobachtungen über die Spielweise meiner Gegner gemacht zu haben. Manche Spieler könnten jedoch meinen Namen und meinen Ruf kennen, und das könnte sie in ihren Entscheidungen beeinflussen.

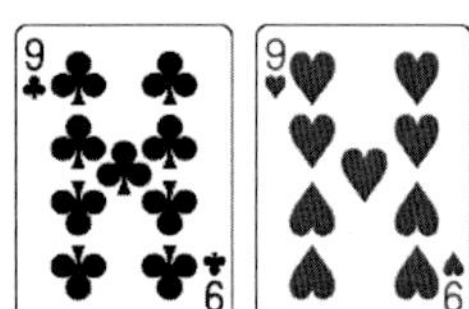

Vor dem Flop (30): Ein Paar Neunen ist eine solide Hand, und mit den im Vergleich zu den Stacks niedrigen Blinds ist sowohl Limpen als auch Raisen eine gute Option. Viele Spieler bevorzugen einen Limp, aber ich raise lieber, da so meine Hand bei einem Treffer gut versteckt ist und ihr dies eine Menge zusätzlichen Values verleiht. Darüber hinaus kann ich auf vielen Flops Continuation Bets bringen, da mein Raise vor dem Flop Stärke signalisiert. Ich raise auf 60, Spieler 5 callt, genau wie Spieler 8 im Cut-Off. Der Rest foldet und wir sehen zu dritt den Flop.

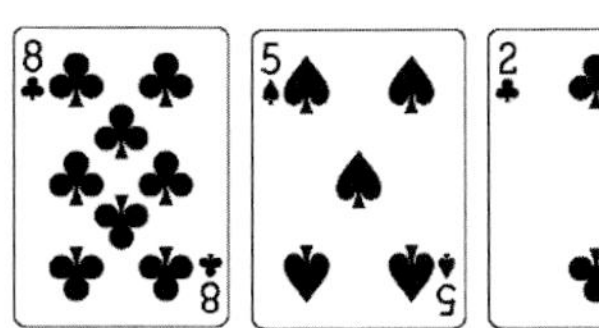

Flop (210): Für ein Paar Neunen ist dies einer der besseren Flops ohne Neun. Es ist sinnvoll, die Initiative zu ergreifen und eine Value Bet zu bringen. Ich setze 140, Spieler 5 raist auf 360 und der Cut-Off foldet.

Hier müssen diverse Dynamiken berücksichtigt werden: Erstens habe ich aus erster Position geraist, was eine Menge Stärke zeigt. Spieler zollen einem Raiser aus erster Position für gewöhnlich mehr Respekt, als jemandem aus später Position. Daher ist es ziemlich unwahrscheinlich, dass mein Gegner bei mir einen Bluff vermutet. Zweitens hat mein Gegner mit einem weiteren noch zu handelndem Spieler zwischen ihm und mir geraist. Dies ist ein weiteres Zeichen von Stärke seinerseits, da er sich Gedanken über den Cut-Off und dessen Hand machen muss. Letztlich ist es unwahrscheinlich, dass er vor dem Flop mit einer Hand wie Assen, Königen oder Damen in früher Position callte, da er diese hohen Paare vermutlich nicht in einem Pot mit vier oder fünf Leuten spielen möchte. Auf dieser Blindstufe zu callen fördert schlichtweg Action hinter ihm, also ist es sehr unwahrscheinlich, dass er ein Premiumpaar hält.

Dies begrenzt sein wahrscheinliches Handspektrum auf viele Paare und Suited Connectors, die sich in Pots mit vielen Gegnern ganz ordentlich spielen lassen. Dieser Flop trifft eine Menge dieser Blätter sehr gut. Hält er etwas wie 7♣6♣ oder 4♣3♣, liege ich nicht sonderlich weit vor ihm. Falls er etwas wie A♣4♣ oder J♣T♣ hat, liege ich – was die Equity angeht – sogar zurück, obwohl ich bereits eine fertige Hand habe. Darüber hinaus liege ich WEIT hinter 88, 55 und 22. Obwohl es möglich ist, dass er nur etwas wie A8s hat, macht diese Art von Händen nur einen sehr kleinen Teil seines Spektrums aus.

Möglicherweise liege ich vorne, aber wenn, dann nicht besonders weit. Und falls ich in dieser Situation hinten liege, bin ich in großen Schwierigkeiten. Des Weiteren sehe ich mich ohne Position mit der Gefahr zweier progressiv wachsender Bets auf Turn und River gegenüber. Mit der Ausnahme einer Neun gibt es auf Turn oder River nicht viele Karten, die ich gerne sehen möchte. In dieser frühen Phase des Turniers ist überleben wesentlich mehr wert, als der Kampf um diesen kleinen Pot. Ich riskiere hier bereitwillig einen kleinen Fehler durch einen Fold wenn ich vorne liege und vermeide so einen großen Fehler und den Verlust eines großen Pots in Situationen, in denen ich absolut dominiert werde. Ich entscheide mich für den vorsichtigen Fold.

Hand 53

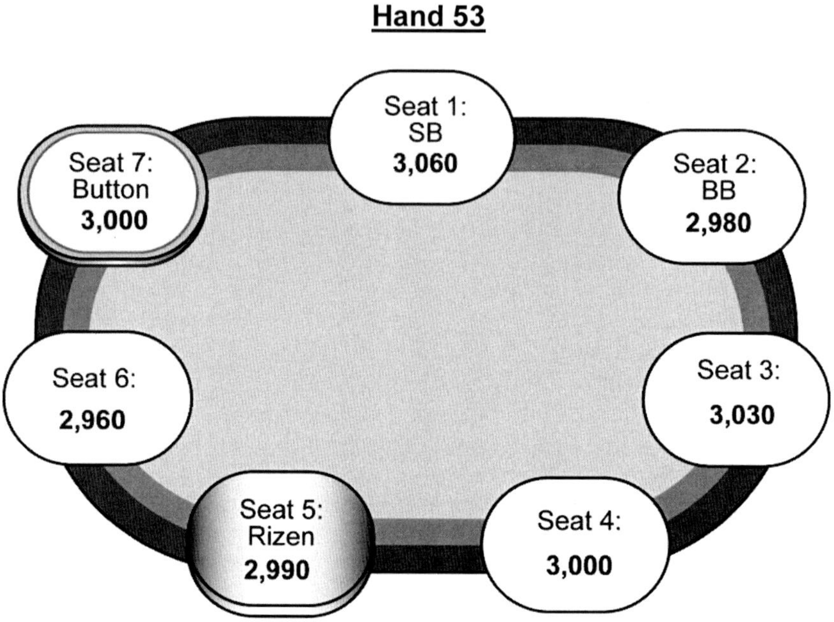

Situation: Ich habe die ersten Hände eines Turniers mit 1.000 $ Buy-In gespielt, und die Blinds liegen bei 10/20. Der Button in dieser Hand ist jemand, mit dem ich öfters gespielt habe. Er ist ziemlich tight und hat bei einigen großen Laydowns in der Vergangenheit eine Menge Respekt vor meinem Spiel gezeigt.

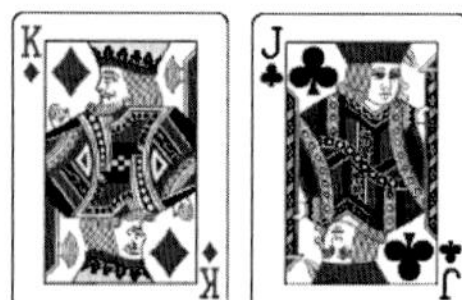

Vor dem Flop (30): Dies ist keine großartige Hand, aber eine, die es wert ist zu spielen, wenn zu mir gefoldet wird und ich die Wettrunde eröffnen kann. Es wird zu mir gefoldet, ich raise auf 60, der Button callt und alle anderen folden.

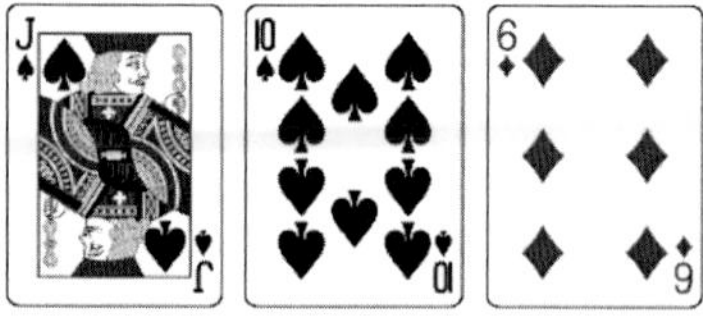

Flop (150): Dies ist ein anständiger Flop für Top Pair mit zweitbestem Kicker. Da ich zuerst an der Reihe bin, scheint es sinnvoll zu betten. Ich kann es mir nicht erlauben, eine Freecard bei einem Board mit zwei gleichfarbigen Karten und JT für mögliche Straight Draws zu gewähren. Ich setze 100 und mein Gegner fängt an zu überlegen, aktiviert seine Zeitbank, bevor er letztlich das Minimum auf 200 raist.

Ein Minimum-Raise auf diesem Board ist eine sehr bizarre Spielweise. Mein erster Gedanke ist, dass er eine Art Flush oder Straight Draw hat und versucht, sich selbst eine billige Karte zu kaufen in der Hoffnung, dass ich das Minimum-Raise einfach nur calle und dann auf dem Turn zu ihm checke. Dies wäre wesentlich günstiger für ihn, als nach dem Call meiner Bet auf dem Flop meine (wahrscheinlich) größere Bet auf dem Turn ebenfalls zu callen. In diesem Fall ist die übliche Vorgehensweise bei diesen Stacks und einem Gegner, der Position hat, den Raise zu callen und nach jeder Karte auf dem Turn, die den Draw nicht komplettiert, erneut zu betten. Das Problem auf diesem Board ist, dass ich nicht weiß, ob er einen Flush Draw, einen Straight Draw, oder eine Kombination aus beiden hat. Des Weiteren könnte er als ein denkender Spieler, der meine Spielweise respektiert, eine Monsterhand haben und hoffen, dass ich die vermeintliche Schwäche in seinem Raise entdecke und diese möglicherweise angreife. Es gibt zu viele Turnkarten, die ich nicht mag und der Pot ist im Verhältnis zu unseren Stacks immer noch relativ klein.

Außerdem: Selbst wenn ich vorne liege, führe ich nicht deutlich und ich habe keine Position. Ich entscheide mich für die vorsichtige Spielweise und folde, was die beste Hand sein könnte, um nicht ohne Position einen großen Pot zu spielen, ohne die leiseste Ahnung zu haben, wo ich stehe.

Hand 54

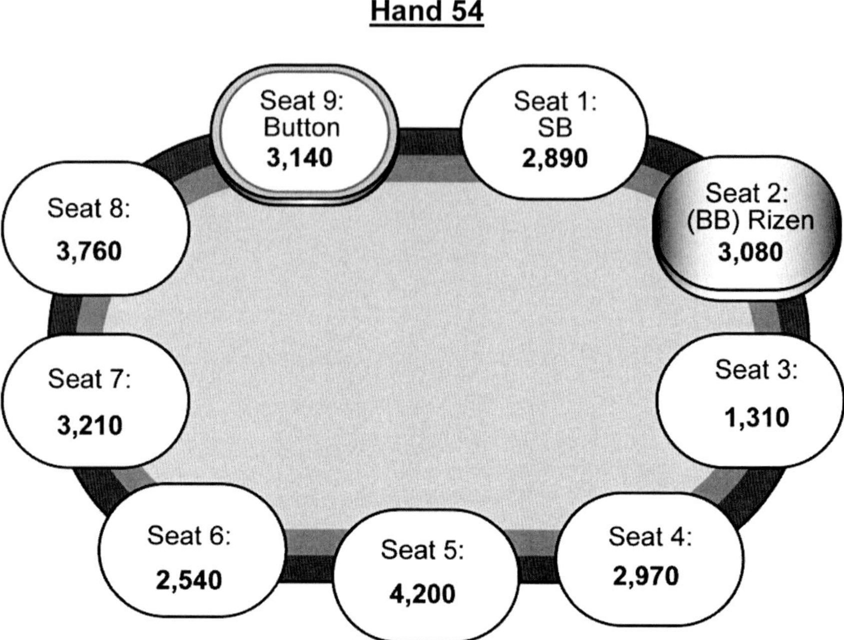

Situation: Es ist sehr früh in einem nächtlichen Turnier mit 150 $ Buy-In und 100.000 $ garantiertem Preisgeld. Die Blinds sind bei 10/20. Ich habe nicht genug Zeit gehabt, um irgendwelche signifikanten Beobachtungen über meine Gegner anzustellen oder ein Image aufzubauen. Dieses Turnier ist mit vielen Satellite-Spielern gefüllt, die weder Turniere mit solch hohem Buy-In gewohnt sind, noch das Spiel gegen starke Gegner kennen.

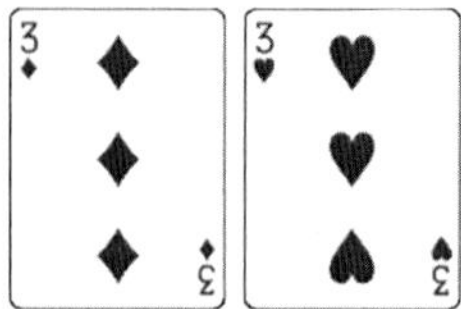

Vor dem Flop (30): Spieler 4 raist auf 70. Spieler 9 auf dem Button callt und es wird zu mir gefoldet. Ich calle die zusätzlichen 50 und wir sehen zu dritt den Flop.

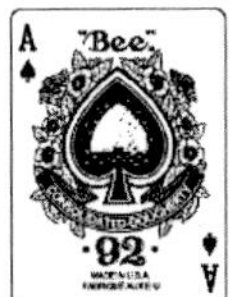 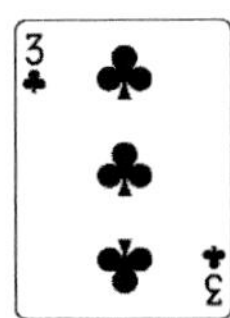 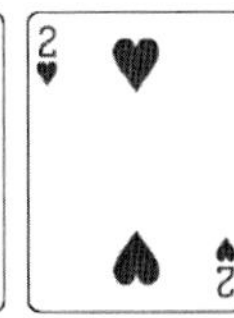

Flop (220): Dies ist ein großartiger Flop für mich in vielerlei Hinsicht. Es ist unwahrscheinlich, dass jemand 54 hat, obwohl 54s eine Hand ist, mit der der Button callen könnte. Eine weitere Hand, mit welcher der Button callen könnte, wäre 22 – was ideal wäre.

Die Frage lautet: Wie kann ich mit meiner Hand so viele Chips wie möglich gewinnen? Ich könnte zum Preflop-Raiser checken, ihm die Chance geben, eine Continuation Bet zu bringen, und dann raisen. Das Problem dieser Spielfolge ist, dass ich so eine Menge Stärke zeige. Sehr wahrscheinlich würde dies meinen Gegner ausbremsen, solange er nicht Two Pair oder besser gefloppt hat. Ich könnte auch bis zum Turn slow spielen, aber ohne Position gibt es keine Garantie, dass der ursprünglich Bietende auf dem Turn erneut bettet. Und es ist recht unwahrscheinlich, dass er ohne ein Ass noch einmal betten wird.

Falls jemand ein Ass hat, ist der beste Weg, meine Hand zu verschleiern und einen großen Pot aufzubauen, selbst die Initiative zu ergreifen. Dadurch, dass ich es wie eine Test-Bet aussehen lasse, mit der ich herausfinden will, wo ich stehe, kann ich meine Gegner dazu verleiten, meine Hand für wesentlich schwächer zu halten, als sie in Wahrheit ist. Und hoffentlich werden sie diese Schwäche dann mit einem Raise angreifen, und einen größeren Pot aufbauen. Zu dem Zeitpunkt, an dem ich die wahre Stärke meiner Hand aufdecke (durch eine große Bet), werden mit etwas Glück bereits eine Menge Chips im Pot sein und meine Gegner sich Pot-Committed fühlen. Im bestmöglichen Fall hält einer meiner Gegner ein Ass mit starkem Kicker, überzieht mit seinem Blatt und verliert seinen gesamten Stack. Ich setze 140, der Spieler in früher Position foldet und der Button callt.

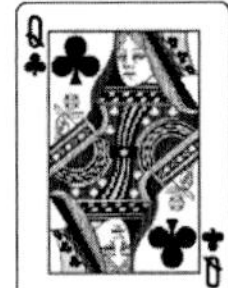

Turn (500): Das Ergebnis vom Flop ist etwas unerwartet. Ich dachte, der ursprünglich Raiser hätte eine starke Hand und würde mich auf dem Flop raisen. Stattdessen hat der ursprüngliche Raiser gefoldet und der Button gecallt. In den meisten Fällen werden AK und AQ vor dem Flop gereraist, doch so früh in einem Turnier sieht man manchmal Spieler, die mit solchen Händen einfach nur callen. Viele Spieler callen vor dem Flop auch gerne mit einem Ass plus gleichfarbiger Beikarte, also hat der Button möglicherweise etwas wie A5s oder A4s, oder sogar etwas Besseres wie Two Pair mit A3s oder A2s. AJ und AT sind ebenfalls möglich, ebenso ein Pocket Pair mit Zweien, 54s oder 56s. Vielleicht hält er auch so etwas wie 44 oder 55 und hat sich entschieden, für eine weitere Karte mit dem Paar plus Gutshot zu callen. In Anbetracht des möglichen Spektrums meines Gegners, werden die meisten der unfertigen Hände – nun da der Turn diese verpasst hat – wahrscheinlich nicht mehr viele Chips in den Pot bringen. Und ich möchte ihm keine Freecard gewähren, mit der er mich noch überholen könnte, oder ihm erlauben, den River günstig zu sehen. Stattdessen möchte ich eine Bet bringen, die das Maximum an Value von allen fertigen Händen einbringt, gegen die ich vorne liege, und die stark genug sind um weiter zu spielen. Hier ergibt eine gemessen an der Potgröße hohe Bet Sinn, also setze ich 400 und der Button callt.

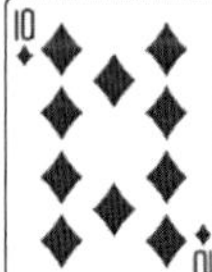

River (1,300): Angesichts der möglichen Hände, auf die ich meinen Gegner setze, ändert diese Karte die Situation nicht besonders. Falls er AT hat, denkt er vielleicht, mich gerade überholt zu haben, aber jede andere Hand hat dieselbe Stärke wie auf dem Turn. Er hat ein Testgebot auf dem Flop und recht hohe Bet auf dem Turn gecallt, also callt er wahrscheinlich auch jetzt jede halbwegs große Bet auf dem River. Ich will ihn nicht All-In setzen, da dies viele Hände abschrecken könnte, von denen ich einen Call möchte. Eine Bet knapp unter der Größe des Pots sollte einen Call bekommen. Und falls er AT hält, oder 22 slow gespielt hat, wird ihm das die Chance geben, mit dem Rest seiner Chips zu raisen. Ich biete 1.100, der Button callt und zeigt AK.

Hand 55

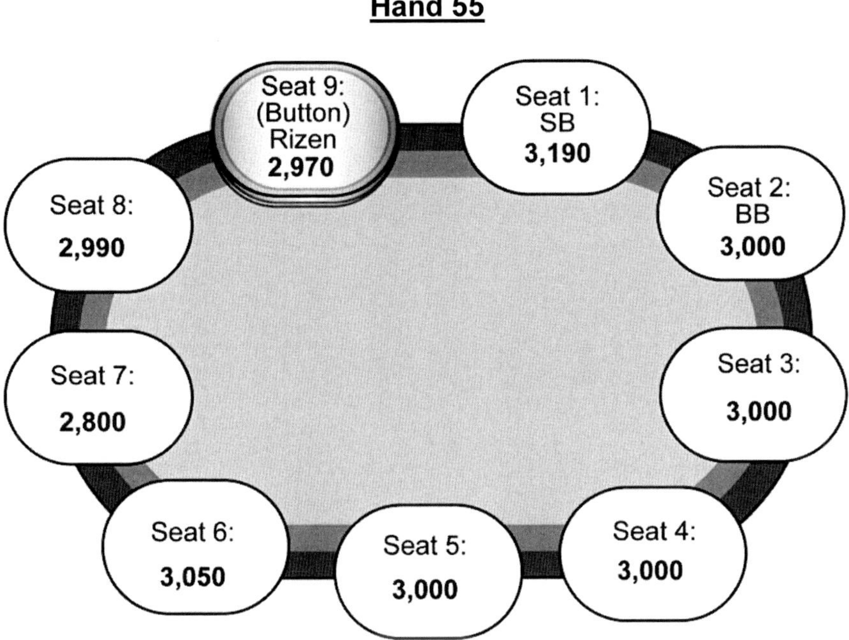

Situation: Es ist die dritte Hand eines nächtlichen Turniers mit 150 $ Buy-In und 55.000 $ garantiertem Preisgeld. Die Blinds sind bei 10/20. Ich habe keine signifikanten Kenntnisse über die Spieler am Tisch und zu diesem Zeitpunkt auch noch kein Image.

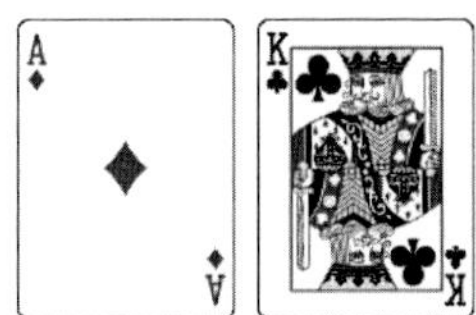

Vor dem Flop (30): AK ist bei wirklich großen Stacks eine sehr starke, aber auch sehr schwer zu spielende Hand. Mit dieser Hand verpasst man den Flop recht häufig; und auch nach einem Treffer hat man meist nur ein Paar, mit dem es sich mit mehr als 100 Big Blinds im Stack für gewöhnlich nicht lohnt, alle Chips in die Mitte zu bringen. Kommt so früh im Turnier ein Raise aus früher Position, calle ich mit AK oft nur, und bei erheblicher Action vor mir werfe ich das Blatt sogar weg. In diesem Fall wird jedoch zu einem Spieler in mittlerer Position gefoldet, der auf 60 raist. AK liegt weit vor dem Handspektrum einer Eröffnung aus mittlerer Position, also reraise ich auf 250 und es wird zurück zum Spieler in mittlerer Position gefoldet, welcher die 190 callt. Der Pot ist Heads-Up.

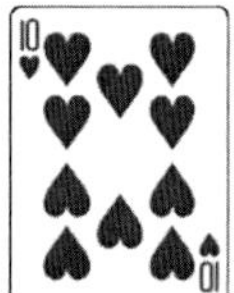 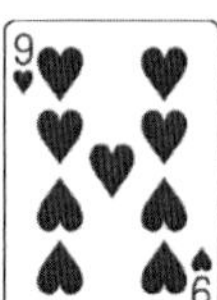 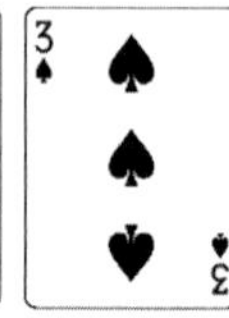

Flop (530): Dies ist ein schlechter Flop für meine Hand. Er ist sehr zusammenhängend mit vielen potentiellen Draws, und mein Gegner könnte hier ohne Probleme eine fertige Hand haben. Um das Problem zu verschlimmern, eröffnet der Spieler in mittlerer Position auf 320. Wenn ein Spieler einen Raise vor dem Flop callt und dann plötzlich auf dem Flop eröffnet, hat er häufig eine schwache, fertige Hand oder einen Draw. Hätte ich Erkenntnisse über meinen Gegner, nach denen er in der Lage wäre, eine Hand wie AT, 88 oder einen Flush Draw an dieser Stelle wegzuwerfen, würde ich vielleicht raisen. Ich habe hier keine solchen Kenntnisse, und es ist extrem früh im Turnier. Ein Raise würde ein Drittel meines Stacks riskieren. Bis ich ein besseres Gespür für diesen Tisch bekomme, ist es klug, meine Verluste zu begrenzen und bessere Situationen zu finden, um Chips anzuhäufen. Ich folde.

Hand 56

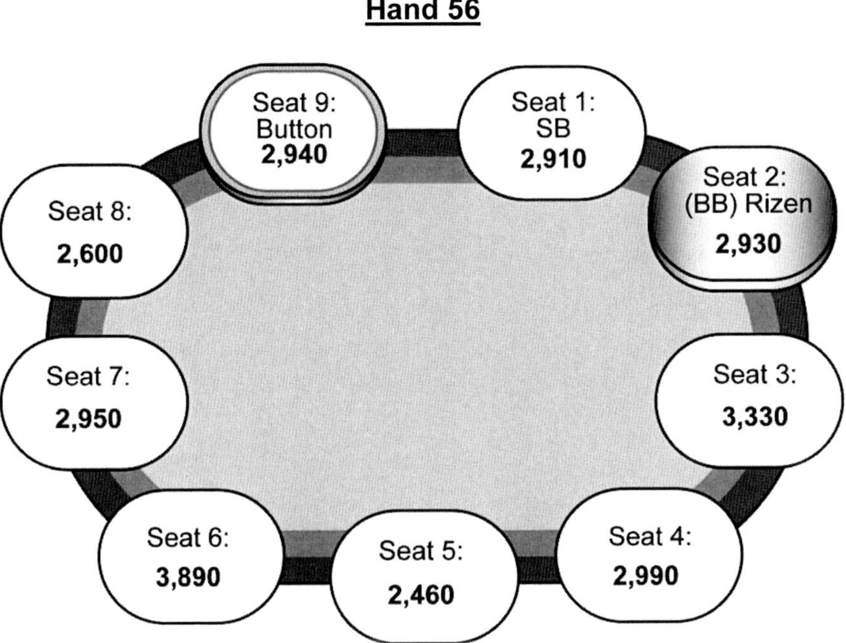

Situation: Es ist sehr früh in einem Sonntagsturnier mit 216 $ Buy-In. Die Blinds sind bei 10/20. Es ist ein anspruchsvolles Feld ohne Satellite-Spieler, was hauptsächlich regelmäßige Spieler hoher Buy-Ins und Sonntagsturniere übrig lässt. Es wurden noch keine drei Runden gespielt, also habe ich bisher keine bedeutenden Beobachtungen anstellen und kein besonders Images aufbauen können. Überraschenderweise für dieses Turnier kenne ich nur sehr wenige Spieler am Tisch aus früheren Spielen.

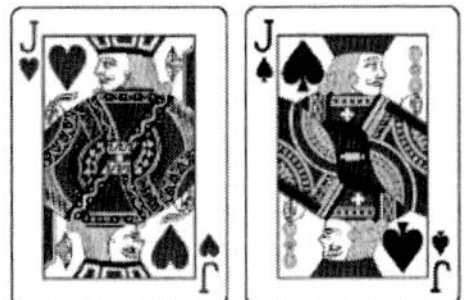

Vor dem Flop (30): Ein Paar Buben ist aus jeder Position eine sehr starke Hand. Ich werde sie aggressiv spielen, es sei denn, die Action vor mir ist sehr stark. Es wird zu einem Spieler in mittlerer Position gefoldet, der auf 70 raist, der Cut-Off callt 70 und es wird zu mir gefoldet. Ich habe eine starke Hand gegen einen einzelnen Raiser in mittlerer Position und einen Caller im Cut-Off, daher ist ein Raise sinnvoll. Ich könnte passiver spielen, da ich nach dem Flop keine Position haben werde, aber höchstwahrscheinlich, habe ich hier die beste Hand, und so werde ich etwas mehr als die Potgröße auf 310 raisen. Zu meiner Überraschung callen sowohl der Spieler in mittlerer Position als auch der Cut-Off.

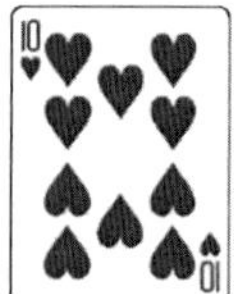
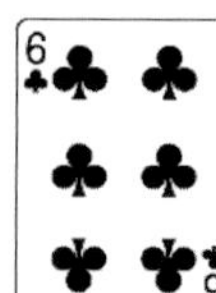
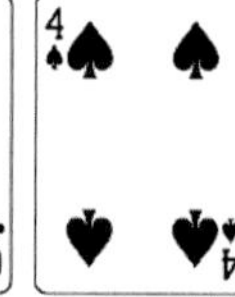

Flop (940): Dies ist ein recht trockener Flop. Ich habe vor dem Flop einen vernünftig hohen Raise gebracht, ohne besondere Kenntnisse über die Spielweise meiner Gegner muss ich also annehmen, dass diese lediglich mit soliden Händen callen – größtenteils mindestens mit mehr oder weniger hohen Pocket Pairs, obwohl auch AT und selbst JTs hier vermutlich im Handspektrum einiger Spieler liegen könnten. Es gibt andere Hände, mit denen Spieler vor dem Flop callen würden, aber dies sind die einzigen, die in der Lage wären, auf dem Flop weiterzuspielen. Da ich vor dem Flop wahrscheinlich die beste Hand hielt und jetzt ein Overpair zum Flop habe, sollte ich eine Continuation Bet bringen. Ich setze 700, der Spieler in mittlerer Position geht für 2.640 All-In und der Cut-Off callt das All-In für 2.290.

Huch! Angesichts der Tatsache, dass dieser Flop sehr trocken ist (er bietet keine plausiblen Draws, mit denen Leute pushen könnten), scheinen beide Spieler hier fertige Hände zu haben. Es ist denkbar, dass der Spieler in mittlerer Position etwas wie AT hat und ich vor ihm liege, doch nach dem Call vom Cut-Off liege gegen ihn fast sicher hinten. Höchstwahrscheinlich bin ich mindestens mit AT und einem Set (vielleicht 66) konfrontiert, gut möglich, dass ich es mit zwei Sets zu tun habe. Bei dieser Action auf diesem speziellen Flop kann ich auf keinen Fall callen. Ich folde, der Spieler in mittlerer Position zeigt mit QQ ein Overpair, der Cut-Off zeigt ein gefloptes Set mit TT und gewinnt einen Pot von 6.220.

In dieser Situation mit einem Overpair angesichts erheblicher Action vor ihnen geraten viele Spieler in Schwierigkeiten. Der trockene Flop macht diese Art von Entscheidungen viel einfacher, da es hier keine plausiblen Draws im Handspektrum meiner Gegner gibt. Ich habe ein Drittel meines Stacks investiert und verloren, aber immerhin habe ich überlebt und bin noch im Rennen, anstatt nach einem schlechten Call auf zwei Outs zu drawen.

Hand 57

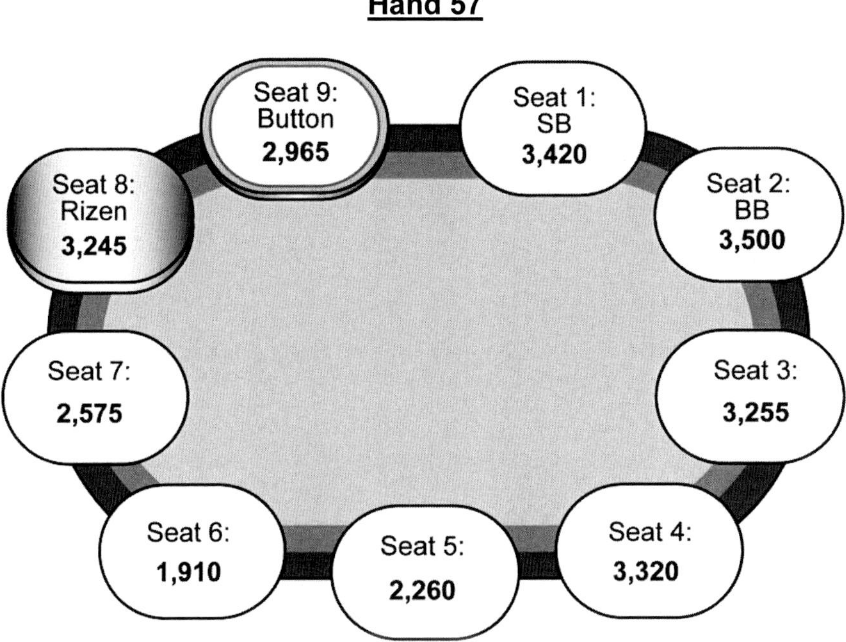

Situation: Es ist noch recht früh in einem 1.000 $-Turnier, die Blinds liegen bei 15/30.

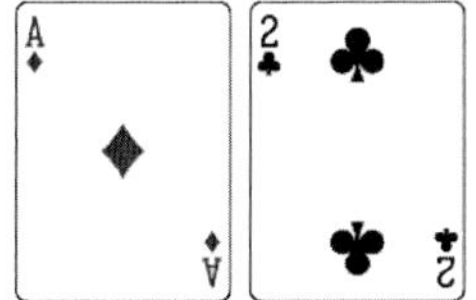

Vor dem Flop (45): Asse mit schlechtem Kicker spiele ich nicht so gerne, aber früh in gut strukturierten Turnieren eröffne ich mit ihnen in später Position, wenn ich ein Ass und eine Karte zur kleinsten Straight habe, da ich mit diesen Blätter gut versteckte Two Pairs und Straights treffen kann. Es wird zu mir gefoldet, ich raise auf 90 und sowohl Button als auch Small Blind callen.

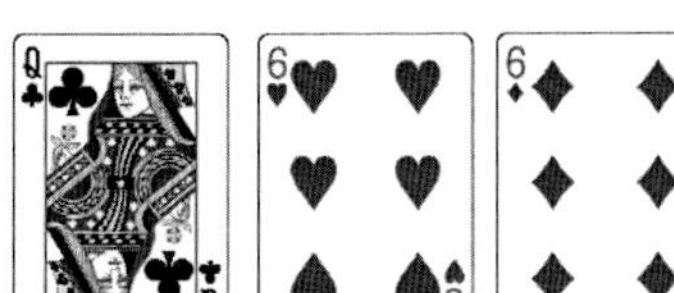

Flop (300): Dies ist kein guter Flop für mich, aber er wird meinen Gegnern wahrscheinlich auch nicht geholfen haben. Der Small Blind checkt und ich bringe eine Continuation Bet von 210. Der Button callt und der Small Blind foldet. Zu diesem Zeitpunkt erwarte ich vom Button mit einer Dame meist zu raisen, mit einer Sechs slow zu spielen und mit den meisten Paaren, die besser als Sechs, aber schlechter als Damen sind, zu callen. Es gibt möglicherweise andere Hände in seinem Spektrum, aber dies sind die, mit denen die bisherige Action am meisten Sinn ergibt.

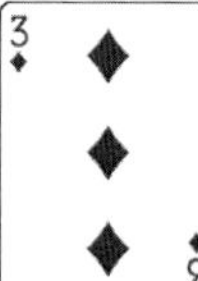

Turn (720): Die Turnkarte hat uns wahrscheinlich beide verpasst. Angesichts der möglichen Hände, auf die ich meinen Gegner setze, muss ich über eine weitere Bet nachdenken, da es vielen Spieler schwerfällt, eine zweite Bet mit einem niedrigeren Paar als Damen zu callen. Ich kann 60 bis 65 Prozent des Pots betten und im Fall eines Raises problemlos folden. Callt er nur, sollte ich eine sehr gute Vorstellung davon haben, was mein Gegner hält. Ich biete 475 und mein Gegner callt.

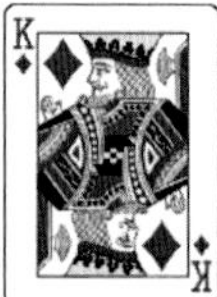

River (1,670): Normalerweise bin ich eher abgeneigt, auf dem River bei einem gepaarten Board erneut zu feuern. Glücklicherweise ist die Riverkarte die wahrscheinlich beste Bluffkarte im Deck. Ein Ass wäre besser, aber ich habe ein Ass und hätte somit eine fertige Hand und keinen Bluff gegen die Hand meies Gegners, bei der es sich vermutlich um ein mittleres Paar handelt. Diese Karte ist zu perfekt, um angesichts meiner Handanalyse damit nicht zu bluffen, also feuere ich die dritte Salve ab und setze 1.000. Mein Gegner tippt "seufz" ins Chatfenster und foldet.

Hand 58

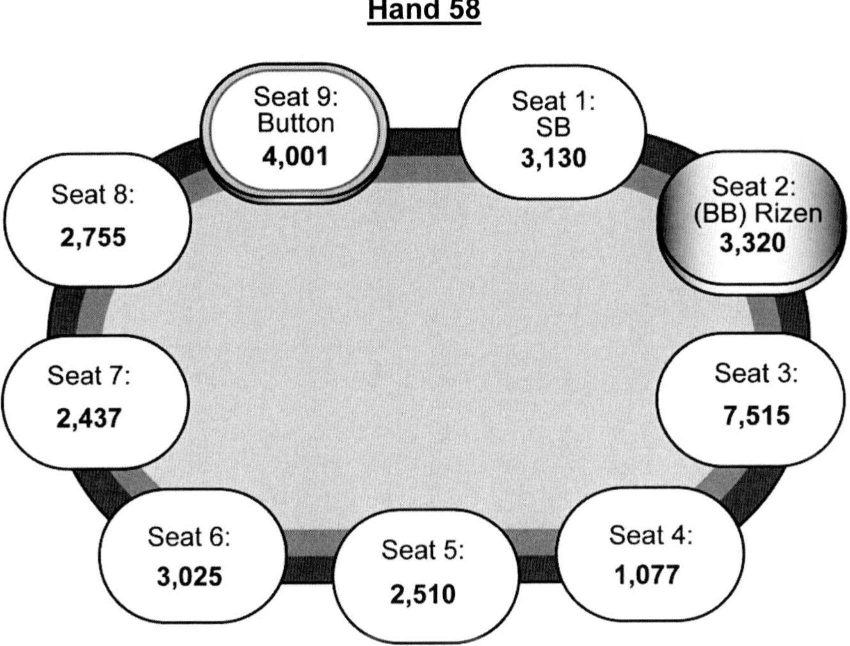

Situation: Es ist früh in einem „Second Chance"-Sonntagsturnier mit 200 $ Buy-In und die Blinds liegen bei 15/30. Zu diesen Turnieren gibt es keine Qualifikationsturniere, daher sind die Gegner im Schnitt wesentlich härter als die Hauptturniere an den Sonntagen.

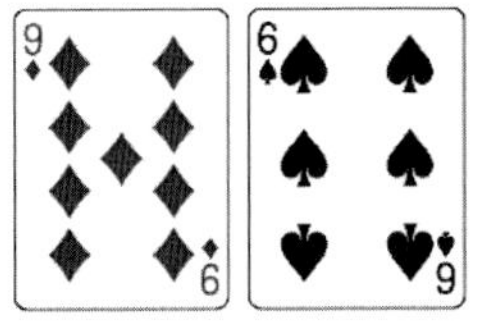

Vor dem Flop (45): 96 ist einfach eine schreckliche Hand, aber in diesem Fall callt Spieler 4 und es wird zu mir gefoldet, also spiele ich kostenlos Heads-Up.

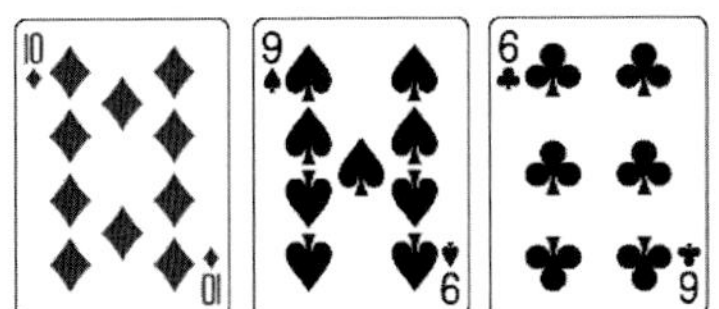

Flop (75): Ich treffe das untere Two Pair für ein „Big Blind Spezial". Leider ist das Board recht koordiniert mit vielen möglichen Straight Draws. Das untere Two Pair ist eine viel verwundbarere Hand, als die meisten Leute glauben, und als solche muss sie in diesen Situationen auf dem Flop sehr aggressiv gespielt werden. Aufgrund der Struktur des Boards und ihrer Verwundbarkeit ist mein Blatt kein guter Kandidat, um slow gespielt zu werden. Ich eröffne für 60 in einen Pot von 70 und der Spieler in früher Position callt.

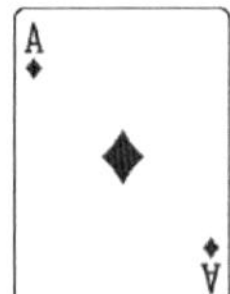

Turn (195): Das Ass ist eine schlechte Karte, da es recht häufig eine Menge Action vernichtet. Da dieser Spieler aus früher Position heraus gecallt und nicht geraist hat, ist es schwer, ihn auf ein starkes Ass zu setzen. Seine wahrscheinlichsten Hände sind im Moment etwas wie KQs, QJs, JTs, KQo, 88 und 77. All dies sind plausible Hände zum Limp vor dem Flop, die aufgrund der Stärke der Hand und des Draws auch auf dem Flop gecallt haben könnten. Es ist auch entfernt möglich, dass mein Gegner ein Set hat, aber da ich eine der Sechsen und eine der Neunen habe, ist es sehr schwer für ihn, 99 oder 66 zu haben. Damit bliebe TT als einzig wahrscheinliche Set-Hand übrig, und die meisten Spieler würden mit TT raisen. Meine Hand ist immer noch stark genug für eine Bet, jedoch noch immer so verwundbar, dass ich mir nicht leisten kann, eine Freecard zu gewähren. Ich setze 150 und mein Gegner callt.

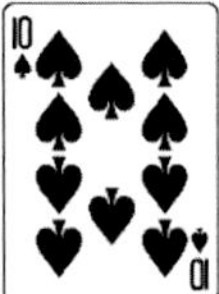

River (495): Als auf dem River eine zweite Zehn auf das Board kommt und mein Paar egalisiert wird, haben sich meine schlimmsten Befürchtungen bewahrheitet. Eine Bet wäre jetzt im Prinzip ein Bluff. Von allen Händen, die ich auf dem Turn aufgelistet habe, sind die einzigen, die ich schlage und von denen ich gecallt werden kann 88 und 77. Diese beiden Hände hätten allerdings Schwierigkeiten, auf diesem Board eine dritte Bet zu callen. Mit einem Check kann ich meine Hand in einen Bluff-Fänger verwandeln und KQ, QJ und vielleicht sogar 88 oder 77 dazu verleiten, den Pot mit einem Bluff anzugreifen, falls sie glauben, dies wäre ihre einzige Siegchance. Falls mein Gegner nach meinem Check hoch bettet, bin ich wahrscheinlich gezwungen zu folden. Eine niedrigere Bet kann ich mit meinem Bluff-Fänger jedoch callen.

Ich checke und mein Gegner bietet niedrige 180 in den Pot von 495. Diese Art von kleinen Bets auf dem River in einen großen Pot sind häufig entweder sehr starke oder sehr schwache Hände. Angesichts der mir angebotenen Odds sollte ich ihn auf die Probe zu stellen und sehen, ob er versucht, sich den Pot mit einem verpassten Straight Draw zu kaufen. Ich calle 180, mein Gegner zeigt mit K♣Q♦ einen geplatzen Straight Draw und ich sammle einen Pot von 855 ein.

Hand 59

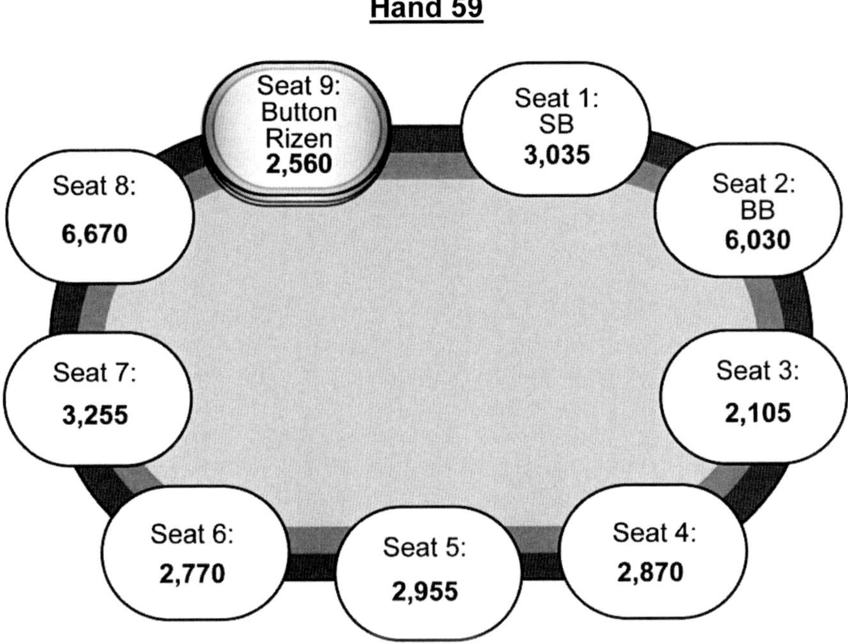

Situation: Dies ist ein großes „Second Chance"-Sonntagsturnier mit 200 $ Buy-In, und die Blinds liegen bei 15/30. Es noch immer sehr früh im Turnier, aber der Tisch war bereits überraschend aktiv mit einigen Verdoppelungen. Niemand hat jedoch schlechte Hände im Showdown gezeigt.

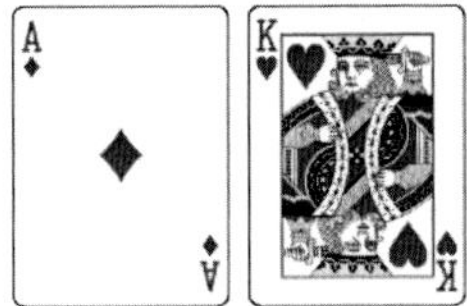

Vor dem Flop (45): AK ist besonders in später Position eine starke Hand. Bei so großen Stacks muss man aber aufpassen, nach einem verpassten Flop oder mit nur einem einzelnen Paar nicht zu viel des eigenen Stacks zu investieren. Es wird zu mir auf dem Button gefoldet, und ich raise meinen Standard auf 90. Der Small Blind foldet und der Big Blind callt 60.

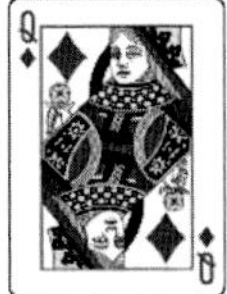 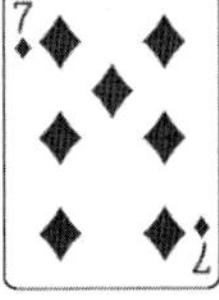 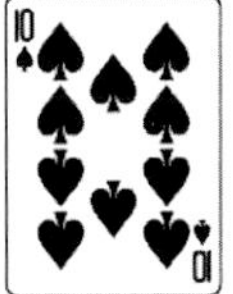

Flop (195): Dies könnte ein gefährlicher Flop sein. Er ist mit vielen Straight- und Flush Draws sehr koordiniert, und viele Hände mit einer Dame oder Zehn callen mich vor dem

Flop aus dem Big Blind heraus. Die gute Nachricht ist, dass ich einen Gutshot, einen Backdoor-Flush Draw und zwei Overcards habe. Sowohl nach meinem Gegner ebenfalls zu checken, als auch eine Continuation Bet zu bringen, sind vernünftige Alternativen. Durch eine Continuation Bet mit so einer Hand wird man nach einem Call des Gegners oft auf dem Turn die eine Freecard nehmen können. Und zusätzlich gewinnt man immer, wenn der Gegner auf dem Flop foldet. Der Nachteil ist, dass man nach einem Check-Raise wahrscheinlich aufgeben muss und die Möglichkeit verpasst, sich zu verbessern. In diesem Fall checkt der Big Blind und ich entscheide mich für eine Continuation Bet von 120. Der Big Blind callt.

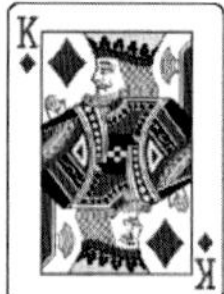

Turn (435): Dies ist eine interessante Turnkarte. Ich könnte nun die beste Hand haben, aber der K♦ vervollständigt ebenfalls den Flush Draw. Und es ist immer möglich, dass mein Gegner hier etwas wie KQ hat. Ich habe nun Top Pair mit Top Kicker plus Broadway-Straight Draw und Nut-Flush Draw. Die Hand ist hier gleichermaßen mächtig und verwundbar. Die beste Variante ist, nach meinem Gegner auf dem Turn ebenfalls zu checken und die Situation auf dem River neu zu beurteilen. Bette ich und mein Gegner raist, wäre dies katastrophal, da ich die Möglichkeit verlöre, auf eine starke Hand zu drawen, und mein Gegner mich zwingen könnte, die beste Hand zu folden. Verfehle ich nach meinem Check den Flush Draw, werde ich eine Bet auf dem River wahrscheinlich callen oder betten, wenn zu mir gecheckt wird, da es sehr unwahrscheinlich ist, dass zwei Mal mit einer Hand zu mir gecheckt wird, die mich schlägt. Ich schaffe außerdem versteckten Value, indem ich am Turn checke. Mein Gegner könnte denken, sein QJ oder JT wäre hier gut, und seinerseits auf dem River eine Value Bet bringen, während er auf dem Turn vielleicht foldet. Falls ich hier bette, vertrage ich keinen Raise. Der Big Blind checkt und ich checke ebenfalls.

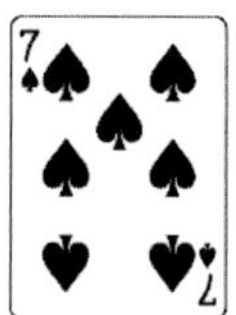

River (435): Diese Riverkarte hat sehr wahrscheinlich nichts verändert. Die 7♠ bringt ein Paar auf das Board und ich habe gerade eine Hand wie QT überholt, die vielleicht versucht hat, slow zu spielen. Der Big Blind setzt 210. Ich bleibe bei meinem Plan vom Turn und calle seine Bet lediglich – wissend, dass er wohl keinen Raise mit einer Hand callt, die ich schlage. Der Big Blind zeigt mit 3♦2♦ einen Flush und gewinnt einen Pot von 855. Ich habe gute Arbeit geleistet, den Pot unter Kontrolle zu halten, und meine Verluste hier zu minimieren, während ich zur selben Zeit meinem Gegner nicht erlaubt habe, mir meinen Draw abzunehmen. Da 3♦2♦ eine sehr schwache Hand für eine Verteidigung des Big Blinds ist, werde ich mir merken, dass sich der Big Blind häufig und mit sehr schwachen Händen verteidigt.

Hand 60

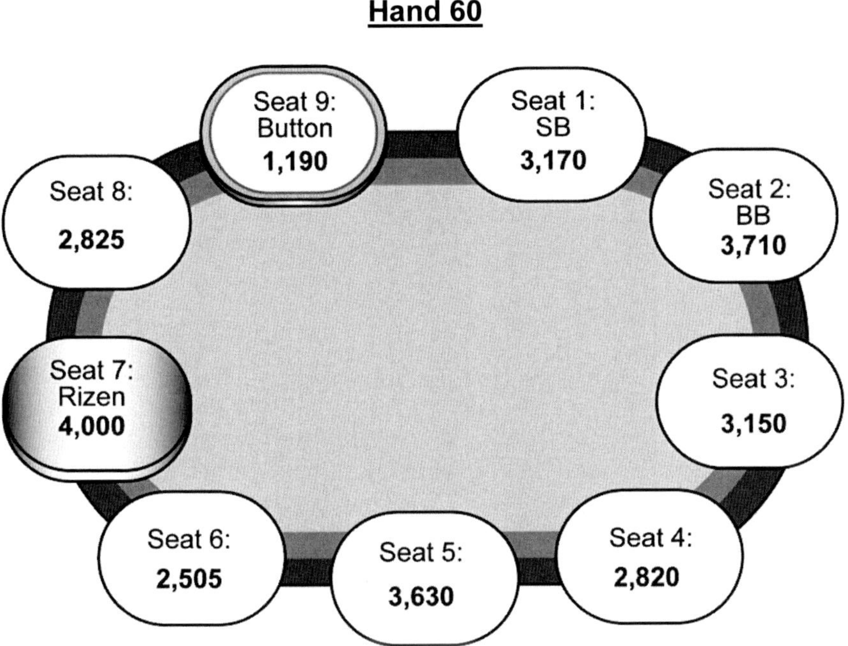

Situation: Es ist sehr früh in einem „Second Chance“-Sonntagsturnier mit 200 $ Buy-In und Blinds bei 15/30. Diese Turniere haben oft ein sehr starkes Feld, da es nur wenige Qualifikationsturniere gibt und das Buy-In für ein Onlineturnier recht hoch ist. Ich bin noch nicht lange am Tisch gewesen, doch Spieler 3 hat sehr waghalsig gespielt und mit einigen sehr schwachen Händen aggressiv gebettet und gecallt.

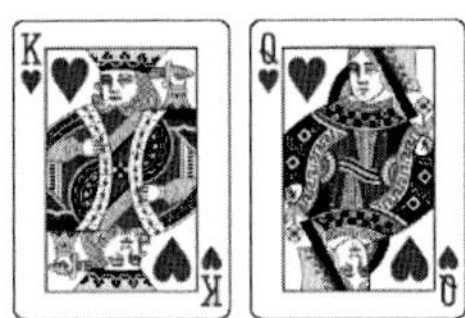

Vor dem Flop (45): KQs ist eine solide Hand und spielt sich aus vielen Positionen gut gegen einen einzelnen oder mehrere Gegner. Der waghalsige Spieler 3 raist auf 90, ein weiterer Spieler in früher Position callt, und es wird zu mir gefoldet. Ich calle. Der Button callt ebenfalls, aber alle anderen folden. Wir sehen den Flop zu viert.

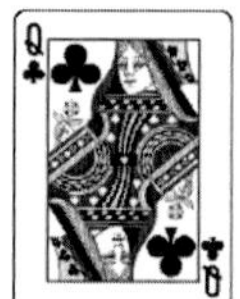 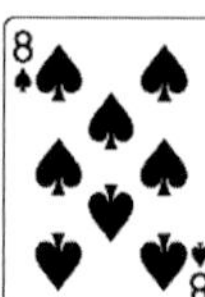 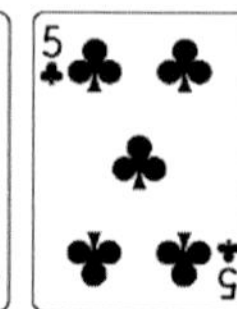

Flop (405): Top Pair kann in einem Pot mit vielen Gegnern recht schwer zu spielen sein. Man muss aufpassen, nicht aggressiv einen großen Pot aufzubauen, da etwa auf einem Board wie diesem leicht einer der Spieler eine Hand wie AQ, einen Flush Draw, 76s oder sogar ein Set halten könnte. Der ursprüngliche Raiser checkt, genau wie Spieler 4. Ich bringe eine Value Bet bzw. eine Test-Bet von 275. Ich will auf diesem Board keinesfalls drei anderen Spielern eine Freecard gewähren, aber ich will nicht so viel bieten, dass ich eine Menge Chips verliere, falls ich in eine stärkere Hand laufe. Der Button foldet, und der ursprüngliche Raiser callt. Spieler 4 foldet und ich befinde mich Heads-Up gegen den aggressiven Spieler.

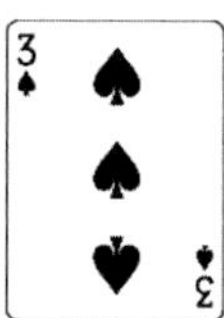

Turn (955): Dies ist eine recht ungefährliche Karte und mein Gegner checkt. Ich würde hier gegen die meisten Gegner betten. Dies hält den Gegner davon ab, eine Freecard zu nehmen, und gegen den klassischen Spieler kann man nach einem Check-Raise einfach folden. Dieser Spieler war jedoch so aggressiv und unberechenbar, dass nach ihm ebenfalls zu checken viele Vorteile bietet. Erstens bewahrt es mich gegen einen verrückten Kontrahenten vor einer schwierigen Entscheidung, falls dieser checkraisen sollte. Zweitens kann ich ihn aufgrund seiner aggressiven und unberechenbaren Spielweise auf dem River zu einem Bluff mit vielen schlechten Händen verleiten. Also checke ich ebenfalls.

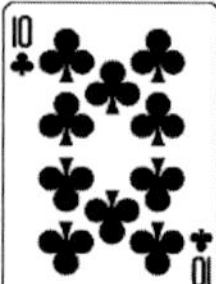

River (955): Der River ist nicht die beste Karte, da sie den Kreuz-Flush vervollständigt. Aber einer der Gründe für meinen Check auf dem Turn war, meinen Gegner zu einem Bluff zu verleiten. Er lässt sich nicht lange bitten und bietet in Hohe des Pots (955). Obwohl ich lieber eine andere Karte gesehen hätte, weiß ich, wie aggressiv dieser Spieler war und calle widerwillig die 955. Mein Gegner zeigt A♦K♦ für einen absoluten Bluff und ich gewinne einen Pot von 2.865.

Hand 61

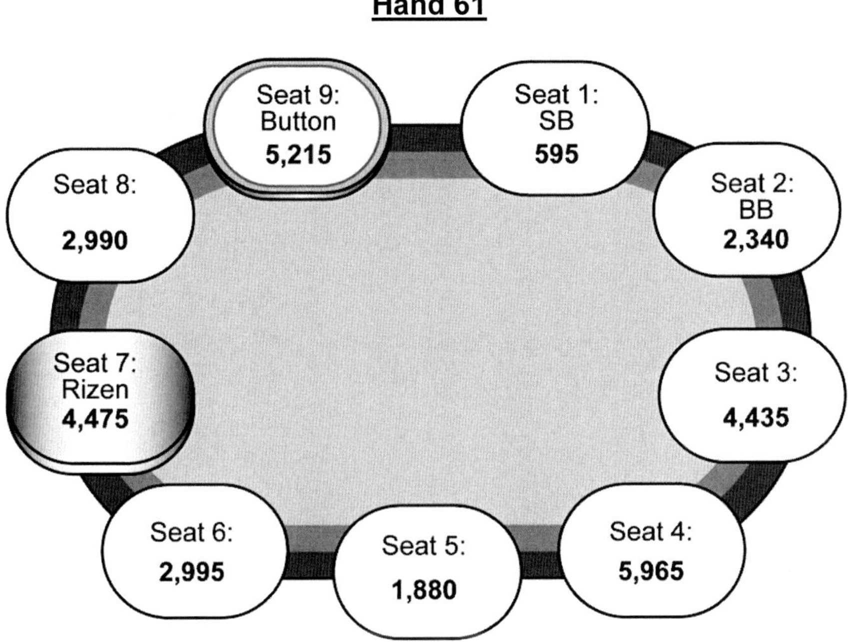

Situation: Es ist früh in einem nächtlichen 150 $-Turnier mit Blinds bei 20/40. Der Big Blind ist ein solider Spieler, mit dem ich schon viele Male gespielt habe. Er ist üblicherweise recht tight, aber durchaus in der Lage zu einigen kuriosen Spielzügen.

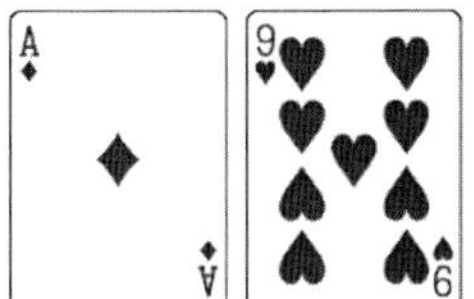

Vor dem Flop (60): So früh im Turnier ist dies aus dem Hijack eine grenzwertige Hand. A9o wird leicht dominiert. Falls zu mir gefoldet wird, werde ich raisen, besonders weil ich weiß, dass der Big Blind tight ist. Es wird zu mir gefoldet und ich raise meinen Standard auf 120. Es wird bis zum Big Blind gefoldet, der callt.

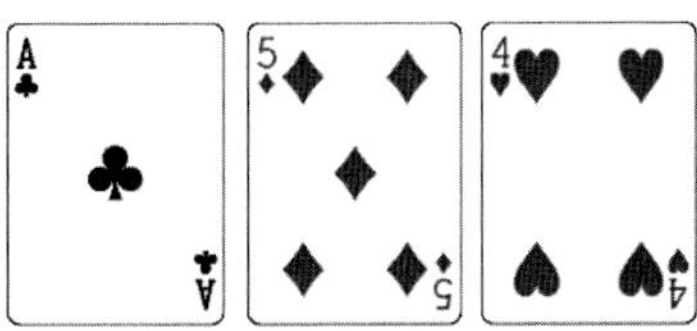

Flop (260): Ein guter Flop für mich. Die einzigen Hände, über die ich mir bei meinem Gegner wirklich Gedanken machen muss, sind AT, AJ, 55 und 44. Mit AK oder AQ hätte er geraist. Er könnte mit AA trickreich spielen, aber da ich ein Ass auf der Hand habe und ein weiteres auf dem Board liegt, ist es extrem unwahrscheinlich, dass er die zwei anderen hält und sich dazu entschieden hat, mit ihnen nicht zu reraisen. Überraschenderweise eröffnet mein Gegner für 175. Bei den meisten Spielern steht hinter so einer Eröffnung aus den Blinds gegen den Preflop-Raiser oft eine schwache Hand, häufig ein Semi-Bluff mit einem Draw. Da es keinen Flush Draw auf dem Flop gibt, könnte er ohne weiteres etwas wie 33 oder 22 haben und hoffen, dass das Ass mich genug abschreckt um zu folden. Möglicherweise hält er 76s oder etwas Ähnliches, aber bei einem so tighten Spieler wäre dies ungewöhnlich. Wenn er keinen Semi-Bluff versucht, ist die andere wahrscheinlichste Variante, dass er etwas wie 88 oder 77 hat und glaubt, die beste Hand zu haben. Mit einem großen Stack so früh im Turnier calle ich in Situationen wie diesen gerne und lasse meinen Gegner mit weiteren Chips bluffen, wenn er zurückliegt. Erscheint auf dem Turn eine gefährliche Karte, habe ich zu diesem Zeitpunkt nicht sonderlich viel investiert. Ich calle die 175.

Turn (610): Dies ist eine recht sichere Turnkarte. Anhand meines Reads und dem Spektrum an Händen, auf die ich meinen Gegner setze, sollte ihm die T♥ nicht geholfen haben. TT könnte in seinem Spektrum liegen, aber ich werde auf den Wetteinsatz und damit weitere Informationen warten. Der Big Blind checkt. Dies deutet fast sicher auf eine schwache Hand hin. Ich könnte hier betten, aber es gibt nur wenige Karten, die ich auf dem River nicht sehen will. Nach einer Bet von mir wird mein Gegner fast jede Hand ohne Ass folden, doch wenn ich checke, könnte er glauben, ich hätte etwas wie 76 oder 77, und versucht vielleicht einen Bluff auf dem River, was es mir ermöglichen würde, mit meiner Hand weitere Chips zu gewinnen. Ich checke ebenfalls.

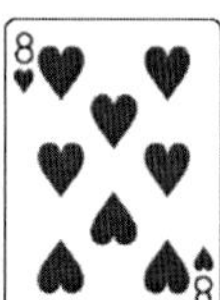

River (610): Der Backdoor-Flush ist angekommen, aber mit dem Flush Draw hätte mein Gegner auf dem Turn wahrscheinlich ein weiteres Mal gefeuert. 88 ist ebenfalls gerade angekommen. Falls mein Gegner bettet, werde ich die meisten Bets nur callen. Nach einem Raise wären die einzigen Hände, die mich wahrscheinlich callen die, die mich schlagen. Nach einem Check meines Gegners, werde ich eine Value Bet bringen und hoffen, dass er mit etwas wie 77 einen ***Crying Call*** macht. Der Big Blind checkt, ich biete 400 und der Big Blind foldet.

Hand 62

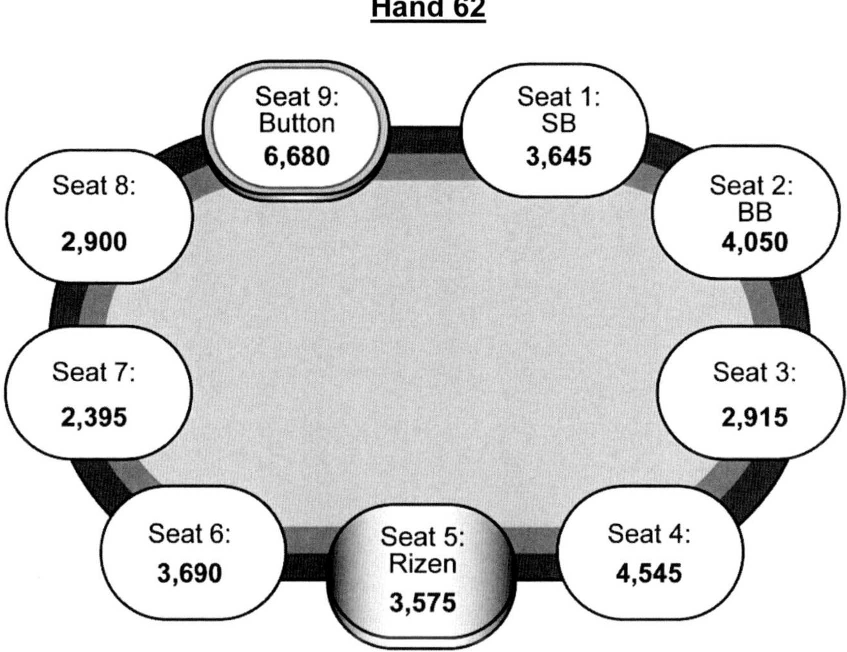

Situation: Es ist sehr früh in einem nächtlichen 150 $-Turnier. Die Blinds sind bei 20/40. Ich wurde gerade an diesen Tisch versetzt, habe also keinerlei Beobachtungen über meine Gegner und umgekehrt.

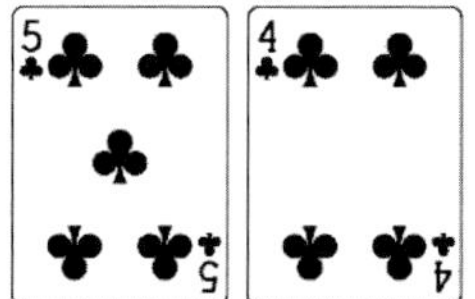

Vor dem Flop (60): Zu Beginn in einem Turnier eröffne ich gerne mit kleinen Paaren und Suited Connectors, um auf diese Weise zusätzlichen Value für meine besser verborgenen Hände zu generieren. Ich bekomme Value aus diesen Händen, indem ich starke Hände treffe, die meine Gegner nicht erwarten, und durch das frühe Aufbauen eines loosen Images, aus dem ich später Kapital schlagen kann, wenn ich mein Spektrum stärker auf Premium-Hände begrenze. Es wird zu mir gefoldet und ich raise auf 120. Spieler 7 callt und alle anderen folden.

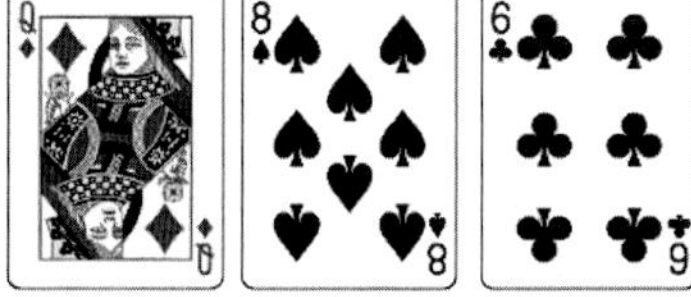

Flop (300): Ich habe einen Gutshot und einen Backdoor-Flush Draw. Die Struktur des Flops ist OK, da hier entweder ein großer

Teil des Handspektrums meines Gegners nicht getroffen hat, oder er sich mit seiner Hand nicht sonderlich wohlfühlen kann (etwas wie 77 zum Beispiel). Die Situation ist einen Angriff auf den Pot wert, und falls ich auf dem Turn die Straight treffe, wird mein Gegner mich niemals auf diese Hand setzen. Ich biete 200 und mein Gegner callt.

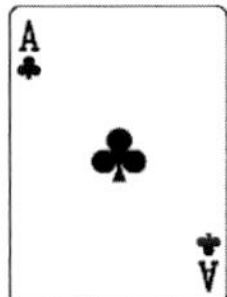

Turn (700): Der Turn ist aus zwei Gründen gut. Erstens habe ich einen Flush Draw bekommen, sodass nun jedes Kreuz und jede Sieben meine Hand vervollständigt. Zweitens ist das Ass eine gute Bluffkarte. Mein Gegner wird annehmen, dass starke Asse einen großen Teil des Spektrums meiner Starthände für Raises aus früher Position ausmachen, und plötzlich sieht seine Dame oder sein Paar Zehnen auf der Hand nicht mehr so gut aus. Mit einer Bet kann ich hier eine Menge Druck erzeugen, und selbst wenn mein Gegner sich für einen Call entscheidet, habe ich immer noch eine Menge Outs. Ich biete 500. Mein Gegner denkt eine Weile nach, foldet aber schließlich, und ich gewinne einen Pot von 700.

Hand 63

Seat 9: Button 3,705
Seat 1: SB 2,765
Seat 8: 4,170
Seat 2: BB 1,715
Seat 7: Rizen 3,205
Seat 3: 5,590
Seat 6: 2,700
Seat 5: 3,280
Seat 4: 2,845

Situation: Es ist früh in einem sonntäglichen „Second Chance"-Turnier mit 200 $ Buy-In und Blinds bei 20/40. Das Feld ist in solchen Turnieren typischerweise mit ziemlich starken Spielern besetzt, aber an diesem Tisch war das Spiel bisher recht loose, und bei den Showdowns wurden einige schwache Hände gezeigt.

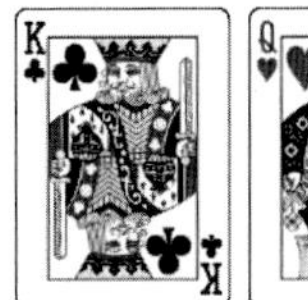
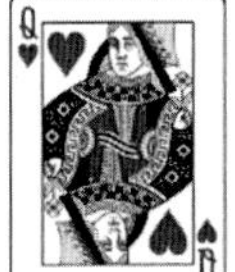

Vor dem Flop (60): KQo ist eine recht starke Hand, und ich werde damit in mittlerer Position immer eröffnen. Falls jedoch einer der Spieler in früher Position den Pot eröffnet, werde ich bei diesen Blinds und ohne Antes in den meisten Fällen folden, solange ich keine signifikanten Kenntnisse über die Spielweise meines Gegners habe. Es wird zu mir gefoldet, ich raise auf 120 und lediglich der Big Blind callt.

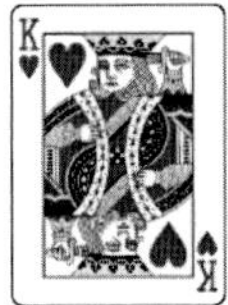
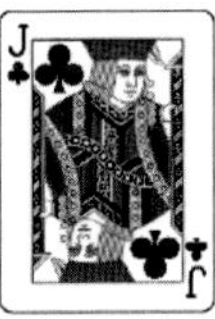
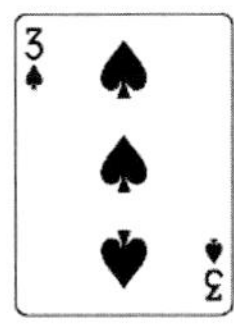

Flop (260): Dies ist ein exzellenter Flop. Ich habe Top Pair mit zweitbestem Kicker und liege wahrscheinlich vorne, solange er sich nicht mit KJ oder 33 verteidigt hat. Ich könnte mit besseren Händen wie KK, JJ oder AK konfrontiert sein, aber die meisten Spieler würden mit diesen Händen gegen einen Raiser im Hijack reraisen. Mein Gegner könnte auch mit einer Hand wie QT einen Draw halten.

Der Big Blind eröffnet mit einer Bet in Potgröße. Diese Art von Eröffnungs-Gebote gegen Preflop-Raiser sind meist schwache, fertige Hände oder Draws. Zu diesem Zeitpunkt bietet das Board nur sehr wenige Draws, also ist es sehr wahrscheinlich, dass er eine Hand wie K9 oder QJ hat.

In Anbetracht dieser Handanalyse lasse ich ihn, falls ich hier raise, mit seinen schwachen Händen vom Haken. Liegt er dagegen vorne, wäre es für mich sehr schwer zu folden, falls er mit seinen nur noch 1.335 restlichen Chips reraist. Es ist besser hier einfach nur zu callen und ihm etwas mehr Freiraum für noch teurere Fehler später zu gewähren, anstatt jetzt zu raisen und ihm einen korrekten Fold seiner Hand zu ermöglichen. Selbst wenn er mich überholt, wäre dies keine Katastrophe, da er mich mit seinem Stack nicht eliminieren kann. Ich calle 260.

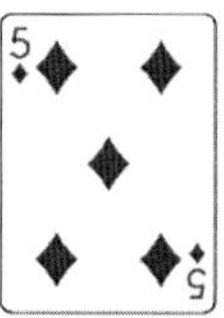

Turn (780): Mit dem Turn wird das Board vierfarbig. Es ist sehr unwahrscheinlich, dass er sich mit K5 oder J5 im Big Blind verteidigt hat. Eine verbleibende Möglichkeit ist 55, aber die meisten Spieler würden den Pot auf dem Flop nicht mit 55 angreifen. Mein Gegner geht für 1.335 All-In – etwas weniger als das Doppelte des Pots. Da das Board keine offensichtlichen Draws beinhaltet, ist es sehr unwahrscheinlich, dass er diese riesige Bet mit einer starken Hand macht, um mich davon abzuhalten, ihn noch mit einem Draw zu überholen. Diese Bet schreit geradezu „Ich habe eine schwache Hand, bitte folde jetzt!“. Wenn er gewillt ist, diese Art von Spielzug mit KJ zu machen, hat er sich meine Chips verdient. Ich calle 1.335 und er zeigt K9 für Top Pair mit schwachem Kicker. Der River bringt die 8♣, mein KQ bleibt die beste Hand und ich gewinne einen Pot von 3.450.

Hand 64

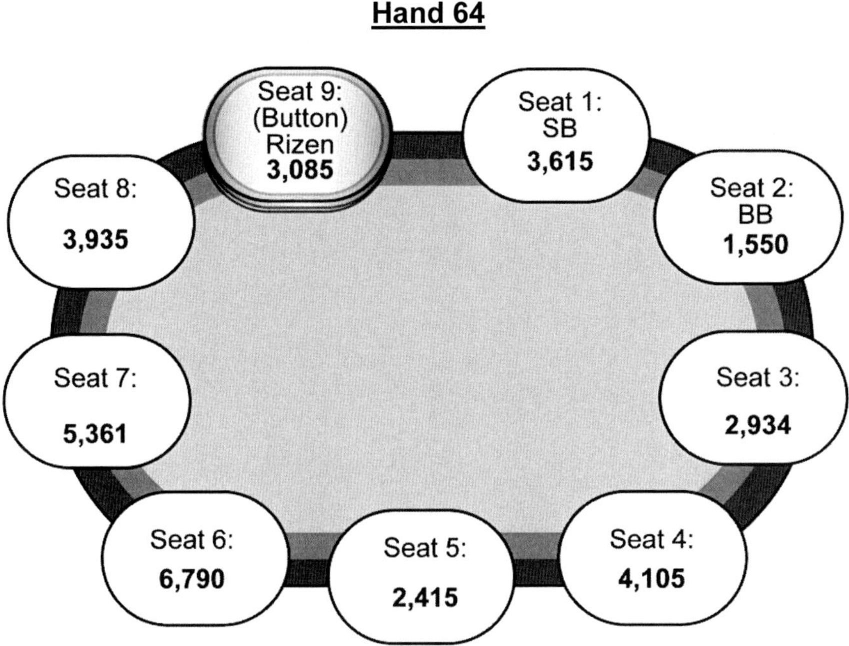

Situation: Es ist der zweite Level eines nächtlichen Turniers mit 55.000 $ garantiertem Preisgeld und Blinds bei 20/40. Ich habe bereits mehrmals zuvor mit dem Cut-Off gespielt und weiß, dass das Spektrum an Händen, mit denen er aus später Position eröffnet, sehr groß ist. Getreu seiner Spielweise hat er ohne Showdown bereits diverse Pots gewonnen, indem er aus später Position heraus geraist und nach Calls auf dem Flop Continuation Bets gebracht hat.

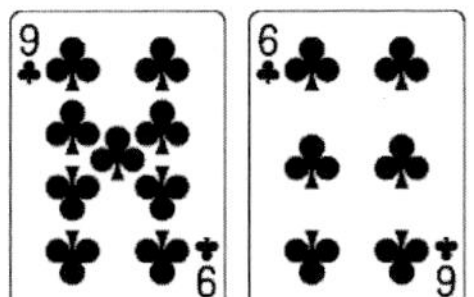

Vor dem Flop (60): Es wird zum Cut-Off gefoldet, der mit einem Raise auf 120 eröffnet. Ich weiß aufgrund meiner Beobachtungen, dass sein Handspektrum zur Eröffnung so früh in diesem Turnier extrem groß ist. Solange die Stacks verglichen mit den Blinds noch relativ groß sind, reraise ich vor dem Flop aggressive Gegner hin und wieder ganz gerne als Bluff, besonders wenn ich auf dem Button bin. Auf diese Weise bremse ich aggressive Gegner oft aus: Diese Spieler müssen vorsichtiger werden, weil sie wissen, dass hinter ihnen ein aggressiver Reraiser agiert, und dies gibt mir später im Turnier den Vorteil, in später Position mehr Pots selbst eröffnen zu können.

Beim Pokern mit größeren Stacks sollte man mit den besten der Hände, die man normalerweise nicht spielen würde, und die einen nicht in Schwierigkeiten mit dem Kicker bringen, wenn man den Flop trifft, bluff-raisen. Am liebsten bluff-raise ich mit Suited Connectors mit zwei Lücken und mit Unsuited Connectors. Diese Blätter können gut versteckte starke Hände treffen, wenn ich vor dem Flop gecallt werde. Zugleich sind diese Blätter so schwach, dass ich problemlos folden kann, wenn mein Gegner erneut reraist, und es nicht schlimm ist, die Chance zu verpassen, den Flop zu sehen. Man vergleiche sie mit Suited Connectors oder Suited Connectors mit einer Lücke, bei denen eine Menge Value darin besteht, den Flop zu sehen. Mit solchen Händen will ich keinen erneuten Reraise meines Gegners riskieren, und würde daher einfach nur callen.

Ich reraise in Potgröße auf 420 und der Cut-Off callt.

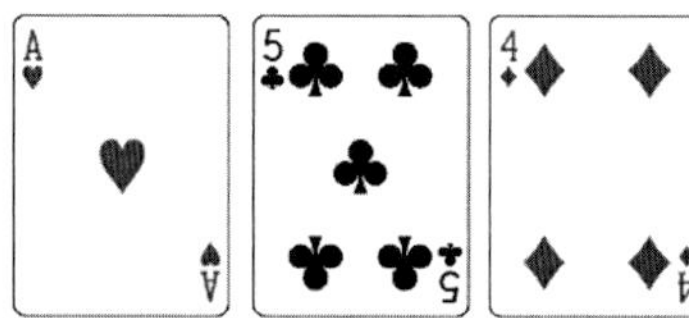

Flop (900): Ich hätte diese Hand lieber vor dem Flop beendet, aber dies ist kein schlechtes Ergebnis. Durch den Reraise vor dem Flop habe ich eine starke Hand wie z.B. ein starkes Ass oder ein hohes Paar repräsentiert. Ohne Ass kann der Cut-Off auf diesem Flop nur sehr schwer weiterspielen ergreift er jedoch die Initiative und bettet, wird es umgekehrt für mich sehr schwer, meine Hand weiterzuspielen. Checkt mein Gegner aber zu mir, sollte ich den Pot mit einer Standard-Continuation Bet von etwa zwei Drittel der Potgröße ziemlich häufig mitnehmen können. Der Cut-Off checkt in der Tat, ich biete 600 und der Cut-Off foldet. Ich gewinne den Pot von 900.

Ich gewinne mit dieser Hand nicht nur einen recht ansehnlichen Pot, ich habe außerdem Spieler 8 die Nachricht zukommen lassen, dass er davon ausgehen kann, gereraist zu werden, wenn er weiterhin aus später Position heraus loose raist. Hoffentlich wird ihn dies ausbremsen und mir erlauben, künftig mehr Pots in Position zu spielen. Sollte er unbeeindruckt weiter loose Raises aus später Position heraus machen, kann ich meine Reraises noch lockerer fortführen, bis er sich entweder in die Schranken weisen lässt oder einen großen Fehler macht, wenn ich eine starke Hand bekomme.

Hand 65

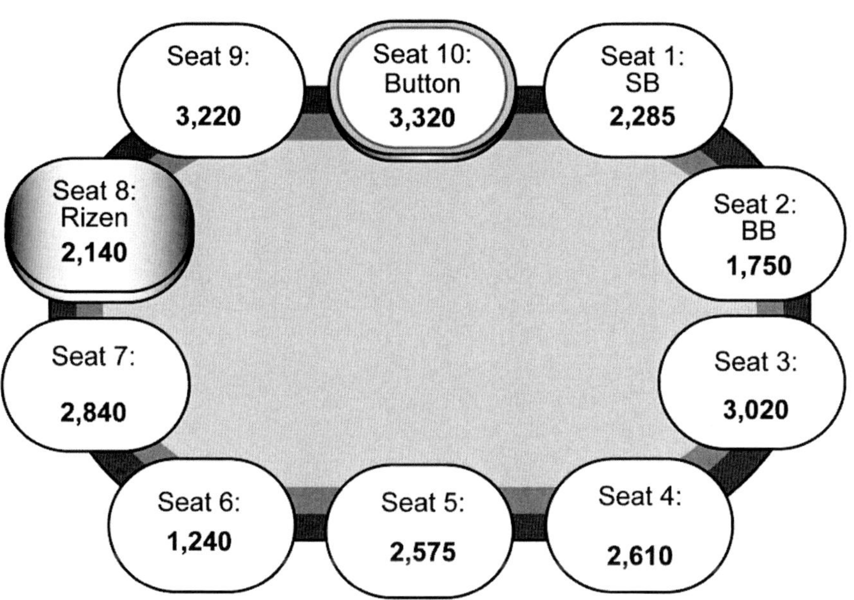

Situation: Es ist sehr früh in einem nächtlichen Bounty-Turnier mit 20.000 $ Preisgeld, die Blinds liegen bei 20/40. Ich habe noch keine nennenswerten Beobachtungen über die Spielweise meiner Gegener. Ich war bisher recht aktiv, habe einige Pots eröffnet und musste dann meine Hände ablegen, nachdem ich den Flop verpasst hatte und meine Gegner trotz Continuation Bets nicht folden wollten.

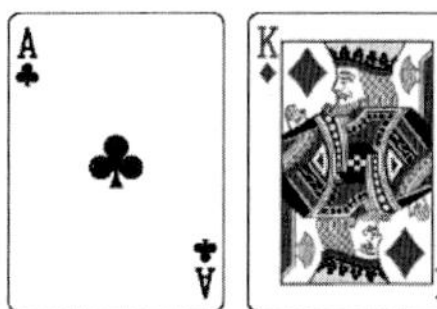

Vor dem Flop (60): Spieler 4 raist in Potgröße auf 140. Spieler 5 callt und es wird zu mir gefoldet. Viele Spieler würden hier einen hohen Reraise bringen, aber die Stacks sind so groß, dass ein All-in eine riesige Overbet wäre und ein normaler Reraise ein Drittel meines Stacks an den Pot binden würde. Außerdem wurden viele meiner Raises gecallt, und da der Raiser in früher Position sitzt, werde ich vermutlich erneut gecallt. Bei

Stacks dieser Größe und einem Raiser in früher Position belasse ich es vor dem Flop gerne bei einem Call. Das verleiht meiner Hand etwas zusätzlichen Value, weil sie gut verborgen ist. Nach einem schlichten Call vor dem Flop wird es schwer sein, mich auf AK zu setzen, und es erlaubt mir, günstig von der Hand loszukommen, wenn ich den Flop verpasse. Ich calle und alle anderen am Tisch folden.

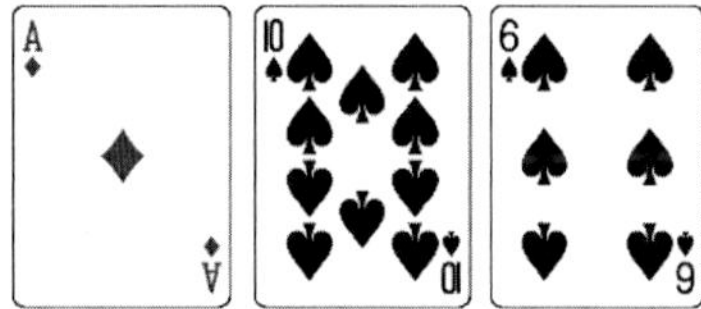

Flop (480): Dies ist einer der besseren Flops für meine Hand. Die einzigen echten Nachteile sind, dass zwei Pik erschienen und jede Broadway-Karte eine Straight komplettieren kann. Umgekehrt könnten mich meine Gegner auf einen dieser Draws setzen, was mir für meine Hand viel Action bescheren könnte.

Da Spieler 4 aus früher Position eröffnet hat, hält Spieler 4 vermutlich eine starke Hand. AK, AQ und AJ sind allesamt in seinem Spektrum an Starthänden, möglicherweise auch KQ. Viele Spieler werden ebenfalls mit einer Auswahl an Pocket Pairs aus früher Position heraus eröffnen, also sind TT bis 66 weitere Möglichkeiten. AA ist eine entfernte Möglichkeit, aber da ich bereits zwei Asse kenne, ist dies sehr unwahrscheinlich. Er kann auch viele Paare halten, die hier nicht getroffen haben und aufgrund der mangelden Beobachtungen könnte er sogar mit Händen wie Suited Connectors oder sogar beliebigen zwei Karten eröffnen, auf die ich ihn aber für gewöhnlich nicht setzen würde.

Der Caller aus mittlerer Position zu seiner Linken hat wahrscheinlich ebenfalls eine starke Hand. Sein Handspektrum ist fast identisch, obwohl er mit AA, KK, oder QQ wahrscheinlich vor dem Flop gereraist hätte, um einen Pot mit vielen Spielern zu vermeiden.

Spieler 4 bietet 225, etwas weniger als die Hälfte des Pots. Das ist eine sehr schwache Bet, aber die Tatsache, dass er gegen zwei Gegner bietet, macht sie etwas stärker. Vermutlich hat er eine fertige Hand, mit welcher er es für nötig hält zu bieten, die aber nicht super stark ist. Etwas trickreichere Spieler spielen auch mit Monsterhänden so, um ihre Gegner zu einem Raise zu verleiten. Der Spieler in mittlerer Position foldet.

Ich könnte hier raisen, aber ich habe Position und es gibt nicht viele Karten, vor denen ich Angst hätte, sie auf dem Turn zu sehen. Ich möchte keinen Buben sehen, da diese Karte AJ und KQ, vielleicht sogar JJ verbessern würde; oder eine Dame, die AQ und QQ verbessert. Ich wäre nicht erfreut, eine Pik Karte auf dem Turn zu sehen, aber es ist schwer, den Spieler in früher Position hier auf einen Flush Draw zu setzen. Ich calle die 225 und werde die Situation auf dem Turn neu bewerten.

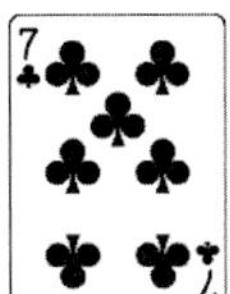

Turn (930): Dies ist eine der besseren Turnkarten für mich. Sofern er nicht etwas wirklich Merkwürdiges wie 98s gespielt hat, hat der Turn seine Hand vermutlich nicht verbessert. Der Spieler in früher Position eröffnet für 350, was in Anbetracht der Potgröße eine weitere sehr kleine Bet ist. Viele trickreiche Spieler sind zu niedrigen Bets auf dem Flop in der Lage, um ein Raise zu provozieren, aber nur selten werden sie es zweimal versuchen, besonders mit einem Flush Draw auf dem Board. Dies lässt mich glauben, dass seine Hand genau das ist, wonach sie aussieht – irgendeine nicht sonderlich starke fertige Hand – und dass er versucht, durch das Eröffnen mit kleinen Bets die Potgröße zu kontrollieren. Er hält wahrscheinlich eine Hand wie AJ oder KK.

Es sind 1.280 im Pot und ich habe noch 1.775 übrig. Es gibt keinen ersichtlichen Grund, meinem Gegner eine weitere günstige Karte zu gewähren. Wegen des ausreichend großen Pot ist es sinnvoll, jetzt den Rest meiner Chips einzusetzen und zu hoffen, dass er von seiner Hand nicht mehr loskommen kann. Ich raise All-in auf 1.775 und mein Gegner callt. Er zeigt AJ, und der River ist die T♦. Ich gewinne einen Pot von 4.480.

Hand 66

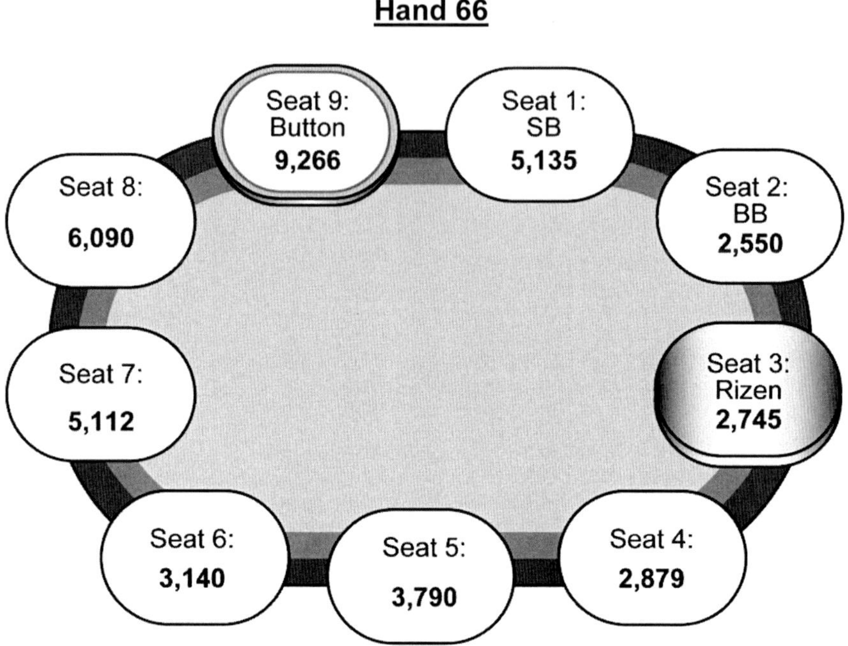

Situation: Dies ist ein nächtliches 150 $-Turnier mit Blinds bei 25/50. Bis jetzt wurde an meinem Tisch sehr aggressiv gereraist, besonders von Spieler 5, der dies mit mir gleich zweimal in den letzten beiden Runden gemacht hat.

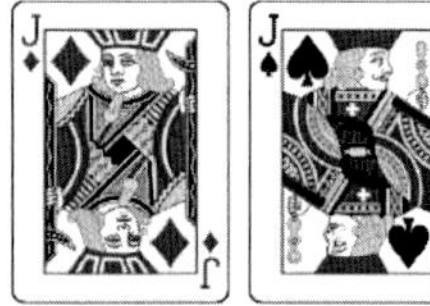

Vor dem Flop (75): Ein Paar Buben ist von jeder Position aus eine starke Hand und einen Raise wert. Ich erhöhe auf 150, und Spieler 5 reraist auf 400. Es wird bis zu mir zurück gefoldet. Zwar hat dieser Spieler mich bereits mehrere Male aggressiv gereraist, aber diesmal kam mein Raise aus erster Position, was eine Menge Stärke repräsentiert. Eventuell ist auch er sich seiner häufigen Reraises gegen mich bewusst, dann wäre es etwas unwahrscheinlicher, dass dieser dritter Reraise in so kurzer Zeit ein Steal ist. Ich beziehe all dies in die Überlegung mit ein, aber letztlich ist sein Raise recht klein und ich muss bei einem Pot von 625 nur 250 callen. Ich werde noch 2.345 übrig haben zu gewinnen, falls ich eine starke Hand treffe. Ich calle 250.

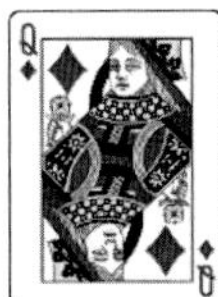 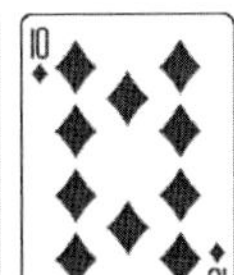 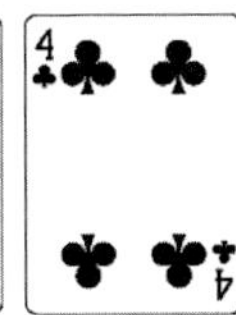

Flop (875): Dies ist nicht der beste Flop für mich. Er ist mit zwei Broadway-Karten, von denen eine höher als mein Paar ist, und zwei Karten in Karo ziemlich koordiniert. Außerdem habe ich keine Position, was das Kontrollieren der Potgröße sehr schwer macht. In dieser Situation ist es oft am besten zu checken und zu folden, anstatt ohne Position mit dem zweitbesten Paar und tonnenweise potentiell gefährlichen Karten auf Turn oder River um einen großen Pot zu spielen. Ich checke und mein Gegner bietet 400.

Dies ist bei diesem besonderen Board und der Potgröße eine merkwürdig niedrige Bet. Es ist weniger als die Hälfte des Pots und genau die Größe seiner Bet vor dem Flop. Nach meiner Erfahrung steht hinter solchen Bets fast immer entweder AK – das zwar den Flop völlig verpasst hat, womit der Spieler sich aber zu einer Continuation Bet verpflichtet fühlt – oder eine sehr starke Hand, in diesem Fall vermutlich fast ausschließlich QQ, TT, oder A♦K♦ (da ich den J♦ habe). Ein schneller Weg herauszufinden, was es ist, wäre ein sehr kleines Check-Raise, vielleicht sogar ein Minimum-Raise auf 800, jedoch gefällt mir ein Raise auf 1.000 besser. Dieser Raise wird meinen halben Stack an diesen Pot binden, mir aber sofort sagen, ob ich vorne liege.

Alternativ könnte ich auch einfach callen und dann auf dem Turn checken und folden. Die meisten Spieler sind nicht in der Lage, auf einem Board wie diesem ohne eine starke Hand eine zweite Salve abzufeuern. Die Kehrseite dieses Spielzugs ist, dass ich meinem Gegner erlaube, ohne weitere Kosten auf dem Turn die beste Hand zu treffen. Er könnte auch mit einer besseren, fertigen Hand auf dem Turn nach mir checken und mich so dazu verleiten, auf dem River eine weitere Bet zu verlieren. Vielleicht checkt er auch auf dem Turn und es kommt eine gefährliche Karte (ein Ass, König oder eine Karte in Karo) auf dem River, die mir eine schwere Entscheidung beschert. Auch mein ursprünglicher Plan zu folden ist nicht schlecht. Mein Gegner gab mir vor dem Flop die Odds, um ein Set zu treffen, und nun – da ich es verpasst habe – kann ich einfach aufgeben anstatt zu versuchen, diese Hand For Value zu spielen. Nach einigem Grübeln entscheide ich mich, 400 zu callen und die Situation auf dem Turn neu zu bewerten.

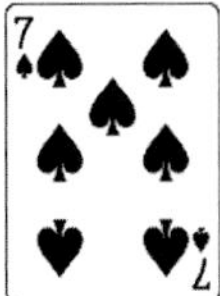

Turn (1.675): OK, dieser Turn ist eine unbedeutende Karte und sollte die Hand meines Gegners nicht verbessert haben. Aufgrund meiner Handanalyse vor und auf dem Flop sollte ich sicher in der Lage sein, hier zu checken und zu folden. Checkt er ebenfalls, habe ich wahrscheinlich die beste Hand und werde die Situation je nach

Karte auf dem River neu bewerten. Ich checke und mein Gegner bietet 600, was erneut weniger als die halbe Potgröße ist (und diesmal deutlich). In diesem Moment sollte ich – obwohl seine Bet sehr verdächtig ist – einfach meine Verluste minimieren und zur nächsten Hand übergehen. Dies ist nicht die Art von Setzfolge, mit der ein Spieler blufft, und wenn ich jetzt calle, wird der Pot so groß sein, dass jede angemessene Bet auf dem River eine Großteil oder sogar meinen gesamten Stack ausmacht. Beachten Sie, dass es fast keine Karte im Deck gibt, die mir die eindeutig beste Hand gäbe. Bedauerlicherweise holt der Ärger, permanent gereraist zu werden, auch die besten von uns ein, und diese mittleren Paare sind besonders kompliziert zu spielen. Statt den bedachten Kurs zu wählen, calle ich weitere 600!

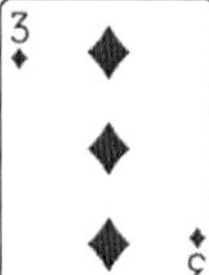

River (2.875): Dies vervollständigt den Karo Flush. Eine Möglichkeit wäre, hier den Flush zu repräsentieren, da ich in jeder Setzrunde gecheckt und gecallt habe. Aber der Pot ist zu diesem Zeitpunkt so groß, dass mein Gegner wohl kaum eine starke Hand folden wird. Ich könnte hier auch checken, vielleicht schüchtert die Flush Karte meinen Gegner ausreichend ein, um mir einen kostenlosen Showdown zu gewähren. Ich entscheide mich für einen Check, und mein Gegner setzt 1.200, nicht ganz der Rest meiner noch verbleibenden Chips. Es ist fast unmöglich, dass er hier alle drei Setzrunden mit einem Bluff spielen würde, aber unerklärlicherweise calle ich 1.200 dennoch, und er zeigt mir Q♥Q♠ – die gefloppten Nuts. Ich verliere einen Pot von 5.275.

Ich nahm diese Hand in dieses Buch auf, weil mittlere Pocket Pairs besonders schwer zu spielen sind. Ich sehe dauernd Spieler, die beim Versuch, ein Set zu treffen, die gleiche „Investition“ von 250 machen wie ich und dann mit ihrem Paar nach dem Flop in einer grenzwertigen Situation überziehen. Die Warnsignale, die es mir erlaubt hätten, von der Hand loszukommen und meinen Stack für bessere Gelegenheiten später im Turnier zu schonen, waren früh in der Hand zu erkennen. Ich hätte sie nur lesen müssen. Unglücklicherweise ließ ich mich in einer brenzligen Situation von Emotionen und Frustration beherrschen.

Hand 67

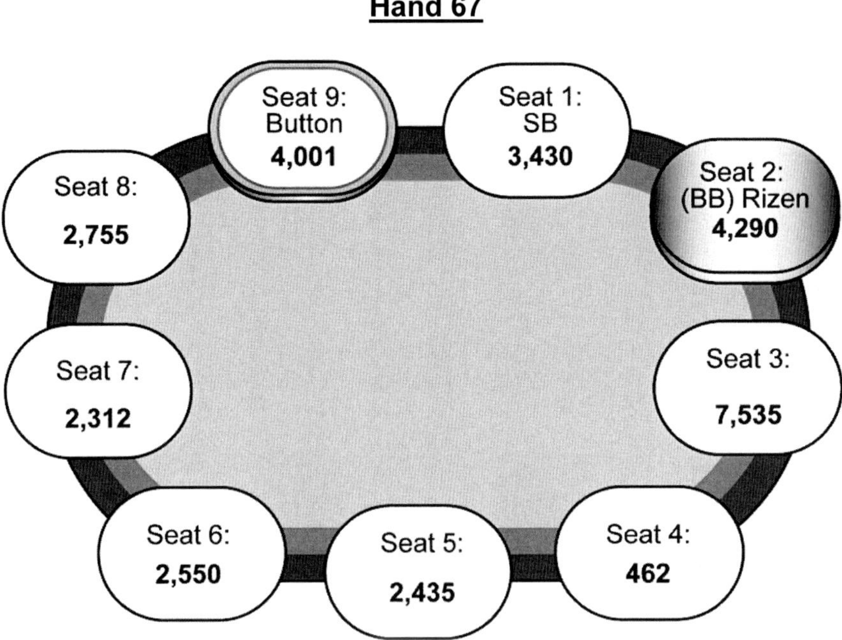

Situation: Ich spiele ein sonntägliches „Second Chance"-Turnier mit 200 $ Buy-In und Blinds bei 25/50. Anders als in den großen Sonntagsturnieren gibt es keine Qualifikationsturniere, daher besteht das Feld in der Regel aus stärkeren Spielern.

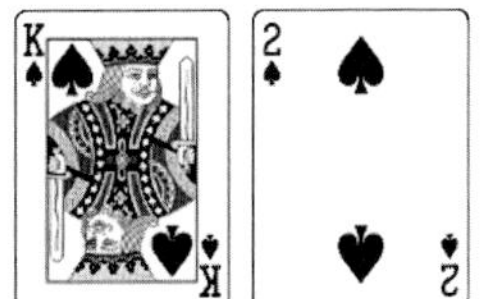

Vor dem Flop (75): Es wird zum Small Blind gefoldet, der callt, und ich bekomme kostenlos den Flop zu sehen.

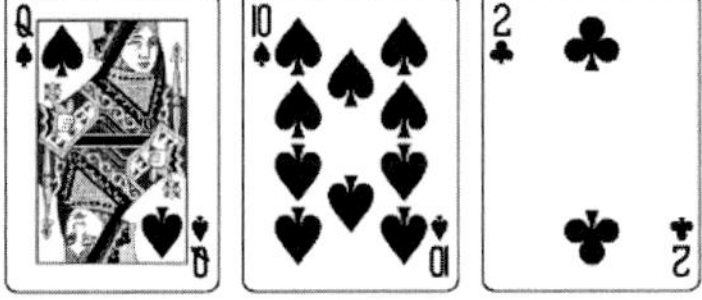

Flop (100): Im Spiel Blind gegen Blind ist dies ein Monsterflop für mich. Ich habe ein Paar plus den zweitbesten Flush Draw. Der Small Blind bettet in Potgröße (100). Viele Spieler callen hier nur, ohne die Stärke ihrer

Hand zu realisieren. Zusätzlich zur Tatsache, dass man eine starke Hand hat, wirkt ein Raise, als habe man die Dame oder die 10 getroffen. Dies erhöht den Wert der Hand beträchtlich, da sie nun besser verborgen ist, und man den Flush, den König oder die 2 treffen kann, und der Gegner immer noch glauben könnte, man habe nur eine Dame. Dies im Hinterkopf raise ich auf 300 und mein Gegner callt.

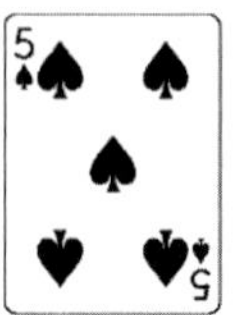

Turn (700): Jawohl! Ich habe den Flush Draw vervollständigt und zu diesem Zeitpunkt die zweitbestmögliche Hand. Nun ist es an der Zeit zu sehen, wie viel Value ich herausschlagen kann. Biete ich zu viel, verscheuche ich meinen Gegner wahrscheinlich, aber ich muss genug bieten, um einen Pot aufzubauen und auf dem River mit einer ordentlichen Bet ausbezahlt werde. Ich bette 425 und mein Gegner callt.

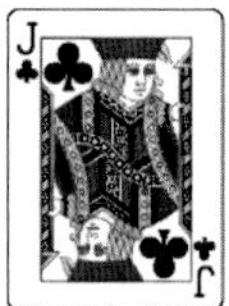

River (1.550): Die Stärke meiner Hand ist unverändert, aber der Bube schadet mir ein wenig, da dieser für meinen Gegner wie eine gefährliche Karte wirken muss. Im Glauben, ich hätte hier etwas wie K9, JT, oder 98, könnte er sich weigern, mich auf dem River auszuzahlen. Anstatt also meinen Gegner mit einer Bet wie 1.200 auf dem River zu schröpfen, setze ich moderate 900. Mein Gegner callt und legt QT ab.

Im Nachhinein betrachtet hatte ich Glück, dass mein Gegner seine Hand auf dem Flop nicht wesentlich aggressiver spielte. Auf dem River hätte er wahrscheinlich auch eine größere Bet gecallt, aber gegen das Spektrum an Händen meines Gegners werde ich mit meiner Spielweise insgesamt wesentlich mehr Value herausschlagen.

Hand 68

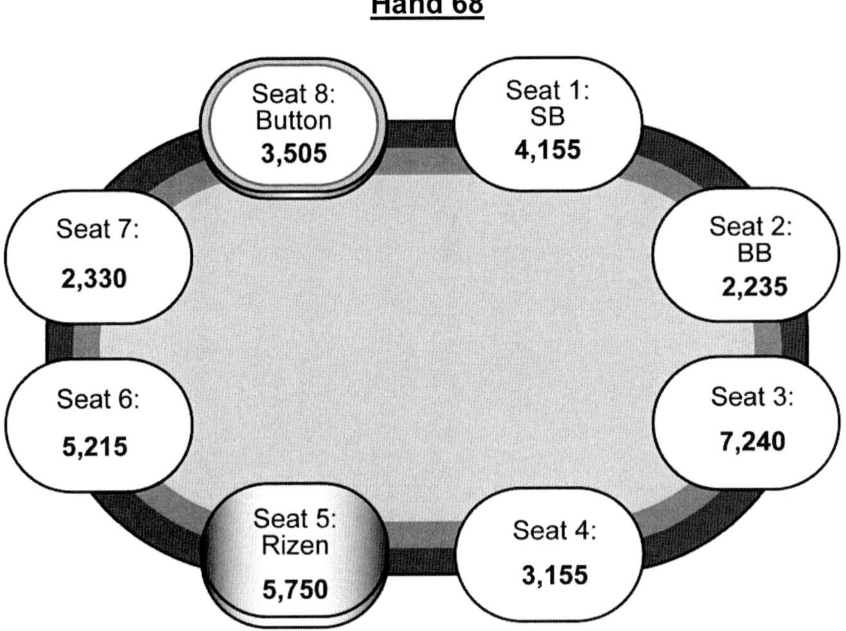

Situation: Es ist früh in einem großen, nächtlichen Turnier mit 150 $ Buy-In und Blinds von 40/80. Ich bin schon sehr aktiv gewesen und habe meinen Stack auf 5.750 erhöht, ohne viele Hände zu zeigen.

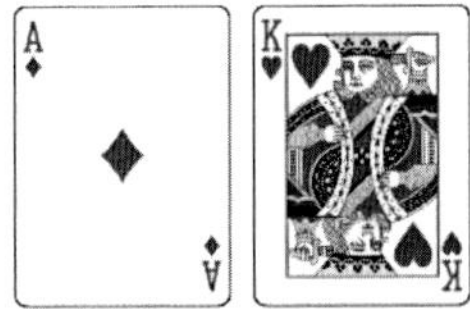

Vor dem Flop (120): Es wird zu mir gefoldet und ich raise meinen Standard auf 240. Es wird zum Big Blind gefoldet, der auf 480 erhöht. Hier denken die meisten Spieler, dies wäre ein „Minimum-Raise" ist, aber das ist falsch. Da ich 160 auf 240 geraist habe, liegt der Minimum-Raise bei 400 und nicht bei 480. Dies ist wichtig, weil Spieler im Internet gelegentlich aus Versehen auf „Minimum-Raise" klicken. Aber die Tatsache, dass auf 480 geraist wurde bedeutet, dass mein Gegner bei diesem Raise tatsächlich nachgedacht und sich für diese Höhe entschieden hat.

Diese Art von Raise deutet oft eine sehr starke Hand an, besonders wenn dieser Spieler damit fast ein Viertel seiner Chips einbringt. Obwohl AK eine sehr starke Hand ist, bin ich mir beinahe sicher, dass dieser Spieler eine sehr starke

Hand hat und fast niemals folden wird. Da ein großer Teil des Werts von AK darin besteht, andere Spieler zum Folden zu bewegen, ist es sinnvoller, hier nur zu callen und einen Flop zu sehen, anstatt aufs Ganze und All-In zu gehen. Ich calle den Raise von 240.

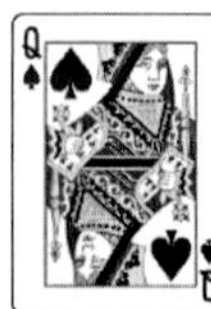 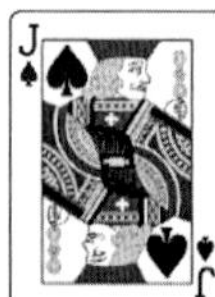 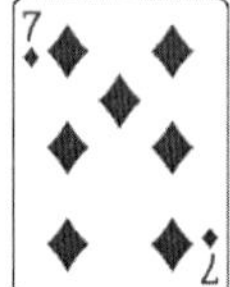

Flop (1.000): Dies ist ein schlechter Flop für mich. Da ich AK habe, machen QQ und JJ einen großen Teil des Handspektrums meines Gegners aus. Ich hätte hier gern eine Freecard, um auf dem Turn eine Zehn zu treffen. Falls der Big Blind bettet, bin ich mit der Hand fertig. Glücklicherweise checkt der Big Blind und ich checke ebenfalls.

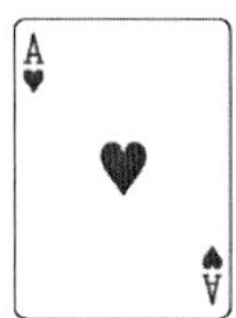

Turn (1.000): Dies ist eine gefährliche Karte. Ich habe eine Hand komplettiert, aber mein Gegner hätte problemlos mit AA, QQ, JJ, möglicherweise sogar mit AQ oder AJ eine Falle stellen und zu mir checken können. Ich werde nach wie vor mit Vorsicht weiter verfahren. Der Big Blind setzt 500, was mir Pot Odds von 2 zu 1 gibt. Dies ist eine knifflige Situation: calle ich die 500, bekomme ich auf dem River für einen Call seines möglichen All-Ins wirklich gute Odds, und es wird sehr schwer werden, hier Top Pair wegzulegen. Außerdem ist die im Moment wichtigere Frage, ob ich die für einen Call korrekten Odds bekomme oder nicht. Lassen Sie uns einen detaillierteren Blick auf die Mathematik werfen.

Angenommen, sein Spektrum an Starthänden besteht aus AA, KK, QQ, JJ, AK und AQ. All diese Hände machen mit der bisherigen Action Sinn. Angesichts dieses Spektrums kann ich die Gesamtanzahl der Hände herausfinden, die er halten könnte, und sehen, wie viel Prozent mich davon schlagen. Da sind jeweils drei Kombinationen von KK, QQ und JJ (z.B. K♣K♠, K♣K♦, und K♠K♦). Angesichts des A♥ auf dem Board und des A♦ in meiner Hand gibt es nur eine mögliche Kombination von Assen, nämlich A♣A♠. Es gibt sechs Kombinationen von AK und sechs von AQ. Insgesamt ergibt dies 22 Hände. Einige Prozent sollten immer einem kompletten Bluff zugewiesen werden, also werde ich zwei beliebige weitere Hände als Bluffs addieren, was unterm Strich zu 24 Händen führt.

Von diesen 24 Händen schlage ich folgende fünf: die zwei Bluffs und die drei Kombinationen mit KK. Hinter 13 Kombinationen liege ich zurück und mit sechs Kombinationen (AK) teile ich den Pot. Liege ich hinten, habe ich einige Outs. Zusammenfassend liege ich vorne oder teile den Pot in ungefähr 45 Prozent der Fälle, und bekomme für einen Call Pot Odds von 2 zu 1.

Lässt man dieses Szenario durch einen Poker-Odds Kalkulator laufen, kommt heraus, dass ich etwa 25 Prozent der Fälle gewinne, 50 Prozent verliere und in 25 Prozent der Fälle teile. Dies gibt mir ungefähr 38 Prozent Pot Equity.

Angesichts der Tatsache, dass ich Implied Pot Odds habe, falls ich die Straight auf dem River treffe, und dass ich Position auf meinen Gegner habe, werde ich die 500 callen, um die Situation auf dem River neu zu bewerten. Dies ist eine grenzwertige Spielweise. Man muss sich seiner Fähigkeiten bei Entscheidungen auf dem River sicher und gewillt sein, die eigene Hand angesichts von Stärke des Gegners loszulassen; andernfalls ist ein Fold die bessere Option.

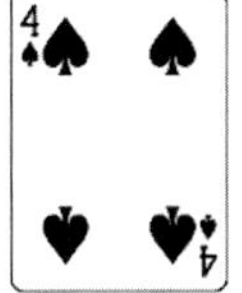

River (2.000): Diese Karte vervollständigt den Flush, aber der ist in dieser Situation unwahrscheinlich. Ein Preflop-Raiser spielt einen Draw generell aggressiver als hier geschehen, also bereitet mir der Flush keine großen Sorgen, obwohl eine entfernte Möglichkeit bestehen bleibt. Erneut werde ich in einer sehr schwierigen Situation sein, falls mein Gegner All-In geht, doch zu meinem Glück checkt er. In Anbetracht der Hände, auf die ich ihn setze, ist es sehr unwahrscheinlich, dass er mit einer besseren Hand als meiner checken würde. Vielleicht macht er einen verzweifelten Call mit KK oder foldet AK, was mir erlauben würde, weitere Chips zu gewinnen. Ich pushe All-In, was ihn um seine verbleibenden Chips spielen ließe. Er tippt „KK“ in den Chat und foldet.

Hand 69

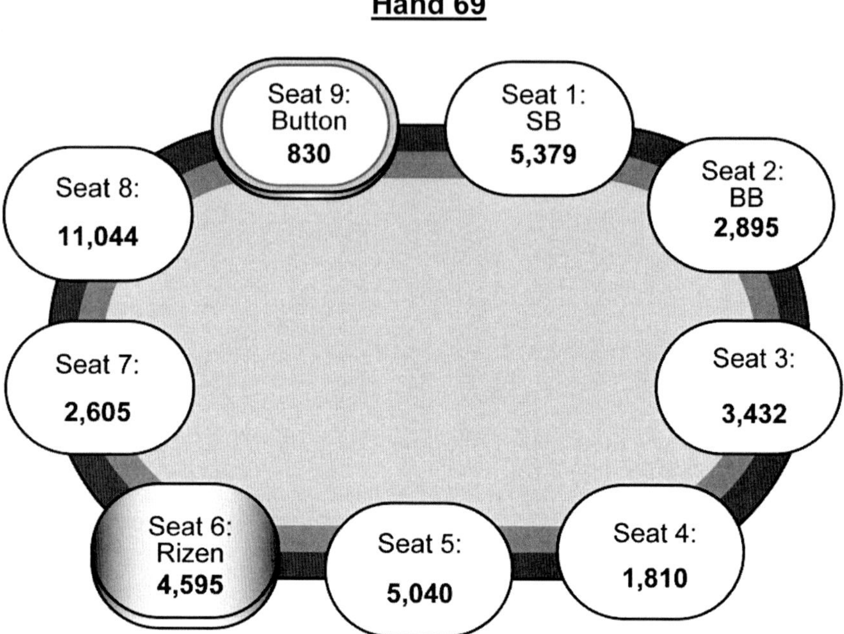

Situation: Dies ist ein nächtliches 150 $-Turnier mit 55.000 $ garantiertem Preisgeld. Die Blinds sind bei 40/80. Den ganzen Tag über finden Qualifikationsturniere statt, weshalb sich das Feld aus sehr starken Spielern und wesentlich schwächeren Qualifikanten zusammensetzt. Ich wurde gerade erst an diesen Tisch gesetzt, habe mit keinem der anderen Spieler eine bedeutende Vorgeschichte und noch kein Image.

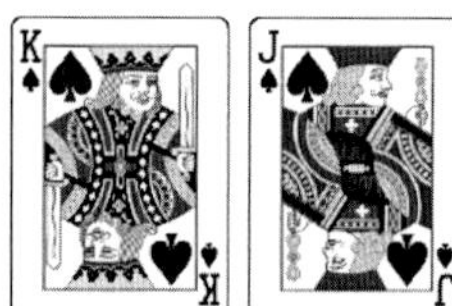

Vor dem Flop (120): KJs ist in mittlerer Position eine annehmbare Hand, mit der ich oft die Setzrunde eröffne und bei ausreichend großen Stacks gelegentlich Raises calle. Der Spieler in erster Position callt. Es wird zu mir gefoldet. Weil ich diesem Typ Hand gerne einen günstigen Flop sehe, calle ich. Der Cut-Off callt, es wird zum Big Blind gefoldet, der checkt.

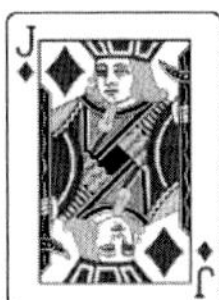  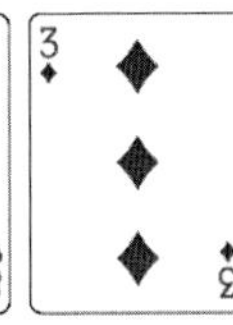

Flop (360): Dies ist ein guter Flop für mein Top Pair mit König als Kicker. Ich bin über den potentiellen Flush Draw (Karo) besorgt, während QT, T9 und 97 Straight Draws haben. Trotzdem mag ich meine Hand.

Der Big Blind checkt und Spieler 3 setzt 240. Ich weiß nichts über diesen Spieler, außer dass er in erster Position limpte, also muss ich paar Vermutungen über seine Spielweise anstellen. Die meisten Spieler callen in der ersten Position mit Pocket Pairs, und die trickreicheren Spieler werden mit ihren Monsterhänden in der Hoffnung callen, dass ein anderer Spieler vor dem Flop raist. Ich könnte diese Bet einfach callen, aber das würde den beiden Spielern nach mir außergewöhnlich gute Odds für einen möglichen Straight- oder Flush Draw eröffnen oder sie könnten sogar mit etwas wie A8 eine weitere Karte kaufen. Ich möchte meinen Gegnern keinen günstigen Preis für ihre Draws bieten. Andererseits habe ich aber nur ein Paar bei mäßig großen Stacks, und möchte keinen großen Pot aufbauen, insbesondere da mein Gegner ein Overpair oder sogar ein Set halten könnte.

Ich raise das Minimum auf 480. Das sollte stark genug aussehen, um die meisten Draws aus der Hand zu drängen, und mich Heads-Up mit Spieler 3 zu bringen. Minimum-Raises können sehr abschreckend wirken. Hier muss mein Gegner zum Beispiel nicht nur die 240 callen, sondern auch die Gefahr berücksichtigen, bei wachsendem Pot auf Turn und River noch größere Bets callen zu müssen. Falls er einen Draw hat, biete ich ihm korrekte Pot Odds für einen Call. Aber wenn er ein halbwegs guter Spieler ist, wird es sehr schwer für ihn, mit seinen mittelstarken Händen fortzufahren. Ob er tatsächlich gut ist weiß ich freilich nicht, bis jetzt habe ich noch keine Beobachtungen über seine Spielweise.

Cut-Off und Big Blind folden, aber Spieler 3 reraist auf 1.250. Nun bin ich wahrscheinlich in großen Schwierigkeiten. Es gibt Spieler, die meinen Minimum-Raise als Zeichen von Schwäche interpretieren könnten und hier eventuell bluffen. Aber in den meisten Fällen deutet diese Art von Bet an, dass ich entweder gegen ein slow gespieltes starkes Paar oder ein geflopptes Set antrete. Etwas wie A♦8♦ ist ebenfalls eine entfernte Möglichkeit, da Spieler manchmal gerne mit gleichfarbigen Assen vor dem Flop callen. Nach einem möglichen Call müsste ich vermutlich um meinen gesamten Stack spielen, da mein Gegner auf dem Turn wahrscheinlich All-in gehen wird. Meine Hand ist zu schwach, um weiterzumachen. Ich folde und der Spieler aus erster Position gewinnt die 1.320 im Pot, ohne seine Hand zu zeigen.

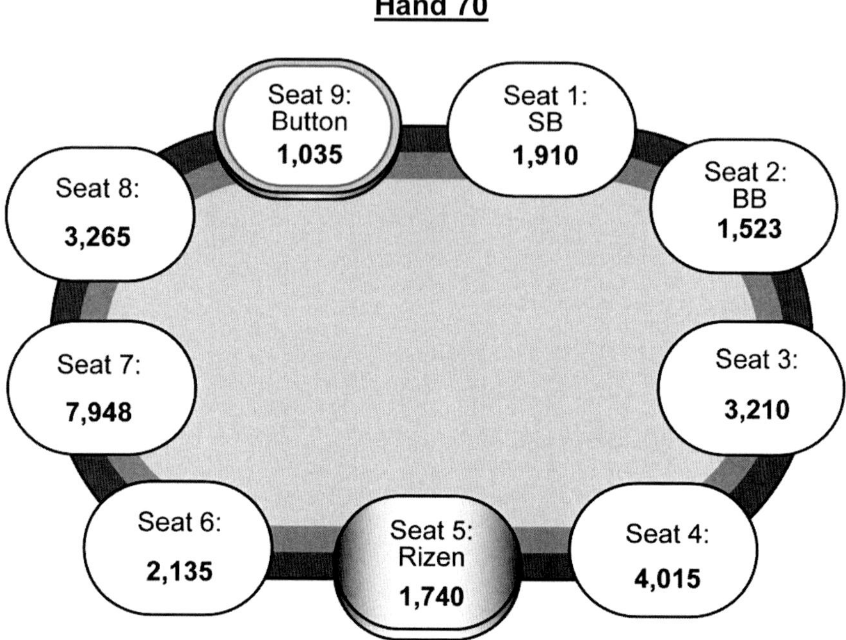

Situation: Dies ist ein nächtliches 150 $-Turnier mit 55.000 $ garantiertem Preisgeld. Die Blinds liegen bei 40/80. Die erste Stunde neigt sich dem Ende zu, der Tisch war ziemlich schwierig. Ich stieß häufig auf Gegenwehr in Form von Reraises und Heruntercallen meiner Continuation Bets bis zum Showdown selbst mich schwachen Händen. Leider lagen meine Gegner damit bisher richtig, ich wurde mit sehr schwachen Händen erwischt und mein Image ist ziemlich loose.

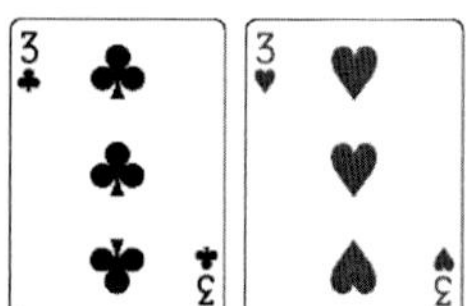

Vor dem Flop (120): Mit großem Stack eröffne ich mit Pocket Pairs gerne aus allen Positionen heraus. Meine Hand ist so besser verborgen und zugleich kann ich durch das Zeigen von Stärke den Pot in späteren Setzrunden häufiger stehlen. Regelmäßige Raises mit kleineren Paare ermöglichen mir auch, mit meinen Premium-Händen wie AA oder KK höher ausbezahlt zu werden, da meine Gegner nachher nicht automatisch annehmen können, ich hätte eine starke Hand. Letztlich ist es ein guter Weg, um die Gegner im Unklaren zu lassen und Abwechslung in die eigene Preflop-Strategie zu bringen. Es wird zu mir in mittlerer Position gefoldet und ich raise auf 240. Nur der Small Blind callt, was ziemlich gut ist, da ich nun Position auf meinen einzigen Gegner habe.

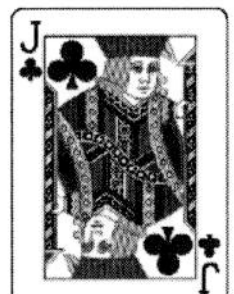
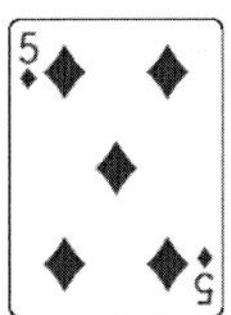
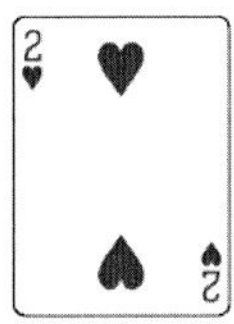

Flop (560): Dies ist ein ziemlich guter Flop für mein Paar Dreien. Hätte ich ein normales Image, würde ich hier in 100 Prozent der Fälle eine Continuation Bet bringen. Doch meine Gegner haben häufig Gegenwehr gezeigt und ich habe nicht genug Chips, um hier einem Check-Raise standzuhalten. Ich möchte sehr gerne einen Showdown sehen, ohne meinem Gegner die Chance zu geben, mich aus der Hand zu drängen. Der Plan ist, hier auf dem Flop nach meinem Gegner ebenfalls zu checken und dann entweder bei den meisten Turnkarten zu feuern oder bei einer annehmbaren Turnkarte sogar zu raisen, falls der Small Blind vor mir eröffnet. Der Small Blind checkt und ich checke ebenfalls.

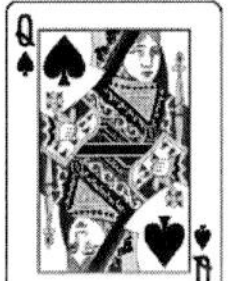

Turn (560): Dies ist nicht die beste Karte für meine Hand. Viele Hände, die auf diesem Board treffen, würden mich vom Small Blind aus callen. Ich liege hinter KQ, KJ, QJ, QT oder JT. Bettet der Small Blind, werde ich wahrscheinlich einfach folden. Wenn er checkt, kann ich entweder ebenfalls checken und auf einen günstigen Showdown hoffen, oder den Pot angreifen und falls mein Gegner callt hoffen, dass meine Aggression auf dem Turn zumindest einen Check auf dem River provoziert, durch den ich zum Showdown käme. Der Small Blind checkt, ich bette 325 und der Small Blind callt.

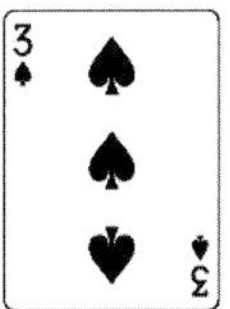

River (1.210): Manche Leute nennen mich einen Glückspilz! Man kann sich nicht darauf verlassen, seine zwei Outs zu treffen, aber hin und wieder können sie eine angenehme Überraschung sein.

Mein Gegner kann unmöglich vermuten, dass die Drei mir geholfen hat. Ich habe die Hand soweit eher schwach gespielt, und so kann mein Gegner mich nur schwer auf etwas anderes als ein Paar setzen. Der Pot ist etwas größer als der Rest meines Stacks, folglich werde ich egal was passiert, all meine Chips setzen und hoffen, dass er ein ausreichend großes Stück vom Board für einen Call getroffen hat. Der Small Blind checkt, ich gehe mit 1.175 All-in, mein Gegner callt und zeigt AQ. Ich gewinne mit einem Set Dreien. Sehr glücklich!

Im Nachhinein betrachtet hätte mich mein Check auf dem Flop leicht diesen Pot kosten können. Der Flop war so unkoordiniert, dass ich selbst mit meinem Image hätte betten sollen, da der Small Blind nur schwer einen Teil des Flops getroffen haben konnte und ich wahrscheinlich die beste Hand hielt. Mein Gegner tat mir jedoch den Gefallen, auf dem Turn nicht zu raisen, und ich hatte Glück und ließ ihn dafür bezahlen.

Hand 71

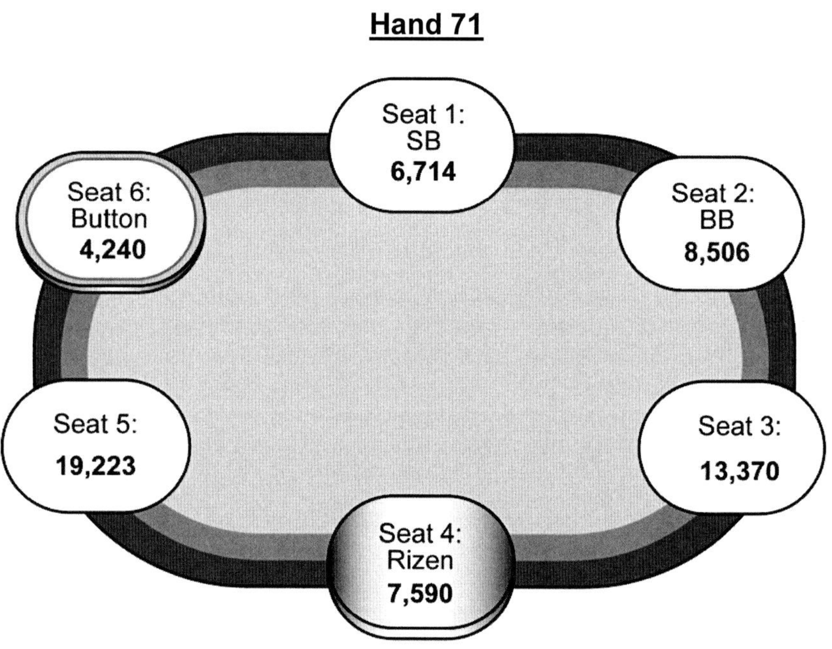

Situation: Es ist kurz nach Ende der Rebuy-Stunde in einem 100 $-Turnier mit maximal sechs Spielern pro Tisch. Die Blinds liegen bei 40/80. Dieses besondere Turnier zieht viele Top Spieler an und Spieler 1, 2, 3 und 5 sind wohlbekannte Internetprofis. Ich habe seit dem Ende der Rebuy-Phase sehr loose und aggressiv gespielt und einige Spieler zeigten Gegenwehr, speziell auf Flops mit einem Ass, auf denen ich dann bei Widerstand bisher immer foldete.

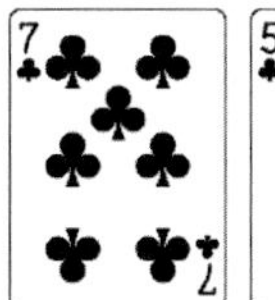

Vor dem Flop (120): Mit niedrigen Blinds in Relation zu den Stacks verbessern die hohen Implied Odds den Wert einer Hand wie dieser. Paare und Suited Connectors werden bei großen Stacks viel wertvoller. In diesem Fall habe ich zwei niedrige, gleichfarbige Karten mit einer Lücke, mit denen ich in diesen 6-max-Turnieren mit großen Stacks häufig eröffne. Der Spieler in früher Position foldet, ich raise auf 240 und Spieler 5 callt im Cut-Off. Alle anderen folden.

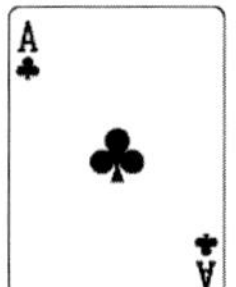
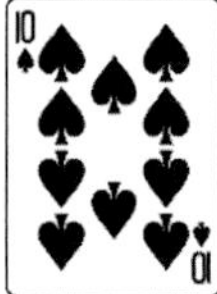
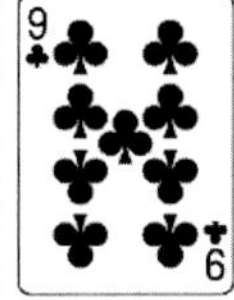

Flop (600): Ich floppe einen Flush Draw und einen schwachen Backdoor Straight Draw. Obwohl mein Gegner auf diesem Flop mit vielen Händen seines Spektrums ein Paar oder einen Draw trifft, hat meine Hand eine Menge versteckten Value, falls ich treffe. Indem ich die Initiative behalte, kann ich gewinnen, falls mein Gegner foldet, oder einen großen Pot gewinnen, falls ich treffe und er ein Ass hat. Ich bringe eine Continuation Bet von 425. Mein Gegner denkt ein wenig nach und raist dann auf 1.100.

Für ein Ass in der Hand meines Gegners wirkt der Raise sehr schwach, da ich einen guten Preis zum Callen mit Draws bekomme. Häufig ist dies entweder ein Hinweis auf einen totalen Bluff, oder auf einen Semi-Bluff mit etwas wie KQ, KJ, QJ oder 87, manchmal sogar auf einen weiteren Flush Draw. Mit einer wirklich fertigen Hand hätte er höher geraist, um mich bezahlen zu lassen, besonders da mein Gegner ein wohlbekannter Internetprofi ist, der sich all dessen bewusst ist. Möglicherweise stellt er eine Falle und versucht, mich mit diesem verdächtigen Raise zu einem Reraise zu provozieren, aber da ich bisher sehr aggressiv war und auf dem Flop nach vielen Raises gefoldet habe, ist es wahrscheinlicher, dass er einfach versucht, einen günstigen Pot abzugreifen. Falls ich falsch liege, sollte ich zumindest noch Outs für den Flush haben. Ich raise in Potgröße auf 3.900, was meinem Gegner klarmachen sollte, dass ich diese Hand nicht mehr aufgebe. Mein Gegner foldet, und ich gewinne einen Pot von 2.800.

Hand 72

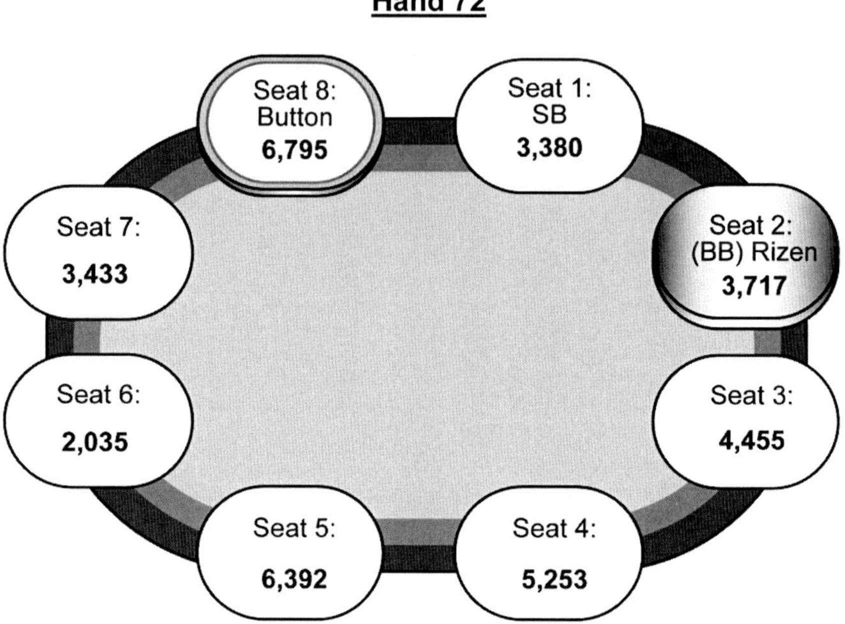

Situation: Es ist der Anfang der zweiten Stunde in einem nächtlichen 150 $-Turniers mit 50.000 $ garantiertem Preisgeld. Die Blinds sind bei 40/80 und der Tisch ist recht aktiv gewesen, aber beim Showdown wurden nur gute Karten gezeigt.

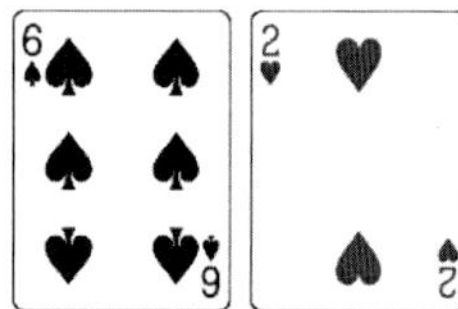

Vor dem Flop (120): Ganz offensichtlich ist 62o keine sonderlich gute Hand, aber ich bin im Big Blind und gelegentlich werde ich sie umsonst spielen können. Dies ist einer dieser Fälle, da Spieler 3 und 4 beide 80 callen. Es wird zum Small Blind gefoldet wird, der aufstockt.

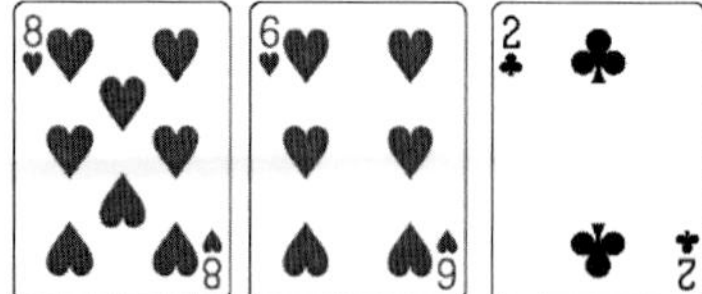

Flop (320): Dies ist ein großartiger Flop für mich, der aber dennoch einige Gefahren birgt. Die meisten Spieler in früher Position limpen mit mittleren oder kleinen Pocket Pairs, als auch Suited Connectors. Hände wie T♥9♥, 88, 66, und 22 sind allesamt Teil ihres möglichen Handspektrums. Ich spiele das untere Two Pair gegen mehrere Gegner gerne sehr schnell, was mir dabei hilft, meine Hand so früh wie möglich zu definieren. Gibt es nach meiner Bet zum Beispiel einen Raise und einen Call oder einen Raise und einen Reraise, könnte ich problemlos folden. Versuche ich, meine Hand slow zu spielen und checke, wird es wesentlich schwieriger zu wissen wo ich stehe, wenn es etwa eine Bet und einen Raise gibt und ich wieder an der Reihe bin. Eine Bet hier hilft außerdem, meine Hand zu verschleiern, da die meisten Spieler erwarten, dass jemand, der den Flop so gut getroffen hat, slow spielt.

Der Small Blind checkt und ich biete 240. Spieler 3 foldet und Spieler 4 raist das Minimum auf 480. Der Small Blind foldet.

Ein Minimum-Raise auf dem Flop ist eine sehr merkwürdige Spielweise. Manchmal signalisiert dies eine Monsterhand und manchmal entweder einen Draw oder eine schwächere, fertige Hand (vielleicht A8 oder etwas Ähnliches), die versucht, eine Freecard auf dem Turn zu kaufen oder herauszufinden, wo sie steht. Mit einem Reraise würde ich wahrscheinlich alle Hände verjagen, gegen die ich weit vorne liege. Ich glaube es ist das Beste, so früh im Turnier etwas konservativer zu spielen, also calle ich einfach mit der Absicht, die Situation basierend auf der Action am Turn neu zu bewerten. Ich calle 240.

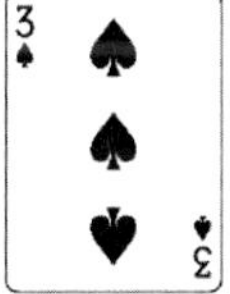

Turn (1.280): Diese Karte wirkt harmlos. Sie komplettiert eine Straight, falls jemand 54 hält, aber das ist aufgrund des Limps in früher Position unwahrscheinlich. Es gibt hier mehrere vertretbare Vorgehensweisen. Ich könnte eröffnen um zu verhindern, dass mein Gegner mit einem Draw eine Freecard nimmt. Ein Check ist ebenso in Ordnung, da mein Gegner seine Hand wahrscheinlich für mich definieren wird, indem er entweder die Freecard nimmt oder den Pot angreift. Nach einem Check müsste ich eine Bet jedoch callen, da meine Spielweise meinen Gegner glauben lassen wird, Hände wie A8 oder sogar 98 wären gut. Ich kann hier nicht checkraisen, da ich dann lediglich Action von Händen bekomme, die mich schlagen. Ich entscheide mich für den konservativeren Weg und checke. Mein Gegner checkt ebenfalls.

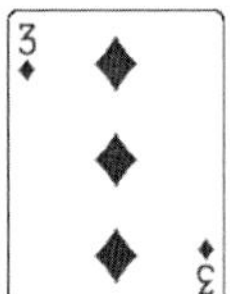

River (1.280): Diese Karte komplettiert keine Draws, aber mein niedriges Two Pair ist soeben durch jede Acht und jede Sechs entwertet worden. Selbst eine Hand wie 77 liegt nun vor mir. Ich kann nicht betten und einen Call von irgendeiner schlechteren Hand erwarten, also checke ich. Da mein Gegner auf dem Turn ebenfalls checkte, hatte er vermutlich einen nun geplatzten Draw, und mein ein Check auf dem River könnte einen Bluff provozieren. Ich checke, mein Gegner checkt ebenfalls und zeigt A♥2♠, das unterste Paar mit Backdoor Flush Draw auf dem Flop. Er spielte diese Hand sehr merkwürdig, also werde ich mir aufschreiben, dass seine Minimum-Raises auf dem Flop oft auf schwache, fertige Hände hindeuten und werde meine Spielweise entsprechend anpassen.

Hand 73

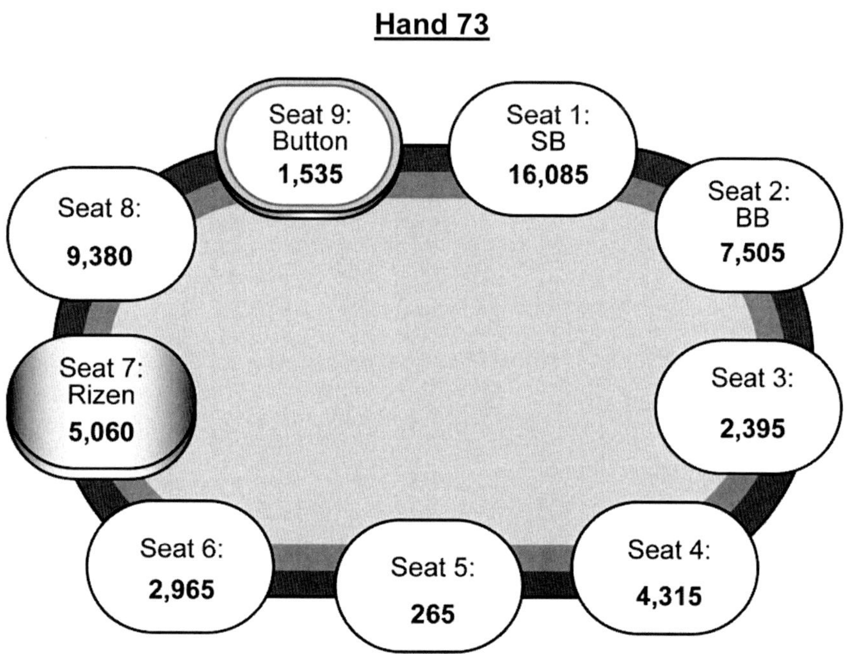

Situation: Ein nächtliches Bounty–Turnier mit 120 $ Buy-In. Die Blinds sind bei 50/100. Das Spiel war bisher recht tight, obwohl ich selbst sehr aktiv war und viele Pots sowohl vor dem Flop, als auch auf dem Flop durch Continuation Bets mitgenommen habe.

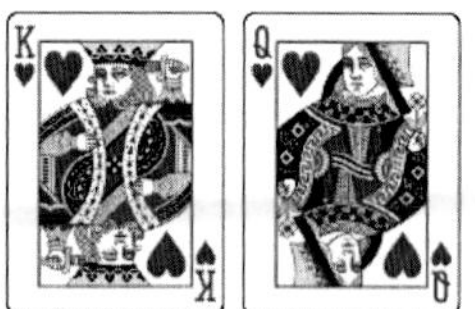

Vor dem Flop (150): KQs ist eine starke Hand, und ich werde häufig aus vielen Positionen heraus raisen. Sie ist besonders stark aus dem Highjack, wenn zu mir gefoldet wird. Abhängig von den effektiven Stacks, der Position meines Gegners und der Größe des Preflop-Raise, kann ich mit diesem Blatt selbst einen Raise callen. Wenn ein ausreichend aggressiver Spieler aus später Position heraus raist, werde ich damit auch reraisen, obwohl diese Beschreibung auf niemanden am Tisch sonderlich gut zutrifft. In dieser speziellen Hand wird zu mir gefoldet, und ich raise auf 300. Der Big Blind callt.

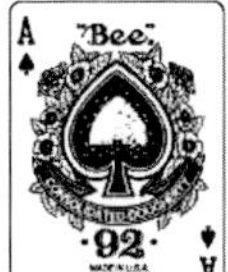
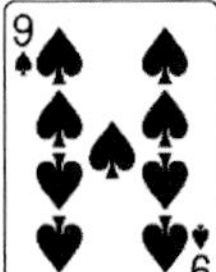
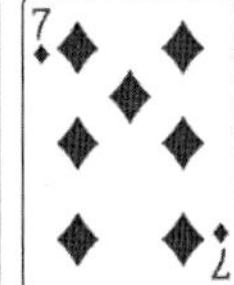

Flop (650): Dies ist eine gute Gelegenheit, ein Ass zu repräsentieren. Der Flop ermöglicht sowohl Flush- als auch Straight Draws, um die ich mir Gedanken machen muss. Wird meine Continuation Bet gecallt, spiele ich wahrscheinlich gegen ein Ass, einen Flush Draw oder vielleicht etwas wie JT spielen. T8 ist eine entfernte Möglichkeit, da einige aggressive Spieler mit T8s callen könnten. Es wird zu mir gecheckt, ich bringe eine Continuation Bet von 425 und der Big Blind callt.

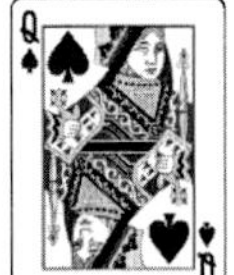

Turn (1.500): Dies ist sowohl eine gute, als auch eine schlechte Karte für mich. Sie ist gut, da meine Hand nun Showdown Value hat, und sie ist schlecht, weil sie einen Flush Draw komplettiert. Ich habe Position auf meinen Kontrahenten, also hoffe ich, dass der Big Blind erneut checkt, und ich für einen günstigen Showdown nach ihm checken kann. Der Big Blind checkt, und ich checke ebenfalls.

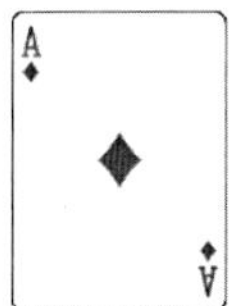

River (1.500): Eine weitere zugleich gute und schlechte Karte. Das zweite Ass macht es weniger wahrscheinlich, dass der Big Blind ein Ass hat (da es ein Ass weniger gibt, das er auf der Hand halten könnte), aber das könnte mir auch ohne weiteres ein falsches Gefühl der Sicherheit für meine Hand geben. Der Big Blind könnte noch immer einen fertigen Flush haben, mit dem er auf dem Turn einen Check-Raise versucht hatte, aber es ist ebenso möglich, dass er mit JT oder T8 einen geplatzten Draw hat. Falls der Big Blind bettet, werde ich eine schwere Entscheidung treffen müssen.

Glücklicherweise checkt der Big Blind den River. Beachten Sie, dass mein Spektrum an Händen für den Gegner ein Ass, ein Flush oder ein geplatzter Draw war. Sinnvollerweise sollte ich hier ebenfalls lediglich checken, da die Hände, die ich schlage, hier keine Value Bet callen werden. Falls er tatsächlich eine fertige Hand hat, die ich schlage (etwas wie T9), werde ich einfach notieren, dass er in der Lage ist, mit sehr wenig auf der Hand Continuation Bets zu callen, und meine Spielweise ihm gegenüber in Zukunft anpassen. Falls er einen Flush zeigt, werde ich mir notieren, dass er gerne versucht, Fallen zu stellen, wenn er eigentlich For Value betten sollte. Ich checke ebenfalls. Der Big Blind zeigt mit K♠3♠ einen Flush und gewinnt 1.500.

Hand 74

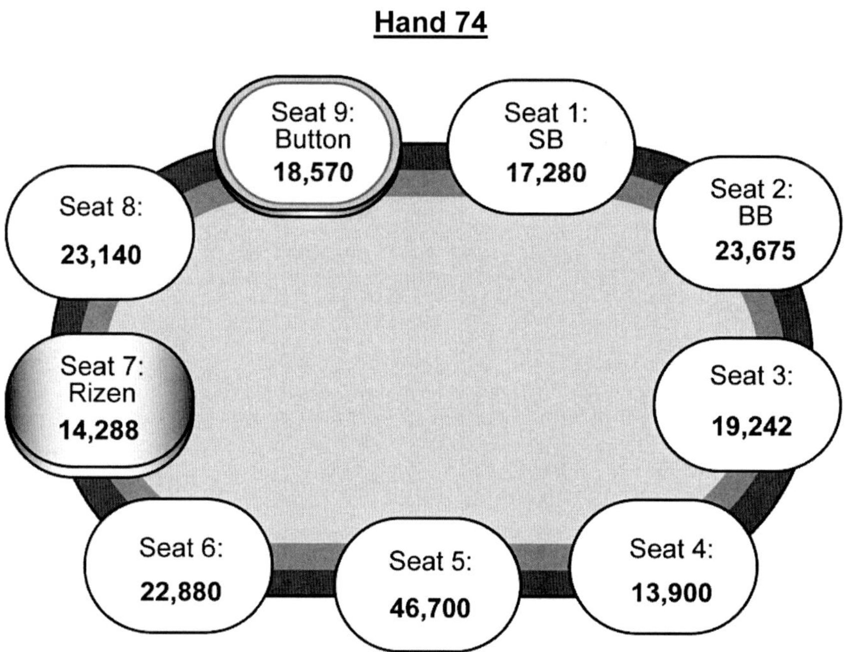

Situation: Ich befinde mich in einem der größten Internet-Turniere des Jahres. Das Buy-In liegt bei 2.600 $, die Blinds sind aktuell bei 50/100. Das Teilnehmerfeld ist gespickt mit starken Internet- und Live-Profis, aber es gibt auch viele Qualifikanten, die für sehr wenig Geld ins Turnier gekommen sind. Das Spiel an meinem Tisch war bisher ziemlich loose, mit sowohl sehr starken als auch sehr schwachen Spielzügen. Ich habe eine Notiz auf Spieler 5, wonach er mit seinen starken Händen auf dem River gerne mehr als Potgröße bettet. Ich habe beim Showdown schon einige schwache Hände gezeigt und war bereits in zwei oder drei großen Pots auf der Verliererseite.

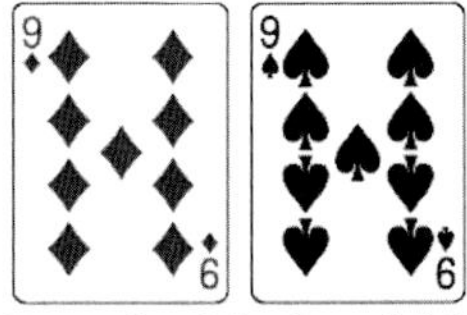

Vor dem Flop (150): Ein Paar Neunen sind eine starke Hand, die sich am besten entweder in großen Multiway Pots spielen lassen, in denen man ein Set floppen kann, oder gegen einen einzelnen Gegner nach dem Flop. Spieler 3 raist auf 300, Spieler 5 callt, ich calle und der Rest des Tisches foldet.

 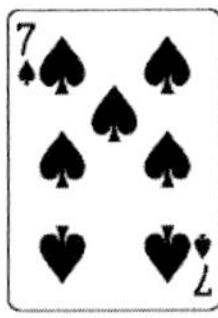 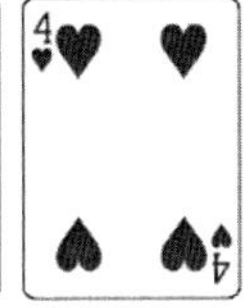

Flop (1.050): Obwohl ich die im Moment bestmögliche Hand halte, gibt es eine Menge Turnkarten, die ich nicht sehen möchte, da es mehrere Draws auf dem Board gibt.

Spieler 3 setzt 500 und Spieler 5 callt. Der Spieler in erster Position hat höchstwahrscheinlich einen Flush Draw, ein Overpair oder möglicherweise ein Set. Der Spieler in mittlerer Position könnte eine sehr weite Auswahl an Händen haben, aber sein schlichter Call deutet auf eine Art Draw hin, oder er könnte ein niedrigeres Set als meins slow spielen.

Ich habe Position und wenn ich hier in moderater Höhe raise, können viele gute Dinge passieren. Falls der Spieler aus erster Position ein starkes Paar oder ein Set hat, könnte er einen hohen Reraise bringen; und falls der Spieler in mittlerer Position einen Draw hat, brächte ihn dieser Reraise in eine sehr schwierige Situation. Sollte der Spieler in erster Position nur zwei hohe Karten haben, wird er wahrscheinlich einfach folden, und der andere Spieler kann seine Hand für mich besser definieren. Callt der zweite Spieler in diesem Szenario, hat er wahrscheinlich einen Draw. Und wird er plötzlich mit einem Reraise aktiv, spielt er wohl ein kleineres Set slow und ich kann versuchen, alle Chips in die Mitte zu bekommen. Als Zusatznutzen werden meine Gegner auf dem Turn wahrscheinlich zu mir checken und falls eine gefährliche Karte kommt, kann ich ebenfalls checken. Dies erlaubt mir, die Potgröße unter Kontrolle zu halten, während es mir zusätzlich die Chance eröffnet, auf dem River ein Full House zu treffen. Ich raise auf 1.800, Spieler 3 foldet und Spieler 5 callt.

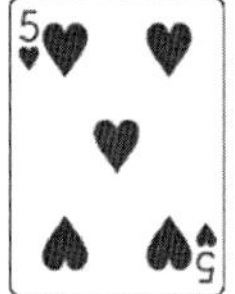

Turn (5.150): Dies ist eine furchtbare Karte für mich. Aufgrund des Calls meines Gegners auf dem Flop ist seine wahrscheinlichste Hand ein Flush Draw. Weniger wahrscheinliche Möglichkeiten beinhalten einen Straight Draw wie zum Beispiel T8, 86 oder 65. Eine andere kleine Möglichkeit ist etwas wie A♥9x für Top Pair und einem Backdoor-Flush Draw. Zu diesem Zeitpunkt ist jedoch der Flush am wahrscheinlichsten, und falls auf dem River kein Paar auf dem Board erscheint, wird mein Gegner von mir nur schwerlich noch viele weitere Chips in diesen Pot bekommen. Glücklicherweise checkt mein Gegner, und ich bekomme eine Freecard.

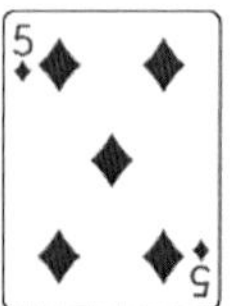

River (5.150): Ja! Das Board paart sich, was mir das bestmögliche Full House gibt, und ich kann meine Hand spielen, als ob ich die Nuts hätte, da man eigentlich keine Hand spielen kann, wenn man sich vor dem Vierling fürchtet. Mein Gegner setzt 1.000, eine ziemlich kleine Bet bei einem Pot von 5.150. Es könnte eine Block-Bet sein. In dem Fall hat er wahrscheinlich irgendeine fertige Hand (wahrscheinlich den Flush, auf den ich ihn vorher gesetzt habe) und will verhindern, dass ich ihn mit einer großen Bet aus der Hand dränge. Er könnte auch glauben, eine kleine Value Bet zu bringen und hoffen, von mir vielleicht mit einem Paar Neunen oder etwas Ähnlichem ausbezahlt zu werden. In beiden Szenarien ist es zweifelhaft, ob er ein All-In callen wird, aber sehr wahrscheinlich, dass er widerwillig ein paar mehr Chips investieren wird, wenn ich ihm bessere Odds als 2-zu-1 für den Call gebe. Ich raise auf 6.000, er callt und zeigt den Nut Flush mit A♥7♥. Ich gewinne 17.150.

Hand 75

Seat 9: Button 7,695

Seat 1: SB 4,030

Seat 2: BB 2,690

Seat 8: Rizen 2,075

Seat 7: 2,700

Seat 3: 6,320

Seat 6: 1,345

Seat 5: 6,410

Seat 4: 5,735

Situation: Dies ist eines der großen Sonntagsturniere, die Blinds liegen aktuell bei 60/120. Es gibt viele Qualifikanten, also ist das Teilnehmerfeld mit schwachen Spielern gespickt, die ein Turnier mit wesentlich höherem Buy-In als für sie gewohnt spielen.

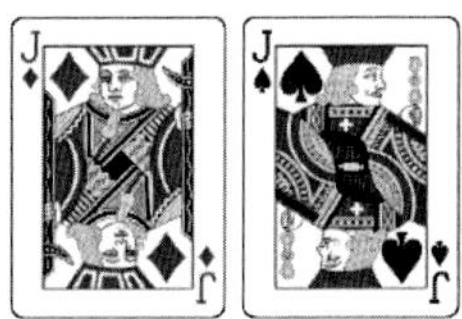

Vor dem Flop (180): Ein Paar Buben ist in später Position eine großartige Hand. Es wird zu mir gefoldet, und ich raise auf 360. Nur der Big Blind callt.

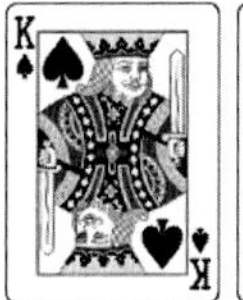
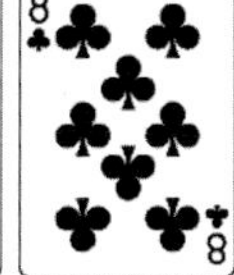

Flop (780): Dies ist eine sehr heikle Situation. Ich habe das zweitbeste Paar, einen Stack von 1.715, und einen Pot von 780. Ich könnte eine Continuation Bet bringen, befinde mich nach einem möglichen Check-

Raise aber ein wenig in der Zwickmühle. Auf diesem Board könnte mein Gegner leicht mit einem Draw oder selbst einem Paar Achten checkraisen und obwohl ich nur das zweitbeste Paar habe, müsste ich einen solchen Raise wahrscheinlich callen. Umgekehrt könnte ich checken und versuchen, den Pot etwas kleiner zu halten und vielleicht einen Bluff in den nächsten Setzrunden provozieren, aber damit riskiere ich es, von einem der Draws auf dem Turn überholt zu werden.

Ich tendiere dazu, beide Varianten abzuwechseln, aber in diesem speziellen mit schwachen Qualifikanten gefüllten Turnier werde ich in Situationen wie diesen häufig checken und den Pot klein halten. Die Spieler in diesen Turnieren sind so schwach, dass das schiere Überleben wesentlich wertvoller wird und ich deshalb in den früheren Phasen die Spielweise mit der geringeren Varianz bevorzuge. Mein Gegner checkt zu mir, und ich checke hinterher.

Turn (780): Der Turn bringt einige weitere Straight Draws auf das Board, und wenn mein Gegner loose genug ist, um mit 96 zu callen, hat er seine Straight komplettiert. Mein Kontrahent bietet 240, was in Anbetracht des Pots eine äußerst niedrige Bet ist. Ein Raise hier böte die Chance, den Pot von 1.020 bereits jetzt mitzunehmen, was einen bedeutenden Anstieg meines Chipstacks ausmachen würde, doch ich hasse es nach wie vor, so früh in diesem Turnier mit dem zweitbesten Paar All-In zu gehen. Ich entscheide mich, die 240 zu callen, um einen Bluff auf dem River zu provozieren und den Pot klein zu halten.

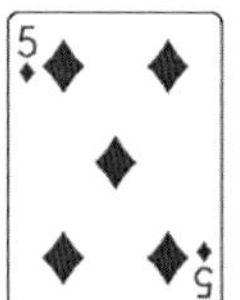

River (1.260): Der River ist für mich eine anständige Karte. Obwohl es entfernt möglich ist, dass er eine 5 in seiner Hand hält, hat diese Karte alle Draws auf dem Board verpasst. Falls mein Gegner 87 hält, wurde seine Hand außerdem soeben entwertet. Mein Gegner bietet 720, eine wesentlich größere Bet in Relation zum Pot als auf dem Turn. Diese Setzfolge (Check auf dem Flop, niedrige Bet auf dem Turn, und eine wesentlich größere Bet in Relation zum Pot auf dem River) ist oft ein geplatzter Draw. Spieler checken den Flop in der Absicht, mit einem Semibluff zu raisen, oder in der Hoffnung zu callen und ihren Flush zu treffen. Checkt man selbst ebenfalls, fühlen sie sich häufig zu einer Bet auf dem Turn verpflichtet und hoffen, dass man folden wird. Sobald sie den River verpassen, versuchen sie einen Bluff, da man selbst noch keine echte Stärke gezeigt hat, und weil sie nur so die Hand noch gewinnen können.

Ich calle die 720 und mein Gegner zeigt mit T♥9♠ einen Straight Draw, der erst auf dem Turn erschien aber den River verpasste.

Hand 76

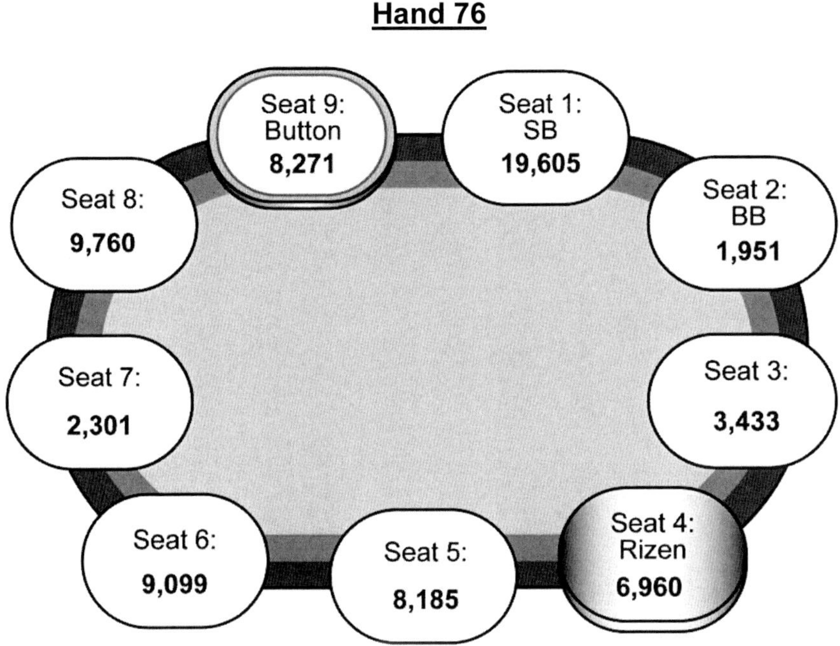

Situation: Dies ist ein nächtliches 150 $-Turnier und die Blinds sind 80/160. Ich wurde gerade an einen neuen Tisch gesetzt und habe keinerlei Kenntnisse über einen der anderen Spieler.

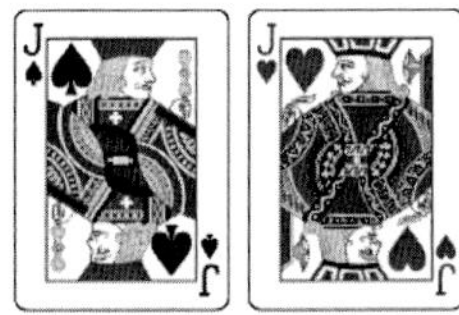

Vor dem Flop (240): Pocket Buben sind aus jeder Position heraus eine solide Hand. Spieler 3 foldet, und ich mache einen Standard-Raise auf 460. Es wird zum Small Blind gefoldet, der callt, und der Big Blind foldet.

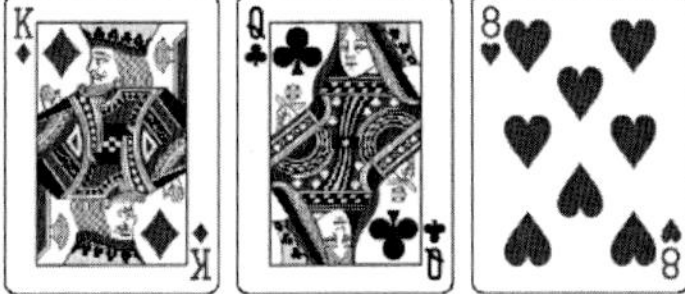

Flop (1.080): Obwohl ich keine eindeutigen Kenntnisse über die Spielweise der anderen Spieler habe, schlussfolgere ich sofort, dass der Small Blind für seinen Call eines Raise aus früher Position etwas braucht wie ein niedriges bis mittleres Pocket Pair, ein gleichfarbiges Ass mit mittelhoher

Beikarte, oder so etwas wie AQ, AJ oder KQ. Dies ist typischerweise das Spektrum an Händen, mit denen Spieler denken, ein Call wäre gerechtfertigt; für einen Reraise wäre die Hand aber zu schwach. Auf diesem speziellen Flop bedeutet dies, dass ein Großteil seiner Hände getroffen hat und mir Sorgen bereiten muss. Nach einer Bet meines Gegners würde ich in den meisten Fällen aufgeben. Ich mag auf diesen Flops bei den jetzigen Stackgrößen keine Continuation Bets bringen, da meine Hand viel Showdown Value besitzt und Continuation Bets in den meisten Fällen die Spieler mit zwei oder drei Outs einfach zum Folden veranlassen. Für den Fall, dass ich mit nur zwei Outs gegen bessere Hände spiele, ist es viel besser, meine Chips zu sparen, und abzuwarten, wie sich die Action auf dem Turn entwickelt. Mit diesem Gedanken checke ich nach einem Check meines Gegners.

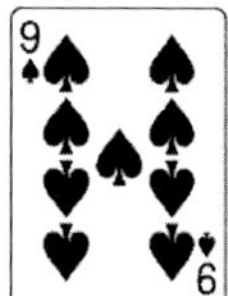

Turn (1.080): Ich bekomme einen Gutshot, was ein wenig hilft, aber der meiste Value in dieser Hand stammt aus den Fällen, in denen Axs und 77 hier bluffen. Der Small Blind setzt 160, was eine Minimum-Bet ist. In dieser Situation würde ich häufig einen Raise erwägen mit dem Ziel den Pot mitzunehmen. Aber wegen des Spektrums an Händen, auf die ich meinen Gegner setze, gibt es nicht viele Karten, die ihm auf dem River helfen werden. Statt des Raises könnte ich ihm die Chance geben, mit einer schwachen Hand weitere Chips in die Mitte zu schieben.

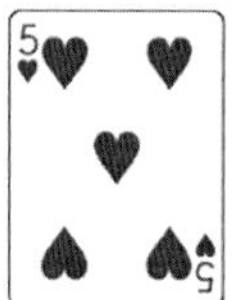

River (1.400): Dies ist eine eher harmlos aussehende Karte (sofern er nicht 55 hat). Der Small Blind eröffnet erneut für das Minimum von 160. Gemessen an der Action dieser Hand bis zum jetzigen Zeitpunkt ist die einzige Hand seines Spektrums, gegen die ich hinten liege, AQ. Alles andere, was mich schlägt, hätte er wesentlich stärker gespielt – mit der möglichen Ausnahme von JT, eine Hand, die ich nicht in seinem ursprünglichen Spektrum hatte, die aber dennoch möglich ist.

Hätte ich bessere Kenntnisse über die Spielweise meines Gegner, wäre dies vielleicht eine gute Situation für einen sehr kleinen Raise For Value, doch im Zweifel gehe ich lieber auf Nummer sicher und calle die 160. Mein Gegner zeigt A8 offsuit, womit er das untere Paar gefloppt hat, und ich nehme einen Pot von 1.720 mit. Ich notiere mir auch, dass dieser Spieler mit schwachen Händen ohne Position gegen Raiser aus früher Position callt, was wahrscheinlich darauf hinweist, dass er wenig Verständnis von Positionsspiel hat und vermutlich jede Hand mit einem Ass überbewertet.

Hand 77

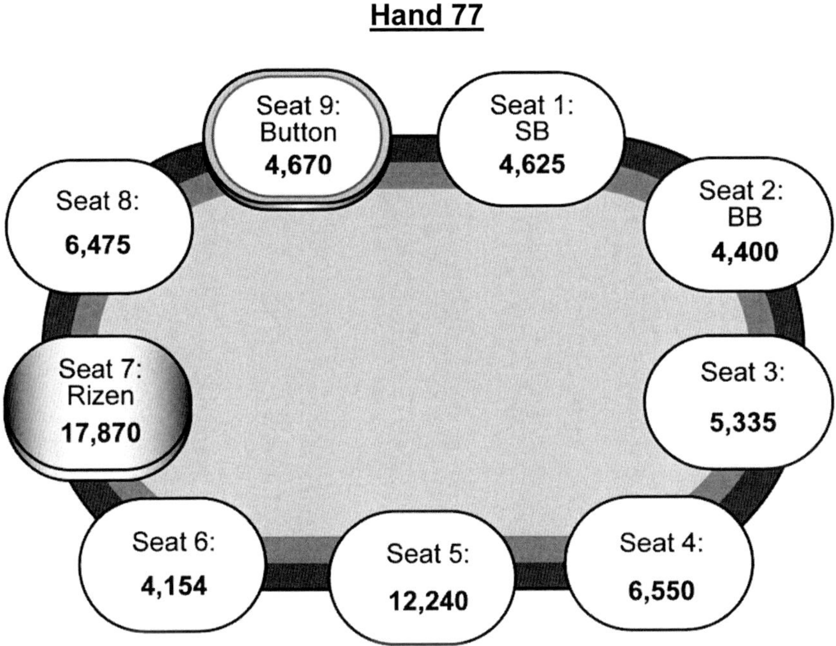

Situation: Ich habe soeben früh innerhalb der zweiten Stunde eines nächtlichen 150 $-Turniers mit 55.000 $ garantiertem Preisgeld den Tisch gewechselt. Die Blinds sind bei 80/160.

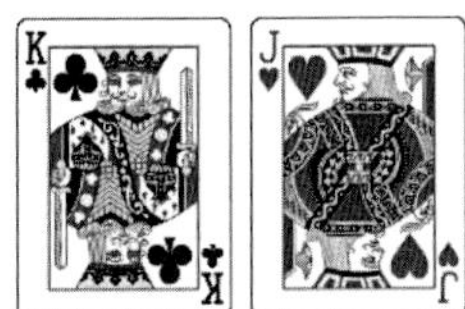

Vor dem Flop (240). KJo kann eine recht knifflige Hand sein. Sie ist die Art von Händen, die sich üblicherweise am besten gegen einen einzelnen Kontrahenten spielen lassen, wenn man selbst den Pot unter Kontrolle hat. Spieler 5 limpt und es wird bis zu mir gefoldet. Ich denke, ein Fold an dieser Stelle ist okay, und ich bin kein großer Fan von Calls. Den einzelnen Caller zu isolieren ist eine Überlegung wert. Die Größe meines Chipstacks im Vergleich mit dem meines Gegners bedeutet, dass ich mir an dieser Stelle einen Isolations-Raise leisten kann, und nach dem Flop noch genügend Handlungsspielraum habe. Ich raise auf 720 und es wird zurück bis zum ursprünglichen Caller gefoldet, der die weiteren 560 callt.

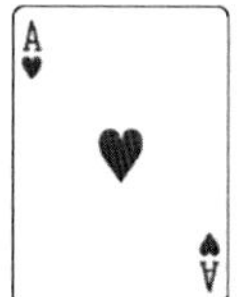
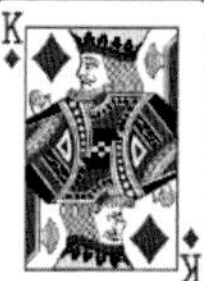
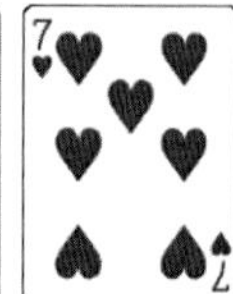

Flop (1.680): Dies ist ein guter Flop für mich. Es ist sehr selten, dass ein Spieler vor dem Flop mit einem Ass lediglich limpt und danach einen Raise in Höhe des Pots callt. Die meisten Spieler auf diesem Level hätten vor dem Flop mit jedem größeren Ass von Anfang an geraist und mit einem niedrigen, gleichfarbigen Ass keinen Raise gecallt. Es wird zu mir gecheckt. Ich biete 1.159 und der Spieler in früher Position raist sofort das Minimum auf 2.300.

Diese Art von Spielfolge mit einem Minimum-Check-Raise ist recht skurril. Die einzig starke Hand, die hier wirklich Sinn ergibt, ist 77. Ich denke, ebenso gut könnte er so etwas wie J♥T♥ oder Q♥J♥, also irgendeinen kombinierten Draw haben, oder es könnte ein kompletter Bluff sein. Ich könnte hier einfach folden und meine Chips für eine andere Situation aufsparen oder ich könnte lediglich callen und die Situation auf dem Turn neu bewerten. Bei einem Call wie diesen habe jedoch immer gerne einen Plan parat.

Wenn ich hier calle und mein Gegner hat 77, bringt er auf dem Turn wahrscheinlich bei jeder Karte eine hohe Bet, die den Draw verpasst, damit ich ihn nicht noch überhole. Hat er jedoch einen Draw und ich calle seinen Raise, wird er auf dem Turn wohl eher eine kleine Block-Bet bringen um den Preis, den er für seinen Draw auf dem Turn bezahlt, zu kontrollieren. Oder er checkt einfach in der Hoffnung auf eine Freecard. Mein Plan ist, auf dem Flop zu callen und bei einer günstigen Turnkarte zu raisen, falls mein Gegner niedrig bettet, und zu folden, wenn er hoch bettet. Eine ungünstige Turnkarte wäre jede, die einen Flush- oder Straight Draw vervollständigt, was in diesem Fall jede Herzkarte, Q, J, oder T wäre. Ich calle 1.150.

Turn (6.280): Also, die 9♣ ist eine der freundlichsten Karten, die man hier bekommen kann. Mein Gegner bietet 3.500; in Anbetracht des Pots eine relativ niedrige Bet. Dies ist der Moment der Wahrheit: Ist meine Schlussfolgerung korrekt, kann ich hier hoch raisen und die Drohung, aus dem Turnier auszuscheiden benutzen, um meinen Gegner zum Folden zu bringen. Selbst wenn er vor dem Flop mit einem niedrigen Ass callte, wird mein Druck ihm einen Call sehr schwer machen. Ich raise All-In für 14.850 und mein Gegner foldet nach einiger Überlegung. Ich erhalte einen Pot von 13.280, was mich in eine dominierende Chipposition am Tisch bringt.

Hand 78

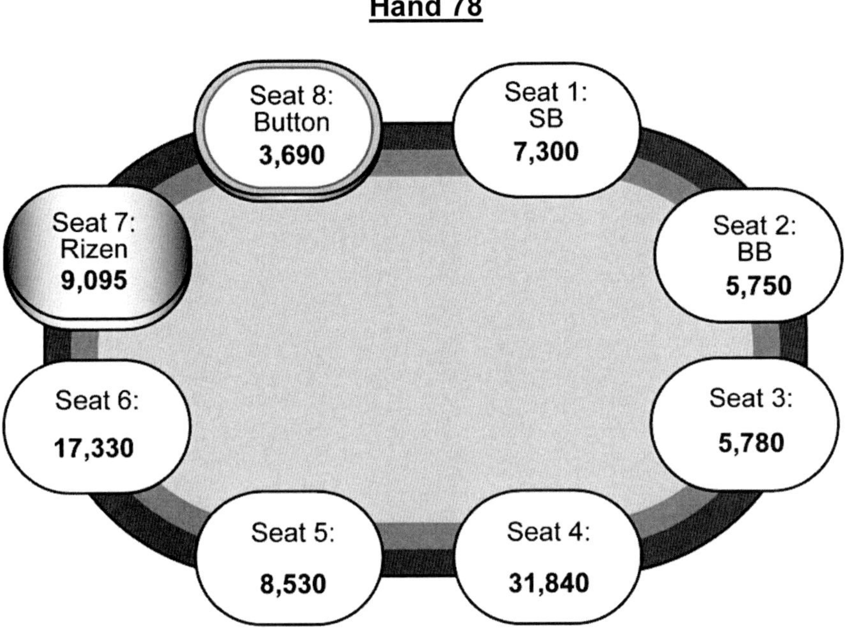

Situation: Es ist die zweite Stunde eines Rebuy-Turniers mit 30 $ Buy-In, die Blinds liegen bei 80/160. Mein Image ist etwas loose und aggressiv. Ich habe viel in Position geraist und die anderen Spieler haben dies wohl allmählich verstanden. Bisher habe ich keine schlechten Karten vorgezeigt, aber ich raise oft genug, dass der Tisch wohl skeptisch wird. Ich habe keine brauchbaren Kenntnisse über die Spielweise eines der in dieser Hand relevanten Spieler.

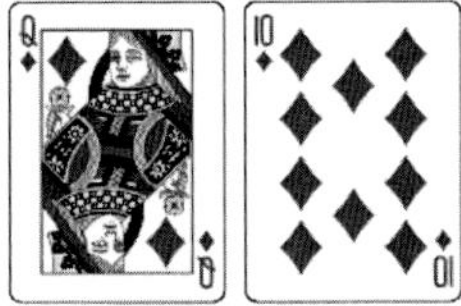

Vor dem Flop (240): Es wird zu mir gefoldet, und ich raise knapp unterhalb des dreifachen Big Blinds auf 460. Der Button foldet, Spieler 1 callt im Small Blind und der Big Blind foldet.

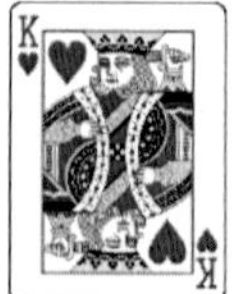 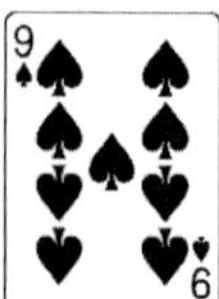 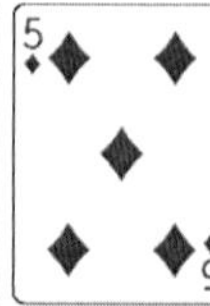

Flop (1.080): Dies ist nicht der beste Flop für mich. Ich habe einen Gutshot und einen Backdoor Flush Draw, aber das war es dann auch. Außerdem ist die Struktur des Flops ziemlich dürftig. Ich habe in Position geraist und bei meinem Image könnten viele Spieler mit Händen wie QJ, JT oder selbst einer anderen QT gecallt haben und sich nun entscheiden, mit einem Gutshot anzugreifen. Viele andere Hände wie A9, KJ und selbst K9 könnten ebenfalls leicht gecallt haben.

Der Small Blind checkt. Gegen einen einzelnen Gegner bringe ich in der Mehrzahl der Fälle Continuation Bets. Doch in Anbetracht meines Images, der Position aus der ich geraist habe, und der Struktur des Flops, gibt es viele Gründe, hier hinterher zu checken. Ich kann eine Freecard nehmen und möglicherweise mit einem Buben die Nut Straight treffen. Bei großen Stacks sollte man immer zögern, sich selbst in eine Position zu bringen, in der der Gegner einen zum Fold eines Draws auf die Nuts zwingen kann. Es könnte auch eine gefährliche Karte wie ein Ass kommen, bei der ich den Pot auf dem Turn mitnehmen könnte. Mein Gegner könnte sich mir hier entgegenstellen, also checke ich, um auf dem Turn die Situation neu zu bewerten.

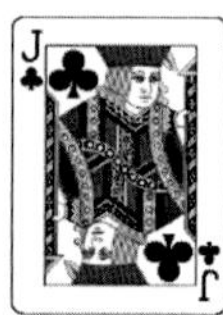

Turn (1.080): Bingo! Ich habe nicht nur die Nut Straight getroffen, darüber hinaus ist das Board auf dem Turn vierfarbig, sodass ich mir keine Sorgen um ***Redraws*** auf einen Flush machen muss. Mein Hauptanliegen hier ist zu versuchen, die höchstmögliche Auszahlung zu bekommen. Der Small Blind checkt. Mein Ziel ist, eine Summe zu bieten, die einen größtmöglichen Pot aufbaut, ohne meinen Gegner zu verschrecken. Eine Bet in Höhe des Pots sieht häufig zu stark aus, und mein Gegner könnte ein schwaches Paar folden. Eine kleinere Bet könnte ihn zu einem Reraise verleiten. Ich setze 600 und der Small Blind callt schnell.

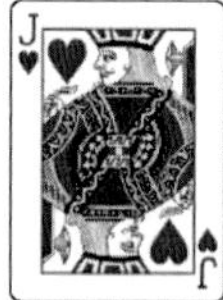

River (2.280): Dies ist eine schlechte Karte für mich. Da ich auf dem Turn gebettet und einen Buben repräsentiert habe, könnte diese Karte ein Paar Neunen oder Fünfen etwas einschüchtern. Angesichts der Action in dieser Hand ist es höchst unwahrscheinlich, dass ich von einem Full House geschlagen bin, da ich von Two Pair oder etwas Besserem auf dem Turn einen Raise erwartet hätte, aber es ist eine entfernte Möglichkeit. Der Small Blind checkt erneut. Zu diesem Zeitpunkt muss ich mir eine gute Value Bet überlegen, um etwas Action zu bekommen. Man bedenke, dass ich zuvor angenommen habe, dass QT und JT in dem möglichen Handspektrum meines Gegners liegen.

Die Stackgrößen spielen ebenfalls eine Rolle. Mein Gegner hat die Hand mit 7.300 Chips begonnen und ist nun runter auf 6.140 bei einem Pot von 2.200. Ich denke die beste Höhe für eine Bet ist hier etwas mehr als die Hälfte des Pots. Hat mein Gegner eine Art schwache, fertige Hand wie Könige und Buben oder Neunen und Buben, macht eine Bet dieser Höhe es für ihn sehr einfach zu callen, da eine Niederlage keinen extrem großen Schlag in seinen Stack darstellt. Hat er dagegen sogar QJ oder JT, sieht die Bet so schwach aus, dass er eventuell mit dem Rest seiner Chips drüber geht. Etwas mehr als die Hälfte des Pots zu bieten gibt ihm außerdem die Möglichkeit, einen großen Check-Raise Bluff auf dem River zu versuchen, falls er das Board mit einer komischen Hand wie 87 komplett verpasst hat. Letztlich entscheide ich mich für eine Bet von 1.250. Der Small Blind callt und legt T9 ab. Er floppte das zweithöchste Paar und bekam auf dem Turn noch einen Gutshot hinzu.

Hand 79

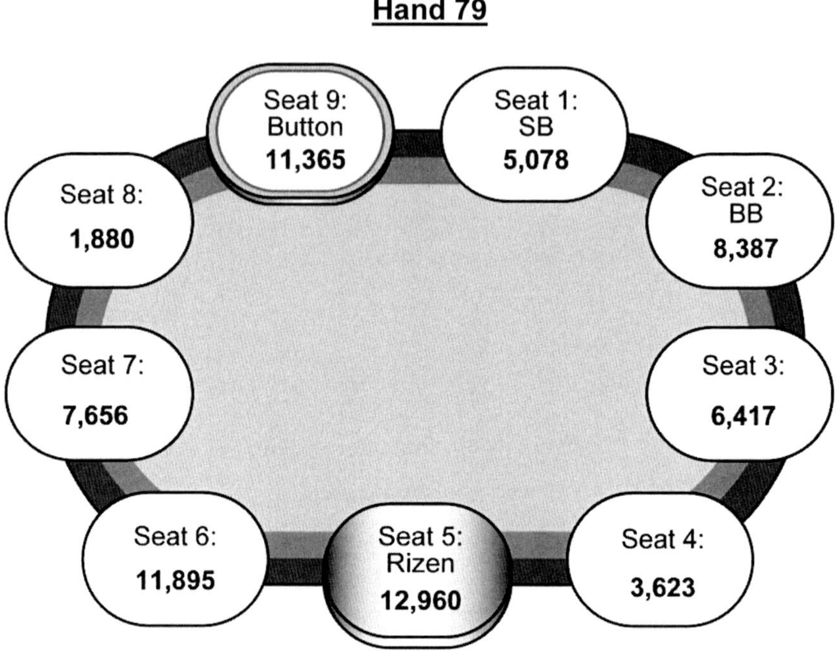

Situation: Dies ist das wöchentliche 1.000 $-Turnier, welches die besten Pokerspieler im Internet zusammenführt. Die Blinds liegen bei 100/200.

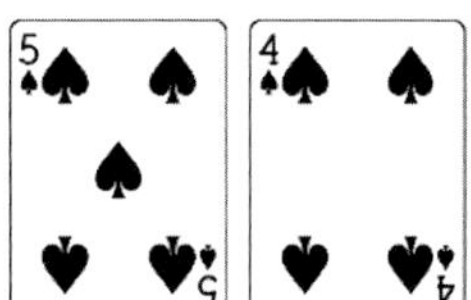

Vor dem Flop (300). Solang die Stacks größer als 30 Big Blinds sind, raise ich häufig mit Suited Connectors, wenn ich die Setzrunde aus früher oder mittlerer Position heraus eröffne. Dies fügt meiner Spielweise sowohl Abwechslung als auch Verschleierung hinzu. Es erlaubt mir, nach dem Flop eine starke Hand zu repräsentieren und viele Pots durch bloße Continuation Bets zu gewinnen. Ich werde außerdem einige sehr versteckte Hände für große Pots treffen, die meine Gegner bei mir nicht vermuten können. Mit weniger als 30 Big Blinds kann es sehr schwer sein, ohne Position Suited Connectors zu spielen (und andere ähnliche Hände, bei denen die Implied Odds der Schlüssel zur erfolgreichen Spielweise sind). Mein Stack ist dann zu klein, um mit einer starken Hand einen großen Pot zu gewinnen. Und wenn ich eine marginale Hand treffe, kann es sehr schwer werden, von ihr loszukommen, ohne dabei einen bedeutenden Teil meines Stacks zu verlieren.

Es wird zu mir gefoldet und ich raise auf 550. Es wird zum Button gefoldet, mit dem ich eine ausgiebige Vergangenheit habe. Der Button liebt es, Pots in Position mit einer Vielzahl von Händen zu spielen und callt oft mit mittelmäßig starken Händen bis zum Showdown. Er ist generell aggressiv mit seinen starken Händen und blufft gelegentlich mit seinen schwächeren Karten. Der Button callt und der Big Blind foldet.

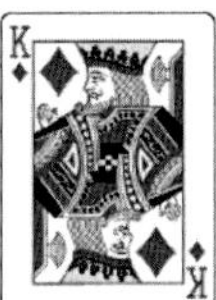
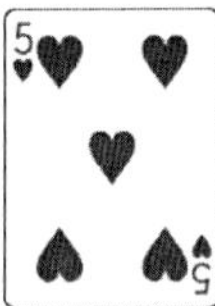
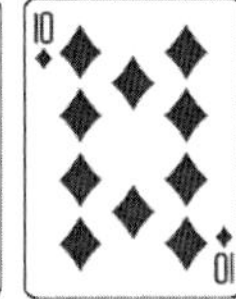

Flop (1.400): Ich treffe ein Paar, doch das Board bietet viele Flush- und Straight Draws. Ich habe gute Kenntnisse über die Spielweise meines Gegners und habe aus einer Position der Stärke heraus geraist. Ich bringe eine Continuation Bet von 1.000 und mein Gegner callt. Wie wir bereits vor dem Flop festgestellt haben, callt mein Gegner in Position gerne mit einer Vielzahl an Händen. Dies könnte bedeuten, dass er meine Bet auf dem Flop mit allem Möglichen callt, von einem Draw wie AQ, AJ oder QJ, einem Flush Draw, einem Paar wie QQ-JJ bis hin zu Nichts mit der Absicht, den Pot auf dem Turn zu stehlen.

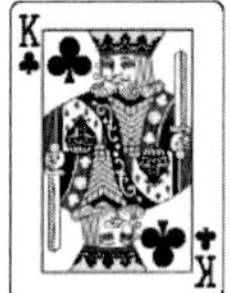

Turn (3.400): Laut meinen Beobachtungen hätte mein Gegner mit einer starken Hand auf dem Flop geraist, besonders bei all den Draws auf dem Board. Wird meine Continuation Bet auf einem Board wie diesem gecallt, gebe ich häufig auf. Doch bietet mir der zweite König eine gute Chance, eine sehr starke Hand zu repräsentieren. Ich biete 2.400 und mein Gegner callt.

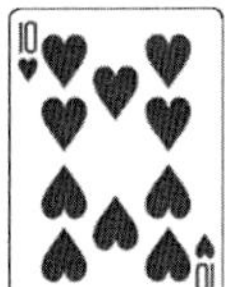

River (8.200): Ich spiele nun das Board, da meine Hand keine Showdown Value besitzt. Meine Kenntnisse über meinen Gegner sind hier jedoch sehr wichtig. Ich weiß, dass er mit jeder mittelmäßig starken Hand heruntercallt und seine starken Hände eher wagemutig spielt. Demnach ist es nahezu unmöglich, dass er einen König hält und sehr wahrscheinlich, dass er mit einer Hand wie JJ callte. Er hat nur noch 7.415 Chips übrig und der Pot beträgt 8.200. Ich weiß, dass er mit seinen mittelstarken Händen zu Calls neigt, und so wäre es falsch an dieser Stelle, mit einer Bet von 2.500 oder 3.000 eine Art ***Post Oak Bluff*** zu versuchen. Angesichts meiner Einschätzung, dass er keinen Drilling hat, wird es für ihn nahezu unmöglich sein, ein All-In zu callen. Ich setze ihn All-In und nach einigem Überlegen foldet er.

Hand 80

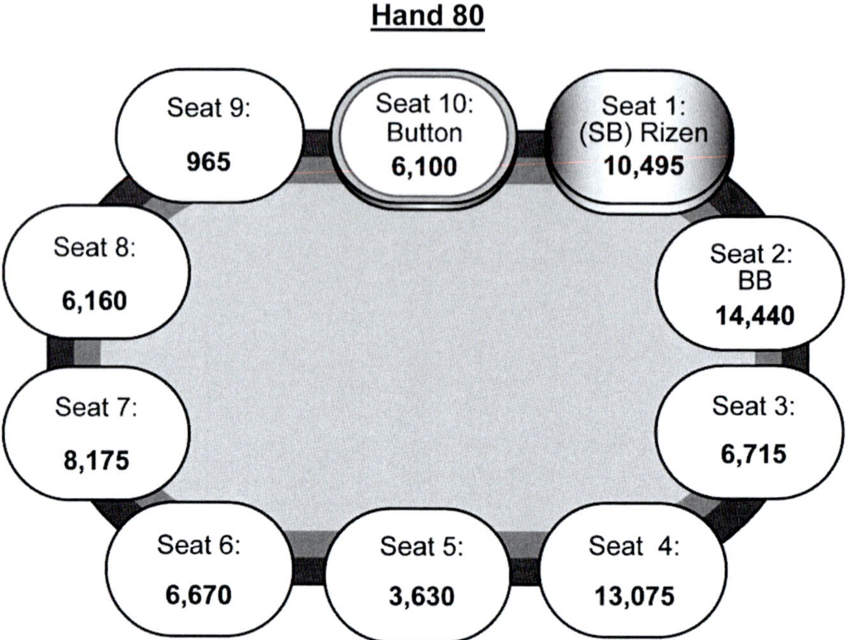

Situation: Ich bin in der zweiten Stunde eines Rebuy-Turniers mit Buy-In von 30 $. Die Blinds liegen bei 100/200. Ich bin bisher recht aktiv gewesen und die anderen Spieler haben begonnen, dies zu merken. Spieler 4 ist ein guter Spieler den ich kenne, aber die anderen sind mir unbekannt und scheinen hauptsächlich schwache Spieler zu sein.

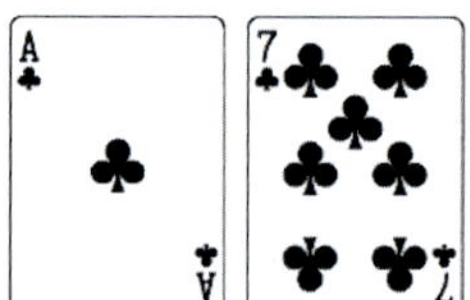

Vor dem Flop (300): Asse mit gleichfarbiger Beikarte sind ohne Position grenzwertige Hände. Sie sind gute Hände, wenn man das Glück hat, nach einigen Limpern günstig den Flop zu sehen. Auch wenn man nur noch einen kleinen Stack hat, können solche Karten gut sein, um gegen einen Raiser aus später Position einen Resteal zu bringen. Es wird bis zu mir gefoldet. ***Axs*** ist viel besser als die Hand, die der Big Blind im Durchschnitt besitzt. Also raise ich.

Ich raise auf 600 und der Big Blind reraist auf 1.800. Der Big Blind ist sich bewusst, dass ich sehr aktiv gewesen bin und könnte hier mit einem breiten

Spektrum an Händen reraisen. Angesichts meines Images könnte ich hier All-In gehen und der Big Blind würde höchstwahrscheinlich folden. Bei diesen Stackgrößen ist das jedoch eine sehr riskante Spielweise, da ich im Grunde meinen gesamten Stack von 10.000 riskiere, um damit 2.400 zu gewinnen. (Auch wenn ich einen Showdown manchmal gewinne, bin nach einem Call meines Gegners fast immer ein großer Außenseiter.) Auf vielen Flops werde ich checkraisen können und so einen noch größeren Pot gewinnen. Auch ein Fold ist hier sicherlich eine Option, da ich auf Flops mit einem Ass oft dominiert werden könnte. Doch bei meinem loosen Image erwarte ich, dass mein Gegner mit einem sehr weiten Spektrum an Händen zurückfeuert. Ich calle 1.200.

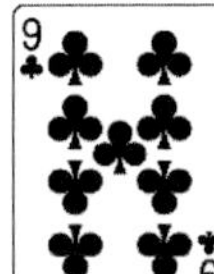

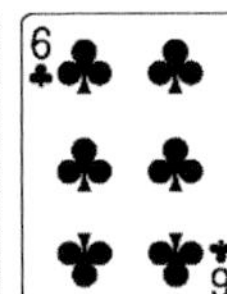

Flop (3.600): Dies ist der beste Flop, den ich mir hätte wünschen können, ohne dass er mir eine fertige Hand bringt. Ich habe einen Open-ended Straight Draw und den Nut Flush Draw. Mit meinem Ass als höchste Karte könnte ich hier sogar die beste Hand halten. Ich bin Favorit gegen alle einzelnen Paare und liege nicht weit hinter starken Händen wie einem Set oder sogar einer fertigen Straight. Oft wird der Big Blind eine Hand wie AQ oder KQ halten, bei denen er es schwer haben wird fortzufahren, wenn ich Druck auf ihn ausübe. Meine Hand ist stark genug, um an dieser Stelle mit einem Check-Raise All-In zu gehen.

Da der Big Blind vor dem Flop geraist hat, kann ich ihn hoffentlich zu einer Continuation Bet verleiten, nach der ich dann All-In checkraisen kann. Hat er nichts getroffen, wird er wahrscheinlich folden müssen. Wenn er callt, stehen die Chancen gut, dass ich in dieser Hand Favorit bin. Ich checke und der Big Blind setzt 3.600. Ich raise All-In auf 8.695. Der Big Blind callt und zeigt AA. Beachten Sie, dass ich – obwohl mein Gegner Asse hat – mit Siegchancen von 55 Prozent in dieser Hand auf dem Flop Favorit bin.

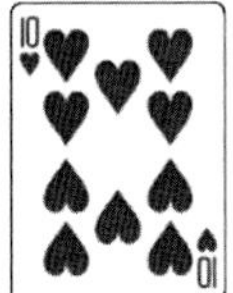

Turn (20.990): Ich treffe meine Straight sofort und mein Gegner drawt mit AA auf eine der drei verbleibenden Siebenen für eine Teilung.

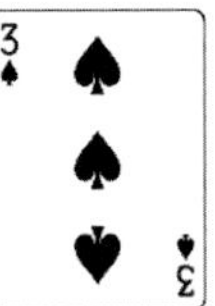

River (20.990): Der River ist die 3♠ und ich gewinne 20.990. Selbst eine Monsterhand wie Asse ist gegen starke, kombinierte Draws verwundbar. Außerdem: Auch wenn mein Gegner AA hatte, war sein Handspektrum wesentlich größer; und viele Male werde ich den Pot auf dem Flop mitnehmen ohne meine Hand im Showdown zeigen zu müssen.

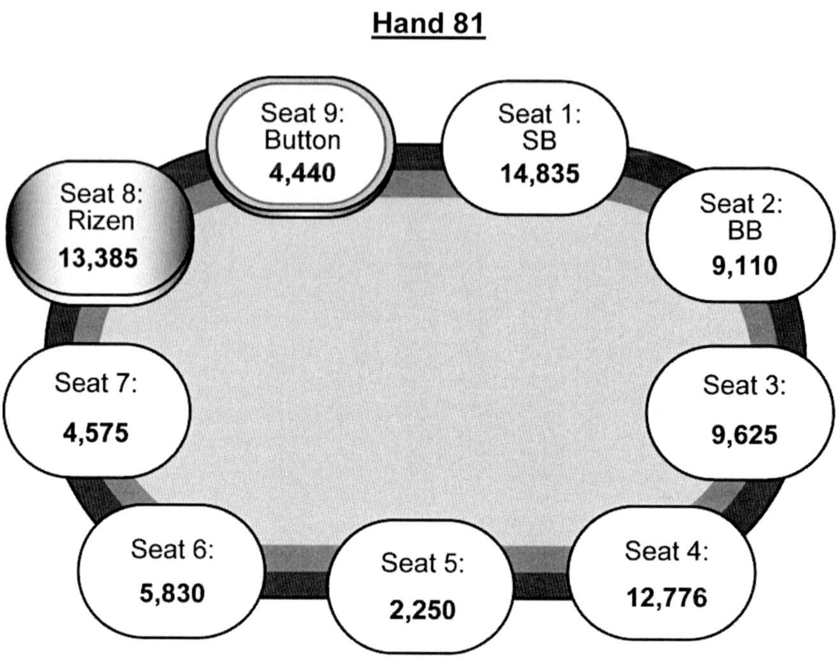

Situation: Ich befinde mich in der zweiten Stunde eines 100 $-Rebuy-Turniers mit Blinds bei 100/200. Es ist kurz nach der Rebuy-Phase, und da viele Spieler nach der Rebuy-Phase völlig anders spielen als zuvor, sind die meisten meiner Beobachtungen unbrauchbar.

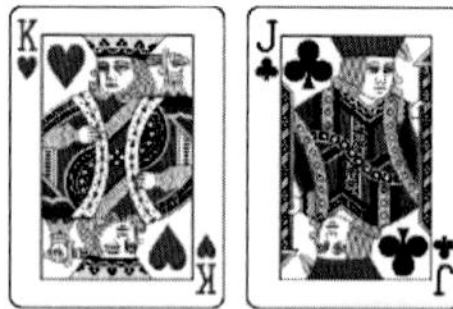

Vor dem Flop (300): KJo ist keine tolle Hand, aber sie ist mehr als gut genug, um mit ihr aus später Position heraus zu eröffnen, wenn rundum gefoldet wird. Alle folden bis zu mir, und ich raise auf 550. Der Big Blind entscheidet, weitere 350 zu callen.

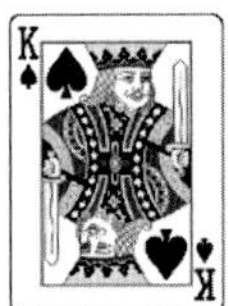 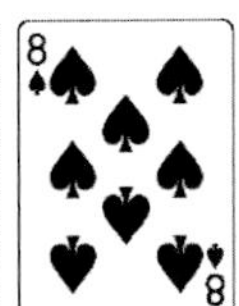 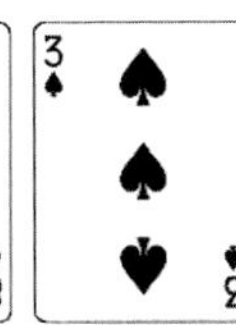

Flop (1.200): Flops in einer Farbe können sehr gefährlich sein, besonders mit einer Hand wie Top Pair oder Overpair. Viele Spieler bluffen gern auf diesen Flops, besonders wenn sie das passende Ass haben (in diesem Fall das A♠), da sie immer Outs haben. Dies bringt ihre Gegner in eine sehr schwierige Position, da sie ohne das A♠ niemals die Nuts haben können. Wären die Stackgrößen sowohl in Relation zum Pot, als auch zu den Blinds in dieser Phase des Turniers kleiner, würde ich hier häufig bieten, um meine Hand zu schützen und den Pot möglichst direkt zu gewinnen. Angesichts der relativ großen Stacks werde ich nach einem Check meines Gegners jedoch ebenfalls checken und die Situation auf dem Turn neu bewerten. Wir checken beide.

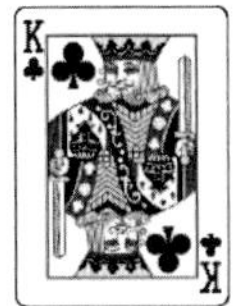

Turn (1.200): Eine fantastische Karte. Ich habe nun drei Könige. Meine Hand ist auch etwas versteckt, da mein Gegner wahrscheinlich glaubt, ich hätte mit einem König auf dem Flop gesetzt. Mein Gegner eröffnet für 1.000. Auch wenn er möglicherweise einen Flush hält, ist es eher wahrscheinlich, dass er meinen Check auf dem Flop als Schwäche betrachtet hat und versucht, sich den Pot zu kaufen. Er könnte auch etwas wie A8 haben und glauben, dies wäre hier gut. Eine weitere Möglichkeit ist, dass er mit dem A♠ semiblufft.

Ich raise auf 3.600 und nach einigem Überlegen geht der Big Blind für 8.560 All-In. Ich denke eine Weile nach, aber für weitere 4.960 ist es noch recht wahrscheinlich, dass ich die beste Hand habe. Selbst falls nicht, wird jeder König, Bube, jede 8 oder 3 mir wahrscheinlich die beste Hand geben. Ich calle weitere 4.960 und mein Gegner zeigt mir mit A♠T♦ den Nut Flush Draw. Für einen Sieg muss ich lediglich jedem Pik (außer dem Buben) auf dem River ausweichen. Auf dem River erscheint die 8♥, ich treffe ein Full House und gewinne einen Pot von 18.320.

Hand 82

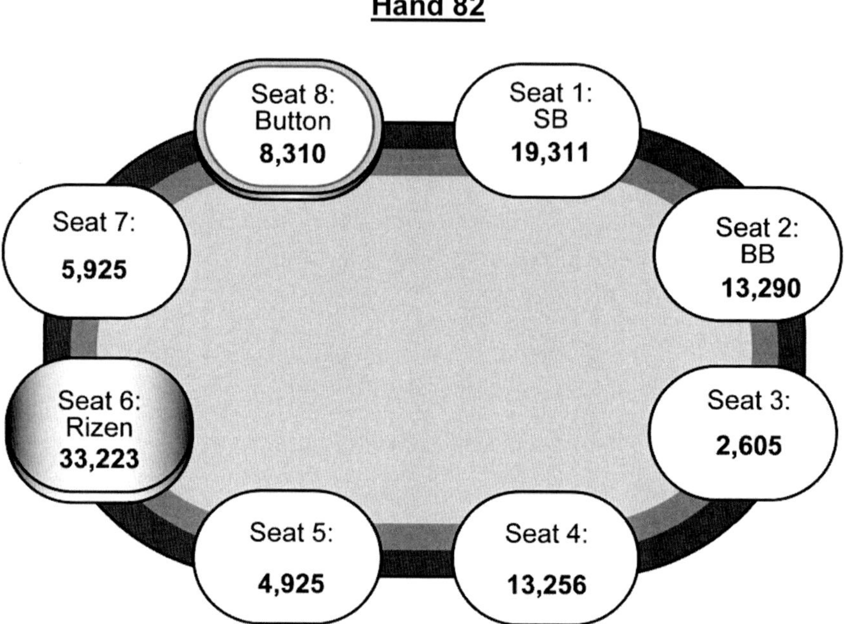

Situation: Dies ist das nächtliche Rebuy-Turnier mit 100 $ Buy-In, das all die besten Onlinespieler anzieht. Die Blinds liegen bei 150/300 mit Antes von 25. Mein Tisch ist gefüllt mit soliden, starken Spielern. Der Button ist jedoch ein Spieler, den ich noch nie zuvor gesehen habe, und ich habe keinerlei Reads auf ihn.

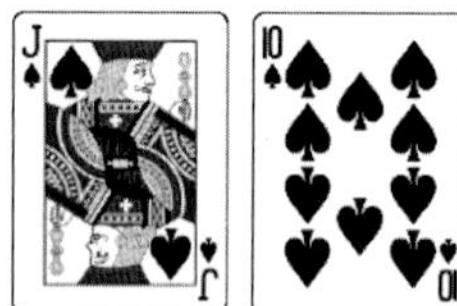

Vor dem Flop (650): Ich eröffne gerne mit dieser Hand, wenn zu mir gefoldet wird. Sie kann etwas schwer zu spielen sein, doch man kann eine Menge versteckter Hände treffen und oft semibluffen. Es wird zu mir gefoldet, und ich mache meinen Standard-Raise auf 850. Es wird bis zum Button gefoldet, der die 850 callt. Beide Blinds folden.

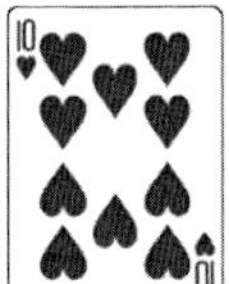 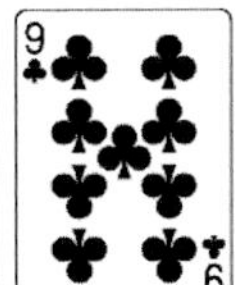 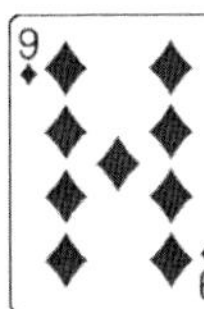

Flop (2.350): Dies ist ein guter Flop für mich, doch das Problem hier sind die Stackgrößen. Der Button hat ungefähr 7.500 übrig. Dies ist die Art von Board, auf dem ein Gegner mit KQ oder QJ oft raisen wird, manchmal sogar mit Händen wie 88 oder 77. Nach meiner Standard-Continuation Bet im Bereich von 1.500 bis 2.000 werde ich nach einem möglichen All-In-Raise meines Gegners vor einer schweren Entscheidung stehen. Wenn ich dagegen zu ihm checke, könnte er mit einer schlechten Hand bluffen, oder sogar glauben, sein Paar Achten sei die beste Hand und damit zuerst betten und dann einen Raise callen. Ich checke hier mit dem Plan, eine Bet All-In zu raisen. Er checkt.

Turn (2.350): Ich habe nun zusätzlich zu meinem Paar einen Straight Draw. Nach meinem Check auf dem Flop hätten die meisten Gegner mit 88 oder QJ geboten, also bin ich hier überzeugt, die beste Hand zu haben. Mein Gegner könnte auch jede Neun oder TT auf dem Flop slow gespielt haben, aber das Risiko bin ich gewillt einzugehen, besonders bei diesen Stackgrößen. Ich biete 1.500 und mein Gegner callt schnell.

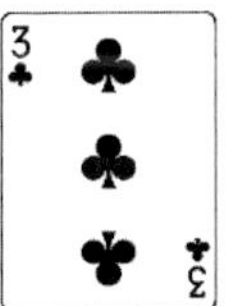

River (5.350): Callt ein Gegner schnell, signalisiert dies oft einen Draw. Die 3♣ komlettiert den Backdoor Flush Draw, also muss ich hier etwas vorsichtig sein. Hat er jedoch vier Karten zur Straight, ist meine Hand gut, und mein Gegner könnte nach einem Check von mir durchaus bluffen. Da meine Hand keinem Raise standhalten kann, und die Möglichkeit besteht, dass mein Gegner dieses Board mit einem Bluff raist, checke ich zum Button, der mit 1.500 niedrig bettet. Ich calle die 1.500 und er zeigt mit KJo einen verpassten Straight Draw. Ich gewinne einen Pot von 8.350.

Hand 83

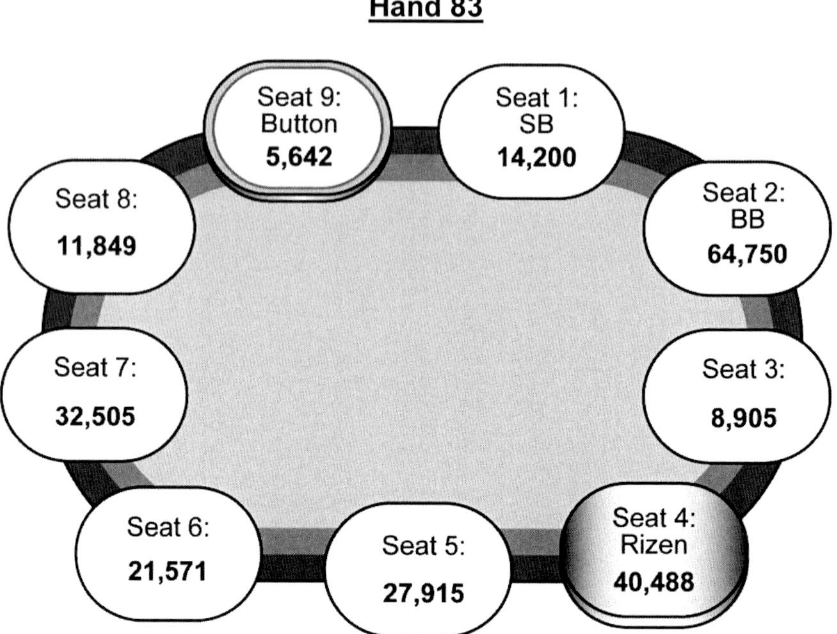

Situation: Dies ist eine weitere Hand aus demselben Turnier mit 2.600 $ Buy-In, das ich bereits in Hand 74 besprochen habe. Die Blinds liegen inzwischen bei 200/400. Das Teilnehmerfeld ist immer noch sowohl mit sehr soliden als auch mit sehr schwachen Spielern besetzt. Doch mein Image hat sich geändert und ist nun nach dem Gewinn einiger großer Pots – und nachdem jemand am Tisch erwähnt hat, dass ich ein Profi bin – recht solide.

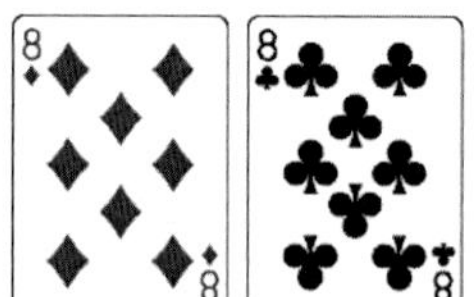

Vor dem Flop (600): Solange die Stacks recht groß sind, eröffne ich mit Pocket Pairs aus jeder Position gerne direkt mit einem Raise. Pocket Pairs sind leicht zu spielen, wenn nötig auch in ungünstiger Position. Und sogar mit kleinen und mittleren Pocket Pairs aus früher Position zu raisen, hilt die eigenen Hände zu verschleiern und deren Wert zu vergrößern. Raises aus früher Position wird außerdem viel Respekt entgegengebracht, also kann man auf dem Flop häufig starke Hände repräsentieren, um den Pot einzustreichen. Ich raise auf 1.100 und es wird zum Big Blind gefoldet, welcher die weiteren 700 callt.

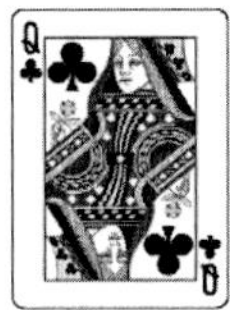
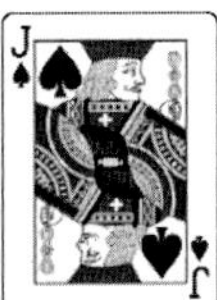
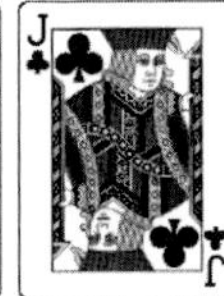

Flop (2.400): Mein Gegner checkt. Dies ist ein sehr beängstigend aussehender Flop. Es liegen zwei Kreuzkarten auf dem Board und einige Spieler checkraisen gerne auf gepaarten Boards. Ich habe den Vorteil der Position und eine Hand mit angemessener Showdown Value. Es ist sinnvoll hier zu versuchen, günstig zum Showdown zu kommen. Ein Check kann für meinen Gegner sogar auf Stärke hindeuten, da er denken könnte, dass ich entweder slow spiele oder versuche, mit einer Hand wie Qx den Pot klein zu halten, und mit dem Paar keinen großen Pot auf dem Board aufbauen will. Ich checke um zu sehen, was sich auf dem Turn entwickelt.

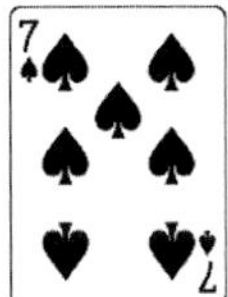

Turn (2.400): Der Turn ist harmlos, obwohl es nun einen weiteren Flush Draw gibt. Meine Hand hat immer noch Showdown Value und könnte nach wie vor die Beste sein. Der Big Blind setzt 1.200, lediglich halbe Potgröße. Diese Bet erscheint mir etwas verdächtig, da angesichts der vielen Draws die meisten Spieler mit guten Händen häufig höher bieten würden. Es sieht eher nach einem Testgebot aus, um zu sehen, wo er mit seiner Hand steht. Ich calle.

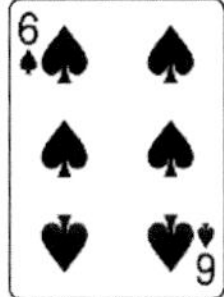

River (4.800): Ich weiß, dass der Big Blind mit seinen starken Händen gerne hoch auf dem River bietet. Sollte er also 4.000 oder mehr betten, kann ich ziemlich problemlos folden. Nach einem Check habe ich vielleicht die beste Hand. Eine Bet ist aber sinnlos, weil es nur wenige Hände gibt, die callen und gegen die ich vorne liege. Vor der schwierigsten Entscheidung stünde ich nach einer Bet des Big Blinds im Bereich von 2.000 bis 3.000. Dies ist ein Board, bei dem es sehr schwer ist, zwei Mal zu bluffen, also müsste ich nach einer Bet annehmen, dass er tatsächlich etwas hat. Glücklicherweise checkt der Big Blind und ich checke ebenfalls. Mein Gegner zeigt 44 und ich gewinne einen Pot mit 4.800.

Hand 84

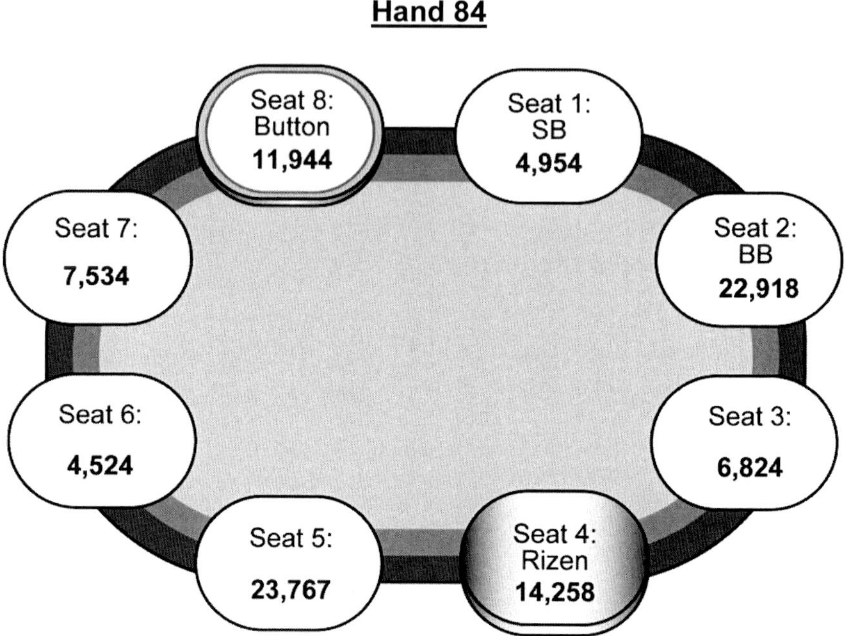

Situation: Ich bin in der mittleren Phase eines „Second Chance"-Sonntagsturniers mit Blinds bei 250/500 und Antes von 50. Wegen des Fehlens von Qualifikationsturnieren und wegen des großen Buy-Ins ist das Teilnehmerfeld in diesen Turnieren für gewöhnlich hart und gefüllt mit vielen aggressiven, trickreichen Spielern.

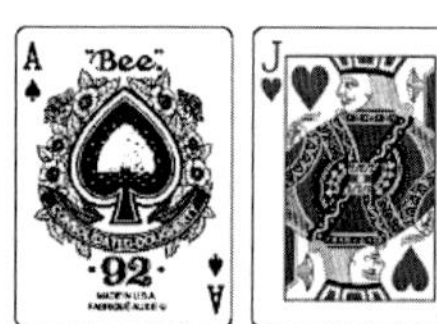

Vor dem Flop (1.150): AJo ist für einen Raise aus erster Position (UTG) an einem Tisch mit neun oder zehn Personen eine fragwürdige Hand, doch mit acht Personen ist dieses Blatt aus **UTG+1** recht ordentlich. Spieler 3 foldet und ich raise auf 1.299. Bei Internetturnieren biete ich häufig Summen, die optisch wesentlich größer „erscheinen" als sie sind. Es wird zum Button gefoldet, der exakt das Minimum auf 2.098 raist. Alle folden zurück zu mir. Diese Situationen sind extrem kniffelig. Minimum-Raises in dieser Phase des Turniers bedeuten fast immer Asse oder Könige, können gelegentlich aber auch durch einen „Fehlklick" entstehen (bei dem ein Gegner versehentlich „raise" klicken, entweder ohne die korrekte Summe gesetzt zu haben, oder weil er im falschen Moment auf das Fenster klickten, um es zu fokussieren – ein übliches Verhalten von Spielern, die mehrere Tische gleichzeitig spielen).

Da es unmöglich ist zu wissen, ob mein Gegner diesen Raise versehentlich gemacht hat, muss ich häufig annehmen, entweder gegen AA oder gegen KK zu spielen. Es sind 4.547 im Pot und ich muss weitere 799 callen, was mir Pot Odds von fast 6-zu-1 und Implied Odds für den gesamten Stack meines Gegners gibt. Die Sache, bei der man jedoch sehr vorsichtig sein muss, ist diese: Mit einer Hand wie AJ muss man wissen, wonach man sucht. Da Sie selbst eines der Asse auf der Hand halten, hat Ihr Gegner doppelt so häufig Könige wie Asse, falls dies die beiden einzigen Hände in seinem Handspektrum sind (es gibt hier sechs mögliche Kombinationen von KK und drei von AA). Des Weiteren: Falls Ihr Gegner Asse hat, ist es extrem unwahrscheinlich, dass das letzte ausstehende Ass floppt. Wenn man hier also callt, hofft man auf ein Ass, zwei Buben oder eine Straight, andernfalls ist man fertig mit seiner Hand. Kommt der Flop mit Bube als höchster Karte, muss man trotz Top Pair mit Top Kicker folden. Hier sind die Stacks einfach nicht groß genug um herauszufinden, wo ich stehe, und auch wenn ich vor dem Flop großartige Pot Odds bekomme, biete ich meinem Gegner gewaltige ***Reverse Implied Odds***, falls ich gewillt bin, auf einem Flop mit einem Buben als höchster Karte um meinen gesamten Stack zu spielen. Ich calle 799.

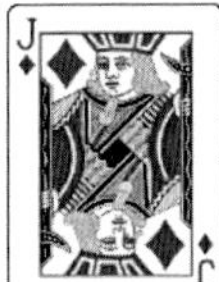
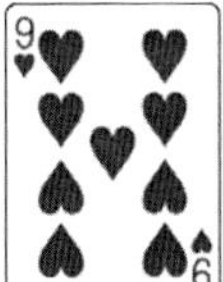
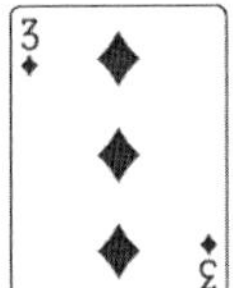

Flop (5.346): Dies ist genau der Flop, der mir Sorgen bereitet hat. Ich werde an meiner Disziplin festhalten und checken und folden. Ich checke, aber überraschenderweise checkt mein Gegner auch.

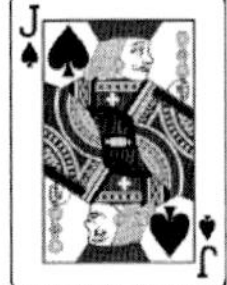

Turn (5.346): Nun, entweder hat mein Gegner sich durch sein Slowplay selbst in Schwierigkeiten gebracht, oder ihm war vor dem Flop tatsächlich ein Fehlklick unterlaufen. Doch viele Spieler treiben es mit der Kunst des Fallenstellens zu weit, und es ist sehr gut möglich, dass er mit AA oder KK auf dem Flop checkte, um einen Bluff zu provozieren. In diesen Situationen, wenn ich mir fast sicher bin, dass mein Gegner entweder eine starke Hand hält oder einen peinlichen Fehler beging, bringe ich auf dem Turn gern ein ziemlich niedrig aussehendes Eröffnungsgebot, um Schwäche vorzutäuschen. Mit Assen oder Königen wird er glauben, seine Falle perfekt gesetzt zu haben und angreifen. Außerdem könnte er meine niedrige Bet als Steal-Versuch interpretieren, und auch nach einem „Fehlklick“ seinem ersten Fehler einen zweiten folgen lassen, indem er versucht, den Pot zu kaufen und raist. So oder so hat mein Gegner sich selbst eine Grube gegraben und ich werde ihm eine noch größere Schaufel reichen. Ich biete 2.650, etwas weniger als die Hälfte des Pots.

Mein Gegner raist sofort das Minimum auf 5.300. Dies sind quasi immer Asse oder Könige und Spieler, die auf diese Weise spielen, sind nur selten in der Lage diese zu folden, nachdem sie ihre Falle einmal gestellt haben. Ich gehe mit 12.110 All-In, mein Gegner callt augenblicklich und zeigt KK. Der River ist die 8♠ und ich gewinne einen Pot von 24.938, verdopple meine Stack beinahe und werfe meinen „Fallen stellenden“ Gegner aus dem Turnier.

Hand 85

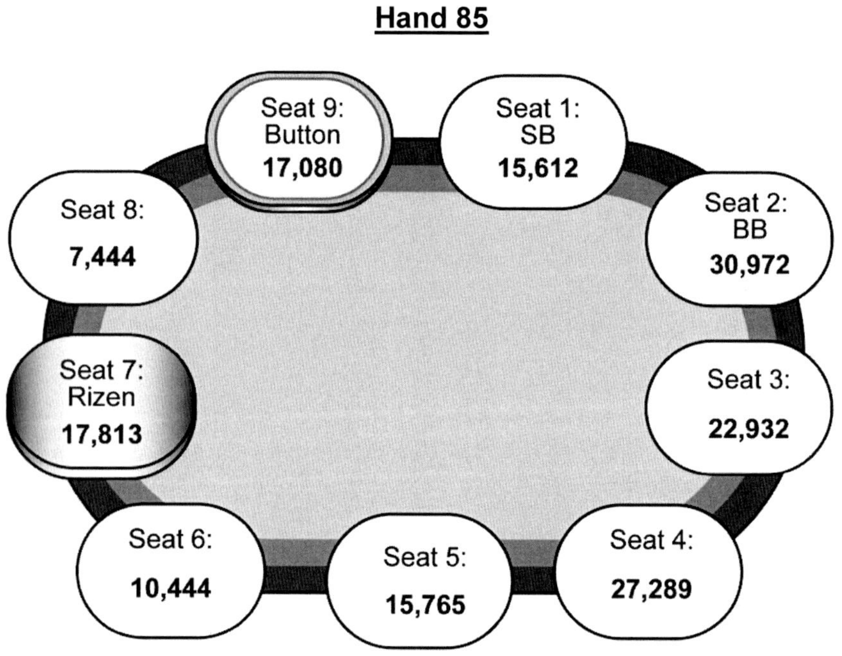

Situation: Dies ist ein nächtliches 150 $-Turnier mit einem Mix aus guten Spielern und Qualifikanten. Die Blinds sind bei 300/600 mit einem Ante von 30. Ich habe mit dem Spieler in UTG in dieser Hand eine ausgiebige Geschichte: Er ist ein sehr guter Spieler, der seinen Stil regelmäßig mixt und sehr aggressiv spielt. Wenn er jedoch in einen großen Pot involviert ist, hat er für gewöhnlich eine gute Hand.

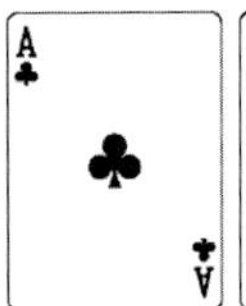
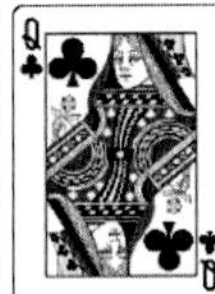

Vor dem Flop (1.170): AQ ist eine starke Hand, die ich in dieser Phase des Turniers meist sehr aggressiv spiele. Der UTG raist auf 1.500 und es wird zu mir gefoldet. Gegen einen UTG-Raiser würde ich diese Hand häufig folden, doch er hat nur niedrig in Höhe des zweieinhalbfachen Big Blinds geraist, was mir gute Odds für meine Hand gibt. Der Vorteil, nach dem Flop Position zu haben, hilft, wenn ich hier dominiert werde. Des Weiteren ist es nach einem Raise aus UTG und einem Call sehr unwahrscheinlich, dass einer der Spieler nach mir hier reraisen wird, solange er nicht Asse oder Könige hat.

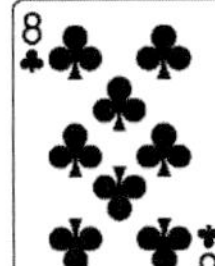
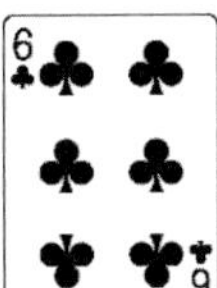
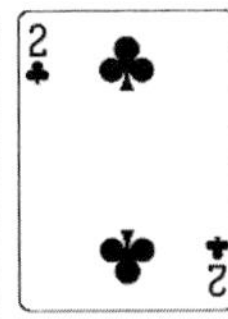

Flop (4.170): Bingo! Der perfekte Flop für meine Hand! Die einzige Frage ist, wie ich hier das Maximum herausschlagen kann. Mein Gegner setzt 2.700. Angesichts unserer umfangreichen Geschichte weiß mein Gegner in dieser Hand, dass ich durchaus in der Lage bin, auf diesem Flop in Position mit einem trockenen A♣ oder einem kompletten Bluff zu raisen. Der beste Weg, hier einen großen Pot zu gewinnen, ist ein Raise in einer Höhe, die meinen Gegner glauben lassen kann, ich könne durch einen großen Reraise für den Rest meiner Chips zum Folden gezwungen werden. Da mein Gegner aus UTG raiste, hat er hier sehr wahrscheinlich eine gute Hand hat. Und wenn ich meine Hand durch einen bloßen Call slow spiele, wird das für ihn wohl furchteinflößender aussehen als ein Raise. Nach der Action vor dem Flop und dem Call auf dem Flop habe ich ungefähr 14.000 Chips übrig. Bei Blinds von 300/600 nach dem Raise möchte ich genügend Chips übrig haben, um meinen Gegner glauben zu lassen, ich könne noch folden. Die Hälfte meines verbleibenden Stacks zu raisen sieht aus, als hielte ich mir genug Raum für einen Fold frei. Ich raise auf 7.000 und mein Gegner geht nach einigem Überlegen für 21.402 All-In. Natürlich calle ich und er zeigt K♠K♦. Seine Chancen, mich noch zu überholen, sind extrem gering. Turn und River bringen die 2♦ und die 9♣, und ich verdoppele meinen Stack.

Hand 86

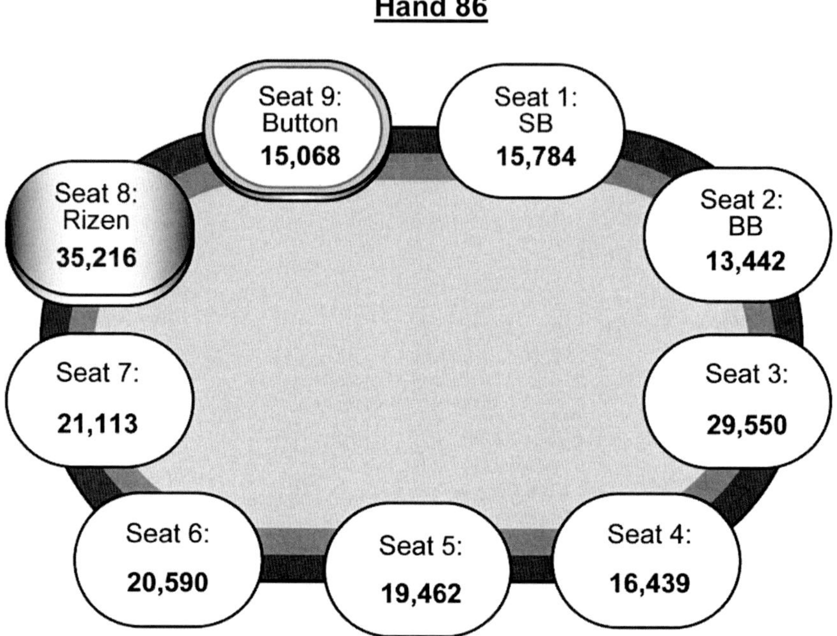

Situation: Ich bin der Chipleader am Tisch. Es sind 150 Spieler übrig und 120 werden ausbezahlt, also bin ich noch nicht auf der Bubble, nähere mich ihr aber schnell. Dies ist das nächtliche 150 $-Turnier, es gibt viele Qualifikanten, die sich für 5 $ bis 10 $ bis ins Hauptturnier gespielt haben, und darauf aus sind, eine Platzierung im Preisgeld zu erreichen. Die Blinds liegen bei 400/800 mit Antes von 40.

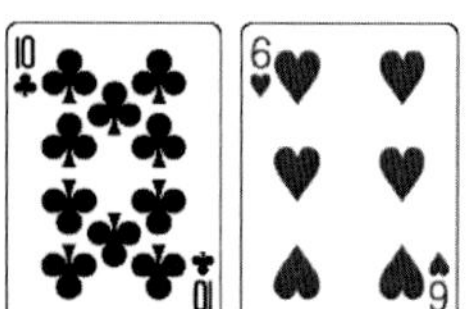

Vor dem Flop (1.560): Es wird direkt zum Spieler zu meiner Rechten gefoldet, der auf 1.600 raist. Trotz meiner furchtbaren Hand ist dies eine gute Gelegenheit, ein paar extra Chips einzusammeln. Mit der sich nähernden Bubble hat dieser Spieler zu Beginn der Hand 21.113 Chips, also mehr als genug, um auszusitzen und ins Geld zu kommen. Ich habe die perfekte Stackgröße für einen Reraise, der eine Menge Druck ausüben wird, da mein Gegner keine Position hat, doch die Höhe des Reraise erlaubt mir, im Fall eines erneuten Reraise einfach zu folden. Ich reraise auf 4.800.

Es wird zum Big Blind gefoldet, der für eine Gesamtsumme von 13.402 All-In geht, und der ursprüngliche Raiser foldet. Ich bekomme hier einen guten Preis für einen Call, da 20.562 im Pot sind und ich nur weitere 8.602 callen muss, was mir Pot Odds von 2.41-zu-1 gibt. Doch ich spiele gegen den Big Blind, der nach einem Raise und einem Reraise All-In reraiste, und das kurz vor der Bubble. Er hat mich sicherlich völlig dominiert. Er könnte AK halten, doch wahrscheinlicher ist ein Overpair. Ich tue besser daran, hier zu folden, um meine Chipführung für bessere Chancen zu behalten, sobald sich die Bubble nähert, als weitere 8.602 zu callen und mit einem Spieler zu zocken, gegen den ich fast sicher nur sehr geringe Siegchancen habe. Ich folde.

Hand 87

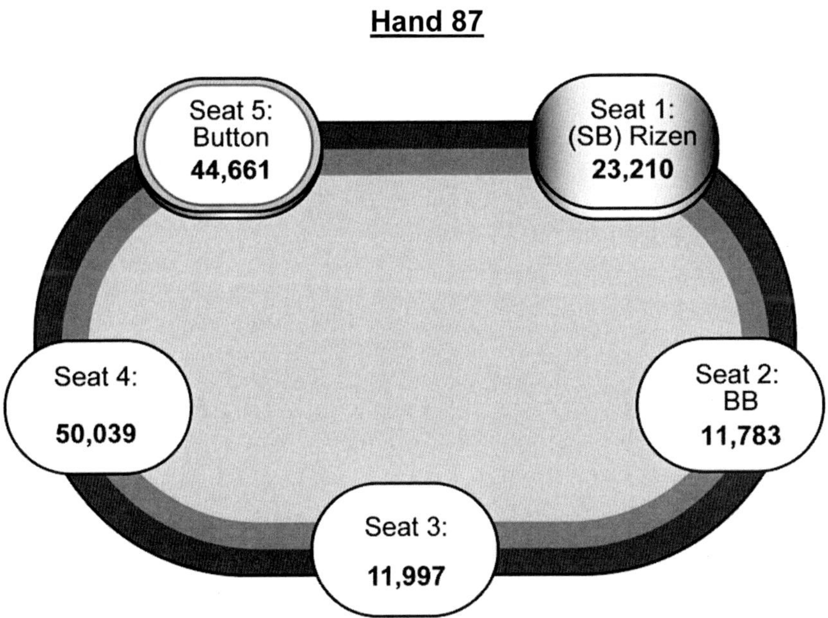

Situation: Ich bin auf der Bubble eines 100 $-Turniers mit maximal 6 Teilnehmern pro Tisch. Die Blinds liegen bei 400/800 mit Antes von 100. Derzeit sind nur fünf Spieler am Tisch. Die beiden Big Stacks am Tisch haben bisher gnadenlos geraist und gereraist, um die Bubble auszunutzen.

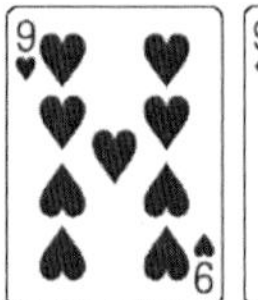
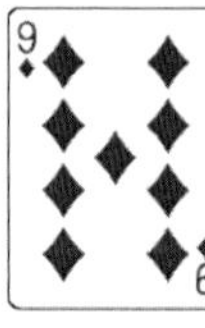

Vor dem Flop (1.700): Ein Paar Neunen ist bei nur 5 Spielern am Tisch eine sehr starke Hand. Angesichts der Bubble und der Stackgröße von 30 Big Blinds ist mein Blatt sogar noch stärker.

Es wird zum Cut-Off gefoldet, der auf 2.400 raist, und danach wird bis zu mir gefoldet. Mit momentan 4.100 im Pot ist mein Stack für ein direktes All-In zu groß, da mein Gegner fast immer nur mit Händen callen wird, die mich dominieren oder vielleicht mit AK. Reraise ich in Höhe des Pots auf 8.500, erhöhe ich die Chance, dass er sich für einen riskanten Gegenangriff entscheiden könnte und versucht, mich mit einem All-In aus der Hand zu drängen. Und falls er callt, lässt mir ein Raise in Potgröße auch die perfekte Summe für eine Bet, und ich kann auf jedem Flop den Rest meiner Chips unterbringen. Auf keinen Fall werde ich mit dem aggressiven Chipleader im Pot meine Hand folden. Ich reraise auf 8.500 und bin bereit, um alle meine Chips zu spielen. Der Cut-Off callt.

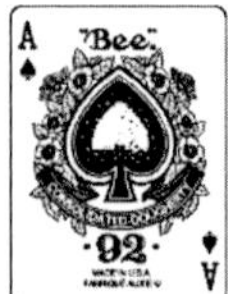
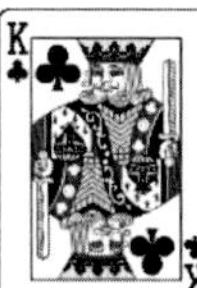
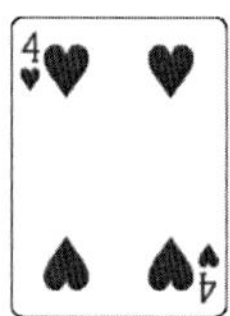

Flop (18.300): Ein furchtbarer Flop für meine Hand, doch da ich vor dem Flop reraiste, muss ich nun bei meinem Plan bleiben und All-In gehen. Was das Handspektrum meines Gegners betrifft, so wäre er mit einer Hand wie AK, AQ, und vielleicht sogar AJ sehr wahrscheinlich vor dem Flop All-In gegangen. In der großen Mehrheit der Fälle callen Spieler in dieser Situation, mit mittelhohen Paaren oder zufälligen Broadway-Karten (KQ, QT, etc.). Angesichts dieses Spektrums an Händen flößt ihm der Flop wahrscheinlich Furcht ein. Ich werde hier gelegentlich in Hände wie AT, KQ oder KJ rennen, aber es liegt zu viel Geld in der Mitte, um nun auszusteigen, da es auch viele Hände gibt, gegen die ich vorne liege. Ich gehe für 14.610 All-In und mein Gegner foldet.

Hand 88

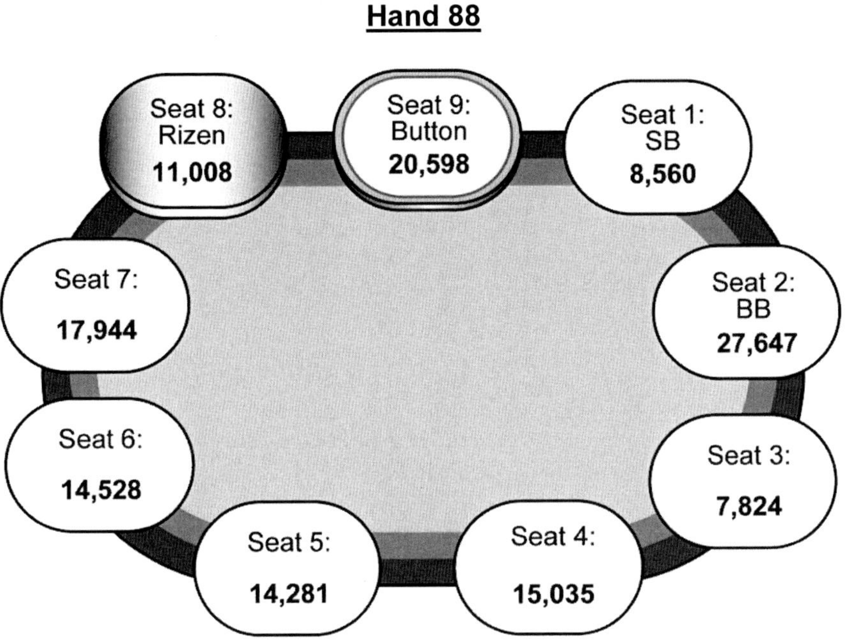

Situation: Ich bin fast auf der Bubble eines nächtlichen Turniers mit 100.000 $ garantiertem Preisgeld. Die Blinds liegen bei 300/600 und die Antes bei 30. Dies ist eines der größeren täglich stattfindenden Turniere mit einem Mix aus guten Spielern und Qualifikanten. Ich habe einen durchschnittlichen Stack und bin nahe der Bubble ziemlich aktiv gewesen.

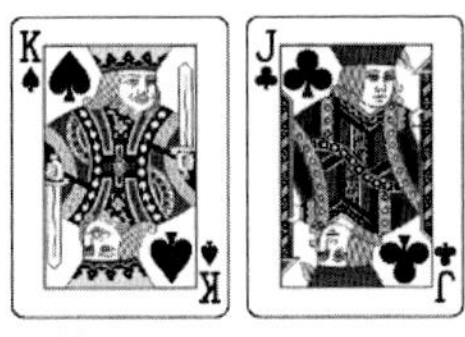

Vor dem Flop (1.170): Solange niemand sonst in den Pot eingestiegen ist, ist KJo aus später Position eine solide Hand. Es wird zu mir gefoldet und ich raise moderat auf 1.649, was recht üblich für diese Phase des Turniers ist. Es wird zum Big Blind gefoldet, der 1.049 callt.

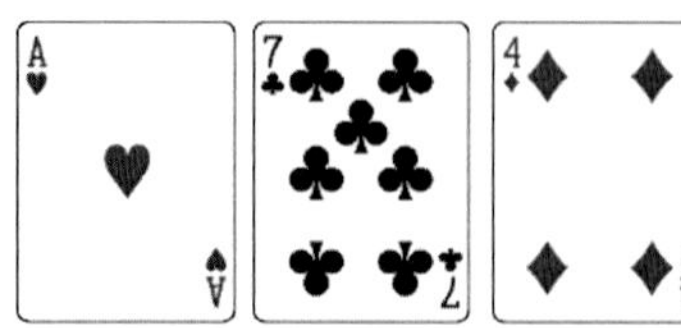

Flop (3.868): Dies ist ein wirklich trockener Flop mit einem Ass, gewöhnlich sind solche Flops perfekt für Continuation Bets. Zu meiner Überraschung bietet der Big Blind 1.800. Eine merkwürdige Bet, niedriger als halbe Potgröße, und er bietet in den Preflop-Raiser hinein. Die meisten Gegner checkraisen in dieser Situation mit einer reellen Hand. Manche erfahrene Spieler eröffnen hier mit ihren starken Händen, um ihre Gegner auszutricksen, doch dieser Spieler hat keinen Anlass gegeben, mich glauben zu lassen, er sei der Typ für Tricks dieser Art. Wahrscheinlicher ist, dass er beobachtet hat, wie aktiv ich auf der Bubble war und nun versucht, mich in der Hoffnung, ich hätte kein Ass, aus der Hand zu drängen.

Ich sehe diesen Spielzug auf einem trockenen Board mit einem Ass wirklich häufig – sowohl live als auch im Internet – und gegen die meisten Spieler kann man hier den Pot leicht durch einen Raise gewinnen. Ein All-In für insgesamt 9.359 Chips ist an dieser Stelle nur etwas mehr als ein Raise in Potgröße, und sollte auf meinen Gegner nicht allzu verdächtig wirken. Ich raise All-In auf 9.359 und der Big Blind foldet. Ich gewinne einen Pot von 7.468.

Hand 89

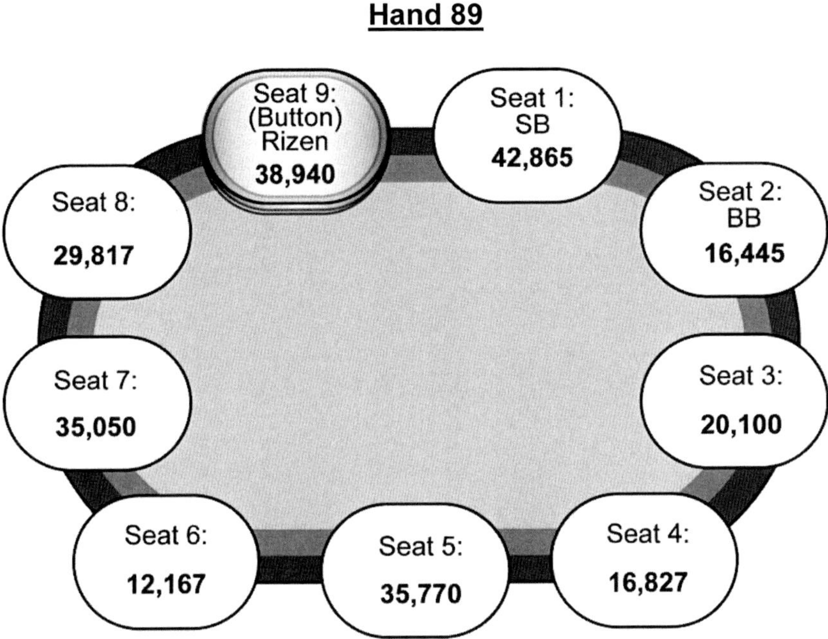

Situation: Ich befinde mich auf der Bubble eines nächtlichen 150 $-Turniers mit 55.000 $ garantiertem Preisgeld. Die Blinds sind bei 300/600 mit Antes von 75. Der Big Blind hat seine Blinds bisher sehr aggressiv verteidigt, wozu hohe Check-Raises und Bluffs über mehrere Setzrunden gehörten. Darüber hinaus callte er mehrfach auch mit schwachen Händen bis zum Showdown.

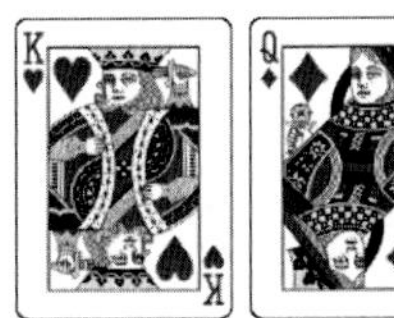

Vor dem Flop (1.575): Wenn die Spieler vor mir alle folden, ist KQ auf dem Button eine sehr starke Hand. Selbst gegen einen Raiser aus mittlerer oder später Position kann diese Hand viel Stärke haben. Nach einem Raise aus früher Position oder nach einem Reraise müsste ich jedoch folden. Es wird zu mir gefoldet und ich eröffne mit einem Raise auf 1.800. Der Small Blind foldet und der aggressiv verteidigende Big Blind callt weitere 1.200.

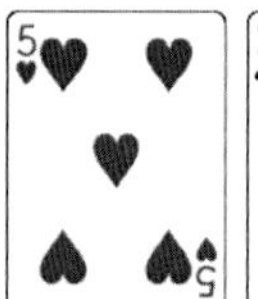 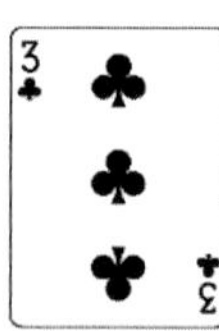 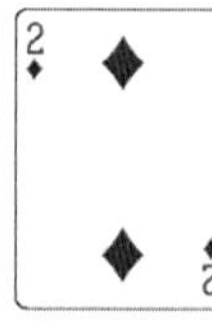

Flop (4.575): Dies ist ein Flop, auf dem viele Spieler gerne bluffen. So ein Flop trifft nur selten die Hand eines Raisers, und viele Big Blind-Verteidiger spielen gerne Ax, was ihnen hier häufig einen Gutshot mit zwei Overcards gibt. Mein Gegner checkt und im Wissen, dass er gerne mit einem Bluff checkraist, checke ich ebenfalls und nehme die eine Freecard.

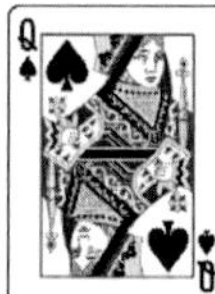

Turn (4.575): Eine großartige Turnkarte. Gegen diesen speziellen Gegner liege ich fast sicher vorne und bekomme sehr wahrscheinlich Action, da er oft auch gegen Ende der Hand mit zweitklassigen Händen callt. Es ist an der Zeit, meinen Gegner zur Kasse zu bitten und zu sehen, wie viele Chips ich vom Big Blind bekommen kann. Er checkt, ich biete 3.000, zwei Drittel des Pots, und der Big Blind callt schnell.

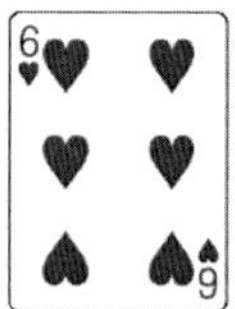

River (10.575): Nicht gerade die beste Riverkarte, da das Board nun mit einer Vier eine Straight ermöglicht. Da ich jedoch weiß, wie aggressiv dieser Spieler ist, wäre er mit einem Open-ended Straight Draw wahrscheinlich bereits All-In gegangen. Also hat er vermutlich keine Straight, sofern er nicht A4 slow spielt. Wegen meiner Handanalyse bin ich gerne bereit, all meine Chips in die Mitte zu bringen. Die grundsätzliche Frage hier lautet, wie ich am meisten Value herausziehen kann.

Der Big Blind checkt zu mir, und ich entscheide mich für eine Bet von 4.000. Das Gebot ist in Anbetracht des Pots niedrig (nicht einmal 40 Prozent) und wird einen Call von vielen schlechteren Händen bekommen. Es könnte meinen Gegner sogar zu einem Bluff-Raise verleiten.

Er raist tatsächlich All-In auf 11.579 und ich calle die weiteren 7.570. Er zeigt Q♣6♣. Er hat seine Sechs auf dem River getroffen! Es ist sehr bedauerlich, dass mein Gegner auf dem River seinen Kicker traf, doch aufgrund meiner Handanalyse spielte ich die Hand gut. Mein Check auf dem Flop hielt ihn von einem großen Bluff-Raise mit seinem Gutshot ab und erlaubte mir, auf dem Turn die beste Hand zu treffen. Anschließend erhielt ich Value von der zweitbesten Hand, die sich auf dem River verbesserte. Manchmal passiert so etwas, aber solange mein gedanklicher Prozess und meine Entscheidungen solide sind, werde ich auf lange Sicht Geld gewinnen.

Hand 90

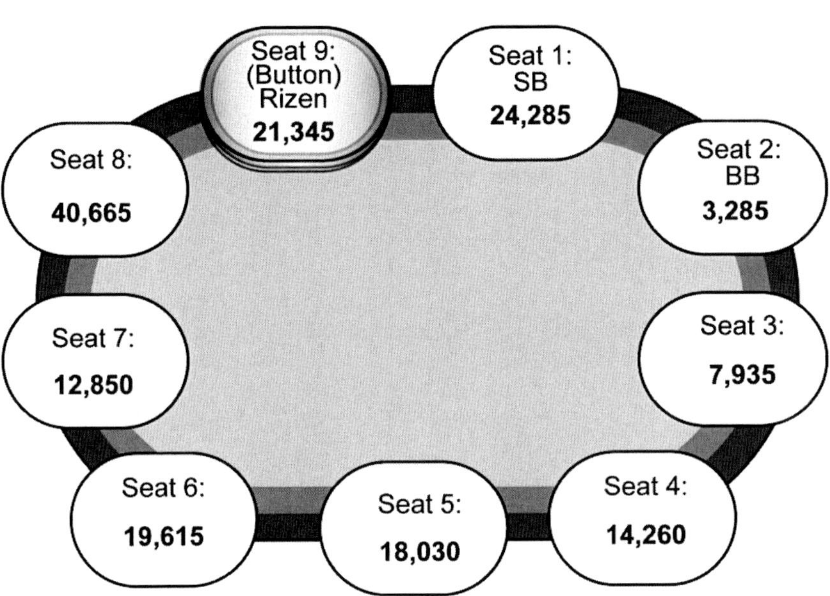

Situation: Dies ist ein nächtliches Turnier mit 20.000 $ garantiertem Preisgeld und einem Buy-In von 120 $. Ich befinde mich auf der Bubble, und die Blinds sind bei 300/600 mit Antes von 75. Spieler 8 hat den größten Stack am Tisch und nutzt diesen regelmäßig als Hebel, um durch Bets und Raises Pots einzusammeln.

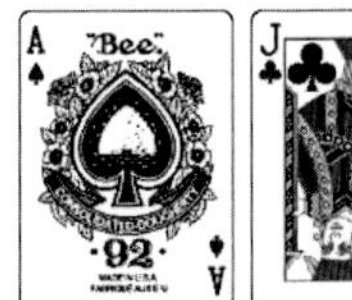

Vor dem Flop (1.575): AJ ist in später Position eine starke Hand. Es wird bis zum aggressiven Cut-Off gefoldet, der auf 1.600 raist, was Standard für ihn ist. Mit meinem Chipstack von rund 21.000 könnte ein Reraise funktionieren, aber der Cut-Off hat früher gezeigt, dass er mehr als gewillt ist, Reraises auf der Bubble erneut zu reraisen, um den gesamten Stack des Spielers zu bedrohen. AJ ist hier stark, aber ich bin mir nicht sicher, ob ich damit vor dem Flop um meinen gesamten Stack von ungefähr 35 Big Blinds spielen möchte. Lediglich zu callen und meine Chancen nach dem Flop zu suchen, ist eine annehmbare Spielweise; der einzige Nachteil ist, dass ein Call von mir ein mögliches Squeeze Play aus den Blinds vorbereitet. Der Big Blind hat jedoch nur noch 3.285 Chips. Sein Stack ist zu klein für einen ***Squeeze***. Ich calle 1.600, und beide Blinds folden.

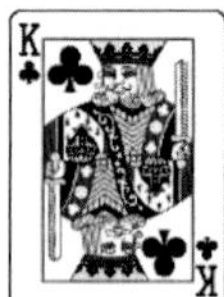 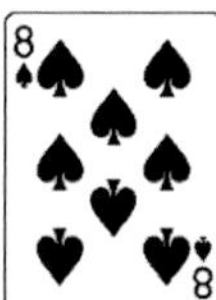 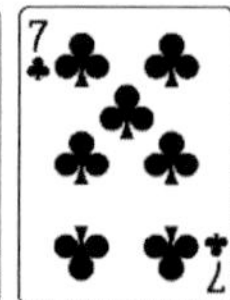

Flop (4.775): Ich verfehlte meine Hand, doch dies ist ein Flop, den auch mein Gegner nur selten trifft. Boards mit einer Broadway-Karte und zwei niedrigen Karten werden häufig von niemandem getroffen. Er könnte einen Flush Draw oder mit T9 einen Straight Draw haben, doch ohne den König wird es auf diesem Flop für ihn sehr schwer sein, mit der Hand weiterzumachen, wenn ich seine Continuation Bet raise. Der Cut-Off bietet 2.400.

Ein Raise auf ungefähr 7.000 sieht hier richtig aus. Er ist nicht so groß, dass ich von meiner Hand nicht loskomme, wenn mein Gegner reraist, und er ist stark, da es fast so aussieht, als würde ich wollen, dass mein Gegner callt. Gleichzeitig lasse ich genug für eine bedrohliche Bet auf dem Turn übrig, falls dies nötig wird. Die Bedrohung durch künftige, große Gebote kann häufig genau so einschüchternd sein, wie ein großes All-In, da man denselben gewünschten Effekt bekommt wie bei einem All-In Push. Ich raise auf 7.000 und mein Gegner foldet, was mir den Pot von 9.575 überlässt. Außerdem habe ich die Nachricht übermittelt, dass ich ihn während der Bubble nicht einfach den Tisch überrennen lasse.

Hand 91

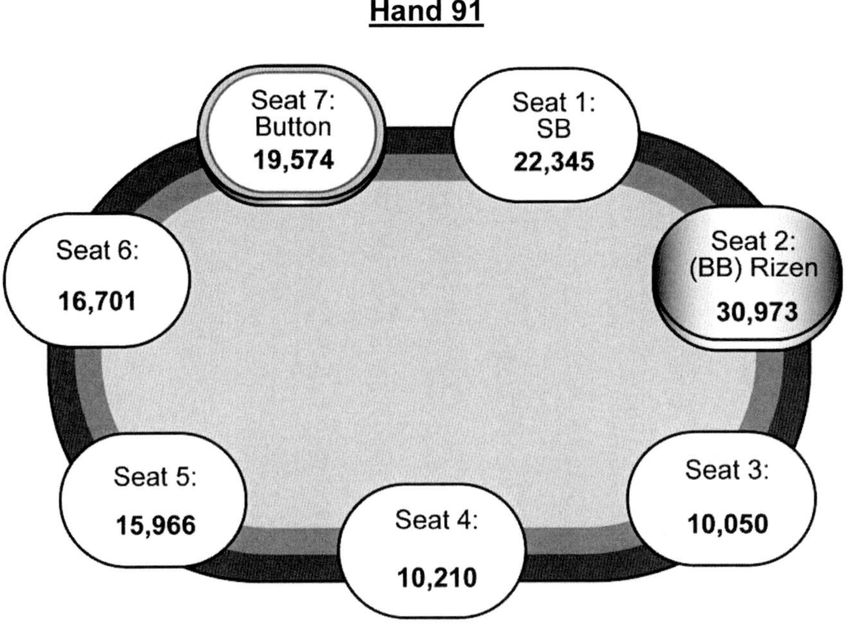

Situation: Ich befinde mich nah an der Bubble eines 100 $-Turniers mit Blinds bei 400/800 und Antes von 50. Ich habe ein tightes/solides Image und zeigte bisher im Showdown nur Gewinnerhände vor.

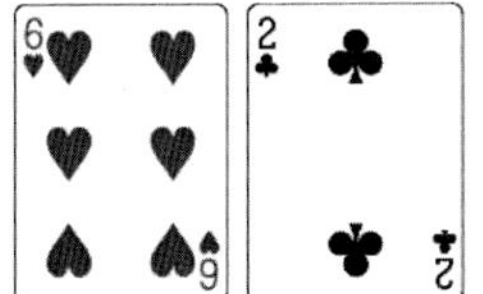

Vor dem Flop (1.550): Es wird zu Spieler 6 gefoldet, der vom Cut-Off auf 2.200 raist. Der Cut-Off hat aus einer Steal-Position geraist und sehr wahrscheinlich nur eine mäßig starke Hand oder sogar einen reinen Steal. Ohne sehr solide Hand wollen die meisten Spieler auf der Bubble nicht um den Rest ihrer Chips spielen. Aufgrund meines Images und meiner Chip-Position ist dies eine gute Gelegenheit für einen Re-Steal. Da der Cut-Off die Hand mit weniger als 17.000 Chips begonnen hat, erscheint ein Raise auf 7.200 genau richtig.

Ein Raise dieser Größe erreicht mehrere Dinge. Er ist so groß, dass mein Gegner mit Händen wie Suited Connectors oder niedrigen Pocket Pairs nicht einfach für Implied Odds callen kann. Der Raise ist auch so groß, dass dem Big Blind klar sein muss, dass er Pot-Committed ist, falls er die Hand spielt, da ein Call ihn ein

Drittel seines Stacks kostet. Seine besten Optionen sind ein All-In oder ein Fold. Entscheidet er sich für einen Call, sollte er eine sehr starke Hand haben, und ich würde auf dem Flop mit allem, was schwächer als Two Pair ist, folden. Der Raise ist andererseits klein genug, dass ich nach einem Reraise ohne weiteres folden kann, da ich selbst nicht committed bin. Dies ist ein exzellentes Spiel auf der Bubble, da es den Druck auf meine Gegner maximiert, während es die Verluste für mich minimiert, wenn ich in eine echte Hand laufe.

Diese Spielweise ist aber auch sehr riskant. Ich riskiere 6.400 um 3.750 zu gewinnen. Doch angesichts der Bubble und dem Handspektrum meines Gegners sollte er oft genug folden, um diesen Spielzug für mich profitabel zu machen. Allerdings ist mein Gegner auch im Cut-Off, wo viele Spieler mit einer großen Auswahl an Händen spielen. Ich würde diese Spielweise fast niemals gegen einen Spieler in früher (und meist auch nicht gegen einen Spieler in mittlerer) Position anwenden.

Der Cut-Off foldet und ich gewinne einen Pot von 5.150.

Hand 92

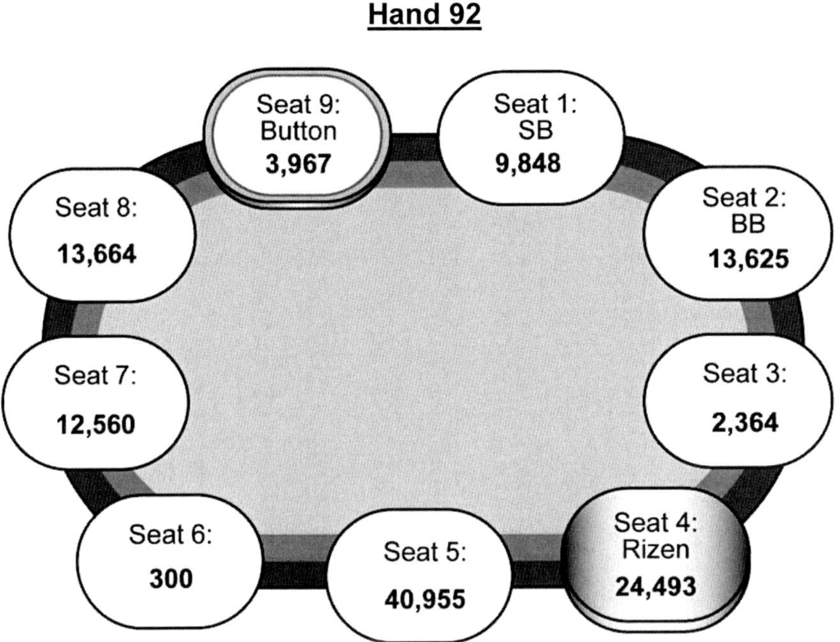

Situation: Dies ist ein sonntägliches Rebuy-Turnier mit einem Buy-In von 200 $, das häufig eines der härtesten Teilnehmerfelder im Internetpoker vorweisen kann. Ich befinde mich in der mittleren Phase des Turniers mit Blinds bei 200/400 und Antes von 25. Spieler 5, der Chipleader, ist ein sehr guter, wohlbekannter Spieler, der weiß, wie er seinen Chipstack einsetzen kann, um Gegner aus der Hand zu drängen. Ich war mit ihm schon in in mehrere Pots verwickelt, ohne dass einer von uns dem anderen etwas abringen konnte.

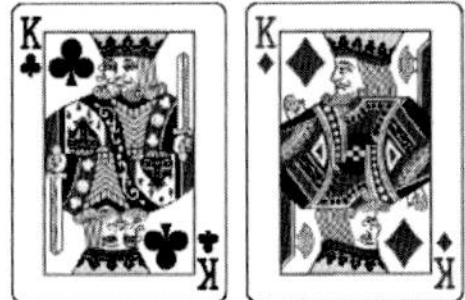

Vor dem Flop (825): Logischerweise ist es aus jeder Position heraus schön, die zweitbeste Hand im Poker zu haben. Es wird zu mir gefoldet, und ich raise auf 1.099. Der Chipleader callt meinen Raise lediglich und alle anderen folden.

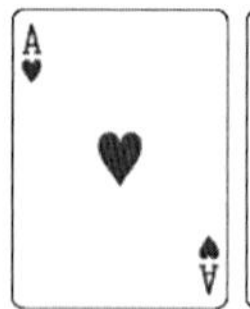
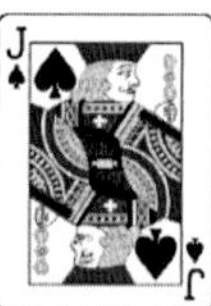
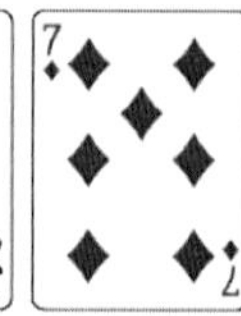

Flop (3.023): Nun, ich wollte keinesfalls eines der Asse auf dem Flop sehen. Die Frage ist, ob ich in der Hoffnung auf einen günstigen Showdown checken, oder eher aggressiv bleiben sollte. In Position spiele ich diese Situationen gerne soweit möglich für einen günstigen Showdown. Doch ohne Position kann ich die Größe des Pots nur schwer kontrollieren. Da ich aus früher Position raiste, hat mein Gegner vermutlich weder AA oder AK, da er mit diesen Händen keine weiteren Caller hätte animieren wollen und daher wohl geraist hätte. AQ ist jedoch eine Möglichkeit. Die wahrscheinlichsten Hände ohne Asse sind Paare (AA/KK nicht eingeschlossen) und Suited Connectors. Da sein Handspektrum nicht viele Blätter mit einem Ass umfasst, scheint aufgrund meiner Analyse eine Bet sinnvoll zu sein. Ich habe wahrscheinlich die beste Hand, und wenn ich ohne Position meinem Gegner die Kontrolle des Pots überlasse, werde ich die Hand viel häufiger verlieren. Ich biete 2.000 und mein Gegner callt.

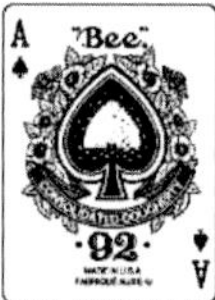

Turn (7.023): Eine gute Karte für mich. Das zweite Ass auf dem Board lässt nur noch zwei im Deck übrig, was es unwahrscheinlicher macht, dass mein Gegner eines auf der Hand hält; dies gilt besonders in Anbetracht des schmalen Spektrums, auf das ich ihn setze. Allerdings ist das A♠ auch eine exzellente Bluff-Raise-Karte für ihn, weil sie es auch unwahrscheinlicher macht, dass ich ein Ass habe. Aus genau diesem Grund würde ich mit dem Ass hier häufig ein zweites Mal eröffnen, mit einer starken Hand ohne Ass aber checken. Dies kann Bluffs meiner Gegner provozieren, während ich sicherstelle, nicht aus der besten Hand gedrängt zu werden. Ein Check hilft auch, die Potgröße zu kontrollieren, sodass ich keinen großen Pot verliere, falls mein Gegner doch ein Ass hat.

Ich checke zu meinem Gegner, der 3.200 bietet. Dies ist im Vergleich zum Pot ein niedriges Gebot, welches nach Schwäche riecht. Zugleich wird ein guter Spieler eine solche Bet oft genau deshalb machen, *weil* sie schwach aussieht. Ein guter Spieler plant voraus und weiß, dass nach einem Call von mir 13.423 im Pot sein werden und ich nur 18.194 übrig habe. Das erlaubt es ihm eventuell, mich auf dem River erheblich unter Druck zu setzen.

Dies ist eine wirklich schwierige Situation für mich. Hier zu raisen ist sinnlos, da ich nur von Händen gecallt werde, die mich komplett dominieren, und es gibt keine echten Draws auf dem Board, die ich bezahlen lassen möchte. Auf der anderen Seite könnte ich nach einem Call mit einer noch größeren Bet auf dem River konfrontiert werden, die mich in ein echtes Dilemma bringen dürfte.

Folden erscheint jedoch in Anbetracht der Größe des Pots und der Häufigkeit, mit der ich noch vorne liege ziemlich schlecht. Ich entscheide, 3.200 zu callen und die Situation basierend auf der Action am River neu zu bewerten.

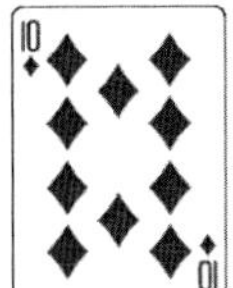

River (13.423): Die Riverkarte komplettiert den Gutshot mit KQ, doch da ich zwei Könige habe, ist es unwahrscheinlich, dass mein Gegner diese Hand hat. Auch TT hat nun eine starke Hand getroffen, doch die meisten Spieler mit TT hätten auf dem Turn nach mir ebenfalls gecheckt, da dieses Blatt viel Showdown Value hat. Ich stecke in einer sehr ähnlichen Situation wie auf dem Turn, da ich nach einer Bet wahrscheinlich nur von einer besseren Hand Action bekomme. Ich könnte auch von einem Raise meines Gegners aus meiner Hand gedrängt werden.

Die beste Wahl ist hier, durch einen Check einen weiteren Bluff auf dem River zu provozieren und dann die Entscheidung zu treffen, sobald ich die Höhe des Gebots sehe. Ich checke und mein Gegner bietet 2.750. Wegen ihrer geringen Größe ist dies eine sehr verwirrende Bet. Auf dem River weist eine Bet wie diese gewöhnlich auf eine starke Hand hin mit der beabsichtigt wird, jemanden zum Callen oder sogar Raisen zu verleiten. Manchmal ist dies auch eine Value Bet von jemandem, der denkt, sein Bube sei gut. Es könnte sogar ein ***Post Oak Bluff*** sein, bei dem die Person eine schwache Bet macht, die absichtlich stark aussehen soll, in der Hoffnung, dass man folden wird.

Die Pot Odds sind nun einfach zu günstig, und falls mein Gegner ein Ass oder ein Full House mit etwas wie JJ oder 77 hält, hätte er zu irgendeinem Zeitpunkt wirklich versuchen sollen, einen größeren Pot aufzubauen. Ich calle die 2.750 und mein Gegner zeigt mit 7♠6♠ Asse und Siebenen, die auf dem Turn darüber hianus einen Flush Draw bekommen hatten. Ich gewinne einen Pot von 18.923, aber ich hatte Glück, dass mein Gegner mich so günstig zum Showdown kommen ließ.

Nachdem mein Gegner zu seinem Paar noch den Flush Draw auf dem Turn bekam, hätte er nach mir ebenfalls checken sollen. Stattdessen hatte er mit dem zweitbesten Paar auf dem Flop gecallt, um, falls ich auf dem Turn checkte, zu versuchen, mir den Pot wegzunehmen. Nachdem er den Draw bekam und ich tatsächlich checkte, fühlte er sich verpflichtet, durch Bets seinen Plan am Flop weiter zu verfolgen, setzte jedoch so niedrig, dass er nicht so leicht aus der Hand gedrängt werden konnte. Dies ist ein gutes Beispiel, warum man die eigene Situation in jeder Setzrunde neu bewerten sollte. Nur weil man auf dem Flop callt, um den Pot später zu stehlen bedeutet das nicht, man könne nicht den

Gang wechseln, wenn die Turnkarte entsprechend ausfällt.

Hand 93

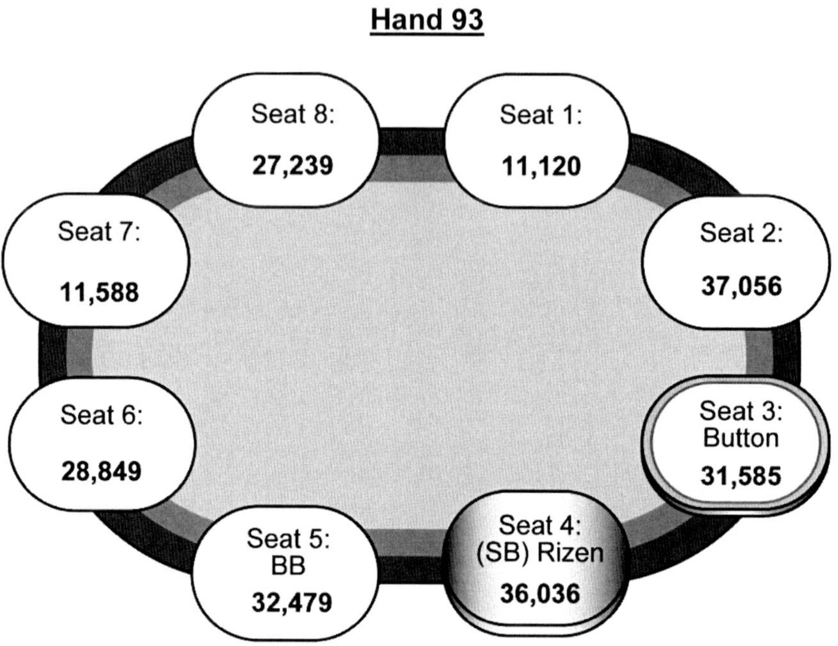

Situation: Es ist später im selben Rebuy-Turnier mit Buy-In von 200 $. Die Blinds betragen 500/1000 und die Antes 100. Der Gegner ist derselbe Spieler, nur dass er jetzt im Big Blind ist.

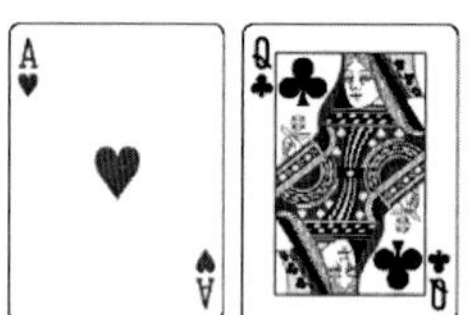

Vor dem Flop (2.300): AQ ist in den richtigen Situationen eine sehr starke Hand, und abhängig von den Aktionen vor mir könnte ich hier alles machen: vom Fold bis zum Spiel um all meine Chips. In diesem Fall wird zu mir gefoldet. In einer Blind-gegen-Blind Situation werde ich hier vor dem Flop definitiv für den Rest meiner Chips spielen, doch für ein direktes All-In ist mein Stack zu groß, weshalb ein Standard-Raise richtig ist. So spät im Turnier ist ein Standard-Raise häufig etwas weniger als drei Big Blinds, doch da ich in dieser Hand keine Position habe, raise ich auf 3000, und der Big Blind callt.

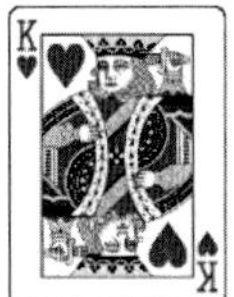 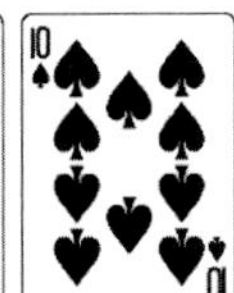 

Flop (6.800): Ich floppe einen Gutshot mit einer Overcard. Der Flop ist jedoch gefährlich, da viele mögliche Hände meines Gegners den Flop getroffen haben könnten. KJ, QJ, QT, JT und 44 sind alles Hände, mit denen mein Gegner vor dem Flop callt und die diesen Flop mögen würden.

Auf der anderen Seite gibt es viele Hände, die er folden wird, und selbst nach einem Call kann ich durchaus noch die beste Hand bekommen oder ihn in einer späteren Setzrunde aus der Hand drängen. Vergessen Sie die vorige Hand nicht, in der er anfangs mit dem unteren Paar einen Float versuchte, um den Pot in einer späteren Setzrunde zu stehlen. Also selbst wenn ich nach einem Call meine Hand verpasse, könnte ich ihn möglicherweise in einer späteren Setzrunde aus der Hand drängen, wenn ich gewillt bin, mehr als eine Salve abzufeuern. Ich biete 4.000 und mein Gegner callt.

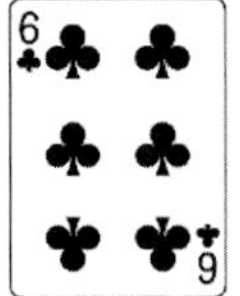

Turn (14.800): Die Turnkarte verändert die Dinge nicht sonderlich. Ich habe immer noch eine Overcard und einen Gutshot, und mein Ass als höchste Karte könnte sogar die beste Hand sein. Mein Gegner hat in der Vergangenheit jedoch mit schlechten Händen gefloatet, und ich habe zuvor einige Male meine mittelstarken Hände auf dem Turn gecheckt. Wenn er der intelligente Spieler ist, für den ich ihn halte, sollte er eine zweite Bet von mir als Indikator für eine sehr starke Hand ansehen. Angesichts des breiten Spektrums, mit dem *er* am Flop callt und des (aus seiner Sicht) schmalen Spektrums für *meine* Bet auf dem Turn, ist dies eine exzellente Situation für eine zweite Salve. Und nach einem Call hätte ich auch immer noch Outs. Ich biete 9.500 und der Big Blind denkt lange nach, bevor er KJ offen ablegt. Ich gewinne einen Pot von 14.800.

Hand 94

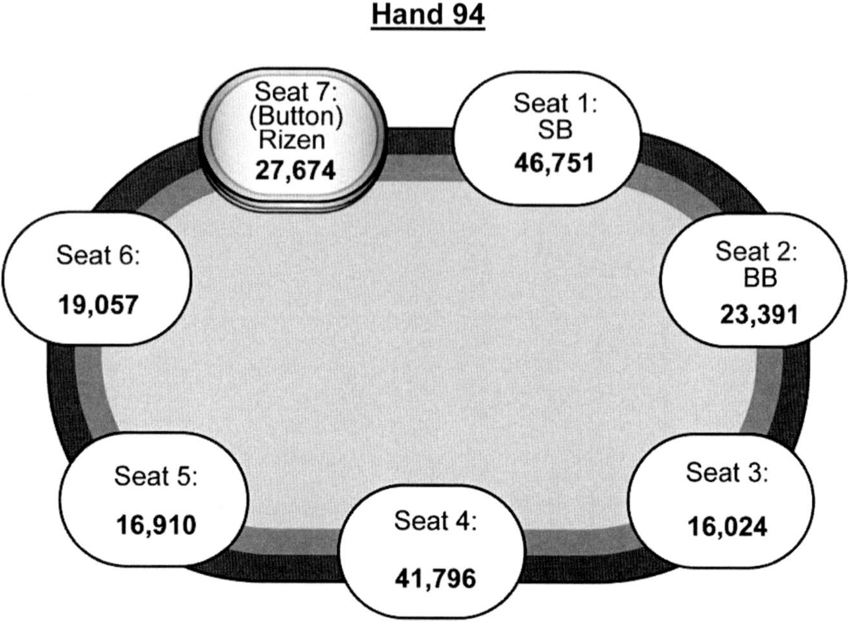

Situation: Ich bin weit fortgeschritten in einem Freezeout-Turnier mit 100 $ Buy-In. Die Blinds betragen 600/1.200 und die Antes 125. Die meisten Spieler am Tisch scheinen einigermaßen gut zu sein, und niemand sticht als besonders schlecht oder besonders gut hervor.

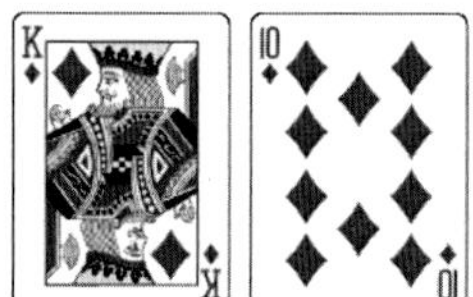

Vor dem Flop (2.675): Hände mit gleichfarbigen Broadwaykarten können in der mittleren oder späten Phase von Turnieren sehr mächtige Hände zum Reraisen und Semibluffen sein, da sie in All-In Situationen vor dem Flop einigermaßen gut standhalten, und sich nach einem Call auch gut auf dem Flop spielen lassen. Nach dem Flop kann man in vielen Pots semibluffen, etwa mit einem Flush- oder Straight Draw mit Overcards, und im Fall eines Calls hat man eine Menge Outs.

In diesem Fall wird zu mir auf dem Button gefoldet. Ich raise auf 3.199 und der Big Blind callt.

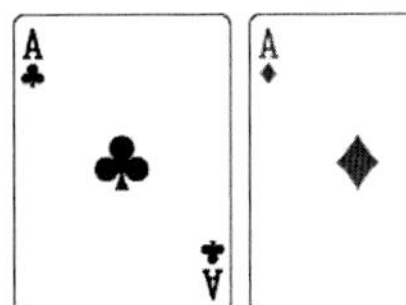
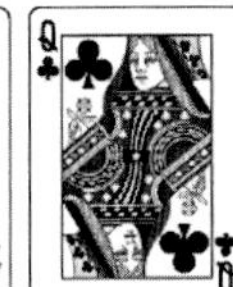

Flop (7.873): Mit lediglich einen Gutshot und einen Backdoor Flush Draw ist dies kein guter Flop für mich. Auf der anderen Seite sollte er für meinen Gegner ebenso furchteinflößend sein. Überraschenderweise eröffnet mein Gegner für 2.400, was bloß ein Drittel des Pots ist.

Erstens hätte er mit einem Ass auf der Hand in dieser Phase vermutlich vor dem Flop gereraist. Und falls er sein Ass wider Erwarten tight gespielt hätte, hätte er nun sicherlich „zum Raiser gecheckt", um sicher zu gehen, dass ich eine Continuation Bet bringe. Diese Bet sieht nach einer schwachen Dame oder einem Kreuz Draw aus.

Zwei Setzfolgen bieten sich hier an. Eine ist, direkt hier zu raisen und den Pot mitzunehmen. Diese Folge ist absolut vernünftig, doch die Situation ist ebenso gut geeignet, auf dem Flop zu ***floaten***, also sein Gebot zu callen mit dem Vorhaben, den Pot in einer späteren Setzrunde zu gewinnen. Der Float bietet hier mehrere Vorteile. Einer ist, dass ich meinen König oder einen Buben treffen und zu der besten Hand gelangen kann; während ich folden müsste, falls mein Gegner nach meinem Raise seinerseits reraist, und ich so jeglichen Anteil am Pot verlöre. Ein weiterer Grund ist, dass mein Gegner seine Hand auf dem Turn klarer deifinieren könnte. Die meisten Spieler, die auf dem Flop ein Drittel des Pots bieten, haben große Schwierigkeiten, ohne ein Ass auf der Hand auf dem Turn eine weitere ernstzunehmende Bet zu bringen. Ich entscheide mich für einen Call.

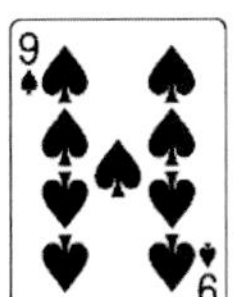

Turn (12.673): Dies ist ein sehr harmloser Turn. Es ist sehr zweifelhaft, dass mein Gegner hier 99 hat, da er damit wahrscheinlich vor dem Flop gereraist hätte. Mein Gegner bietet erneut 2.400; dieses Mal ungefähr ein Fünftel des Pots. Ein Gebot in Höhe von einem Drittel des Pots auf dem Flop – gefolgt von einem in Höhe von einem Fünftel des Pots auf dem Turn – schreit einfach Schwäche. Dies ist ein guter Zeitpunkt zur Übernahme der Initiative und zum Angriff auf den Pot. Indem man den Flop bloß callt und den Turn raist, repräsentiert man eine sehr starke Hand und es wird jedem Gegner extrem schwer fallen, ohne ein Ass zu callen, welches er aus allen oben besprochenen Gründen nur sehr selten hält. Ich raise auf 18.000 und setze meinen Gegner All-In. Er foldet und überlässt mir einen Pot von 17.473.

Hand 95

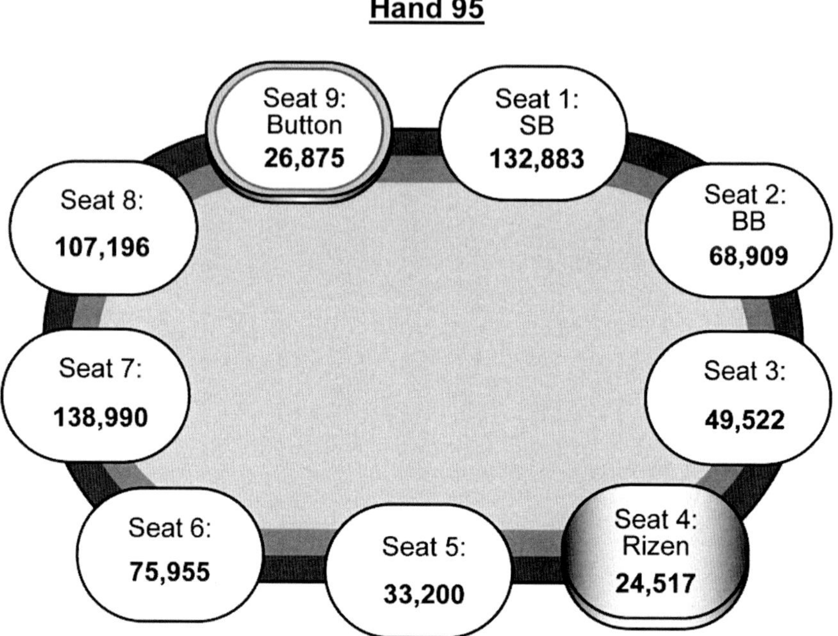

Situation: Ich habe gerade die vierte Stunde eines großen, sonntäglichen 500 $-Turniers begonnen. Die Blinds sind bei 600/1.200 mit Antes von 150. Der Tisch ist recht loose und passiv, viele Spieler callen vor dem Flop und spielen nach dem Flop generell sehr geradlinig. Mein Image ist eher tight, ich habe beim Showdown nur starke Hände gezeigt und bin bisher bei keinen meiner Bluffs erwischt worden.

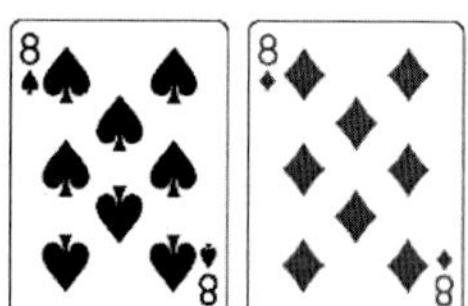

Vor dem Flop (3.150): Ein Paar Achten sind eine starke Hand, mit der ich auch in früher Position häufig raise. Jedoch handelt Spieler 3 als UTG zuerst und limpt vor mir in den Pot. Achten spielen sich am besten entweder in einem Pot mit mehreren Gegnern, dann allerdings sollte man ein Set treffen, oder in einem Heads-Up vor dem Flop. Da der UTG bereits gecallt hat, sollte ein Call nach ihm wenigstens ein paar weitere Caller nach uns in den Pot locken und diesen aufbauen. Dass der ursprüngliche Call aus UTG erfolgte, hat zusätzlich einen gewissen „Einfrier"-Effekt auf den gesamten Tisch, da ein Call aus früher Position häufig eine starke Hand signalisieren kann. Listige Spieler werden manchmal mit ihren Premium-Händen in früher Position callen und auf einen Raise nach ihnen hoffen, um dann selbst zu reraisen und einen großen Pot gewinnen können. Ich calle 1.200, Spieler 7 callt und es wird zum Big Blind gefoldet, der checkt.

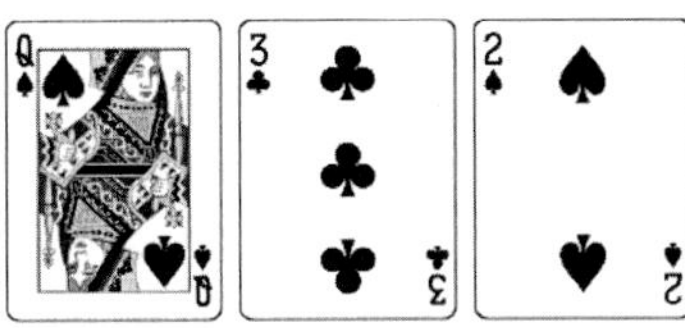

Flop (6.750): Von den Flops, die keine Acht aufweisen, ist dies für mich tatsächlich einer der besseren. Die meisten Spieler limpen gerne mit Pocket Pairs, Suited Connectors und gleichfarbigen Assen. Während ein Flush Draw durchaus möglich ist, ist die Dame eine recht harmlose Karte, die größtenteils nicht in dem Spektrum meiner Gegner liegt. Manche Spieler limpen aus früher Position jedoch mit Händen wie KQs und QJs, weswegen es einen gewissen Grund zur Besorgnis gibt.

Der Big Blind und Spieler 3 checken. Im Moment mag ich meine Hand, doch ich sollte vorsichtig sein, da ich sehr wohl in großen Schwierigkeiten mit wenigen Outs sein könnte. Meine Bet sollte hoch genug sein, um mir eine gute Chance zu geben, den Pot direkt zu gewinnen, und zugleich die Hände meiner Gegner präziser zu definieren, damit ich in späteren Setzrunden bessere Entscheidungen treffen kann. Das Ziel ist, im Fall einer Niederlage meine Verluste zu minimieren, aber die Chance zu wahren, den Pot mitzunehmen. Ich entscheide mich für eine Bet in Höhe von zwei Drittel des Pots, oder 4.800. Alle folden bis zum UTG, der callt.

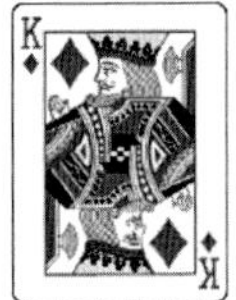

Turn (16.350): Mein Gegner checkt. Die Turnkarte ändert wahrscheinlich nicht viel. Es ist unwahrscheinlich, dass mein Gegner einen Flush Draw mit einem König hat, oder mit einem bloßen König auf der Hand callte. Seine wahrscheinlichsten Hände sind ein Flush Draw, eine schwache Dame (so etwas wie QT oder QJ), ein mittleres Pocket Pair oder vielleicht sogar eine starke Draw-Kombination wie A4s oder 54s; jedoch würden die meisten Spieler mit einem so starken Draw auf dem Flop raisen. Es ist entfernt möglich, dass mein Gegner auch AA, 33 oder 22 hält, doch die meisten Spieler hätten mit solchen Händen auf dem Flop gecheckraist, um mich davon abzuhalten, sie zu überholen. Gegen die Hände, die ich aktuell schlage, liege ich nur knapp vorne (mit Ausnahme von Händen wie 77 und 66) und die Hände, die mich schlagen, dominieren mich deutlich. Im Moment will ich unbedingt den Pot klein halten und versuchen, günstig den Showdown zu erreichen, also checke ich.

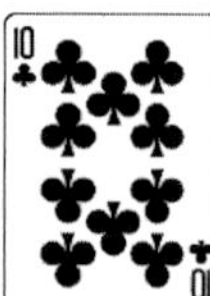

River (16.350): Falls meine Analyse der Situation und meines Gegners korrekt ist, ändert diese Karte erneut wahrscheinlich nicht das Ergebnis der Hand. Ich erwarte, dass mein Gegner sowohl mit seinen stärkeren Händen For Value bettet (wahrscheinlich benötigt er dafür ein Paar Damen oder etwas besseres), als auch mit seinen verpassten Draws angreift, da eine Bet dann der einzige Weg für ihn ist, diesen Pot zu gewinnen. Mit den meisten seiner mittelstarken Hände wird er wahrscheinlich checken, um einen günstigen Showdown zu sehen, oder er könnte eine Art niedrige Block-Bet bringen, um mich von einer wesentlich höheren Bet abzuhalten, die ihn aus dem Pot drängen würde. Mein Gegner bietet 4.800. Ich bekomme Pot Odds von 4-zu-1, also muss ich nur in mehr als 20 Prozent der Fälle zu gewinnen, um hier profitabel callen zu können. Mein Gegner hat mir meine Entscheidung einfach gemacht, da er in Anbetracht der Hände, auf die ich ihn gesetzt habe, in mehr als 20 Prozent der Fälle bluffen könnte. Ich calle 4.800 und mein Gegner zeigt mit A♠7♠ einen geplatzten Nut Flush Draw. Ich gewinne einen Pot von 25.950.

In dieser Hand war es essentiell, auf meine ursprüngliche Handanalyse auf dem Flop zu vertrauen. Viele Spieler werden auf die zwei Overcards auf Turn und River blicken, und ihre Hand aufgeben. Das Handspektrum, auf das ich ihn auf dem Flop gesetzt hatte, änderte sich aber nie, da die Action dies nicht nahelegte. Dies und die niedrige Bet meines Gegners auf dem River erlaubten es mir, einen hübschen, großen Pot zu gewinnen.

Hand 96

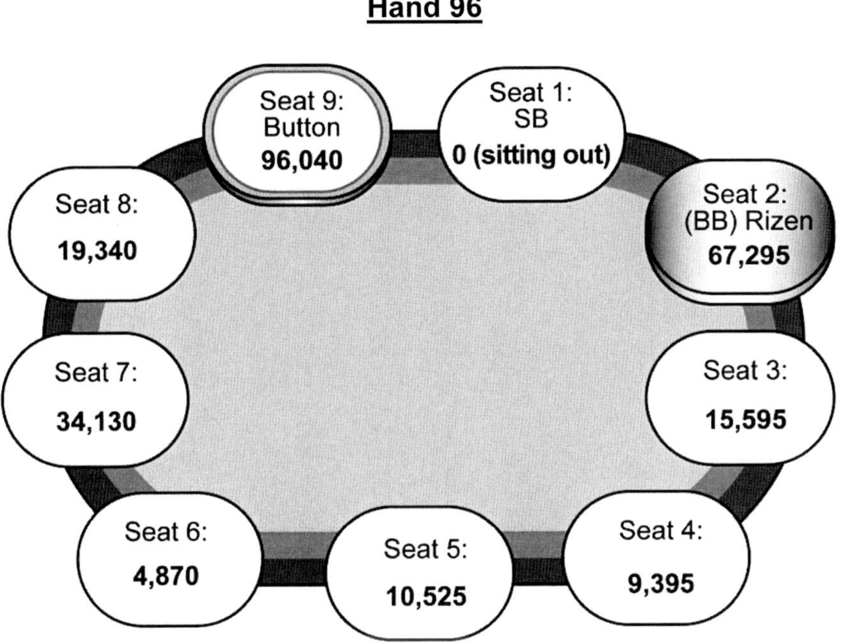

Situation: Ich bin nahe der Bubble in einem jährlich stattfindenden Internet-Meisterschaftsturnier mit einem Buy-In von 500 $. Viele Spieler in diesem Turnier sind Qualifikanten, und da bereits die niedrigste Auszahlungsstufe zehnmal mehr ist, als das, was viele dieser Spieler zur Qualifikation bezahlt haben, ist die Bubble noch gewichtiger als normal. Die Blinds sind bei 600/1.200 mit Antes von 50. Der Button scheint ein Amateur zu sein, der als Chipleader auf der Bubble seine Handauswahl erweitert hat. Der Small Blind sitzt gerade aus.

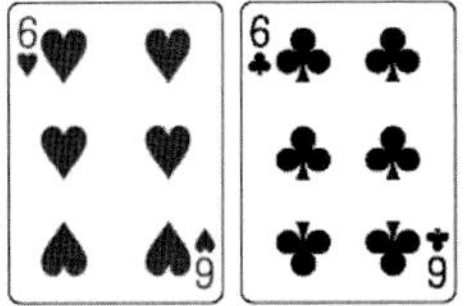

Vor dem Flop (2.250): Diese Hand kann abhängig von der vorherigen Action auf viele Arten gespielt werden. Hier wird zum Button gefoldet, welcher für 3.040 eröffnet.

Aufgrund des Eröffnungsgebots bieten sich zwei Spielfolgen an: Gegen einen Spieler, der an der Bubble sehr aggressiv vorgeht, würde ich hier zu einem Call tendieren, da ich einen großen Pot gewinnen kann, wenn mein Gegner nach dem Flop mit seiner Hand überzieht, um die Bubble auszunutzen. Diese Art Spieler re-reraist vor dem Flop wahrscheinlich eine breites Spektrum an Händen, was mich effektiv zum Folden zwingen würde.

Jedoch ist mein Gegner in diesem Fall ein eher klassisch tight-aggressiver Spieler, der wahrscheinlich mit einem großen Stack auf der Bubble jenseits seines gewohnten Limits spielt. Sein Spektrum an Händen für einen Re-Reraise ist wahrscheinlich auf die allerbesten Premium-Hände begrenzt. Somit sollte ein Reraise meist erfolgreich sein. Auch im Fall eines Calls wird er meine starken Hände seltener ausbezahlen als ein loose-aggressiver Gegner, der zu Tricks und Attacken nach dem Flop in der Lage ist. Wegen der Schwierigkeit, ohne Position zu spielen, werde ich nach einem Call häufig letztlich in einem kleinen Pot die beste Hand folden.

Ich habe einen der wenigen Stacks am Tisch, die meinem Gegner wirklich wehtun können. Obwohl ich hier profitabel callen könnte, ist ein Reraise wegen des Drucks auf den ursprünglichen Raiser besser. Ich habe auf der Bubble die Chance, meinen Chipstack mit einer Hand um 10 Prozent zu erhöhen, die sich ohne Position gut spielen lässt. Ich reraise auf 10.120, der Button foldet und ich gewinne einen Pot von 7.080.

Hand 97

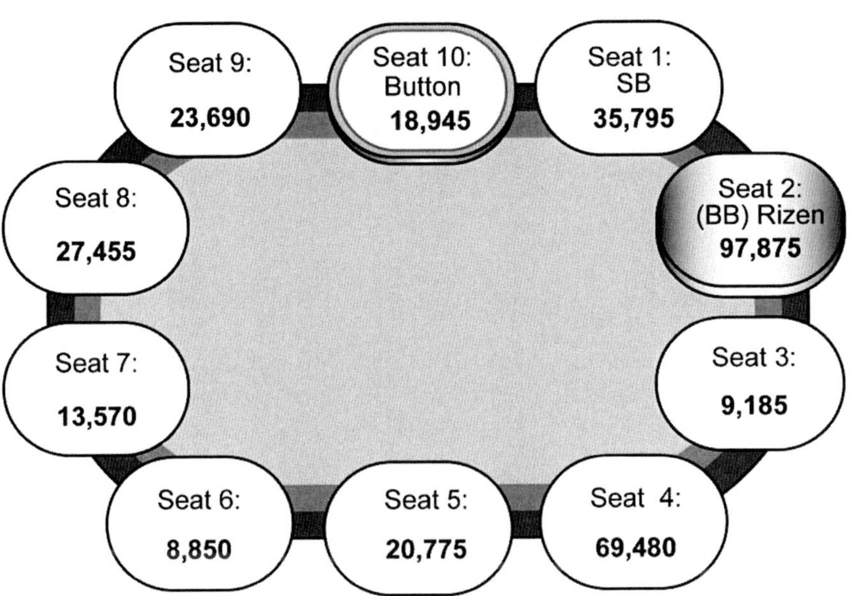

Situation: Diese Hand ist aus dem gleichen Turnier wie die vorige, nur etwas später, und wir sind immer noch nahe der Bubble. Die Blinds sind bei 800/1.600 mit Antes von 150.

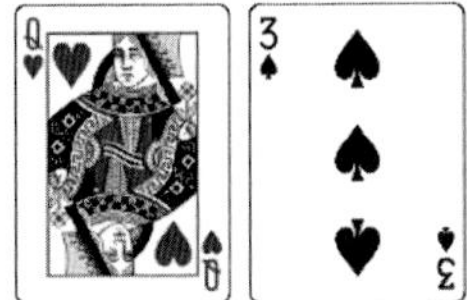

Vor dem Flop (3.900): Offensichtlich ist dies keine sehr starke Hand. Vielmehr ist sie etwas schwächer als eine komplett zufällige Hand. Spieler 3 geht für 9.185 All-In. Es wird bis zu mir gefoldet. Viele Spieler werden hier ohne einen weiteren Gedanken zu verschwenden folden, doch Spieler 3 hat nur noch 5,5 Big Blinds übrig, ist sehr verzweifelt und wird häufig lieber mit zwei beliebigen zwei Karten All-In raisen, als sich von den Blinds auffressen lassen. Es sind nach Blinds, Antes und dem All-In 13.085 im Pot. Ich muss 7.535 mehr callen, also bekomme ich Pot Odds von etwas weniger als 2-zu-1.

Mit einem niedrigen Chipstack würde ich hier niemals einen Call in Betracht ziehen, doch mit einem großen Chipstack kann ich zwei Dinge durch den Call bewerkstelligen. Erstens: Falls mein Gegner mit den besten 20 Prozent seiner Hände pusht (was eine niedrige Schätzung für manche Onlinespieler sein mag), bekomme ich nur knapp weniger als die Odds, die ich für einen korrekten Call benötige. Gegen eine komplett zufällige Hand gewinne ich in 48,22 Prozent der Fälle und gegen eine Hand der besten 20 Prozent gewinne ich in 31,67 Prozent der Fälle [4]. Für den Call benötige ich Siegchancen von 36,5 Prozent, um eine nach Chips ausgeglichene Bilanz zu erzielen.

Angenommen, das Handspektrum meines Gegners ist ziemlich breit, dann wäre dies eine annähernd chipneutrale Spielweise. Durchschnittlich wird man mit einem Call also mit der gleichen Menge an Chips heraus kommen wie mit einem Fold, nur erhöht der Call die Varianz. Es gibt allerdings noch eine andere Überlegung: Wenn ich hier – nahe der Bubble – calle, und meine Gegner sehen, dass ich sie mit Q3o calle, werden sie wahrscheinlich unabhängig vom Ausgang der Hand für die Dauer der Bubble SEHR vorsichtig gegen mich spielen, da sie wissen, dass ich bereit bin, ihr Turnierleben mit zwei beliebigen Karten aufs Spiel zu setzen. Diese Spielweise verschafft mir das Image eines Maniacs, mit dessen Hilfe ich im weiteren Verlauf der Bubble noch viele zusätzliche Chips gewinnen kann.

Ich calle. Mein Gegner zeigt J2o und keine unserer Hände verbessert sich. Ich eliminiere einen Gegner und füge meinem Stack 13.085 hinzu. Die nächsten drei Male, in denen ich während der Bubble im Big Blind sitze, folden alle meine Gegner zu mir.

[4] Diese Rechnungen kann man mit einem „Poker Odds Calculator" machen, den man auf vielen Seiten findet, u.a. auf www.InternetTexasHoldem.com.

Hand 98

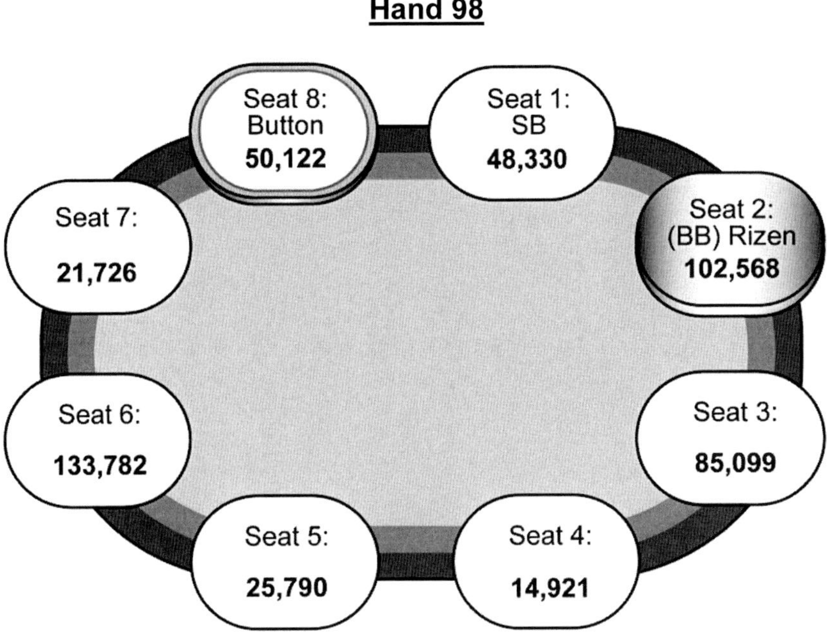

Situation: Es ist die mittlere bis späte Phase des bereits weiter oben diskutierten Rebuy-Turniers mit 200 $ Buy-In. Die Blinds betragen 1.000/2.000 und die Antes 200.

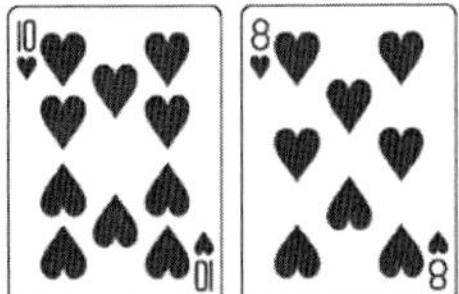

Vor dem Flop (4.600): Dies ist keine sonderlich starke Hand, doch in der mittleren bis späten Phase kann sie sich sehr gut zur Verteidigung der Blinds eignen, da man mit diesem Blatt und einem großen Stack auf vielen Flops semibluffen kann. Es wird zu Spieler 4 gefoldet, der mit 14.721 All-In geht und es wird zu mir gefoldet. Auf dem ersten Blick scheint es mit einer Zehn als höchste Karte ein einfacher Fold zu sein, doch ich sollte die Situation etwas genauer betrachten. Es sind 19.321 im Pot, ich muss 12.721 mehr callen, also muss ich den Pot für eine ausgeglichene Bilanz nur in 39,7 Prozent der Fälle gewinnen. Mit nur 7 Big Blinds, einem M von 5 und dem herannahenden Big Blind, sollte das Handspektrum meines Gegners reicht brei sein.

Umfasst sein Spektrum beispielsweise jedes beliebige Ass, jedes Paar, zwei beliebige Broadway-Karten und alle Suited Connectors besser als 65, dann gewinne ich in 40,1 Prozent der Fälle. Wie in der vorigen Hand besprochen können solche Calls in diesen Situationen sehr nützlich sein, da meine Gegner eher abgeneigt sein werden, sich ohne solide Hand mit mir in künftige Pots zu verwickeln. Allerdings möchte ich klarstellen, dass ich nicht so spielen würde, wenn die Chips bedeutender für meinen Stack wären. Entspräche mein Stackgröße beispielsweise der des Small Blinds, würde mich der Call ein Viertel meines Stacks kosten. In diesen Chip-neutralen Situationen würde ich dann oft folden, da die Anzahl der Chips, die ich verlieren kann, meine Fähigkeit zum Gewinn künftiger Pots erheblich schaden könnte. Zum Beispiel verlöre ich vielleicht jede Fold Equity für einen Reraise, und wäre nicht in der Lage zu einem effektiven Check-Raise nach dem Flop.

In diesem speziellen Beispiel riskiere ich lediglich 12 Prozent meines Stacks, was nichts daran ändern wird, wie ich künftige Pots spiele. Einen Chip-neutralen Weg mit höherer Varianz zu nehmen, kann sehr profitabel sein, wenn man so ein bestimmtes Image aufbaut, das man später im Turnier ausnutzen kann.

Ich calle 12.721 und mein Gegner zeigt A♥K♣. Das Board kommt A♠J♣3♠ 9♠3♣, und ich verliere einen Pot von 32.042. Nur weil mein Gegner AK hatte, bedeutet dies nicht notwendigerweise, ich hätte mich bezüglich seiner möglichen Hände geirrt. Hätte er mir seine Hand aus irgendwelchen Gründen vor meinem Call gezeigt, wären meine Siegchancen immer noch bei 39 Prozent gewesen, was den Spielzug nur geringfügig looser gemacht, und mir nach wie vor die bereits erwähnten Image-Vorteile beschert hätte.

Hand 99

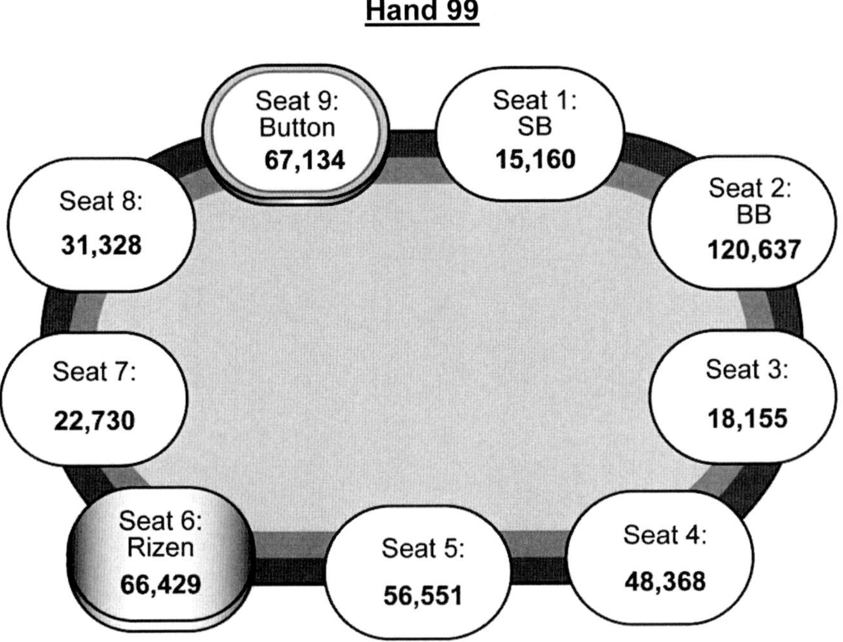

Situation: Ich bin in einem sonntäglichen Hauptturnier mit 200 $ Buy-In weit gekommen. Die Blinds betragen 1.000/2.000 mit Antes von 250. Wir sind nahe der Bubble und dieses spezielle Turnier ist gefüllt mit Qualifikanten, die ihren Startplatz für wesentlich weniger als das Buy-In erhalten haben – häufig 20 $ oder weniger – also ist für diese Spieler bereits die niedrigste Auszahlungsstufe ein bedeutender Erfolg. Das Spiel am Tisch ist allgemein vernünftig, aber etwas zaghaft.

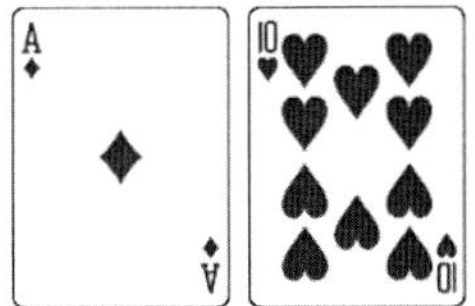

Vor dem Flop (5.250): ATo ist aus mittlerer Position eine vertretbare Hand, aber keine besonders starke. Beachtet man allerdings, dass ich mich auf der Bubble befinde, und dass meine Gegner etwas ängstlich spielen, wird ein Eröffnungsraise eindeutig richtig. Es wird zu mir gefoldet und ich eröffne den Pot mit einem Raise auf 5.199. Alle folden bis zum Big Blind, der callt.

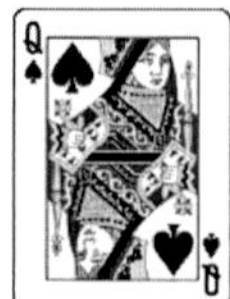 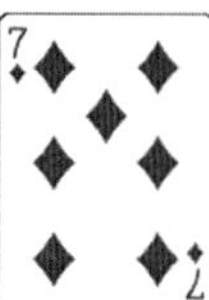 

Flop (13.648): Ich habe den Flop verfehlt, aber mein Gegner wahrscheinlich auch. Die Struktur des Boards ist für eine Continuation Bet gut geeignet. Bevor ich jedoch die Chance bekomme, eröffnet mein Gegner mit 8.000. Würde mein Gegner auf diesem Board ohne Draws mit einer Dame oder einer Sieben nicht einen Check-Raise versuchen? In Turnieren mit vielen Qualifikanten oder anderen Spielern, die es nicht gewohnt sind, regelmäßig so weit zu kommen, sieht man derartige Fehler von Spielern mit großem Stack nahe der Bubble recht häufig. Diese Spieler wissen, dass sie die Bubble nutzen sollen, weil sie einen großen Stack haben. Aber sie wissen nicht *wie*, also bluffen sie mit merkwürdigen Spielzügen wie diesen – nur „weil sie es müssen". Wäre dies ein erfahrener Spieler, würde er mit starken Händen ebenfalls eröffnen. Aber bis zu diesem Zeitpunkt hat mir nichts diese Stufe an Erfahrung gezeigt, also werde ich seine Schwäche mit dem angreifen, was sehr wohl die beste Hand sein könnte, und raise auf 26.500. Der Big Blind foldet, nachdem ich das „Ausnutzen der Bubble", das er versucht hat bei mir anzuwenden, gegen ihn selbst verwendete. Ich gewinne einen Pot von 29.648.

Hand 100

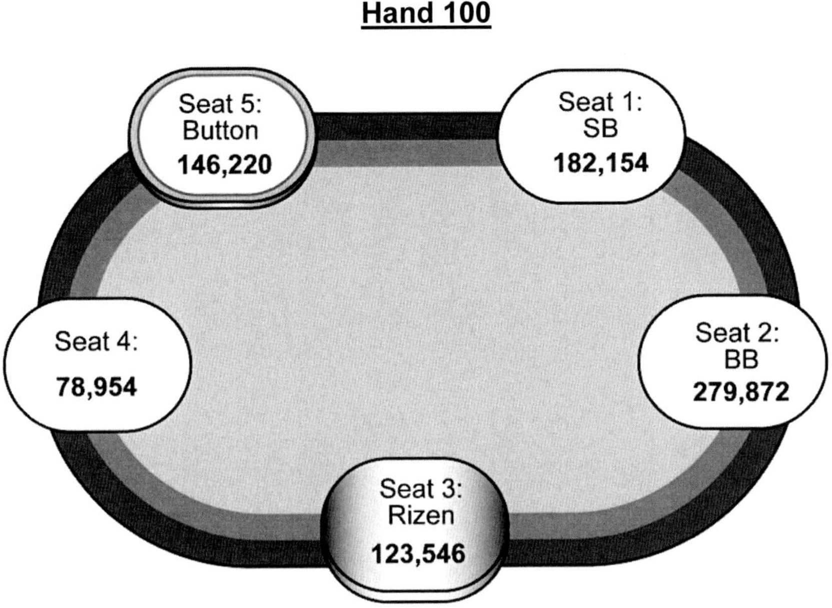

Situation: Ich befinde mich auf der Bubble eines 50 $-Rebuy-Turniers. Die Blinds sind bei 2.500/5.000 mit Antes von 600. Nur 9 Plätze werden ausbezahlt und 10 Spieler sind noch übrig. Die Spieler haben die Bubble sehr aggressiv mit vielen Steals und Re-Steals gespielt.

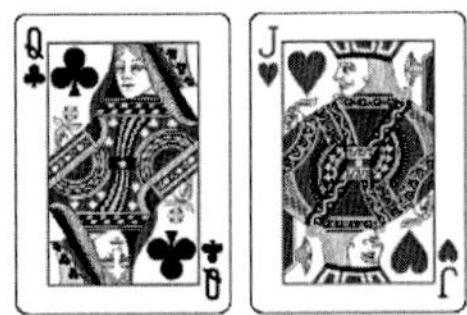

Vor dem Flop (10.500): QJo ist keine spektakuläre Hand, aber zu fünft ist sie stark genug für einen Angriff, und es lohnt sich zu versuchen, die große Anzahl an Chips in der Mitte abzugreifen. Ich raise auf 12.499 und es wird zum Big Blind gefoldet, der callt.

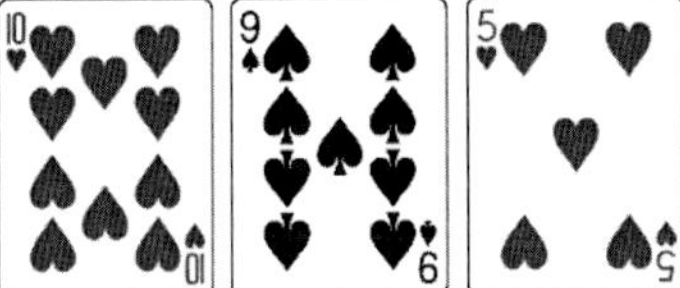

Flop (30.498): Dies ist einer der besseren Flops die ich treffen kann, ohne sofort eine fertige Hand zu haben. Ich habe zwei Overcards und einen Open-ended Straight Draw. Mein Gegner checkt. Ich könnte hier eine Freecard nehmen, aber meine Hand ist sehr stark und mein Gegner wird seine Hand häufig verpassen. Es sind auch schon eine Menge Chips im Pot.

Eine Continuation Bet ist hier definitiv berechtigt, aber ich muss vorsichtig sein, wie ich die Höhe des Gebots festlege. Mit 110.447 verbleibenden Chips möchte ich idealerweise mein Gebot so bemessen, dass ich All-In reraisen kann, wenn ich geraist werde, und Fold Equity habe. Ein Raise in Potgröße ist dafür zu hoch, da ein Gebot von 30.498 bei verbleibenden 80.000 mehr als 60.000 in den Pot bringt. Und wenn mein Gegner sich für einen Raise entscheidet, wird er Pot-Committed sein. Meine Hand ist stark, aber ein großer Teil ihrer Stärke liegt in ihrer Fold Equity.

Ein niedrigeres Gebot im Bereich der Hälfte des Pots wird mir die Flexibilität geben, entweder den Pot direkt mitzunehmen oder möglicherweise mit Fold Equity All-In zu reraisen. Ich biete 18.000 und mein Gegner checkraist auf 40.000. Angesichts der Bubble und der Vielzahl aggressiver Spielzüge könnte hinter diesem Raise alles Mögliche stecken, von einem kompletten Bluff bis hin zu Top Pair. Die Höhe seines Raises sieht danach aus, als ließe er sich Freiraum für einen Fold. Ich habe hier mit einem Reraise All-In noch eine Menge Fold Equity und im Fall eines Calls mindestens 8 Outs, eventuell sogar bis zu 14. Darüber hinaus ist es entfernt möglich, dass mein Gegner etwas wie J8 oder 87 hat, wogegen ich sogar vorne liege. Ich reraise mit 110.477 All-In, mein Gegner foldet und ich füge meinem Stack 57.999 hinzu.

Jon "Apestyles" Van Fleet

Hand 101

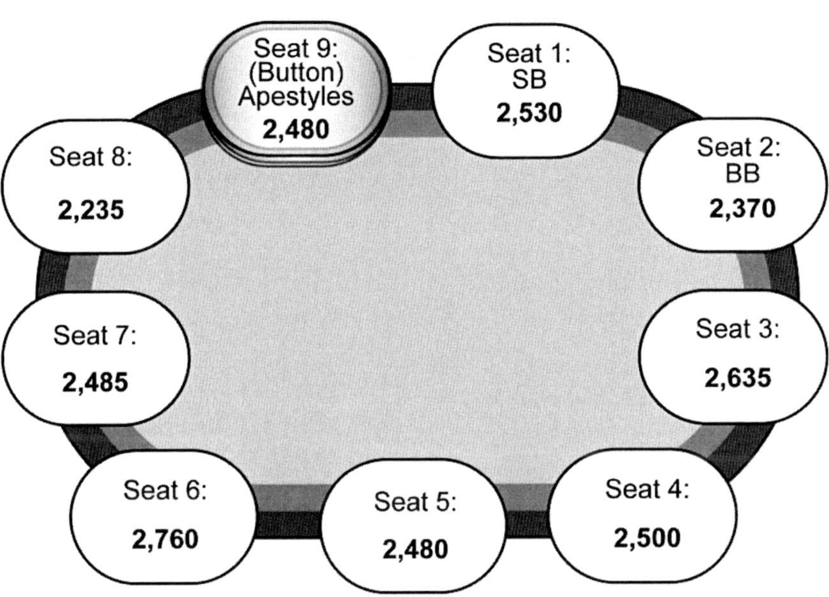

Situation: Es ist der Anfang eines Freezout-Turniers mit einem Buy-In von 215 $, und die Blinds sind noch im ersten Level von 5/10. Ich kenne niemanden am Tisch und habe bisher noch keine Hände gespielt, folglich dürften meine Gegner noch keinen Eindruck von meinem Spiel haben. Es gab auch noch keine bemerkenswerten Hände zwischen den anderen Spielern, aus denen ich irgendwelche Beobachtungen hätte ziehen können.

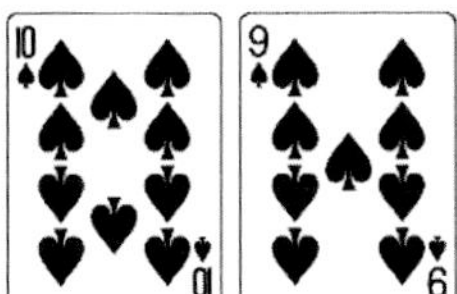

Vor dem Flop (15): Spieler 8 raist aus dem Cut-Off in Potgröße auf 35. Diese spezielle Turnierstruktur ist sehr tief, speziell im ersten Blindlevel, in dem jeder mit einem Stack von 250 Big Blinds startet. Sobald alle Spieler 200 Big Blinds oder mehr haben, verändert sich die Wertigkeit der Hände. Suited Connectors und kleine Paare haben mehr Value als Hände wie AK oder andere hohe Karten, mit denen man kleinere Stacks bevorzugt. Dies liegt an den immensen Implied Odds, die die Gegner bekommen, wenn sie auf dem Flop oder später überholen. In Anbetracht der Stacks am Tisch haben Suited Connectors und kleine Paare das Potential, Monsterhände zu floppen, mit denen man große Pots spielen kann, während man sich beim Spiel um einen großen Pot mit lediglich Top Pair plus Top Kicker gegen die meisten Gegner – oder mindestens die soliden – in Schwierigkeiten befindet.

Aufgrund der Größe meines Stacks, der guten Spielbarkeit von T♠9♠, und der Tatsache, dass mein Gegner aus später Position wahrscheinlich mit einem großen Spektrum an Händen raist, ist die beste Reaktion ein Reraise. Man könnte hier auch schlicht callen, aber ich mag den Reraise aus mehreren Gründen: Suited Connectors in meine Reraise-Hände einzustreuen macht mein Spiel undurchschaubarer – sowohl für diese als auch für zukünftige Hände, solange ich am selben Tisch bleibe. In dieser Situation nur mit den starken Händen zu reraisen, ist sehr leicht zu durchschauen und ausnutzbar.

Meine grundsätzliche Philosophie besteht darin, meinerseits zu vermeiden, all meine Chips ohne die bessere Hand zu investieren, und gleichzeitig Druck auf meine Gegner auszuüben, da diese zögern werden, ihrerseits ohne die Nuts große Pots zu spielen. Viele Spieler – auch Fortgeschrittene – sind in den frühen Phasen eines Turniers zu tight und zu vorsichtig. Weil Ihre Gegner so tight und passiv spielen, ist dies ein exzellenter Zeitpunkt, um in Position Druck auszuüben, und durch den Einsatz überlegener Fähigkeiten nach dem Flop mit dem Ansammeln einiger Chips zu beginnen.

Ich bringe einen Standard-Reraise auf 120. Spieler 1 im Small Blind callt und der ursprüngliche Raiser auf Platz 8 foldet seine Hand.

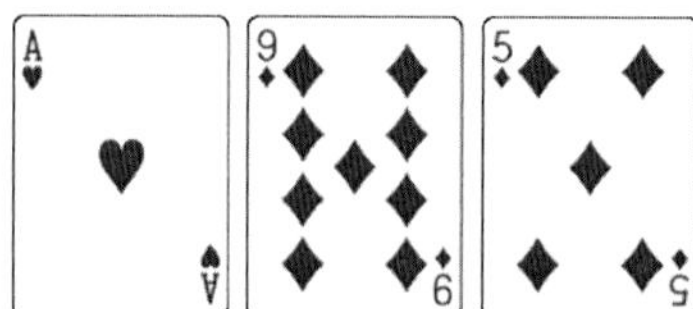

Flop (285): Der Small Blind checkt. Es ist unwahrscheinlich, dass der Small Blind in dieser Situation einen Reraise mit schwachen Assen lediglich callt. Allerdings ist es durchaus für einen anständigen Spieler vorstellbar, aufgrund der Größe der Stacks mit starken Assen wie AK oder AQ nur zu callen, anstatt erneut zu reraisen. Ich habe keine Informationen über diesen Spieler, aber vermutlich umfasst sein Handspektrum hohe Broadway-Karten und mittlere bis hohe Paare. Er könnte auch Suited Connectors und

niedrige Paare haben, aber die meisten Spieler würden sich mit solchen Händen angesichts eines Raises und Reraises zu einem Fold entscheiden.
Dass ich einen Teil dieses Boards getroffen habe ist unwichtig, da dies nicht der Flop ist, nach dem ich mit einem Suited Connector suche. Hier zu bieten ist grundsätzlich ein Semi-Bluff. Um seine Hand weiter zu spielen braucht er unbedingt ein Ass, und ich könnte ihn verleiten, bessere Hände wie JJ oder TT zu folden. Ich entscheide mich für eine Continuation Bet mit der Absicht, auf einen Raise zu folden. Nach einem möglichen Call werde ich wahrscheinlich aufgeben, aber eine weitere Bet auf dem Turn oder River wäre nicht furchtbar, da er in Anbetracht der Action vor und auf dem Flop häufig QQ-TT halten wird.

Ich biete 225, ungefähr 80 Prozent des Pots, mein Gegner foldet und ich gewinne den Pot mit 285.

Hand 102

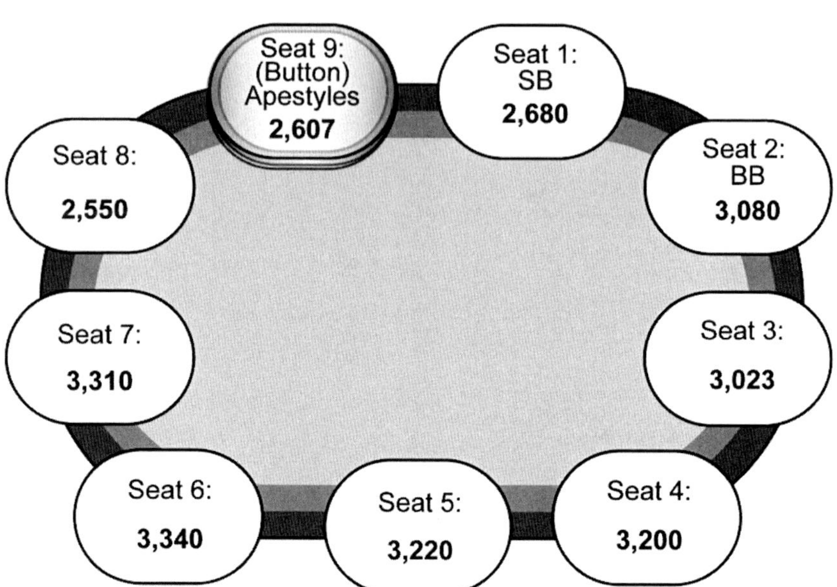

Situation: Ich befinde mich noch im ersten Blindlevel eines 1.060 $-Turniers mit Blinds bei 10/20. Es gibt ein paar solide regelmäßige Turnierspieler am Tisch auf den Plätzen 3, 5 (Rizen!) und 7, aber was ich vom Rest des Tisches zu erwarten habe, weiß ich noch nicht.

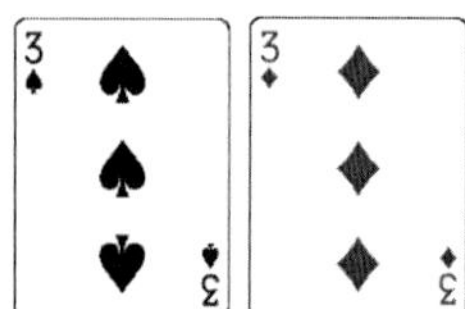

Vor dem Flop (30): Es wird zu mir gefoldet und ich raise auf 80. Der Big Blind callt.

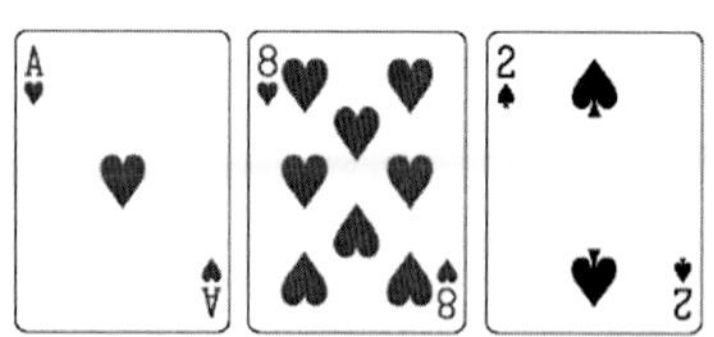

Flop (170): Spieler 2 checkt zu mir. Dies ist ein großartiger Flop für eine Continuation Bet. Ein mittelmäßig bis guter Gegner wird hier selten Ass-Hände in seinem Spektrum haben weil es allgemein schlecht ist, mit schwachen Ax-Händen ohne Position zu callen und mit den stärkeren Assen wie

AJ+ hätte er wahrscheinlich vor dem Flop gereraist. Ich habe jedoch keine Kenntnisse über diesen Gegner oder eine Vorgeschichte mit ihm, sodass ich schwache Asse zu diesem Zeitpunkt nicht völlig ausschließen kann. Weil also wahrscheinlich nur ein sehr kleiner Teil seines Handspektrums für einen Call ohne Position ein Ass enthält, sollten auf einem trockenen Board wie diesem meine Continuation Bets, mit denen ich selbst ein Ass repräsentiere, häufig den Pot gewinnen. Ich bringe auch die meisten Pocket Pairs zum Folden, die mich schlagen, und meine Hand ist zu diesem Zeitpunkt im Grunde genommen ein Bluff.

Ich biete 133 und Spieler 2 callt mich; meine Bet ist dieses Mal fehlgeschlagen. Im Moment setze ich ihn auf einen Flush Draw, ein Paar Achten, vielleicht TT-99, ein slow gespieltes Set, oder ein Paar Asse mit mittlerem oder schwachem Kicker.

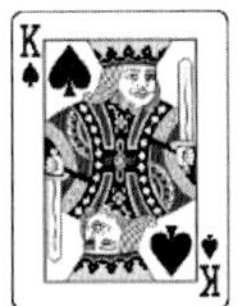

Turn (436): Spieler 2 checkt. Während eine zweite Salve einen kleinen Teil der Hände meines Gegners zum Folden bringen sollte (wie z.B. TT-99 und 88), wird sie bei einem Großteil seines Spektrums wahrscheinlich fehlschlagen. Ich werde ihn nur selten zum Folden eines Flush Draws oder eines Paar Asse bringen, und bei einer möglichen dritten Salve gegen einen unbekannten Spieler werde ich mich selbst bei einer guten Karte auf dem River unwohl fühlen. Bei einem Bluff sollte man nach Möglichkeit vier oder mehr Outs auf eine sichere Siegerhand haben. Mit 33 kann ich selbst mit einer Karte wie der 3♥ auf dem River nicht um einen kompletten Stack spielen, da sich der Flush komplettieren würde, und er in seltenen Fällen ein besseres Set haben könnte. Ich checke ebenfalls.

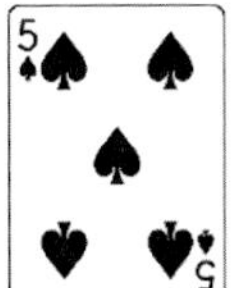

River (436): Spieler 2 checkt erneut. Nachdem er den Flop gecheckt und gecallt und dann Turn und River erneut gecheckt hat, scheint seine Hand definitiv schwach zu sein. Er sitzt wahrscheinlich auf einem schwachen Ass oder einem geplatzten Flush Draw. Mit einer Bet könnte ich 8x und höhere Paare zum Folden bringen, aber sie machen zu diesem Zeitpunkt einen kleineren Teil seines Handspektrums aus als Ax-Hände. Ich schlage geplatzte Flush Draws (sofern sie keinen König oder eine Fünf beinhalten), also gibt es keinen Grund für eine Bet.

Aus strategischen Gründen versuche ich, mit einem großen Stack oder während der ersten Blindstufe grenzwertige Bluffs über mehrere Setzrunden zu vermeiden. Später werden die Blinds und Potgrößen einen beträchtlichen Teil

meines Stacks ausmachen und ich habe dann gerne ein tightes Image, aus dem ich Kapital schlagen kann.
Ich checke ebenfalls und Spieler 2 zeigt überraschend A♦Q♠; eine ziemlich ängstliche Spielweise angefangen vor dem Flop bis hin zum River.

Hand 103

Seat 9: (Button) Apestyles **1,580**
Seat 1: SB **1,480**
Seat 2: BB **1,820**
Seat 3: **1,720**
Seat 4: **1,690**
Seat 5: **510**
Seat 6: **1,340**
Seat 7: **2,330**
Seat 8: **1,430**

Situation: Es ist die frühe Phase eines 109 $-Freezeout-Turniers und die Blinds sind bei 10/20. Ich habe bisher nur einen Pot gewonnen – nach einem Raise und einer Continuation Bet auf dem Flop. Es ist noch zu früh, um zuverlässige Beobachtungen zu haben, aber Spieler 2 und 5 haben sich bereits als schlechte Spieler offenbart.

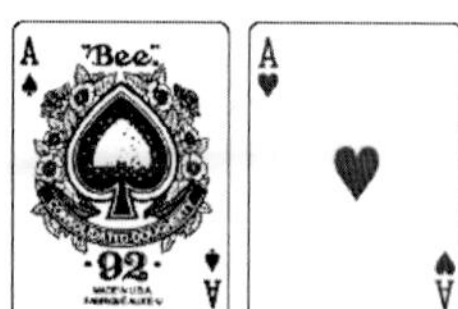

Vor dem Flop (30): Ich raise das Dreifache des Big Blinds auf 60. Der Big Blind callt.

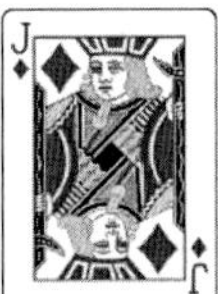 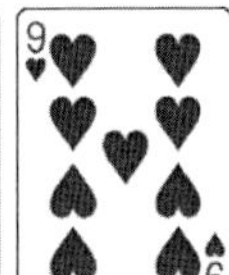 

Flop (130): Spieler 2, eine extrem loose und passive Calling Station, checkt. Dieses Board ist stark zusammenhängend. Doch unabhängig davon liege ich wahrscheinlich immer noch vorne, und viele Turnkarten könnten die Boardstruktur noch hässlicher für meine Asse werden lassen. Ich habe das A♥, was sein Handspektrum für einen möglichen Flush Draw begrenzt. Ich entscheide mich für eine Continuation Bet von 111 *For Value*, und Spieler 2 callt. Es wurden erst etwa ein Dutzend Hände gespielt, und dieser Spieler ist so unglaublich loose gewesen, dass ich sein Handspektrum kaum eingrenzen kann. Zu diesem Zeitpunkt könnte er jedes Paar, jeden Straight Draw oder jeden Flush Draw haben.

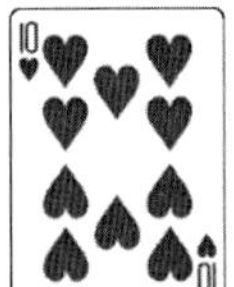

Turn (355): Spieler 2 checkt. Dies ist eine absolut furchtbare Karte. Sie komplettiert den Flush ebenso wie eine Menge Straights und darüber hinaus verbessern sich eine Menge Blätter wie JT, T9 oder T8, die auf dem Flop nur ein Paar getroffen hatten, auf Two Pair. Egal wie loose und schlecht mein Gegner ist, es gibt hier keinen Grund, ein weiteres Mal For Value zu betten. Mit einer Bet brächte ich mich lediglich in eine Situation, in der ich meinen Nut Flush Draw folden müsste. Schlechtere Hände folden wahrscheinlich (oder raisen als Bluff, woraufhin ich folden müsste), und die meisten besseren Hände werden entweder checkraisen oder callen. Ich checke in der Hoffnung, den Flush auf dem River zu treffen.

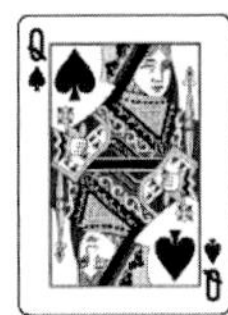

River (355): Spieler 2 checkt erneut. Der River ist interessant. Da ich weiß, dass Spieler 2 ein passiver und schwacher Spieler ist, der wahrscheinlich keine Tricks in seinem Repertoire hat, interpretiere ich seinen Check auf dem River als Furcht und glaube nicht, dass er mir mit einer höheren Straight oder einem fertigen Flush eine Falle stellt. Da ich sicher bin, dass mein Gegner ebenfalls das Board spielt, kann ich hier nur noch den König oder den Flush repräsentieren und versuchen, ihn so zum Folden zu bringen. Um in dieser Situation einen Fold zu bekommen, sollte mein Gebot groß genug sein (wahrscheinlich mindestens das Doppelte des Pots), um das Callen sehr schwer zu machen, jedoch auch klein genug, um so zu wirken, als wollte ich noch Auszahlung bekommen. So schlecht, wie dieser Spieler ist, wird er ein riesiges Gebot wahrscheinlich als stärker empfinden als ein Gebot in doppelter Potgröße. Ein Gebot auf das Dreifache des Pots scheint ausreichend zu sein. Diese Spielweise funktioniert besser gegen starke Spieler, die erkennen, dass es schlecht ist, große *Overbets* für die Chance eines Split-Pots zu callen. Allerdings ist man anfällig, von aufmerksamen Gegnern zurück geblufft zu werden, wenn man diese Spielweise zu häufig einsetzt, und/oder sein

Spektrum nicht ausgleicht, indem man gleiche Beträge mit seinen fertigen Händen bietet.
Ich bette 1.000 und mein Gegner callt in einem Wimpernschlag mit 7♣5♠. Wir teilen den Pot.

Hand 104

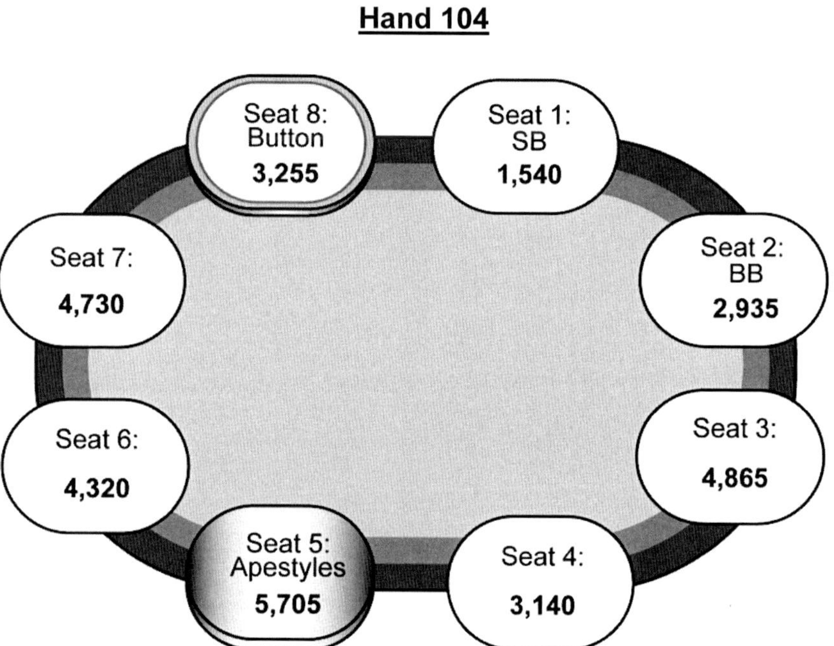

Situation: Ich bin in einem Freezeout-Turnier mit Buy-In von 320 $. Die Blinds liegen bei 15/30. Ich bin gerade an diesen Tisch gekommen und kenne nur Spieler 1 und 3, die beide aggressive, regelmäßige Turnierspieler sind. Da die Blinds noch niedrig sind, sind die Stacks ausreichend groß, um viele Hände nach dem Flop zu spielen.

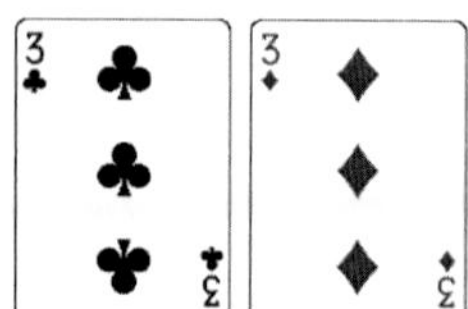

Vor dem Flop (45): Ich eröffne mit einem Raise auf 90, drei Big Blinds. Wegen der großen Stacks am Tisch werde ich als erster im Pot mit allen Paaren aus jeder Position raisen. Spieler 6, 7 und 2 callen.

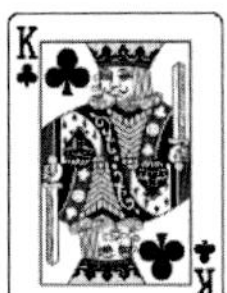 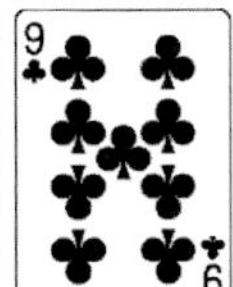 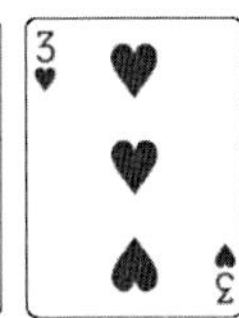

Flop (375): Da ich das Set getroffen habe, ist dies offensichtlich ein exzellenter Flop, besonders weil auf einem Board mit König als höchster Karte drei weitere Spieler im Pot sind. Obwohl es einen Flush Draw gibt, muss ich mich nicht um allzu viele große Draws sorgen, da das Beste, was sie zu diesem Zeitpunkt haben können, ein Flush Draw mit einem Gutshot ist. Da eine gute Chance besteht, dass jemand auf dem Top Pair sitzt, eventuell gepaart mit dem möglichen Flush Draw, den ich hier bezahlen lassen möchte, sollte ich in den meisten Fällen direkt betten.

Nach einem Check-Raise von mir wären Gegner mit schwächeren Königen wie KJ oder KT sehr beunruhigt, da ich mit dieser Spielweise oft Hände wie AK oder AA halten werde. Auf dieser Boardstruktur tarnt eine Bet meine Hand besser als ein Check-Raise. Wahrscheinlich ist es am besten, in dieser Situation hoch zu betten, da Könige fast immer callen werden. Flush Draws callen wahrscheinlich jedes moderate Gebot, also lasse ich sie ebenfalls mehr mit einer großen Bet bezahlen.

Ich biete 300, also 80 Prozent des Pots und nur Spieler 6 callt. Er hat wahrscheinlich einen mittelstarken König oder einen Flush Draw, den er schwach spielt. Entfernt ist auch ein Set Neunen möglich, aber mit einem Set spiele ich um komplette Stacks und ertrage die Folgen in den seltenen Fällen, in denen ich gegen ein höheres Set verliere. Angesichts der Tatsache, dass ich eine Continuation Bet gegen drei andere Spieler brachte, wäre es ziemlich schlecht für ihn, hier nur mit einem Paar Neunen zu callen, doch in diesem Spiel ist alles möglich.

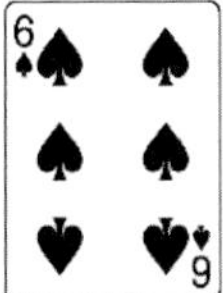

Turn (975): Fast jede Turnkarte außer Kreuz ist mir recht, also bin ich hier in guter Verfassung. Da ich ihn auf entweder einen Flush Draw oder ein Paar Könige setze, ist der einzig richtige Spielzug hier, weiterhin zu betten. Mit einem Check-Raise könnte ich ihn zu leicht von seiner Hand loskommen lassen, und ich würde es wirklich hassen, einem Flush Draw eine Freecard zu gewähren, oder Könige mit Kicker-Problemen zu ermöglichen, mit einem Check die nächste Setzrunde zu erreichen und nur eine Bet auf dem River callen zu müssen. Mit einem Set suche ich nach der Chance, meinen Stack zu verdoppeln, oder den Stack meines Gegners zu gewinnen. Ich biete 730, also 75 Prozent des Pots. Unglücklicherweise callt Spieler 6 erneut lieber, anstatt zu raisen. Das Spektrum an Händen, das ich ihm auf dem Flop zugeordnet habe, gilt immer noch.

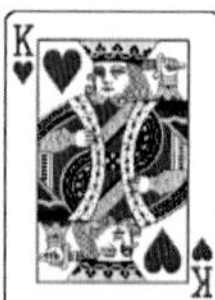

River (2.435): Dies ist eine der besten Karten, die ich mir für den River hätte wünschen können. Meine Hand ist zu diesem Zeitpunkt extrem gut getarnt, und mein Gegner könnte mich leicht auf einen Flush Draw setzen. Der River verbessert schwache Könige nun zu einem Drilling, der für meinen Gegner entsetzlich schwer zu folden sein sollte. Ich bin mir sehr sicher, die beste Hand zu haben, da mein Gegner mit einem Set Neunen wohl auf dem Turn geraist hätte, und mit K9 sogar bereits auf dem Flop. Ich muss die Möglichkeiten abwägen, die mir die meisten Chips einbringen können. Nach einer Bet in Potgröße werden alle geplatzten Flush Draws offensichtlich folden, während alle Drillinge entweder callen oder – abhängig von der Stärke des Kickers und den Tendenzen des Spielers – pushen.

Durch einen Check kann ich gelegentlich Bluffs von verpassten Flush Draws provozieren, aber ebenso *Trips* Könige checkraisen, mit denen er fast sicher auf dem River *For Value* bieten wird. Die meisten Könige, die er haben könnte (etwa KQ, KJ oder KT) wird er im Angesicht eines Check-Raises vermutlich nicht folden können, also könnte ich ihm so seinen Stack abnehmen. Der einzige Nachteil eines Checks ist, dass mein Gegner mit einem Paar Neunen ebenfalls checken kann, aber dies ist wenn überhaupt nur ein sehr kleiner Teil seines vermutlichen Spektrums. Ein Check-Raise scheint die eindeutig bessere Spielweise zu sein. Ich checke und Spieler 6 bettet (nach längerem Überlegen) 1.675, also 69 Prozent des Pots, was ihm selbst 1.525 übrig lässt. Ich zögere kurz, um die Stärke meiner Hand zu verbergen, und raise anschließend All-In.

Spieler 6 foldet seine Hand. Vermutlich hatte ich hier einen Bluff von einem Flush Draw provoziert.

Hand 105

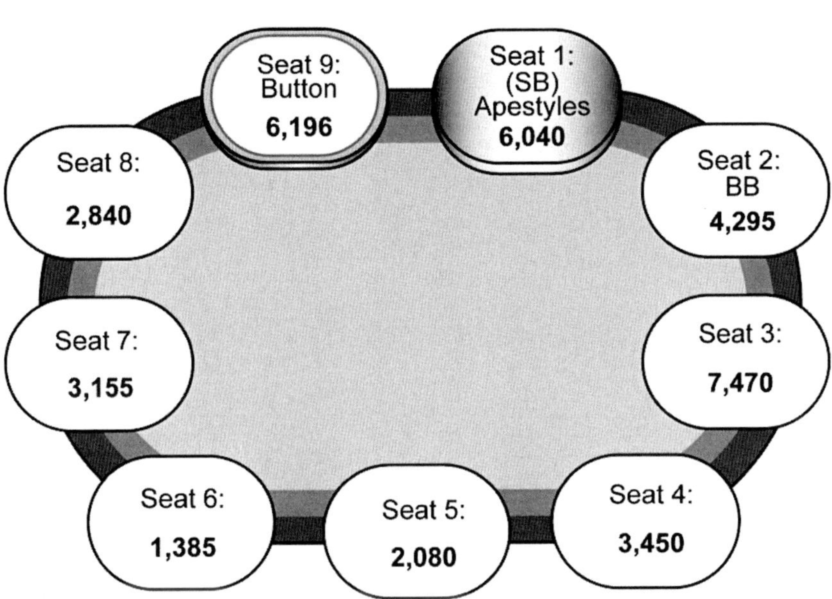

Situation: Ich bin in der zweiten Blindstufe eines Freezeout-Turniers mit Buy-In von 320 $ und einem garantiertem Preisgeld von 150.000 $. Die Struktur zeichnet sich durch größere Stacks und wesentlich langsamere Blindlevel aus als in einem durchschnittlichen Turnier. Bei Blinds von nur 15/30 hat ein Großteil der Spieler am Tisch noch immer ziemlich große Stacks. Ich habe derzeit ein solides, aggressives Image und bisher nur ein Set im Showdown gezeigt, mit welchem ich meinen Stack verdoppelt habe. Es gibt zwei aggressive Spieler auf den Plätzen 3 und 9. Spieler 4 und 7 haben außergewöhnlich tight-passiv gespielt, und ich habe sie nur in wenigen Pots wahrgenommen.

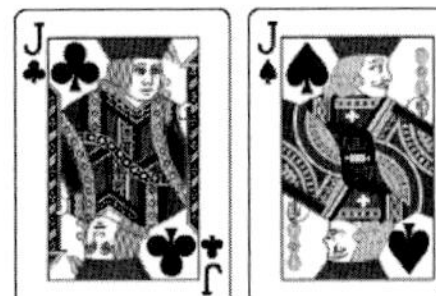

Vor dem Flop (45): Spieler 4 raist das Vierfache des Big Blinds auf 120. Auch wenn ich eine starke Hand habe, muss ich die Tendenzen und das Image meines Gegners berücksichtigen, bevor ich entscheide, wie ich reagiere. In diesem Fall hat Spieler 4 extrem tight gespielt und raist aus der zweitfrühesten Position am Tisch, hat also vermutlich eine sehr starke Hand. Wenn ich mit dem Paar Buben reraise, müsste ich auf ein erneutes Reraise folden, und dies wird wahrscheinlich häufig passieren, wenn man bedenkt, wie nah das Handspektrum meines Gegners an den absoluten Premium-Händen sein dürfte. Callt er meinen Reraise einfach nur, werde ich den Pot ohne Position spielen und nennenswerte Action wahrscheinlich nur von Händen bekommen, die mich schlagen. Mit meinem hohen Paar nur zu callen und nach dem Flop geschickt zu spielen, scheint definitiv besser zu sein als zu reraisen. Ich calle.

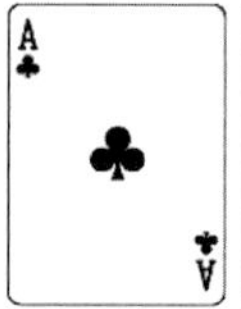
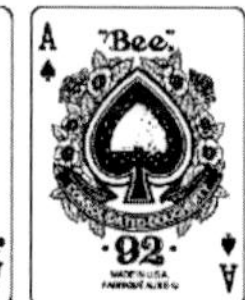
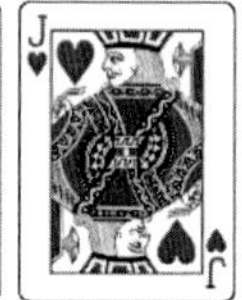

Flop (270): Ausgezeichnet. Ich habe ein Full House gefloppt und es ist gut möglich, dass mein Gegner ein Monster hat, von dem ich massig Value bekommen kann. Angesichts der Stärke meiner Hand und der Stärke jener Hände, mit denen er mir Action gibt, kann ich hier eine Vielzahl an Setzfolgen wählen. Die Entscheidung ist hier eher willkürlich, aber ich entscheide, mit der Action vor dem Flop im Einklang zu bleiben und einen Check-Raise zu spielen.

Ich checke und Spieler 4 bietet 180, also 67 Prozent des Pots. Ich raise etwas mehr als das Dreifache der Bet auf 570 und mein Gegner überlegt kurz, bevor er callt. Er könnte überlegt haben, TT-88 hier auf meinen Check-Raise zu folden (wenn er mit diesen Hände überhaupt erst Continuation Bets bringt) oder ob er mit einem Paar über dem Buben (KK oder QQ) hier callen sollte. Jedoch kann ich in den meisten Fällen von ihm erwarten, AK oder AQ für einen Drilling mit starkem Kicker zu haben. Er wird nur extrem selten AJ oder AA haben und ich bin wirklich erfreut über dieses Board, da ich davon ausgehen kann, ihm häufig seinen Stack abzunehmen.

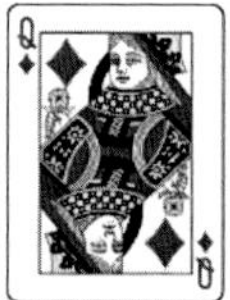

Turn (1.410): Huch! Diese Karte könnte mir einige Probleme bereiten, da mich sowohl AQ als auch QQ nun überholt haben, was einen bedeutenden Teil jenes Handspektrums ausmacht, mit dem er am Flop callt. Ich muss hier jedoch immer noch betten, um Value von KK und AK zu bekommen. Basierend auf den anderen Händen, die ich von Spieler 4 beobachtet habe, kann ich davon ausgehen, dass er mit diesen beiden Händen lediglich callt. Die Größe des Gebots zu berücksichtigen ist hier wichtig, weil ich lieber Value von KK bekommen möchte, als ihn mit einer großen Bet zu verschrecken. Ungefähr 50 Prozent des Pots scheint verlockend für einen Call. Ich biete 780 und Spieler 4 raist sehr schnell für 2.760 All-In.

Dies ist eine sehr schwierige Situation. Ich habe eine riesige Hand gefloppt, aber die Turnkarte hat die Gewinnchancen, die ich gegen das schmale Handspektrum meines Gegners habe, eindeutig getrübt. Wenn er grundsätzlich nur mit AA, QQ, AK und AQ so spielt, haben die Buben sogar 39 Prozent Gewinnchance[5], was angesichts der bisherigen Summe im Pot einen Call anzeigen würde.

Basierend auf der passiven Spielweise von Spieler 4 und der Geschwindigkeit mit der er All-In ging, wird er allerdings nur selten AK halten. Wenn ich AK aus dem oben genannten Spektrum ausschließe, beträgt die Gewinnchance meiner Hand lediglich 2 %. Der Fold schmerzt, aber aufgrund meiner Handanalyse und der verräterischen Geschwindigkeit seines All-Ins denke ich, dass es die richtige Spielweise ist.

[5] Diese Zahl wurde mit Hilfe eines Poker-Odds-Rechners ermittelt. Im Eifer des Gefechts kann man die eigene Equity jedoch ungefähr schätzen, indem man die Anzahl der Hände, die man schlägt und die, gegen die man verliert, vergleicht. Hier gibt es acht mögliche AK-Hände, sechs AQ-Hände, eine AA-Hand und drei QQ-Hände. Ich schlage 8 von 18, oder 44 Prozent, was nah am Poker Odds Kalkulator ist (der Unterschied sind Riverkarten, die mein Full House entwerten könnten).

Hand 106

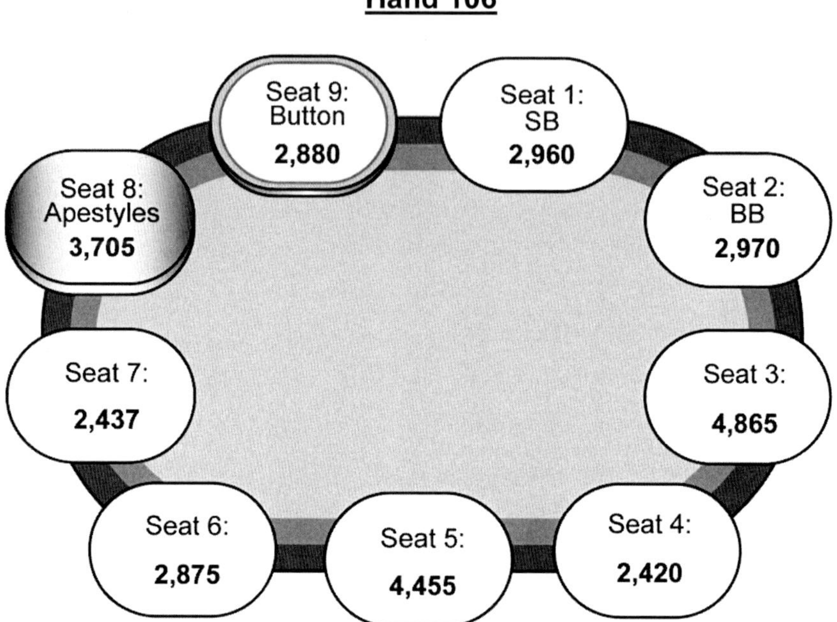

Situation: Ich bin in einem 162 $-Freezeout-Turnier mit Blinds bei 15/30. Ich wurde an einen wirklich schwachen Tisch gelost, spielte bisher aggressiv und schnappte mir viele Pots von schwachen Spielern. Der einzig andere Spieler, den ich als aggressiv wahrgenommen habe, ist Spieler 7.

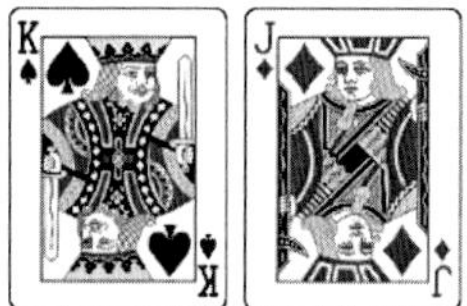

Vor dem Flop (45): Spieler 7 raist das Dreifache des Big Blinds auf 90. Spieler 7 hat überzogen aggressiv gespielt und aus später Position heraus häufig geraist. Ich möchte seine loosen Tendenzen gerne ausnutzen. Obwohl es auch gut möglich wäre, lediglich zu callen und zu versuchen, ihn nach dem Flop in Position auszuspielen (besonders mit einer Hand wie KJo), entscheide ich mich, ihn in Position mit einem Reraise zu isolieren, da die Stacks groß sind.

Er wird höchstwahrscheinlich folden, aber falls er callt, habe ich immer noch Position und werde den Pot häufig mit Continuation Bets auf einem guten Board gewinnen. Treffe ich Top Pair, werde ich vorsichtig weitermachen, da die

Gefahr besteht, dass ich dominiert werde. Selbst als aggressiver Spieler wird er meine Continuation Bet nicht ohne weiteres checkraisen. Wenn er meinen Reraise callt, wird der Pot bei 600 liegen, und meine Bet um die 450 betragen, was ihm 1.710 für einen Raise übrig lässt. Mein Plan ist, den Pot bereits vor dem Flop zu gewinnen oder unmittelbar danach, falls ich verpasse. Mit Two Pair oder besser würde ich um die Stacks spielen, und mit Top Pair vorsichtig weiter machen. Ich reraise etwas mehr als das Dreifache seines Raises auf 277 und er callt sofort.

Auch wenn er immer noch eine Monsterhand halten könnte, die er trickreich zu spielen versucht, anstatt erneut zu reraisen, lässt die kurze Zeit, die er für den Call gebraucht hat, etwas anderes vermuten. Normalerweise nimmt man sich mit einem hohen Paar wie Assen oder Königen nach dem Reraise des Gegners etwas Zeit – entweder, um Entscheidungsschwierigkeiten vorzutäuschen, oder um wirklich abzuwägen, ob man erneut reraisen oder lediglich callen möchte.

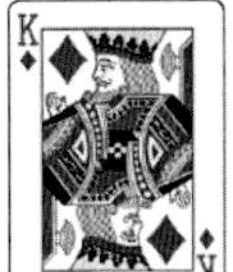
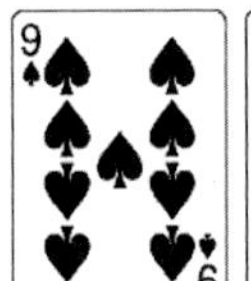
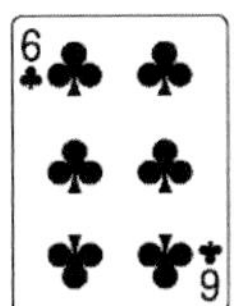

Flop (599): Spieler 7 checkt. Dies ist ein guter Flop für meine Hand: ich treffe Top Pair, und sonst ist mit diesem Board nicht viel anzufangen. Eine Bet birgt dennoch einige Probleme. Selbst wenn ich im Moment Top Pair habe, ist mein Kicker ziemlich schwach und ich kann nur wenig Gegenwehr standhalten. Ohne weitere Informationen möchte ich keinen großen Pot spielen, und wenn ich ebenfalls checke, muss ich mich mit keinem unbequemen Check-Raise auseinandersetzen. Ich verschleiere ebenfalls meine Hand, und biete meinem aggressiven Gegner die Gelegenheit, den Pot auf dem Turn anzugreifen. So könnte ich Value von Händen bekommen, die nach einer Bet auf dem Flop folden würden. Ebenso gibt es keine plausiblen Flush- oder Straight Draws – mit Ausnahme von Gutshots und der unwahrscheinlichen Hand 87. Dies ist eine jener Situationen, in denen ich normalerweise weit vorne oder weit zurück liege; und die einzige Karte, die ich wirklich nicht sehen will, ist ein Ass. Ich checke hinterher.

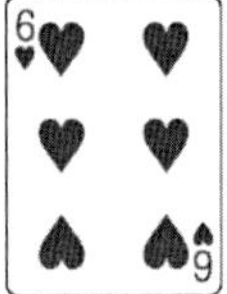

Turn (599): Spieler 7 checkt erneut. Diese Turnkarte ist recht harmlos. Ich entscheide mich nun für eine Value Bet von 420 mit meinem Top Pair. Spieler 7 raist meine Bet fast augenblicklich auf 1.340. Momentan repräsentiert er entweder einen starken König oder besser (oder versucht es zumindest zu repräsentieren). Während diese Hände möglich sind, gibt es hier ein paar Faktoren, die darauf hindeuten, dass der nichts auf der Hand hat.

Er hat vor dem Flop schnell gecallt und meine Bet auf dem Turn schnell geraist. Diese Setzfolge ergibt keinen Sinn. Mit einer extrem starken Hand, wie er sie repräsentiert, würde er höchstwahrscheinlich vor jeder Entscheidung ein wenig Schwäche vortäuschen. Außerdem scheint er nicht gut genug zu sein, um eine Hand wie AA, KK, AK, 99 oder KQ zweimal zu checken. Meine aggressive Spielweise ist ein weiterer Faktor, der ihn zu einem Bluff verleitet haben könnte. Auch scheint er von meiner Tischdominanz etwas genervt zu sein. Berücksichtigt man, dass seine Setzfolge und die Geschwindigkeit seiner Aktionen nicht zu dem passen, was er repräsentiert, und dass ich aggressiv gespielt habe, sowie den großen Turn-Raise auf das Dreifache meiner Bet, deutet meiner Meinung nach mehr auf einen Bluff hin als auf eine wirklich starke Hand. Ich setze meinen Gegner für weitere 1.233 All-In.

Spieler 7 callt augenblicklich mit A♣T♥, trifft auf dem River das A♦ und gewinnt den Pot von 5.745.

Hand 107

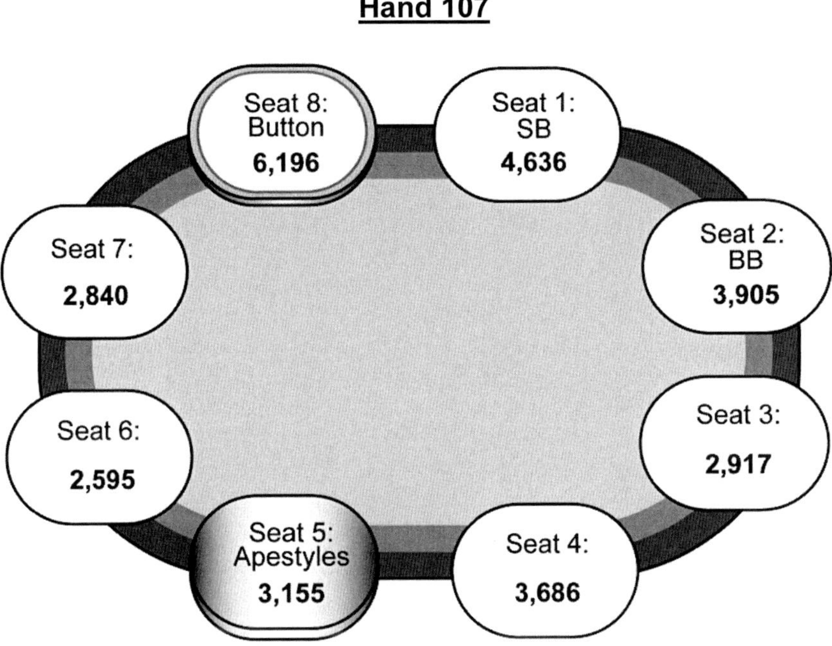

Situation: Es ist die zweite Blindstufe eines 320 $-Mittwoch-Turniers mit 150.000 $ garantiertem Preisgeld. Ich habe noch nicht viele Hände gespielt und meine Pots bisher ohne Showdown gewonnen. Die Blinds sind bei 15/30, also hat jeder am Tisch einen großen Stack. Der Cut-Off ist ein looser, aggressiver und regelmäßiger Teilnehmer an diesem Turnier, der einige Pots geraist und dann aufgegeben hat, nachdem seine Continuation Bets gecallt wurden.

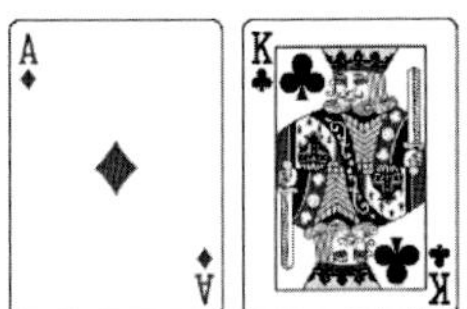

Vor dem Flop (45): Ich habe eine Premium-Hand und eröffne mit einem typischen Raise von rund drei Big Blinds auf 99. Der loose, aggressive Spieler auf Platz 7 callt ebenso wie der Big Blind. Vermutlich ist das Handspektrum des Cut-Offs hier sehr groß, aber gewichtet in Richtung Suited Connectors, kleiner bis mittlerer Paare und mittlerer bis starker Broadwaykarten wie KQ, QJ und JT. Von starken Händen wie AK, AQ oder JJ+ würde ich einen Reraise erwarten, aber möglicherweise callt er mit ihnen bloß. Über die Spielweise des Big Blinds, der bisher nur wenige Hände gespielt hat, habe ich keinerlei Kenntnisse.

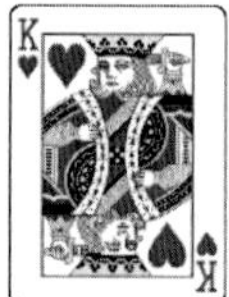 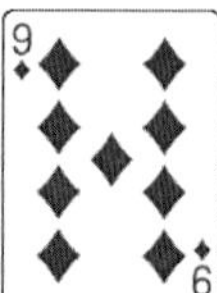 

Flop (312): Dies ist ein exzellenter Flop für mich und ich habe wahrscheinlich die beste Hand. Ich habe Top Pair plus Top Kicker auf einem recht ungefährlichen oder „trockenen“ Board gefloppt: Nur wenige Hände treffen dieses Board sehr stark, es gibt keinen Flush Draw und nur wenige plausible Straight Draws. Spieler 2 checkt, und ich bringe eine normale Continuation Bet von 214, ungefähr 70 Prozent des Pots. Jede Bet zwischen 50 und 75 Prozent des Pots ist hier gut. Die Absicht hinter dieser Bet ist, Value von schwächeren Königen wie KQ, KJ und KT zu bekommen, die einen großen Teil des Spektrums meiner Gegner für bloße Calls vor dem Flop sind, und um gleichzeitig die Initiative im Pot zu behalten. Beide Gegner könnten vor dem Flop auch mit Straight Draw-Händen wie QJ, JT, T8 und 86 gecallt haben, für die ich sie bezahlen lassen möchte, da solche Blätter Siegchancen von bis zu 35 Prozent gegen mich haben (falls sie bis zum River gehen). Die einzigen Blätter, über die ich in dieser Hand ernsthaft besorgt bin, sind 99, 77, 97s und in seltenen Fällen K9s. Eine weitere entfernte Möglichkeit ist, dass Spieler 7 mir eine Falle stellt und mit AA oder KK in Position nur callte. Da ich jedoch ein Ass und einen König halte, ist die Chance für diese potentielle Falle sehr gering.

Spieler 7 raist meine Bet fast um das Fünffache auf 999. Mit einem so hohen Raise, fast sein halber Stack, hat er mir im Grunde gesagt, dass er Pot-Committed ist. Was könnte er auf diesem Board haben? Spieler 7 ist aggressiv, mit AK hätte er also fast sicher vor dem Flop gereraist. Mit KQ könnte er raisen, aber sicherlich nicht das Fünffache meiner Bet mit einem weiteren Spieler hinter ihm. Mit KQ, KJ und KT würde er auf dem Flop normalerweise nur callen, und die Spieler, die mit solchen Blättern doch raisen, erhöhen meist ungefähr das Dreifache meiner Bet, also kann ich diese Hände ausschließen. Die wahrscheinlichsten Hände, die er haben könnte, und die mich dominieren, sind 99, 77 und 97s. Aber mit der Ausnahme der 97 ist es unwahrscheinlich, dass er so starke Hände auf einem so trockenen Board derart schnell und direkt spielen würde. Im Wesentlichen könnte er also vielleicht Two Pair oder ein Set haben, aber das ist recht unwahrscheinlich.

Durch dieses Ausschlussverfahren setze ich ihn auf Straight Draws mit guten Siegchancen wie JT, T8s, oder 86s. Ich habe gegen dieses Spektrum an Händen rund 65 Prozent Equity und werde erfreut sein, mit ihm All-In zu gehen.

Aber Moment … nun reraist Spieler 2 auf 1.784, was der minimal erlaubte Raise ist. Das erscheint mir aus mehreren Gründen auf eine extrem starke Hand hinzuweisen. Erstens reraist Spieler 2 einen Raise von Spieler 7, mit dem sich dieser Pot-Committed hatte. Zweitens reraist er den minimalen Betrag, was eine Spielweise ist, die viele (unerfahrene) Spieler verwenden, um Value mit ihren absoluten Monstern zu bekommen. Dieser Raise sagt im Grunde genommen, dass er 99 oder 77 hat. Lassen Sie uns K9s und 97s hinzufügen, auch wenn er selten K9s hat und mit Two Pair wahrscheinlich einfach All-In geht, anstatt einen Minimum-Reraise zu machen.

Aufgrund meiner Handanalyse bin ich in dieser Hand im Wesentlichen tot und folde mein Top Pair plus Top Kicker trotz der exzellenten Flop-Struktur. Tatsächlich ließ ich nachträglich einen Odds Simulator laufen, der meine Gewinnerwartung gegen die Hände, auf die ich diese beiden Spieler gesetzt habe, auf nur 7 Prozent kalkuliert. Eine interessante Sache am Rande ist, dass ich selbst dann nur 30 Prozent Gewinnerwartung habe, wenn ich beide Gegner für verrückt genug halte, auch mit KQ so zu spielen, und dieses Blatt in ihr mögliches Handspektrum aufnehme. Angesichts der Pot Odds wäre selbst in diesem Fall ein All-In schlecht oder gerade noch ausgeglichen. Ich folde.

Spieler 7 schiebt schließlich mit J♥T♥ den Rest seines Stacks in die Mitte, und Spieler 2 callt mit 9♥9♣.

Hand 108

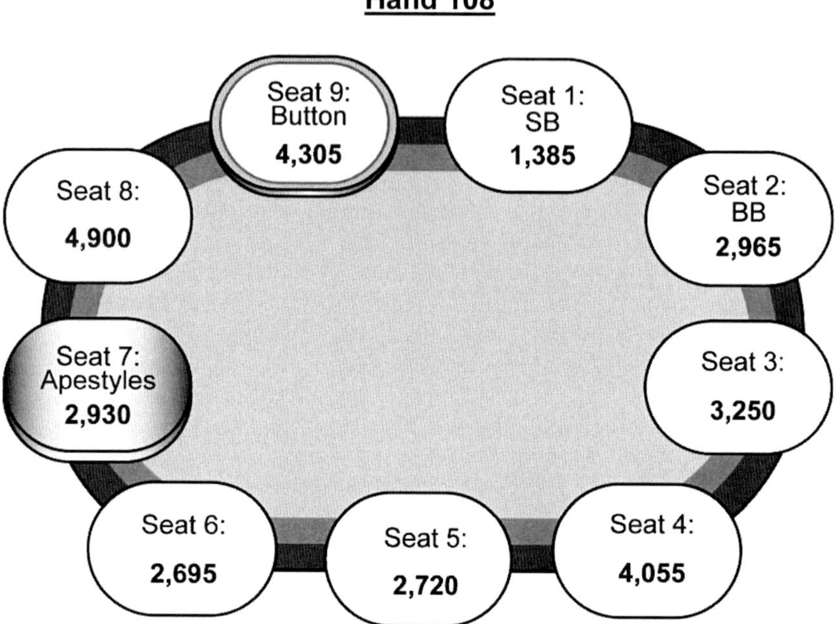

Situation: Ich befinde mich in der zweiten Blindstufe eines Mittwoch-Turniers mit Buy-In von 320 $ und 150.000 $ garantiertem Preisgeld. Die Blinds betragen 15/30. Ich habe bisher nur zwei oder drei Hände gespielt, und es war noch nicht genug Action, um irgendein Image aufzubauen. Spieler 3 und 8 sind die einzigen regelmäßigen Turnierspieler, die mit mir in anderen Turnieren gespielt haben, der Rest sind Unbekannte.

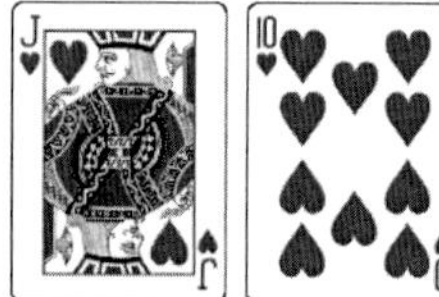

Vor dem Flop (45): JTs ist besonders in Anbetracht der noch großen Stacks eine gute Hand für das Spiel nach dem Flop. Im Moment hat fast jeder mindestens 100 Big Blinds, einzige Ausnahme ist der Small Blind, der auf 40 Big Blinds sitzt. Es wird zu mir gefoldet und ich raise das Dreifache des Big Blinds auf 90. Ich raise hier nicht, um die Blinds zu stehlen, wie ich es in den späteren Phasen tun würde, sondern um in Position einen Pot mir einer Hand aufzubauen, die sich gut spielt. Es wird zum Big Blind gefoldet, der callt.

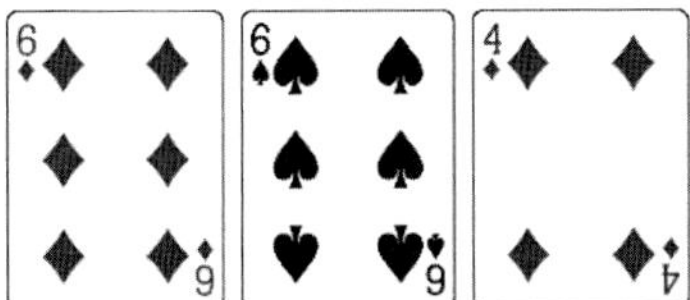

Flop (195): Der Big Blind checkt. Dies ist eines dieser gut für Continuation Bets geeigneten „trockenen" Boards (nur sehr wenige Hände treffen hier etwas). Ich biete 135, also circa 70 Prozent des Pots. Diese Bet ist schon als reiner Bluff profitabel, wenn er in circa 40 Prozent der Fälle foldet. Unglücklicherweise callt der Big Blind.

Ich bin mit diesem Spieler nicht vertraut, also ist es für mich im Moment schwer, ihm ein Handspektrum zuzuweisen. Gegen die meisten Spieler kann das Spektrum des Big Blinds gegen einen Spieler in später Position sehr groß sein. Falls er ein „klassischer" Spieler ist, hat er höchstwahrscheinlich:

1. Ein kleines Pocket Pair wie 77, 55, 33 oder 22, womit die meisten Spieler vor dem Flop nicht reraisen würden.
2. Ein unteres Paar mit einer Hand wie 54s, 43s und A4s.
3. Einen Straight Draw mit 87s oder 75s.
4. Einen Flush Draw.
5. JJ-88.

Es ist möglich, dass er Drillinge oder besser hat, aber angesichts unserer großen Stacks wird er mit so einer Hand meist checkraisen oder auf dem Flop betten. Absolute Monsterhände (76, 66, 65, 44) bilden ebenfalls nur einen vermutlich kleinen Teil seines Handspektrums. Solide, aggressive Spieler würden wahrscheinlich mit jedem Draw checkraisen oder eine ***Donk-Bet*** (gegen einen Raiser eröffnen) bringen. Da mein Gegner mir gänzlich unbekannt ist, werde ich nicht allzu viel spekulieren, und mich am obigen Spektrum festhalten.

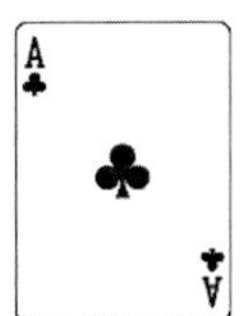

Turn (465): Diese Turnkarte ist interessant. Es gibt nur sieben oder acht gleichfarbige Ax-Hände, mit denen er vor dem Flop gecallt und auf dem Flop einen Flush Draw gehabt hätte. Angesichts unserer Stackgrößen reraist er mit A♦K♦, A♦Q♦, und möglicherweise A♦J♦ wahrscheinlich vor dem Flop und kann A♦6♦ oder A♦4♦ nicht haben, da der Flop diese Karten beinhaltet. Angesichts aller anderen Kombinationen von Flush Draws, kleinen Paaren und Straight Draws, die er haben könnte, machen die sieben oder acht gleichfarbigen Hände mit einem Ass, die er halten könnte, nur ein sehr kleiner Teil seines von mir geschätzten momentanen Handspektrums aus.

Angesichts einer angemessenen Bet auf dem Turn dürfte er aus mehreren Gründen nicht weitermachen können. Erstens werden Straight Draws und kleine

Paare nicht callen können, weil ich leicht ein Ass oder besser haben könnte; außerdem habe ich Position auf ihn. Die einzige Information, die er über mich hat, ist mein Raise vor und meine Continuation Bet auf dem Flop. A8-AK, AA und gleichfarbige Ax-Hände sind hier fast sicher in meinem Handspektrum. Mit einem kleinen Paar sollte er die Turnkarte daher hassen. Zweitens, wenn ich circa 65 bis 80 Prozent des Pots biete, und er einen Flush Draw mit etwas wie K♦J♦ hat, muss er auf einem gepaarten Board einen Großteil seines Stacks callen. Das sollte abschreckend sein, weil er bereits ***drawing dead*** sein könnte. Da ich auf Flop und Turn geboten habe, könnte ich problemlos den Flush Draw mit Axs in Karo halten. Sein Flush Draw könnte gegen einen höheren Flush Draw wertlos sein, und er hätte auch keine Outs für ein Paar. Er hat keine Position und kann nicht glauben, dass er nach einem möglichen Treffer auf dem River angemessenen Implied Odds hat, da seine Hand ziemlich offensichtlich ist. Die einzigen Hände, gegen die eine Bet definitiv fehlschlägt, sind gefloppte Monster, mit denen mein Gegner versucht, mich in eine Falle zu locken, und Flush Draws mit Axs.

Es ist recht klar, dass er mit einem Großteil seiner Hände gezwungen sein wird zu folden, wenn ich auf dem Turn angreife. Dieses Konzept ist bekannt als „eine zweite Salve abfeuern“ (auf dem Flop und dem Turn bluffen), und das A♣ ist eine fantastische Karte, um dies in dieser Situation zu machen. Meine Bet sollte nicht nur groß genug sein, um ihn am erneuten Callen zu hindern, sondern auch eine solide Hand überzeugend darstellen und zu dem passen, was ich repräsentiere. Vor dem Abfeuern einer zweiten Salven sollte man sich über folgende, wichtige Faktoren Gedanken machen: das Handspektrum des Gegners, das eigene Image, das Image des Gegners, und wie er wahrscheinlich auf die Turnkarte reagieren wird. Bedenken Sie, dass das Feuern einer zweiten Salve ein großes Leck in Ihrem Spiel sein könnte, wenn Sie die Besonderheiten der Situation nicht bedenken.

Ich biete respektable 326 (70 Prozent des Pots) und der Big Blind legt seine Hand nach kurzem Überlegen ab.

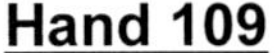

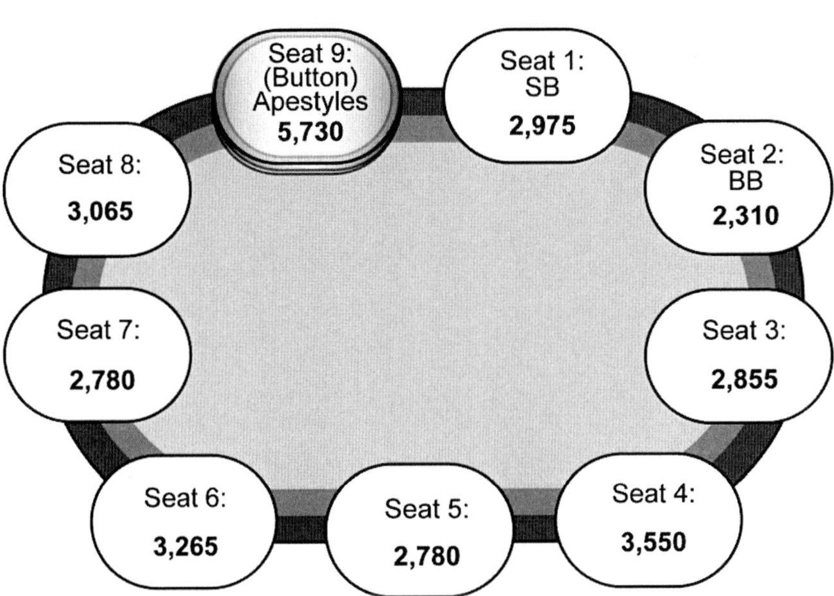

Situation: Es ist die frühe Phase eines Freezeout-Turniers, das Buy-In beträgt 1.060 $ und die Blinds liegen aktuell bei 20/40. Ich hatte das Glück, meinen Stack früh verdoppeln zu können, und mein Image ist im Moment sehr stark. Ich habe keine große Vorgeschichte mit irgendeinem Spieler am Tisch, und es gab noch nicht genug Action für umfangreiche Beobachtungen.

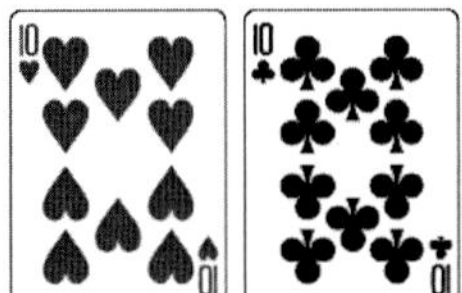

Vor dem Flop (60): Spieler 4 limpt und Spieler 6 raist das Vierfache des Big Blinds auf 160. Gegen einen Limper in früher Position und einen anschließenden Raise calle ich auf dem Button mit meinem Paar Zehnen lediglich, um mit guten Implied Pot Odds ein Set zu treffen. Ein Reraise wäre gefährlich, da jeder meiner beiden Gegner erneut reraisen und mich zum Fold zwingen könnte. Die Blinds folden und der Limper callt ebenfalls.

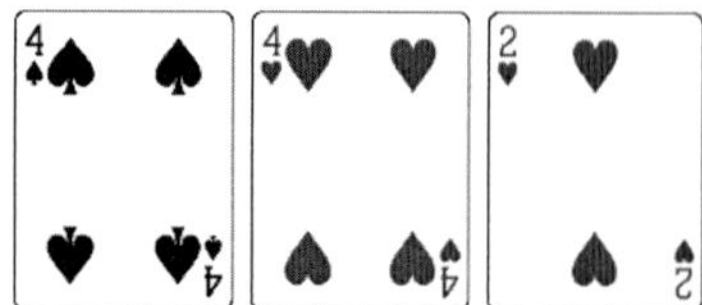

Flop (540): Der Limper auf Platz 4 checkt zu Spieler 6, der eine Continuation Bet von 400 bringt, 74 Prozent des Pots. Spieler 6 hier zu raisen ist aus mehreren Gründen eine schlechte Idee. Erstens werde ich all mein Geld höchstwahrscheinlich nur gegen Hände wie bessere Pocket Pairs als meins, oder Flush Draws mit zwei Overcards in die Mitte bekommen. Obwohl ich die T♥ habe, beträgt meine Gewinnerwartung gegen Flush Draws mit zwei Overcards nur um die 50 Prozent, und ich bin krasser Außenseiter gegen ein besseres Pocket Pair. Gegen ein Spektrum von A♥K♥, A♥Q♥, K♥Q♥, und TT+ habe ich um die 16 % Equity. Dieses Handspektrum ist vereinbar mit einem Spieler, der einen Limper in früher Position vor dem Flop raisen würde, und dann nach meinem Raise auf dem Flop All-In geht. Falls er mir auch mit niedrigeren Paaren wie 88 und 99 Action gibt, steigt meine Gewinnerwartung auf 39 Prozent. Ohne konkrete Beobachtungen ist jedoch schwer einzuschätzen, ob er mit solchen Händen um seinen Stack spielen würde oder nicht.

Durch das bloße Callen kann ich die Situation auf dem Turn neu einschätzen, anstatt auf dem Flop in eine ungewisse Situation zu geraten. Ich calle die 400. Leider checkraist Spieler 4 uns beide auf 1.240. Dies deutet höchstwahrscheinlich auf einen Flush Draw mit einer dieser Hände wie A♥J♥ oder K♥Q♥ hin. Er könnte auch mit 22 Limp-Call gespielt haben, und hat nun ein Full House. Falls er wirklich übergeschnappt ist, könnte er auch 66-99 für gut halten und über die Stränge schlagen. Überraschenderweise geht Spieler 6 nun über das Raise All-In. Unter Berücksichtigung all der Action vor und auf dem Flop, sehen meine Zehner überhaupt nicht mehr gut aus. Sehr wahrscheinlich dominiert mich zumindest einer meiner Gegner völlig. Selbst wenn beide Gegner verrückt genug sind, eine Vielzahl an Händen so zu spielen, würde ich dennoch hier nur selten mein Geld in die Mitte bringen. Ich muss mein Overpair folden.

Spieler 4 callt das All-In von Spieler 6 und zeigt mit 5♣4♣ einen Drilling und Spieler 6 hat mit K♥K♣ ein Overpair. Auf dem Turn kommt die 5♦, auf dem River die 5♥, und Spieler 4 gewinnt den Pot von 7.150 mit einem Full House.

Hand 110

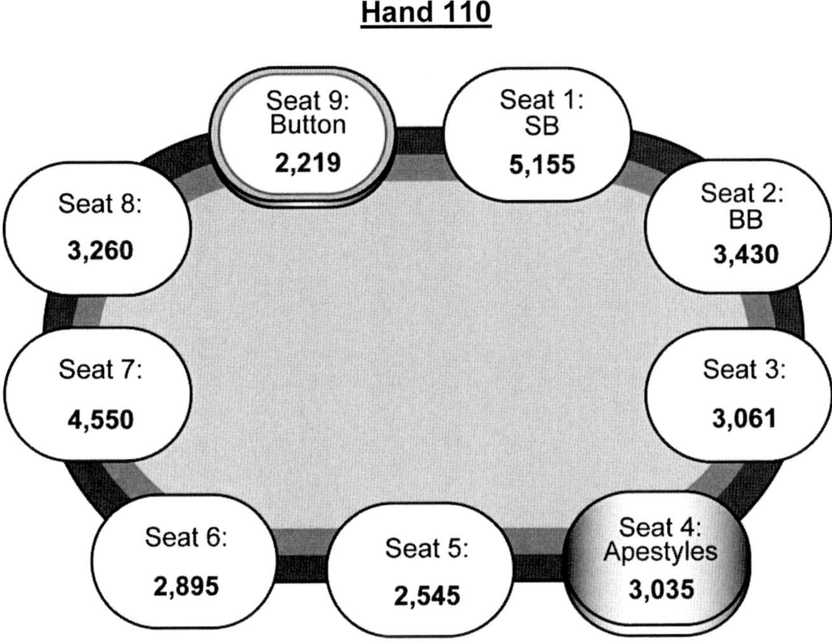

Situation: Ich bin in einem 55 $-Freezeout-Turnier mit Blinds bei 25/50. Ich habe noch nicht viel machen können, aber mein Stack ist mit 60 Big Blinds immer noch gut. Die Spieler am Tisch sind überwiegend recht tight gewesen, einzige Ausnahme ist Spieler 7, der als einziger eher loose und aggressiv spielt. Ich bekam bisher nur Müll und fand noch keine Situation für einen Bluff, also sollte auch mein Image ziemlich tight sein.

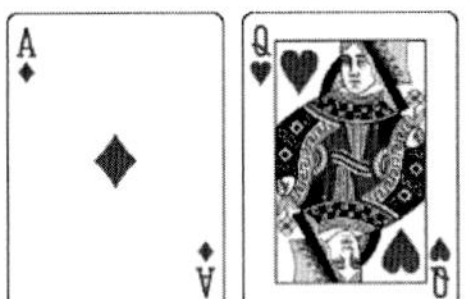

Vor dem Flop (75): Ich eröffne mit einem Raise auf 150. Spieler 1 im Small Blind pausiert für eine Weile und reraist dann das 3 1/3fache des Big Blinds auf 500. Spieler 1 hat die gesamte Zeit nur sehr wenige Hände gespielt, und wenn er aufmerksam ist, sollte er mich ebenfalls als tight erkennen. Ich kann vor dem Flop nicht mit AQ All-In gehen und erwarten, gegen das Spektrum eines tighten Spielers gut abzuschneiden, wenn er callt. AQ schlägt sich auch nach dem Flop nicht gut, besonders in einem großen Pot, und dies wird einer. Nach einem Call läge der Pot auf dem Flop bei 1.050, und ich werde nur 2.500 Chips übrig haben. Unter Berücksichtigung der Tatsache, wie tight mein Gegner ist, der verdächtigen Dauer, die er für den Reraise gebraucht hat, und des eher hohen Reraises im Vergleich zu unseren Stacks scheint es so, als hätte er hier tatsächlich eine starke Hand.

Nach einer Continuation Bet auf dem Flop würde ich es selbst auf den trockensten Boards schwer haben, ohne eine starke Hand zu pushen, da ich erwarte, oft von Paaren gecallt zu werden. Nach einem Check werde ich entweder beim Versuch, den Pot zu gewinnen, auf Flop oder Turn einen beachtlichen Teil meines Stacks bieten müssen, oder bis zum River checken. Keine dieser Optionen ist ansprechend und es scheint, dass ich angesichts aller oben genannten Faktoren und unserer heiklen Stackgrößen nicht viel tun kann. Ich werde nach einem Fold immer noch 2.885 Chips übrig haben, sodass ich im Turnier konkurrenzfähig bleibe, ohne in dieser unangenehmen Situation mit AQ zu zocken. Es ist frustrierend, die beste Hand zu folden, die ich bisher in diesem Turnier sah, doch gegen sein voraussichtliches Handspektrum von TT+, AK+ habe ich nur 30 Prozent Gewinnerwartung. Ich folde.

Hand 111

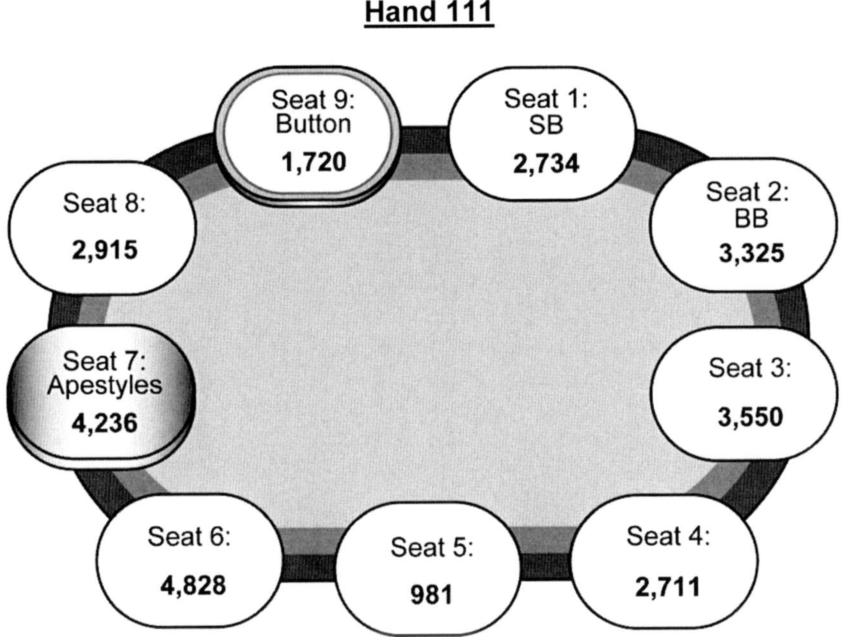

Situation: Es ist die frühe Phase eines 320 $-Turniers und die Blinds liegen bei 25/50. Es gibt einige wenige, aggressive und regelmäßige Turnierspieler am Tisch auf den Plätzen 6, 8 und 9. Spieler 1 und 4 sind die einzigen wirklich tighten Spieler. Im Moment habe ich ein solides, aggressives Image und einige Pots eingesammelt.

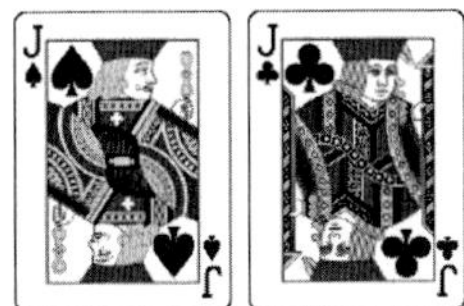

Vor dem Flop (75): Spieler 4 raist das Dreifache des Big Blinds auf 150. Spieler 4 hat sehr tight gespielt und raist außerdem aus früher Position heraus, also könnte er definitiv eine sehr starke Hand halten. Momentan sehe ich mich höchstwahrscheinlich einem Handspektrum von 66+, AQ+ gegenüber. Er sitzt auf einem Stack von lediglich rund 54 Big Blinds, wenn ich also reraise, könnte er für einen sehr großen Teil seines Stacks erneut reraisen, und mich angesichts seiner tighten Spielweise in eine heikle Situation bringen. Wenn man in einem Turnier vor dem Flop gegen einen tighten Raiser aus früher Position 54 Big Blinds in die Mitte bekommt, ist man mit JJ gewöhnlich Außenseiter. Doch mit einer starken Hand wie JJ erst zu raisen und dann zu folden ist bei diesen Stacks fatal, da es den Value der Hand vernichtet. Ein Reraise mit einer Hand wie T9s wäre, wenn ich auf einen Re-Reraise folde, besser. In Situationen, in denen der Gegner höchstwahrscheinlich entweder All-In geht oder foldet, ist es ein Fehler, mit guten Hände zu reraisen, die zu schwach für den Call eines All-Ins sind, da man die eigene Hand im Prinzip in einen Bluff verwandelt, den man auch mit zwei zufälligen Karten spielen könnte. Mein Gegner könnte hier vor dem Flop lediglich callen, aber höchstwahrscheinlich wird er entweder All-In gehen oder folden.

In einem Reraise mit JJ liegt außerdem wenig Value, da ich damit die Hände zum Folden bringe, von denen ich ansonsten Auszahlung erhoffen kann. Er wird AJ wahrscheinlich und AQ vielleicht gegen meinen Reraise folden, aber mit AK und mit großen Paaren All-In gehen oder lediglich callen, um mir nach dem Flop eine Falle zu stellen. Callt er lediglich und checkt auf dem Flop, werde ich auf den meisten Boards eine Continuation Bet bringen und dann abermals nur schlechtere Hände wie AK zum Folden bringen (abhängig vom Flop natürlich), während bessere Hände All-In checkraisen, und mich vor eine weitere schwierige Entscheidung über fast 65 Prozent meines Stacks stellen.

Erscheint auf dem Flop ein Ass oder König, wird sein Spektrum an Händen weit vor mir liegen, ganz zu schweigen von der Tatsache, dass ich nicht in der Lage sein werde, nach einer Continuation Bet fortzufahren. Falls er exakt AK hat, erscheint jedes dritte Mal ein A oder K auf dem Flop. Hat er kein A oder K, passiert dies sogar in 42 Prozent der Fälle; ich sehe mich also häufig einer gefährlichen Karte gegenüber, und bin nicht sicher, wo ich in der Hand stehe. Mit meiner Einschätzung dieses Spielers als „tight" scheint es tatsächlich so, als böte ein Reraise hier nur wenige bis keine Vorteile. Durch einen Call halte ich gegen ein starkes Spektrum an Händen den Pot klein, verstecke die Stärke meiner Hand, und habe hohe Implied Odds mit dem Potential, ein Set zu floppen und ihm mit seiner Monsterhand den Stack abzunehmen. Ich calle 150 und jeder nach uns foldet.

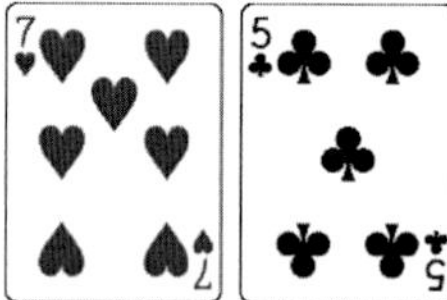

Flop (375): Spieler 4 bringt eine Continuation Bet von 300, 80 Prozent des Pots. Dies ist ein großartiger Flop für meine Hand, da ich im Grunde genommen eine Münzwurfentscheidung gegen die Hände habe, mit denen er callt. Selbst gegen ein schmales Spektrum von 88+, A♣K♣, und A♣Q♣ habe ich ungefähr 48,5 Prozent Equity. Es ist gut zu wissen, dass ein niedrigeres Paar gegen zwei Overcards und einen Flush Draw (15 Outs) grundsätzlich ein Münzwurf ist. Nimmt man AK und AQ Kombinationen mit nur einem einzigen

Kreuz hinzu, erhöht sich meine Equity noch ein wenig auf 49 Prozent. Häufig wird er nach einem Raise von mir auch folden. Es ist klar, dass ich diese Hand nicht mehr folde. Ich raise etwas mehr als das Zweieinhalbfache seiner Bet auf 800 und er geht augenblicklich All-In für weitere 1.761. Ich calle.

Spieler 4 hat T♣T♥. Der Turn bringt den J♦, was ihn ***drawing dead*** lässt und ich gewinne den Pot von 5.497.

Hand 112

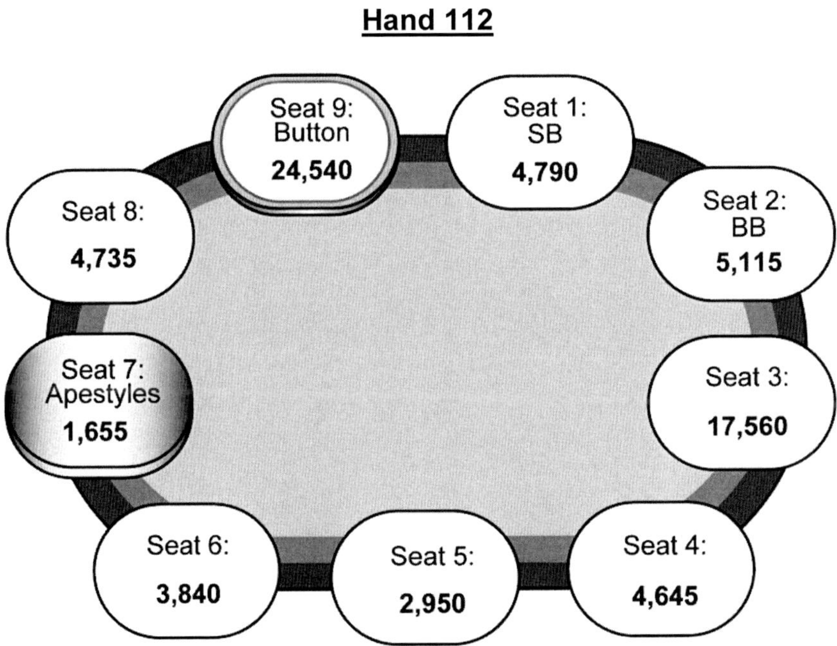

Situation: Ich befinde mich in einem weiteren 215 $-Freezeout-Turnier mit Blinds bei 40/80. Ich war gut dabei und hatte eine Zeitlang solides Poker gespielt, bis Spieler 3 ein Set gegen mein Overpair traf, und mich mit einem Stack von 21 Big Blinds zurückließ. Spieler 3 ist ein aggressiver regelmäßiger Turnierspieler und Spieler 9 ist extrem loose und aggressiv. Die übrigen Spieler sind recht ruhig gewesen und spielen zum Großteil tight und konservativ.

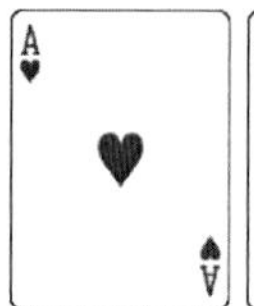
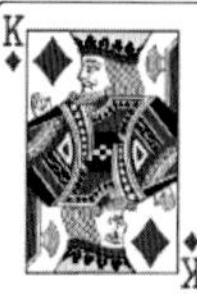

Vor dem Flop (120): Mit rund 21 Big Blinds ist mein Stack etwas zu groß, um hier direkt All-In zu gehen, besonders wenn man bedenkt, dass es noch kein Ante gibt. Ich möchte natürlich Action, und durch ein direktes All-In würden meine Gegner zu viele Hände folden, mit denen sie ansonsten reraisen oder callen würden. Ich eröffne mit einem Raise auf 240, drei Big Blinds. Spieler 9 auf dem Button callt lediglich. Spieler 9 ist besonders in Position ein looser und aggressiver Spieler, sodass sein Handspektrum hier sehr groß sein wird. Solange der Flop nicht mit einem absolut furchtbaren Board wie T♠9♠8♠ oder ähnlich kommt, werde ich wahrscheinlich unabhängig von der Bet, die er mir entgegen wirft, versuchen, meinen Stack mit ihm in die Mitte zu bekommen. Meine Hand ist stark, und ich kann keinem aggressiven Spieler erlauben, sie zu überrennen, nur weil ich den Flop verpasst habe.

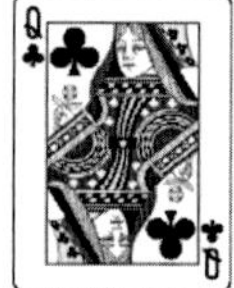
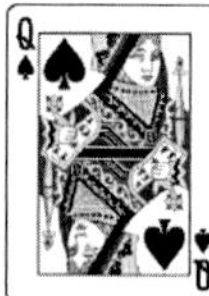
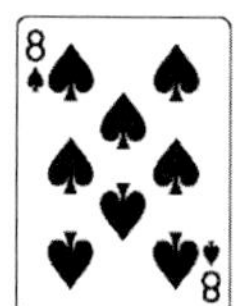

Flop (520): Dies ist sogar einer der besseren Flops für mich. Er ist sehr trocken und es ist schwierig für sein breites Spektrum, darauf etwas getroffen zu haben. Selbst wenn Spieler 9 mit einer Hand wie 77-22 auftaucht, hat mein AK sogar noch viel Equity, da ich eine Acht oder eine Vielzahl von aufeinander folgenden Karten treffen und mein Ass als höchste Karte zur besten Hand machen kann (natürlich abhängig von dem Paar, welches er hat).

Paare sind jedoch etwas unwahrscheinlich, da ich denke, dass er bei diesem Stack vor dem Flop mit mir All-In gegangen wäre. In den meisten Fällen hat er diesen Flop einfach verpasst oder einen Gutshot mit JT oder T9. Ich werde nicht folden, also möchte ich seine Tendenzen lieber so oft wie möglich ausnutzen, anstatt zu bieten und ihn von schlechten Händen loskommen zu lassen. Nach einem Check wird er hier häufig versuchen, den Pot mit einer Bet direkt zu gewinnen. Ich checke mit der Absicht, über seine Bet All-In zu gehen, oder die Situation auf dem Turn neu zu bewerten, falls er aus irgendeinem Grund checkt. Spieler 9 feuert ein großes Gebot von 82 Prozent des Pots für 426 ab.

Ich pushe für weitere 989 All-In und Spieler 9 foldet nach einigem Überlegen.

Hand 113

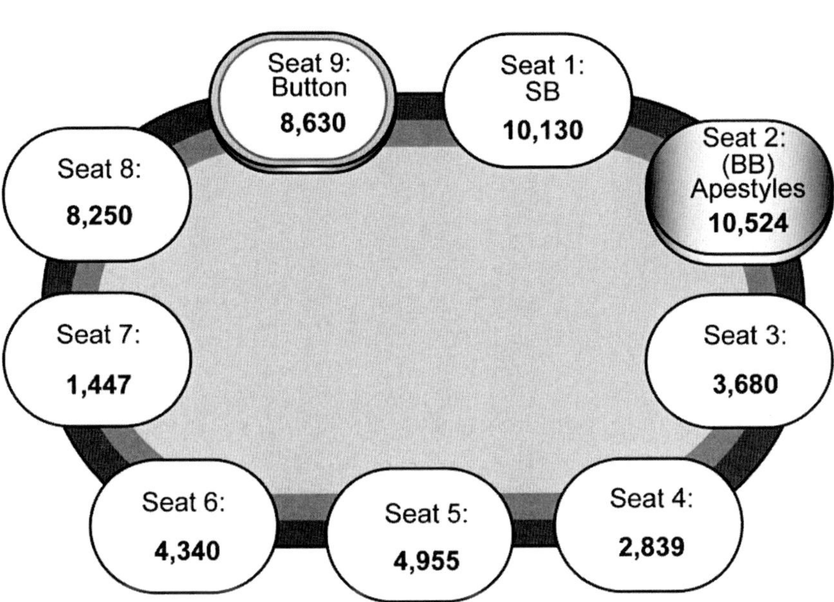

Situation: Ich befinde mich in einem großen Sonntagsturnier mit Buy-In von 530 $ und Blinds von 40/80. Ich hatte das Glück, mit einer starken Hand meinen Stack bereits zu verdoppeln, und mein Image ist derzeit solide und aggressiv. Die anderen Spieler am Tisch waren bisher recht loose, höchstwahrscheinlich wegen der größeren Stacks, die diese besondere Turnierstruktur mit sich bringt. Spieler 3 und 6 waren allerdings extrem tight, während die übrigen Spieler viele Hände und Flops gespielt haben. Spieler 4 spielte aggressiv und verlor kürzlich einen Großteil seines Stacks bei einem Bluff mit drei Salven (auf Flop, Turn und River).

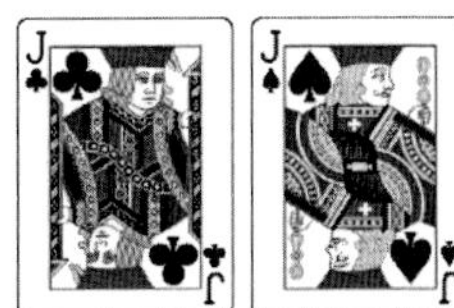

Vor dem Flop (120): Spieler 4 limpt und Spieler 7 ebenso. Mit meinem starken Paar werde ich hier selbstverständlich raisen, und da es zwei Limper gibt, muss ich den Betrag etwas höher ansetzen als sonst. Ich raise den auf 360, also 4,5 Big Blinds. Spieler 4 callt und Spieler 7 foldet. Spieler 4 kann hier ein wirklich breites Handspektrum haben. Er war von Anfang an loose und aggressiv und nachdem sein großer Bluff fehlgeschlagen ist, ist er jetzt möglicherweise ***auf Tilt***. Es wird einen besonders üblen Flop benötigen, um meine Hand schnell aufzugeben.

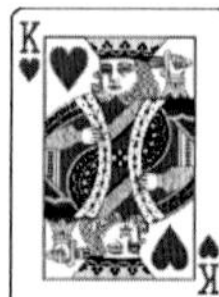
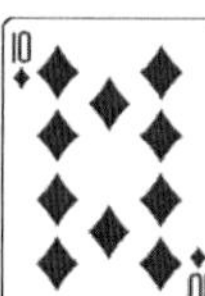
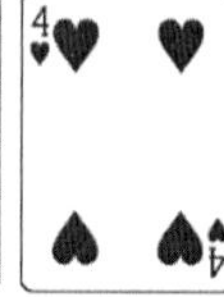

Flop (840): Wie die meisten Spieler bin ich enttäuscht, wenn Overcards zu dem eigenen stärkeren Paaren auf dem Flop erscheinen. Mein Gegner könnte vor dem Flop mit KQ, KJ, KT oder vielleicht noch schlechteren Königen mit gleichfarbiger Beikarte gecallt haben – je nachdem, wie sehr *auf Tilt* (wenn überhaupt) er momentan ist. Ungeachtet dessen werde ich meine Hand nicht aufgeben – dafür ist mein Blatt zu stark, das Board zu drawlastig und das Image meines Gegners zu schlecht. Letztlich hat er außerdem bei dem Pot von 840 nur noch rund 2.500 Chips übrig hat.

Da ich die Hand spielen werde, muss ich herausfinden, wie ich seine Spieltendenzen ausnutzen kann. Bette ich eine kleinere Summe, provoziere ich häufig Bluffs von schwächeren Händen; mit einem hohen Gebot lasse ich ihn jedoch vom Haken und falls er dennoch spielt, dann vermutlich nur mit den stärkeren Händen seines Spektrums. Ich biete 480, ungefähr 57 Prozent des Pots, mit der Absicht, ein All-In zu callen. Nach einiger Überlegung callt Spieler 4.

Nun ja, ich habe mit meinem niedrigen Gebot kein All-In provoziert. Möglicherweise *floatet* er (callt, um zu sehen was ich auf dem Turn tue, um später zu bluffen), aber ebensogut könnte er ein Paar Zehnen oder Könige haben. Es gibt eine Menge an Tx-Händen, die sich nach dem Flop gut spielen lassen, und mit denen er vor dem Flop gelimpt sein könnte (AT, QT, JT, T9, T8s). Mit irgendeinem Draw wäre er höchstwahrscheinlich All-In gegangen, besonders weil seine Stackgröße ideal für ein All-In Raise mit einem Draw war.

Turn (1.800): Dies ist ein guter Turn, weil er keine Draws komplettiert oder das vermutliche Handspektrum meines Gegners für einen Call auf dem Flop verbessert. Meine Einschätzung auf dem Flop war, dass mein Gegner wahrscheinlich *floatet*, also checke ich hier gerne, damit er blufft. Durch ein weiteres Gebot werde ich außerdem sehr wahrscheinlich ein Paar Zehnen zum Folden bewegen, während ein Check ihm mehr Vertrauen in seine Hand in dieser Setzrunde oder zumindest auf dem River geben wird.

Mit einer Bet lasse ich meinen Gegner zu leicht vom Haken, und zahle zu häufig ein Paar Könige aus. Ich checke und mein Gegner checkt nach kurzem Zögern ebenfalls. Wäre sein Check auf dem Flop ein Float gewesen, hätte er nun wohl eher gebettet, anstatt zu checken und es auf dem River zu versuchen. Dass er auf diese Weise ein Paar Könige slow spielt, ist angesichts seines Stacks und der Struktur des Boards unwahrscheinlich, aber nicht vollkommen auszuschließen. Da ich diese beiden Teile seines Handspektrums für unwahrscheinlich halte, wird ein Paar Zehnen auf seiner Hand immer wahrscheinlicher.

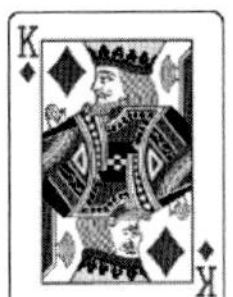

River (1.800): Dies ist ein fantastischer River, da er keinerlei Draws komplettiert. Und da nun nur noch zwei Könige im Deck übrig sind, ist es nun noch unwahrscheinlicher, dass mein Gegner einen hält. Falls er ein Paar Zehnen hat, lässt der zweite König auf dem Board auch meine Hand in seinen Augen unglaubwürdiger erscheinen. Mein Gegner hat in seinem Stack nur noch 1.999 übrig, etwas mehr als der Pot. Viele Faktoren sind hier auf meiner Seite: Meine Hand hat auf dem River an Glaubwürdigkeit verloren, ich bin mir recht sicher, dass er ein Paar Zehnen hat, und meine Buben scheinen gut zu sein. Mein Gegner scheint auf Tilt zu sein und ist wahrscheinlich nicht in der Lage, hier eine Zehn zu folden. Sein Stack ist nur knapp 10 Prozent größer als eine Bet in Potgröße. Ich entscheide mich, Spieler 4 für seine verbliebenen 1.999 All-In zu setzen um zu versuchen, Value aus meiner Hand zu bekommen.

Spieler 4 callt schnell mit A♥T♠, das zweithöchste Paar mit Top Kicker, und ich gewinne den Pot von 5.798.

Hand 114

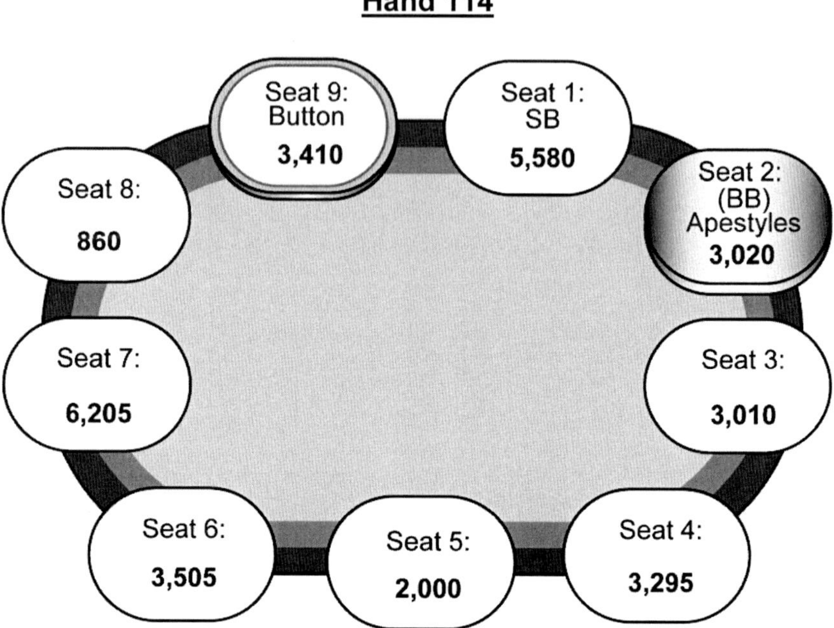

Situation: Es ist die frühe Phase eines 55 $-Turniers mit 20.000 $ garantiertem Preisgeld. Die Blinds sind bei 50/100. Ich war bisher recht inaktiv, da sich mir bis dato keine guten Gelegenheiten boten, meine Chips einzubringen. Infolge dessen und der Tatsache, dass ich keine Vorgeschichte mit den Spielern am Tisch habe, ist mein Image im Moment ziemlich tight.

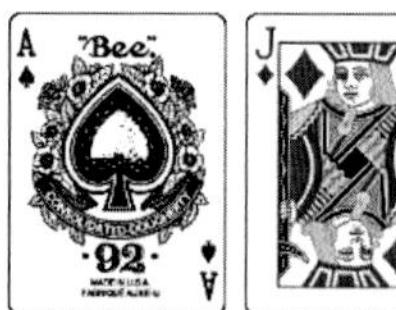

Vor dem Flop (150): Meine erste, anständige Hand seit einiger Zeit und Spieler 9 auf dem Button raist auf 350. Er ist ein solider, aber recht loose-aggressiver Spieler, und war bisher sehr aktiv. Ich sah von ihm eine Menge Raises aus später Position gefolgt von Continuation Bets auf dem Flop. Ich spiele diese Hand definitiv, also lassen Sie uns einige Optionen analysieren.

Momentan bin ich mir sicher, gegen die Hände, mit denen er vom Button eröffnet, vorne zu liege. Bedenkt man, dass er ein solider und mitdenkender Spieler ist, werde ich aber gegen das Handspektrum, mit dem er einen Reraise erneut raist, fast sicher hinten liegen (bestenfalls 65:35 und schlimmstenfalls um die 70:30). Ein Reraise müsste die Höhe von ungefähr 1.100 oder eines All-Ins haben (letzteres sieht schwächer aus). Ich werde 2-zu-1 auf einen Call bekommen, wenn er mich re-reraist, was einen Call beinahe vorschreibt. Mit einer Hand, die so viel Value wie AJ hat, kann ich nicht erst raisen und anschließend folden, da ich so auch mit nichts als heißer Luft spielen könnte. Ein Reraise oder All-In ist hier definitiv *+EV* (hat einen positiven Erwartungswert), da er so häufig foldet, und tatsächlich reraise ich hier in den meisten Fällen. Aber es gibt gute Alternativen, die bessere Ergebnisse erzielen könnten.

Nach einem Call werde ich 2.670 in meinem Stack übrig haben. Bringt mein Gegner eine Continuation Bet von 70 Prozent des Pots oder mehr, werde ich eine gute Stackgröße haben, um auf einem passenden Board mit einem Check-Raise All-In zu gehen. Diese Option ist im Gegensatz zum Reraise interessant, denn nach einem Reraise würde mein Gegner mit Händen wie AK und AQ All-In gehen. Durch einen schlichten Call und anschließendem Check-Raise All-In auf ungefährlichen Flops kann ich sogar diese Hände – und gelegentlich auch kleine Paare – zum Folden bringen. Angesichts der Häufigkeit, mit der der Button raist, wäre es eine Verschwendung von Chips, auf jedem Flop, den ich verpasst habe, einfach zu check und zu folden. Wenn ich außerdem tatsächlich den Flop treffe, kann ich als großer Favorit ins Rennen gehen und meinen Stack verdoppeln. Da ich eine recht gute Stackgröße habe, und wegen der mit einem Reraise verbundenen Risiken, entscheide ich mich zu einem Call mit der Absicht, auf vielen Flops All-In zu checkraisen.

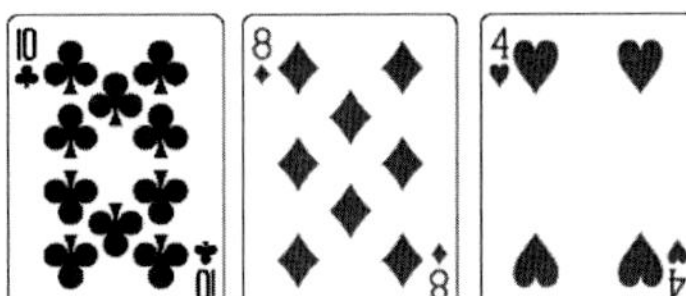

Flop (750): Ich checke und mein Gegner bietet 750. Dies ist exakt die Art von Board, nach der ich gesucht habe, weil nun viele seiner Hände folden müssen. Es ist ein mehrfarbiger Flop, also kann er keine großen Draws wie Overcards mit einem Flush Draw haben. AK und AQ werden fast sicher auf einen Check-Raise folden müssen. Niedrigere Pocket Pairs wie 22 bis 77 werden es hassen, mit zwei Overcards auf dem Board zu callen (außer 44 natürlich).

Eine Faustregel zum Merken: zwei nicht dominierte Overcards haben mit ihren 6 Outs für gewöhnlich um die 25 Prozent Equity gegen ein niedrigeres Paar. Ich nehme an, dass mein Gegner mit 99, jedem Set oder Overpair, und allen Tx oder 8x Hände callen wird (obwohl er mit 8x nicht immer Continuation Bets bringen wird), gegen die ich pauschal nur 19 Prozent Equity habe. Im bestmöglichen

Fall callt mein Gegner mit QJ oder J9 mein All-In und ich wäre 65-prozentiger Favorit. Führe ich diese Handspektren zusammen, habe ich vermutlich ca. 27 Prozent Equity:

AJo gegen 88+, 44, ATs, A8s, KTs, QTs+, J9s+, T8s+, 98s, 87s, ATo, A8o, KTo, QTo+, J9o+, T9o, 98o[6].

Damit diese Spielweise profitabel ist, muss Spieler 9 in ca. 60 Prozent der Fälle folden. Das ist durchaus plausibel: Angesichts der Häufigkeit seiner Raises schätze ich sogar, dass er tatsächlich viel häufiger foldet. In den meisten Fällen hat mein Gegner den Flop komplett verpasst oder hält eine Hand, mit der er nicht callen kann.

Schauen wir uns die Mathematik an:
Wenn er in 60 Prozent der Fälle foldet, gewinne ich 1.500 ohne Showdown (0,6 x 1.500 = 900).
In weiteren 11 Prozent der Fälle gewinne ich auch nach einem Call, und zwar 3.070 (0,11 x 3.070 = 338).
In den übrigen 29 Prozent der Fälle verliere ich insgesamt 3.020 (0,29 x -3.020 = -876).

Jedes Szenario aufaddiert ergibt eine Gewinnerwartung von +362 (Chip ***EV*** = +362).

Davon ausgehend, dass mein Gegner in 60 Prozent der Fälle foldet, habe ich eine positive Gewinnerwartung von mehr als drei Big Blinds, weshalb ich das All-In auf dem Flop als eine nette, gewinnbringende Spielweise beurteile.

Ich gehe über die Continuation Bet meines Gegners für insgesamt 2.670 All-In. Spieler 9 foldet.

---

[6] Gibt man dieses Spektrum in einen Poker-Odds-Rechner ein, und berechnet es gegen AJo, so kommt heraus, dass AJo in 27 Prozent der Fälle gewinnt.

Hand 115

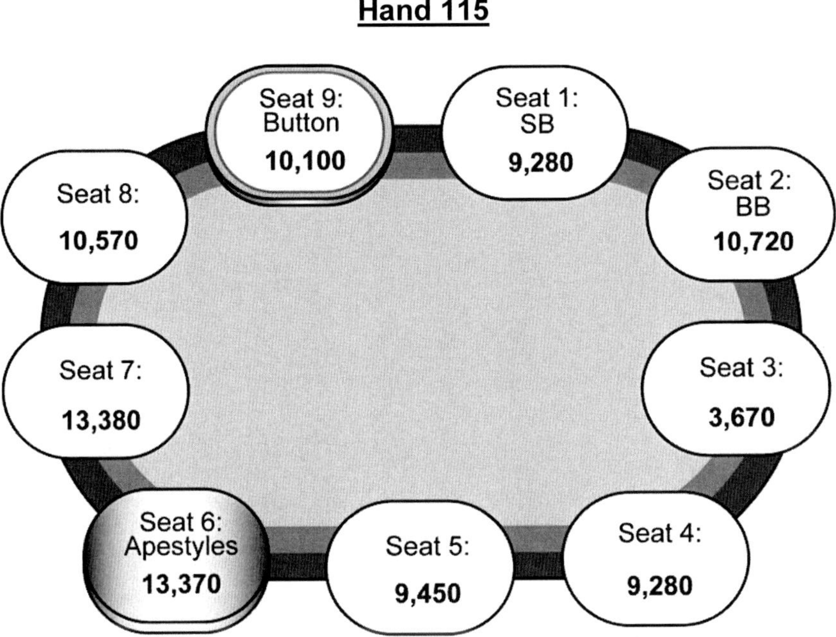

Situation: Ich bin noch in der sehr frühen Phase eines sonntäglichen 530 $-Feezeout-Turniers. Die Blinds liegen bei 60/120. Die einzigen beiden Hände, die ich bisher im Showdown gezeigt habe, waren die Nut Straight und Top Pair. Die Spieler an meinem Tisch gaben mit Ausnahme der Spieler 1 und 2 zum Großteil tightes Poker gespielt.

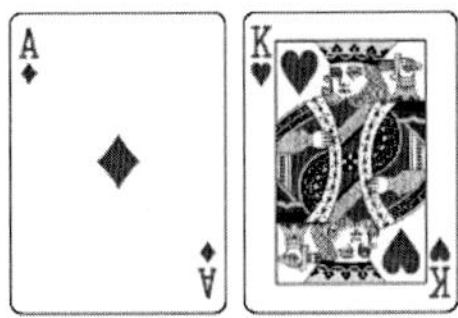

Vor dem Flop (180): Ich eröffne mit einem Raise auf 360, dem Dreifachen des Big Blinds. Spieler 8 callt und alle anderen folden.

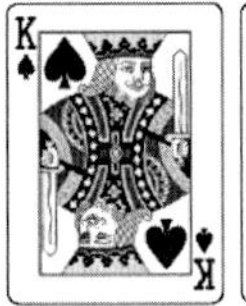
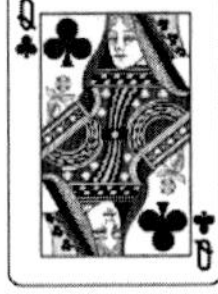
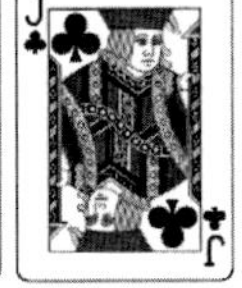

Flop (900): Die ist ein gefährlicher Flop für meine Hand. Wenn ich auf diesem Flop biete und Action bekomme, werde ich mich in einer sehr heiklen Situation befinden. Spieler 8 hat bislang tightes, aggressives Poker gespielt und AT, KQ, KJ, QJ und T9 sind hier ganz bestimmt in seinem Handspektrum. Wenn ich bette, sind die schlechtesten Hände, von denen ich Value bekommen kann, beliebige Flush Draws, KT, QT und vielleicht JT, die allesamt nicht allzu weit zurückliegen. Die Anzahl an Kombinationen dieser Hände ist auch viel kleiner als das obige Spektrum an Händen, die mich in ernste Schwierigkeiten bringen. Es gibt einen Flush Draw auf dem Board, und da ich weder das A♣ noch den K♣ habe, sind einige Kombinationen mit Flush- und Straight Draws möglich. Mit dem A♣ oder K♣ würde ich mich sicherer fühlen, weil es dann unmöglich für meinen Gegner wäre, Hände wie K♣T♣ oder irgendwelche gleichfarbigen Asse in Kreuz zu halten, die eine Menge an Equity haben.

Hier zu bieten erzeugt aus zwei Gründen Probleme: erstens werden die Hände, die mir Action geben, eine Menge an Equity haben, und zweitens ist mein Gegner aggressiv. Die Kombination daraus bedeutet, dass eine Bet mir wenig Value gibt. Ein Check gibt ihm außerdem die Gelegenheit, mit schlechteren Händen zu bluffen und mir die Chance, günstig den Showdown zu erreichen. Ich checke mit der Absicht, eine Bet zu callen, und er checkt ebenfalls.

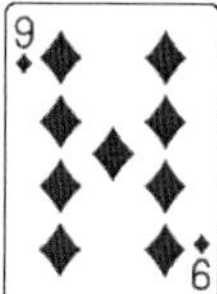

Turn (900): Da er auf dem Flop nach mir checkte, bin ich davon überzeugt, dass ich dort die beste Hand hatte. Die meisten Gegner würden eine Straight bei dieser Art Board nicht slow spielen, und Two Pair zu checken wäre entsetzlich. Diese Turnkarte ist jedoch schrecklich für meine Hand. Wenn er mit einer Hand wie QT, JT oder Tx checkte, hat er mich nun überholt. Da auf dem Board vier Karten zu einer Straight liegen, ist es außerdem beinahe unmöglich für mich, mit einer Bet Value von irgendeiner schlechteren Hand zu bekommen. Möglicherweise hält er mit so etwas wie 7♣6♣ einen Flush Draw, aber manche Gegner würden mit so einer Hand bieten, wenn auf dem Flop zu ihnen gecheckt wurde. Außerdem macht dies einen so kleinen Teil seiner möglichen Hände aus, dass es einfach nicht Grund genug ist, um eine Bet zu rechtfertigen. Ich checke, und er checkt erneut hinterher.

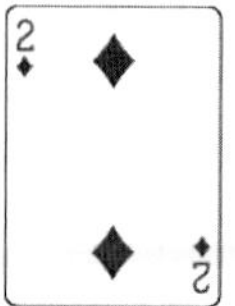

River (900): Dies ist eine harmlose Riverkarte. Da es in den vorigen Setzrunden keinerlei Action gab, habe ich sehr wahrscheinlich die beste Hand und es scheint, als sei eine Value Bet hier absolut angebracht. Er könnte mit einer Zehn (einer Straight) nach mir gecheckt haben, um mich zu täuschen und glauben zu lassen, dass eine Hand mit einem Paar gut wäre. Deshalb ist die richtige Spielweise an dieser Stelle betten und auf einen Raise folden.

Ich biete 480 und er foldet.

Hand 116

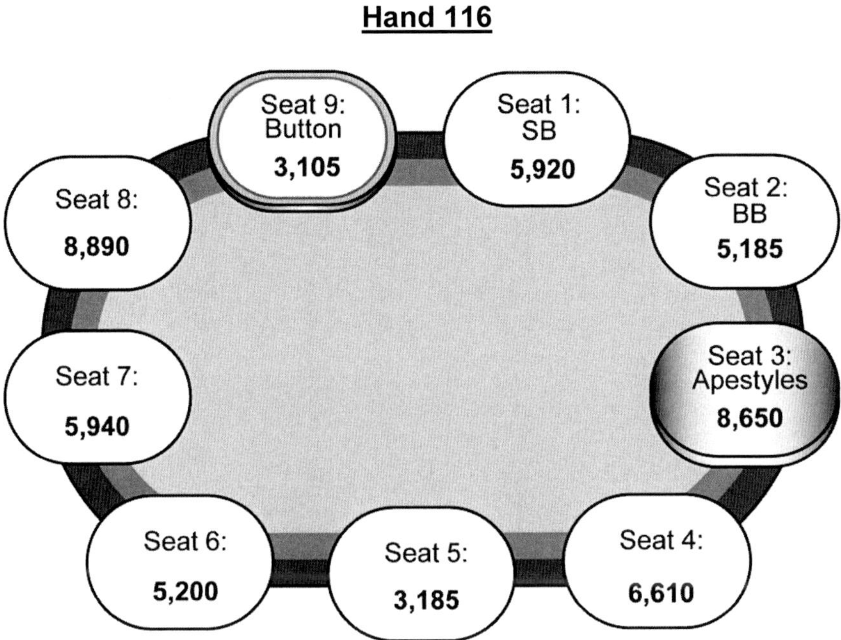

Situation: Ich bin in der frühen Phase eines 55 $-Freezeout-Turniers mit Blinds bei 75/150. Im Großen und Ganzen habe ich die Action am Tisch bisher kontrollieren können und die einzigen Hände, die ich vorgezeigt habe, waren Monster (Top Pair mit AK und ein Set Neunen). Im Moment bin ich sehr zufrieden mit meinem Tisch, da er mit schlechten, unbekannten Spielern gefüllt zu sein scheint, und mein Image solide ist. Die Spieler sind bunt gemischt, ungefähr die Hälfte ist ausgesprochen tight und die andere Hälfte sehr loose.

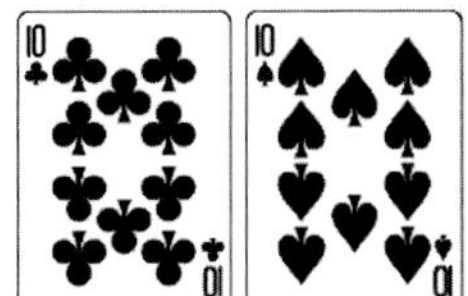

Vor dem Flop (225): Ich bringe einen normalen Raise auf 450. Der loose Spieler 6 callt. Spieler 7 verzögert kurz und reraist dann etwas mehr als das Zweieinhalbfache auf 1.200, was ihm selbst 4.740 Chips übrig lässt. Spieler 7 hat die gesamte Zeit recht tight gespielt. Da Spieler 6 so loose ist, bin ich über dessen Hand nicht besonders besorgt; letztlich ist er nicht mal in der Hand, da er in beinahe 100 Prozent der

Fälle folden wird, falls ich nun meinerseits reraise. Die einzige Hand, mit der ich Spieler 7 bisher am Showdown gehen sehen habe, ist QQ, womit er bei Blinds von 15/30 all seine Chips vor dem Flop gegen AK eingebracht und seinen Stack verdoppelt hatte. Seitdem hat er nur gelegentlich und ohne Gegenwehr geraist.

Ich weiß aus mehreren Gründen, dass Spieler 7 hier ein sehr schmales Handspektrum spielt. Erstens habe ich bemerkt, dass er sehr tight gespielt und im Showdown nur ein Monster gezeigt hat, welches er vor dem Flop sehr aggressiv gespielt hatte. Wenn er auch nur ansatzweise die Action am Tisch verfolgt hat, sollte er auch mich als sehr solide einschätzen. Zweitens reraiste er einen Raiser aus erster Position. Das Handspektrum für Raises aus erster Position sollte deutlich schmaler sein als aus anderen Positionen und demnach mehr Respekt bekommen. Drittens war die Zeit verdächtig, die er sich vor dem Reraise genommen hat. Wenn Spieler AA oder KK haben, werden sie sich vor einem Reraise oft etwas Zeit nehmen, um eine schwächere Hand vorzutäuschen und den Eindruck zu erwecken, ihre Entscheidung erfordere einiges Überlegen. Die Höhe seines Reraise ist ebenfalls interessant. Mit einem zusätzlichen Caller in der Hand hat er lediglich etwas mehr als das Zweieinhalbfache der letzten Bet geraist, obwohl bei Stacks von effektiven 40 Big Blinds das Dreieinhalb- bis Vierfache der vorherigen Bet üblich wäre. Die meisten Spieler würden mit AK wahrscheinlich höher raisen, da sie keine Caller wollen (besonders keine zwei Caller).

Bedenke ich all diese Faktoren, lässt die Größe des Raises tatsächlich auf ein Monster Paar schließen, höchstwahrscheinlich AA. Gegen ein Spektrum von AK, JJ+ habe ich 30 Prozent Equity. Nach meinen Beobachtungen hat er jedoch wahrscheinlich eher ein Spektrum von JJ+, gegen das meine Siegchancen knapp unter 20 Prozent liegen. Bei unseren Stackgrößen bin ich nicht Pot-Committed, muss folglich nicht All-In gehen. Gleichzeitig sind die Stacks aber nicht groß genug, um korrekte Odds für einen Call auf Set-Value zu bekommen. Auch wenn ich direkte Implied Odds habe, wenn ich ein Set treffe, benötige ich mehr als 10-zu-1, da ich nicht immer seinen kompletten Stack gewinnen werde. Etwa werde ich auf Flops mit einem Ass weder von KK noch von QQ den kompletten Stack bekommen, gelegentlich werde ich das niedrigere Set haben, und niemals 100 Prozent im Klaren über sein Handspektrum sein. Es ist wichtig, Situationen zu erkennen, in denen starke Hände einfach nicht mehr gut sind.

Ich folde genau wie Spieler 6. Spieler 7 zeigt seine Hand nicht.

Hand 117

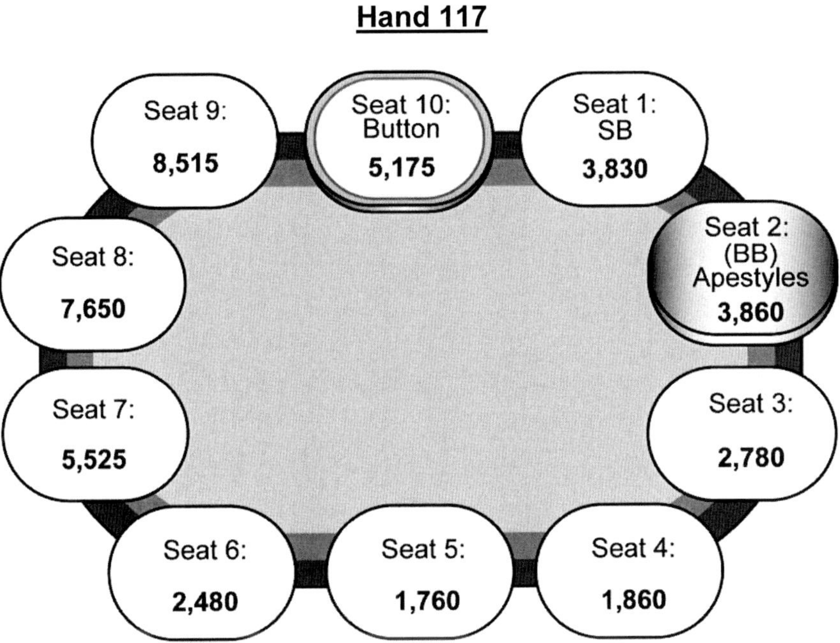

Situation: Ich bin in der früh bis mittleren Phase eines 215 $-Freezeout-Turniers mit 200.000 $ garantiertem Preisgeld, die Blinds betragen zurzeit 75/150. Aufgrund der Aktivität und Dynamik am Tisch habe ich noch nicht viele Hände gespielt. Die Hände, mit denen ich in einen Pot einstieg, spielte ich nach dem Flop aggressiv, doch meine Gegner schienen jedes Mal gute Karten zu haben. Im Moment ist mein Image nach dem Flop zweifellos nicht so solide, wie ich es gerne hätte.

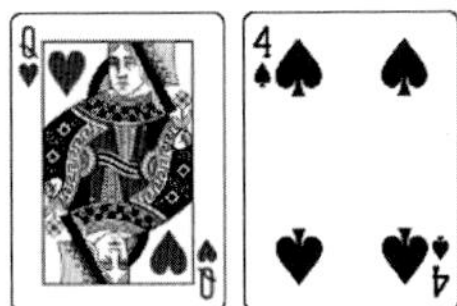

Vor dem Flop (225): Es wird zum Small Blind gefoldet, der auffüllt. Normalerweise raise ich mit einem breiten Spektrum an Händen, wenn ein Spieler im Small Blind limpt. Hier ist mein Blatt furchtbar, und obwohl ich manchmal dennoch raisen würde, checke ich diesmal.

Ich entscheide mich hier aus mehreren Gründen gegen einen Raise: Erstens ist die Hand furchtbar; zweitens führt ein Raise, falls mein Gegner callt, angesichts der Stackgrößen hier oft zu schwierigen Situationen im Spiel nach dem Flop;

und drittens limpen manche Spieler mit einer Stackgröße zwischen 15-25 Big Blinds gerne vom Small Blind aus und gehen dann All-In.

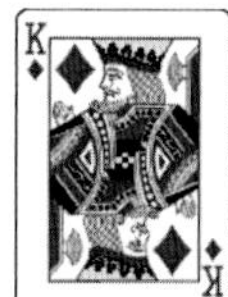

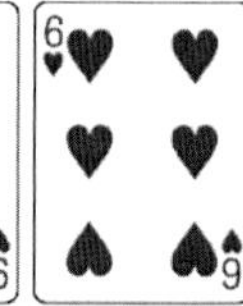

Flop (300): Ich verpasse den Flop komplett und der Small Blind checkt. Wenn der Small Blind nur auffüllt, kann man ihn im Grunde genommen auf zwei beliebigen zwei Karten setzen, die nicht gänzlich unverbunden und wertlos sind. Obwohl dieser Flop etwas koordiniert ist (einige Straight- und Flush Draws ermöglicht), und trotz meines schlechten Images, kann ich normalerweise auf jedem Flop eine Bet abfeuern und sollte gute Chancen haben, den Pot zu gewinnen, da sein Handspektrum so groß ist. Man bedenke, dass selbst grenzwertige Paare wie 64 nur schwer in der Hand bleiben können. Ich biete 225 oder 75 Prozent des Pots, was ihn in nur 43 Prozent der Fälle zum Folden bringen muss, um für sich genommen kostendeckend zu sein. Er callt.

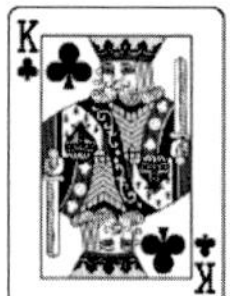

Turn (750): Mein Gegner checkt. Im Augenblick setze ich ihn auf irgendein schwaches Paar. Mit Top Pair, einem Flush Draw oder einem starken Straight Draw würden die meisten Spieler auf dem Flop betten oder checkraisen. Höchstwahrscheinlich hat er zu diesem Zeitpunkt das zweit- oder dritthöchste Paar mit einer verbundenen Beikarte (etwas wie J9, 98 bis 95, T6 etc.).

Diese Turnkarte ist für einen erneut Angriff ohne besondere Beobachtungen schlecht. Der zweite König macht es mir viel schwerer, einen König zu repräsentieren, da ich nun einen Drilling hätte. Bette ich auf dem Turn, werde ich auf dem River wahrscheinlich eine weitere Salve abfeuern müssen, da er in einer Konfrontation der beiden Blinds fast immer auch auf dem Turn callen wird. Im Augenblick habe ich keine Ahnung, wie dieser Spieler mit dem zweit- oder dritthöchsten Paar auf eine dritte Bet auf dem River reagieren würde, und es würde mir einen Großteil meines Stacks abverlangen. Ich checke ebenfalls.

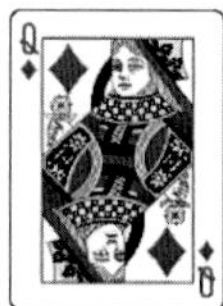

River (750): Dies ist eine interessante Riverkarte. Mein Gegner bietet 250, also 33 Prozent des Pots. Möglicherweise hat er auf dem Flop etwas wie Kx passiv gespielt – mit der Absicht mich (trotz der Draws) in eine Falle zu locken und auf dem Turn zu checkraisen. Seine Bet auf dem River ist jedoch sehr seltsam. Eine so kleine Bet könnte zwei Dinge bedeuten: Er könnte ein Paar Neunen haben und versuchen, irgendeine Art von Value von niedrigeren Paaren wie Sechsen zu bekommen. Ein wahrscheinlicheres Szenario ist aber eine kleine *Block-Bet*, um keine größere Bet von mir callen zu müssen, wenn er mit seinem schwachen Paar checkt und ich bette.

Angesichts seiner bisherigen Spielweise kann er nur schwer eine Hand haben, die mich schlägt, und ich bin mir ziemlich sicher, vorne zu liegen. Es könnte Kx haben, oder QJ, QT, JT, die alle auf dem Flop Gutshots hatten, doch diese Gefahr ist wegen des Spielverlaufs und des breiten Handspektrums, auf das ich ihn setze, ziemlich klein.

Von seinem Standpunkt wird es sehr schwer für ihn sein, mich auf eine Hand zu setzen, die ihn schlägt, da der Flush Draw geplatzt ist. Er muss annehmen, dass ich mit Drillingen auf dem Turn gebettet hätte. Man bedenke auch, dass ich ein halbwegs rücksichtsloses Image nach dem Flop habe. Weil ich wahrscheinlich vorne liege und mein Gegner von mir leicht einen Bluff erwarten könnte, entscheide ich mich zu einem dünnen Value-Raise.

Weil ein Raise wie ein Bluff aussieht, raise ich das Dreifache seiner Bet auf 750 in der Hoffnung, gelegentlich Value von einem Paar Neunen oder sogar einem Paar Sechsen zu bekommen. Offensichtlich werde ich auf einen Reraise folden. Es besteht die geringe Gefahr, von einer besseren Dame gecallt zu werden, aber sein Handspektrum geht eher in Richtung 9x- und 6x-Hände.

Warnung: Fangen Sie nicht an, blindlings mit dem zweithöchsten Paar Bets auf dem River zu raisen! Diese Hand war unkonventionell und es erforderte eine Reihe an Faktoren wie das bisherige Tisch-Image, die Vorgeschichte, und Fähigkeiten in der Handanalyse, um Value zu finden. Die andere Lektion hier ist, dass man, wenn man recht häufig blufft, ebenso in der Lage sein sollte, mehr Value aus den eigenen, grenzwertigen Händen zu schlagen.

Er callt viel lockerer als ich dachte, und zwar mit 6♣5♥.

Hand 118

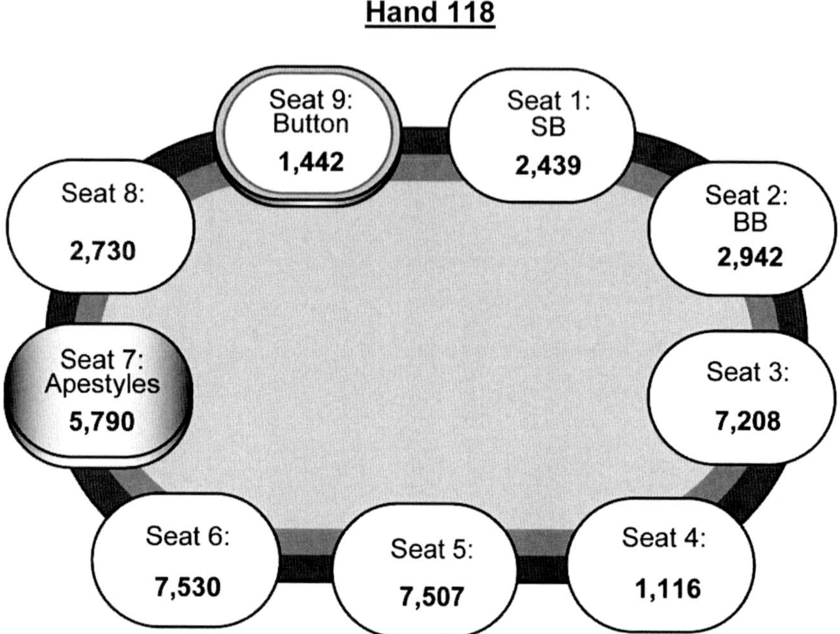

Situation: Ich bin immer noch in der frühen Phase eines 162 $-Freezeout-Turniers. Die Blinds sind bei 75/150. Ein oder zwei Blindstufen zuvor gelang es mir, meinen Stack zu verdoppeln, als mein AK gegen AQ nach All-In vor dem Flop standhielt. Mit einem Stack von 40 Big Blinds habe ich genug Freiraum für etwas Spiel nach dem Flop, was ich in dieser Hand untersuchen werde.

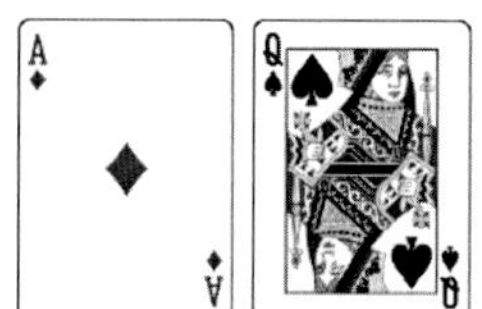

Vor dem Flop (225): Es wird zu Spieler 5 (ein solider regelmäßiger Turnierspieler) gefoldet, der mit einem Raise von etwas mehr als 2,5 Big Blinds auf 400 eröffnet. Spieler 6 foldet. Vor dem Flop in Position zu reraisen steht nicht zur Debatte; meine Hand liegt gegen sein Handspektrum für eine Eröffnung vorne, aber gegen die Hände für einen Reraise All-In hinten. Außerdem habe ich Position auf ihn und halte mich für den besseren Spieler nach dem Flop. Mein Plan ist, mit Top Pair oder besser meinen Stack in die Mitte zu bringen, und ihn manchmal nach dem Flop auszuspielen (abhängig von der Kombination aus Flop-Struktur und Höhe der Gebote).

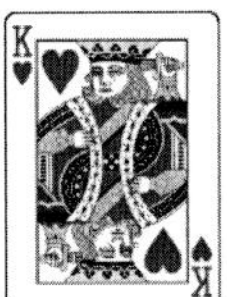
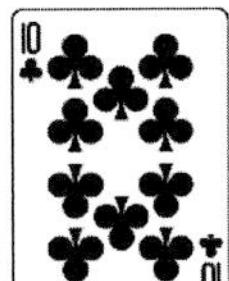
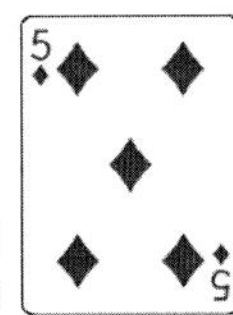

Flop (1.025): Spieler 5 bringt eine Continuation Bet von 500, etwas weniger als halbe Potgröße. Die Continuation Bets dieses speziellen Spielers sind normalerweise von der niedrigeren Sorte. Daher werde ich diese Bet nicht als unüblich oder irgendwie besonders behandeln. Interessanterweise kann man die Continuation Bets tighter, aggressiver (meist gradliniger) Spieler oft einfach *floaten* (lediglich callen mit der Absicht, den Pot in einer späteren Bietrunde zu gewinnen). Solche Spieler verraten meist auf dem Turn durch ihre Bet oder ihren Check, ob sie etwas haben oder nicht. Ich könnte hier auch auf rund 1.300 raisen, um die Häufigkeit seiner Continuation Bets auszunutzen. Der Nachteil dieser Spielweise ist jedoch, dass ich auf das kleine Extra an Information verzichte, das mir eine Bet oder ein Check auf dem Turn geben würde. Ein beachtenswerter Punkt ist auch, dass vielen Spielern ein Call stärker erscheint als ein Raise. Dieser Spieler wird kaum mit zwei Salven bluffen. Alles in Allem halte ich einen Call für die beste Spielweise und werde die Situation auf dem Turn neu bewerten, da er mit einer starken Hand betten und mit einer schwachen checken wird.

Man bedenke, dass ich aus mehreren Gründen floate:

1. Ich will die Häufigkeit der Continuation Bets meines Gegners ausnutzen (ausspielen), indem ich ihn dazu bringe, bessere Hände auf dem Turn zu folden.
2. Meine Hand könnte sehr wohl gut sein.
3. Ich habe die zusätzliche Equity, meinen Gutshot zu treffen, und mein Ass könnte eine Overcard sein die spielt, und sich zur besten Hand verbessert.

Bei einem Float ist es immer nett, zusätzlich gut versteckte Backdoor Draws oder einen Gutshot zu den Nuts zu haben. Die Implied Odds bei einem Treffer sind in den meisten Fällen enorm. Was ich auf dem Turn mache, entscheide ich abhängig von der Turnkarte und der Aktion meines Gegners. Ich calle.

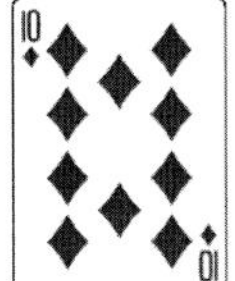

Turn (2.025): Spieler 5 checkt. Auf einer Skala von 1 bis 10 wäre der J♠ eine 10, und die T♦ eine 5 oder 6. Einerseits ist dies gut, denn wenn Spieler 5 vermutet, ich hätte auf dem Flop mit einer T gecallt, könnte er denken, seine QQ oder JJ seien nun absolut hoffnungslos. Andererseits ist es eine schlechte Turnkarte, weil mein Gegner, so wie er spielt, in dieser Situation sehr wohl mit einem König (den er nicht folden wird) checken könnte, weil er fürchtet, ich könnte mit einer

Zehn bloß gecallt haben. Diese Spielweise dient hauptsächlich der Potkontrolle und damit dem Versuch, billiger zum Showdown zu kommen. Sein Check oder Gebot wären ein wesentlich sicherer Hinweis auf die Stärke seiner Hand, wenn auf dem Turn beispielsweise eine unwichtige 3♠ erschienen wäre. Trotz all dieser Faktoren wird er hier in den meisten Fällen mit nur einem Raise vor dem Flop und einer Continuation Bet keine starke Hand haben. Ich bette und erwarte von Paaren wie QQ-JJ, 99-66, und 44-22 zu folden. Ich bringe ebenfalls schlechtere Hände zum Folden, was nicht unbedingt eine schlechte Sache ist, da sie oft Equity gegen mich haben. Ein Check mit der besten Hand macht mich auch anfällig für Bluffs auf dem River. Wenn er callt, gebe ich nach Riverkarten, die meine Hand nicht verbessern, auf.

Ich halte mich an meinen Plan vom Flop und bette 1.200, die Gebotshöhe, die ich auch machen würde, wenn ich mit einem Drilling oder einem starken König Value bekommen wollte. Spieler 5 foldet.

Hand 119

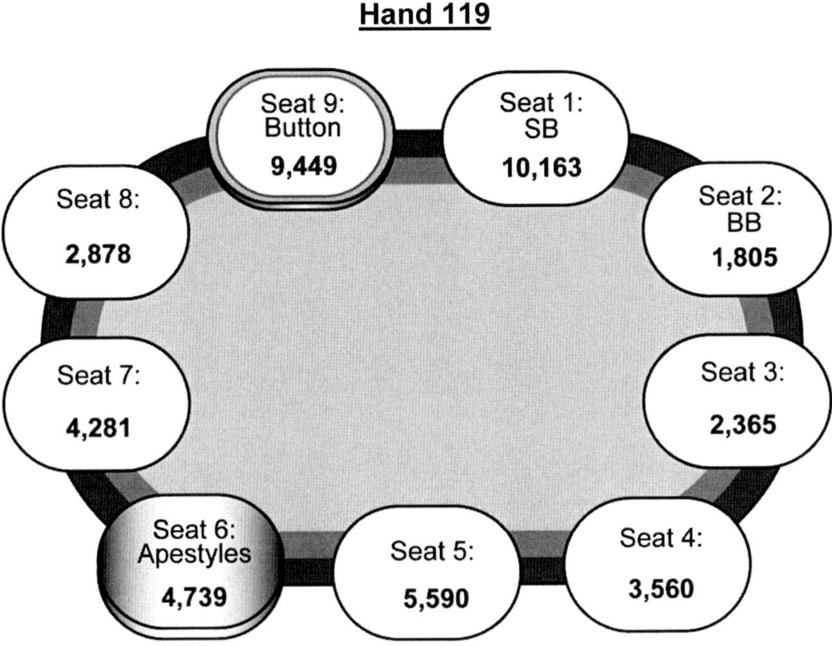

Situation: Ich bin in einem 1.050 $-Freezeout-Turnier mit Blinds bei 100/200. Mein Tisch hat sehr konservativ gespielt. Spieler 1 und 9 agierten loose, zum Großteil aber trotzdem passiv. Ich habe vor dem Flop häufig geraist und Blinds gestohlen, aber ich callte auch ein paar niedrige Value Bets von Spieler 5 mit schwachen Händen, was die anderen Spieler wahrscheinlich gesehen haben. Ein Raise, den ich aus später Position machte, wurde ebenfalls kürzlich von Spieler 7 mit einem All-In gekontert, also ist mein Image im Augenblick definitiv nicht gut. Ich plane, eine Zeitlang auf bessere Hände oder bessere Situationen zu warten.

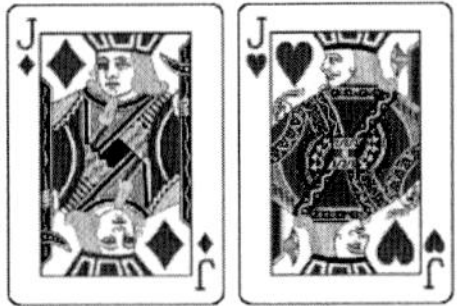

Vor dem Flop (300): Angesichts meines schlechten Images im Moment kommt diese Hand zur rechten Zeit, denn es ist so viel wahrscheinlicher, dass ich Action bekomme. Ich raise auf 565, wie ich es auf diesem Level zuvor gemacht habe, und Spieler 1, der Big Stack am

Tisch, callt meinen Raise aus dem Small Blind. Ich habe Spieler 1 vor dem Flop mit vielen Händen von 54s bis QT callen sehen, also ist es schwer, ihm hier ein starkes Handspektrum zuzuweisen.

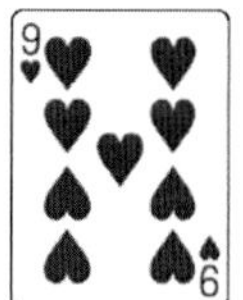
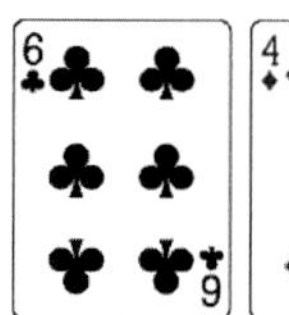
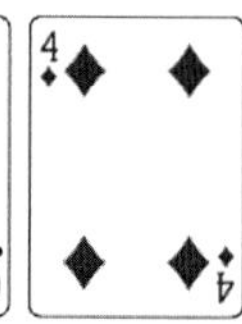

Flop (1.330): Spieler 1 checkt. Dies ist ein solider Flop für meine Hand, und ich möchte eine Bet machen, die wie eine normale Continuation Bet aussieht, mit der ich nur den Pot gewinnen will. Da ich meinen Gegner bereits vorher mit Suited Connectors habe callen sehen, ist es durchaus möglich, dass er zusammenhängende Karten hält, mit denen er ein Paar getroffen oder einen Open-ended Straight Draws hat, also Hände wie T9, 98, 87, 76 oder 75. Mit einer schwach aussehenden Bet könnte ich einen Check-Raise mit einem kompletten Bluff provozieren, und meist sollte ich auch Value von anständigen Paaren wie TT, 88, oder 77 bekommen. Ein Set ist hier sicherlich möglich, aber ich bin dennoch bereit, auf einem Flop wie diesem pleite zu gehen, da ich Action von so vielen schlechteren Händen bekommen kann. Ich bringe eine Continuation Bet von 865, also 65 Prozent des Pots, und mein Gegner callt. Zu diesem Zeitpunkt hat er höchstwahrscheinlich ein anständiges Paar wie 88, 77, J9, T9, 98 oder 76.

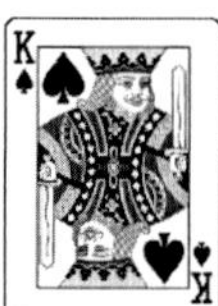

Turn (3.060): Spieler 1 checkt. Obwohl es sich um eine Overcard zu meinem Paar handelt, ist diese Turnkarte ziemlich bedeutungslos. Sie hilft meinem Gegner nur, wenn er eine sehr spezielle Hand wie K9 hat. Ich erwarte von ihm, mit AK vor dem Flop zu reraisen, anstatt damit ohne Position zu spielen, und es wäre einfach zu sonderbar für ihn, den Flop ohne Position mit einer Hand wie KQ oder KJ zu floaten. Ich bin mir immer noch ziemlich sicher, die beste Hand zu haben, solange mein Gegner kein Set slow spielt.

Gegen einen mir bekannten regelmäßigen Turnierspieler könnte ich hier zwei Salven abfeuern, um meine Hand wie einen Bluff aussehen zu lassen, da er einen solchen Bluff von mir erwarten würde, wenn ich nur heiße Luft hätte, und den König repräsentieren will, der auf dem Turn kam. Gegen einen solchen Spieler würde diese Spielweise langfristig auch mein Handspektrum auszubalancieren, um mich schwerer durchschaubar zu machen und ein schwierigerer Gegner zu sein. Da ich mit meinem Gegner jedoch keine Vorgeschichte habe, wäre eine erneuter Angriff hier schlecht, weil er dann vermutlich jene Paar-Hände folden würde, auf die ich ihn vorher gesetzt habe (dies ist der Grund, warum die Karte für eine zweite Salve geeignet wäre). Indem ich hinterher checke und auf dem River biete, sieht meine Hand für einen durchschnittlichen Turnierspieler wirklich mehr wie ein Bluff aus, und ich habe bessere Chancen, auf diese Weise Value bekommen.

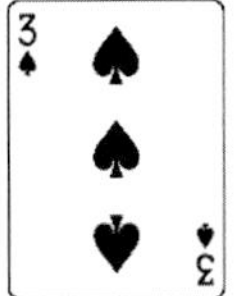

River (3.060): Spieler 1 checkt erneut. Hätte Spieler 1 ein Set, würde er hier fast sicher eine kleine Value Bet machen oder mich sogar All-In setzen, weil ich auf dem Turn nach ihm checkte. Da er nun auf dem River checkt, kann ich Sets und Könige tatsächlich ausschließen. Ich bin mir sehr sicher, dass seine Hand schwach ist und mit dem Spektrum übereinstimmt, auf das ich ihn auf dem Flop gesetzt habe (88, 77, J9, T9, 98, oder 76).

Die Riverkarte ist harmlos, da sie keine dieser Hände gegen meine Buben verbessert. Da ich auf dem Turn checkte, um meine Bet auf dem River mehr wie ein Bluff aussehen zu lassen, muss ich herausfinden, welche Summe von diesen Händen wahrscheinlich gecallt werden wird. Ich habe derzeit noch 3.309 in meinem Stack übrig, etwas mehr als die Größe des Pots. Gegen einen guten Spieler bringe ich Standard-Value Bets und Value Bet-Bluffs (ein Bluff mit einer niedrigeren Bet, die wie eine Value Bet aussieht, anstelle einer hohen Bet in Potgröße oder mehr) von ca. 60 bis 70 Prozent des Pots. Ich halte diesen Spieler nicht für besonders gut, also müsste mein schlechtes Image – in Kombination mit dem schwachen Eindruck meiner Hand nach dem Check auf dem Turn – ein All-In sehr schwach erscheinen lassen.

Ich gehe mit 3.309 All-In und Spieler 1 callt, nachdem er ungefähr 10 Sekunden nachdenkt, mit 7♦6♦.

Hand 120

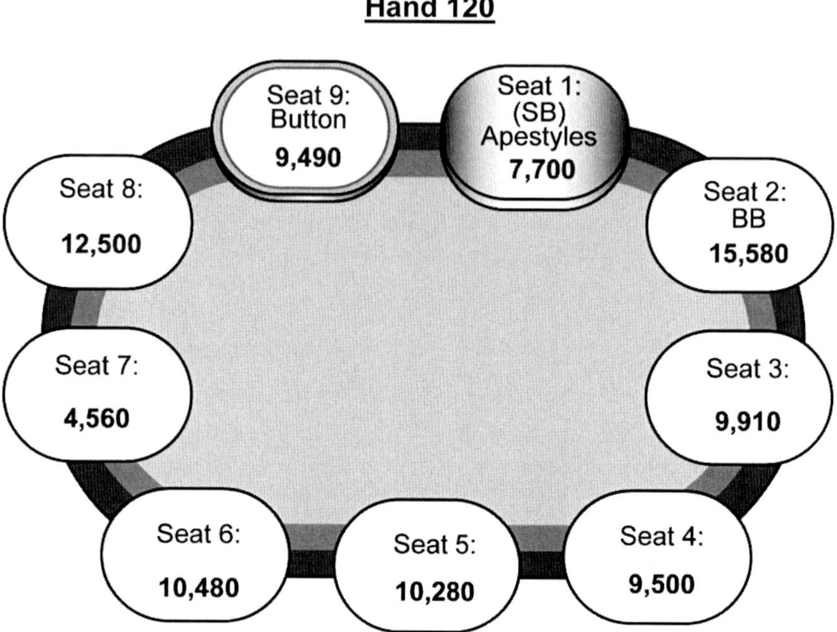

Situation: Ich bin in einem großen 530 $-Sonntagsturnier, und es lief gut für mich, bis ich mit einem Paar Assen auf der Hand auf dem Flop gegen den Nut Flush Draw All-In ging und verlor. Das war zwei Hände zuvor. Allerdings liebe ich diesen Tisch, da er voller extrem schwacher Spieler ist. Mein Image sollte entsprechend meiner Spielweise bisher solide sein, aber möglicherweise verdächtigen mich einige Spieler, nach meiner Niederlage auf Tilt zu sein. Spieler 4, 5, und 6 waren die ganze Zeit über ungewöhnlich loose und passiv. Die Blinds sind bei 100/200.

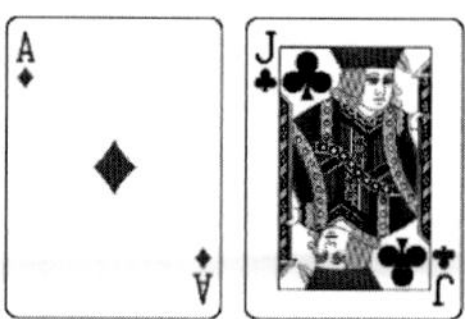

Vor dem Flop (300): Der loose-passive Spieler auf Platz 4 limpt in früher Position. Es wird zu mir gefoldet. AJo ist eine ordentliche Hand, aber ohne Position recht furchtbar zu spielen, besonders gegen eine loose Calling Station. Einen Raise wird Spieler 4 fast sicher callen, und ich werde eine Continuation Bet ohne Position gegen jemanden bringen müssen, der seine Hand nicht oft oder einfach aufgeben wird. Ich entscheide mich, den Small Blind nur zu aufzufüllen. Der Big Blind checkt.

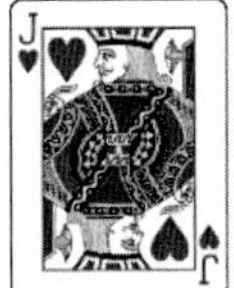 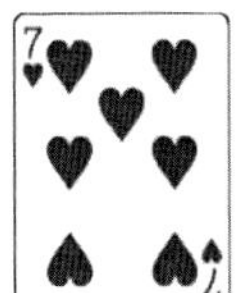 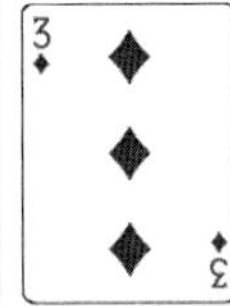

Flop (600): Dies ist offensichtlich ein guter Flop für mich. Ich habe Top Pair mit Top Kicker, und außer einem Flush Draw und einem Gutshot bietet dieses Board nicht viel. In dieser Situation mit der ersten Bet die Initiative zu ergreifen, ist angesichts des Flush Draws und des Spielstils von Spieler 4 eine annehmbare Option. Falls Spieler 4 jedoch gewillt ist, eine Bet zu callen, wird er nach einem Check zu ihm auf diesem Flop wahrscheinlich selbst bieten. Durch einen Check-Raise bekomme ich mehr Geld in den Pot, und kann in den späteren Setzrunden von ihm viel mehr Value bekommen.

Meist wird er hier keine Hand haben, aber wenn doch, scheint dies der beste Weg zu sein, das Maximum an Value herauszupressen. Mit einem Check-Raise auf dem Flop gefolgt von einer Bet auf dem Turn vergrößere ich den Pot außerdem so sehr, dass mein Gegner auf dem River attraktive Odds für einen Call haben wird, wenn ich letztlich All-In gehe. Dies ist großartig, da ich eine Hand halte, mit der ich vorhabe, um meinen gesamten Stack zu spielen. Ich checke und rechne damit, entweder die Bet des Big Blind oder die von Spieler 4 zu raisen. Der Big Blind checkt und Spieler 4 bietet, so wie ich gehofft hatte 400, ungefähr 67 Prozent des Pots. Ich raise das Dreifache seiner Bet auf 1.200. Der Big Blind foldet und Spieler 4 callt. Im Augenblick setze ich Spieler 4 auf irgendein Paar. Er hat höchstwahrscheinlich KJ, QJ, JT, 97, 87 oder 76. Daneben könnte er hier ein kleines Pocket Pair wie 99, 88, 66, oder 55, oder einen Flush Draw halten. Schließlich könnte mein Gegner auch mit 77 oder 33 auf einem Set sitzen, aber dies ist nur ein kleiner Teil seines Spektrums. Ich kann davon ausgehen, dass er mit einem Set anstatt zu callen eher gereraist hätte. Hat er ein Set und ich verliere, dann sei es so.

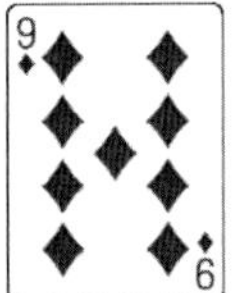

Turn (3.000): Obwohl nun einige der Hände, auf die ich ihn vorher gesetzt habe, angekommen sind, ist dies eine gute Turnkarte für mich, da ich noch immer weit vor seinem Handspektrum liege. Die Karte ist auch deshalb gut, weil sie ihn nicht zum Fold seines Paares bringen wird, an welchem er zu hängen scheint. Die einzig richtige Spielweise hier ist, meinen Check-Raise durch eine Bet fortzuführen, um weiteren Value zu bekommen. Da dieser Spieler eine ausgesprochene Calling Station ist, und seine Hand anscheinend wirklich nicht aufgeben möchte, scheint eine große Bet angemessen. Eine große Bet ist auch gut, weil er, falls er einen Flush Draw hat, für diesen Draw keine korrekten Pot- oder Implied Odds bekommt, da ich nur noch rund 3.000 bis 3.500 in meinem Stack übrig haben werde. Seine Pot Odds auf dem Turn sind genau 2-zu-1, und selbst wenn er mir jedes Mal den Stack abnimmt, wenn er seinen Flush auf dem River trifft, bekommt er nur 3-zu-1 Implied Odds, benötigt mit lediglich einem Flush Draw aber er mehr als 4-zu-1. Es gibt jedoch einige Ausnahmen, da Flush Draw-Hände, die nun Outs zur Straight dazu bekommen haben, ausreichende Odds zum Weitermachen besitzen. Ich biete 3.000, was mir 3.300 übrig lässt, und er callt. Ich beabsichtige auf jedem River All-In zu gehen, selbst wenn eine der schlimmsten Karten, wie K♥ oder Q♥ kommen.

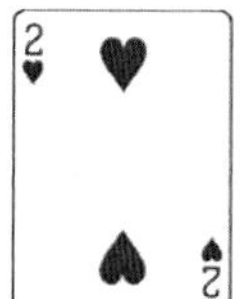

River (9.000): Nun, der Flush Draw ist angekommen. Ich werde mich jedoch nicht selbst stressen: Wenn er den Flush Draw hatte, dann bekam er für den Großteil seines Handspektrums keine korrekten Implied Pot Odds zum Weitermachen auf dem Turn. Ich kann immer noch Value von seinen Top Pair-Händen bekommen, die angesichts seines Limps in früher Position und seiner Spielweise wahrscheinlich sowieso den größten Teil seines Spektrums ausmachen. Da ich meine Hand auf dem River nicht für nur 3.300 weitere Chips folden werde, würde ein Check-Call nur Sinn ergeben, wenn ich denke, dass er in dieser Situation bluffen könnte. Das ist hier aber nicht sehr wahrscheinlich, also ist ein Check sinnlos; er würde einfach mit Händen, die ich schlage, ebenfalls checken, und mit Händen, die mich schlagen, bieten. Die wesentlich bessere Spielweise ist ein All-In, da ich meinem Gegner nun die Gelegenheit biete, mit einer schlechteren Hand zu callen.

Ich gehe bei einem Pot von 9.000 mit weiteren 3.300 All-In. Überraschenderweise foldet Spieler 4.

Hand 121

Seat 9: Button 15,800
Seat 1: SB 26,325
Seat 8: 10,850
Seat 2: BB 10,225
Seat 7: 10,950
Seat 3: 24,100
Seat 6: Apestyles 9,325
Seat 5: 8,825
Seat 4: 10,525

Situation: Ich bin in der frühen Phase eines großen 215 $-Sonntagsturniers und die Blinds sind bei 150/300. Ich habe ein tightes Image und sitze im Grunde genommen auf meinem Anfangsstack, da es noch keine gute Situation gab um Chips einzusammeln. Spieler 1 und 3, mit den großen Stacks am Tisch, spielten bisher aggressiv. Der Rest des Tisches ist eine Mischung aus viel zu tighten, relativ loosen und allgemein schwachen Spielern.

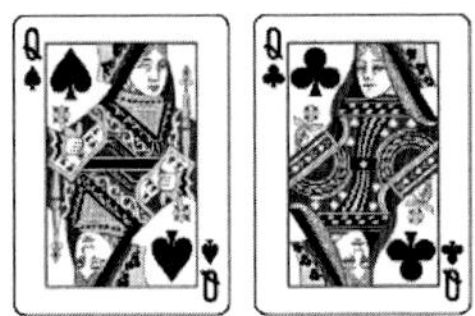

Vor dem Flop (450): Ich raise auf 789. Der Small Blind auf Platz 1 callt.

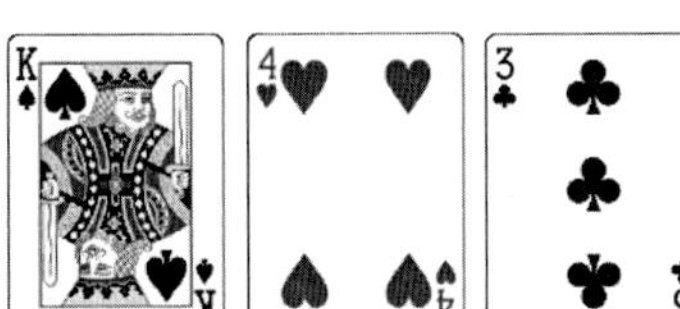

Flop (1,878): Spieler 1 checkt. Es liegt eine Overcard auf dem Flop, also bin ich etwas besorgt, aber es ist ein hauptsächlich trockenes und unkoordiniertes Board.

Spieler 1 ist momentan der Chipleader am Tisch und errang die Führung mit einer sehr aggressiven Spielweise. Auf diesem Board liege ich im Augenblick entweder weit vorne oder weit zurück, und eine Bet scheint hier nicht so gut zu sein wie ein Check. Hat Spieler 1 eine Hand mit einem kleineren Paar, was recht normal ist wenn man bedenkt, dass er vom Small Blind aus lediglich gecallt hat, dann besitzt er nur zwei Outs um sich zu verbessern, und ich kann Value von ihm auf dem Turn herausziehen. Die meisten Hände, die ich schlage, haben nur 2 oder 3 Outs, mit Ausnahme von unwahrscheinlichen Händen wie A5, A4, A3, A2, 76, 65, und 54, also ist eine Freecard nicht besonders gefährlich. Zweitens weiß ich, dass Spieler 1 aggressiv ist, also bin ich hier definitiv besorgt darüber, von schlechteren Händen gecheckraist und dadurch in eine schwierige Situation gebracht zu werden. Ich müsste eine Continuation Bet von rund 1.200 machen, in welchem Fall Spieler 1 auf rund 3.600, einen beträchtlichen Teil meines Stacks, raisen würde. Er macht dies wahrscheinlich sowohl mit heißer Luft auf der Hand, als auch mit einem König, also ist es eine sehr schwierige Situation, die es zu bewältigen gilt. Auf der anderen Seite kann ich durch einen Check Calls oder Bets von schlechteren Händen provozieren, oder sogar Bluffs auf dem River von einem Gegner, der Schwäche wittert. Nimmt man diese Faktoren zusammen, ist ein Check die beste Spielweise.

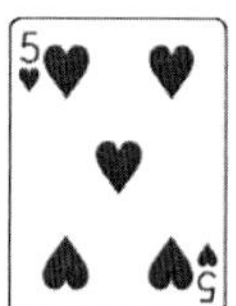

Turn (1,878): Spieler 1 bietet 900, etwas weniger als die Hälfte des Pots. Diese Karte ist ziemlich harmlos. Obwohl hinter dieser Bet von halber Potgröße eine starke Hand stecken könnte, mit der mein Gegner gecallt werden möchte, ist es wahrscheinlicher, dass er einfach aggressiv ist und nach meinem Check auf dem Flop einen Angriff auf dem Turn versucht. Ausgehend von der Größe seiner Bet und seiner bisherigen Spielweise könnte es auch eine Art Value Bet von Paar-Händen wie TT-88 sein, von denen er nun denkt, dass sie vorne liegen. Ich werde hier aus denselben Gründen nicht raisen, aus denen ich schon auf dem Flop nicht gebettet habe: es lässt schlechtere Hände zu leicht vom Haken, und nur die besseren Hände werden callen. Ich calle.

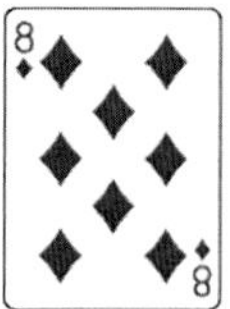

River (3,678): Spieler 1 checkt zu mir. Ich bin mir nun fast sicher, die beste Hand zu haben. Ich habe hier den Eindruck von Schwäche erzeugt, indem ich auf dem Flop nach ihm checkte und auf dem Turn lediglich callte. Hätte mein Gegner eine starke Hand, würde er wahrscheinlich lieber For Value betten, als einen spekulativen Check-Raise anzustreben. Da es am wahrscheinlichsten ist, dass er auf dem Turn lediglich einen Angriff auf den Pot versuchte, muss ich mir eine angemessene Einsatzhöhe überlegen, mit der ich noch Value von den kleinen

Paar-Händen bekomme, die er ab und zu im Showdown zeigt. Eine Bet in halber Potgröße scheint für TT oder 99 verlockend zu sein.

Ich biete die Hälfte des Pots, 1.839, und Spieler 1 foldet.

Hand 122

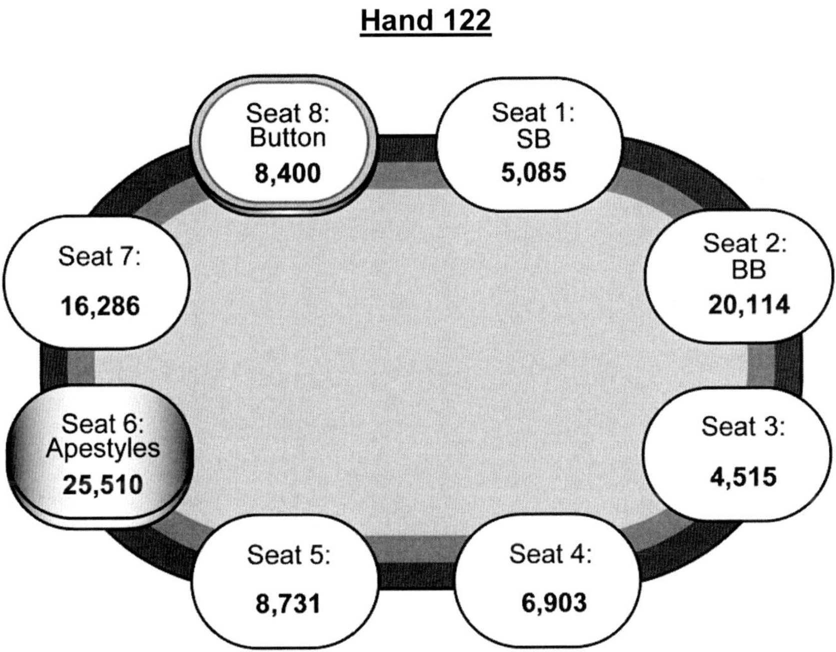

Situation: Es ist die mittlere Phase eines Freezeout-Turniers mit einem Buy-In von 109 $. Die Blinds sind bei 150/300 mit einem Ante von 25. Ich habe den größten Stack am Tisch und das Gefühl, als wäre dies mein Tag: ich mache die richtigen Spielzüge zur richtigen Zeit. Die Spieler am Tisch waren während der früheren Blindstufen recht loose, aber je höher die Blinds stiegen, desto tighter wurden sie. Die Ausnahme war Spieler 2. Sein Stack ist in gutem Zustand für das Spiel nach dem Flop, und er scheint kein Problem damit zu haben, ihn zum Limpen und Callen zu benutzen. Bisher hat keiner der anderen Spieler Anstalten gemacht, sich an mein ständiges Stehlen anzupassen. Dies im Hinterkopf werde ich weiterhin gierig sein und meinen großen Stack verwenden, um ihre tighte Spielweise auszunutzen und noch mehr Chips anzuhäufen.

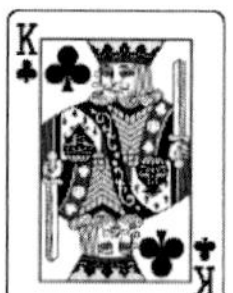
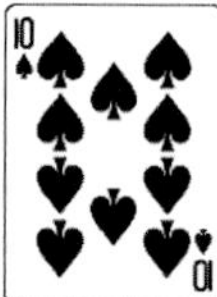

Vor dem Flop (650): Es wird zu mir gefoldet. Erwägt man einen Steal, muss man vor der Entscheidung die Stacks und Spieler hinter sich beurteilen. In diesem Fall bemerkte ich, dass alle Stacks nach mir so groß sind, dass ich nicht Pot-Committed bin, irgendwelche All-Ins zu callen. Sie alle spielten wirklich tight, und haben nicht versucht, sich an mein ständiges Stehlen anzupassen. Spieler 2 ist der einzige, der eher bereit sein könnte, einen Pot zu spielen und wird dies definitiv auch ohne Position mit einem breiten Handspektrum machen. Spieler 7 im Cut-Off scheint solide, aber eher auf der ängstlichen Seite zu sein und ich erwarte von ihm, mit ordentlichen Händen gelegentlich in Position zu callen. Alles in allem scheint die Situation perfekt zu sein, sodass ich mit einem Raise vom etwas mehr als dem 2,5-fachen des Big Blinds auf 755 eröffne. Es wird zu Spieler 2 gefoldet, der callt. Es macht mir allerdings nichts aus, weil sein Spiel nach dem Flop so schwach ist, und unsere effektiven Stackgrößen keine heiklen Entscheidungen nach dem Flop bereiten werden.

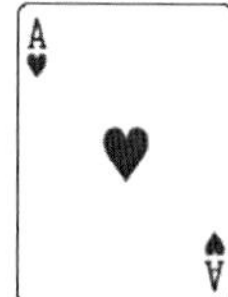
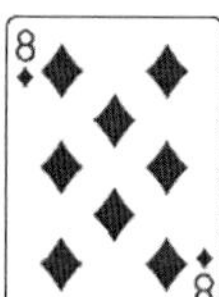

Flop (1,900): Dieses Board eignet sich gut für Continuation Bets gegen das Handspektrum eines Big Blinds für einen Call vor dem Flop, besonders gegen klassische oder normale Spieler. Klassische Spieler werden hier ihre Premium-Ass-Hände reraisen und nicht ohne Position in den Blinds mit ihren schwachen Ass-Händen callen, da sich diese sehr schlecht nach dem Flop spielen lassen. Dies ist aus mehreren Gründen wahr. Erstens – und wahrscheinlich am wichtigsten – muss man gegen einen aggressiven Gegner normalerweise ein Ass treffen um weitermachen zu können, was bedeutet, dass man oft aus der besten Hand gedrängt wird. Zweitens, wenn man tatsächlich Top Pair trifft, wird man nicht viel Action bekommen und meist keinen Value aus der Hand erhalten. Schließlich, wenn man tatsächlich Action bekommt, besteht die Gefahr, dass das Ass komplett dominiert ist und man einige Value Bets auszahlen muss. Gegen diesen ziemlich loosen Spieler jedoch werde ich keine schwachen Asse aus seinem Handspektrum ausschließen. Trotz dieser Tatsache ist sein Spektrum noch so groß, dass ich den Pot für gewöhnlich mit einer Bet gewinnen kann.

Er muss tatsächlich einen Teil dieses Flops treffen, um angesichts einer Bet weitermachen zu können, oder zumindest ein kleines Pocket Pair wie 66 für einen spekulativen Call halten (wogegen ich rund 35 Prozent Equity habe mit meinen 6 Outs zu einem Paar plus den 3 übrigen Assen, die ein zweites Paar auf das Board bringen und meinen König als höchste Karte zur besten Hand machen würden). Ich biete 1.100, oder 58 Prozent des Pots, was der Höhe entspricht, die ich wahrscheinlich auch mit einer starken Hand bieten würde. Das Ausbalancieren von Gebotshöhen ist gegen schlechte und unaufmerksame Spieler jedoch oft unnötig. Er callt.

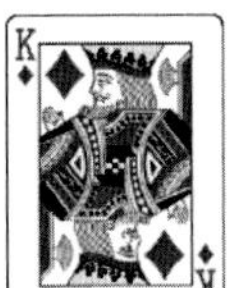

Turn (4,100): Ich bin unglücklich über diesen Call, aber immer noch überzeugt von der Bet und der Spielweise, da ich mir sicher bin, korrekt geschlussfolgert zu haben. Im Augenblick hat er höchstwahrscheinlich ein Paar Asse mit einer schlechten Beikarte, oder er spielt einen Drilling slow. Im Kern muss ich aufgeben. Doch die Turnkarte ist nicht völlig bedeutungslos. Hat er meine Spielweise als das interpretiert, was sie war (ein Steal und eine normale Continuation Bet), könnte er meine Bet auf dem Flop wie vorher erwähnt leicht mit einem Pocket Pair wie 77 oder 66 gecallt haben, welches ich nun schlage. Hier zu bieten wäre sehr schlecht, da die Bet keine besseren Hände folden oder schlechtere Hände callen lassen wird; ein wichtiges Konzept im No-Limit Spiel. Ich checke hinterher.

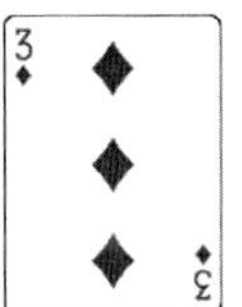

River (4,100): Mein Gegner feuert kurzerhand eine Bet von 1.800 ab, etwas weniger als die Hälfte des Pots. Nun kann ich ein Pocket Pair wie 77 oder etwas Ähnliches definitiv ausschließen. Eine solche Hand auf dem River in einen Bluff zu verwandeln, besonders mit einer so kleinen Bet, ist eine anspruchsvolle Spielweise, zu der dieser Spieler einfach nicht in der Lage ist. Eine Hand mit einem kleinen Paar, wird er auf dem River checken, und beten, dass ich ebenfalls checke. Ich würde nach fast jedem Gebot auf dem River folden, doch besonders die Schnelligkeit und Höhe dieser Bet bestätigten meine Analyse.

Ich folde und Spieler 2 gewinnt den Pot.

Hand 123

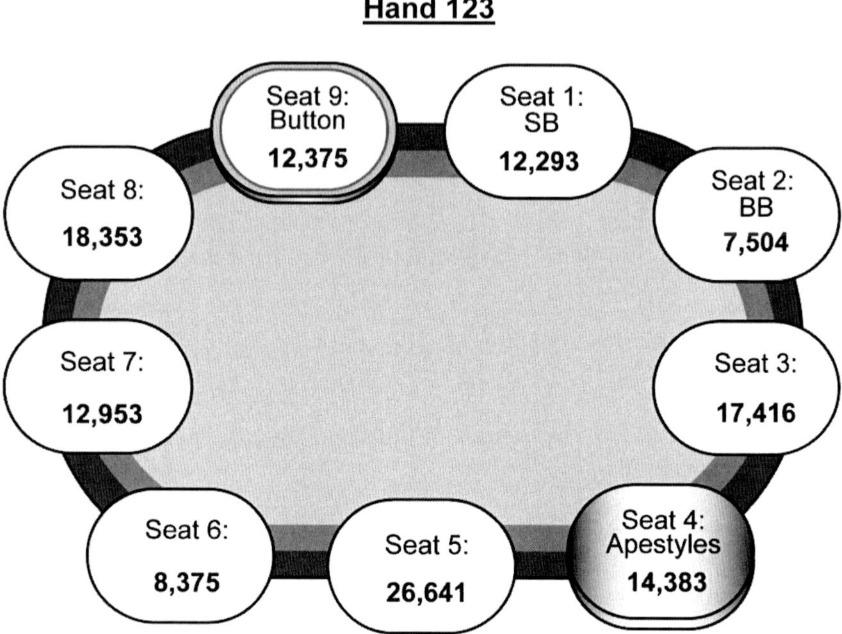

Situation: Ich habe in der mittleren Phase eines 55 $-Rebuy-Turniers einen soliden Stack und die Blinds sind gerade auf 150/300 mit einem Ante von 25 gestiegen. Spieler 1, 6 und 7 sind die einzigen regelmäßigen Turnierspieler am Tisch, obwohl ich finde, dass Spieler 1 eine eher gradlinige und transparente Spielweise hat, und auf keinem hohen Niveau denkt. Das Spiel wurde zum Großteil tight und aggressiv gespielt, und so ist auch mein Image.

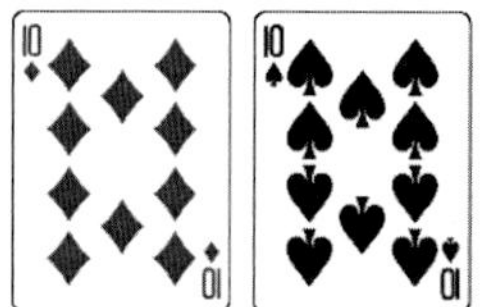

Vor dem Flop (675): Der Spieler in erster Position foldet. Da die Blinds steigen, raise ich meinen Standardbetrag auf 750, also 2,5 Big Blinds. Bedenkt man, dass die durchschnittliche Stackgröße am Tisch rund 40 bis 50 Big Blinds beträgt, wäre hier auch ein Raise auf das 3- oder 3,5-fache des Big Blinds gut. Bei großen Stacks raise ich, um den Pot aufzubauen. Werden die Stacks kleiner, bevorzuge ich niedrigere Raises, um so günstig zu stehlen. Es wird zu Spieler 1 im Small Blind gefoldet, der callt. Der Big Blind foldet. Weil Spieler 1 keine Position hat und ein Spieler ist, von dem ich weiß, dass er vor dem Flop recht solide spielt, setze ich ihn auf kleine bis mittlere Pocket Pairs, vielleicht einige höhere Suited Connectors wie 98s, und schlechte Broadway-Karten, mit denen er nicht raisen würde, wie zum Beispiel KQ, KJ, QJ, QT, JT, etc.

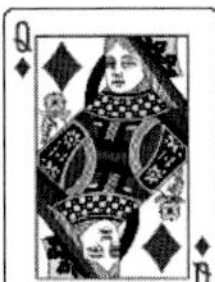 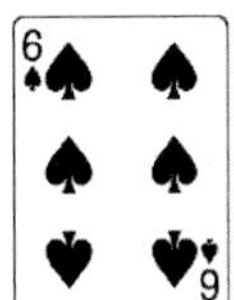 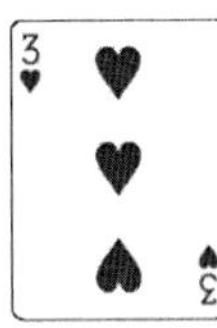

Flop (2,025): Spieler 1 checkt. Dies ist einer der trockenen Flops, die er meist nicht sehr stark treffen wird. Dies im Hinterkopf, und weil ich trotz der Overcard eine gute Hand halte, scheint eine Bet hier nicht sonderlich viel zu bringen. Nach einer Bet foldet er wahrscheinlich den Großteil seiner Hände mit Ausnahme der Damen und vielleicht einiger mittlerer Paare. Mit einem Check verschleiere ich meine Hand, und provoziere vielleicht Calls in späteren Runden von schlechteren, fertigen Händen oder Bluffs von komplett wertlosen. Obwohl ich ihm eine Freecard gewähre, ist es das Risiko wert, wenn man die beiden oben genannten Faktoren bedenkt sowie die niedrige Wahrscheinlichkeit, die er hat, um seine Hand zu verbessern. Normalerweise klingeln bei einem guten Gegner alle Alarmglocken, wenn man auf einem so trockenen Board nach ihm checkt; doch nach dem was ich gesehen habe, erwarte ich von ihm nicht dieses Denkniveau. Ich checke.

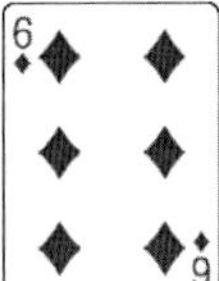

Turn (2,025): Ein recht harmloser Turn. Ich hoffe, hier einige Bluffs zu provozieren, doch Spieler 1 checkt erneut. Ich bin mir nun sehr sicher, die beste Hand zu haben, da er mit einer Dame fast sicher geboten hätte. Entweder hat er, warum auch immer, keine Lust auf einen Bluff gegen mich, oder er hat eine Hand mit einiger Showdown Value, mit der er sich nicht wohlfühlt zu bieten (z.B. AJ, AT, oder 99-55). Da ich meine Hand auf einem recht harmlosen Board getarnt habe, könnte mein Gegner sehr wohl einige Bets mit Händen callen, die Showdown Value besitzen. Da ich auf dem Flop keine Continuation Bet brachte, könnte eine Bet auf dem Turn für ihn durchaus wie ein Versuch aussehen den Pot zu stehlen. Ich entscheide mich für eine Value Bet von rund 60 Prozent des Pots, oder 1.200. Spieler 1 callt.

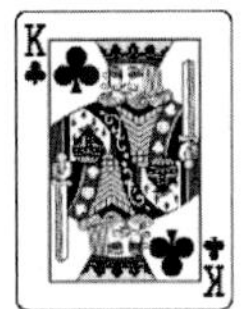

River (4,425): Er checkt erneut. Nach seinem Call auf dem Turn und dem Check angesichts des Königs auf dem River habe ich sein Handspektrum auf mittelhohe Paare, ein Ass als höchste Karte und eine sehr passiv gespielte Dame eingegrenzt. Es ist extrem unwahrscheinlich, dass der K♣ seine Hand getroffen hat, da es sinnlos wäre, mit einem König bis zum River zu gehen, und darüber hinaus furchtbar, nicht zu betten, falls er ihn hätte. Dennoch ist es eine schlechte Karte, da es nun noch schwerer werden wird, Value von ihm zu bekommen. Da ich sicher bin, in den meisten Fällen die beste Hand zu haben, und weil ich ihn auf Hände mit Showdown Value eingegrenzt habe, erscheint es nur angemessen zu versuchen, mehr Value zu bekommen. Außerdem bluffe ich hier oft genug, wenn eine Overcard erscheint, sodass ich auch mit meinen eher bescheidenen Händen ebenfalls For Value betten kann. Es ist wichtig, all diese Faktoren zu bewerten, bevor man so dünne Value Bets wie diese macht.

Ich biete 50 Prozent des Pots für 2.200 und Spieler 1 callt mit 9♣9♠.

Hand 124

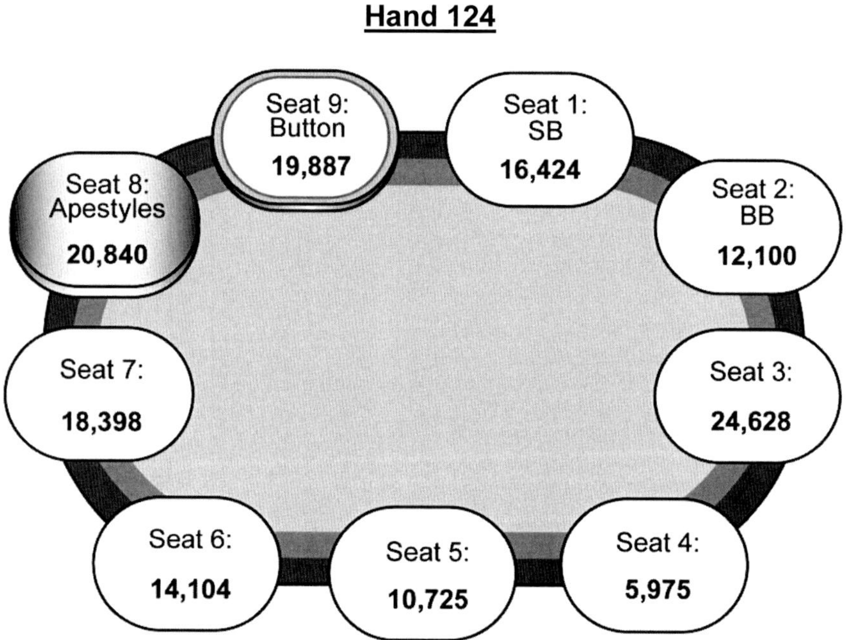

Situation: Ich befinde mich in einem wöchentlichen 215 $-Turnier mit 1.000.000 $ garantiertem Preisgeld. Die Blinds betragen 200/400. Ich wurde gerade erst an diesen Tisch gesetzt, also sollten meine Gegner keine besonderen Kenntnisse über meine Spielweise haben. Spieler 4, 5 und 9 am Tisch sind regelmäßige Turnierspieler.

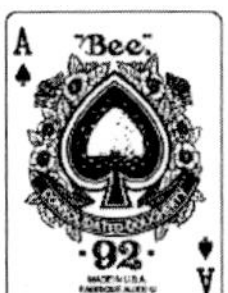 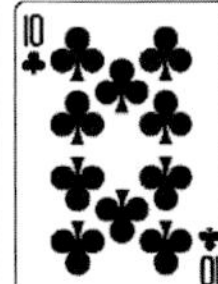

Vor dem Flop (600): Ich eröffne mit einem Raise auf 999, 2,5 Big Blinds. Spieler 9 auf dem Button, ein aggressiver erfahrener Turnierspieler, callt. Dies ist nicht überraschend, da er ein aggressiver Spieler in Position ist und wir jeweils rund 50 Big Blinds in unseren Stacks haben. Nach dem Flop kann ich von ihm wahrscheinlich eine trickreiche Spielweise erwarten, bei der er meine Continuation Bets raist oder auf vielen Flops floatet. Beide Blinds folden.

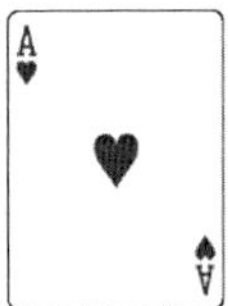 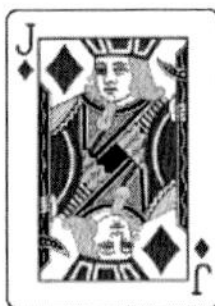 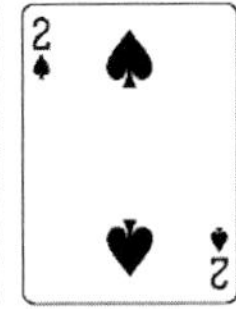

Flop (2,598): Ich floppe Top Pair. Mit AK und wahrscheinlich auch mit AQ hätte mein Gegner vor dem Flop in den meisten Fällen gereraist. Er könnte AJ oder 22 haben, aber angesichts der Größe seines Handspektrums bin ich mir sicher, in der überwiegenden Mehrzahl der Fälle die beste Hand zu haben. Letzteres beinhaltet höchstwahrscheinlich Connectors wie T9, kleine bis mittlere Paare wie 66, oder Broadway-Karten wie KJ, aber nur wenige schlechte Ass-Hände (wenn überhaupt). Gewöhnlich bette ich mit meinen Händen lieber For Value, als passive Setzfolgen zu wählen. Eine Bet ist hier nicht unbedingt schlecht, aber ich könnte in eine schwierigen Situation geraten, wenn mein Gegner auf dem Flop raist. Mit einem Check kontrolliere ich darüber hinaus auch die Potgröße. Von diesem speziellen Gegner bekomme ich wahrscheinlich eher Value, wenn ich nicht biete. Da er bei einem Treffer von mir wahrscheinlich eine Bet erwartet, und weil er ein aggressiver Spieler auf der Suche nach Situationen ist, in denen er angreifen kann, entscheide ich mich für einen Check, um einige Bluffs zu provozieren. Er bietet 1.600, also 60 Prozent des Pots. Ich calle.

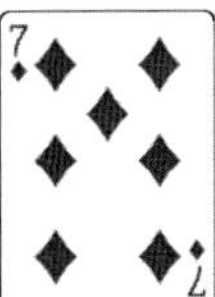

Turn (5,798): Dieser Turn ist recht harmlos. Er könnte bei mir einen Buben vermuten, den ich eventuell zu folden bereit wäre, und da eine Bet nicht viel Value abwirft, versuche ich, eine zweite Salve von ihm zu provozieren und checke erneut. Er checkt ebenfalls und scheint aufgegeben zu haben.

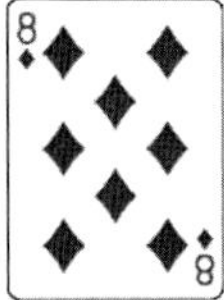

River (5,798): Dies ist nicht der tollste River, aber es ist immer noch unwahrscheinlich, dass er eine bessere Hand als meine getroffen hat. Bedenkt man, dass es auf dem Flop keine Draws gibt, dass er auf dem Turn nach mir gecheckt hat, und die beachtliche Größe seines Stacks, welchen er zum Bieten hätte, wird er nicht häufig auf diesem River bluffen. Gut möglich, dass hinter seiner Spielweise ein Bube steckt, also könnte auch ich versuchen, etwas Value zu bekommen.

Ich biete 2.899, die Hälfte des Pots, und Spieler 9 foldet.

Hand 125

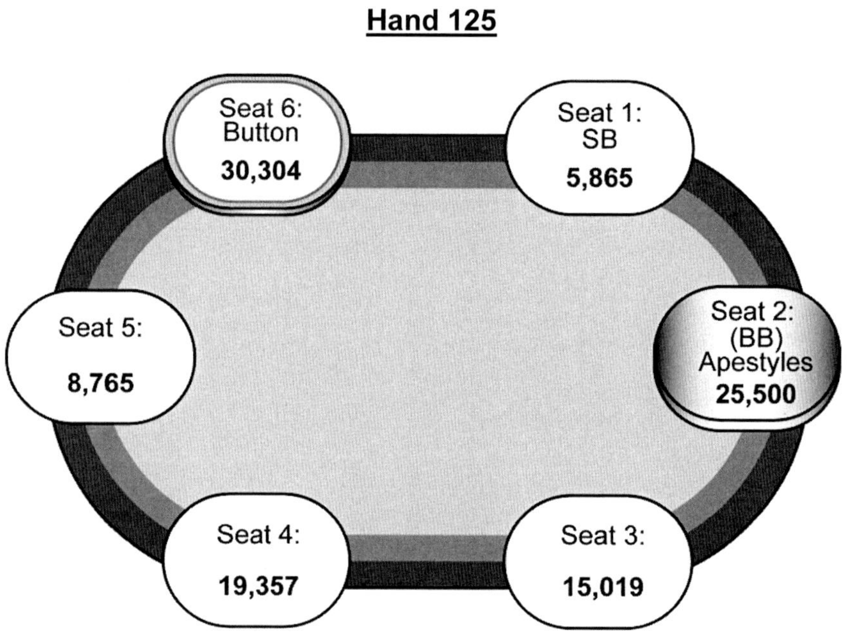

Situation: Ich bin in einem 77 $-Turnier mit maximal 6 Spielern pro Tisch. Die Blinds liegen aktuell bei 200/400 plus einem Ante von 25. Ich bin noch nicht allzu lange am Tisch, kann aber bereits sagen, dass alle aggressiv spielen. In Turnieren mit nur wenigen Akteuren pro Tisch steigen gute Spieler in deutlich mehr Pots ein und man sieht mehr Raises, so als ob diese Spieler stets in später Position wären. Obwohl ich die Aggressivität bemerkt habe, habe ich noch keinen Versuch gemacht, davon zu profitieren, beabsichtige aber, nach solchen Gelegenheiten Ausschau zu halten.

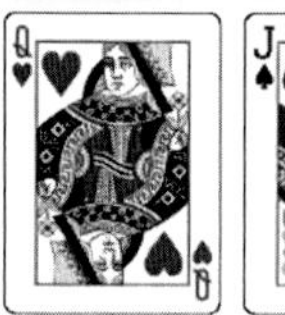
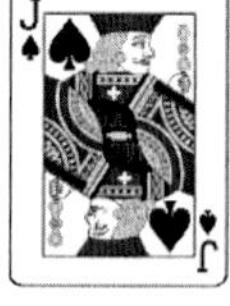

Vor dem Flop (750): Spieler 4 raist den dreifachen Big Blind auf 1.200 und alle anderen folden. Ich habe beschlossen, dass es an der Zeit ist, die aggressiven Tendenzen des Tisches auszunutzen. Obwohl es offensichtlich angenehmer ist, Attacken in Position zu machen, ist es tatsächlich nicht all zu schwer, kleinere Angriffe auch ohne Position zu starten. Ohne Position muss man aggressiv spielen; andernfalls wird man auf vielen Flops checken und folden und so Geld verschenken. Ich könnte hier reraisen, aber angesichts der effektiven Stacks von 40 Big Blinds würde dies einigen Druck erzeugen.

QJ floppt gut und liegt vor dem Handspektrum zur Eröffnung der meisten Spieler, also ist es gelegentlich in Ordnung, hier zu callen. Ein weiterer Vorteil des Calls gegenüber einem Reraise ist, dass ich nach dem Flop starke Hände wie AK bis AJ zum Folden bringen kann, wenn sie den Flop verpassen, und abhängig von der Struktur des Boards vielleicht sogar einige Hände mit einem Paar. Mit einem Reraise lade ich entweder Calls ein, die mich nach dem Flop in kniffelige Situationen bringen werden, oder ich werde erneut gereraist, da ein 6-max-Turnier naturgemäß ein aggressiveres Spiel ist.

Ich entscheide mich für einen Call und plane dabei auf vielen Flops, die häufig das Spektrum meines Gegners verpassen, zu checkraisen.

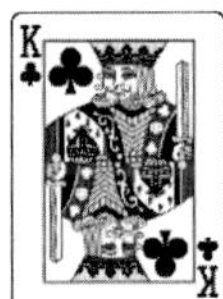
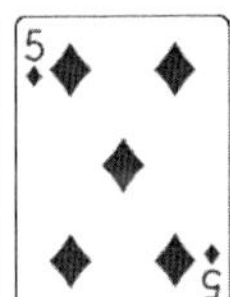
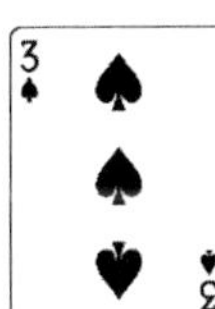

Flop (1,550): Boards mit einem König als höchster Karte eignen sich hervorragend zum Bluffen, besonders wenn sie im Übrigen trocken sind. Nur wenige Hände treffen dieses Board überhaupt und ich werde definitiv mit meinem Plan fortfahren, ihn hier zu checkraisen. Ich checke und Spieler 4 bietet 1,200, rund 77 Prozent des Pots. Angesichts seines breiten Handspektrums und der Häufigkeit seiner Continuation Bets ist es unwahrscheinlich, dass mein Gegner zu diesem Zeitpunkt eine Hand hat. Ein Check-Raise sollte den Pot hier sehr häufig gewinnen. Ich raise nur einen kleinen Betrag von etwas mehr als dem Zweieinhalbfachen seines Gebots auf 3.100, und er foldet.

Obwohl dies eine sehr normale Spielweise ist, ist sie sicher eine, die man an aggressiven Tischen mit reduzierter Spielerzahl sogar noch öfter nutzen sollte. Beachten Sie, dass ich vor dieser Hand nicht großartig aus der Reihe getanzt bin, daher verschafft mein Image meinen Geboten und Raises mehr Respekt.

Hand 126

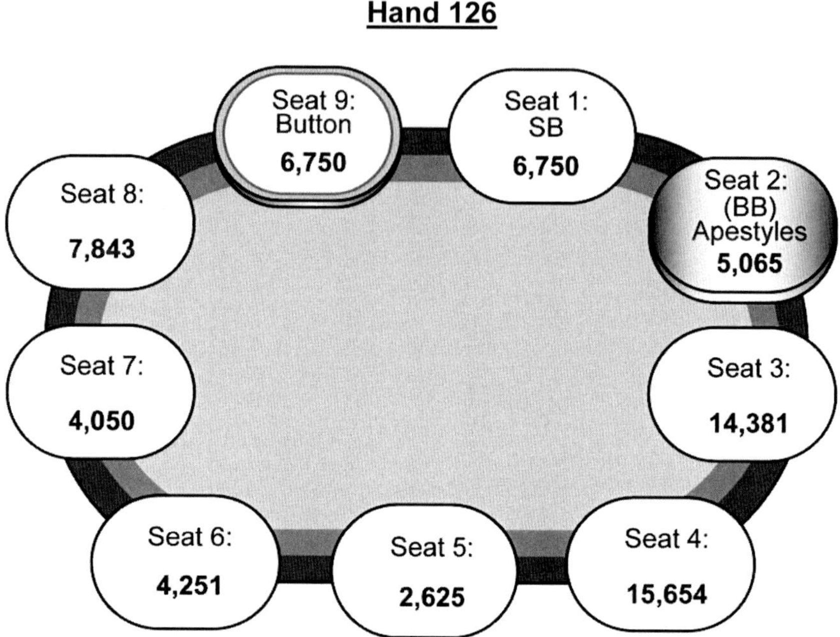

Situation: Es ist die mittlere Phase eines 109 $-Freezeout-Turniers mit Blinds bei 200/400 und einem Ante von 25. Ich hatte nicht viele Gelegenheiten um Chips einzusammeln, und meine Stackgröße ist heikel. Mit einem Stack von rund 13 Big Blinds, oder einem M von rund 6, darf ich nicht mit einem allzu breiten Handspektrum All-In eröffnen; für 825 im Pot wäre das einfach zu riskant. Ich habe außerdem nicht viel Fold Equity für Re-Steals, da der ursprüngliche Raiser sehr gute Odds für einen Call bekommen wird. Im Grunde bin ich gezwungen hauptsächlich tight zu spielen.

Zu einer der wenigen Ausnahmen kommt es, wenn es einen oder mehr schwache Limper gibt, da mehr Geld im Pot ist und ich reichlich Fold Equity habe. Spieler 9 spielte bisher schwach/tight und ist einige Male als erster gelimpt oder hat mit einem Minimum-Raise eröffnet.

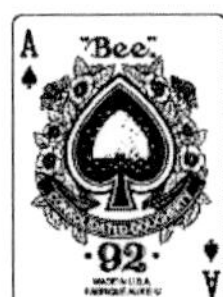
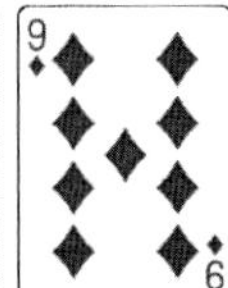

Vor dem Flop (825): Es wird zu Spieler 9 auf dem Button gefoldet, der mit einem Limp eröffnet. Der Small Blind foldet. Auf dem Button mit einem Limp zu eröffnen kennzeichnet gewöhnlich einen schwachen Spieler mit einer grenzwertigen Hand. Auf dieser Blindstufe würde ich von einem Spieler mit seiner Stackgröße erwarten, die Hände zu raisen, mit denen er beabsichtigt All-In zu gehen. Bisher habe ich in diesem Turnier noch keinen Small Blind oder Limper in später Position geraist. Dieser unbekannte Spieler hat also keinen Grund zu glauben, ich würde in dieser Situation aggressiv spielen, und mir dementsprechend eine Falle stellen. Bei manchen Gegnern wäre ich misstrauisch, ob sie mit einem hohen Paar limpen, aber diesen speziellen Gegner habe ich zu oft limpen sehen.

Derzeit sind 1.225 im Pot und mir verbleiben 4.640. Mein A9 liegt weit vor seinem Spektrum zum Limpen, also werde ich, selbst wenn er einen eigensinnigen Call macht, in einer anständigen bis guten Verfassung sein. Vermutlich wird er in mindestens 50 bis 60 Prozent der Fälle folden, und wenn er tatsächlich callt, bin ich wahrscheinlich nur knapper Außenseiter mit mindestens 40 bis 45 Prozent Equity gegen sein Handspektrum für den Call. Er könnte sogar mit dominierten Assen limpen und callen. Selbst mit einer Hand wie 87s sollte ich gegen seine möglichen Hände nah an einem Münzwurf sein, und in den meisten Fällen wird er folden.

Zusammenfassend erhöhe ich in den rund 50-60 Prozent der Fälle, in denen er foldet, meinen Stack um 25 Prozent, und verdopple meinen Stack in rund 40-45 Prozent der Fälle, in denen er callt. Diese Zahlen sind Schätzungen, aber es sollte keinen EV Kalkulator brauchen um zu sehen, wie profitabel und normal diese Spielweise sogar mit zwei beliebigen Karten ist.

Ich pushe für weitere 4,640 All-In, der Button legt seine Hand ab, und ich erhöhe meinen Stack ohne Showdown um rund 25 Prozent.

Hand 127

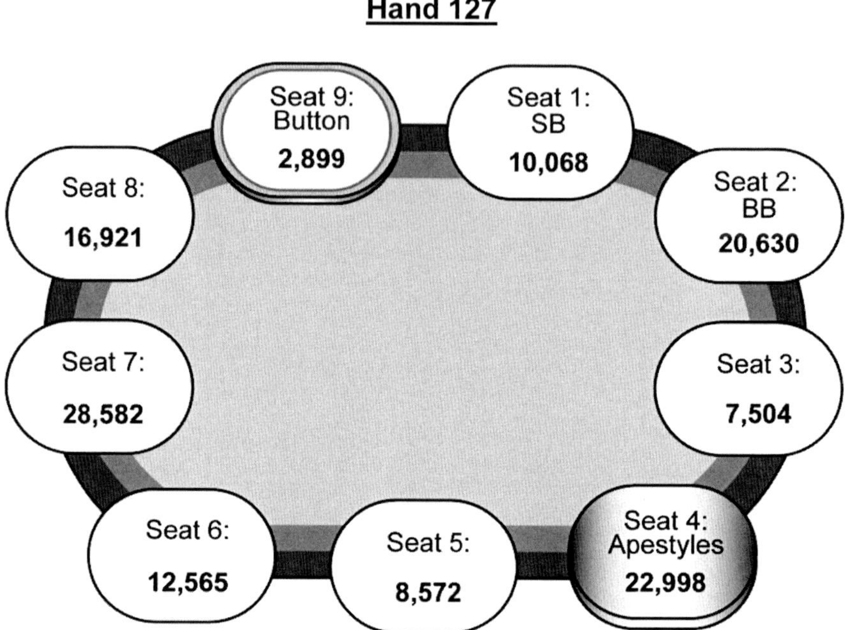

Situation: Ich bin in der mittleren Phase eines 109 $-Freezeout-Turniers mit Blinds bei 300/600 und einem Ante von 50. Ich habe den zweitgrößten Stack an einem recht passiven/tighten Tisch, was ich zu meinem Vorteil genutzt habe. Auf Platz 5 sitzt der einzige andere regelmäßige Turnierspieler am Tisch. Spieler 6 scheint der einzig loose Spieler zu sein, er hat viel gecallt und nach dem Flop sehr passiv gespielt, obwohl er für eine solche Spielweise einen schlechten Stack hat.

Beachten Sie auch die Blind- und Ante-Struktur: In vielen Turnieren betragen die Antes nur 5 Prozent des Big Blinds, in anderen Turnieren können die Antes bis zu 12,5 Prozent erreichen. Bei einem beträchtlichen Ante ist es in meinem Interesse, einen loosen, aggressiven Stil vor dem Flop zu spielen.

Schauen wir uns ein Beispiel an, um dieses Konzept zu demonstrieren. Sagen wir, die Blinds liegen bei 500/1.000. In manchen Turnieren hat das Ante eine Höhe von 50, in anderen von bis zu 100. Bei 10 Spielern am Tisch liegt die Potgröße im ersten Beispiel bei 2.000, im zweiten bei 2.500. Bei einem erfolgreichen Steal gewinnt man bei Antes von 100 jedes Mal 25 Prozent mehr, und man gewinnt zusätzlich nach dem Flop mehr mit den Continuation Bets. Größere Antes fördern eine aggressive Spielweise, da es bei gleichen Einsatzhöhen vor dem Flop mehr Geld im Pot zu gewinnen gibt. In dieser speziellen Hand liegen die Antes bei 8,3 Prozent des Big Blind, was verglichen mit den meisten Turnierstrukturen relativ hoch ist.

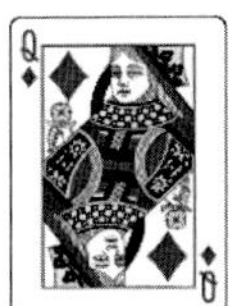
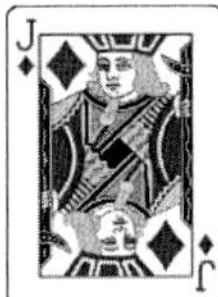

Vor dem Flop (1,350): Ich raise auf 1.525, circa das 2,5-fache des Big Blinds. Mit dieser Spielweise plane ich, in den meisten Fällen die Blinds und Antes vor dem Flop zu stehlen, da Raises aus früher Position heraus mehr Respekt erhalten, besonders an diesem Tisch, an dem die meisten Teilnehmer so tight spielen. Bei günstigen Bedingungen die Blinds aufzunehmen ist beim Aufbau eines großen Stacks entscheidend.

Im Fall eines Calls habe ich eine exzellente Hand für das Spiel nach dem Flop, und wenn irgendein Spieler mit einem ernstzunehmenden Stack reraist, kann ich meine Hand einfach ablegen. Der einzige Spieler, den ich callen müsste, ist der Button, da ich überragende Pot Odds erhalten würde.

Der loose Spieler auf Platz 6 callt meinen Raise. Mit einer Premium-Hand hätte er vermutlich gereraist, also callt er wahrscheinlich mit verbundenen Karten, gleichfarbigen Händen mit Lücken und mittleren bis schlechten Broadway-Karten wie KJ oder QT. Ich bin nicht allzu unglücklich über seinen Call, da ich angesichts meiner Handanalyse den Pot meist mit einer Continuation Bet auf dem Flop gewinnen kann.

Allerdings reraist der Spieler mit dem kleinen Stack auf Platz 9 für insgesamt 2.849 All-In. Spieler 9 ist eher durch tightes Spiel und Ausblinden so klein geworden, als dass er seine Chips nach dem Flop verloren hätte. Spieler 9 hat mit Sicherheit eine starke Hand, da er definitiv weiß, dass er keine Chance hat, für lediglich weitere 1.324 einen von uns zum Folden zu bringen. Doch in Anbetracht der Pot Odds ist seine Hand recht unwichtig. Im Augenblick bekomme ich rund 4,3-zu-1 für einen Call und bräuchte somit nur rund 19 Prozent Equity gegen das Spektrum dieses Spielers. Selbst wenn Spieler 9 nur mit JJ+, AQ+ All-In geht, was wahrscheinlich tighter als sein tatsächliches Handspektrum ist, habe ich 30 Prozent Equity, wofür ich Pot Odds von rund 2,3-zu-1 benötigte. Ich habe sogar fast die korrekten Odds für einen Call, wenn ich gegen AA antrete, da QJs 19,1 Prozent Equity gegen AA hat. Bei einem etwas breiteren Spektrum an Händen wie 88+ und AT+, beträgt meine Equity 35 Prozent und ich benötige nur 1,9-zu-1 Pot Odds.

Ich muss mir jedoch auch wegen Spieler 6 Sorgen machen. Der beste Weg, mit Spieler 6 umzugehen, ist einfach All-In zu raisen, was eine Menge Druck auf meinen Gegner zum Folden ausübt. Es besteht eine geringe Chance, dass Spieler 6 callen könnte, aber angesichts meiner Handanalyse ist das recht unwahrscheinlich. Er wird wahrscheinlich in rund 5 bis 10 Prozent der Fälle callen. Obwohl ich weiß, dass ich gegen das Spektrum von Spieler 9 zurückliege, ist es aufgrund meiner exzellenten Pot Odds unterm Strich +EV.

Einfach nur zu callen steht hier nicht zur Debatte. Wenn ich calle, weiß ich, dass Spieler 6 im Pot sein wird, und dies macht das Spiel nach dem Flop für mich ziemlich schwierig. Sofern ich nicht den Flop treffe, werde ich wahrscheinlich nicht in den geschützten Side Pot bieten. Außerdem ist meine Equity enorm verringert, wenn Spieler 6 mit den möglichen Blättern, auf die ich ihn vorher gesetzt habe, in der Hand bleibt.

Ich gehe All-In und Spieler 6 legt seine Hand sofort ab. Spieler 9 hat A♥J♠ und gewinnt den Pot, nachdem er auf dem Flop ein Ass trifft. Obwohl ich die Hand verlor, hatte ich gegen AJ 31 Prozent Equity, was die Spielweise in Anbetracht des großen Pots und des kleinen Betrags, den ich callen musste, rechtfertigt.

Hand 128

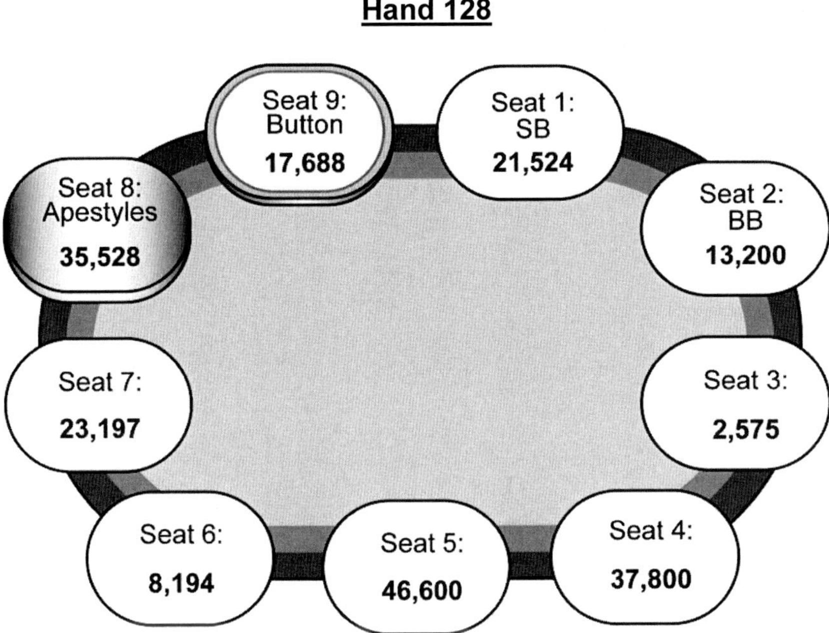

Situation: Ich habe es in die mittlere Phase des sonntäglichen 215 $-Turniers geschafft, das garantierte Preisgeld beträgt 1 Million Dollar. Die Blinds sind bei 300/600 ohne Ante. Ich sitze auf einem gemütlichen Stack von 60 Big Blinds und suche nach Situationen, um ihn zu meinem Vorteil zu nutzen. Insgesamt ist das Spiel am Tisch schlecht und ich nehme an, dass die meisten meiner Gegner Qualifikanten sind. Spieler 1, 4 und 5 spielen vor dem Flop loose und nach dem Flop allgemein schwach. Die halbwegs soliden Spieler sind auf den Plätzen 2 und 7.

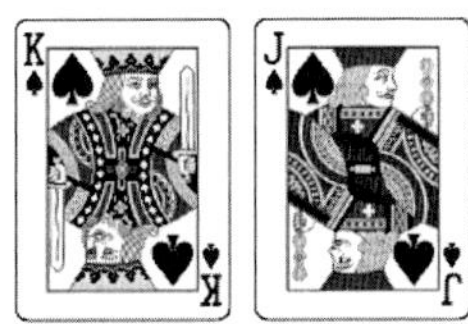

Vor dem Flop (900): Der loose Spieler auf Platz 4 limpt. Es wird zu mir gefoldet, und ich raise etwas mehr als den 3,5-fachen Big Blind auf 2.200. In den höheren Blindstufen ist es nach einem Limper normal, das Dreieinhalb- bis Vierfache des Big Blinds zu raisen. Da dieser Spieler so schwach ist, und sich meine Hand nach dem Flop gut spielt, raise ich um ihn zu isolieren, und einen Pot Heads-Up zu spielen, da ich in den späteren Setzrunden im Vorteil bin. Unsere Stacks sind groß genug für

Continuation Bets, ohne danach Pot-Committed zu sein, und mein Gegner wird nach einer Continuation Bet auf dem Flop normalerweise folden.

Spieler 2 im Big Blind reraist auf 6.600, und Spieler 4 foldet. Spieler 2 hat immer sehr tight und solide gespielt, seit sein Stack auf ungefähr 20 Big Blinds geschrumpft ist. Manche fortgeschrittenen Spieler mit Mumm könnten meinen Raise als Isolationsspiel erkennen, und mit einer schwachen Hand zu mir zurückfeuern, doch ich bin mir recht sicher, dass er nicht er Typ für solch einen Spielzug ist. Aufgrund meiner Handanalyse gibt es wirklich keinen Grund zu denken, dass er hier ein schwaches Blatt haben könnte. Gegen ein Spektrum von 88+, AQ+ habe ich sogar 36 Prozent Equity, aber meine Pot Odds reichen nicht, weil mein Gegner im Grunde genommen Pot-Committed ist, da er bereits die Hälfte seiner Chips investiert hat. Es gibt nur eine richtige Entscheidung.

Ich folde und Spieler 2 gewinnt den Pot.

Hand 129

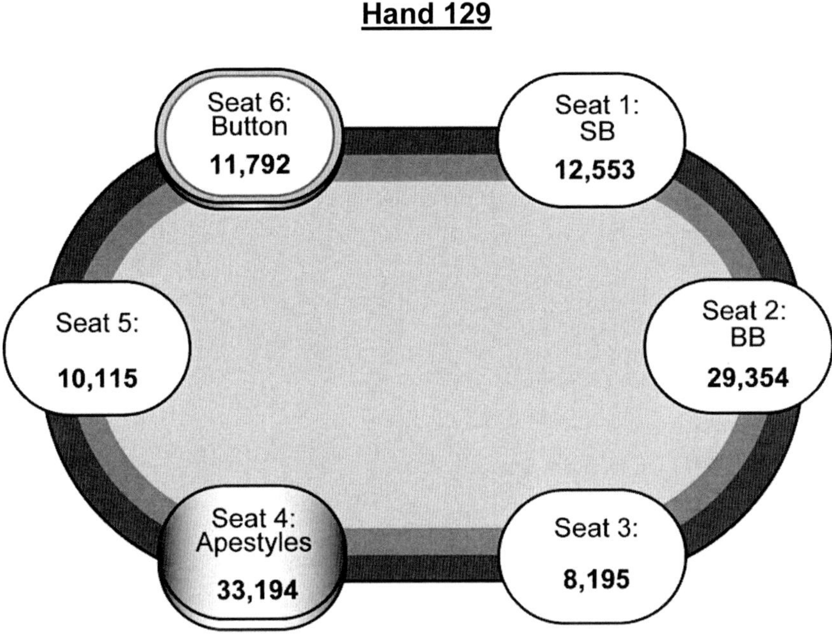

Situation: Ich bin in einem 109 $-Turnier mit maximal 6 Spielern pro Tisch, die Blinds betragen 300/600 bei einem Ante von 50. Seit ich an den Tisch kam, habe ich ihn mit meiner aggressiven Spielweise überrannt. Meine Continuation Bets und Check-Raises waren häufig erfolgreich, und meine Gegner haben bisher noch nicht gezeigt, dass sie sich wehren können. Ich werde versuchen, weiter meinen Nutzen aus den schlechten Fähigkeiten der anderen Spieler nach dem Flop zu ziehen, und aggressiv bleiben.

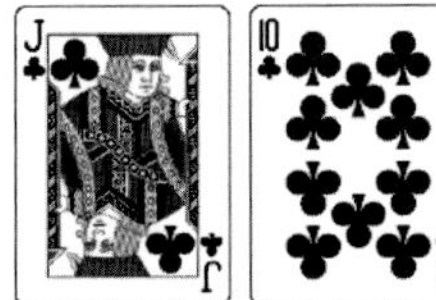

Vor dem Flop (1,200): Ich eröffne mit einem Raise einen Hauch über dem 2,5-fachen des Big Blinds auf 1.525. Sobald die Blinds verglichen mit den Stacks sehr groß werden, ist es wichtig, die Raisehöhe auf rund 2,5 Big Blinds abzusenken. Dies verhindert, dauernd Pot-Committed zu sein, wenn Spieler mit kleineren Stacks nach dem Raise All-In gehen; und auch die einfache Tatsache, dass die Gegner Raises dieser Größe immer noch respektieren, hilft Ihnen Chips zu sparen. Je kleiner die Stacks im Verhältnis zu den Blinds werden, desto schwerer wird es für die anderen Spieler, gegen Ihre Bets und Raises zu bluffen, ohne Pot-Committed zu sein.

Vor allem gilt: Bedienen Sie sich einer aggressiven Spielweise und sammeln ohne echte Hand viele Pots ein, wird diese Spielweise umso profitabler, je weiter Sie – bei identischem Erfolg – die Bet- und Raisehöhen senken.

Es wird zu Spieler 1 im Small Blind gefoldet, der callt. Ein interessanter Hinweis über Spieler 1 ist, dass er in letzter Zeit viele Pots mit mir gespielt hat, und ich besonders auf ihm herumgehackt habe. Er scheint nicht in der Lage zu sein, zu mir zurückzufeuern, und er scheint auch kein sehr starker Spieler zu sein. Ich bin froh, mit einer Hand wie JTs gegen ihn einen Pot nach dem Flop in Position zu spielen.

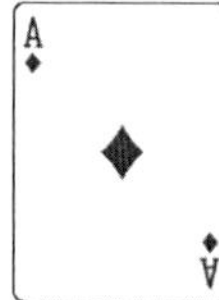

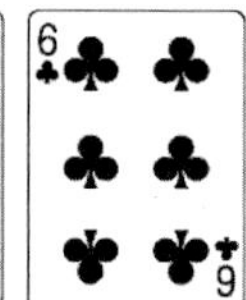

Flop (3,650): Spieler 1 checkt. Obwohl die mittleren Karten etwas zu gut verbunden sind, eignen sich mehrfarbige Axx-Boards hervorragend für Continuation Bets, wenn der Gegner vor dem Flop lediglich aus den Blinds gecallt hatte, da nur wenige Gegner viele Ax-Hände ohne Position spielen. Es ist unwahrscheinlich, dass mein Gegner in dieser Situation zu mir zurückfeuern wird, also kann ich meine Continuation Bet etwas niedriger ansetzen. Die Häufigkeit seiner Folds bleibt wahrscheinlich gleich, was den EV meiner Bet allgemein steigert. Hat er dagegen eine Hand wie 98, wird er fast sicher auch eine größere Bet callen, wenn man bedenkt, wie oft ich auf ihn eingehämmert habe. Beachten Sie, dass es gegen einen aufmerksamen Gegner, der Tendenzen wie diese bemerken wird, sehr wichtig ist, sowohl mit Bluffs als auch mit fertigen Händen identische Einsatzhöhen zu verwenden.

Dies berücksichtigend bringe ich eine niedrigere Continuation Bet von rund der Hälfte des Pots. Ich biete 1.907, und mein Gegner callt. Im Augenblick hat er wahrscheinlich ein Paar Asse oder Achten. Normalerweise sind hier zwei Gründe denkbar, aus denen er hier mit einem Ass nicht checkraisen würde: Erstens könnte er einfach ein schwacher/passiver Spieler sein, dessen Standardspielweise darin besteht, den Call-Button zu drücken. Zweitens weiß er, wie aggressiv ich gegen ihn gewesen bin, und könnte sehr wohl versuchen, mich in eine Falle zu locken, oder mich zu einem weiteren Bluff und einer weiteren Salve zu verleiten. Falls er versuchen wollte, meine aggressive Spielweise auszunutzen, hätte er wahrscheinlich mit einem Check-Raise auf dem Flop geblufft. Die Alternative wäre, ohne Position eine ungewöhnliche Float-Route einzuschlagen, mit der Absicht, auf dem River als Bluff zu betten, wenn ich am Turn nach ihm checke. Es ist recht unwahrscheinlich, dass dieser Spieler zu einem solchen Spielzug fähig ist, und falls doch, kann ich auf diesem Board kaum etwas dagegen unternehmen. Er hat noch nicht zu mir zurückgefeuert, und ich werde diese Hand auf den meisten Turnkarten aufgeben.

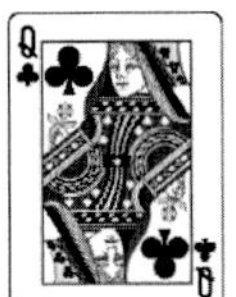

Turn (3,814): Spieler 1 checkt. Die Turnkarte ist sehr vielversprechend, ich habe nun den Flush Draw dazubekommen und obendrein einen doppelten Gutshot mit dem K und der 9, die ebenfalls Outs zu den Nuts sind. Ich verdächtige Spieler 1, eine echte Hand zu haben, also bringt es nicht viel, auf diesem Turn zu bieten. Falls er ein Paar Asse hat, wird er eine Bet wahrscheinlich callen oder raisen, was meinen starken Draw in eine merkwürdige Situation bringt. Eine Bet bringt wirklich nur eine Hand mit einem Paar Achten (98, 87, und vielleicht T8) zum Folden, die einen kleineren Teil seines Handspektrums ausmachen, als die Asse (AJ-A2), die er haben könnte. Obwohl ich rund 30 Prozent Equity gegen ein Spektrum von AJ-A2 habe, ist es wesentlich besser, hier ebenfalls zu checken und eine Freecard zu nehmen. Treffe ich den Backdoor-Draw, wird er sehr gut getarnt sein, und mein Gegner wird einen Raise von mir auf dem River wahrscheinlich eher als einen Bluff als eine fertige Straight oder einen fertigen Flush interpretieren. Bei einem Treffer werde ich noch viel Value erhalten, also ist dies eine wesentlich bessere Alternative, als hier zu betten und als 30 prozentiger Außenseiter All-In zu gehen, nur um dadurch von Zeit zu Zeit ein Paar Achten zum Folden zu bringen. Ich checke.

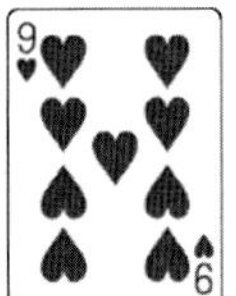

River (3,814): Spieler 1 bietet 2.400, 63 Prozent des Pots. Fantastisch! Die beste Riverkarte, die ich hätte treffen können, und mein Gegner scheint For Value zu betten. Die Nut-Straight, die ich nun habe, ist eine der am besten getarnten, auf die ich hätte hoffen können. Wäre auf dem River ein König gekommen, hätte mein Gegner Angst vor Two Pair mit KQ haben können, und eine Kreuzkarte auf dem River würde verglichen mit einer Neun ziemlich auffallen. Die einzig möglichen Draws auf dem Flop, die ich nun hätte treffen können, wären T7 oder 75, aber dies sind wertlose Hände, die er bei mir nicht erwarten sollte. Mein Gegner sieht mich als aggressiv, und in Kombination mit der wahrscheinlichen Stärke seiner Hand bedeutet dies, dass ich definitiv einen hohen Raise For Value bringen sollte, da er häufig callen wird. Ich entscheide mich, das 3,5-fache seiner Bet auf 8.400 zu raisen.

Er überlegt eine Weile und foldet. Ich war recht sicher, hier einen Call zu bekommen, und habe keine Ahnung, welches Blatt er gefoldet haben könnte. Es wäre ungewöhnlich für ihn, hier ein Ass zu folden oder mit einer Acht zu betten, besonders nach einer so niedrigen Bet von ihm.

Hand 130

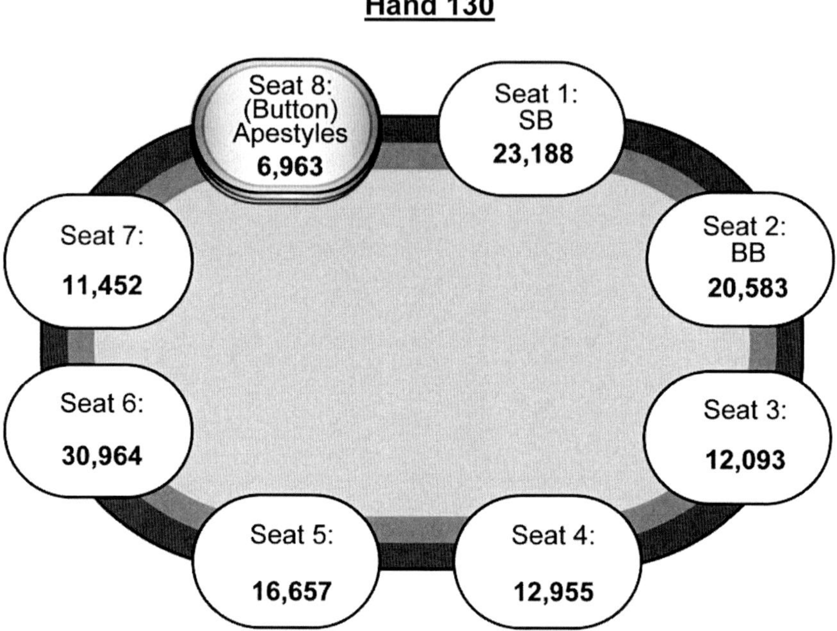

Situation: Es ist die mittlere Phase eines Freezeout-Turniers mit einem Buy-In von 109 $ und 15.000 $ garantiertem Preisgeld. Die Blinds betragen 300/600 mit einem Ante von 75. Eine Zeitlang lag ich ganz gut im Rennen, rannte dann aber ich mit QQ in KK, was meinen Stack auf rund 12 Big Blinds schrumpfen ließ. Die Antes summieren sich ganz schön und mein Stack eignet sich daher hervorragend für ein All-In. Es gibt keine regelmäßigen Turnierspieler am Tisch, und mit Ausnahme des eher tighten Spieler 3 agierten die meisten meiner Gegner insgesamt recht loose. Mein Image ist solide, und bisher habe ich keine Steals oder Re-Steals gespielt, obwohl ich nach entsprechenden Gelegenheiten Ausschau gehalten habe.

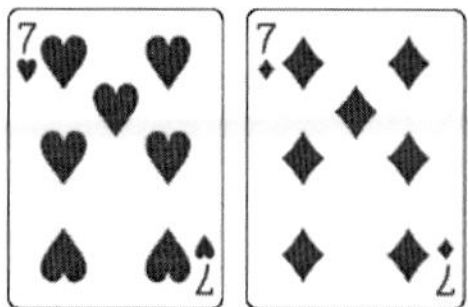

Vor dem Flop (1,500): Spieler 4 eröffnet mit einem Limp (etwas, das ich mit Antes im Pot nur selten mache), und Spieler 5 und 6 callen. Nach allen Blinds, Antes und Limps, sind 3.300 (rund 40 Prozent meines Stacks) im Pot. Spieler 4 und 5 haben bisher vor dem Flop ungewöhnlich loose und nach dem Flop passiv gespielt. Ich weiß, dass der

Limp von Spieler 6 schwach ist, da er in einer früheren Hand den Limp von Spieler 5 mit KK (als ich unglücklicherweise QQ hatte) geraist hat. Nachdem er den Limp von Spieler 5 geraist hatte, reraiste ich vom Button das Dreifache seines Raises, und er callte mit seinen restlichen 5.000 Chips; eine typischer Rückschlag in mittleren bis späten Turnierphasen, dem man nicht entkommen kann.

Mit jener Hand im Hinterkopf kann ich recht sicher sein, dass Spieler 6 diesmal nur eine schwache Hand hält, da er mit seinen Premium-Händen die Limps vor sich geraist hätte. Folglich wird er ein All-In von mir nur selten callen. Meine Hand ist gut, um damit über Limper All-In zu gehen, da sie selten von einem Handspektrum für Limper dominiert wird, selbst aber dominieren kann. Gehe ich zum Beispiel mit A4 All-In, kann ich von Händen wie A5-AJ und 55-88 dominiert werden, was genau das ist, womit diese Spieler wahrscheinlich limpen und callen, wenn sie meinen Steal durchschauen. Mit 77 sind die einzigen Hände, die mich dominieren, 88 und vielleicht gelegentlich 99. Manche Spieler limpen aus früher Position auch hohe Paare, aber meinen Beobachtungen nach limpt Spieler 4 mit einem sehr breiten Spektrum.

Es wäre ziemlich schwer zu spekulieren, mit was genau diese Spieler limpen, aber ich kann sicherlich einige Handspektren für deren Spielweise erstellen. Im Kern gehe ich mit 77 For Value All-In, bin aber froh, wenn alle anderen folden; den eigenen Stack ohne Showdown um fast 50 Prozent zu erhöhen ist nie verkehrt. Auf Erfahrung basierend sind die Hände, die ich nach einem Limp und Call sehe, wahrscheinlich 99-22, AJs-A5s, KQ, QJ, und AJo-A7o, obwohl das untere Ende dieses Spektrums etwas loose sein könnte. Ich liege mit 77 Heads-Up in 57 Prozent der Fälle vor diesen Händen. Viele Spieler werden mit weniger Händen limpen und callen, also ist dies tatsächlich der schlimmste anzunehmende Fall. Es gibt auch die Möglichkeit, dass einer der Blinds mit einer starken Hand auftaucht, aber darüber kann ich mir nur Sorgen machen, wenn ich denke, dass ein All-In eine grenzwertige Spielweise ist. In diesem Fall ist ein All-In jedoch eindeutig profitabel.

Eine tatsächliche EV-Kalkulation anzustellen wäre mühsam (aufgrund der Anzahl an Spielern und der involvierten Handspektren) und unnötig, da hier der gesunde Menschenverstand ins Spiel kommt. Da ich beinahe immer vorne liege, oder zumindest einen Münzwurf bekomme (50 Prozent Equity), ist dieses All-In Standard. Kombiniert mit der – verglichen mit meinem Stack – riesigen Anzahl an Chips, die bereits in der Mitte liegen, erübrigt sich im Grunde genommen jedes weitere Nachdenken.

Spieler 4 und 5 werden wahrscheinlich in den meisten Fällen folden, aber einfach zum Spaß schauen wir uns mal an, wie meine Hand gegen die beiden standhält. Angenommen, Spieler 4 callt mit dem oben genannten Spektrum von 99-22, AJs-A5s, KQ-QJ, AJo-A7o, aber nach einem Call von Spieler 4 callt Spieler 5 nur mit einem tighteren Spektrum wie 88-99, KQ-KJ, und AJ-AT. Gegen diese zwei Spektren habe ich fast 35 Prozent Equity, was in einem Pot mit drei Personen fantastisch ist, besonders bei dem Überschuss durch Blinds und Antes. Also selbst wenn beide Spieler callen, bin ich in guter Verfassung. Meist werde ich den Pot allerdings vor dem Flop gewinnen, da die Hände meiner Gegner offensichtlich schwach sind.

Zusammenfassend vergrößere ich meinen Stack in rund 45 bis 60 Prozent der Fälle um ungefähr 40 Prozent (wenn meine Gegner folden) und verdoppele meinen Stack in rund 57 Prozent der Fälle, in denen ich von einem Spieler gecallt werde. Werde ich zweimal gecallt, werde ich in 35 Prozent der Fälle meinen Stack sogar mehr als verdreifachen. Gute All-In/Steal-Situationen wie diese zu finden, ist zum Gewinn von Internetturnieren absolut entscheidend.

Viele unerfahrene Spieler würden in dieser Situation bloß callen und versuchen, All-In zu gehen, wenn sie ein Overpair oder ein Set treffen. Angesichts der Seltenheit, mit der solche Situationen nach dem Flop eintreten, und der guten Ausgangslage vor dem Flop, ist dies eine schreckliche Spielweise.

Ich gehe bei einem Pot von 3.300 für weitere 6.288 All-In. Spieler 4 foldet und Spieler 5 callt mit 8♥8♠. Spieler 6 foldet. Die Hand von Spieler 5 hält stand, und ich werde aus dem Turnier geschmissen. Spieler 5 hat zufällig eine der wenigen Hände in seinem Call-Spektrum gehabt, die mich dominierten. Ich bin zufrieden mit meiner Spielweise und Handanalyse, und konzentriere mich auf das nächste Turnier.

Das Spiel auf der Bubble

Situation: Für den Rest meiner Beispiele werde ich durch jede einzelne Hand eines einzigen Turniers gehen, bis die Bubble platzt, um zu demonstrieren, wie man eine Bubble malträtieren und ausnutzen kann. Das Buy-In bei diesem Turnier beträgt 1.060 $, das garantierte Preisgeld liegt bei 1 Million $, und ich bin 15 Plätze davon entfernt, ins Geld zu kommen. Der Sieger wird 353.185 $ gewinnen, und jeder Spieler, der eine Platzierung im Preisgeld erreicht, bekommt mindestens 2.054 $.

Das Teilnehmerfeld der Sonntagsturniere mit so hohem Buy-In enthält normalerweise einen höheren Anteil an Amateurspielern, die sich über Qualifikationsturniere in die Hauptveranstaltung gespielt haben, als die üblichen Sonntagsturniere. Da sogar die niedrigste Auszahlung häufig den zehn- bis hundertfachen Betrag des Buy-Ins jener Qualifikationsturniere repräsentiert, werden diese Spieler angesichts der Geldmenge, um die es hier geht, erheblich ins Schwitzen geraten. Die meisten Qualifikanten werden in diesen Situationen deutlich tighter spielen, um so in die Preisgeldränge zu rutschen.

Glücklicherweise bin ich in diesem Turnier in einer exzellenten Ausgangslage, da ich den größten Stack am Tisch habe unter einigen ziemlich bescheidenen Stacks (mit einem M von 10). Bei diesen Stackgrößen wird es sehr schwer werden, sich gegen mich zu wehren. Wegen dieser beiden Faktoren bin ich in einer guten Lage, um ultra-aggressiv zu spielen, ihre Angst gegen sie zu verwenden, und so ohne Showdown massiv Chips einzusammeln.

Hand 131

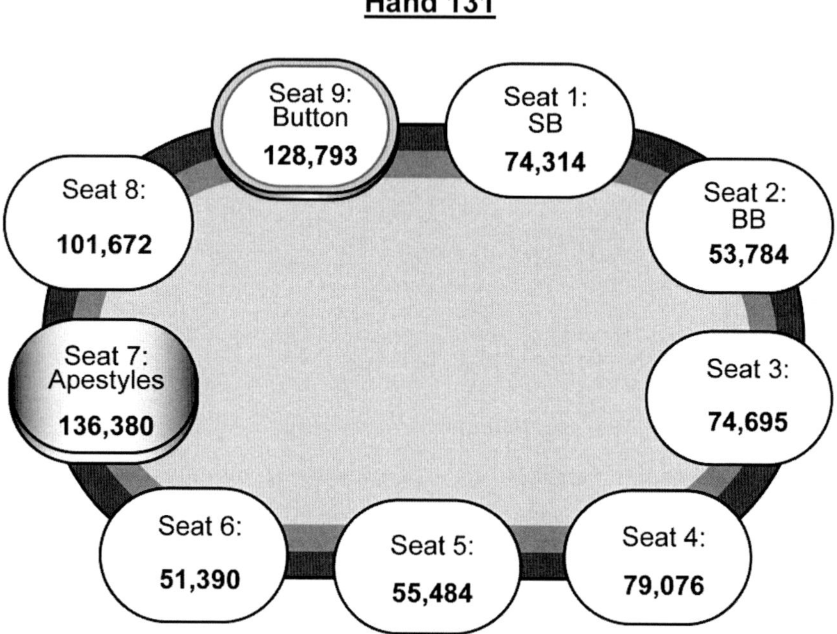

Die Blinds betragen 1.200/2.400 mit einem Ante von 120.

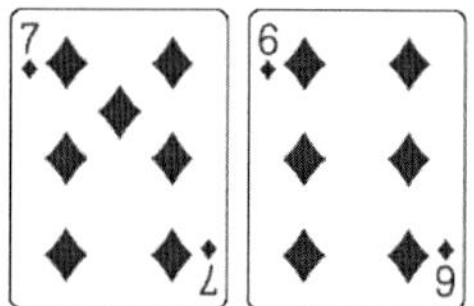

Vor dem Flop (4.680): Spieler 6 raist das Minimum auf 4.800. Spieler 6 ist in mittlerer Position und raist nur das Minimum mit einem Stack von 20 Big Blinds. Ich habe ihn schon zuvor diesen Raise machen und dann folden sehen, und meiner Einschätzung nach steckt hinter diesem Raise häufiger ein schwacher Stehlversuch als eine starke Hand. Ich will seine verräterische Spielweise ausnutzen und reraise auf 14.400.

Offensichtlich ist dies für mich kein Standardspielzug; beim Spiel auf der Bubble gibt es keine echten Standards, da es hauptsächlich um Timing und Häufigkeit geht. Da wir an der Bubble sind, und weil mein Gegner meiner Meinung nach tatsächlich schwach ist, kann ich eine recht hohe Erfolgsquote erwarten, wenn ich hier Gegenwehr zeige.

Ich werde auf jedes All-In nach mir folden müssen, einschließlich von Spieler 6 selbst, da ich etwas weniger als 2-zu-1 für einen Call bekommen werde. Hätte er das 2,5- bis 3-fache des Big Blinds geraist, hätte ich keinen Reraise gespielt, da ich dann im Fall eines All-In Reraises seinerseits Pot-Committed gewesen wäre. Hätte er zum Beispiel drei Big Blinds auf 7.200 geraist, ich auf 20.000 gereraist und Spieler 6 wäre All-In gegangen, hätte ich 31.270 callen müssen, um einen Pot von 75.950 zu gewinnen. Dies entspricht Pot Odds von 2,4-zu-1.

Bei Spielzügen wie diesem müssen Sie sichergehen, nach dem All-In eines Spielers nach Ihnen nicht Pot-Committed zu sein. Als Faustregel ist man vor dem Flop fast immer Pot-Committed, wenn die Pot Odds besser als 2,2-zu-1 sind. Dies ist deshalb so, weil man gegen das Handspektrum des Gegners normalerweise nicht mehr als ein 2-zu-1 Außenseiter ist, sofern sein Spektrum nicht unglaublich tight ist (99+, AQ+), oder man selbst eine wertlose Hand vom unteren Ende des Spektrums wie 32o hat. Ich empfehle, mit dem kostenlosen Programm *Pokerstove* zu spielen, um eine gute Vorstellung von Equity gegen Handspektren zu erhalten.

Alle anderen folden, und ich füge meinem Stack 9.480 hinzu.

Hand 132

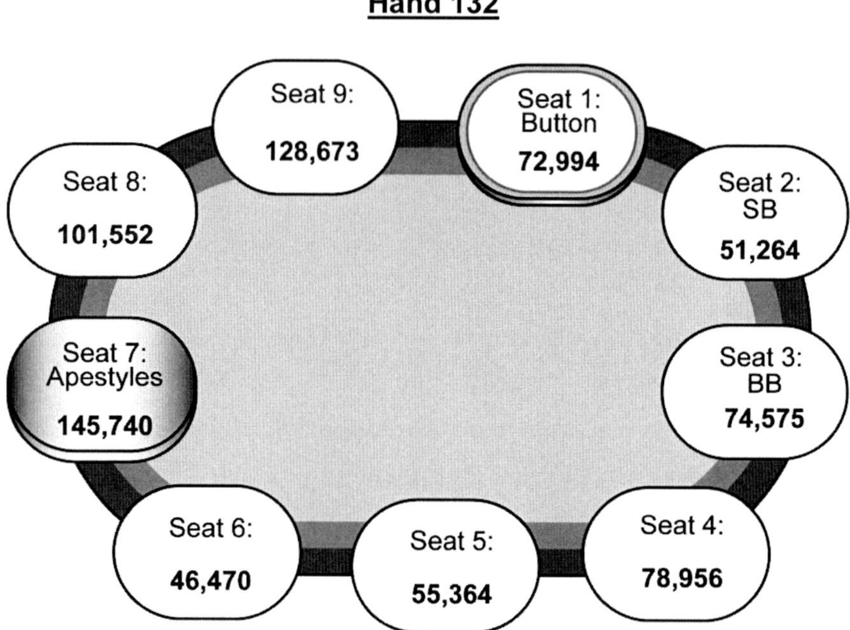

Die Blinds betragen 1.200/2.400 mit einem Ante von 120.

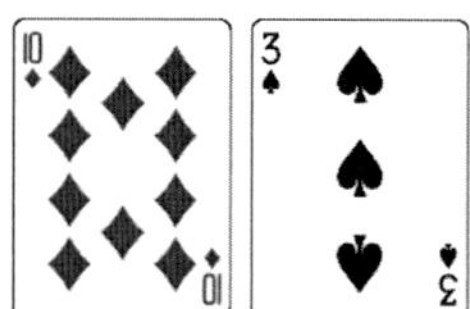

Vor dem Flop (4.680): Spieler 5, ein aggressiver regelmäßiger Turnierspieler, raist auf 7.200. Ich habe ein schreckliches Blatt, und reraiste bereits die Hand unmittelbar zuvor. Es ist wichtig, die Häufigkeit der eigenen Raises zu kontrollieren, um bei einem Angriff wenigstens einen gewissen Eindruck der Legitimation aufrechtzuerhalten. Da Spieler 5 in früher Position sitzt, meine Hand miserabel und Spieler 5 erfahren und sich meiner Bubble-Strategie wahrscheinlich bewusst ist, entschließe ich mich zu einem Fold.

Hand 133

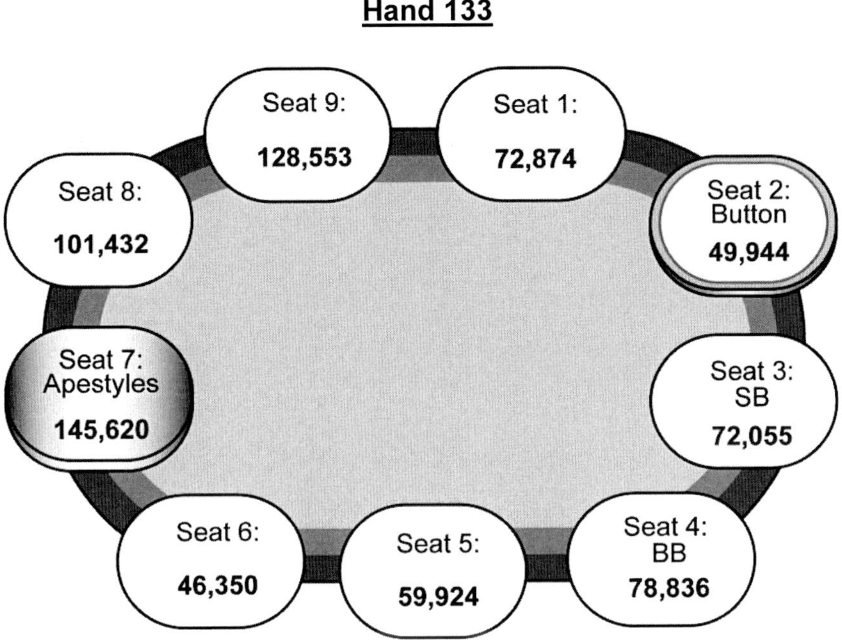

Die Blinds sind bei 1.200/2.400 mit einem Ante von 120.

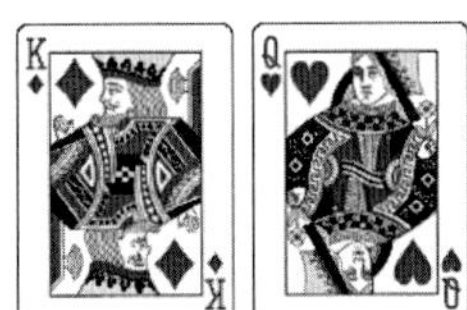

Vor dem Flop (4.680): Ich befinde mich in mittlerer Position und raise etwas mehr als 2,5 Big Blinds auf 6.450. Spieler 9 reraist vom Hijack aus auf 16.800. Trotz meiner recht starken Hand bleibt mir keine Wahl: Ich folde. Es gibt keinen Grund, diese Hand ohne Position nach dem Flop zu spielen, oder mit einer grenzwertige Hand erneut zu reraisen, dazu noch gegen einen der wenigen Spieler, die meinem Stack schweren Schaden zufügen können. Ich kann immer noch darauf zählen, in der Zukunft viele unumkämpfte Pots zu gewinnen, und es ist wichtig, nicht frustriert zu werden, wenn einer meiner Angriffe scheitert, wie es manchmal eben passiert.

Ich folde und merke mir den Reraise von Spieler 9. Bereitet er mir weiterhin Probleme, weiß ich, dass er etwas im Schilde führt und werde mich wehren.

Hand 134

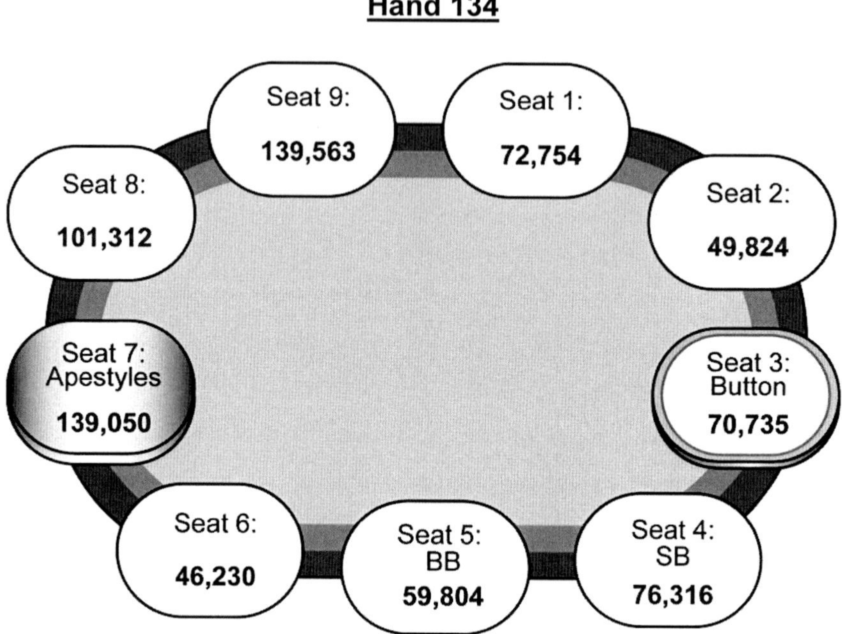

Die Blinds sind bei 1.200/2.400 mit einem Ante von 120.

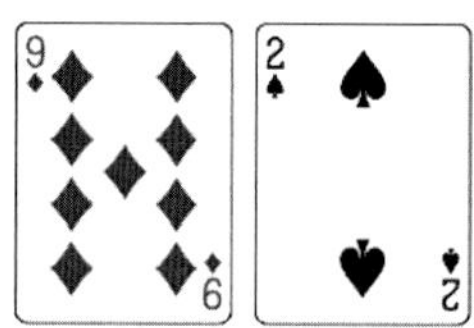

Vor dem Flop (4.680): Mein Plan lautet, viele Pots als erster Spieler mit einem Raise zu eröffnen, doch in früher Position werde ich dies nur selten und auf keinen Fall mit einer so schlechten Hand machen. Ich folde.

Hand 135

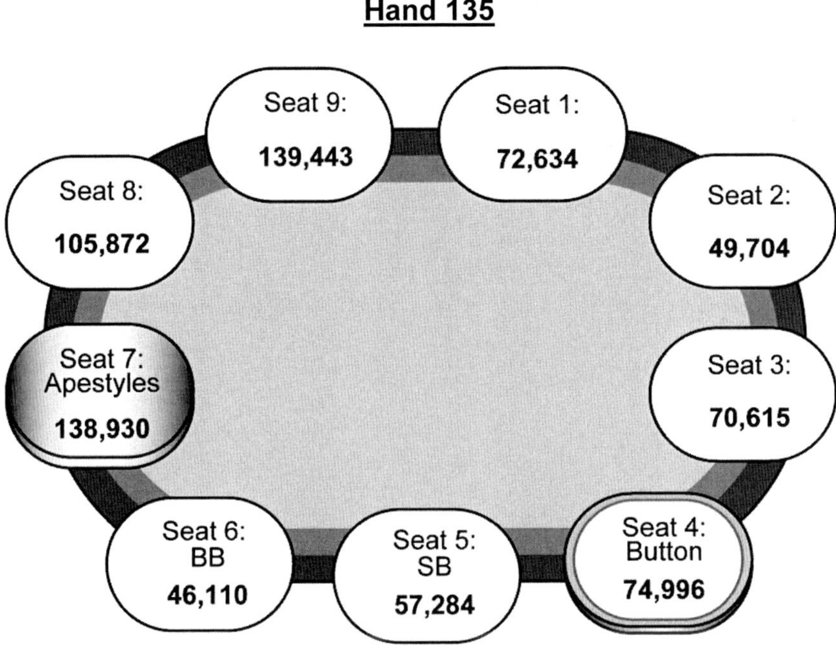

Die Blinds sind bei 1.200/2.400 mit einem Ante von 120.

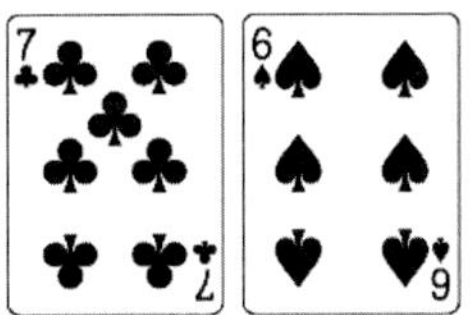

Vor dem Flop (4.680): Auf der Bubble könnte ich hier gelegentlich raisen, aber ich bin in erster Position und der gesamte Tisch ist nach mir an der Reihe. Ich will meine Aggressivität auf der Bubble steigern, jedoch auf kontrollierte Art und Weise, nicht auf eine wahnsinnige.

Ich folde.

Hand 136

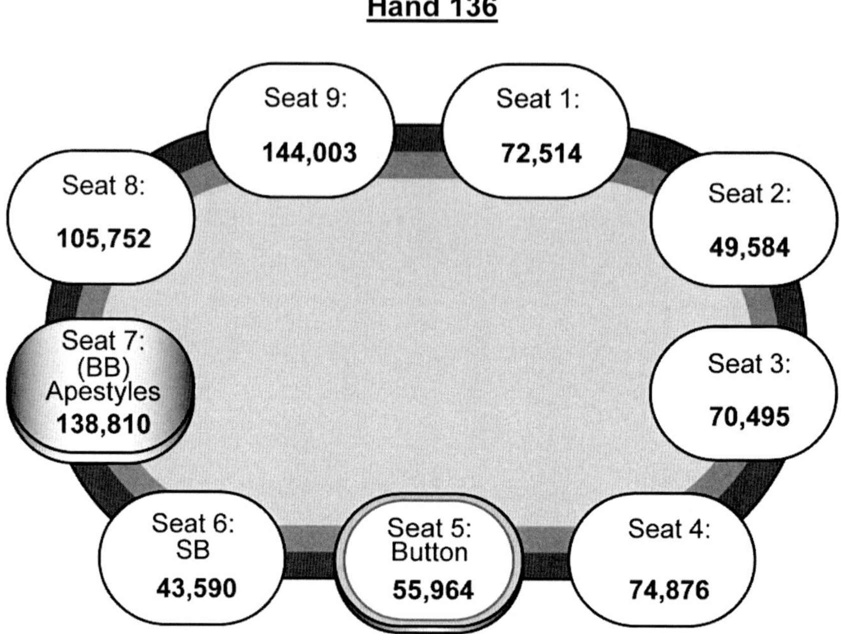

Die Blinds sind bei 1.200/2.400 mit einem Ante von 120.

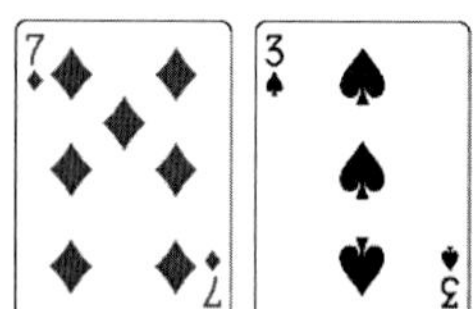

Vor dem Flop (4.680): Spieler 5 raist auf 7.200. Er ist ein aggressiver regelmäßiger Turnierspieler, der vom Button aus erhöht. Dies wäre normalerweise eine gute Situation für einen Re-Steal, doch meine Hand spielt sich gegen jedes Spektrum für einen möglichen Call sehr schlecht. Zum Beispiel ist JTs gegen die meisten Handspektren für einen Call rund 2-zu-1 Außenseiter, 73o hingegen eher 3-zu-1. Obwohl die Umstände gewöhnlich wichtiger sind als die Karten, bevorzuge ich für meine Steal-Versuche Hände, die mehr Showdown-Value besitzen, wie mittelhohe Suited Connectors mit oder ohne Lücken (J9s, 98s, etc.).

Hier mit 73o All-In zu gehen, bringt unterm Strich wahrscheinlich eher Verluste als Gewinne, also folde ich.

Hand 137

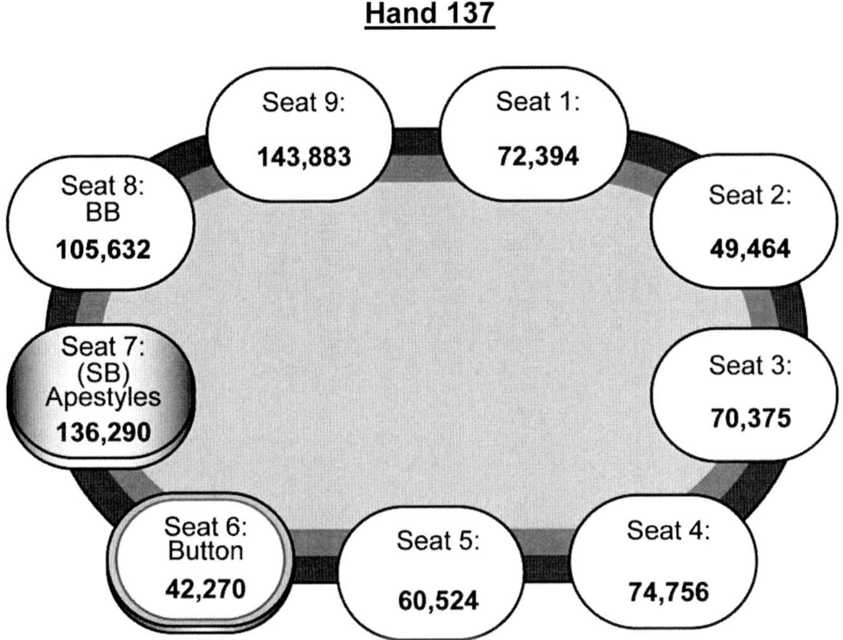

Die Blinds sind bei 1.200/2.400 mit einem Ante von 120.

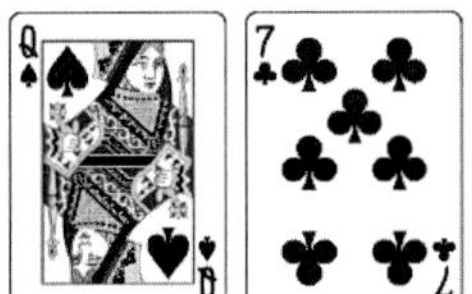

Vor dem Flop (4.680): Es wird zu mir gefoldet. Ich raise auf 7.200, drei Big Blinds. Normalerweise eröffne ich mit einem Raise vom Small Blind aus lieber auf drei bis vier Big Blinds, anstatt auf meine typischen 2,5, um dem Big Blind keinen Anreiz zu bieten, in Position zu callen. Es ist ein großer Fehler, mit schwachen Händen vom Small Blind nur auf 2,5 Big Blinds zu raisen, da der Spieler im Big Blind häufig callen und mich nach dem Flop vor heikle Entscheidungen stellen wird. Der Big Blind hat mich außerdem schon einmal während dieser Runde gereraist, also wiederholt er dies wahrscheinlich nicht allzu bald ohne gute Hand. Ich raise in diesen Situation nicht immer, aber da alle – inklusive des Big Blinds – wesentlich tighter spielen (und er mich bereits zuvor gereraist hat), entscheide ich mich für einen Raise.

Ich raise vom Small Blind auf 7.200, und der Big Blind foldet. Ich sammle 4.680 aus dem Pot ein.

Hand 138

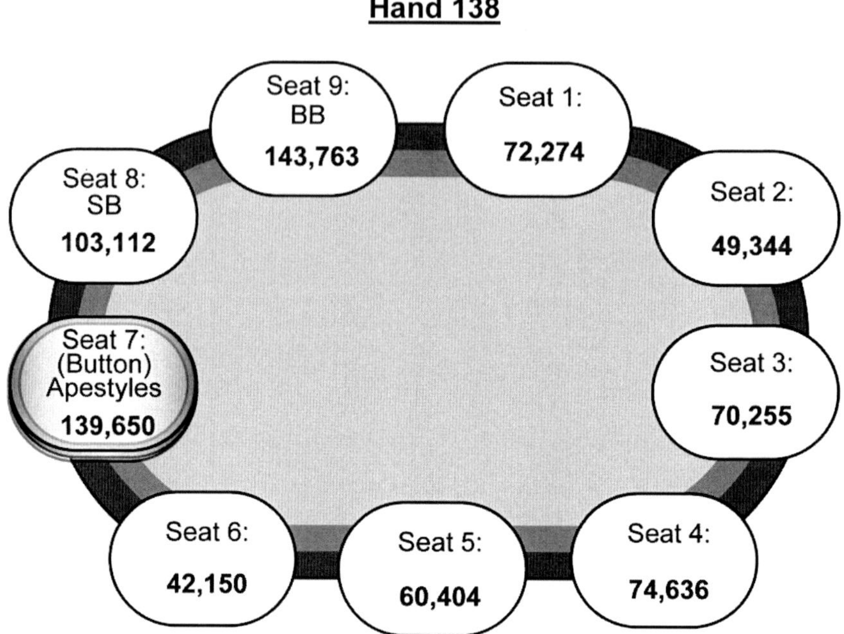

Die Blinds betragen 1.200/2.400, das Ante 120.

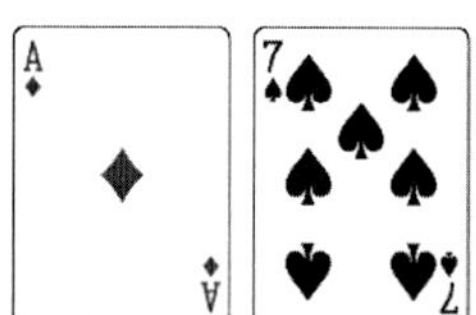

Vor dem Flop (4.680): Es wird zu mir auf dem Button gefoldet. Da sowohl der Small Blind als auch der Big Blind wirklich große Stacks haben, ist dies ein einfacher Raise. Das ist wichtig, da meine Gegner sich wahrscheinlich recht wohl im Turnier fühlen und mit so großen Stacks nicht riskieren werden, kurz vor dem Erreichen der Preisgeldränge aus dem Turnier auszuscheiden. Reraist einer meiner Gegner dennoch, würde ich sogar ein All-In Re-Reraise erwägen, weil es sich wahrscheinlich um einen Re-Steal handelt und ich Fold Equity hätte, da meine Gegner weniger als 2-zu-1 auf einen Call bekämen. Doch höchstwahrscheinlich würde ich auf einen Reraise folden. Vor einem Steal-Versuch sollte man sich immer die Spieler nach einem betrachten, auf ihre Stackgrößen achten und einen Plan für ihre möglichen Reaktionen parat haben. Genau wie beim Schach muss ein Pokerspieler immer mehrere Züge im Voraus denken. Ich raise auf 6.100, 2,5 Big Blinds. Es gibt Argumente für andere Raisehöhen, und gelegentlich raise ich vor dem Flop höher oder niedriger. Grundsätzlich ist es am besten, für jede Blindstufe eine Raisehöhe auszusuchen und sich daran zu halten, da dies einfach ist und auch nicht ausgenutzt werden kann, ansonsten verrät schon allein die Höhe einer Bet Informationen.

Ich raise auf 6.100 und alle anderen folden. Ich sammle 4.680 aus dem Pot ein.

Hand 139

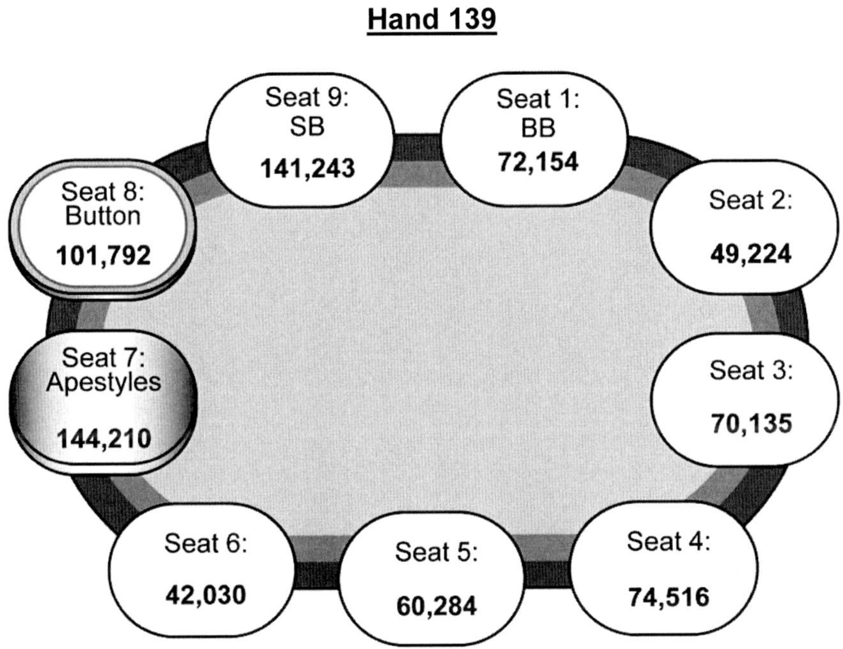

Die Blinds sind bei 1.200/2.400 mit einem Ante von 120.

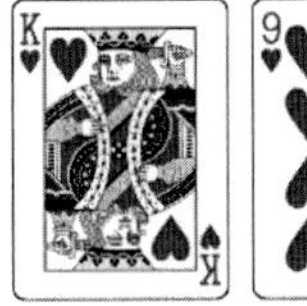
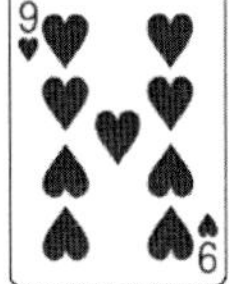

Vor dem Flop (4.680): Ich bin im Cut-Off und es wird zu mir gefoldet. Da ich so aktiv gewesen bin, würde ich hier für gewöhnlich in Betracht ziehen, einen Gang herunter zu schalten, jedoch kommen wir immer näher ans Geld und ich habe ein paar Spieler bemerkt, die damit prahlen, durch ein billiges Qualifikationsturnier bis hierher gekommen zu sein.

Wahrscheinlich werden sie einfach alles dafür geben, unversehrt die Preisgeldränge zu erreichen, und ich habe die Lizenz, bestimmte Bereiche des Tisches zu plündern. Ich entscheide mich erneut für meinen Standard-Raise auf 6.100. Geht Spieler 1 All-In, werde ich aufgrund seiner Stackgröße gezwungen sein zu folden.

Die Spieler 8 und 9 haben jedoch große Stacks, und bieten eine Vielzahl an Möglichkeiten an. Sie könnten meinen Raise einfach callen und ich kann einen Flop mit einer Hand sehen, die gut Flops trifft. Wehren sie sich mit einem Reraise, könnte ich sicherlich folden, oder aber All-In re-reraisen. Ob ich dann tatsächlich All-In re-reraise (als Bluff wohlgemerkt) oder nicht, hängt von der Höhe des Reraises ab und von der Geschwindigkeit, mit der er erfolgt. Reraist einer der beiden ohne weitere Informationen zu verraten, werde ich wahrscheinlich folden.

Ich raise auf 6.100 und alle anderen folden. Ich gewinne meinen dritten Pot hintereinander und sammle 4.680 ein.

Hand 140

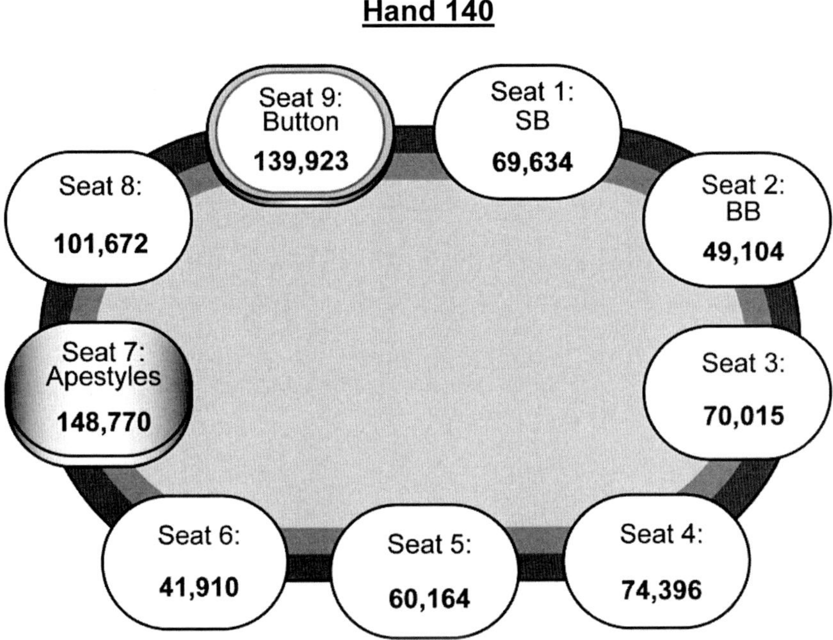

Die Blinds sind bei 1.200/2.400 mit einem Ante von 120.

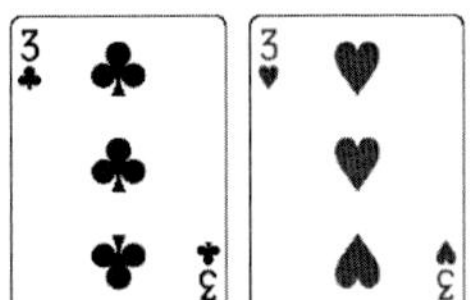

Vor dem Flop (4.680): Da ich gerade drei Mal nacheinander geraist habe, ist es recht heikel, eine halbwegs anständige Hand ausgeteilt zu bekommen. Durch meine häufigen Raises lasse ich jeden genau wissen, was ich vorhabe, und dies erhöht dramatisch das Risiko von Gegenwehr. Doch bisher hat keiner meiner Gegner irgendwelche Fähigkeiten zu Gegenangriffen gezeigt oder erkennen lassen, dass er gewillt ist, die Häufigkeit meiner Raises auszunutzen. Daher gibt es hier anscheinend keinen guten Grund, auf einen Raise zu verzichten. Ich raise meine normale Höhe auf 6.100 mit dem Plan zu folden, falls Spieler 1 oder 2 reraist. Gegen den Cut-Off oder Button werde ich jedoch einen erneuten Reraise All-In erwägen, wie in der vorigen Hand, abhängig von der zeitlichen Abfolge der Einsätze und ob ich angesichts der Höhe des Reraises Fold Equity habe oder nicht.

Ich raise auf 6,100, und schon wieder folden alle anderen. Ich sammle weitere 4.680 ein; mein vierter unumkämpfter Pot hintereinander.

Hand 141

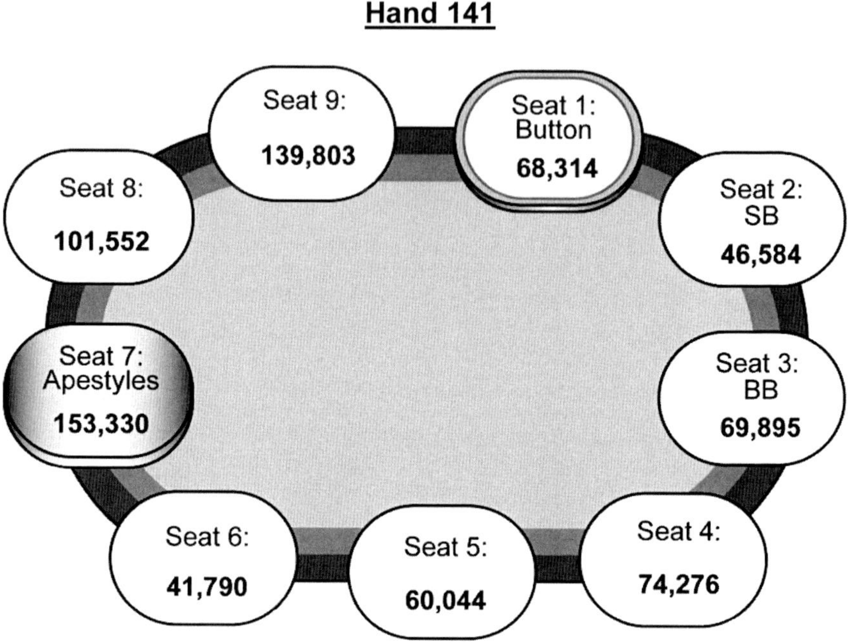

Die Blinds sind bei 1.200/2.400 mit einem Ante von 120.

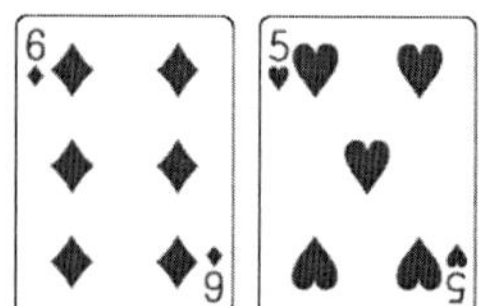

Vor dem Flop (4.680): Es wird zu mir gefoldet. Hier zu raisen ist eine Option, aber möchte ich mein Glück wirklich so strapazieren? Egal, ob Feiglinge auf der Bubble oder nicht: Spieler, die sich herumgeschubst fühlen, werden anfangen sich zu wehren. Für eine Weile tight zu spielen sollte nach dem Raise-Feuerwerk wieder ein wenig Respekt aufbauen und mir später hoffentlich einige Folds verdienen.

Ich zögere einen Moment, damit mein Eröffnungs-Fold nicht unbemerkt bleibt, und lege meine Hand ab.

Hand 142

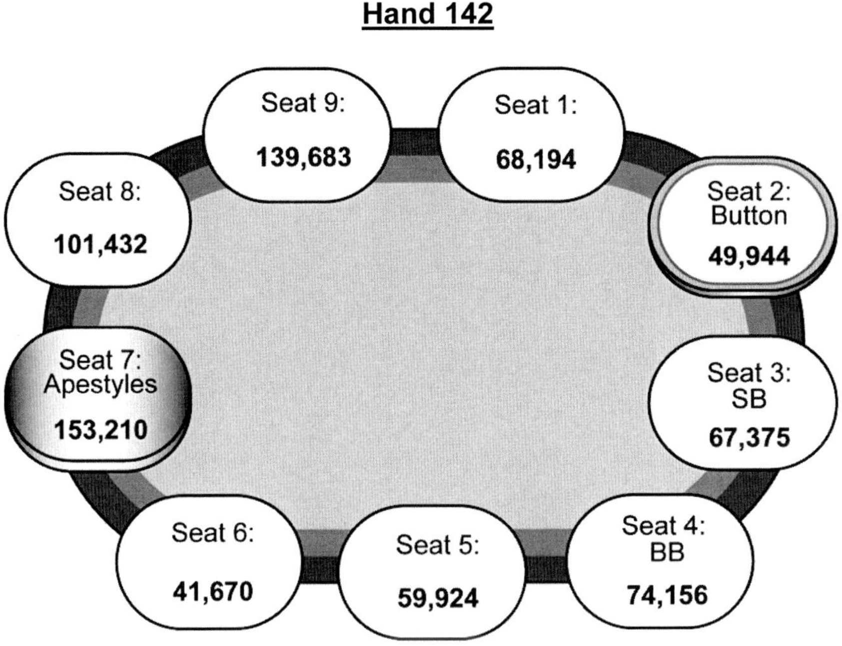

Die Blinds sind bei 1.200/2.400 mit einem Ante von 120.

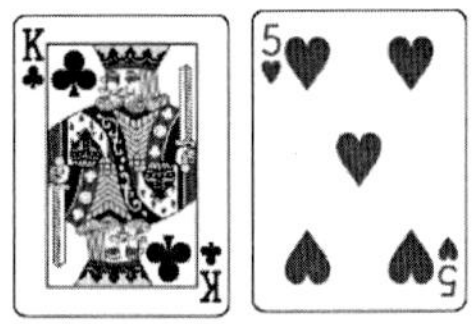

Vor dem Flop (4.680): Spieler 6 raist auf 7.200. Sowohl Hand als auch Position sind einfach zu furchtbar für einen Angriff auf den Pot. Ich folde.

Hand 143

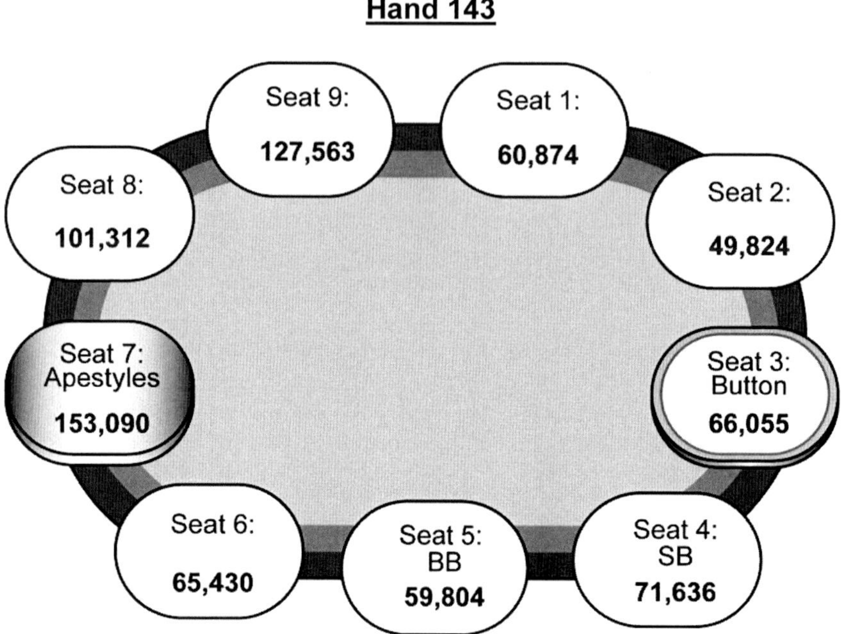

Die Blinds sind bei 1.200/2.400 mit einem Ante von 120.

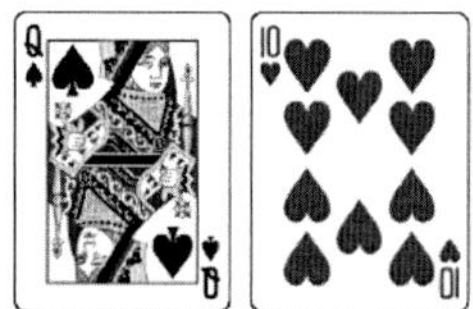

Vor dem Flop (4.680): Spieler 6 raist erneut, diesmal auf 9.600 – vier Big Blinds, statt wie gewöhnlich drei. Da er UTG ist und einen ziemlich großen Betrag raist, hat er wahrscheinlich eine echte Hand, mit der er entweder Angst vor einem Pot mit vielen Spielern hat, oder allgemein ungern nach dem Flop spielt. Einige Amateure raisen höhere Beträge mit Blättern, die sie für besonders anfällig beim Spiel nach dem Flop halten. Mit Händen wie QQ-TT und in extremen Fällen sogar KK bereitet die Gefahr einer Overcard auf dem Flop ihnen große Sorgen. Oftmals gilt ähnliches auch für AK und AQ. Der hohe Raise soll vor dem Flop so viel Action wie möglich mit Händen generieren, von deren Stärke diese Spieler wissen, mit denen sie jedoch aus irgendeinem Grund nur ungern nach dem Flop spielen.

Ich folde mein Q♠T♥, so wie alle anderen auch. Spieler 6 zeigt tatsächlich QQ, als er den Pot einstreicht.

Hand 144

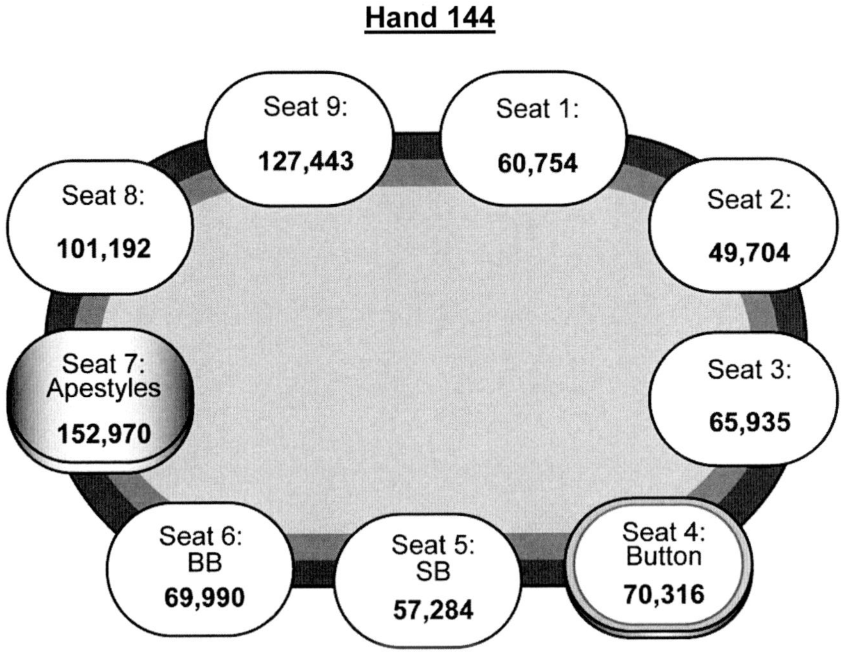

Die Blinds liegen bei 1.200/2.400, das Ante bei 120.

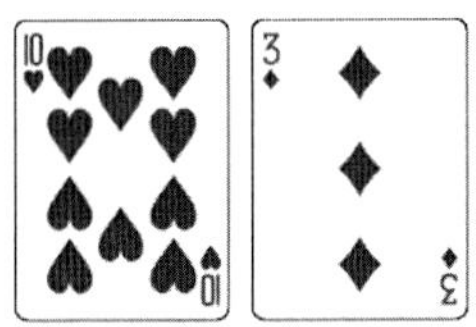

Vor dem Flop (4.680): Dies ist aus den bereits ausgeführten Gründen ein offensichtlicher Fold.

Hand 145

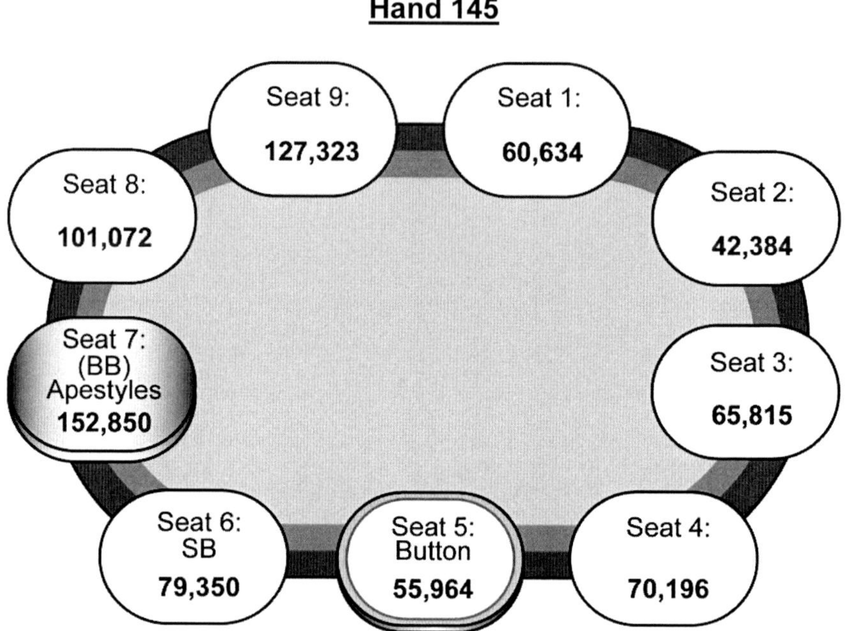

Die Blinds sind bei 1.200/2.400 mit einem Ante von 120.

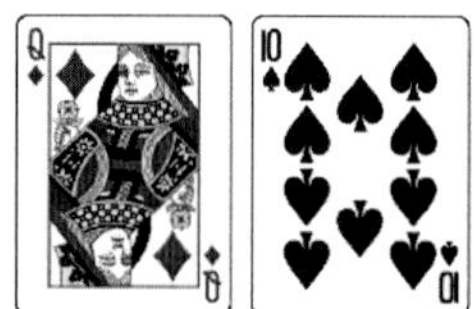

Vor dem Flop (4.680): Spieler 5, ein aggressiver regelmäßiger Turnierspieler, raist vom Button auf 7.200 und Spieler 6 callt. Aktuell sind 17.880 im Pot. Spieler 6 bereitet mir keine Sorgen, da er durchgängig schwach gespielt und außerdem damit angegeben hat, lediglich 10 $ in ein Qualifikationsturnier investiert zu haben. Ich bin mir fast sicher, dass er keine Falle stellt, sondern einfach nur ängstlich spielt und die 2000 $ Auszahlung eine offensichtlich große Bedeutung für ihn haben. Spieler 5 ist aggressiv; entweder scheinen die guten Hände immer am Button zu ihm zu kommen, oder er liebt es einfach, aus der Position zu stehlen.

Da ich lediglich QTo habe, sind sowohl Callen als auch Folden gute Optionen. Doch basierend auf meinen Beobachtungen über die Spielweise meiner Gegner bevorzuge ich einen Re-Steal All-In, um weiter Druck auf meine Gegner auszuüben. Für gewöhnlich versuche ich nicht, erfahrene Turnierspieler auf der

Bubble auszunutzen, aber ich bin hier als Letzter an der Reihe, und er hat schon mehrfach auf dem Button geraist. Nach meinem All-In biete ich Spieler 5 lediglich rund 1,5-zu-1 Pot Odds, habe hier also genug Fold Equity, um meinen Gegner zu zwingen, einen großen Teil seines Handspektrums zu folden.

Lassen Sie uns ein wenig schätzen: Er raist in rund 20 bis 25 Prozent der Fälle auf dem Button, und ich erwarte von ihm, mein All-In in rund 50 Prozent der Fälle zu callen. Um die Mathematik einfach zu machen sagen wir, dass er in 22 Prozent der Fälle raist und mein All-In mit den besten 11 Prozent an Händen callt. Die besten 11 Prozent seiner Hände sind mehr oder weniger das folgende Spektrum: 66+, A8s+, KJs+, ATo+ und KQo. Sein Spektrum für einen Call könnte bei der sich nähernden Bubble sogar tighter sein. QTo hat rund 33 Prozent Equity gegen dieses Spektrum.

Angenommen, Spieler 6 callt nie, führen meine Hypothesen zu Folgendem:

- In 50 Prozent der Fälle foldet mein Gegner und ich gewinne 17.880.
- In 33,5 Prozent der Fälle callt Spieler 5 und ich verliere 53.444.
- In 16,5 Prozent der Fälle callt Spieler 5 und ich gewinne 66.524 (17.880 + 48.644).

Nun eine ungefähre EV-Kalkulation:

0,5 x 17.880 = 8.940
0,335 x -53.444 = –17.904
0,165 x 66.524 = 10.976

Chip-EV = +2.012

Beachten Sie, dass alle der obigen Spektren und Häufigkeiten grobe Schätzungen sind. Dies sieht aus wie ein +EV All-In mit fast einem Big Blind an Equity. Selbst wenn das Eröffnungsspektrum des Gegners tighter und sein Spektrum für einen Call größer ist, wäre das All-In immer noch kostendeckend oder im schlimmsten Fall leicht –EV. Allgemein macht es mir nichts aus, solange ich einen großen Stack habe, eine etwas grenzwertige Zockerei mit Fold Equity zu betreiben.

Strategisch könnte man argumentieren, dass dieses All-In nicht klug ist. Erstens: aus einer mathematischen Perspektive könnte das Eröffnungsspektrum von Spieler 5 viel tighter sein, wenn man seine kleinere Stackgröße und mein aggressives Image berücksichtigt. Noch wichtiger ist, ungeachtet der

Mathematik dieser einzelnen Hand, dass ich bei einer Niederlage den Stack des einzigen wirklich guten Spielers am Tisch verdopple, und mein eigener Stack von Platz 1 auf Platz 4 am Tisch schrumpft – und das mit zwei Spielern mit großen Stacks zu meiner Linken. Ich würde einiges an meinen derzeitigen Druckmitteln verlieren, die es mir erlauben, ungestraft Pots zu stehlen.

Andererseits werde ich bei einem Sieg den Tisch während der verbleibenden Bubble in noch größerem Umfang dominieren können, da ich dann bewiesen habe, keine Skrupel zu haben, all meine Chips in den Pot zu bringen. Künftig würden meine Gegner noch widerwilliger meine Blinds raisen, was mir später erlauben könnte, weitere Chips ohne Gegenwehr einzusammeln.

Ich reraise auf 80.000 und setze beide Spieler All-In. Spieler 5 callt mit AJo und Spieler 6 foldet. Mein Q♦T♠ trifft auf dem River eine Zehn, ich gewinne einen Pot von 119.968 und eliminiere Spieler 5.

Hand 146

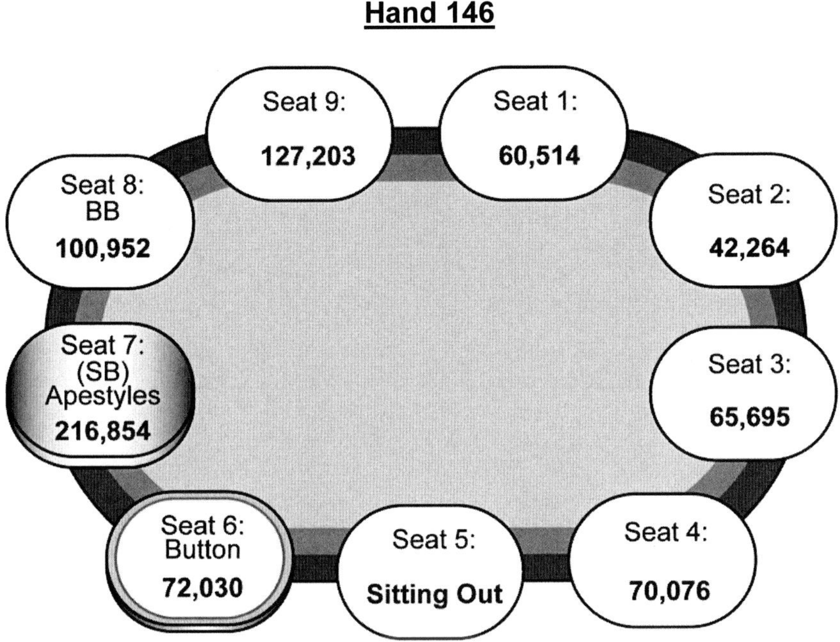

Die Blinds sind bei 1.200/2.400 mit einem Ante von 120.

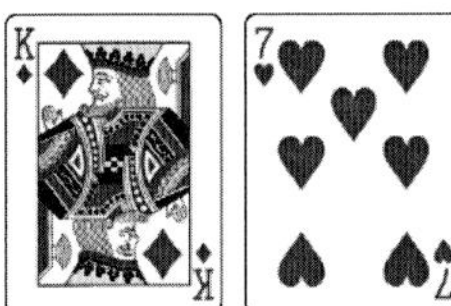

Vor dem Flop (4.680): In der vorigen Hand hatte ich extremes Glück, einen Suckout zu landen und bin mir bewusst, dass sich mein Image verschlechtert hat. Alle folden zu mir im Small Blind. Trotz meines Images werde ich weiter Druck auf meine Gegner ausüben. Ich raise drei Big Blinds auf 7.200. Spieler 8 reraist auf insgesamt 21.600 und hat noch rund 80.000 übrig. Meine einzigen Alternativen sind ein Fold oder ein Re-Reraise All-In.

Lassen Sie uns die Gründe für einen Re-Reraise auswerten: 1.) Ich befinde mich in einer Blind-gegen-Blind Situation, in der es alltäglich ist zu versuchen, den Big Blind zu stehlen oder meinen Big Blind vor Steals zu verteidigen. 2.) Ich bin extrem aggressiv gewesen und wurde gerade bei einem sehr großen Bluff erwischt, was es sehr wahrscheinlich macht, dass mein Gegner sich auch ohne starke Hand wehrt. 3.) Selbst wenn ich offensichtlich aggressiv bin, erwecke ich nicht notwendigerweise den Eindruck eines Verrückten oder über alle Maßen rücksichtslosen Spielers. 4.) Wir sind immer noch an der Bubble und Amateure werden sich unwohl fühlen, direkt vor einer garantierten Auszahlung von 2.000 $ das Ausscheiden zu riskieren.

Ich wurde gerade in einem sehr großen Pot beim Stehlen erwischt, danach würden meine Gegner für gewöhnlich von mir erwarten, einen Gang herunter zu schalten, und für eine Weile keinen weiteren, großen Re-Steal begehen. Mit diesen Erwartungen hätte mein Gegner angesichts eines All-In Re-Reraises definitiv Grund genug zu fürchten, ich könnte nun eine echte Hand haben.

Als Faustregel hat man bei einem All-In Re-Reraise in einem Heads-Up Pot grundsätzlich Fold Equity, wenn der Gegner vor dem Flop nur ein Viertel oder weniger seiner Chips investiert hat. Versuchen Sie keinen Re-Reraise mit schwachen Händen, wenn der Gegner ein Drittel oder mehr seiner Chips investiert hat, da er mindestens 2-zu-1 Odds zum Callen bekommen wird. Kleine Tricks wie dieser beschleunigen das Treffen von Entscheidungen und unterstützen ihre Fähigkeiten beim Spiel an mehreren Tischen erheblich.

Lassen Sie uns zu Demonstrationszwecken auf die Mathematik der Situation blicken: Vor meinem All-In sind 29.760 im Pot. Mein Gegner hat noch 79.352 Chips in seinem Stack um 123.512 zu gewinnen (29.760 + 93.752). Dies gibt ihm Pot Odds von nur rund 1,5-zu-1, was mir eine Menge Fold Equity bietet.

Ich gehe über das Raise von Spieler 8 All-In, und er foldet nach kurzem Zögern.

Hand 147

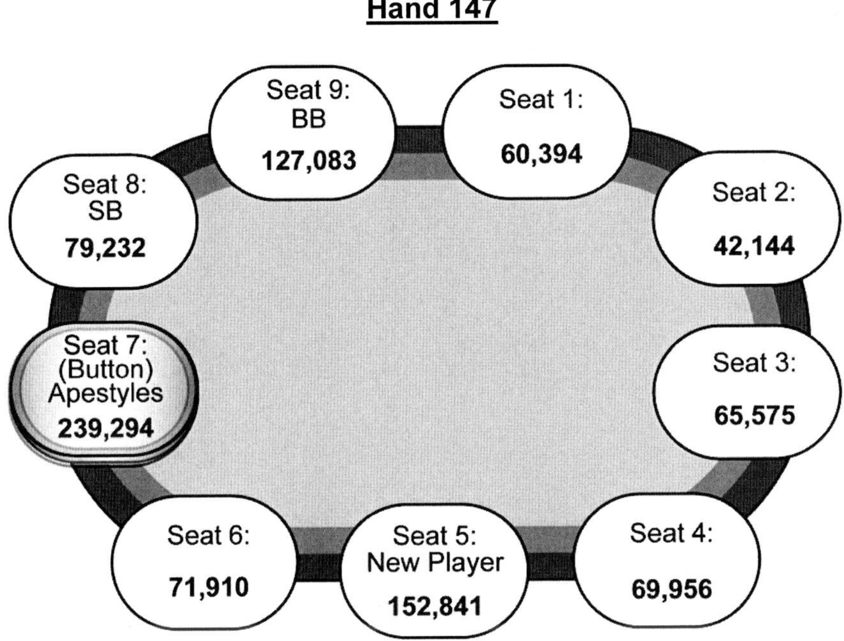

Die Blinds sind bei 1.200/2.400 mit einem Ante von 120.

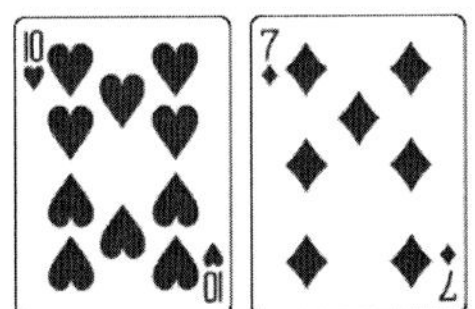

Vor dem Flop (4.680): Beachten Sie, dass ein neuer Spieler auf Platz 5 sitzt. Spieler 6 raist auf 9.600 vom Cut-Off aus. Obwohl ich gerne aggressiv gegen Raises aus später Position vorgehe, bin ich extrem aktiv gewesen und das letzte Mal, als Spieler 6 auf vier Big Blinds raiste, hatte er QQ. Ich folde.

Hand 148

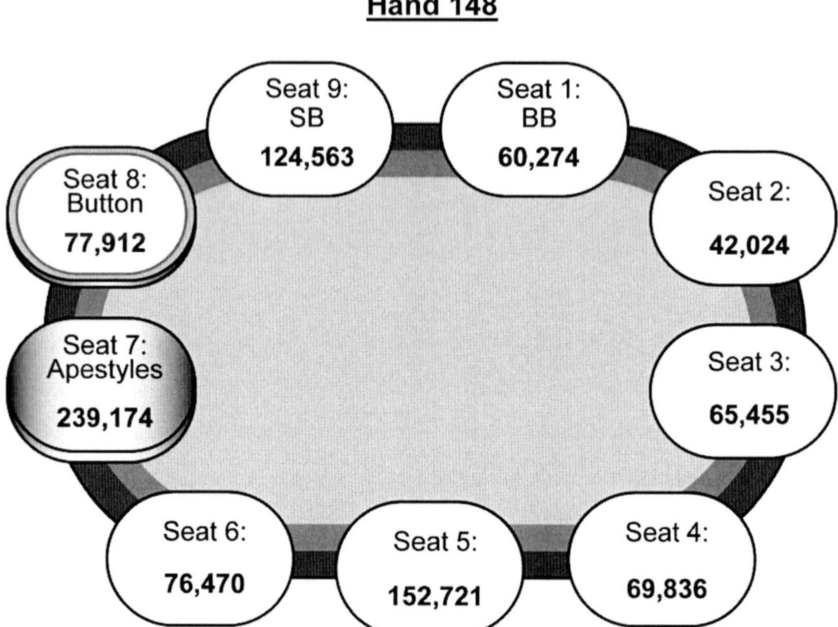

Die Blinds sind bei 1.200/2.400 mit einem Ante von 120.

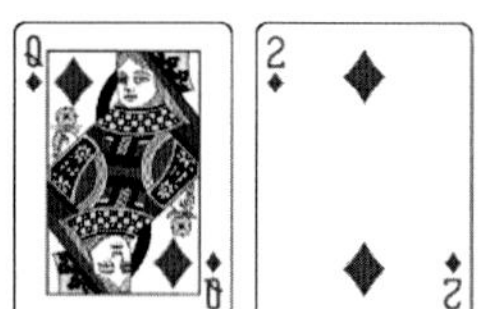

Vor dem Flop (4.680): Alle folden zu Spieler 6, der das Minimum auf 4.800 raist. Gewöhnlich wäre ich hier versucht, zu reraisen, da Spieler 6 eine Tendenz gezeigt hat, mit seinen starken Händen hohe Beträge zu raisen. Spieler 6 hat sich auch dazu bekannt, ein Qualifikationsturnier gewonnen zu haben und ich habe bei ihm viele schwache und ängstliche Spielweisen beobachtet. Allerdings ist mein Image im Augenblick angeschlagen und ich muss mir etwas Zeit nehmen, um meine Glaubwürdigkeit wieder aufzubauen. Ich folde.

Hand 149

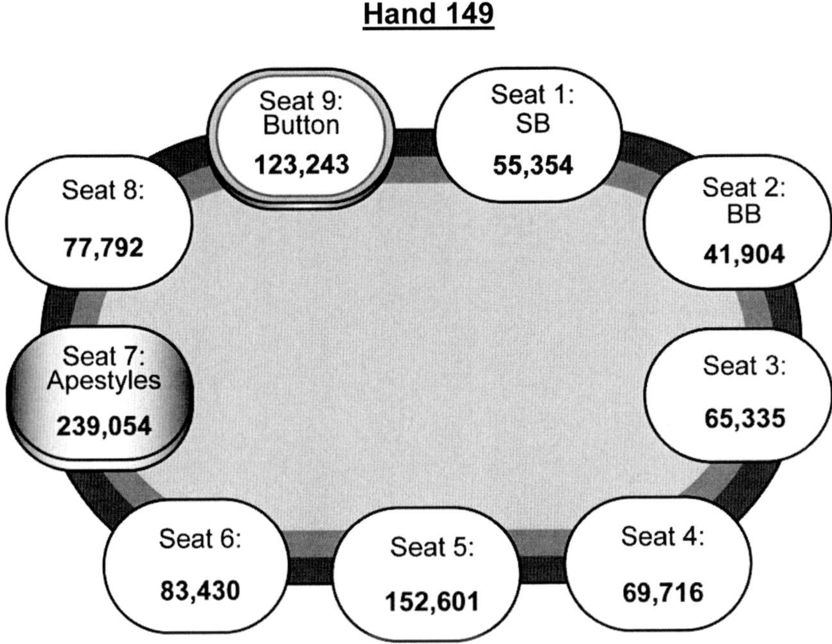

Die Blinds sind bei 1.200/2.400 mit einem Ante von 120.

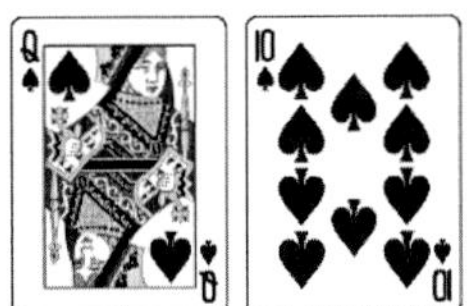

Vor dem Flop (4.680): Alle folden zu mir und ich mache meinen Standard-Raise auf 6.100. Spieler 9 callt auf dem Button.

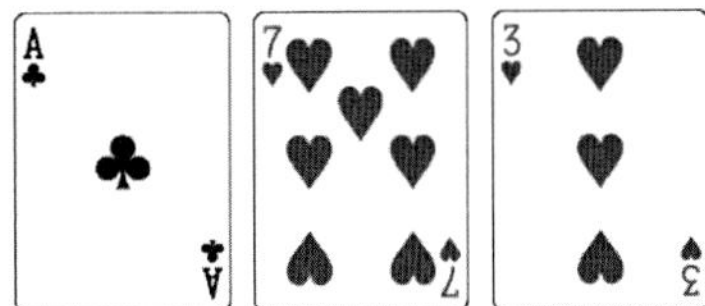

Flop (16.880): Dies ist ein recht trockener Flop und ich werde mit Sicherheit eine Continuation Bet setzen, da der Großteil seines Spektrums für einen Call den Flop verpasst hat. Ich biete 9.050, und Spieler 9 foldet schnell.

Ich gewinne einen weiteren Pot ohne Showdown für 16.880.

Hand 150

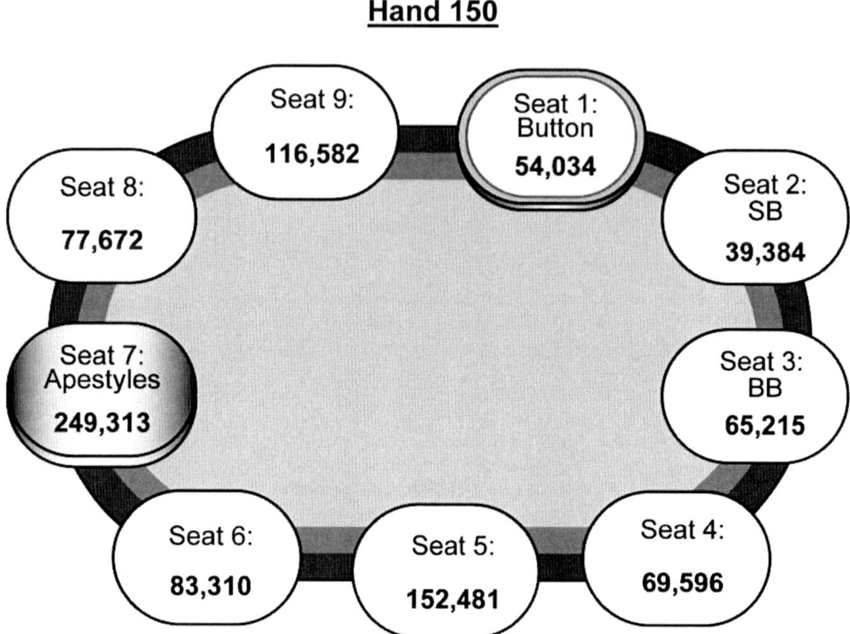

Die Blinds *erhöhen* sich auf 1.600/3.200 mit einem Ante von 160.

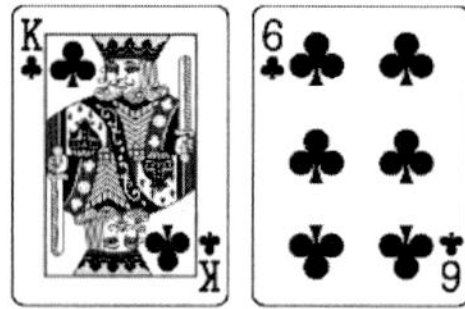

Vor dem Flop (6.240): Die Blinds sind gestiegen und von nun an werden vor dem Flop 6.240 an Chips im Pot sein. Alle anderen folden zu mir, und da ich in letzter Zeit sehr aktiv gewesen bin und meine Hand wertlos ist, entscheide ich mich für einen Fold.

Hand 151

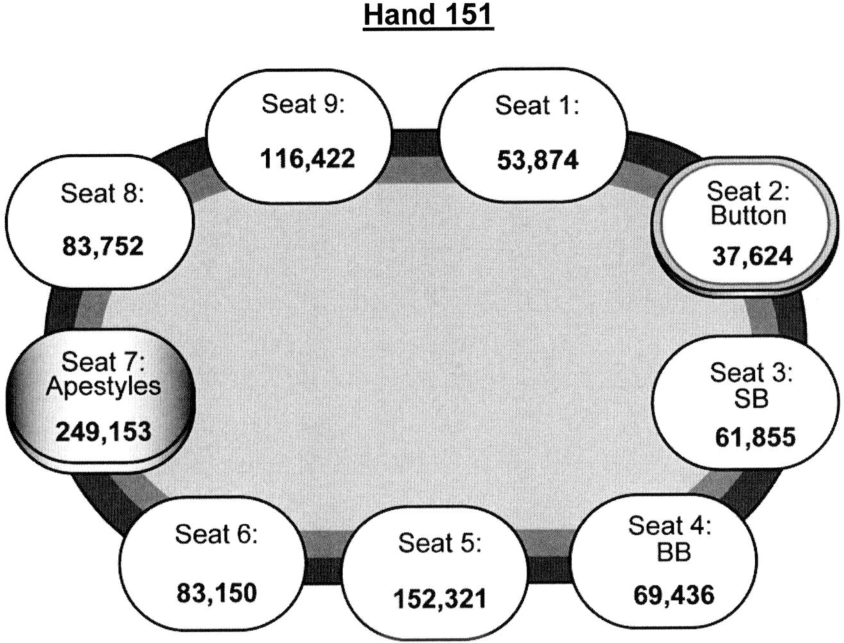

Die Blinds sind bei 1.600/3.200 mit einem Ante von 160.

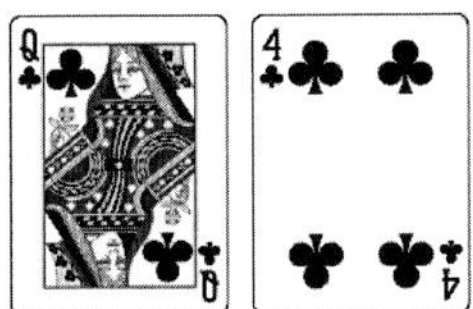

Vor dem Flop (6.240): Spieler 5, ein bekannter, professioneller High-Stakes Cashgame Spieler, raist aus erster Position den dreifachen Big Blind auf 9.600. Er hat einen großen Stack, und ich bin nicht erfreut, dass er einige Hände zuvor an meinen Tisch gesetzt wurde. Er weiß, wie er sich gegen meine Aggressivität wehren kann, und ich erwarte von ihm, dass er es auch tun wird. Unabhängig davon ist dies ein einfacher Fold gegen jeden, der aus erster Position raist. Ich folde.

Hand 152

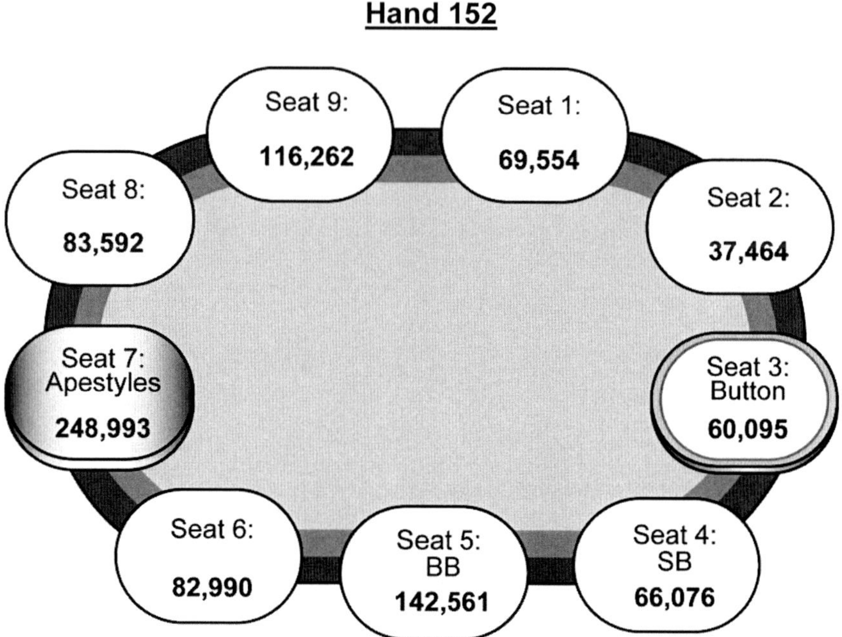

Die Blinds sind bei 1.600/3.200 mit einem Ante von 160.

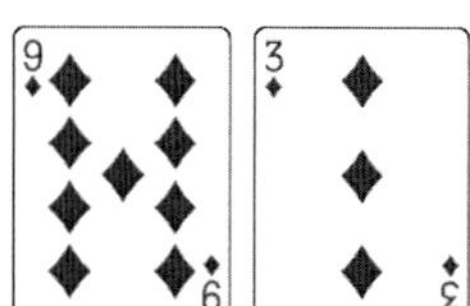

Vor dem Flop (6.240): Dies ist fast immer ein Fold, aber da ich eine Zeitlang recht ruhig gewesen bin, entscheide ich mich, einen unerwarteten Steal aus früher Position einzustreuen. Manchmal mache ich verrückte und zufällige Dinge, um meine Spielweise aufzulockern. Ich entscheide mich für einen kleinen und ungeraden Raise auf 7.373. Viele Spieler werden dies als stark interpretieren, und meist bin ich wirklich stark, wenn ich aus früher Position einen niedrigen Raise bringe. Objektiv betrachtet ist dies einer meiner schlechtesten Raises auf dieser Bubble, aber andererseits werde ich mit einer so schlechten Hand nicht in viele Problemsituationen geraten.

Ich raise auf 7.373, und Spieler 3 geht für 59.935 All-In. Ich folde und fühle mich wie ein Esel.

Hand 153

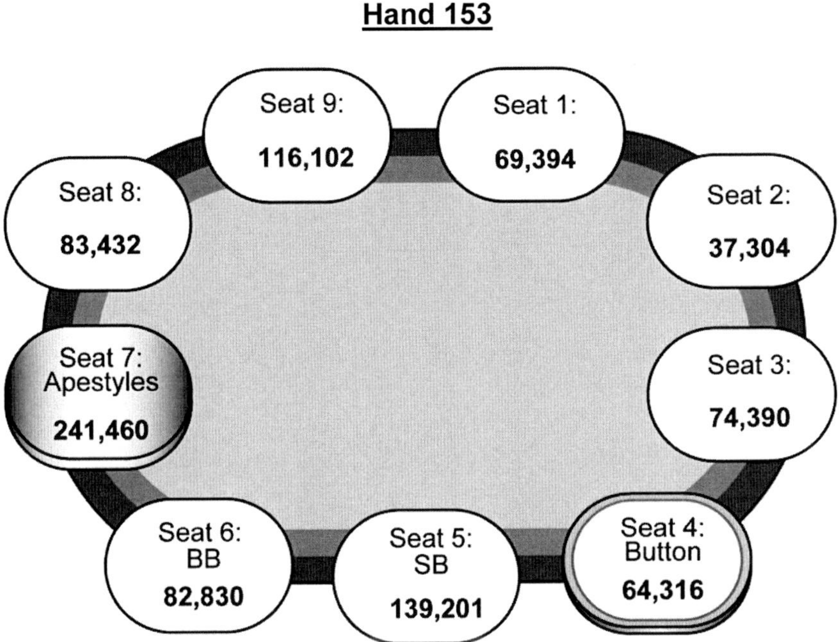

Die Blinds sind bei 1.600/3.200 mit einem Ante von 160.

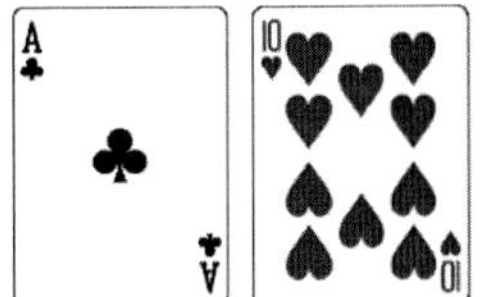

Vor dem Flop (6.240): AT ist nicht die beste Hand der Welt, aber verglichen mit anderen Händen, die ich auf der Bubble gespielt habe, ist sie recht anständig. Es ist eine grenzwertige Spielweise, aber angesichts der Bubble und dem Hang meiner Gegner, Konfrontationen zu meiden, entscheide ich mich für einen Raise auf 7.373, dieselbe Summe wie beim letzten Mal. Viele Spieler tendieren dazu, tighter zu spielen, nachdem sie All-In gesetzt wurden, und dies erwarten auch meine Gegner nach der letzten Hand von mir. Stattdessen raise ich hier erneut, um diese verbreitete Psychologie auszunutzen.

Ich raise auf 7.373, und alle anderen folden. Ich sammle 6.240 aus dem Pot ein.

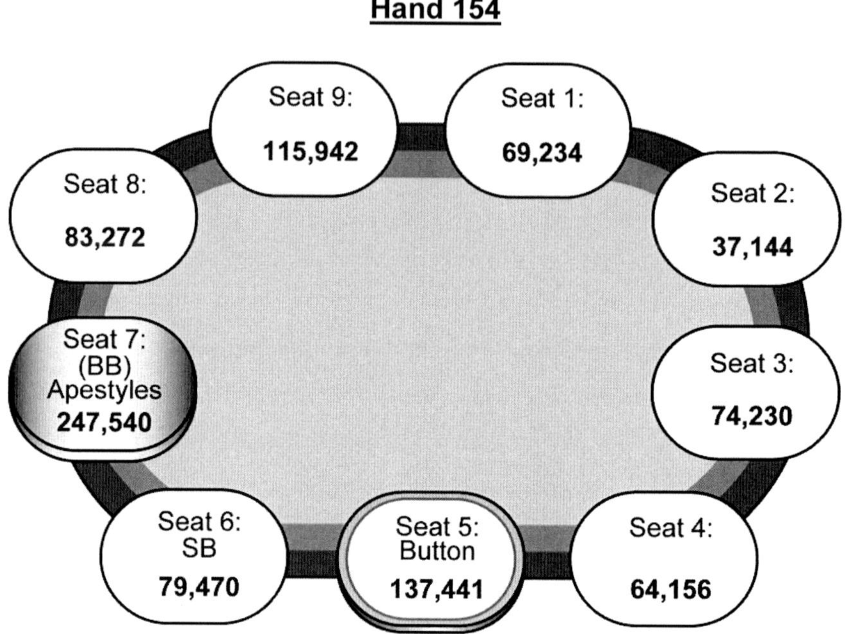

Die Blinds sind bei 1.600/3.200 mit einem Ante von 160.

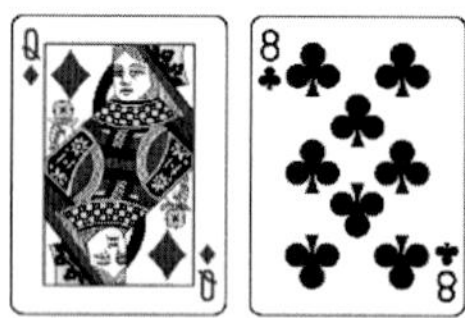

Vor dem Flop (6.240): Spieler 8 raist aus UTG auf 7.777, und alle anderen folden zu mir. Abermals gibt es absolut keinen Grund und keine Beobachtungen, die mit einer wertlosen Hand ohne Position einen Reraise gegen einen Spieler aus erster Position rechtfertigen könnten.

Ich folde.

Hand 155

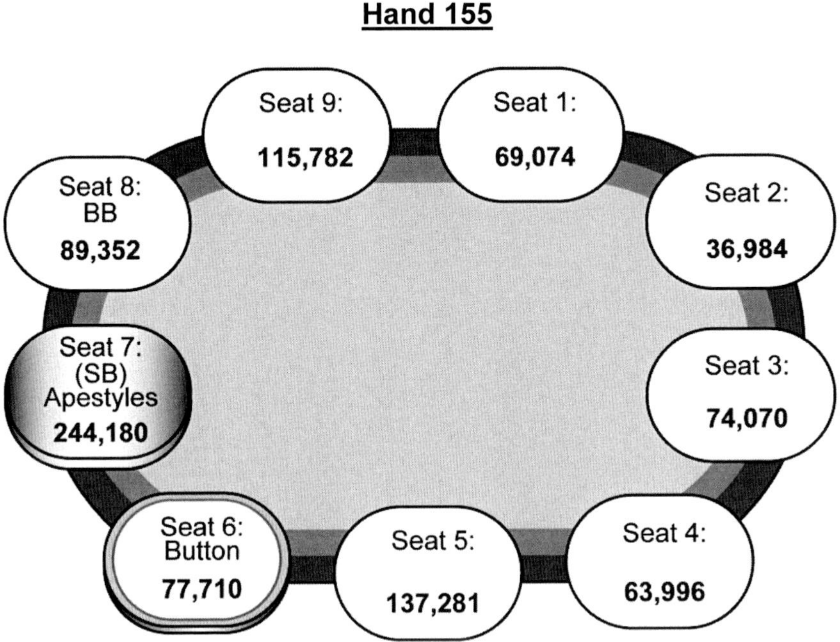

Die Blinds sind bei 1.600/3.200 mit einem Ante von 160.

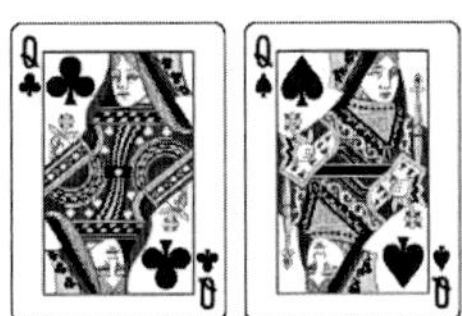

Vor dem Flop (6.240): Spieler 2 war während der gesamten Dauer der Bubble inaktiv und raist nun das Minimum auf 6.400. Spieler 6 reraist auf 22.400. Ein Minimum-Raise eines Small Stacks ist häufig ein Zeichen von Stärke, aber da wir auf der Bubble sind, könnte es sich ebenso gut um einen schwachen Spieler bei einem Stehlversuch handeln. Außerdem hat Spieler 2 nur noch rund 12 Big Blinds in seinem Stack, also werde ich offensichtlich ungeachtet seiner unklaren Handstärke mit Damen meine Chips gegen ihn einbringen. Spieler 6 ist nicht zu aktiv gewesen, aber er wird hier höchstwahrscheinlich 88+ und AQ+ in seinem Handspektrum haben und davon ausgehen, damit vor Spieler 2 zu liegen. Ein All-In von mir wird er wahrscheinlich mit TT+ und AK callen. Meine Damen liegen gegen dieses Spektrum vorne, also gehe ich For Value All-In.

Ich re-reraise All-In mit Q♣Q♠, und beide Spieler folden. Ich gewinne den Pot von 55.840.

Hand 156

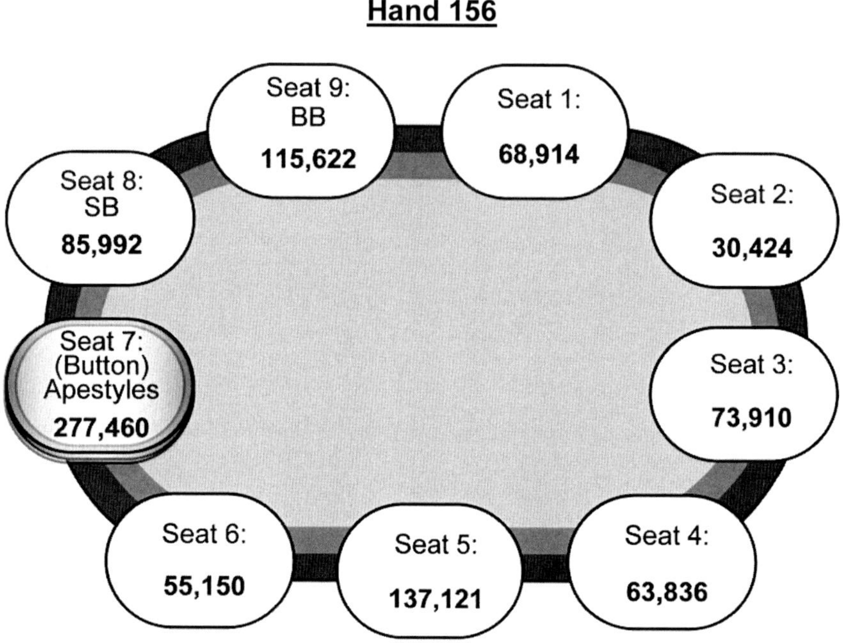

Die Blinds sind bei 1.600/3.200 mit einem Ante von 160.

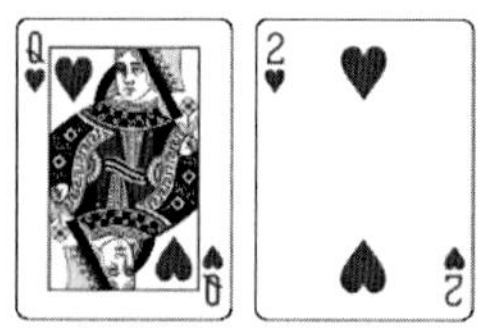

Vor dem Flop (6.240): Spieler 6 raist auf 9.600. Ich habe gerade einen großen Pot gewonnen und halte dies für einen guten Zeitpunkt für einige Folds, bevor ich erneut Steals abfeuern werde. Ich folde.

Hand 157

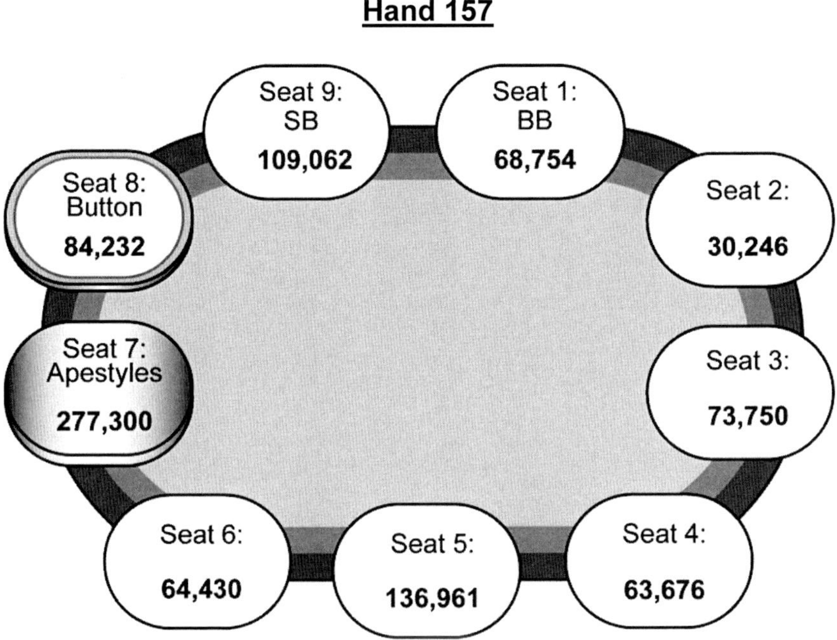

Die Blinds sind bei 1.600/3.200 mit einem Ante von 160.

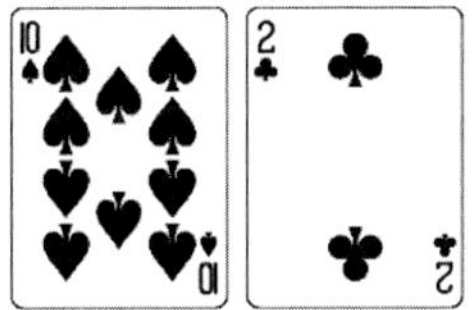

Vor dem Flop (6.240): Spieler 5, der starke Profi, raist auf 9.600. Ich bin nicht wirklich scharf darauf, mich mit Spielern anzulegen, die zu starker Gegenwehr in der Lage sind, besonders nicht mit T2o. Ich folde.

Hand 158

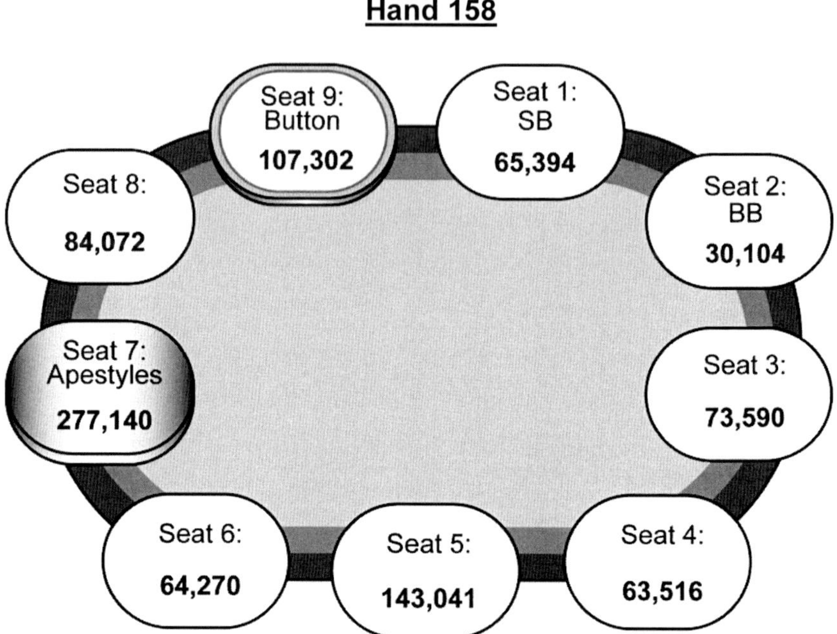

Die Blinds sind bei 1.600/3.200 mit einem Ante von 160.

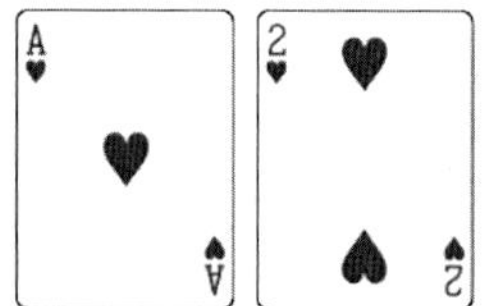

Vor dem Flop (6.240): Alle folden zu mir, und ich raise auf 8.134. Am liebsten würde ich den Pot einfach direkt gewinnen, aber wegen der guten Pot Odds beabsichtige ich, ein All-In des Big Blinds zu callen. Die Spieler im Cut-Off und im Button werden in dieser Situation wahrscheinlich eine anständige Hand für einen Re-Steal brauchen, da sie nach jedem Raise Pot-Committed wären. Nur der Small Blind callt ohne Position meinen Raise.

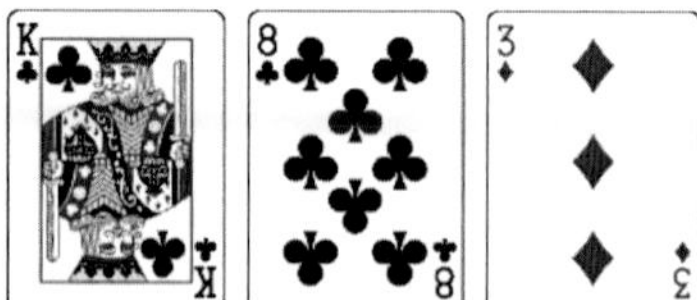

Flop (20.098): Ein unkoordinierter Flop mit einer hohen Karte und einem Flush Draw ist ein guter Flop für eine Continuation Bet, da in seinem Handspektrum für den Call vor dem Flop nur wenige Kx-Hände sind. Gegen einen guten Spieler könnte ich misstrauisch bei einem bloßen Call ohne Position mit einem Stack von 20 Big Blinds sein. Mit einem Stack dieser Größe ist es fast immer schlecht, vor dem Flop lediglich zu callen, sofern man keine Falle mit einem hohen Paar stellt, oder plant, mit viel Fold Equity auf diversen Flops All-In zu check-raisen, egal, ob man getroffen hat oder nicht. Es gibt keinen Grund, diesen Spieler für so raffiniert zu halten, und ich werde den Pot wahrscheinlich wie gewohnt mit einer Continuation Bet gewinnen. Da mein Gegner den Flop höchstwahrscheinlich verpasst hat und auf einige Bets folden wird, denke ich, dass ein Gebot von halber Potgröße respekteinflößend genug sein sollte, um mein Ziel zu erreichen. Beachten Sie, dass hier angesichts der Stackgrößen auch eine niedrigere Bet von weniger als halber Potgröße akzeptabel ist. Tatsächlich zwingt jedes Gebot Spieler 1, um seinen gesamten Stack zu spielen. Jedoch möchte ich vermeiden, durch eine zu niedrige Bet einen Bluff mit einem Check-Raise zu provozieren.

Ich biete 12.503, etwas mehr als halbe Potgröße, und Spieler 1 foldet.

Hand 159

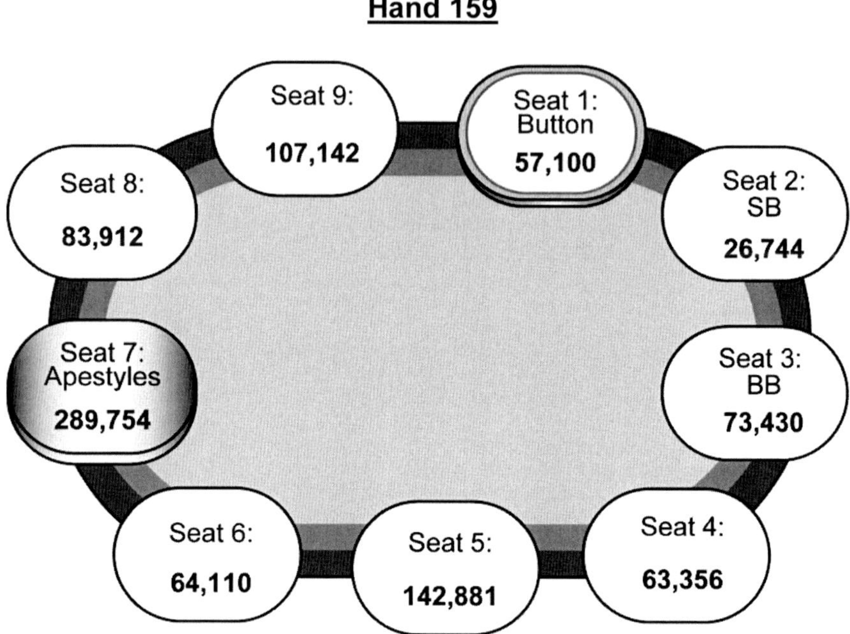

Die Blinds sind bei 1.600/3.200 mit einem Ante von 160.

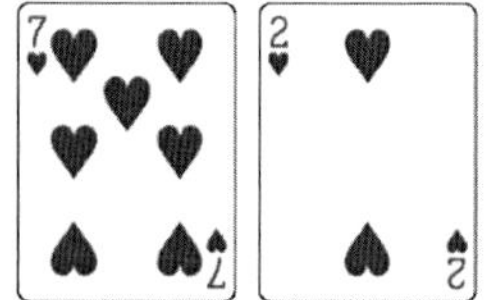

Vor dem Flop (6.240): Ich war in der letzten Hand aktiv, und wäre nach einem Steal-Raise gezwungen, ein mögliches All-In des Button zu callen. Ich folde.

Hand 160

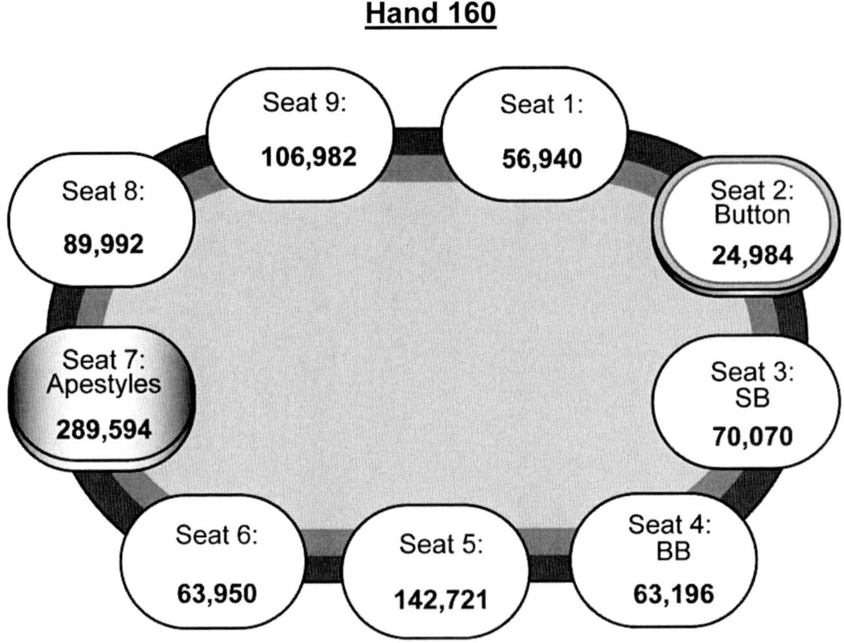

Die Blinds sind bei 1.600/3.200 mit einem Ante von 160.

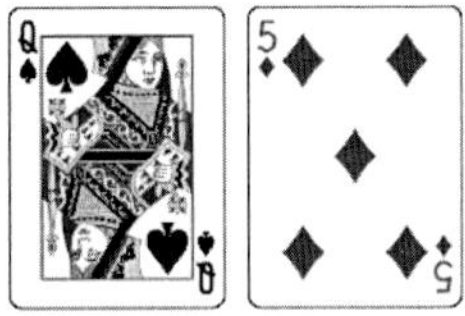

Vor dem Flop (6.240): Ich habe eine wertlose Hand, und viele Spieler nach mir haben mit rund 15 bis 25 Big Blinds perfekte Stackgrößen für einen Re-Steal. Ich folde.

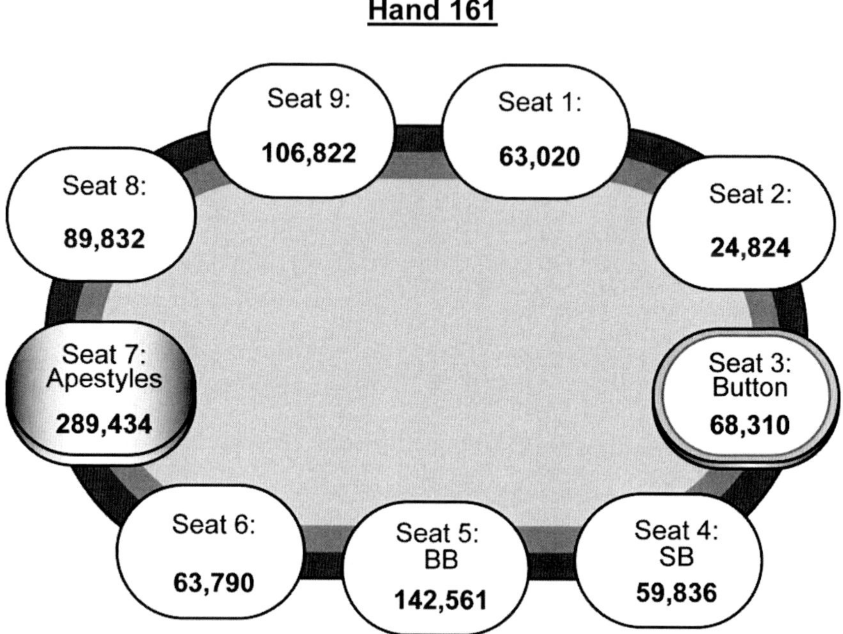

Die Blinds sind bei 1.600/3.200 mit einem Ante von 160.

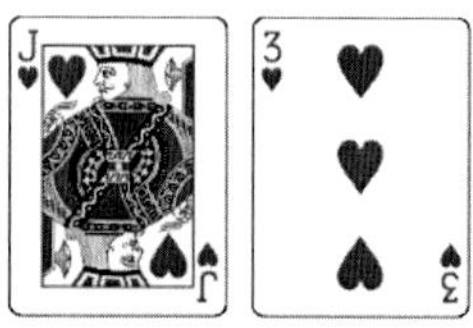

Vor dem Flop (6.240): Es ist schmerzhaft, so viel zu folden, besonders wenn man den Stack berücksichtigt, den ich angehäuft habe, aber J3s ist einfach furchtbar. Ich bin außerdem in früher Position und die Tischdynamik hat sich aufgrund der größeren Blinds geändert. Ich folde.

Hand 162

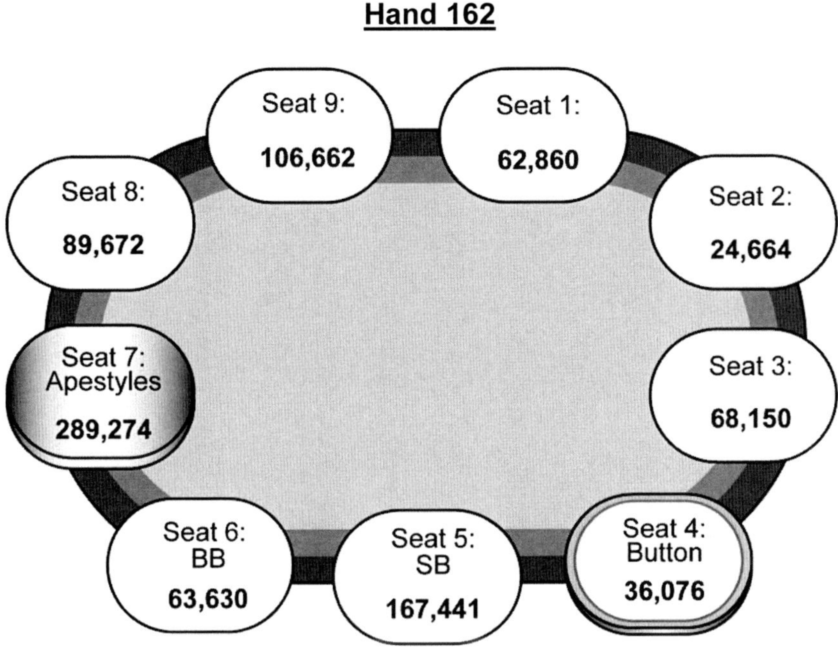

Die Blinds sind bei 1.600/3.200 mit einem Ante von 160.

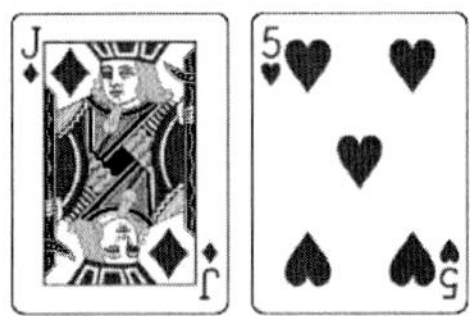

Vor dem Flop (6.240): Es gelten dieselben Faktoren wie in der vorherigen Hand. Ich folde. Spieler 3 befördert Spieler 4 aus dem Turnier und vergrößert seinen Stack auf mehr als 100.000.

Hand 163

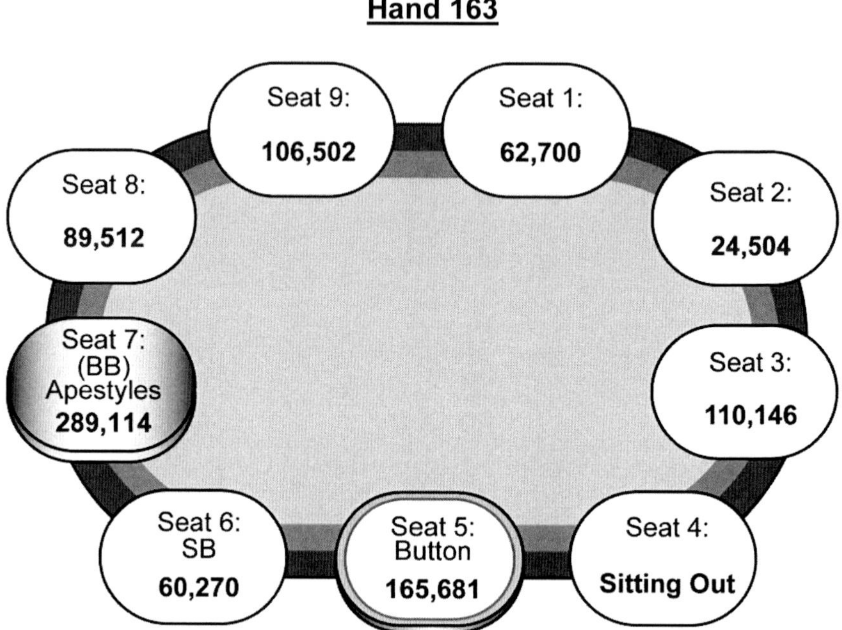

Die Blinds sind bei 1.600/3.200 mit einem Ante von 160.

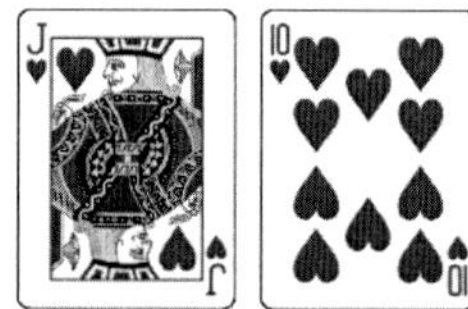

Vor dem Flop (6.080): Es wird zum Small Blind gefoldet, und er foldet auch zu mir. Ein weiterer Vorteil eines großen Stacks und eines aggressiven Images ist, dass ich mehr Pots geschenkt bekomme (wenn der Small Blind lieber foldet als zu versuchen, meinen Big Blind zu stehlen). Mein früheres All-In mit QT könnte mir in dieser speziellen Hand geholfen haben.

Hand 164

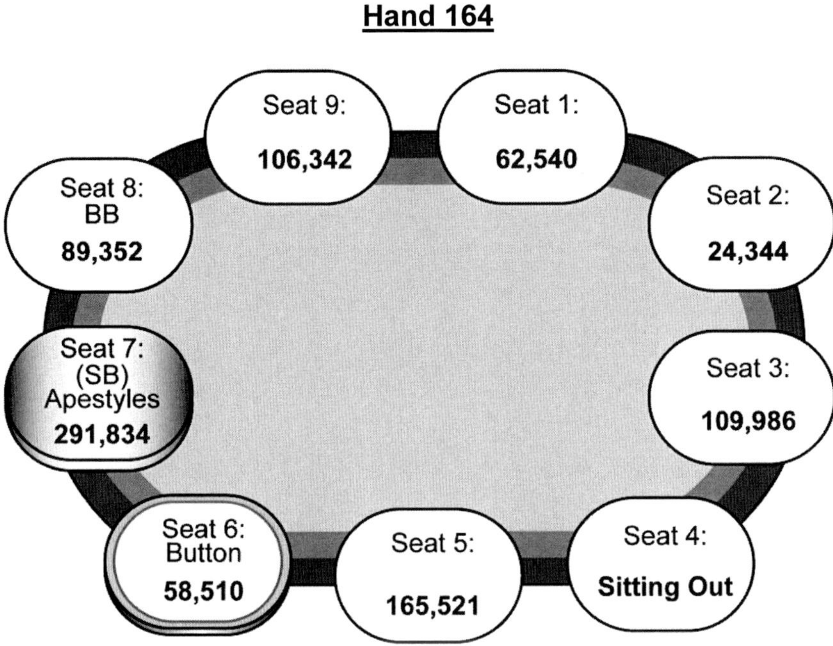

Die Blinds sind bei 1.600/3.200 mit einem Ante von 160.

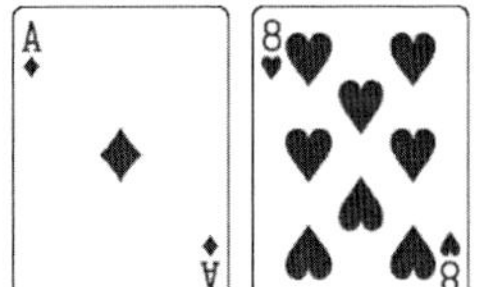

Vor dem Flop (6.240): Alle folden zu Spieler 5, der auf 9.600 raist. Dieser spezielle Spieler spielt in Cashgames mit sehr hohen Einsätzen und gewinnt oder verliert täglich Hunderttausende, daher kann ich nicht die Furcht ausnutzen, die viele Qualifikanten verspüren. Außerdem habe ich nur wenig Aktivität und keinerlei Steals von ihm bemerkt, daher wird er wahrscheinlich bereit sein, im Falle eines Reraises seinen Stack zu riskieren. Ich folde.

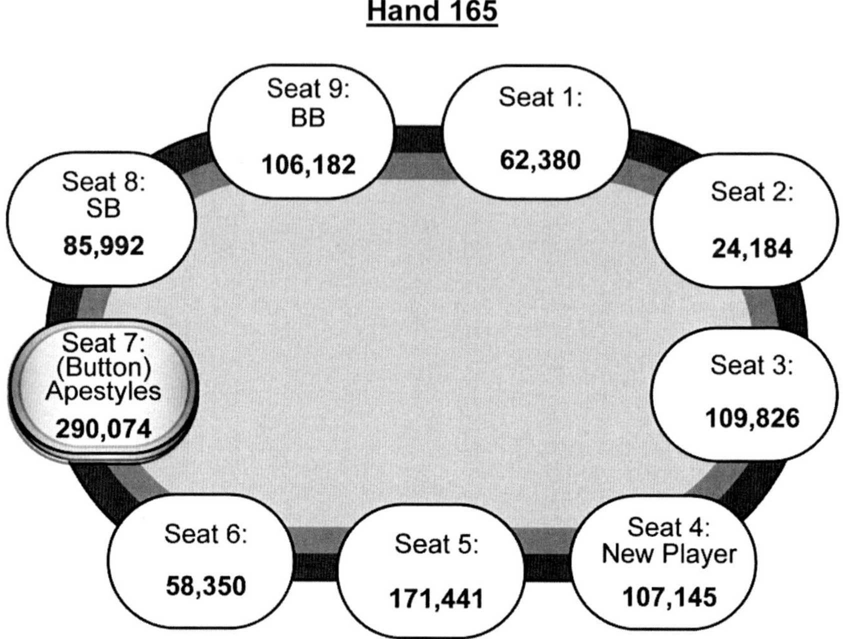

Die Blinds sind bei 1.600/3.200 mit einem Ante von 160.

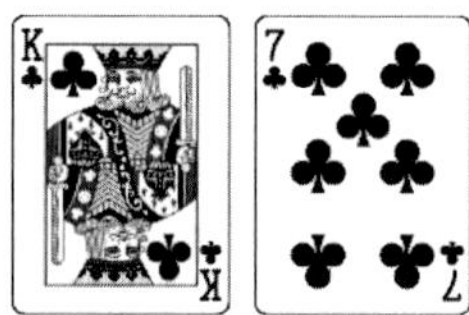

Vor dem Flop (6.240): Ich habe eine Zeitlang nicht mehr mit Raises eröffnet, und brenne darauf, es wieder zu tun. Alle folden zu mir, ich raise auf 7.999, und beide Spieler nach mir folden. Ich folde diese Hand fast nie am Button auf der Bubble, besonders weil beide Stacks nach mir zu groß für ein All-In mit schwachen Händen sind.

Hand 166

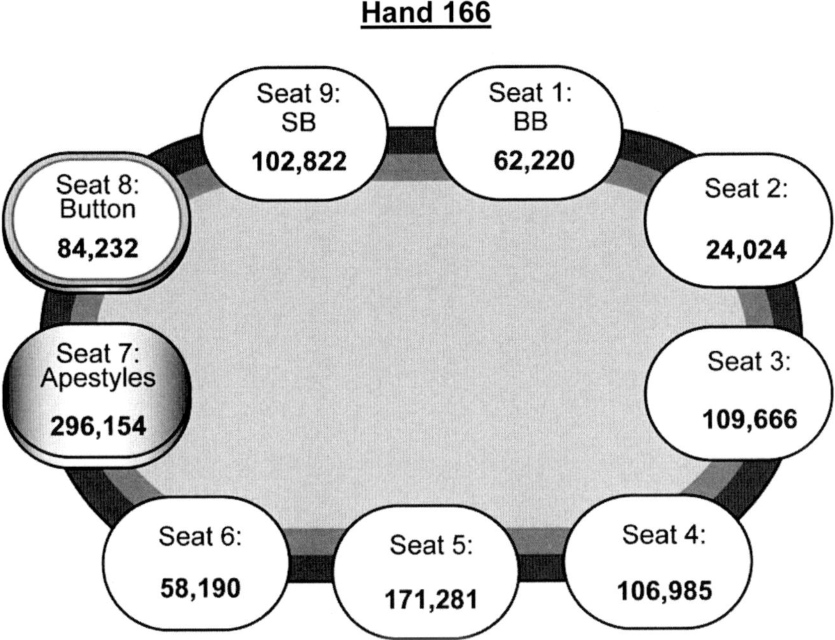

Die Blinds sind bei 1.600/3.200 mit einem Ante von 160.

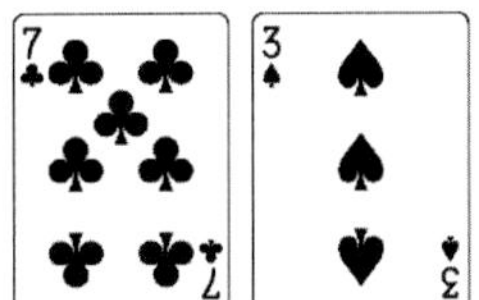

Vor dem Flop (6.240): Spieler 6 raist erneut vom Hijack das Minimum. Es ist sehr verlockend, sogar mit dieser Hand zu reraisen, da ich mittlerweile weiß, dass hinter seinem Minimum-Raise generell keine starke Hand steht. Aber nach einem Reraise könnte ich gezwungen sein, ein All-In zu callen. Dies erweist sich jedoch als Fehlberechnung. Bedenkt man, wie schlecht 73o ist und dass ich selbst bei etwas besseren Odds als 2-zu-1 keinen Call rechtfertigen könnte, dann könnte ich hier reraisen und auf ein All-In folden. Ungeachtet dessen wäre ein Reraise ziemlich grenzwertig und wahrscheinlich kopflos. Ich folde.

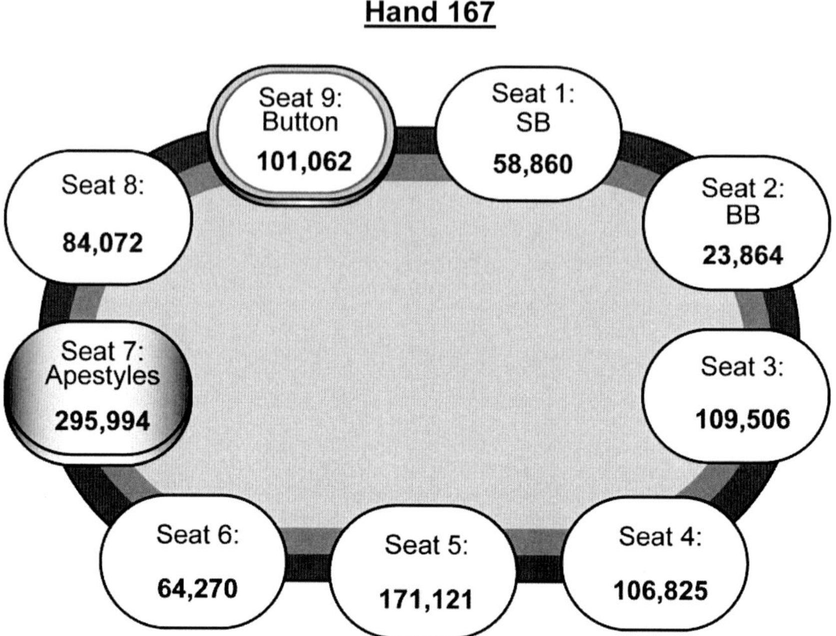

Die Blinds sind bei 1.600/3.200 mit einem Ante von 160.

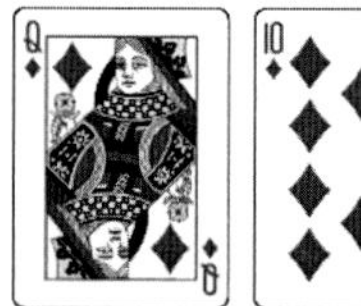

Vor dem Flop (6.240): Spieler 5, der bisher stärkste Spieler am Tisch, der obendrein den nach mir zweitgrößten Stack am Tisch hat, raist das Minimum auf 6.400. Ich habe bereits oben erwähnt, dass ich diesem Spieler lieber aus dem Weg gehen möchte, aber irgendwann muss ich meine Vorherrschaft durchsetzen. Ich beschließe, dass die Situation sich aus mehreren Gründen für einen Reraise eignet. Erstens habe ich Position mit einer Hand, die den Flop gut trifft. Zweitens sieht ein Raise aus dem Hijack wesentlich weniger nach einem Steal aus, als vom Button, Small Blind oder Big Blind. Mit weiteren Spielern nach mir ist diese Spielweise grundsätzlich riskanter als aus einer späteren Position, und konsequenterweise wird sie von meinen Gegnern stärker wahrgenommen.

Ich raise weitere 8.600 auf exakt 15.000. Dieser Reraise ist aus einigen speziellen Gründen viel niedriger als mein gewöhnlicher Reraise auf das

Dreifache der Bet. Wenn ich um 12.600 auf 19.000 erhöhe und der Big Blind für weitere 4.864 All-In geht, dann hätte Spieler 5 die Option, entweder zu reraisen oder zu callen. Entscheidet er sich aber für einen Call, dürfte ich wegen der Regeln für Bets und Raises lediglich callen. Dies liegt daran, dass Spieler 2 – in diesem Szenario – keinen vollständigen Raise mehr bringen kann. Manchmal wird so etwas als „toter Raise“ bezeichnet. Indem ich nun nur 8.600 auf 15.000 reraise, werde ich nach einem möglichen All-In von Spieler 2 für weitere 8.864 und einem Call von Spieler 5 noch immer callen oder zum Isolieren raisen können. Der niedrigere Raise dient auch dazu, nach einem All-In von Spieler 1 nicht Pot-Committed zu sein, da ich gegen sein sehr tightes Handspektrum Odds von weniger als 2-zu-1 bekommen würde.

Ich reraise auf 15.000, und alle anderen folden.

Hand 168

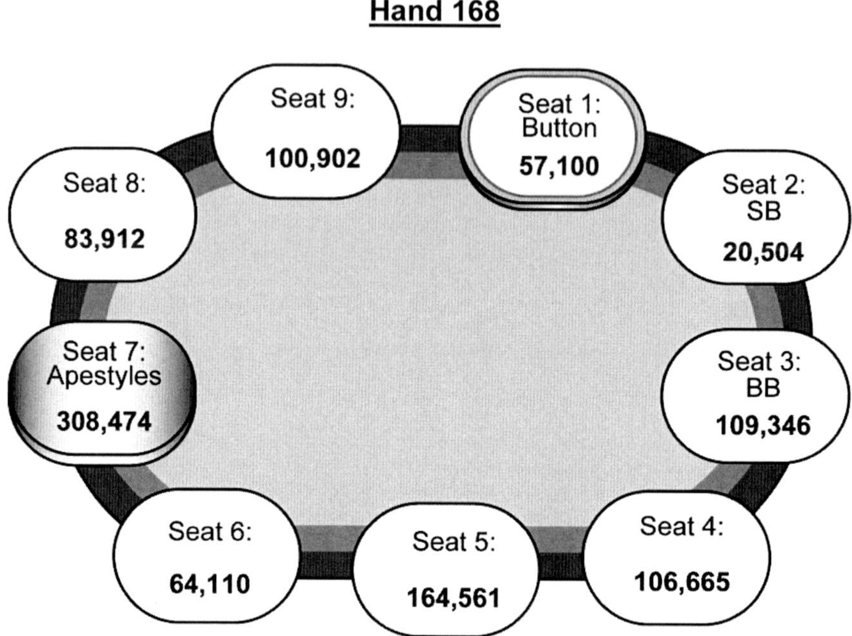

Die Blinds sind bei 1.600/3.200 mit einem Ante von 160.

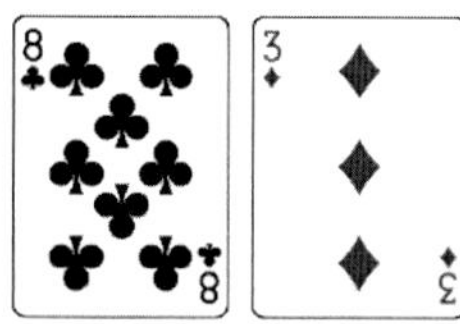

Vor dem Flop (6.240): Spieler 5 raist erneut. Ich nehme an, dass er wie ich auf der Bubble aggressiv ist, um Chips einzusammeln, und es sind nur noch zwei Spieler übrig, bis die Bubble platzt. Ich hasse, dass er hier ist, aber mit 83o kann ich mich nicht wehren. Ich folde.

Hand 169

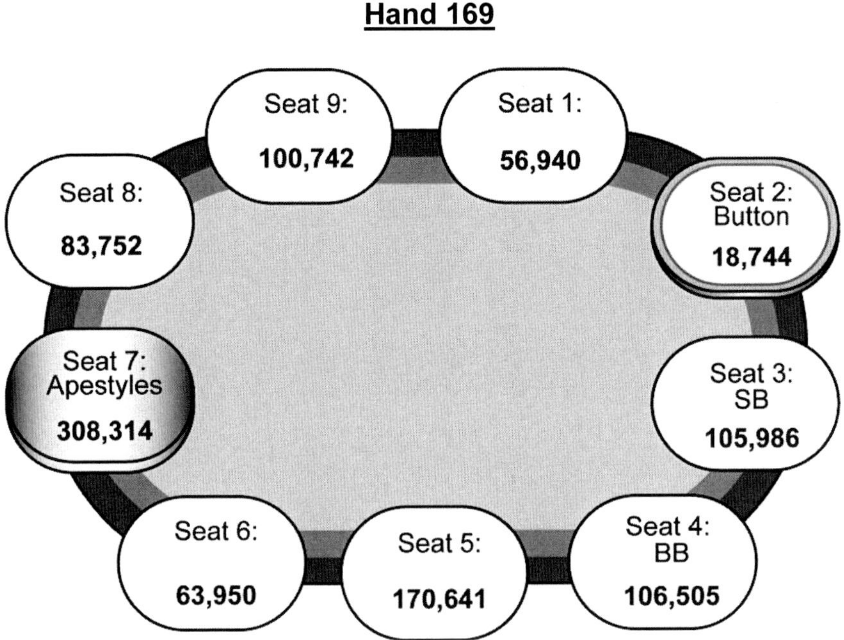

Die Blinds sind bei 1.600/3.200 mit einem Ante von 160.

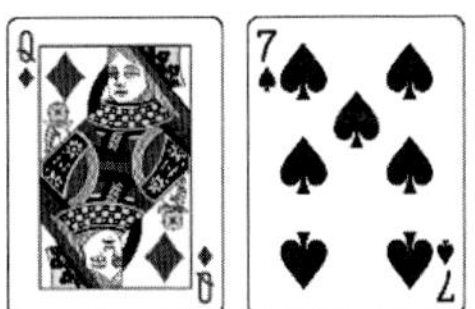

Vor dem Flop (6.240): Spieler 5, der aggressive Profi, raist erneut. Und obwohl ich weiß, was er vorhat, wäre es wieder einfach zu kopflos, aus mittlerer Position mit Q7o zu reraisen. Wir werden uns die Position des Chefs am Tisch teilen müssen. Ich folde.

Hand 170

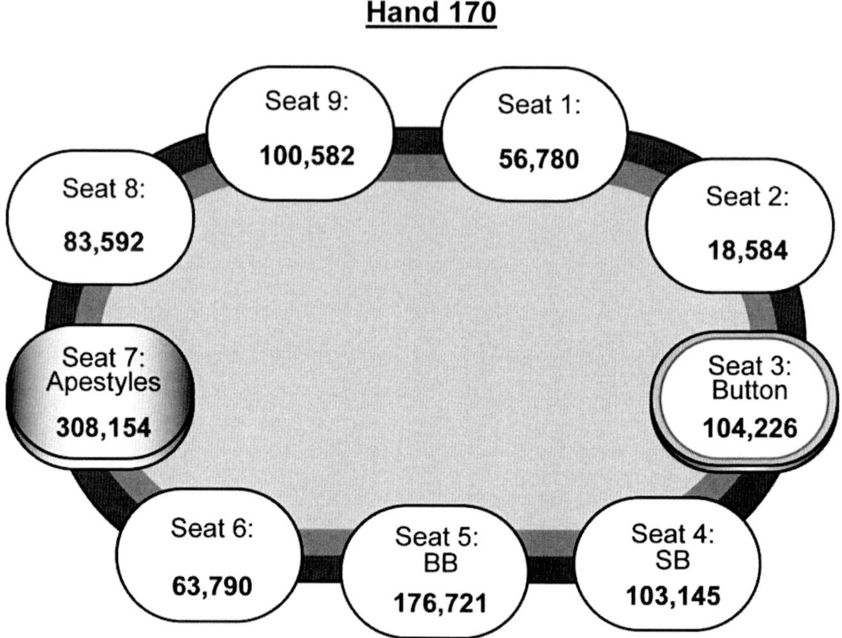

Die Blinds sind bei 1.600/3.200 mit einem Ante von 160.

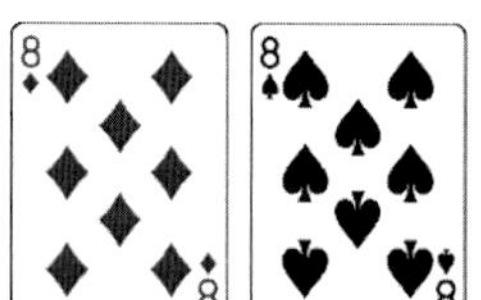

Vor dem Flop (6.240): Spieler 6 raist in erster Position das Minimum auf 6.400. Ich entscheide mich für einen Call, weil ich glaube, gegen sein Eröffnungsspektrum vorne zu liegen, und weil ich mit 88 für gewöhnlich nicht direkt nach einem Raiser aus erster Position reraise. Auf der anderen Seite ist dies keine Standard-Situation. Ich bin nur noch einen Platz von den Preisgeldrängen entfernt, und ein Reraise könnte die stärkere Spielweise sein. Die Spieler nach mir würden wahrscheinlich alles außer QQ+ folden, und Spieler 6 foldet fast immer. Im Rückblick betrachtet hätte es wahrscheinlich funktioniert, aber ich entscheide mich stattdessen für einen Call. Spieler 5 im Big Blind callt ebenfalls die zusätzlichen 3.200.

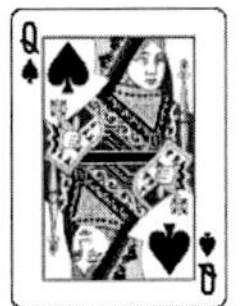
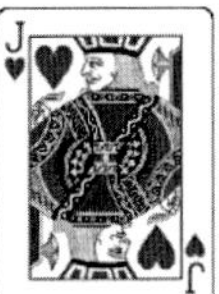
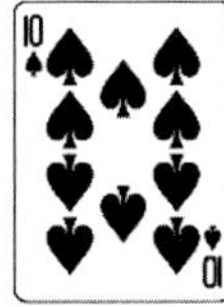

Flop (22.240): Dies ist einer der schlimmstmöglichen Flops für mich. Spieler 5 eröffnet für sehr starke 19.200 und Spieler 6 foldet. Auch ich muss folden.

Hand 171

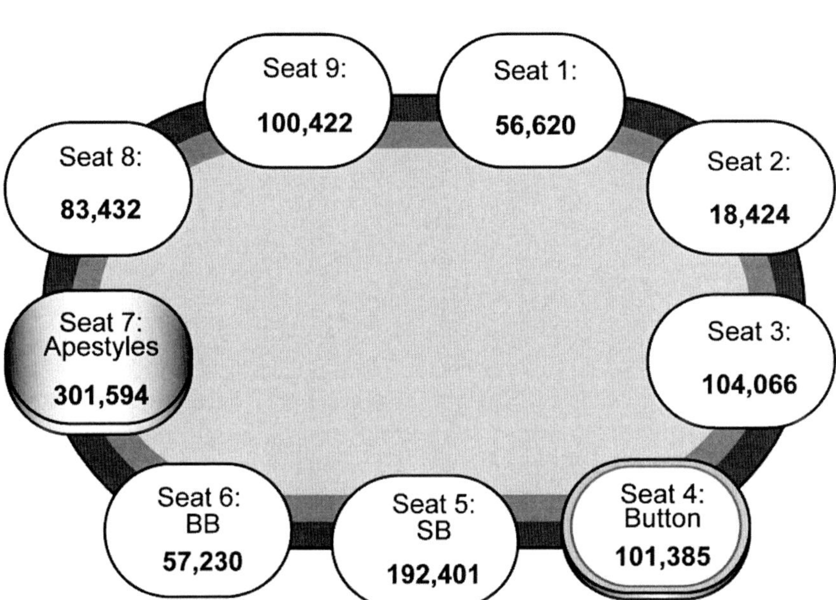

Die Blinds sind bei 1.600/3.200 mit einem Ante von 160.

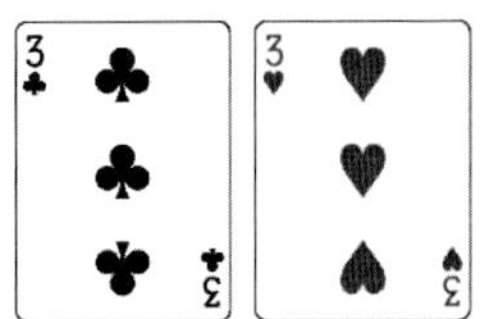

Vor dem Flop (6.240): Ich raise auf 8.313 mit der Absicht, auf jeden Reraise zu folden, es sei dann dieser käme von Spieler 2. Spieler 5, der aggressive Profi, callt ohne Position im Small Blind.

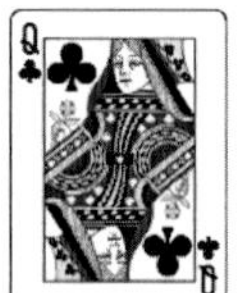  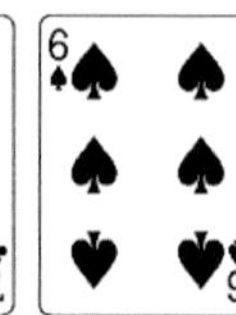

Flop (21.266): Ich habe den Flop ziemlich verpasst, aber das Board eignet sich einigermaßen für eine Continuation Bet. Spieler 5 ist sehr aktiv gewesen, deshalb kann ich ihn nur schwer auf ein exaktes Handspektrum setzen. Da ich keinerlei schlechte Hände vorgezeigt und die letzten paar Hände eher tight gespielt habe, sollte er meinem Raise aus erster Position Respekt entgegenbringen. Ich entscheide mich für eine Continuation Bet von 12.505, etwas mehr als halbe Potgröße. Falls er checkraist, wozu er durchaus in der Lage ist, werde ich gezwungen sein zu folden.

Ich bette 12.505, und Spieler 5 foldet. Ich sammle 21.266 aus dem Pot ein.

Hand 172

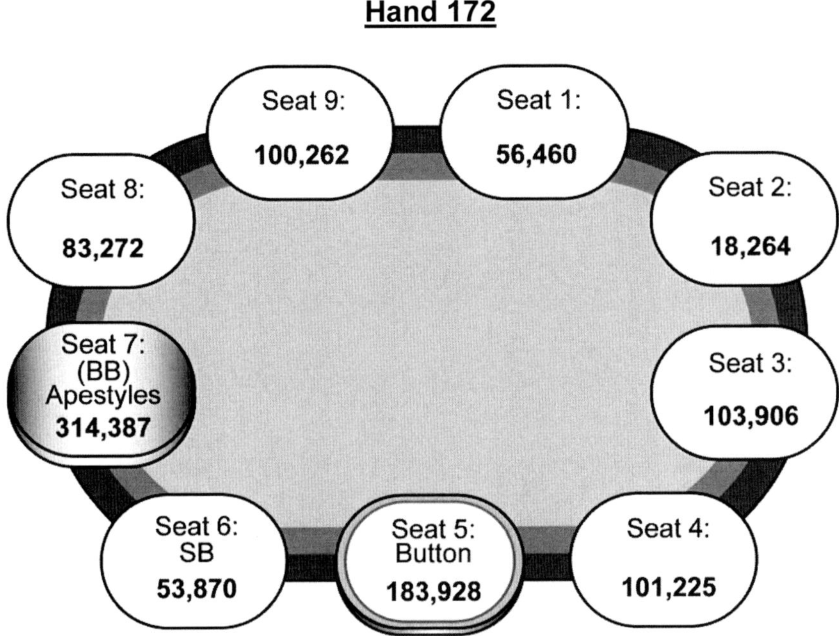

Die Blinds sind bei 1.600/3.200 mit einem Ante von 160.

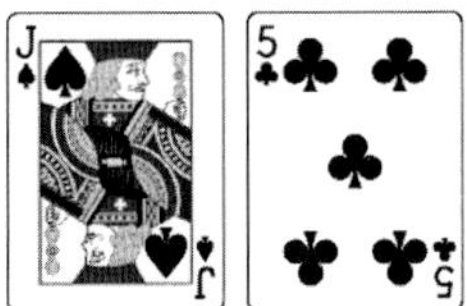

Vor dem Flop (6.240): Alle folden zu Spieler 6, der für weitere 1.600 den Small Blind komplettiert. Normalerweise würde ich hinterher checken, da sich die Stackgröße von Spieler 6 perfekt für einen All-In Limp-Reraise eignet. Doch da nur noch ein Spieler bis zum Platzend er Bubble übrig ist und wir im Hand-für-Hand-Modus spielen, sind dies sehr spezielle Umstände. Spieler 6 hat ängstlich und tight gespielt, zugleich aber mit dem Gewinn eines Qualifikationsturniers angegeben. Ich weiß, dass er ein All-In nur sehr selten callen wird. Eigentlich vermute ich, dass diese Gefahr fast gleich Null ist, da ich mit jeder anständigen Hand von ihm einen Raise erwartet hätte.

Ich setze ihn für seine verbleibenden 50.679 All-In. Spieler 6 foldet, und ich sammle 7.840 aus dem Pot ein.

Hand 173

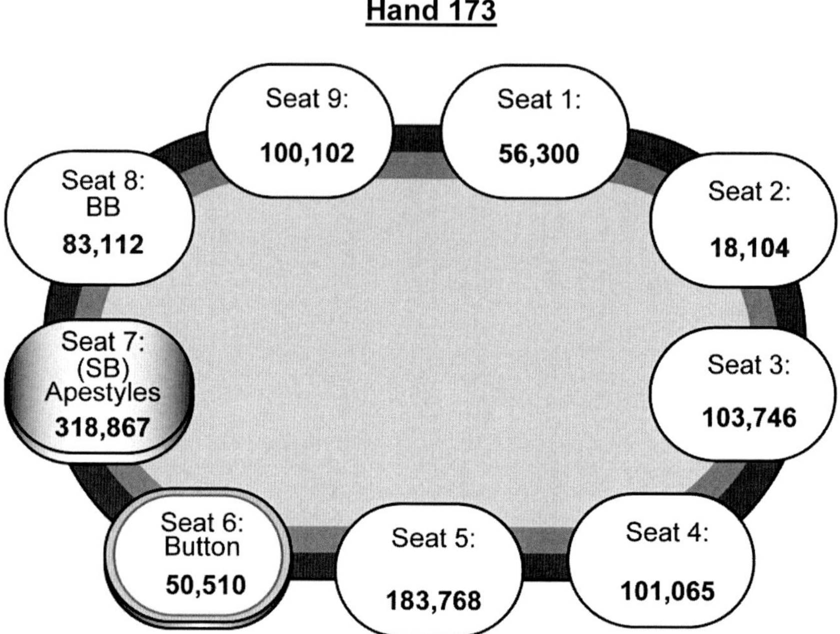

Die Blinds *erhöhen* sich auf 2.000/4.000 mit einem Ante von 200.

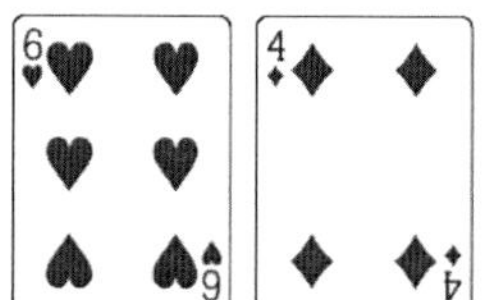

Vor dem Flop (7.800): Die Bubble ist noch nicht geplatzt. Der nervige und aggressive Spieler auf Platz 5 raist auf 12.000. Gegen fast jeden regelmäßigen Turnierspieler würde ich einen Reraise stark in Betracht ziehen, da es wirklich viel Mut erfordert, direkt auf der Bubble einen so großen Stack zu riskieren. Allerdings ist Spieler 5 nach allem, was ich über ihn weiß, dazu jederzeit in der Lage, und mit einem Reraise würde ich einen erneuten Re-Reraise riskieren. Ich hasse es, den Tisch mit anderen starken Big Stacks zu teilen, aber ich muss meine Angriffe sorgfältig aussuchen. Ich folde.

Hand 174

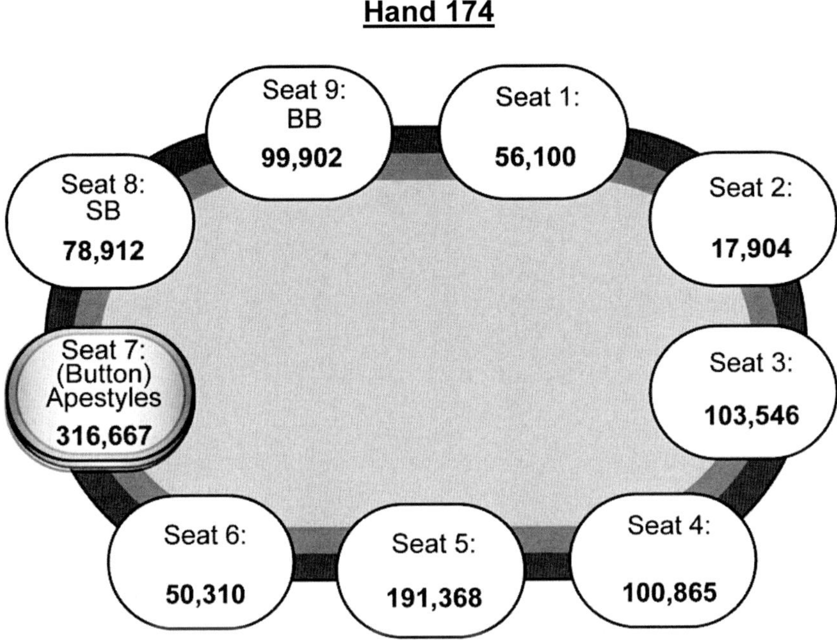

Die Blinds sind 2.000/4.000 mit einem Ante von 200.

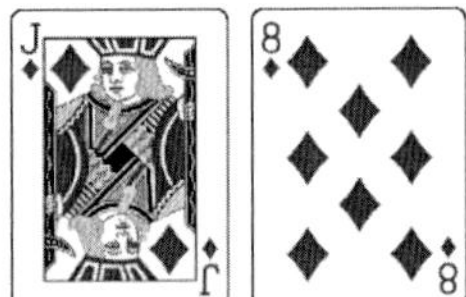

Vor dem Flop (7.800): Es wird zu mir gefoldet. Ein Spieler muss noch ausscheiden, damit die Bubble platzt. Die Blinds sind ängstlich und möchten offensichtlich ins Geld kommen, bevor sie irgendwelche Spielzüge starten. Was denken Sie, werde ich machen? Ich raise auf 9.999, und beide Spieler folden. Ich sammle 7.800 aus dem Pot ein.

Die Bubble endet

Analyse: Als ich bemerkte, wie der Tisch mit dem Heranrücken der Bubble immer tighter wurde, änderte ich meine Gangart sofort von tight-aggressiv auf sehr loose-aggressiv. Es war jedoch kontrollierte Aggression, da fast jedes Spiel einen Sinn und Zweck erfüllte. Ich warf nicht wie ein Wahnsinniger ohne solide Begründung hinter jeder Entscheidung mit Chips um mich. Zu Beginn dieser Reihe an Händen hatte ich einen Stack von 136.380, und als die Bubble platzte war er auf 324.467 gewachsen. Durch konsequentes Ausnutzen der erhöhten Zurückhaltung und Furcht meiner Gegner während der Bubble vergrößerte ich meinem Stack um 188.087.

Zugegebenermaßen hatte ich Glück, als mein QT gegen AJ gewann, aber selbst wenn man die 66.404 abzieht, die ich in dem Pot gewann, habe ich meinen Stack ohne Showdown beinahe verdoppelt. Man hört häufig Spieler jammern, sie könnten in den späteren Turnierphasen keine Rennen gewinnen. Aber die meisten von ihnen wissen nicht, wie man Fold Equity einsetzt und geeignete Situationen erkennt, um mit geringerer Varianz (geringeren Schwankungen / niedrigerem Risiko) Chips anzuhäufen.

Beachten Sie außerdem, dass der starke Spieler auf Platz 5 während der Bubble seinen Stack ebenfalls beträchtlich vergrößert hat, und zwar seit er am Tisch Platz genommen hatte von 153.00 auf 191.000. Die Bubble ist die Phase, in der die starken Spieler die Leiter der Turnierplatzierungen nach oben klettern.

Man sollte sich darüber bewusst sein, dass das Ausnutzen der Bubble nicht immer so glatt abläuft wie hier. Ich hatte definitiv Glück beim Platzieren meiner Angriffe und auch mit der Tatsache, dass ich kaum Gegenwehr bekommen habe. Doch es gibt – wie bei allen anderen Dingen im Pokern – Zeiten, in denen ich trotz gutem Spiels immer wieder scheitere. Hoffentlich bietet diese Reihe an Händen Einsichten in die verwendeten Strategien während der Bubble mit einem großen Stack in großen Turnieren.

20 gemeinschaftliche Hände

Dies sind tatsächlich gespielte Hände, in denen alle drei Autoren erklären, wie sie die Hand gespielt hätten. Als die Autoren auf die Fragen antworteten, kannten sie die Antworten der anderen nicht.

Hand 175

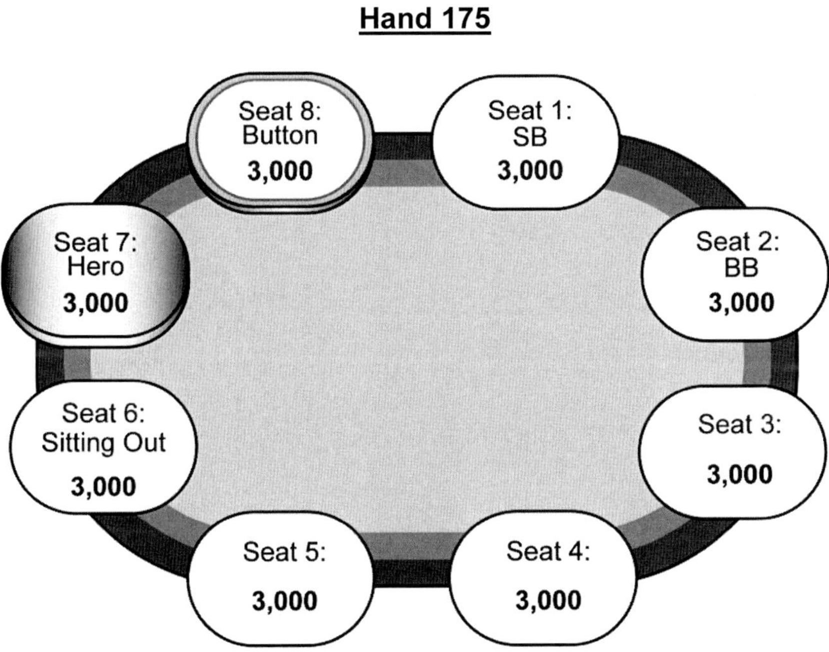

Situation: Unser Spieler befindet sich in einem wöchentlichen 320 $-Turnier Mittwochnacht. Dies ist die erste Hand des Turniers, die Blinds betragen 10/20. Spieler 6 sitzt derzeit aus.

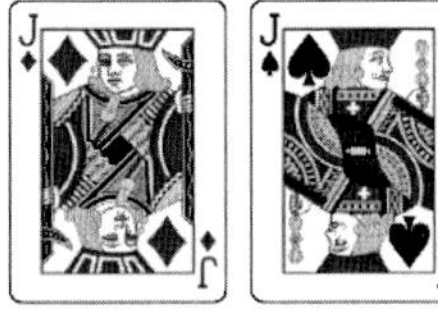

Vor dem Flop (30)**:** Spieler 4 raist auf 60, und es wird zu unserem Spieler gefoldet, der mit einem Paar Buben im Cut-Off sitzt. Was macht ihr?

PearlJammer
Obwohl ich gleich zu Beginn des Turniers eine sehr starke Hand ausgeteilt bekommen habe, möchte ich so früh keinen großen Pot aufbauen. Wenn ich reraise und der ursprüngliche Raiser oder ein anderer Spieler erhöht abermals, wäre ich zu einem Fold gezwungen, sofern der Re-Reraise nicht extrem klein wäre und mir erlaubt, mit Implied Odds zu callen. Normalerweise ziehe ich es in der frühen Phase eines Turniers vor, die Größe des Pots zu kontrollieren, und daher tendiere ich zu einem Call. Ich calle.

Rizen
So früh im Turnier calle ich nur. Ich möchte nicht gezwungen sein, nach dem Flop um einen großen Pot zu spielen, wenn sehr wahrscheinlich eine Overcard auf dem Board erscheint.

Apestyles
Obwohl ein Reraise mit JJ vor dem Flop sicherlich in Ordnung ist, mag ich mit einem größeren Stack auch einen schlichten Call. Ich tarne die Stärke meiner Hand, und kann nach dem Flop viel Value von Gegnern bekommen, die diese Hand nicht in meinem Spektrum vermuten. Da ich vor dem Flop nur calle, muss ich mich auf meine Fähigkeiten nach dem Flop verlassen und vorsichtig spielen.

Unser Spieler callt, und der Big Blind callt ebenfalls.

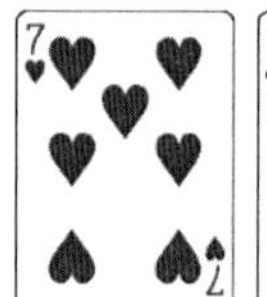

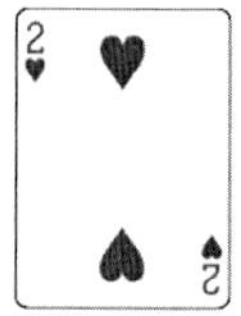

Flop (190)**:** Es wird zu unserem Spieler gecheckt. Was macht ihr?

PearlJammer
Sowohl der Big Blind als auch der Raiser checken auf einem Flop mit reichlich Kleingemüse. Mit 190 im Pot will ich keine Freecard gewähren, und werde fast immer ungefähr zwei Drittel des Pots bieten. Ich biete 120.

Rizen
Ich biete. Wahrscheinlich habe ich die beste Hand, und es gibt viele Turnkarten, die ich meinen Gegnern nicht umsonst geben möchte.

Apestyles
Ich mag hier eine ordentliche Bet von rund 2/3 bis 3/4 des Pots. Hat mein Gegner einen Flush Draw, callt er angesichts der Tatsache, dass ich immer noch

einen großen Stack habe, fast sicher jede angemessene Bet von mir. Falls es zu einem Check-Raise kommt werde ich wahrscheinlich einfach callen und die Situation abhängig von der Karte auf dem Turn neu bewerten. Auch ein All-In nach einem Check-Raise wäre nicht schlimm, da ich von Draws und niedrigeren Paaren gecallt werden könnte.

Unser Spieler bietet 125, und nur der Big Blind callt.

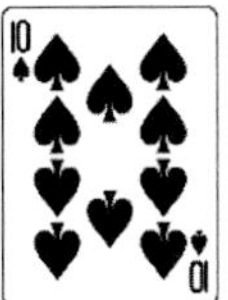

Turn (440): Der Big Blind checkt, was macht ihr?

PearlJammer
Ich habe immer noch ein Overpair, und mein Gegner drawt höchstwahrscheinlich auf einen Flush, vielleicht mit zwei Overcards. Daher scheint die logischste Spielweise, erneut zwei Drittel des Pots zu bieten, um ihn für seinen Draw bezahlen zu lassen, und die Kontrolle aufrecht zu erhalten.

Allerdings werde ich in einer Situation wie dieser in der frühen Phase manchmal checken, um keinen allzu großen Pot aufzubauen. Wenn ich nach einer Bet gecheckraist werde, wäre ich in einer heiklen Position und würde mich wahrscheinlich von meiner Hand verabschieden müssen. Mein Gegner repräsentiert dann ein Set und würde auf dem River wahrscheinlich erneut hoch bieten. Ich möchte nicht in der frühen Phase mit nur einem Paar in einen so großen Pot involviert sein, selbst wenn es ein Overpair auf einem Board wie diesem ist, auf dem Two Pair unwahrscheinlich ist.

Mein Gegner könnte auf dem Turn die Zehn getroffen haben und sich mit einer Hand wie A♥T♥ für einen Raise entscheiden, weil er meint, damit vorne zu liegen. Allerdings würde ich glauben, viel zu häufig eine stärkere Hand auszubezahlen, um einen Call rechtfertigen zu können. Um zu vermeiden, vor eine solche Entscheidung gestellt zu werden, und um den Pot während der frühen Phasen des Turniers klein zu halten, werde ich meine Checks und Bets in dieser Situation halb und halb mischen, und zu einem Check neigen.

Rizen
Ich bette. Sehr wahrscheinlich habe ich die beste Hand, und es gibt viele Riverkarten, die ich meinem Gegner nicht gratis geben möchte, um sie zu treffen.

Apestyles
Ich bette erneut For Value. Es hat sich nicht viel auf dem Board geändert, und ich kann immer noch davon ausgehen, von Flush Draws und manchmal von niedrigeren Paaren gecallt zu werden.

Unser Spieler setzt 325, und der Big Blind raist auf 980. Was macht ihr?

PearlJammer
Auf dem Turn hat unser Spieler 325 in den Pot von 440 geboten. Diese Bet war hoch genug, um normalerweise jeden Flush Draw zu verjagen und deutlich anzuzeigen, dass ich eine starke Hand habe. Jedoch reagiert mein Gegner mit einem Check-Raise auf 980! Da meine Bet sogar höher war als ich normalerweise setze, wenn ich mich in dieser Situation für eine Bet entscheide, kann ich ziemlich sicher davon ausgehen, dass mein Gegner entweder auf dem Flop oder dem Turn ein Set getroffen und JJ geschlagen hat. Es ist schwer vorstellbar, dass er bei Blinds von 10/20 mit einer schlechteren Hand als meiner so viele Chips investiert. Möglicherweise blufft mein Gegner oder glaubt, mit Top Pair plus Flush Draw die beste Hand zu haben. In dieser Phase riskiere ich jedoch lieber einen schlechten Fold, als über 600 weitere Chips zu callen, nur um auf dem River wahrscheinlich mit einer weiteren, noch höheren Bet konfrontiert zu sein. Ich folde.

Rizen
Die Setzfolge des Big Blind signalisiert viel Stärke, und es ist immer noch sehr früh im Turnier. Sehr wahrscheinlich hat er Two Pair oder etwas Besseres. Selbst wenn ich vorne liege, könnte er sehr gut eine Hand wie Q♥T♥ halten, und hat damit gute Chancen, mich auf dem River zu überholen. Es ist sinnlos, hier am Ende möglicherweise um meinen gesamten Stack zu spielen. Ich folde.

Apestyles
Im Augenblick sieht meine Hand sehr stark aus und mein Gegner hat sich dennoch für einen Raise entschieden. Mit einem Flush Draw hätte er auf dem Flop wahrscheinlich eher gebettet oder gecheckraist, anstatt eine so riskante Setzfolge wie den Check-Call auf dem Flop mit der Absicht eines Check-Raise auf dem Turn zu wählen. Seine Equity ist am Turn bereits erheblich gesunken und angesichts der Stärke, die meine Hand im Moment vermittelt, wäre es eine recht kühne Spielweise.

Mein Gegner scheint hier tatsächlich ein Set zu haben. Wie viele Spieler mit einem niedrigen Paar hat er aus dem Big Blind nur gecallt, und dann auf dem Flop gecheckt – entweder um herauszufinden, ob ich etwas habe, oder damit ich etwas auf dem Turn treffe, sodass er mehr aus der Situation herausschlagen kann. Ein Bluff mit der Setzfolge „Check-Call auf dem Flop gefolgt von Check-Raise auf dem Turn“ ist zwar möglich, aber einfach zu unwahrscheinlich. Es ist auch unwahrscheinlich, dass er ein Paar Zehnen so aggressiv spielt, ganz zu schweigen davon, dass er auf dem Flop ohne Position mit einer Tx-Hand hätte floaten müssen, um überhaupt bis hierhin zu kommen. Alles deutet auf ein Set hin. Ich folde.

Ergebnis: Unser Spieler foldet.

Hand 176

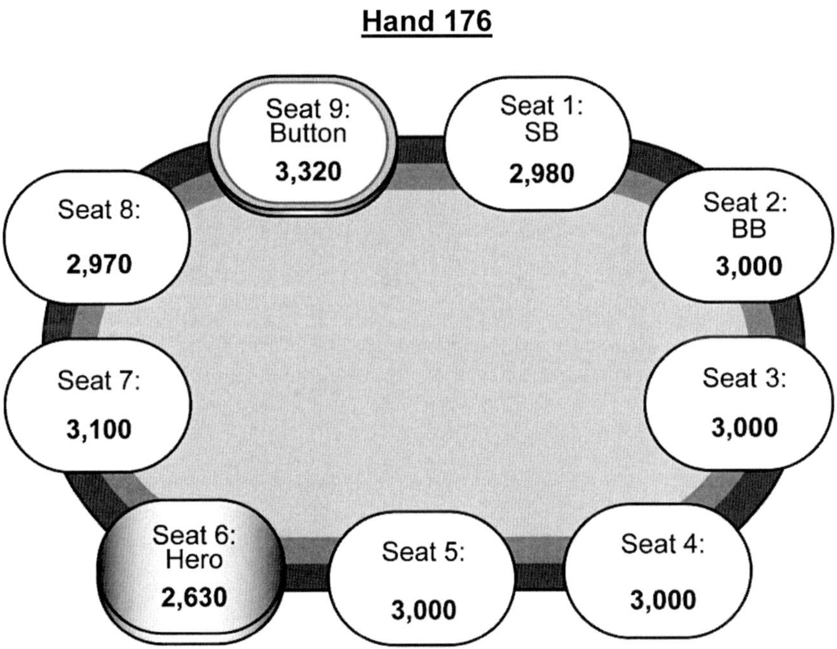

Situation: Es ist früh in einem großen 215 $-Sonntagsturnier. Die Blinds sind bei 10/20.

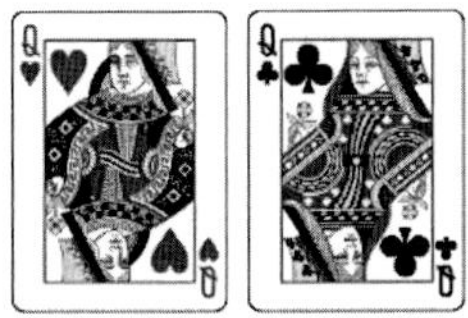

Vor dem Flop (30): Spieler 3 raist auf 70 und unser Spieler reraist auf 270. Der Gegner unseres Spielers reraist auf 910. Was macht ihr?

PearlJammer
So früh im Turnier werde ich Raises aus früher Position mit QQ oft lediglich callen. In diesem Beispiel entscheide ich mich jedoch für einen Reraise, da ich von einem breiten Spektrum Action bekommen könnte, besonders bei all den schwachen Spielern in diesem speziellen Teilnehmerfeld. Unglücklicherweise reagiert mein Gegner mit einem erneuten Reraise. Sofern er nicht auf einem Himmelfahrtskommando ist, sollte ich ihm in dieser Phase des Turniers ein Spektrum aus drei Händen geben: AA, KK, und AK. Zwei dieser Hände dominieren mich, und ich habe keine ausreichenden Implied Odds für einen Call. Die dritte Hand, AK, ist hier unwahrscheinlicher als AA oder KK, da die meisten Gegner mit diesem Blatt einen Reraise nur callen würden, statt sich in dieser frühen Phase vor dem Flop an den Pot zu binden. Selbst wenn ich glaubte, dass mein Gegner außer mit AA und KK auch mit AK jedes Mal reraist, sollte ich immer noch folden. Wenn ich callen oder All-In gehen würde, täte ich dies in der Hoffnung auf eine Münzwurf-Entscheidung, und es ist viel zu früh für ein solches Risiko. Ich folde.

Rizen
Unglücklicherweise kann ich hier nicht für Set-Value callen, und so früh im Turnier mit QQ pleite zu gehen ist ein Fehler, da die meisten Spieler in dieser Phase den dritten Raise nur mit Assen oder Königen bringen würden. Ein Paar Damen ist eine starke Hand, aber hier nur selten gut, und ich habe immer noch eine Menge Poker zu spielen. Ich folde.

Apestyles
Diese Situation ist unglaublich grenzwertig, und es gibt keine wirklich korrekte Antwort. Mit QQ bevorzuge ich bei diesen Stackgrößen in den meisten Fällen vor dem Flop einen Call, sowohl um die Stärke meiner Hand zu tarnen, als auch um zu vermeiden, nach einem Reraise eine so starke Hand wie QQ folden zu müssen.

Die Spielweise von Spieler 3 riecht wirklich nach Assen oder Königen. Er raist aus der ersten Position und re-reraist dann etwas mehr als das Dreifache meines Reraise. Es ist unwahrscheinlich (aber möglich), dass er bereits so früh mit einem Stack von 150 BB AK oder JJ so stark spielt. Es gibt auch noch den Esel-Zufallsfaktor, bei dem einige Spieler in seltenen Fällen mit absolut wertlosen Händen auftauchen. Es ist knapp, aber ich entscheide mich für einen Fold, da mein Gegner hier vermutlich viel zu häufig AA oder KK hält. Ein Call mit der Absicht, auf Flops ohne Ass oder einen König All-In zu gehen, ist genauso in Ordnung, wie hier direkt All-In zu raisen. Ich tendiere aber zu einem Fold, da der durchschnittliche Spieler hier nur AA oder KK hat. Ich folde weil ich denke, dass ich gegen die Spektren der meisten Spieler klarer Außenseiter bin.

Ergebnis: Unser Spieler foldet.

Hand 177

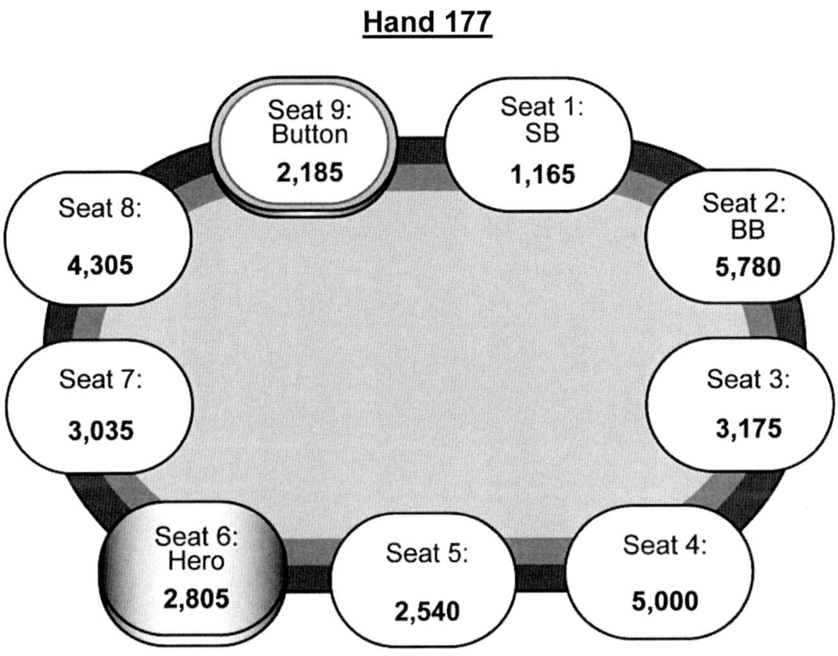

Situation: Dies ist ein 25 $-Turnier. Es läuft die zweite Blindstufe mit Blinds bei 15/30 und noch ohne Ante.

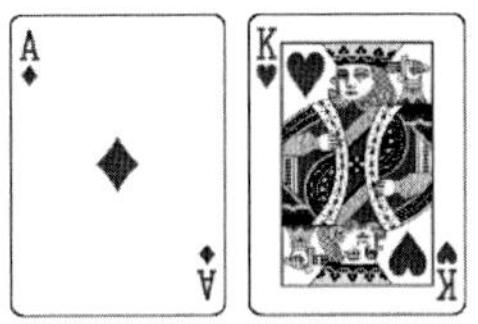

Vor dem Flop (45): Spieler 3 raist auf 120. Was macht ihr?

PearlJammer
Sofern ich nicht aus vorheriger Erfahrung weiß, dass Spieler 3 ein absolut Wahnsinniger ist, sollte ich seinen Raise des vierfachen Big Blinds aus früher

Position heraus lieber nur callen, statt mit AK zu reraisen. Solange sowohl mein Gegner als auch ich noch fast die Anfangsstacks haben, würde ich einen Raise dieser Größe aus jeder Position so früh im Turnier tatsächlich nur selten mit einer schwächeren Hand als KK reraisen.

Rizen
Davon ausgehend, dass dies die typische Struktur von 25 $-Buy-In Turnieren ist, die sehr schnell mit sehr schlechten Spielweisen voranschreiten, würde ich hier auf 435 reraisen (einen Big Blind mehr als Potgröße). In diesen schnellen Turnierstrukturen mit vielen schwachen Spielern liegt der Schlüssel zum Erfolg darin, die eigenen starken Hände sehr stark und sehr aggressiv vor dem Flop zu spielen. Bei einem typischen 25 $-Buy-In Turnier bin ich höchstwahrscheinlich sogar bereit, alle meine Chips vor dem Flop in die Mitte zu bringen.

Ape
Für gewöhnlich reraise ich seinen Raise auf rund das Dreifache mit der Absicht, nach einem erneuten Reraise meine Chips All-In zu bekommen. In einem Turnier mit höherem Buy-In und einer besseren Struktur würde ich nach einem Raise mit AK auf einen Re-Reraise folden (oder häufiger vor dem Flop lediglich callen), aber dies ist ein 25 $-Turnier mit schwachen Spielern und einer furchtbaren Struktur. Gelegentlich tauchen sie sogar mit AQ und AJ auf. Bei diesem Buy-In mit einer schnelleren Struktur ist es noch wichtiger, früh einen großen Stack aufzubauen, da die Blinds und Antes so schnell steigen. Falls Spieler 3 callt, werde ich auf den meisten Flops eine Continuation Bet bringen, und auf Flops mit einem Ass oder einem König um den gesamten Stack spielen. Ein Reraise dient auch der Isolation des ursprünglichen Raisers mit einer Hand, die sich in Pots mit mehreren Teilnehmern nicht so gut spielt.

Lediglich zu callen ist OK, solange ich auf trockenen Boards, die ich verpasst habe, gelegentlich raise und auch ohne zu treffen ein paar Pots einstreiche. Außerdem kann ich mit einem Paar in Pots mit mehreren Teilnehmern nicht allzu leicht pleite gehen.

Unser Spieler callt, und alle anderen folden.

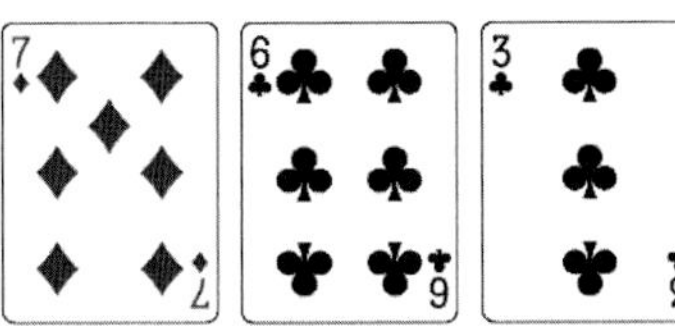

Flop (285): Ihr checkt beide.

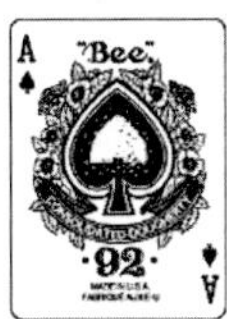

Turn (285): Euer Gegner bietet 210. Was macht ihr?

Pearl

Zu diesem Zeitpunkt mag ich meine Hand sehr und ein Raise ließe sich problemlos rechtfertigen. Mein Gegner hat auf einem Flop mit drei wertlosen Karten Schwäche gezeigt, aber dann angesichts des Asses auf dem Turn hoch eröffnet. In Verbindung mit seiner Action vor dem Flop verweist dies fast sicher auf eine von zwei Möglichkeiten: Entweder hat er den Flop sehr gut getroffen (ein Set gefloppt), oder er hat das Ass auf dem Turn getroffen. Eine dritte, jedoch weniger wahrscheinliche Möglichkeit ist, dass er mit einer Hand wie KQ blufft und versucht, das Ass zu repräsentieren.

Es ist schwer zu glauben, dass er ein Set gefloppt hat, da in dieser Phase des Turniers kaum jemand aus früher Position mit einem niedrigen Pocket Pair auf vier Big Blinds raist, geschweige denn überhaupt raist. Falls er doch so gespielt und ein Set zu gefloppt hätte, hätte er angesichts des Flush Draws und der drei Karten zur Straight wahrscheinlich geboten. Daher kann ich mit Sicherheit annehmen, dass er entweder das Ass auf dem Turn getroffen hat oder blufft, und wahrscheinlich ***drawing dead*** ist. Falls er blufft, sollte ich einfach callen und hoffen, dass er auf dem River erneut angreift. Allerdings hat er wahrscheinlich ein Ass, wahrscheinlich AK, AQ, oder AJ. Sein Kickerspektrum ist größer als es wirklich sein sollte, da dies ein kleines 25 $-Turnier ist, und er mit einem Raise auf vier Big Blinds eröffnet hatte. Wegen dieser Informationen erwarte ich von meinem Gegner, gewöhnlich recht schwach zu sein. Gegen so einen Spieler und sein Spektrum sollte ich For Value raisen, da ich zwei dieser Hände schlage und den Pot mit der anderen teile.

Rizen

Aufgrund der Action vor dem Flop calle ich hier nur. Spieler 3 war UTG, also umfasst sein Spektrum höchstwahrscheinlich ein starkes Ass oder ein mittleres

Pocket Pair. Dies ist eine dieser Situationen, in denen man entweder weit vorne oder weit zurück liegt. Unser Gegner wird außerdem häufig mit einer Hand wie KQ bluffen und das Ass repräsentieren, und ich würde ihm gerne die Gelegenheit für einen weiteren Bluff geben. Die meisten Spieler mit einem Flush oder Straight Draw hätten hier eine Continuation Bet gebracht, also bereiten mir diese Hände keine übermäßigen Sorgen, jedoch sollte ich auf der Hut bleiben. Anhand der Action auf dem River werde ich die Situation neu bewerten können.

Ape
Bezüglich des Flops checke ich nicht zwangsläufig, wenn zu mir in Position auf dem Flop gecheckt wird. Normalerweise hat mein Gegner entweder ein Monster oder mit zwei Overcards verfehlt; das Beste ist, zu versuchen, den Pot direkt auf dem Flop mitzunehmen und auf einen Check-Raise zu folden. Spielt er ein Monster slow, könnte es ein Desaster sein, eine meiner Overcards zu treffen.

Auf dem Turn scheint nun ein Call die beste Option zu sein, da ich nach einem Raise nicht viel zusätzlichen Value von Ax-Händen oder Bluffs bekomme, und ein Call hilft, den Pot klein zu halten, wenn ich gegen ein Set oder die unwahrscheinliche Straight spiele.

Unser Spieler callt.

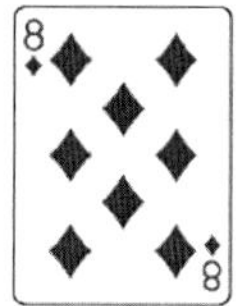

River (705): Der Gegner bietet 390. Was macht ihr?

Pearl
Die Bet meines Gegners auf dem River stimmt genau mit seiner Bet auf dem Turn überein, und meine Analyse seiner Hand sollte ziemlich identisch sein. Ich erwarte den Pot in den meisten Fällen zu teilen, von Zeit zu Zeit ausbezahlt zu werden und nur sehr selten hinten zu liegen. Daher sollte ich For Value raisen. Ein Raise von rund 1.100 sollte von AQ und AJ ausbezahlt werden.

Es sollte bemerkt werden, dass ich gegen einen starken Spieler in einem Turnier mit höherem Buy-In niemals auf diesem River raisen würde. Außer mit einem reinen Bluff würde ein starker Gegner auf diesem River so gut wie nie mit einer schlechteren Hand als AK bieten. Daher hätte ein Raise keinen Value, da mein Gegner niemals mit einer schlechteren Hand callen wird.

Rizen
Diese Bet sieht mir schwach aus. Sie ist nur etwas höher als die Hälfte des Pots, und mit einer starken Hand würden die meisten Spieler versuchen, etwas mehr Value zu bekommen. Einige Spieler könnten hier einen Trick versuchen, aber dies scheint mir eher eine Block-Bet zu sein. Ich würde einen niedrigen Raise auf etwa 900 bringen und versuchen, ein klein wenig extra Value und einen Verzweiflungs-Call von einem Gegner mit AQ oder AJ (oder manchmal sogar schwächeren Assen) zu bekommen. Diese Spielweise bringt mich in eine heikle Situation, falls mein Gegner erneut reraist, aber in den meisten Fällen glaube ich, hier etwas extra Value extrahieren zu können.

Ape
Die Höhe seiner Bet scheint eine klare Value Bet zu sein, hinter der normalerweise eine Hand wie AQ oder AJ steht, allerdings könnte er auch Two Pair, ein Set oder eine unwahrscheinliche Straight halten. Es sind 705 im Pot. Ich bekomme beinahe 3-zu-1 Odds: Dies bedeutet, dass ich die beste Hand in einem von vier Fällen haben muss, damit ein Call richtig ist. Da er mit AQ und AJ auf genau diese Art und Weise bettet, ist ein Call obligatorisch, wenn nicht sogar ein Raise.

Hätte er einen größeren Stack, würde ich in Erwägung ziehen, auf rund 1.200 zu raisen und nach einem All-In zu folden, aber bei seinem so kleinen Stack wäre dies lächerlich. Eine Option, die man in Erwägung ziehen kann, ist das Minimum oder etwas höher das Zwei- bis Zweieinhalbfachen seiner Bet zu raisen, und auf einen All-In Reraise zu folden. Normalerweise calle ich bloß, aber ich kann definitiv die Vorteile eines Raise erkennen, um Value von Händen wie AQ oder AJ zu bekommen

Ergebnis: Unser Spieler raist auf 1.000, und wird von A♣Q♠ gecallt.

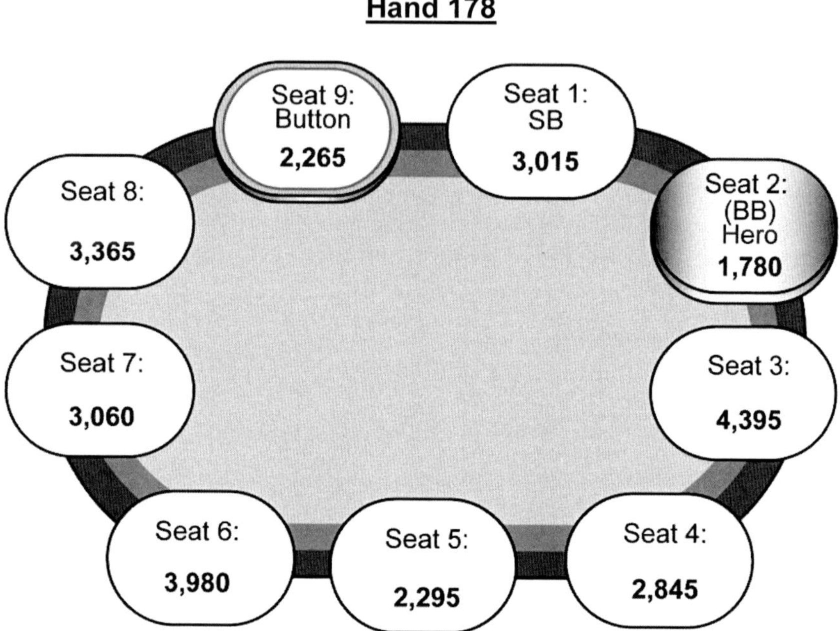

Situation: Dies ist ein nächtliches 150 $-Turnier mit 100.000 $ garantiertem Preisgeld. Unser Spieler ist in der zweiten Blindstufe und hat keine nennenswerten Beobachtungen gesammelt. Die Blinds liegen bei 15/30.

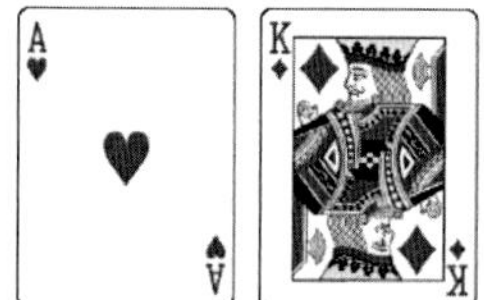

Vor dem Flop (45): Spieler 3 callt, und Spieler 8 raist auf 120. Was macht ihr?

PearlJammer

Ich habe keine Position und es gab vor mir einen Limp aus UTG und einen Raise auf vier Big Blinds. Ich kann annehmen, dass der Raiser ein recht starkes Blatt hat, um nach diesem Limper zu raisen. Ich könnte es sogar rechtfertigen, meine Hand zu folden, da AK nicht die beste Hand ist, um nach dem Flop ohne Position zu spielen, besonders gegen zwei Gegner, die wahrscheinlich beide sehr stark sind. Der Limper aus UTG hat noch die Möglichkeit zu reraisen.

Calle ich und er reraist, werde ich folden müssen, da er in den meisten Fällen mit AA oder KK auftaucht, und praktisch nie AQ oder schlechter hält. Nichtsdestotrotz ist es schwer, gegen einen einzelnen Raise von AK loszukommen, und ein Fold ist nicht notwendigerweise korrekt, also calle ich.

Rizen
Ich calle nur. Dieses Turnier hat eine anständige Struktur, und ich werde für den Rest dieser Hand keine Position haben. Mit einem Raise würde ich ohne Position mit einer unfertigen Hand einen großen Pot aufbauen. Und da der Limper in dieser Hand in UTG sitzt, ist es eher unwahrscheinlich, dass der Raiser hier lediglich mit einer eher schwächeren Hand isoliert.

Ape
Normalerweise werde ich vor dem Flop lediglich callen, da die Stackgrößen auf dem Flop nach einem Standard-Reraise heikel wären. Wenn ich dennoch reraise, würde ich aus diesem Grund einen höheren Raise auf rund 550 bringen, um auf dem Flop in Potgröße All-In gehen zu können, falls Spieler 8 callt. Sollte der Limper nach meinem Reraise All-In gehen, würde ich folden, da er dann fast immer AA, KK oder QQ hat. Die beste Option ist, hier lediglich zu callen.

Unser Spieler und Spieler 3 callen beide.

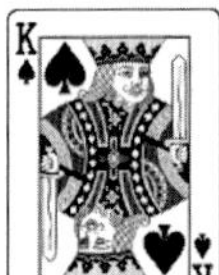

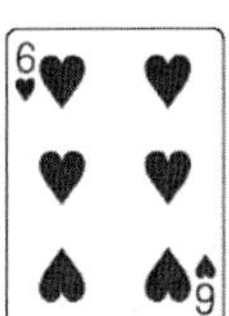

Flop (375): Es wird zu Spieler 8 gecheckt, der 240 bietet. Was macht ihr?

Pearl
Raise ich seine Bet auf ungefähr 650, muss ich bereit sein, gegen Spieler 8 um meinen gesamten Stack zu spielen, und wahrscheinlich werde ich auch Pot-Committed sein, wenn Spieler 3 meinen Raise reraist. Ohne Flush Draw auf dem Board sollte ich eher dazu neigen, die 240 nur zu callen, und die Situation auf dem Turn neu zu bewerten. Mein Call wird mir Gelegenheit geben, von meiner Hand loszukommen, falls Spieler 3 reraist und Spieler 8 seine Hand trotzdem immer noch mag. Foldet Spieler 3, was er höchstwahrscheinlich tun wird, werde ich auf dem Turn gegen Spieler 8 Check-Raise All-In spielen. Es ist wichtig zu bemerken, dass es auf diesem Board keine Turnkarte gibt, die mir wirklich Sorgen bereiten müsste, da die einzig höhere Karte, die kommen könnte, meine Hand verbessern würde. Und es ist sehr unwahrscheinlich, dass Spieler 8 irgendeinen Draw hat. Ich calle die Bet von 240.

Rizen
Ich raise auf rund 800. Da ich vor dem Flop lediglich gecallt habe, ist es für meinen Gegner sehr schwer, mich auf AK zu setzen. Er könnte sich selbst leicht mit KQ oder sogar KJ pot-committen (falls er damit vor dem Flop geraist hat). Die Struktur des Boards ist so, dass ich wirklich nicht mit Top Pair plus Top Kicker slow spielen möchte. Jede weitere Broadway-Karte bringt viele Kombinationen für Two Pairs und Straights auf das Board. Wenn mein Gegner hier All-In reraist, werde ich vor einer schweren Entscheidung stehen, aber höchstwahrscheinlich um den Rest meiner Chips spielen müssen.

Ape
Es gibt zwei annehmbare Spielweisen. Ein Check-Raise mit der Absicht, das All-In meines Gegners zu callen ist ebenso gut wie zu checken und zu callen. Ich bin hin- und hergerissen, da es gute Gründe für beide Spielweisen gibt. Ich checkraise auf das rund 2,5-fache seiner Bet (ungefähr 600) mit der Absicht, sein mögliches All-In zu callen. Da ich vor dem Flop lediglich callte, habe ich meine Hand gut getarnt, und er könnte mit KQ, KJ, QQ oder schlechter pleite gehen.

Die andere Option, auf dem Flop nur zu callen, ist völlig akzeptabel. Es gibt nicht allzu viele furchteinflößende Karten: QJ und JT sind unwahrscheinliche Gutshots, 87 ergibt einen Open-ended Straight Draw, ist aber für gewöhnlich nicht im Handspektrum von Spieler 8. Checken und callen tarnt die Stärke der eigenen Hand und hält gleichzeitig den Pot klein. Schlage ich diesen Weg ein, plane ich für den Turn einen Check-Raise All-In, da checkraisen auf dem Flop bei einem so trockenen Board sehr stark aussieht, und die meisten Hände folden lässt, von denen ich Value bekommen kann. Doch viele Turnkarten würden einen Draw auf das Board bringen, den ich repräsentieren kann. Checkt mein Gegner auf dem Turn hinterher, werde ich auf dem River For Value bieten.

Ergebnis: Unser Spieler callt. Der Turn ist der J♣, und unser Spieler checkt. Sein Gegner bietet 570, und unser Spieler pusht All-In. Sein Gegner überlegt lange und callt die 850 mit A♦Q♠!

Hand 179

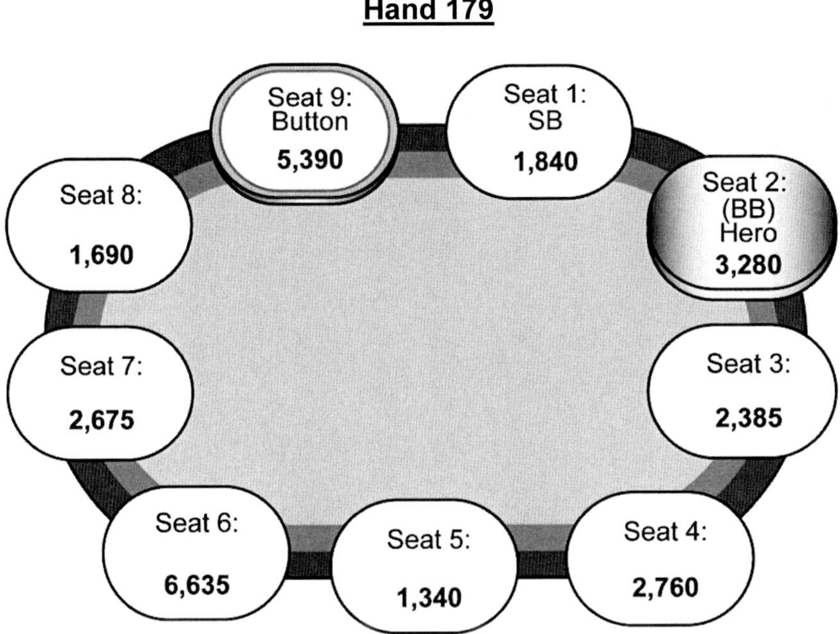

Situation: Es ist ein nächtliches 55 $-Turnier mit 50.000 $ garantiertem Preisgeld. Die Blinds sind bei 20/40.

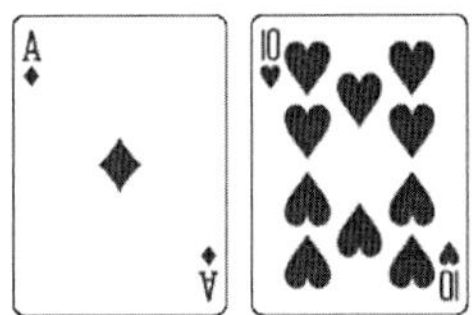

Vor dem Flop (60): Es wird zum Small Blind gefoldet, der callt. Was macht ihr?

PearlJammer
Ich checke, da ich den Flop lieber mit einer getarnten, semi-starken Hand sehe, als zu diesem frühen Zeitpunkt des Turniers einen großen Pot aufzubauen.

Rizen
Ich raise auf 160 For Value. Ich habe hier die beste Hand und Position, sollte also den Pot aufbauen.

Ape

Dies ist ein einfacher Raise. Normalerweise raise ich in Blind-gegen-Blind-Situationen rund 3,5 Big Blinds, da die Spieler etwas sturer zu sein scheinen und ihre Blinds mit schwächeren Händen verteidigen. Ich raise aus zwei Gründen: Da meine Hand fast sicher vor dem Spektrum liegt, mit dem mein Gegner normalerweise vom Small Blind aus limpt, raise ich erstens For Value, um mit der besten Hand einen großen Pot aufzubauen. Zweitens raise ich, um die Initiative zu ergreifen und den Pot zu kontrollieren. Nach einem Raise vor dem Flop wird der Small Blind auf dem Flop normalerweise zu mir checken, und mich in den meisten Fällen bieten und den Pot gewinnen lassen.

Unser Spieler checkt.

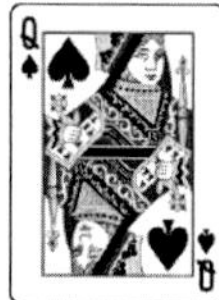
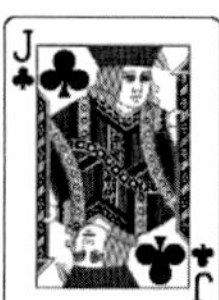
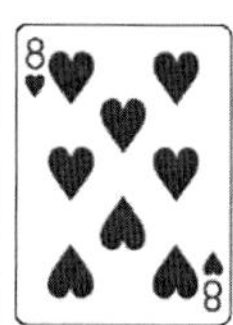

Flop (80): Der Small Blind checkt. Was macht ihr?

Pearl

Ich könnte checken, da ich noch keine fertige Hand habe und nicht gecheckraist werden möchte. Doch sollte ich auf diesem Flop gelegentlich angreifen, da mein Gegner sich dafür oder dagegen entscheiden könnte, mit einem Paar zu callen, gegen das ich 8 solide Outs zu einer Straße und drei vermutliche Outs durch das Ass habe. Am wichtigsten ist, dass meine Hand sehr gut getarnt sein wird, wenn er callt und ich meine Straight treffe!

Rizen

Hätte ich vor dem Flop geraist, würde ich hier eine Continuation Bet bringen. Da ich es nicht tat, checke ich ebenfalls, weil dieses spezielle Board verdammt viele Hände trifft.

Ape

Nach meinem Check vor dem Flop werden die meisten Gegner auf dem Flop bieten, wenn sie irgendetwas getroffen haben, also biete ich rund 60-70 und hoffe auf einen Fold. Falls mein Gegner callt, habe ich gegen jede annehmbare Hand massenhaft Equity und werde in den späteren Setzrunden Position haben. Falls er checkraist, werde ich wahrscheinlich einfach callen und die Situation auf dem Turn neu bewerten.

Unser Spieler checkt.

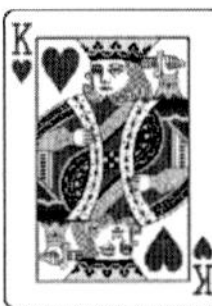

Turn (80): Die goldene Karte! Der Small Blind bietet 40, und unser Spieler raist auf 200. Der Small Blind callt.

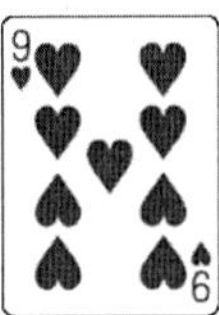

River (480): Der Gegner hat A♥7♥. Was würdet ihr in seiner Situation machen?

Pearl

In seiner Situation würde ich auf dem River eröffnen. Er hat die Nuts getroffen und sollte sich bewusst sein, dass ich wahrscheinlich eine sehr starke Hand habe, jedoch den Flush fürchte. Daher würde ich nach einem Check für gewöhnlich hinterher checken. Um Value aus dieser Hand zu ziehen, sollte mein Gegner für rund 300, oder zwei Drittel bis drei Viertel des Pots betten.

Rizen

Der Gegner sollte hier in Potgröße betten. Da der Flush ein Backdoor-Flush ist, wird es sehr schwer für mich sein, ihn auf den Flush zu setzen. Auch weil es die 9♥ ist, sieht es für mich tatsächlich so aus, als würde er hier mit einer Zehn bieten; und falls ich eine Hand wie AT habe, gewinnt mein Gegner viel mehr Chips. Auch wenn ich etwas wie Kx habe, werde ich wahrscheinlich ebenfalls checken, falls mein Gegner bei dieser speziellen Karte auf dem River checkt. Mit seiner Bet gewinnt der Gegner weitere Chips von Händen, mit denen ich callen, aber nicht bieten würde. Der Value dieser zusätzlichen Calls ist mehr als ein Ausgleich für jene Situationen, in denen ich eine Zehn habe und mein Gegner eine Chance auf einen Check-Raise verpassen könnte.

Ape

Da nun vier Karten zu einer Straight auf dem Board liegen, ist die einzig korrekte Spielweise, eine Bet ungefähr in Potgröße zu bringen und zu hoffen, ausbezahlt zu werden. Als Gegner kann ich in diesem Beispiel von meinem Gegenüber auf diesem angsteinflößenden Board keine Bet erwarten, und darf ihm nicht erlauben, mit Two Pair oder einem einfachen Paar hinterher zu checken. Wäre die Riverkarte eine 2♥ oder ähnliche, nicht verbundene Herzkarte gewesen, würde ich wahrscheinlich einen großen River Check-Raise anstreben, da meine Hand dann gut getarnt wäre.

Ergebnis: Der Gegner bettet 200, und unser Spieler callt.

Hand 180

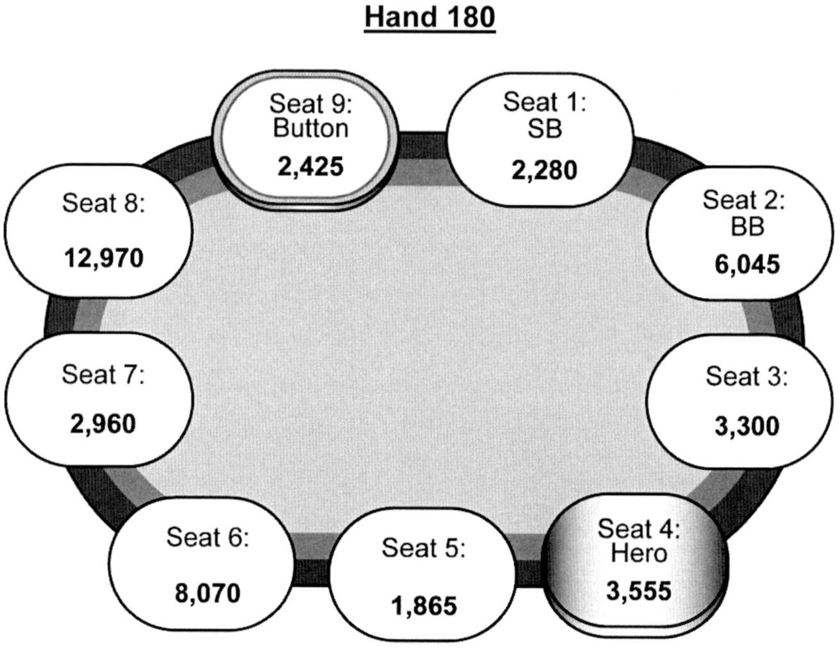

Situation: Dies ist ein 50 $-Turnier. Es läuft die dritte Blindstufe mit Blinds von 25/50.

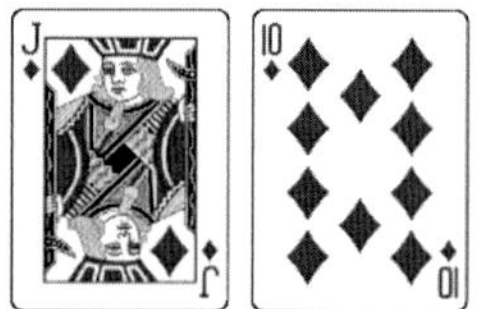

Vor dem Flop (75): Die ersten beiden Spieler folden. Was macht ihr?

PearlJammer
Mit einem Stack von ungefähr 70 Big Blinds kann ich mit mittleren bis niedrigen Pocket Pairs und starken, verbunden Karten limpen, um starke Hände zu treffen und große Pots zu gewinnen. Doch um nicht allzu vorhersehbar zu werden, sollte ich mit diesen Händen mindestens genauso oft zur Eröffnung raisen wie limpen.

Rizen
Ich raise auf 150. Diese Spielweise verschleiert mein Blatt, erzeugt so zusätzlichen Value und erlaubt mir, die Kontrolle des Pots zu übernehmen. Da ich in früher Position bin, werden mich meine Gegner oft auf eine ganz andere Hand setzen, als ich tatsächlich habe, also kann ich den Pot oft ohne Showdown gewinnen. Und bei einem Treffer werden meine Gegner mich wahrscheinlich nicht auf die Art Hand einschätzen, die ich tatsächlich halte.

Ape
Normalerweise folde oder raise ich mit dieser Hand. Aufgrund meiner frühen Position und der Größe der Stacks tendiere ich zu einem Fold. Für einen Limp brauche ich genaue Kenntnisse über die anderen Spieler am Tisch; ein solcher Spielzug ist nur dann korrekt, wenn meine Gegner loose-passiv sind und es häufig zu Pots mit mehreren Teilnehmern kommt.

Unser Spieler limpt, und Spieler 8 raist auf 150. Alle anderen folden, und unser Spieler callt.

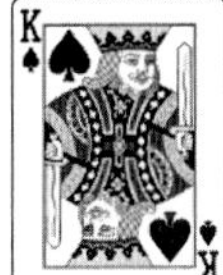

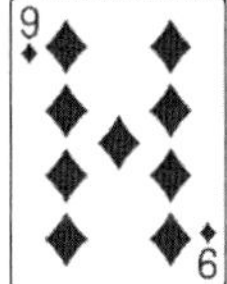

Flop (375): Unser Spieler checkt, und sein Gegner bietet 300. Unser Spieler callt.

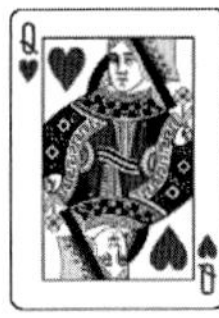

Turn (975): Was macht ihr?

Pearl
Oftmals ist es am besten, zum Bettor zu checken, nachdem man einen Draw vervollständigt hat. In diesem Beispiel jedoch sollte ich in meinen Gegner hinein betten. Bei einem so zusammenhängenden Board, auf dem lediglich ein Bube benötigt wird für eine Straight, wird mein Gegner wahrscheinlich auch mit starken Händen wie KK, QQ, KQ oder AK nach mir checken. Um ihm also keine Freecard zu gewähren, sollte ich betten, um ihn für die Chance, mich noch zu überholen, bezahlen lassen. Die einzige Hand, gegen die ich verliere, ist AJ, was angesichts der Bet meines Gegners von 300 auf dem Flop unwahrscheinlich ist.

Rizen
Ich eröffne den Pot mit rund 500. Etwas mehr als halbe Potgröße sollte meinen Gegner verlocken, mich mit einer Hand wie Two Pair zu kontrollieren, und es verwehrt ihm eine Freecard, mit der er sich zum Full House verbessern könnte (wenn er Two Pair oder ein Set hat), oder den Backdoor Flush treffen oder den Buben bekommen, falls er ein Ass hält.

Ape
Auf dem Flop ist keine Option wirklich gut, auch wenn es ein anständiger Flop für mich ist. Um spezifischer zu sein: dieser Flop ist vermutlich unter den Top 25 Prozent für diese Hand, aber ich habe keine Ahnung, wie ich fortfahren sollte. Raisen funktioniert nicht, da ich auf einen Reraise folden muss, also muss ich callen oder folden. Das ist der Grund, warum es am besten ist, Hände wie JTs ohne Position zu folden. Der Raiser zu sein ist ebenfalls vorteilhaft, da Pots ohne Initiative zu spielen grundsätzlich schwierig und nicht erstrebenswert ist.

Auf dem Turn habe ich fast sicher die beste Hand. Ich kann hier nicht checken, da der Gegner für gewöhnlich mit Two Pair, Overpairs und Sets hinterher checken wird. Ich könnte rund die Hälfte des Pots auf 500 bieten. Wenn ich geraist werde, stehe ich vor einer schweren Entscheidung. Wenn ich auf dem Turn gegen einen kompetenten Gegner All-In gehe, werde ich fast immer bestenfalls den Pot teilen und könnte gegen AJ ***drawing dead*** sein. Außerdem habe ich nicht den J♥, also gibt es eine geringe Möglichkeit, dass er Jx in Herz hat und mit einem Flush Draw und einer Straight ein „Freispiel" hat, was bedeutet, dass er den Pot nicht verlieren, aber gewinnen kann. Ich wäre sehr unglücklich über einen Raise, werde aber callen, da eine gute Chance besteht, dass er blufft.

Unser Spieler bietet 600, und sein Gegner callt.

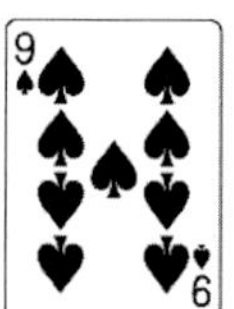

River (2.175): Unser Spieler bietet 800, und sein Gegner pusht All-In. Was macht ihr?

Pearl
Ich habe in diesen Pot nun 1.850 investiert, und nur noch 1.705 übrig, also sollte ich dieses All-In callen, richtig? Falsch! Ich muss folden.

Mein Gegner sollte durch meine Gebote erkennen, dass ich eine Straight habe und sein All-In callen muss. Daher ist es extrem unwahrscheinlich, dass er in dieser Situation jemals blufft. Die 9♠ war eine furchtbare Karte für meine Hand, da sie sehr gut das Full House meines Gegners vervollständigt haben könnte. Ich kann mir sicher sein, dass er auf dem Turn meine Bet mit einer sehr starken Hand callte, höchstwahrscheinlich mit einem Set. Mit einer Straight, selbst mit AJ, hätte er meine Bet auf dem River für gewöhnlich nur gecallt, anstatt mit einer ähnlichen Angst zu reraisen, nämlich dass ich nun ein Full House haben könnte. In Anbetracht der Action meines Gegners während der gesamten Hand kann ich sicher sein, dass ein Fold die korrekte Spielweise ist.

Rizen

Zu allererst, hier eröffne ich niemals! Sobald sich das Board paart und keiner der anderen Draws ankommt, versuche ich, einfach zum Showdown zu kommen. Mit einem Check gibt man seinem Gegner Gelegenheit, mit einem verpassten Draw zu bluffen, und man bekommt hier wahrscheinlich so oder so nicht allzu viel Value von Händen wie KQ. Außerdem bringe ich wohl auch niemals eine Block-Bet wie diese. Im Pot sind 2.100. Eine Block-Bet deckt meine Hand mehr oder weniger auf. Denkt mein Gegner mit, und erkennt meine Bet als das, was sie ist, nämlich eine Block-Bet, dann kann er mich hier mit einem Bluff-Raise in eine wirklich unangenehme Situation bringen. Falls er das Full House hat, macht dies auch einen Fold für mich sehr schwer. Ich würde lieber checken und ihn in den Fällen, in denen er das Full House hat, mehr als 800 bieten lassen, als die Entscheidung treffen zu müssen, ob ich auf sein All-In calle oder folde; ganz zu schweigen von der Tatsache, dass ich so eine Menge Equity von seinen Bluffs bekomme. Oder, falls er schlecht genug ist, könnte er sogar denken, dass er mit Two Pair oder schlechter For Value bietet.

Da ich jedoch 800 geboten habe und er All-In pushte, ist der effektive Pot (er hat mehr Chips als ich) 5.130 und ich habe 2.005 übrig. Das sind Pot Odds von knapp besser als 2-zu-1, aber meist ist mein bestmögliches Szenario eine Teilung des Pots (auch wenn ich den gelegentlichen Bluff entlarve). Wenn wir annehmen, dass er in 5 Prozent der Fälle blufft, in 60 Prozent lediglich einen einfachen Buben hält und in den restlichen 35 Prozent der Fälle AJ oder besser hat, um den gesamten Pot einzustreichen, ist meine Equity in dem Pot etwas unter 1.800. Mit 2.005 zu zahlen, um 1.800 (im Schnitt) zu gewinnen, ist ein verlustreiches Spiel, folglich ist ein Fold hier besser. Damit dieser Call profitabel ist, müsste mein Gegner in mehr als 10 Prozent der Fälle bluffen und/oder viel häufiger nur einen Buben haben. Selbst dann müsste ich die Tatsache abwägen, dass ich hier in 30 bis 35 Prozent der Fälle aus dem Turnier ausscheiden würde, und in dieser Phase sind 2.005 immer noch ein gut spielbarer Stack, um damit zu arbeiten. Ich folde.

Ape
Niedrige Bets auf dem River sind generell gefährlich, weil sie Bluffs provozieren können. Doch in diesem Fall ist die Bet in Höhe von 800 perfekt. Seine Bet auf dem Flop signalisierte Stärke und sein Call auf dem Turn verriet zwar Angst vor den vier Karten zur Straight auf dem Board, aber eine dennoch starke Hand. Angesichts dieser Action hat mein Gegner eine starke Hand, die er nicht in einen Bluff verwandeln wird. Mit KQ, AK, AA und Jx wird er beinahe sicher callen, mit AJ oder einem Full House jedoch raisen. Nicht besonders viele Spieler würden einen so subtilen Bluff bringen, oder eine Hand mit Showdown-Value durch einen Raise in einen Bluff verwandeln. Meist hat er hier ein Full House. Nach dem Verlauf dieser Hand folde ich recht schnell.

Vor dem Flop zu raisen oder zu folden macht diese Hand viel einfacher zu spielen. Normalerweise folde ich vor dem Flop, um Situationen wie diese zu vermeiden.

Ergebnis: Unser Spieler foldet.

Hand 181

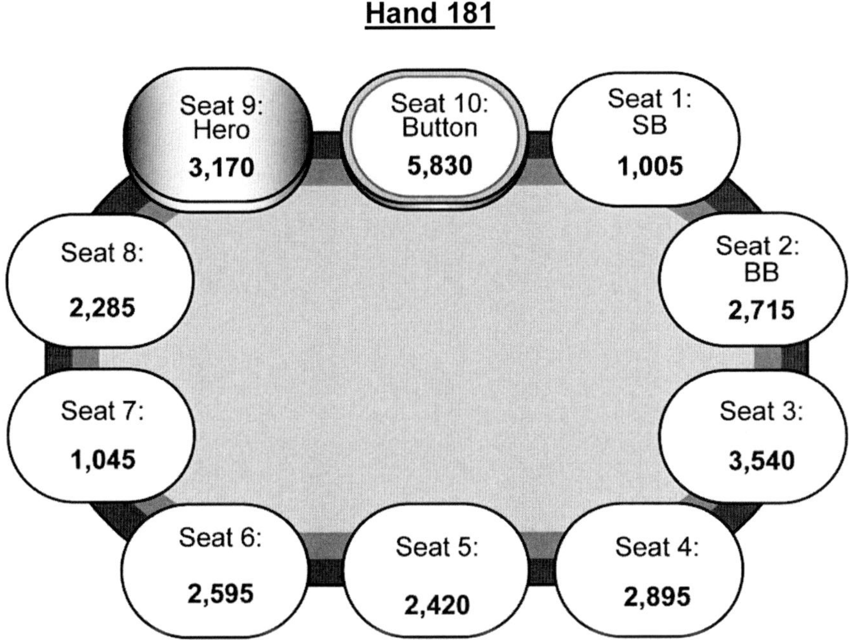

Situation: Dies ist ein 150 $-Turnier mit Blinds bei 20/40.

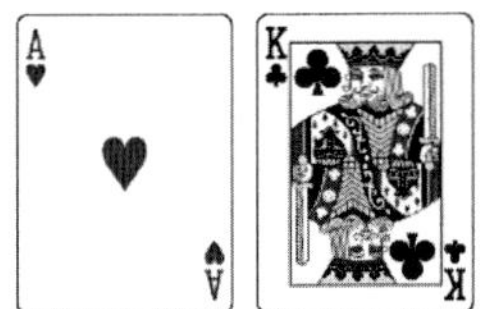

Vor dem Flop (60): Spieler 3 limpt für 40. Spieler 4 raist auf 140, Spieler 5 reraist auf 240. Es wird zu euch gefoldet. Was macht ihr?

PearlJammer

In den sehr frühen Phasen von Turnieren bin ich froh, wenn ich einen Pot mit AK eröffnen kann. Eröffnet ein Gegner aus später Position heraus, bin ich ebenfalls gerne bereit, damit vor dem Flop zu reraisen, besonders in Position. Kommt es vor mir in diesen Turnierphasen jedoch zu einem Raise und einem Reraise, möchte ich normalerweise, dass mein AK verwelkt und stirbt! Da ich die gesamte Hand über Position haben werde, erwäge ich einen Call, da ein Reraise hier normalerweise keine Option darstellt. Verglichen mit den Blinds sind die Stacks alle zu groß, um damit all mein Geld vor dem Flop einzubringen. Entweder ich werfe mein AK in den Muck, oder ich versuche, für 240 den Flop zu sehen und bete, dass der ursprüngliche Raiser nicht reraist.

In einer solchen Situation, in der ich noch kein Geld investiert und zwei Spieler beachtliche Stärke gezeigt haben, entscheide ich mich meist für die konservative Route und lege meine Hand ab. Dieser Weg ist besonders an Tischen wie diesem hier mit zehn Spielern reizvoll, im Gegensatz zu den weiter verbreiteten Tischen mit neun Spielern. Ich könnte in einen Haufen Schwierigkeiten geraten, wenn ich calle und auf dem Flop ein Ass und/oder einen König treffe. Wenn ich lediglich calle, werde ich auch besser darauf vorbereitet sein, auf jede weitere Action des ursprünglichen Raisers oder eines anderen Spielers vor dem Flop zu folden. Bei einem zweiten Reraise vor dem Flop würde meine Hand praktisch wertlos werden. Hat sich der Reraiser jedoch bereits zuvor als Maniac erwiesen, der den Reraise auch mit weniger als einer absoluten Premium-Hand bringt – mit AQ oder AJ zum Beispiel – werde ich guten Gewissens einfach nur callen und in Position den Flop sehen, oder sogar reraisen. Ausreichend verlässliche Anhaltspunkte, dass ein Reraiser so kopflos spielt, sind in dieser Phase des Turniers allerdings äußerst selten vorhanden. Daher werde ich meine Hand normalerweise folden, bevor ich irgendwelches Geld in den Pot investiere. Ich folde.

Rizen
Ich folde. Spieler 3 limpt aus erster Position, was vielen Spielern Furcht einflößt. Dass direkt zu seiner Linken Spieler 4 raist und der Spieler direkt neben Spieler 4 reraist, deutet auf einige sehr starke Hände hin. Treffe ich auf dem Flop ein Ass oder einen König, werde ich mich dennoch an keinem großen Pot beteiligen können, da ich dominiert werden könnte. In dieser Situation sind die Reverse Implied Odds, die ich meinen Gegnern biete, wenn ich die zweitbeste Hand treffe, einfach viel zu hoch, um diese Hand profitabel zu spielen.

Apestyles
Ich folde. Gibt es einiges an Action von Spielern aus den frühen Positionen, speziell Minimum-Raises und Reraises, ist AK häufig weit hinten und lässt sich sehr schwer spielen, da ich nicht weiß wo ich stehe, wenn ich Top Pair floppe. Außerdem beende ich mit einem Call die Action nicht, und Spieler 4 könnte mich einem abermaligen Reraise zum Folden zwingen.

Ergebnis: Unser Spieler foldet. Spieler 4 floppt ein Set Zehnen, und Spieler 5 verliert mit KK.

Hand 182

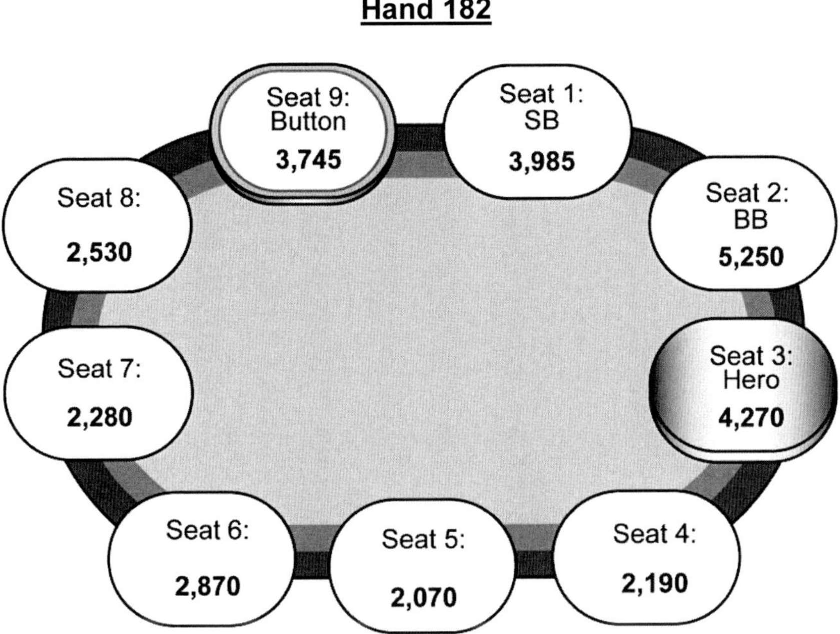

Situation: Dies ist ein großes 200 $-Sonntagsturnier mit 750.000 $ garantiertem Preisgeld und tausenden von Teilnehmern. Die Blinds sind bei 30/60.

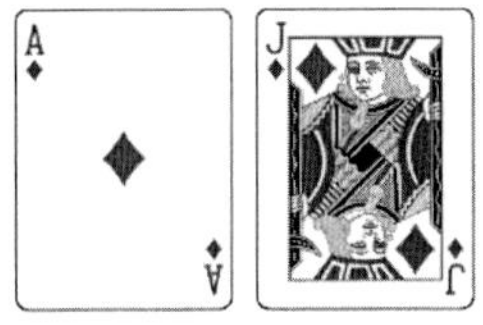

Vor dem Flop (90): Was macht ihr?

PearlJammer
In der frühen Phase eines Turniers brauche ich aus erster Position eine recht starke Hand. Ich werde Hände wie AJo, ATs, KQo und KJs folden. In dieser Phase sind die Blinds praktisch wertlos, und ich möchte nicht unnötig ohne Position in einen Pot involviert werden. AJs ist grenzwertig, aber weil das große Teilnehmerfeld voller Qualifikanten ist, werde ich mich zu einem Raise auf ungefähr 150-180 entscheiden. Mit dieser Hand in einen Pot verwickelt zu sein, stört mich in diesem speziellen Turnier weniger, als dies bei einem

schwierigeren, tighteren Teilnehmerfeld der Fall wäre, wie etwa in einem der täglichen Freezeout-Turniere mit einem Buy-In von 100 $.

Rizen
Früh in diesen Turnieren mag ich es, mit AJs und manchmal sogar AQs zu limpen. Beachten Sie, dass ich AJo hier wahrscheinlich folden würde, aber AJs spielt sich in Pots mit mehreren Spielern viel besser. Gelegentlich würde ich hier auch raisen, um meine Spielweise aufzulockern. Ich calle.

Apestyles
Ich raise oder folde hier immer, tendiere aber zu einem Fold. AJ ist an einem vollen Tisch in früher Position kein gutes Blatt. Dass es gleichfarbig ist, erhöht jedoch meine Bereitschaft zu spielen; sie hat das Potential den Flop gut zu treffen und eine sehr starke Hand zu ergeben.

Unser Spieler limpt, und der Small Blind komplettiert. Drei Spieler sehen den Flop.

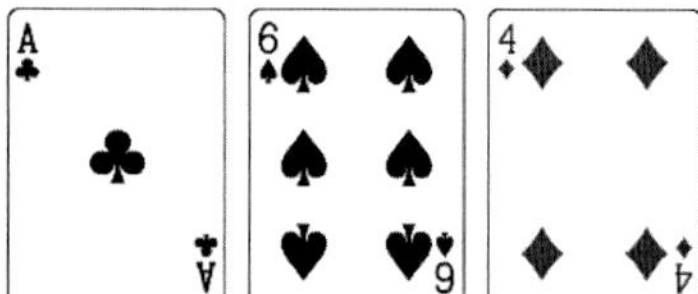

Flop (180): Es wird zu euch gecheckt. Was macht ihr?

PearlJammer
In diesem Beispiel hat unser Spieler gelimpt. Allerdings bin ich froh, dass ich die Hand letztlich in Position gegen die Blinds spielen kann. Ich habe Top Pair mit einem starken Kicker gefloppt, und sollte For Value bieten, auch wenn ich höchstwahrscheinlich nur von Ax oder einem Straight Draw Action bekommen werde. Ich werde die Blinds für den Turn zahlen lassen, und ihnen nicht erlauben, kostenlos Two Pair oder eine Straight zu treffen. Ich biete rund 120, zwei Drittel des Pots.

Rizen
Dies ist ein guter Flop für mich. Beide Blinds könnten buchstäblich jedes beliebige Blatt haben, aber ich muss davon ausgehen, dass meine Hand gut ist. Weil es hier sehr schwierig ist, meine Gegner auf ein Handspektrum zu setzen, würde ich For Value bieten und meinen Gegnern ermöglichen, ihre Hände für mich etwas klarer zu definieren. Ich biete 120.

Apestyles
Ich biete zwischen der Hälfte und drei Viertel des Pots, um von schlechteren Assen, Straight Draws und vielleicht mittleren bis niedrigen Paaren Value zu bekommen. Einen Check-Raise würde ich nicht mögen, aber höchstwahrscheinlich callen und die Situation auf dem Turn neu bewerten. Vor dem Flop hätte ich einen Raise bevorzugt, um die Handspektren meiner Gegner genauer definieren zu können und weil sich AJ in Pots mit mehreren Teilnehmern nicht gut spielt.

Unser Spieler bietet 105, und der Small Blind callt.

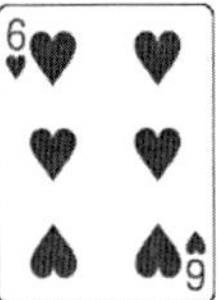

Turn (390): Der Small Blind checkt. Was macht ihr?

PearlJammer
Es ist sehr unwahrscheinlich, dass der Small Blind meine Bet auf dem Flop mit einer Sechs in seiner Hand callen würde. Wesentlich wahrscheinlicher ist, dass er entweder Ax oder einen Straight Draw hat. Mit beiden Händen wird er wahrscheinlich auch eine weitere Bet auf dem Turn callen. Ich könnte checken, um den Pot klein zu halten und Bluffs von verpassten Straight Draws auf dem River zu provozieren. Ich sollte für meine Hand jedoch Value bekommen können, und möchte meinen Gegner für seine Draws bezahlen lassen, also werde ich im Bereich von 250 bieten, erneut ungefähr zwei Drittel des Pots.

Rizen
Die 6♥ komplettiert das vierfarbige Board. Ich denke, dass der Small Blind möglicherweise eine Sechs in seiner Hand hat. Genauso gut könnte er ein Ass mit niedrigerem Kicker oder einen Draw mit einer Hand wie 87 oder 75 haben. Ich muss abwägen, ob ich ebenfalls checken und meine Hand in einen „Bluff-Fänger“ auf dem River verwandeln soll, oder erneut For Value bieten kann, um von schwächeren Assen ausbezahlt zu werden. So früh im Turnier werde ich hier wahrscheinlich eher ebenfalls checken, um potentielle Bluffs auf dem River zu provozieren, den Pot klein zu halten und den Showdown zu erreichen.

Apestyles
Sowohl ebenfalls zu checken, als auch rund die Hälfte des Pots zu bieten, sind akzeptable Alternativen. Normalerweise checke ich, weil ein listiger Spieler hier auf dem Turn checkraisen, eine Sechs repräsentieren und mich zum Fold

zwingen könnte, selbst wenn er nur einen Straight Draw oder das unterste Paar hält. Ein Check provoziert auch Bets von schlechteren Händen auf dem River. Für welche Spielweise ich mich entscheide, hängt sehr von meiner Einschätzung der anderen Spieler ab.

Unser Spieler checkt.

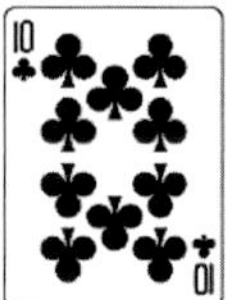

River (390): Der Small Blind bettet in Potgröße. Was macht ihr?

PearlJammer
In diesem Beispiel habe ich den Turn gecheckt, um den Pot klein zu halten und vielleicht Bluffs auf dem River zu provozieren. Mein Gegner hat auf dem River mit einer Bet in Potgröße eröffnet. Obwohl ich meinen Gegner möglicherweise ausbezahle – ein Full House, wenn er auf dem Flop Two Pair slow spielte, oder AT, das mich auf dem River überholte – muss ich callen. Nach meinem Check auf dem Turn könnte er mit jedem Ass glauben, die beste Hand zu haben und For Value bieten. Er könnte auch mit einem verpassten Straight Draw bluffen, da diese Hände andernfalls im Showdown nicht gewinnen könnten. Es gibt auch noch die unwahrscheinliche Möglichkeit, dass er auf dem Turn einen Drilling komplettiert hat, und mit der Hand nun für maximalen Value bietet. Allerdings denke ich, dass er eine Sechs höchstwahrscheinlich auf dem Flop gefoldet hätte. Ein Raise kommt nicht infrage, da es extrem schwierig ist, hier von schlechteren Händen ausbezahlt zu werden und es würde die Action erneut eröffnen, wenn ich geschlagen bin. Ich calle gerne.

Rizen
Diese Bet sieht sehr stark nach einer Value Bet mit einer Sechs oder AT aus. Doch der Check auf dem Turn war dazu gedacht, Bluffs auf dem River zu provozieren, und er könnte denken, mit A9 oder ähnlichem die beste Hand zu haben und For Value zu bieten. Ich würde widerwillig callen.

Apestyles
Ich calle seine Bet in Potgröße recht schnell. Angesichts meiner Spielweise könnte er sehr wohl ein schwächeres Ass oder einen geplatzten Straight Draw haben. Mann kann einfach nicht den Turn mit der Absicht checken, auf einem River zu folden, auf dem der eigene Kicker immer noch aktiv ist. Ein Raise bewirkt meist nur, dass schlechtere Hände folden und bessere Hände callen. Ich

kann hier durchaus in vielen Fällen geschlagen sein. Seine Bet in Höhe des Pots scheint recht stark, aber es gibt hier keine Alternative zu einem Call.

Ergebnis: Unser Spieler foldet.

Hand 183

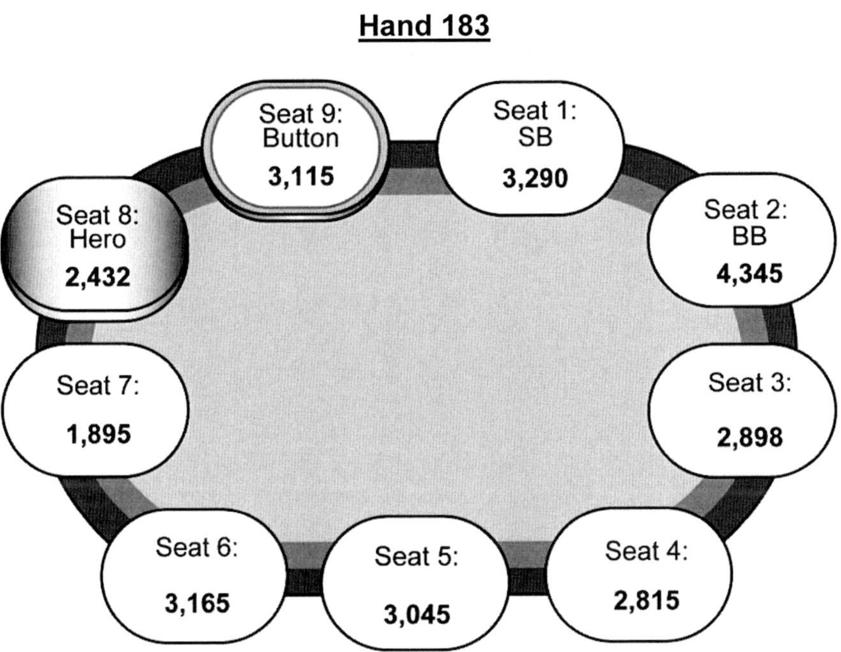

Situation: Dies ist die erste Veranstaltung einer größeren Turnierserie im Internet. Das Buy-In beträgt 200 $, und es gibt mehr als 5.000 Teilnehmer. Die Blinds sind bei 30/60.

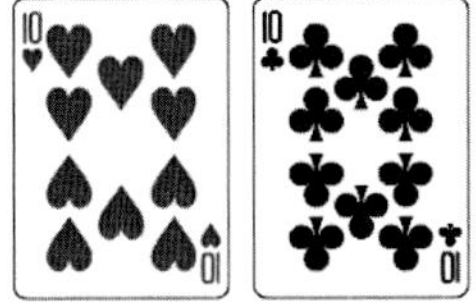

Vor dem Flop (90): Spieler 7 raist auf 220. Was macht ihr?

PearlJammer
In einer großen Turnierserie wie dieser gibt es tausende Qualifikanten, und daher eine Menge schwacher Spieler. Ich werde in eine schwierige Situation gebracht, wenn der Hijack auf 220, also fast vier Big Blinds raist, und ich im Cut-Off TT habe. Wenn ich davon ausginge, dass Spieler 7 hier immer ein höheres Pocket Pair hat, hätte ich nicht die notwendigen Implied Odds, um mit TT zu callen und auf ein Set zu hoffen. Doch signalisiert die Bet von Spieler 7 meist ein mittleres Pocket Pair von 99 bis 77, zusammen mit AK, AQ, AJ, KQ, vielleicht sogar eine andere Hand mit Broadway-Karten oder ein schwächeres Ass. Es ist sehr schwer, das Spektrum eines komplett unbekannten Spielers einzugrenzen, besonders in diesem speziellen Teilnehmerfeld mit so vielen unerfahrenen Spielern.

Vor dem Flop mit TT zu reraisen scheint zu aggressiv zu sein, da ich mich so selbst Pot-Committen würde. Mit 2.432 will ich bei Blinds von 30/60 auf keinen Fall vor dem Flop mit einer solch schwachen Hand wie TT Pot-Committed sein. Auf ein einzelnes Raise aus später Position heraus mit TT zu folden, wäre allerdings zu schwach, also werde ich angesichts meines positionellen Vorteils hier normalerweise callen und die Situation auf dem Flop neu bewerten. Ich calle.

Rizen
Angesichts der Tatsache, dass mein Gegner vom Hijack geraist und nur 30 Big Blinds hat, denke ich, dass hier ein Reraise richtig ist. Wären die Stacks größer, würde ich lieber nur callen, aber die Stacks sind so klein, dass ein Reraise mit der wahrscheinlich besten Hand mehr Sinn ergibt. Ich sollte einen Betrag reraisen, der meinen Gegner denken lässt, er würde in der Hand All-In gehen, jedoch nicht so viel, dass ich unabhängig von den weiteren Ereignissen Pot-Committed bin. Normalerweise denkt ein Gegner, dass die Hand wohl All-In gehen wird, wenn er vor dem Flop rund ein Drittel seiner Chips einbringen muss, also würde ich hier auf 640 raisen. Falls irgendwer außer dem Hijack reraist, werde ich folden, aber ich bin darauf vorbereitet, wenn nötig um den Stack des Hijacks zu spielen.

Apestyles
Ich calle bloß. Mit meinem Stack werde ich zu diesem Zeitpunkt nicht darauf aus sein, mit lediglich TT immense Action vor dem Flop zu bekommen.

Unser Spieler callt.

Der Button geht für 3.115 All-In. Es wird zu Spieler 7 gefoldet, der knapp 15 Sekunden nachdenkt und callt. Was macht ihr?

PearlJammer
Der Button ist für 3.115 All-In gegangen, was eine Overbet ist, wenn man die 530 im Pot bedenkt, aber recht verbreitet in einem Turnier wie diesem. Spieler 7 hat nach einigem Überlegen mit dem Rest seiner Chips gecallt. Die Action ist wieder bei mir mit TT. Angesichts zweier Spieler, die bereits All-In gegangen sind bestünde in der 30/60-Phase normalerweise praktisch keine Chance, dass mein TT vor dem Flop die beste Hand ist. Doch gibt es in dieser Situation hierfür eine berechtigte Chance: Der Button könnte leicht mit einem mittleren Pocket Pair oder AK oder AQ ein Squeeze-Play versuchen.

Das „Nachdenken" von Spieler 7 könnte eine List mit AA gewesen sein, um Action von mir zu bekommen, aber höchstwahrscheinlich hat er tatsächlich nur überlegt, ob er callt oder foldet. Dieser zeitliche „Tell" deutet meist auf ein mittleres Pocket Pair wie JJ oder 99 oder vielleicht eine Hand wie AK oder AQ hin. Ich bezweifle, dass er mit einem niedrigen Pocket Pair oder schlechteren Broadway-Karten gecallt hätte, aber besonders in einem Minenfeld wie diesem kann man sich nie gänzlich sicher sein. Trotz der Gefahr, die beste Hand vor dem Flop zu folden, glaube ich nicht, dass mein Blatt in dieser frühen Phase die Zockerei wert ist, zwei All-In Hände schlagen zu müssen, um zu überleben. Ich wähle die konservative Spielweise und folde.

Rizen
Ich folde so schnell wie möglich. In dieser Situation hoffe ich ja auf die perfekte Konstellation, in der ich gegen zwei AK Kombinationen oder AK und ein niedrigeres Paar antrete. Es ist höchst unwahrscheinlich, dass ich gegen zwei niedrigere Paare antrete und ziemlich wahrscheinlich, dass ich gegen mindestens ein höheres Paar spiele. Dies ist einer der Gründe, weshalb ich gereraist hätte. Solange ich vor dem Flop keinen Reraise in Potgröße von 750 oder mehr bringe, obwohl ein Raise auf 640 das gleiche erreichen würde, werde ich wesentlich mehr Information über die Hand bekommen, und zugleich den Pot häufig direkt gewinnen.

Apestyles
Ich folde. Nach der starken Action und speziell dem langsamen Call von Spieler 7, obwohl ich noch an der Reihe bin (was häufiger eine Monsterhand signalisiert, mit der er einen Call provozieren möchte, als eine schwache Hand mit einer schwierigen Entscheidung), schlagen sich meine Zehnen in einem All-

In mit drei Spielern nicht gut. Ich habe noch immer einen zufriedenstellenden Stack, mit dem ich spielen und in wesentlich besseren Situationen als dieser Chips ansammeln kann, also folde ich.

Ergebnis: Unser Spieler callt tatsächlich. Der Button zeigt A♠K♠, Spieler 7 zeigt 5♣5♠, und unser Spielers gewinnt einen Pot von 6.849.

Hand 184

Seat 9: Button 5,260
Seat 1: SB 1,825
Seat 8: 3,650
Seat 2: BB 2,745
Seat 7: Hero 4,635
Seat 3: 6,025
Seat 6: 2,390
Seat 5: 2,935
Seat 4: 3,640

Situation: Dies ist ein nächtliches 320 $-Turnier, und die Blinds sind bei 50/100. Spieler 8 hat viele Raises unseres Spielers vor dem Flop gecallt.

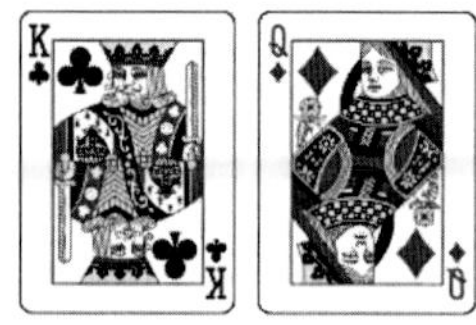

Vor dem Flop (150): Unser Spieler raist auf 250. Spieler 8 im Cut-Off callt, und zwei Spieler sehen den Flop.

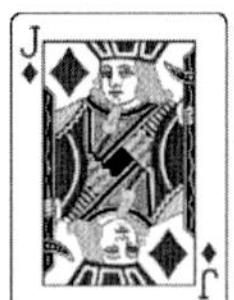 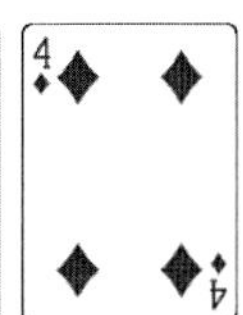 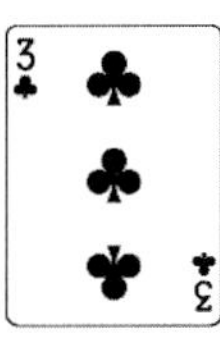

Flop (650): Was macht ihr?

PearlJammer
Bei 650 im Pot und einem überaktiven Gegner sollte ich mit meiner Aggression vor dem Flop weitermachen und den Pot angreifen. Mein Gegner foldet wahrscheinlich alle ungepaarten Hände, und er könnte auch ein mittleres Pocket Pair folden. Falls mein Gegner callt, werde ich den Pot fast sicher aufgeben, sofern ich auf dem Turn kein Ass, König, oder eine Dame treffe. Ein König oder eine Dame geben mir wahrscheinlich die beste Hand, während ein Ass mir die Chance gibt, den Pot erneut anzugreifen, indem ich Top Pair repräsentiere. Ich werde etwa die Hälfte bis zwei Drittel des Pots bieten.

Rizen
Ich bringe eine normale Continuation Bet. Trotz der Flush Draws ist es sehr unwahrscheinlich, dass meinen Gegner dieses spezielle Board getroffen hat. Im Pot sind nun 650, also biete ich 400.

Apestyles
Auf diesem recht unkoordinierten Board bringe ich definitiv eine Continuation Bet.

Unser Spieler bietet 400 und sein Gegner callt.

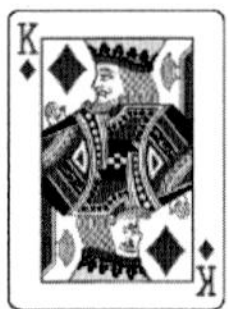

Turn (1.450): Was macht ihr?

PearlJammer
Ich bin froh, den König getroffen zu haben, doch dieser spezielle König komplettiert einen möglichen Flush. Mit einem Check lade ich meinen Gegner ein, mit Händen wie mittelhohen Pocket Pairs oder einem Buben zu betten, mit Händen also, die er höchstwahrscheinlich folden würde, wenn ich erneut bette. Da mein Gegner so viele meiner Raises callt, finde ich mich damit ab, ihn auszubezahlen, wenn er einen fertigen Flush hat. Würde ich bieten und mein Gegner raist All-In, dann wäre es scher, Top Pair plus zweitbesten Flush Draw

zu folden. Mit einem Check kontrolliere ich die Potgröße. Checkt mein Gegner hinterher, werde ich bei den meisten Riverkarten For Value bieten. Ich checke.

Rizen
Ich biete erneut. Es sind 1.450 im Pot, und ich habe 3.085 übrig. Checke ich und mein Gegner bettet, wäre ich in der recht unangenehmen Lage, mich mit lediglich Top Pair sowohl auf dem Turn als auch möglicherweise auf dem River Geboten gegenüber zu sehen, die meinen gesamten Stack betreffen könnten. Bette ich hier 900, wird mein Gegner wahrscheinlich seine Hand für mich definieren und ich kann eine gute Entscheidung treffen. Es wird schwer (aber nicht unmöglich) für ihn sein, mich hier mit einem Bluff zu raisen, was mir die Art Pot Odds gibt, um seinen Raise zu callen. Bei einem Call wird er häufig eine Hand wie QJ oder JT mit vielleicht einem einzelnen Karo haben, und ich kann bei den meisten Riverkarten, die nicht in Karo sind, For Value All-In gehen.

Apestyles
Dies ist eine schwierige Hand. Meine Beobachtungen sind in dieser Situation wirklich wichtig. Bette ich und er raist, ist meine Hand in ernsthaften Schwierigkeiten und ich werde wahrscheinlich folden müssen. Falls er mit einem Buben auf dem Flop callte, wird er eine Bet auf dem Turn wahrscheinlich lieber callen, als mit dem König auf dem Turn seine Hand durch einen Raise in einen Bluff zu verwandeln. Doch er könnte hier mit Gutshots und Straight Draws bluffen. Er könnte auch mit KJ, einem Set, oder einem Flush Draw gecallt haben, alles Hände, die mich auf dem Turn dominieren.

Obwohl ich die Q♦ habe, werde ich nicht die Odds haben, um auf den Flush zu drawen, wenn mein Gegner All-In raist, insbesondere angesichts des Handspektrums, auf das ich ihn setze. Ich würde es auch hassen, meine Hand zu folden, da ich Top Pair mit zweitbestem Kicker und einem anständigen Flush Draw habe. In Anbetracht all dieser Faktoren scheint Check-Call die beste Option zu sein; All-In checkraisen ist auch nicht furchtbar, da ich von schlechteren Draws eine Bet erhalte. Ich checke und hoffe, dass er ebenfalls checkt wird, damit ich auf dem River eine Value Bet bringen kann.

Unser Spieler checkt. Spieler 8 bietet 1.100, und unser Spieler callt.

River (2.550): Unser Spieler checkt. Sein Gegner geht für 1.900 All-In. Was macht ihr?

PearlJammer
Zu diesem Zeitpunkt bereue ich, überhaupt erst eine Continuation Bet gebracht zu haben. Doch nun liegt eine Menge Geld im Pot, und mein Gegner spielt zu viele Hände. Auch hält er mich angesichts meiner Spielweise wahrscheinlich für relativ schwach, setzt mich vielleicht auf eine Hand wie TT oder bestenfalls AJ. Er könnte auch denken, dass ich den Turn mit dem nackten Karo-Ass callte, und seine Bet auf dem River nicht callen kann. Nichtsdestotrotz könnte er mich mit einem Flush, einem Set, Two Pair oder einer wundersamen Straight auf dem River geschlagen haben. Es ist knapp, aber angesichts der Überaktivität meines Gegners bis zu diesem Zeitpunkt und der Größe des Pots entscheide ich mich für den Call.

Rizen
Dies ist der Grund, warum ich auf dem Turn biete. Nun bekomme ich fast 3-zu-1 Pot Odds zum Callen, aber es geht um einen Großteil meiner Chips. Die meisten Gegner sind nicht fähig, auf dem Flop zu callen und dann sowohl auf dem Turn, als auch dem River zu bluffen, also muss mein Gegner denken, dass er For Value bietet. Es gibt nicht viele Hände, die er For Value bieten und die ich schlagen kann, und Folden lässt mir genügend Chips, um mir etwas Zeit zu lassen und meine Chancen in kommenden Händen zu suchen. Hier zu callen und zu verlieren lässt mich mit einem beinahe unspielbaren Stack zurück. Ich folde und bin sauer auf mich selbst, weil ich auf dem Turn nicht geboten habe!

Apestyles
Mein Gegner hat in dieser Hand massenhaft Stärke gezeigt. Die einzige Möglichkeit, wie meine Hand gut sein könnte, wäre irgendeine Art extrem verrückter Bluff-Sequenz oder ein Float mit KT, womit er nun übermäßig gierig For Value bietet. Vergleicht man die Zahl realistischer Hände, die mich hier schlagen mit der sehr geringen Chance, dass er hier einfach irgendetwas Verrücktes macht, scheint sehr deutlich zu sein, dass ich in den meisten Fällen geschlagen bin. Ich folde.

Ergebnis: Unser Spieler foldet.

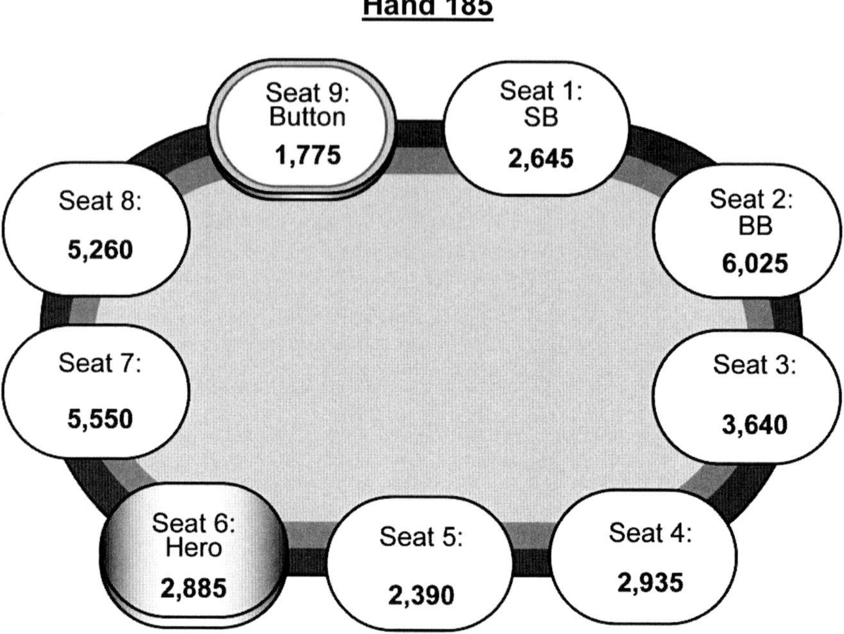

Situation: Dies ist ein 320 $-Turnier, und die Blinds sind bei 50/100.

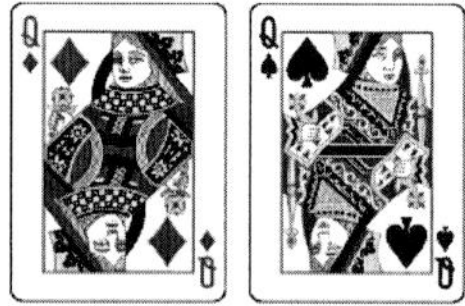

Vor dem Flop (150): Spieler 3 limpt, und unser Spieler raist mit einem Paar Damen auf 400. Nur Spieler 3 callt.

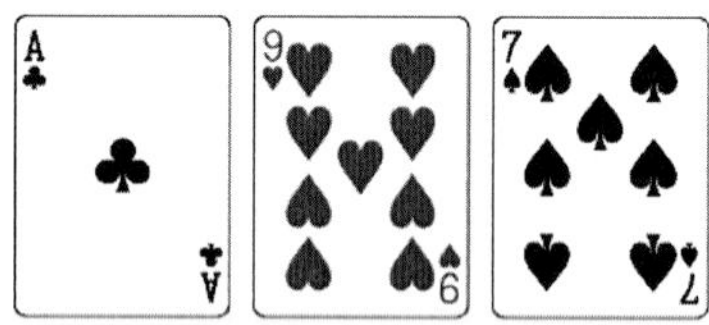

Flop (950): Der Gegner überlegt längere Zeit und checkt dann. Was macht ihr?

PearlJammer
Ich habe meinen Standard-Raise des vierfachen Big Blinds nach einem Limper mit QQ auf 400 gemacht, und der Limper hat gecallt. Unglücklicherweise ist ein

Ass gefloppt, was mich in eine schwierige Situation bringt. Ich könnte betten und hoffen, den Pot direkt zu gewinnen. Jedoch bekomme ich auf diesem Flop ohne Flush Draw wahrscheinlich keine Action, sofern mein Gegner kein Ass hat. Ich sollte checken und die Situation auf dem Turn anhand der Spielweise meines Gegners neu bewerten.

Rizen
Meist ist es tatsächlich ein Anzeichen von Schwäche, wenn Spieler eine Weile überlegen und dann checken. Manchmal allerdings spielen sie einfach nur mehrere Tische, also passe ich auf, ohne weitere Informationen nicht zu viel aus diesen „zeitlichen Tells“ zu interpretieren. Ich habe vor dem Flop geraist und auf diesem Flop lässt sich gut ein Ass repräsentieren. Bei einem Pot von 950 sollte ich 600 bieten.

Apestyles
Meist empfehle ich, in dieser Situation ebenfalls zu checken, da man selten bessere Hände zum Folden oder schlechtere Hände zum Callen bringt. Gelegentlich bezahlt jedoch ein Spieler mit einer Neun, Sieben, oder einem niedrigeren Paar für die nächste Karte, also ist die Bet nicht zu schlimm. Außerdem gibt es einige gute Gründe, den sofortigen Gewinn des Pots anzustreben und Hände mit Equity zum Folden zu bringen. Dies ist normalerweise keine dafür geeignete Situation, aber eine Bet ist nicht so schlecht, da sie erstens die Initiative aufrecht erhält, zweitens das ist, was ich normalerweise auch mache, wenn ich den Flop verpasst habe, und drittens gelegentlich noch Value bekommt. Mit einer Bet kann ich auch das Spektrum von Spieler 3 etwas eingrenzen. Trotz alledem bevorzuge ich, hier zu checken.

Unser Spieler bietet 500, und sein Gegner callt.

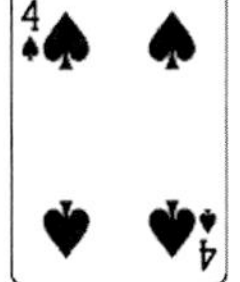

Turn (1.950): Der Gegner bettet 100. Was macht ihr?

PearlJammer
Mein Gegner hat mit einer minimalen Bet auf dem Turn eröffnet und so eine sehr seltsame Spielfolge gewählt. Diese Bet steht häufig für einen Draw oder eine andersartige schwache Hand, die versucht, günstig zum River zu kommen. Mein Gegner könnte auf dem Turn einen Flush Draw aufgenommen oder auf dem Flop mit einem Straight Draw gecallt haben. Er könnte auch mit einem

schwachen Ass oder einer Neun bieten um zu sehen, wo er mit seiner Hand steht. Ich sollte auf rund 500 oder 600 raisen. Mit einem größeren Stack würde ich – basierend auf der Größe des Pots – wahrscheinlich auf rund 800 bis 1.000 raisen, aber mit meinem derzeitigen Stack kann ich mir eine solche Bet nicht leisten. Hoffentlich foldet mein Gegner, aber wenn er callt, sollte ich Gelegenheit bekommen, mit Position auf dem River nach ihm zu checken.

Rizen
Mit dem "zeitlichen Tell" auf dem Flop und dieser super-schwachen Bet auf dem Turn habe ich den Eindruck, dass er im Moment eine schwache fertige Hand hat, vielleicht Axs, womit der er einen Draw bekommen hat und seinen eigenen Preis für die Hand bestimmen möchte. Hier raise ich tatsächlich gerne, auch wenn dies mein Paar Damen in einen Bluff verwandelt. Ich denke, es ist wertvoller, den Pot jetzt direkt zu gewinnen und ihn davon abzuhalten, günstig auf eine bessere Hand zu drawen, als ihn erneut mit einer schwachen Hand bieten zu lassen. Ich raise auf 900.

Apestyles
Hier ist es der einzige Spielzug ein Call. Eine Hand dieser Stärke für so wenig zu folden scheint irgendwie albern. Ein Raise würde in den meisten Fällen nichts erreichen; bessere Hände wie ein Paar Asse werden auf meinen Raise nicht folden. Der einzige Vorteil, den ein Raise bringen könnte, ist mehr Value von niedrigeren Paaren, einem Straight Draw, oder einem Backdoor Flush Draw zu bekommen, der angesichts einer Continuation Bet und einem Raise auf dem Turn extrem unwahrscheinlich wäre. Mein Gegner ist entweder unerfahren oder – basierend auf der Größe seiner Bet – zu trickreich. Hier hat er meist ein Ass, aber die bemerkenswerten Odds, die er mir anbietet, machen dies zu einem Call.

Unser Spieler callt.

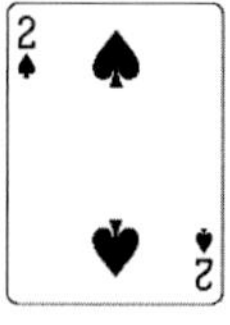

River (2.150): Der Gegner bietet 800. Was macht ihr?

PearlJammer
Der Backdoor Flush ist eingetroffen, aber alle Straight Draws, JT, T8, und 86 haben verpasst. Da ich auf dem Turn nur callte, könnte mein Gegner versuchen, auf dem River mit einem verpassten Draw zu bluffen, weil er davon ausgeht, dass ich kein Ass habe und nicht callen kann. Es ist verlockend, in der Hoffnung

zu callen, einen Bluff aufzudecken, doch ich kann nichts außer einem Bluff oder einem sehr merkwürdig gespielten Paar wie TT oder 98 schlagen, und mein Gegner brachte auf dem River eine recht hohe Bet. Mein Stack ist zu klein, um einen Raise als Bluff in Betracht zu ziehen. Es ist eine knappe Entscheidung, ob ich calle oder folde, doch ich neige zu einem Fold.

Rizen
Die Tatsache, dass ich den Turn lediglich callte, hat meinen Gegner wahrscheinlich ermutigt zu denken, dass sein kleines Ass gut ist, oder er versuchte auf dem Turn, selbst den Preis für seinen Flush Draw festzusetzen und ist nun damit angekommen. Nach den ersten beiden Runden habe ich 1.885 Chips übrig. Obwohl diese sehr günstige Odds sind, kann ich hier nichts außer einem kompletten Bluff schlagen. Er könnte eine Block-Bet mit einer Neun bringen, aber mit 1.885 Chips die Reraise-Fold Equity für künftige Hände aufrechtzuerhalten ist wahrscheinlich wichtiger, als zu hoffen, einen Bluff aufzudecken. Ich folde.

Apestyles
Ich folde. Diese Bet von weniger als der Hälfte des Pots schreit geradezu nach einer Value Bet, besonders bei der Spielfolge in den vorigen Setzrunden. Wären unsere Stacks größer, könnte ich ihn sowohl wegen der Odds als auch wegen der Information kontrollieren und callen; aber die 800 machen einen bedeutenden Teil meines Stacks aus und beschränken meine Möglichkeiten in den kommenden Händen. Ich folde widerwillig.

Ergebnis: Unser Spieler foldet.

Hand 186

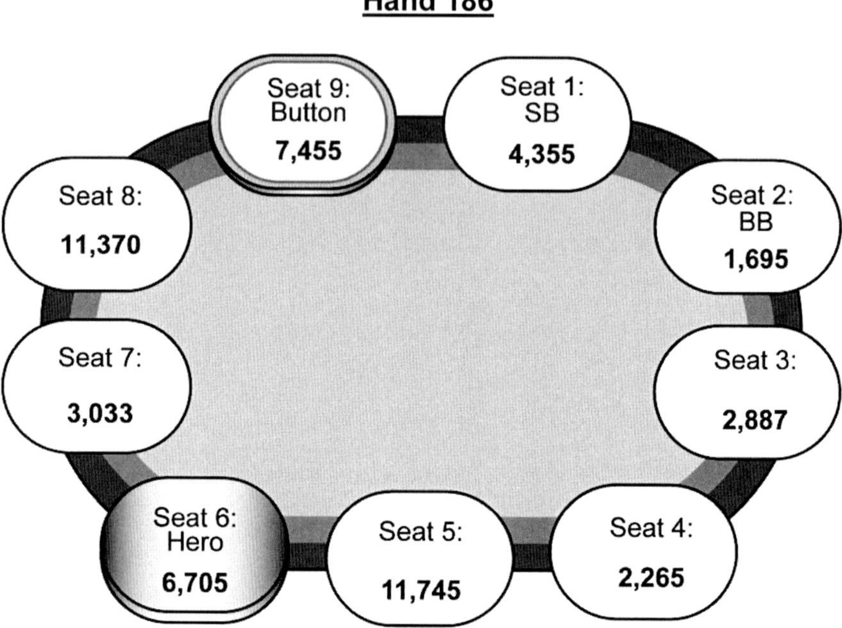

Situation: Dies ist ein 650 $-Qualifikationsturnier für ein großes Turnier in einem Casino. Unser Spieler ist in der fünften Blindstufe, die bei 75/150 liegt.

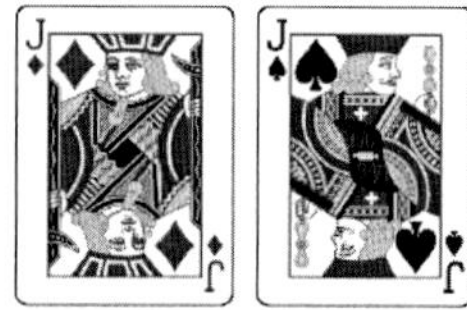

Vor dem Flop (225): Unser Spieler raist mit einem Paar Buben auf 400. Der Small Blind reraist auf 1.650. Was macht ihr?

PearlJammer

Mit einem recht großen Reraise von einem Spieler ohne Position konfrontiert habe ich nur die Wahl, zu folden oder mit JJ All-In zu gehen. Weitere 1.250 mehr zu callen und einen Pot von 3.450 gegen einen Gegner mit nur noch 2.705 dahinter aufzubauen, ist keine Option. Ich kann annehmen, dass mein Gegner diesen Raise mit AA, KK, QQ, AK und vielleicht TT, 99, und AQ macht. In einem Turnier mit einem Buy-In dieser Größe sollte ich nicht erwarten, dass ein

Gegner mit 40 Big Blinds sich gegen einen Raise aus mittlerer Position mit einem schlechteren Spektrum Pot-Committed.
Der recht hohe Reraise meines Gegners ist sehr typisch für QQ oder AK, da er offenbar keine Action möchte. Nichtsdestotrotz ist er eindeutig gewillt, seinen Stack an diese Hand zu binden. Wenn ich irgendwie wüsste, dass mein Gegner AK hat, wäre ich gewillt, mit meinem knappen Vorsprung meine Chance zu suchen, um einen Stack anzuhäufen. Doch angesichts des Spektrums meines Gegners sollte ich zu einem Fold tendieren, da ich mich höchstwahrscheinlich in einer Münzwurfsituation, oder gegen ein höheres Pocket Pair in ernsthaften Schwierigkeiten befinde.

Rizen
Bei den Stackgrößen und der Position, von der ich geraist habe, würde ich für gewöhnlich bloß callen und dann auf jedem Flop mit nicht mehr als einer Overcard All-In gehen, sofern es kein Ass ist. Bedenkt man, dass dies ein Qualifikationsturnier ist (die Auszahlungen sind nicht spezifiziert, aber ich nehme an, dass 9+ Spieler entlohnt werden), denke ich nicht, dass ein Folden schlecht wäre, und ich möchte hier nicht unbedingt All-In gehen. Bei einem normalen Freezeout würde ich wahrscheinlich etwas anders denken, aber in einem Qualifikationsturnier, das mehrere Plätze bezahlt, sind die Wertigkeiten etwas vom Anhäufen vieler Chips weg in Richtung auf das Überleben mit einem annehmbaren Stack verschoben.

Ape
Dies ist eine grenzwertige Situation. Es wäre hilfreich, die Auszahlungsstruktur und die Anzahl der übrigen Spieler zu kennen. Davon ausgehend, dass das Turnier noch nicht besonders weit fortgeschritten ist, entscheide ich mich für ein All-In. Für gewöhnlich bringen Spieler mit AA oder KK niedrigere Reraises, obwohl ich es ohne irgendwelche Beobachtungen nicht genau einschätzen kann. Allgemein nehme ich an, dass er diesen Raise mit 99+, AQo+ macht, obwohl dies doch etwas loose sein könnte. JJ spielt sich gut gegen dieses Spektrum. Selbst wenn er mich nur mit TT+ und AK reraist, denke ich angesichts der Höhe seiner Bet, dass er sehr viel häufiger AK als QQ-AA hat. Dennoch ist ein Fold hier nicht schlimm. Foldet man jedoch jedes Mal JJ, wenn man im Internet gereraist wird, ist man sehr leicht auszuspielen.

Ergebnis: Unser Spieler foldet.

Hand 187

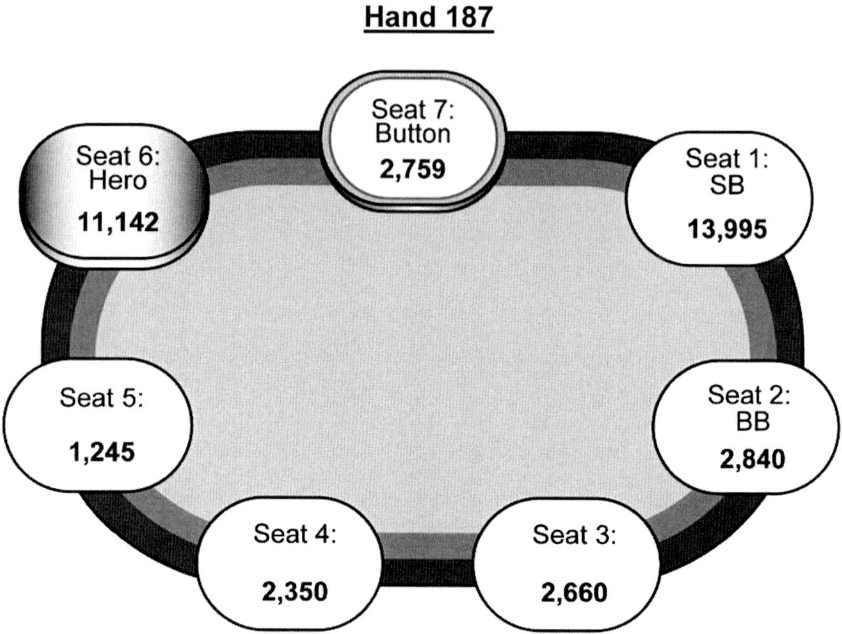

Situation: Unser Spieler ist in einem nächtlichen 150 $-Turnier. Insgesamt verbleiben 63 Spieler, und das Turnier zahlt 27 Spieler aus. Die Blinds sind bei 80/160.

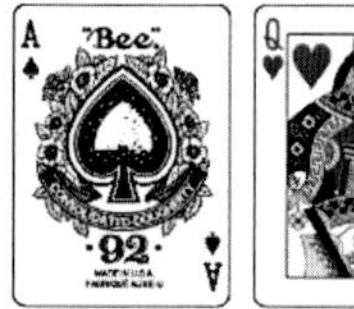
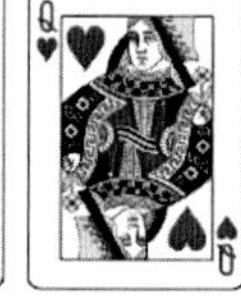

Vor dem Flop (240): Ihr raist auf 400, und der Button geht für 2.759 All-In. Was macht ihr?

PearlJammer

Ich habe in später Position mit AQ meinen normalen Eröffnungs-Raise gebracht. Der Button ist mit einem relativ kleinen Stack All-In gegangen. Er sollte korrekterweise annehmen, dass ich hier mit einem sehr breiten Spektrum an Händen raise, und zwar aufgrund von drei Faktoren: Ich habe relativ zu den Blinds einen sehr großen Stack, auch verglichen mit den meisten Spielern an diesem Tisch ist mein Stack sehr groß, und ich befinde mich in später Position. Also wird er hier mit einem recht breiten Spektrum All-In reraisen. Sein

Spektrum sollte A8+, KQ, jedes Pocket Pair, und sogar einige schwächere Hände wie schwache, gleichfarbige Asse, KJ, oder JT beinhalten. Er sollte korrekterweise annehmen, dass er Fold Equity hat, jedoch habe ich in Anbetracht der Situation eine sehr starke Hand. Ich calle.

Rizen
Mein Image ist hier sehr wichtig. Habe ich meinen Stack mit Aggressivität aufgebaut, oder traf ich solide Hände und wurde von zweitbesten Händen ausbezahlt? Weiß ich irgendetwas über den Grad an Aggression des Buttons? Ich muss 2.359 callen, um 3.399 Chips zu gewinnen, also grob geschätzt 3-zu-2 Pot Odds. Um hier vom Chip-Equity Standpunkt aus korrekt folden zu können, müsste ich annehmen, dass der Button nur mit AQ+/JJ+ All-In geht. Nur die tightesten Spieler würden mit weniger als 20 Big Blinds für einen Reraise so ein Spektrum benötigen.

Die andere Frage ist, wie sich ein Call gefolgt von einer Niederlage auf meinen Stack auswirkt. In diesem Fall habe ich nach meinem Raise noch 10.742 Chips übrig. Zu callen und zu verlieren würde meinen Stack auf 8.383 Chips schrumpfen lassen, womit er immer noch der zweitgrößte am Tisch wäre. Zu callen und zu gewinnen würde mich mit 14.141 zum Chipleader am Tisch machen, was potentiell ein riesiger Vorteil ist, wenn wir uns der Bubble nähern. Ein zusätzlicher Vorteil liegt darin, dass die anderen Spieler am Tisch sehen, wie ich nach einem Raise aus später Position ein All-In calle, was sie veranlassen könnte, mich in Zukunft etwas zurückhaltender zu reraisen, und meine Möglichkeiten verbessert, bei steigenden Blinds den Pot zu stehlen. Ich calle hier den All-In Raiser.

Apestyles
Ich calle, nachdem ich den Bildschirm geküsst habe! Ich liege weit vor nahezu jedem begründetem Spektrum. Ich habe eine starke Hand und der Button geht über einen Raise aus später Position für weniger als insgesamt 20 Big Blinds All-In. Hier sind Stacks von 15-25 Big Blinds perfekt, um mit einem breiten Spektrum an Händen über das Raise eines aggressiven Spielers in später Position All-In zu gehen. Ich kann vom Button definitiv erwarten, mit viel schlechteren Händen als AQ All-In zu gehen. Ich dominiere Ax-Hände und Broadway-Karten wie KQ, und ich habe gegen die meisten Paare, die wahrscheinlich einen beträchtlichen Teil seines Spektrums ausmachen, einen Münzwurf. Für einen Fold bräuchte ich hier konkrete Kenntnisse über meinen Gegner. Ich liege vor seinem Handspektrum für diesen Reraise und calle kurzerhand.

Ergebnis: Unser Spieler callt und gewinnt gegen 99.

Hand 188

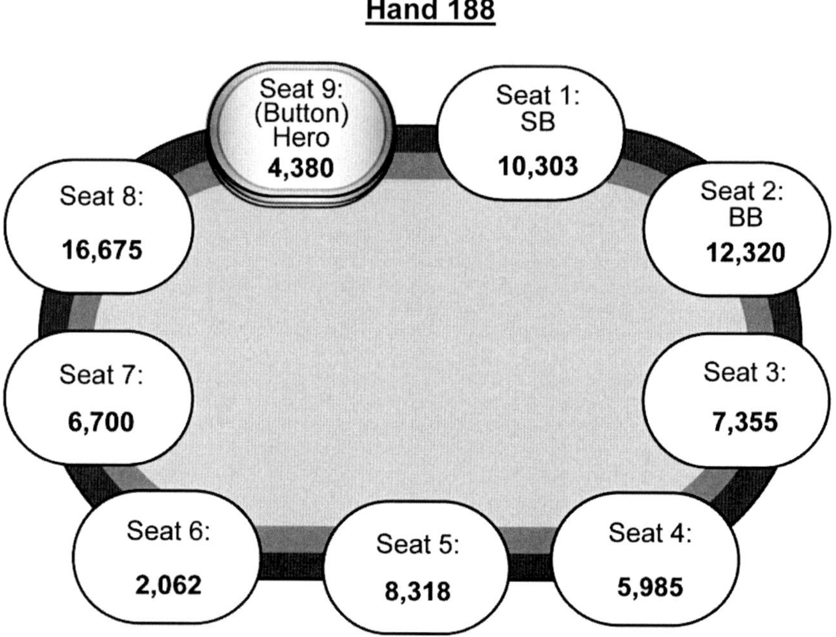

Situation: Dies ist ein 650 $-Qualifikationsturnier im Internet für ein großes Pokerturnier in einem Casino. Es ist immer noch früh mit Blinds bei 100/200. Das Turnier zahlt 18 Spieler aus.

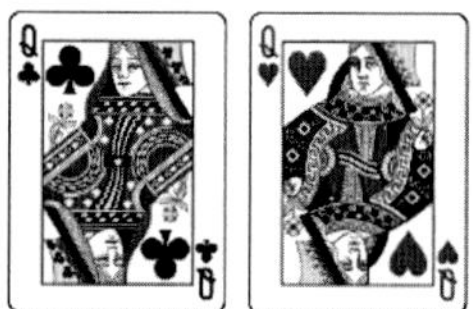

Vor dem Flop (300): Unser Spieler eröffnet mit einem Raise auf 600. Der Small Blind callt, und zwei Spieler sehen den Flop.

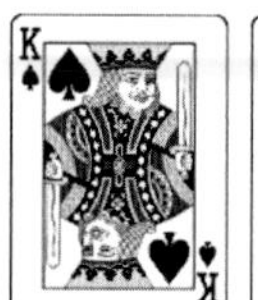
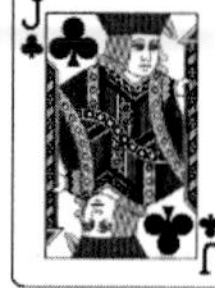
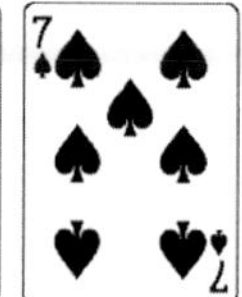

Flop (1.400): Der Small Blind checkt. Was macht ihr?

PearlJammer
Ich habe auf dem Button eine großartige Hand aufgenommen und brachte meinen normalen Raise auf 600, drei Big Blinds. Ich würde gerne einen meiner Gegner mit großem Stack in den Blinds reraisen sehen und dann mit Freude mein Geld vor dem Flop in die Mitte bringen. Obwohl keiner der Gegner so freundlich ist, callt der Small Blind, und ich sehe den Flop Heads-Up in Position.

Bette ich auf dem Flop, werde ich in einer sehr schwierigen Position sein, falls mein Gegner raist. Wenn ich weiß, dass mein Gegner ein Maniac ist, der auf dem Flop häufig mit nichts als heißer Luft checkraist oder All-In geht, sollte ich eine Continuation Bet von rund 800 bringen und planen, die Hand um Alles zu spielen. Doch bei den meisten Gegnern würde ich nach einem Check-Raise sicherlich folden müssen. Ich könnte nur vorne liegen, wenn mein Gegner mit einem Flush Draw, oder einem Open-ended Straight Draw wie QT oder T9 semi-blufft, oder es mit einer Hand wie AJ übertreibt. Um zu vermeiden in eine solche Situation gebracht zu werden, checke ich und nehme eine Freecard.

Rizen
Dies ist aus mehreren Gründen ein gefährlicher Flop. Offensichtlich ist der König als Overcard ein potentielles Problem, aber es gibt auch eine Vielzahl von Flush und Straight Draws, mit denen mein Gegner angesichts meiner Stack- und der Potgröße leicht All-In checkraisen könnte. Selbst wenn er nicht checkraist, wird auch ein Check-Call mich in eine schwierige Situation bringen, da jede vernünftige Bet, wenn sie gecallt wird, den Pot auf die Größe meines dann noch verbleibenden Stacks bringt. Ich sollte hier checken und versuchen, günstig den Showdown zu erreichen.

Apestyles
Obwohl es eine Bet eine Option ist, checke ich aus mehreren Gründen gerne ebenfalls. Erstens liegt auf dem Board eine Overcard, dazu ein Flush Draw und einige Straight Draws. Auf so einem Board riskiere ich, mit einem Check-Raise All-In gesetzt zu werden. Dies liegt daran, dass meine Continuation Bet rund 1.000 sein müsste, und ich dann nur 2.780 übrig hätte, was für meinen Gegner die perfekte Stackgröße für einen Check-Raise ist. Dies bringt mich in eine sehr schwierige Situation, da mein Stack klein ist und er problemlos mit schlechteren Händen checkraisen könnte.

Zweitens werden niedrige Pocket Pairs wie TT, 99 und 88 auf eine Continuation Bet höchstwahrscheinlich folden. Nach einem Check könnte ich von diesen Händen auf dem Turn sehr gut Value bekommen, weil nach diesem Check eine

Bet auf dem Turn so aussieht, als würde ich Schwäche wahrnehmen und den Pot stehlen wollen. Ich stärke das Vertrauen meines Gegners in Hände wie QJ und JT, die ein niedrigeres Paar getroffen haben, und kann eventuell noch einiges an Value aus ihnen ziehen. Ich könnte auch Bluffs auf dem Turn provozieren, wenn mein Gegner denkt, dass mein Check Schwäche andeutet und angreift.

Unser Spieler checkt.

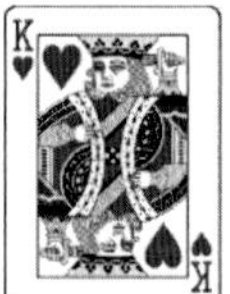

Turn (1.400): Der Small Blind checkt, und unser Spieler bietet 800. Der Small Blind raist auf 1.800. Was macht ihr?

PearlJammer
Uff, ich befinde mich in einer sehr hässlichen Situation. Der Turn schien sehr gut für mich. Mit zwei Königen auf dem Board und einem Check meines Gegners war ich mir sehr sicher, dass mein Gegner keinen König hat. Meine Bet sollte Action von einem Buben bekommen, und meinen Gegner für einen Draw bezahlen lassen. Unglücklicherweise bekam ich viel mehr Action als erwartet!

Mit seinem niedrigen Check-Raise statt eines All-Ins scheint mein Gegner um Action zu betteln. Seine Spielfolge in der gesamten Hand würde perfekt zu JJ oder 77 passen, und wäre auch mit KQ oder KJ angemessen, vielleicht sogar mit AK. Normalerweise kann ich AK in dieser Situation vernachlässigen, da die meisten Spieler damit vor dem Flop reraisen würden. Jedoch könnte ein tighter Spieler, besonders der Gewinner eines Qualifikationsturniers, sich mit diesem Blatt entscheiden, vor dem Flop nur zu callen. Da ich nach einem Call nur 1.980 übrig hätte, deutet der Raise meines Gegners an, dass er mit seiner Hand um Alles spielen wird.

Mein Gegner könnte es mit einem Buben übertreiben oder bluffen, da er bei mir keine besonders starke Hand vermutet, also muss ich eine knappe Entscheidung treffen. Ich sollte zu einem Fold tendieren, da die Gebotshöhe meines Gegners immense Stärke zeigt, und es in dieser Situation viele legitime Hände gibt, die mich schlagen. Ich folde.

In dieser Situation sollte ich nach dem Check auf dem Flop oftmals auch auf dem Turn checken. Bettet mein Gegner dann auf dem River, werde ich callen und häufig einen Bluff aufdecken, doch kostet mich dies ungefähr das Gleiche wie meine Bet auf dem Turn, wenn ich geschlagen bin. Checkt mein Gegner auf dem River, sollte ich For Value bieten, sofern dort kein Ass erschienen ist. Mein Gegner wird häufig mit einem Buben oder sogar einem niedrigeren Paar callen, da er fürchten müsste, dass ich den Pot mit einem Bluff stehlen will.

Rizen
In so einem Qualifikationsturnier würde ich widerwillig folden. Ich muss nicht alle Chips ansammeln, um den Hauptpreis zu gewinnen, ich muss es einfach nur unter die letzten 18 Plätze schaffen. Unter diesen Bedingungen ist die korrekte Strategie hier ein Fold. Sicherlich folde ich manchmal die beste Hand, aber wenn ich zurückliege, drawe ich bestenfalls auf zwei Outs. In einem Qualifikationsturnier ist in dieser Situation der Platz wesentlich wertvoller als die Chips, also muss ich folden.

Apestyles
Ich calle widerwillig. Sein Raise erscheint recht stark, und meist hat er einen König. Auch ist ein Großteil der Hände, mit denen er auf diesem Board semibluffen könnte, unwahrscheinlich, da sie eine Dame beinhalten. Da ich zuvor jedoch gecheckt und die Stärke meiner Hand verschleiert habe, und er nun Asse oder Trips benötigt, um mich zu schlagen, bleibt mir nichts anderes übrig, als um Alles zu spielen. Calle ich die Turnbet, bin ich mehr oder weniger verpflichtet, ein All-In auf dem River zu callen. Meine Spielweise ermöglicht meinem Gegner, auf dem River mit nichts als heißer Luft zu bluffen, und wenn er checkt, werde ich wahrscheinlich ebenfalls checken, da er seinen Raise auf dem Turn entweder mit einem König oder mit Nichts machte und ich folglich kaum von schlechteren Händen Value bekommen kann.

Ergebnis: Unser Spieler geht All-In und sein Gegner foldet.

Hand 189

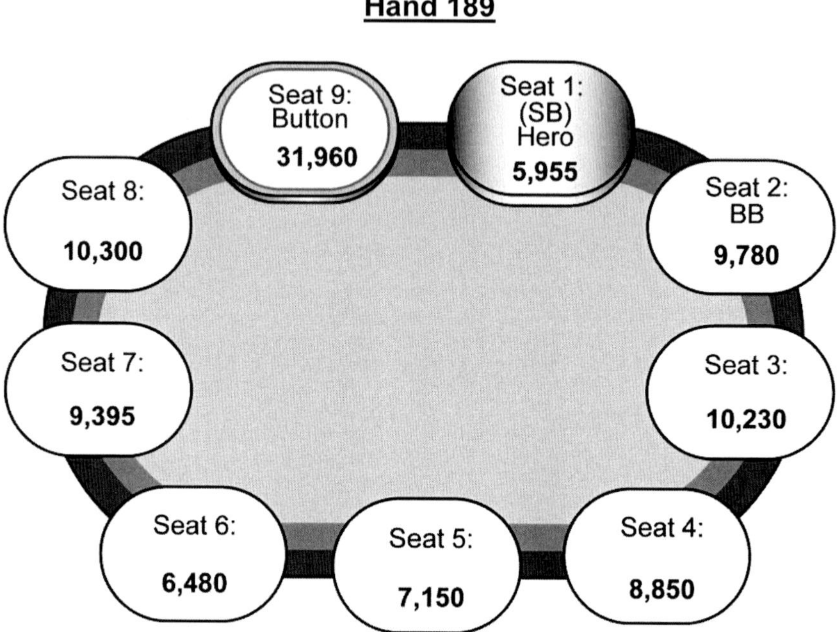

Situation: Dies ist ein großes 500 $-Sonntagsturnier. Die Blinds sind bei 150/300. Unser Spieler wurde erst kürzlich an den Tisch gesetzt, hat also keine Kenntnisse über seine Gegner.

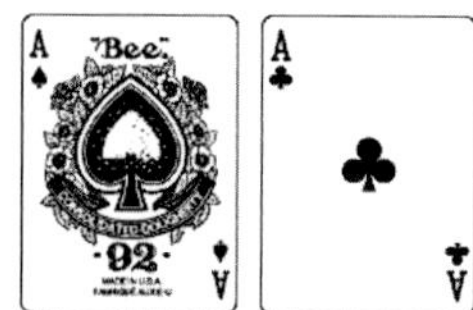

Vor dem Flop (450): Spieler 8 raist drei Big Blinds auf 900. Was macht ihr?

PearlJammer

Nachdem man recht weit unter den Anfangsstack in einem großen Sonntagsturnier gefallen ist, sind die "Bullets" ein schöner Anblick für schmerzende Augen! Der Cut-Off hat mit 900 eröffnet, dem dreifachen Big Blind, und ich bin am Zug. Mein einziges Anliegen gilt der Frage, wie ich alle Chips meines Gegners in die Mitte bekomme. Reraisen, All-In gehen und bloßes Callen sind alles brauchbare Optionen. Ohne Kenntnisse über die Spielweise meines Gegners sollte ich überlegen, wie er auf die jeweilige Action reagieren könnte.

Mein normaler Reraise ohne Position wäre bei diesen Blinds auf ungefähr 3.000, oder die Hälfte meines Stacks. Nach einem solchen Reraise wäre ich eindeutig Pot-Committed und repräsentiere für meinen Gegner immense Stärke. Verringere ich meinen Reraise auf ungefähr 2.300, würde dies wahrscheinlich noch mehr Stärke repräsentieren, und ich wäre immer noch Pot-Committed. Jeder Reraise würde meinem Gegner erlauben, von seiner Hand loszukommen, falls er nicht bereit ist, vor dem Flop die Hälfte seines Stacks zu riskieren.

Was wäre, wenn ich statt meines normalen Reraise direkt All-In gehe? Mein Gegner würde höchstwahrscheinlich annehmen, dass ich keine Super-Premium-Hand besitze, da ich maximalen Druck ausübe, und nicht den Anschein erwecke, damit einen Call zu wollen. Viele Gegner würden dieses All-In mit 77+ oder KJ+ sofort callen, vielleicht sogar lockerer, wenn sie meine Hand fälschlicherweise für schwach halten. Werde ich gecallt, ist das gesamte Geld in der Mitte und meine Arbeit ist getan.

Entscheide ich mich, den Raise mit AA lediglich zu callen, laufe ich Gefahr, dass das Board meinen Gegner einschüchtert und er billig von seiner Hand loskommt. Ich könnte Action von einer Hand verlieren, mit der er vor dem Flop sein Geld investiert hätte. Trifft er andererseits einen Teil des Flops, könnte er mir Action mit einer Hand geben, die er auf ein All-In vor dem Flop gefoldet hätte. Natürlich könnte er mich auch mit einer wertlosen Hand auf dem Flop übertreffen, aber das Risiko muss ich eingehen. Ein Einfacher Call bietet auch dem Big Blind die Chance, einen Fehler zu begehen. Callt er ebenfalls, werde ich auf einigermaßen furchterregenden Flops wahrscheinlich eröffnen und nicht riskieren, beiden Gegnern eine Freecard zu geben. In einem Heads-Up werde ich jedoch zu meinem Gegner checken, um abhängig von der Größe seiner Bet und der Struktur des Flops entweder sofort oder auf dem Turn zu checkraisen.

Sowohl ein Reraise All-In als auch ein schlichter Call sind brauchbare Alternativen. Hätte mein Gegner einen großen Stack, würde ich zu einem All-In tendieren, da er vor dem Flop wahrscheinlich eher risikobereit ist und callen würde. Da der Call meines All-Ins diesen speziellen Gegner jedoch mehr als die Hälfte seines Stacks kosten würde, bevorzuge ich einen Call. Ich calle.

Rizen

Es gibt hier meiner Meinung nach mehrere brauchbare Spielweisen. Ich kann einfach callen und slow spielen, um den Value meiner Hand zu vergrößern, indem ich sie gut verberge und so mehr Chips aus dem Preflop-Raiser quetsche. Ich kann auf ca. 2.500 raisen und hoffen, dass der ursprüngliche Raiser glaubt, er bekäme für seinen Callen einen guten Preis, dann etwas vom Flop trifft, und seinen Stack verliert. Ich kann auch direkt All-In gehen und versuchen, es wie einen Steal aussehen zu lassen, in der Hoffnung, dass er mich mit einigen grenzwertigen Händen callt.

Bedenkt man, dass ich keine Kenntnisse über die Spielweise der anderen Spieler am Tisch habe, dass ich einen Stack besitze, der dem ursprünglichen Raiser erheblichen Schaden zufügen kann und dieser weniger als 20 Big Blinds groß ist, dann denke ich, dass es hier gut ist, einfach zu callen und auf den meisten Flops mit einem Check-Raise All-In zu gehen. Mit weniger als 20 Big Blinds bin ich bereit zu riskieren, dass mein Gegner mich auf dem Flop schlägt, um die Chance des Verdoppelns zu erhöhen. Mit entsprechenden Kenntnissen könnte sich dies jedoch schnell ändern. Einige aufmerksamere Spieler haben tatsächlich mehr Angst vor einem Call, als vor einem direkten All-In, der wie ein Re-Steal aussieht. Andere sind Sklaven der Mathematik und würden einen kleinen Raise callen und dies mit den Pot Odds rechtfertigen. Doch gegen den durchschnittlichen Teilnehmer eines Sonntagsturniers denke ich, dass die beste Spielweise normalerweise ein Call ist.

Apestyles
Hier gibt es massenhaft gute Optionen. Bei einigen Spielern, hauptsächlich aggressiven und unerfahrenen, calle ich bloß, da sie auf den meisten Flops Continuation Bets bringen und ich eine weitere Bet erhalte. Doch diese Spielweise ist für gute Spieler leicht durchschaubar, da ich mit einem Stack dieser Größe nur selten Raises vor dem Flop calle, und solche Spieler könnten „dichtmachen“. Wenn ich mit AA bei diesen Stackgrößen lediglich calle, bekommen meine Reraises weniger Respekt und normalerweise reraise ich bei diesen Stackgrößen viel. Für einen unbekannten Spieler könnte ein Call die beste Option sein, da es keinen Unterschied macht, ob die eigene Spielweise ausbeutbar ist oder nicht. Doch als wohlbekannter Spieler muss ich meine Spielweisen variieren und versuchen, auf eine Weise zu spielen, die nicht leicht ausgenutzt werden kann. Ehrlich gesagt ist auch ein Reraise um das Minimum nicht so furchtbar, besonders ein sofortiger, minimaler Reraise, der nach einem Fehl-Klick aussieht. Solange man nicht foldet, macht nichts einen großen Unterschied!

Ergebnis: Unser Spieler callt. Auf dem Flop kommen Q♥T♠7♣. Unser Spieler checkt, sein Gegner bietet 1.200, unser Spieler geht All-In und sein Gegner foldet.

Hand 190

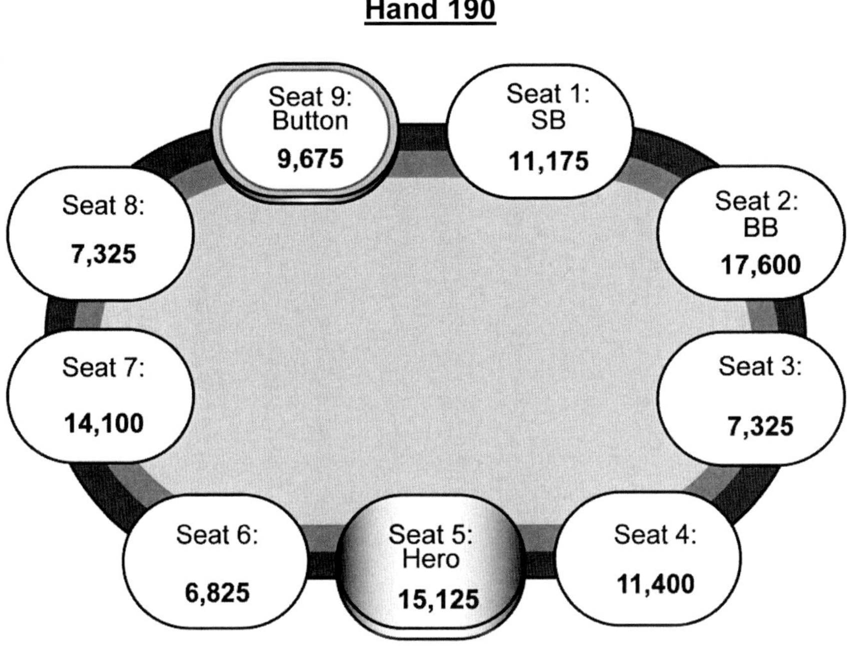

Situation: Dies ist ein großes Sonntagsturnier mit einem Buy-In von 200 $. Die Blinds sind bei 150/300.

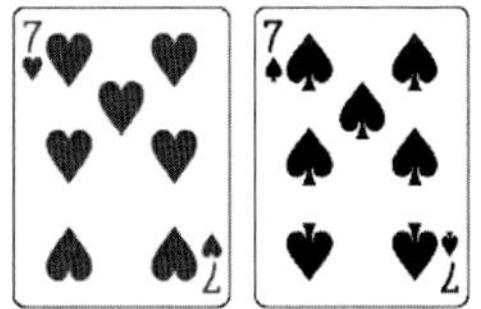

Vor dem Flop (450): Spieler 4 raist auf 900. Ihr seid mit einem Paar Siebenen direkt nach ihm an der Reihe. Was macht ihr?

PearlJammer

Niedrige und mittlere Pocket Pairs bei Stacks von durchschnittlich 40 bis 50 Big Blinds zu spielen, kann kniffelig sein. Oft hängt die Entscheidung zwischen einem Call, Fold oder Reraise von vielen Faktoren ab: von der Position, von den Kenntnissen über den Gegner, vom eigenen Image sowohl dem konkreten Gegner als auch den übrigen Spielern gegenüber, von der allgemeinen Aggressivität und schließlich von den präzisen Implied Odds. Manchmal kann die Entscheidung so knapp sein, dass alle drei Entscheidungen gut sind. Diese spezielle, besagte Hand gehört zu jenen multidimensionalen Entscheidungen.

Spieler 4 eröffnet für 900, drei Big Blinds, mit 10.500 verbleibenden Chips. Ich bin mit 77 der nächste Spieler. Calle ich hier, habe ich rund 12-zu-1 Implied Odds gegen den Raiser. Obwohl dies etwas schlechter ist, als die normalerweise benötigten 15-zu-1 Odds, bin ich gegen unbekannte, oder vermutlich schwache Gegner (wie es die meisten Spieler in einem großen Sonntagsturnier sind) oft auch für rund 10 bis 12-zu-1 bereit zu spielen. Meine Chancen, mit einen Set voll ausbezahlt zu werden, sind gegen einen schwachen Gegner besser. Ich habe auch Position in der Hand, könnte den Pot also vielleicht auf dem Flop stehlen, wenn ich Schwäche wahrnehme.

Obwohl es scheint, als seien dies ausreichend gute Gründe für einen Call, bin ich mir bewusst, dass nach mir noch sechs weitere Spieler an die Reihe kommen. Falls einer von ihnen reraist, wird die Hand zu einem eindeutigen Fold. An einem übermäßig aggressiven Tisch würde mich diese Tatsache allein wahrscheinlich von einem Fold überzeugen.

Eine letzte Option in dieser Situation ist ein Reraise. Ich könnte dies überlegen, wenn mein Gegner und ich näher am Button wären, aber da wir beide in früher Position und hinter uns noch viele Spieler an der Reihe sind, würde ich keinen Reraise in Betracht ziehen.

Alles in Allem ist es eine knappe Entscheidung zwischen einem Call und einem Fold. Wegen der exzellenten Implied Odds gegen einen Raiser aus früher Position zu diesem Zeitpunkt des Turniers tendiere ich zum Call.

Rizen
Angesichts der Tatsache, dass der ursprüngliche Raiser in früher Position ist, ergibt ein Call hier Sinn. Ich würde auch einen Fold nicht hassen, aber Raises aus früher Position frieren die Action am Tisch tendenziell ein, also ist es unwahrscheinlich, dass jemand ohne eine sehr starke Hand reraisen wird. Mein Call könnte weitere Caller anlocken und dies ermöglicht es mir, die Hand zu spielen, um ein Set zu treffen und einen (hoffentlich) großen Pot zu gewinnen.

Apestyles
Da ich eine effektive Stackgröße von 38 Big Blinds mit Spieler 4 habe, mag ich es aus mehreren Gründen, hier mit Paaren lediglich zu callen. Obwohl ich calle, um ein Set zu floppen und einen großen Pot zu gewinnen, werde ich nach dem Flop keine guten Gelegenheiten auslassen, meinen Gegner auszuspielen. Ich

habe Position und beabsichtige, auf passenden Boards die Continuation Bets von Spieler 4 zu floaten oder zu raisen. Reraisen ist eine schlechte Idee, da ich nach einem erneuten Reraise folden müsste. Ich calle.

Ergebnis: Unser Spieler foldet. Der Spieler nach ihm callt und der Big Blind callt. Das Board kommt mit A♦9♣7♦. Zwei Spieler gehen All-In, und unser Spieler hätte einen riesigen Pot gewonnen.

Hand 191

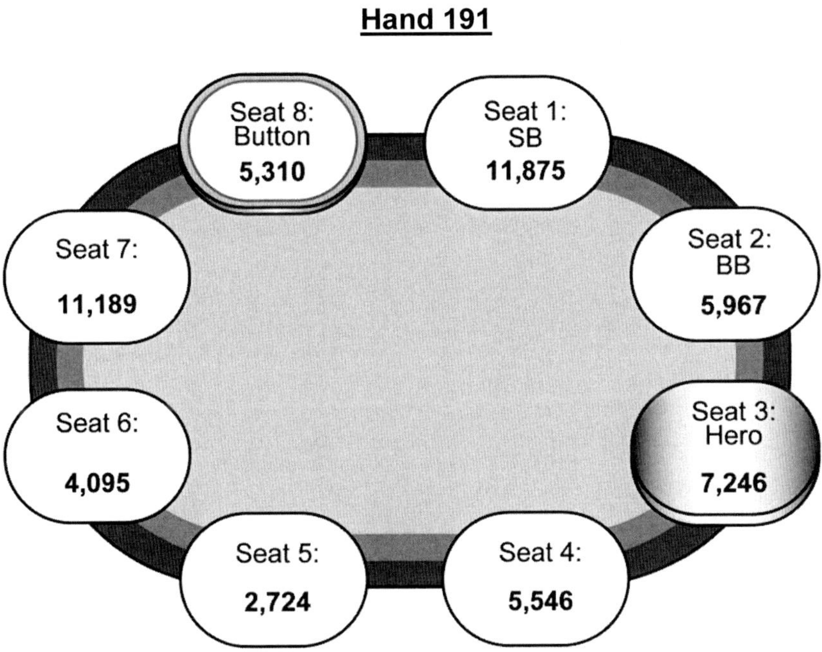

Situation: Dies ist ein 25 $-Turnier, und die Blinds liegen bei 150/300 mit einem Ante von 25.

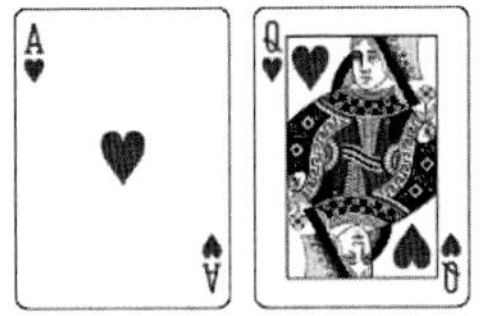

Vor dem Flop (650): Unser Spieler raist aus UTG auf 800. Nur der Small Blind callt, zwei Spieler sehen den Flop.

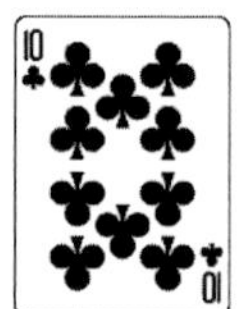 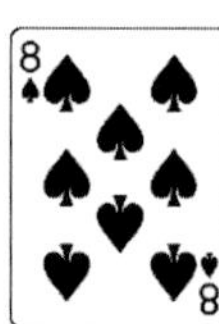 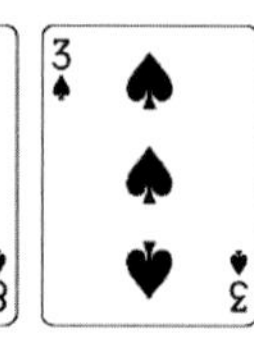

Flop (2.100): Der Small Blind checkt. Was macht ihr?

PearlJammer
Ich sehe den Flop Heads-Up mit Position gegen einen Gegner mit großem Stack. Da mein Gegner vor dem Flop mit einem breiten Spektrum callen könnte, und mein Raise aus der ersten Position kam, sollte ich weiterhin Stärke zeigen und betten. Bei 2.100 im Pot sollte eine Bet von rund 1.100 bis 1.200 ausreichen. Callt mein Gegner, checke ich wahrscheinlich jede Turnkarte und versuche, zum Showdown zu kommen und treffe bis zum River hoffentlich ein Paar. Doch meine Position sollte meiner Continuation Bet einigen zusätzlichen Respekt einbringen, und mir häufig den Pot gewinnen.

Rizen
Der Flop ist sehr koordiniert und bietet viele Flush- und Straight Draws. Solche Flops können für Continuation Bets sehr gefährlich sein, und mit 2.100 Chips im Pot bedeutet jede Bet einen beachtlichen Teil meines verbleibenden Stacks. Es gibt auch viele Turnkarten, die mir möglicherweise die beste Hand geben oder mir erlauben, mit einer Bet zu gewinnen, nachdem er ein zweites Mal zu mir gecheckt hat. Ich checke.

Apestyles
Dieses Board eignet sich gut für eine Continuation Bet. Ich biete hier in den meisten Fällen.

Unser Spieler checkt.

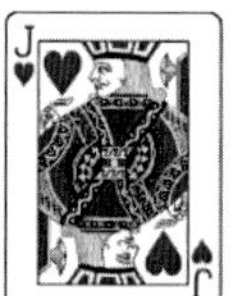

Turn (2.100): Der Small Blind bietet 600. Was macht ihr?

PearlJammer
Mein Gegner eröffnet mit einer sehr niedrigen Bet von 600, was mir für einen Call Pot Odds von 4,5-zu-1 gibt. Das Board ist sehr drawlastig, und mein Ass als höchste Karte könnte vorne liegen, doch wahrscheinlich hat mein Gegner mindestens ein Paar. Wird man mit Overcards und einem doppelten Gutshot auf

der Hand mit einer so kleinen Bet konfrontiert, sind sowohl ein Call als auch ein Raise gleichermaßen brauchbare Optionen. Habe ich zuvor beobachtet, wie mein Gegner erst mit einer Bet eröffnet und dann auf einen Raise foldet, könnte ich für einen Raise auf 2.200 argumentieren. Mit einer solchen Bet könnte ich einen Buben oder ein slow gespieltes Set repräsentieren. Tighte Gegner könnten angesichts einer solchen Bet eine so starke Hand wie KJ folden. Allerdings ist ein Drittel meines Stacks recht viel, um damit in dieser Phase des Turniers einen solchen Spielzug zu riskieren.

Mein Gegner bietet mir so gute Pot Odds, dass ein einfacher Call sicherlich die bessere Option ist. Mit einem Call würde ich den Pot klein halten und nach einem Ass, König, einer Dame oder Neun auf dem River Ausschau halten. Wenn ich jedoch das Ass oder die Dame treffe, könnte ich nach einer hohen Bet meines Gegners vor einer sehr schweren Entscheidung stehen. Er würde vermuten müssen, dass mir eine dieser Karten geholfen haben könnte, also könnte er mit einer sehr starken Hand wie einer Straight oder einem Set For Value bieten. Ich calle wegen der exzellenten Pot Odds und der Chance, nach einem Treffer einen großen Pot zu gewinnen.

Rizen
Ich würde callen. Ich habe hier potentiell viele Outs, und nach einem Raise könnte ich aus meiner Hand gereraist werden. Nach meinem Check auf dem Flop könnte der Small Blind auch einen reinen Bluff haben, und ich könnte – selbst wenn ich meine Hand verfehle – entweder im Showdown gewinnen oder mit einem Bluff auf dem River, wenn zu mir gecheckt wird.

Apestyles
Ich calle. Dies ist eine wirklich winzige Bet, lediglich rund ein Drittel des Pots. Ich habe einen doppelten Gutshot, zwei möglicherweise aktive Overcards, und manchmal könnte ich die beste Hand haben. Die gebotenen Pot Odds sind einfach zu gut für einen Fold, und ich kann wahrscheinlich Value bekommen, wenn ich meine Outs treffe. Meine Stackgröße ist für einen Semi-Bluff zu heikel: Raise ich auf 1.800 bis 2.400, muss ich nach einem möglichen All-In meines Gegners meinen Stack mit grenzwertigen Pot Odds herunter callen. Falls der Großteil meiner Outs aktiv ist, reichen außerdem bereits die unmittelbaren Pot Odds für einen Call. Die Entscheidung für einen Call fällt hier leicht.

Unser Spieler callt.

Ergebnis: Auf dem River kommt das A♠. Der Small Blind bietet 600 und unser Spieler callt. Sein Gegner gewinnt den Pot mit K♦Q♠.

Hand 192

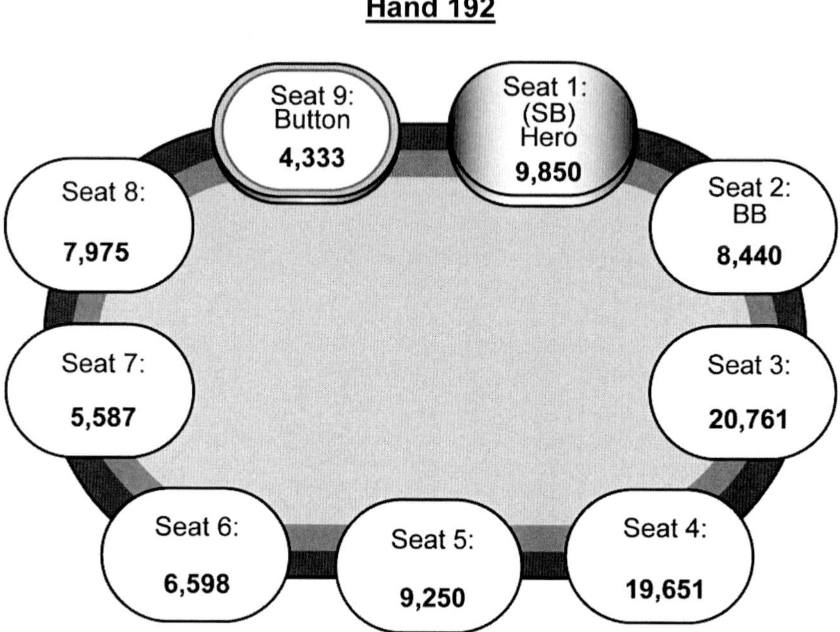

Situation: Dies ist ein 100 $-Turnier. Die Blinds liegen bei 200/400 mit einem Ante von 25.

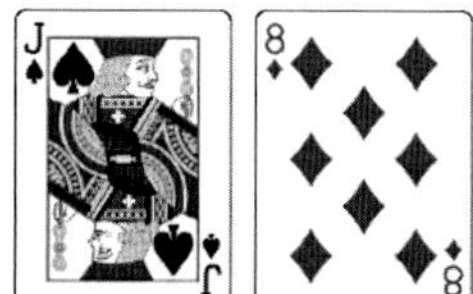

Vor dem Flop (825): Es wird zu euch im Small Blind gefoldet, und ihr komplettiert. Der Big Blind checkt.

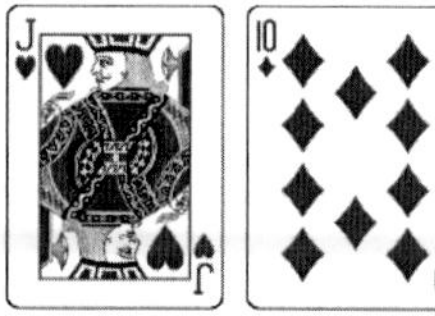
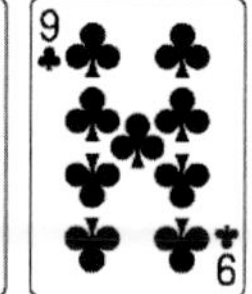

Flop (1.025): Was macht ihr?

PearlJammer
Blind-gegen-Blind sind Hände oft kniffelig "korrekt" zu spielen, da es für beide Spieler für gewöhnlich schwer ist, dem anderen eine starke Hand zuzugestehen. Normalerweise ist die von mir gewählte Spielweise stärker von meiner Vorgeschichte mit dem Spieler abhängig, als von der Stärke meiner Hand.

In dieser Situation, in der ich vermutlich neu am Tisch bin und mit meinem Gegner keine Vorgeschichte habe, tendiere ich zu einer vorsichtigeren und konservativen Spielweise. Ich würde zu meinem Gegner checken, eine Bet auf dem Flop callen und die Situation anhand der Turnkarte neu bewerten. Checkt mein Gegner ebenfalls, werde ich auf jedem Turn For Value betten, es sei denn es kommt ein König, eine Dame oder eine Acht, die schlimmsten Karten für mich.

Rizen
Ich habe eine sehr starke Hand und sollte hier bieten. Im Pot sind 1.025, also sollten 700 gut sein.

Apestyles
Zweifelsohne biete ich 60 bis 70 Prozent des Pots. Ich habe Top Pair und einen Open-ended Straight Draw in einer Blind-gegen-Blind Situation. Hier gehe ich gerne All-In.

Unser Spieler bietet 725, und sein Gegner raist auf 2.005. Was macht ihr?

PearlJammer
In diesem Beispiel habe ich eine aggressivere Route genommen und für 725 in meinen Gegner eröffnet. Er antwortete mit einem Raise auf 2.005.

Es ist sehr schwer, meinem Gegner in dieser Situation ein Handspektrum zuzuordnen. Hände wie QT, J9, und T9 sind alle möglich. Er könnte mit KQ, Q8, oder 87 die Straight gefloppt haben. Er hätte vor dem Flop mit KQ, JJ, TT, oder 99 gereraist, aber Blind-gegen-Blind-Konfrontationen sind häufig unvorhersehbar. Zusammen mit fertigen Händen könnte er auch gut mit Qx oder sogar Jx und Tx einen Semi-Bluff versuchen, um die Initiative zu übernehmen und nach einem Call vielleicht den River kostenlos sehen zu können. Sein Spektrum in dieser Situation ist ungeheuer groß, weshalb meine Hand nur schwer profitabel zu spielen ist.

Da ich in diesem Beispiel ursprünglich mit der Bet in meinen Gegner die aggressive Route genommen habe, werde ich meine Aggressivität aufrecht erhalten und All-In gehen. Die Stackgröße meines Gegners, die mit meiner vergleichbar ist, gibt mir Fold Equity. Und ein Call, um ohne Position einen großen Pot zu spielen, erscheint mir zu schwach und passiv. Dies ist eine ungewöhnliche Situation, in der ich unsicher bin, ob ich mit der besten Hand All-In gehe oder nicht. Doch ich übe mit meinen Chips Druck aus, und zwinge meinen Gegner zu einer Entscheidung, anstatt mich von ihm zu einer Entscheidung auf dem Turn zwingen zu lassen.

Rizen
Ich gehe All-In. Ich liege gegen viele Hände vorne. Mit KQ hätte er vor dem Flop geraist, und auf dem Flop in den meisten Fällen slow gespielt. Er könnte leicht Two Pair oder 87 haben, aber dies ist häufig ein Semi-Bluff mit einer einzelnen Dame. Hätte ich relevante Kenntnisse über meine Gegner, würde ich hier gegen tightere, passivere Spieler folden, aber gegen die meisten Spieler All-In gehen. Es liegt zu viel Geld in der Mitte und meine Hand ist zu stark.

Apestyles
Ich habe zu viel Equity, um etwas anderes zu machen als hier All-In zu gehen. Gegen ein Spektrum von Two Pair-Händen wie JT, J9 und T9 habe ich fast 40 Prozent Equity. Sehr wahrscheinlich kann er diese Spielweise mit ähnlichen Händen wie meiner wählen, wie zum Beispiel QT, QJ, und T8. Er könnte bereits eine Straight haben, aber dieser Teil seines Spektrums ist im Vergleich zu all den Kombinationen aus Paar- und Straight Draw Händen winzig. KQ ist eine Möglichkeit, obwohl ich mit dieser Hand von ihm vor dem Flop einen Raise erwartet hätte. In Blind-gegen-Blind-Situationen könnte er auch einfach mittlere oder niedrige Paare überbewerten, oder sogar einen reinen Bluff versuchen.

Insgesamt habe ich, wenn er callt, rund 40 bis 50 Prozent Equity (abhängig davon, ob wir KQ oder KT, etc. hier mit einbeziehen) gegen ein tightes Spektrum, und oft wird er auch folden. Ich gehe hier definitiv All-In.

Obwohl es in der Hitze des Gefechts nicht möglich ist, kann ich meine Analyse im Nachhinein überprüfen um zu sehen, wie genau ich beim Schätzen meiner Equity war. Lassen Sie uns folgendes Spektrum annehmen: KJs+, Q9s+, J8s+, T8s+, 87s, KJo+, Q9o+, J8o+, T8o+, und 87o. J♠8♦ wird in 39 Prozent der Fälle gegen dieses Spektrum gewinnen und in 7,5 Prozent der Fälle teilen.

Ergebnis: Unser Spieler geht für 9.425 All-In, sein Gegner callt mit 8♣7♣, und unser Spieler verbessert seine Hand nicht.

Hand 193

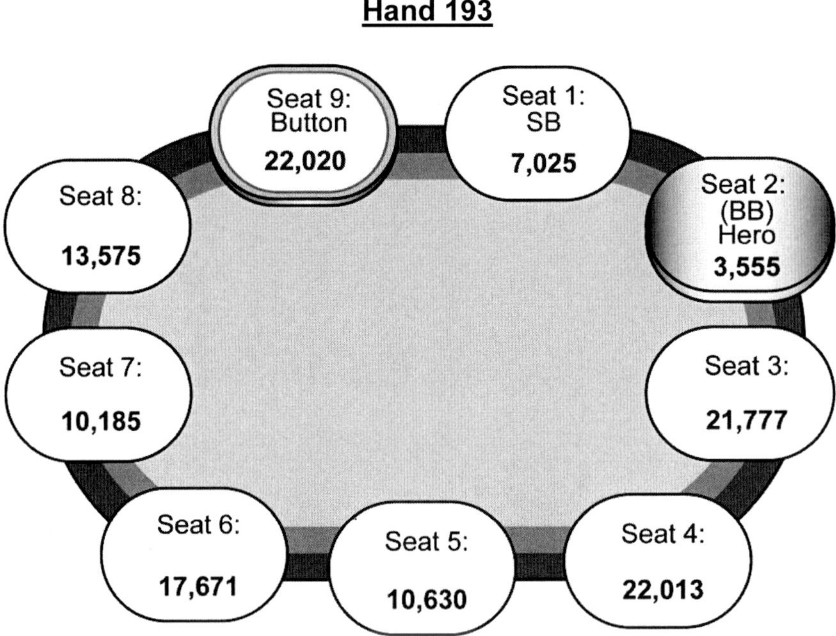

Situation: Dies ist ein 50 $-Turnier, und die Blinds sind bei 300/600 mit einem Ante von 50. Unser Spieler ist kurz vor den Preisgeld-Plätzen, nur noch wenige Spieler müssen zuvor aus dem Turnier befördert werden.

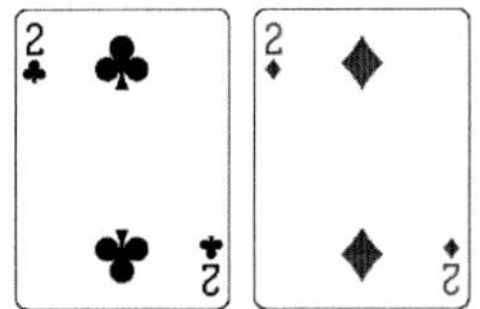

Vor dem Flop (1.350): Spieler 6 raist auf 2.000. Der Button callt. Es sind 5.350 im Pot, unser Spieler hat ein Paar Zweien und nur 2.905 Chips übrig. Was macht ihr?

PearlJammer

Ich bin mit einer extrem grenzwertigen Hand auf der Bubble. In anderen Positionen, besonders in später Position, sollte ich mit Zweiern All-In gehen, um eine Münzwurfsituation zu gewinnen und meinen Stack aufzubauen. In dieser Situation könnte ich callen, wenn zum Small Blind gefoldet und er All-In gegangen wäre, da sein Spektrum praktisch aus zwei beliebigen Karten bestehen würde. Doch mit einem Raise vor mir und einem Call muss ich wahrscheinlich eine Zwei treffen oder hoffen, dass ich gegen drei oder vier höhere Karten spiele, und meine Gegner ihre Hand verfehlen, richtig?

Falsch!

Falls ich auf Sieg spiele und nicht bloß, um ins Geld zu kommen, sollte ich angesichts der Stackgrößen in dieser Situation eine dritte, sehr brauchbare Option erkennen. Spieler 6 hat auf 2.000 geraist, 1.400 mehr als der Big Blind. Gehe ich All-In, raise ich weitere 1.505. Da dies ein voller Reraise ist, würde ich die Action wieder vollständig eröffnen: Spieler 6 wird sehr wahrscheinlich reraisen und Spieler 9 auf dem Button aus der Hand drängen. Wenn dies wie geplant passiert (und das wird es angesichts der involvierten Stackgrößen häufig), werde ich nur gegen einen Spieler in den Showdown müssen. Ich könnte gegen ein höheres Paar antreten, werde aber höufiger eine Münzwurfentscheidung bekommen. Wegen des „dead money" im Pot würde ich im Erfolgsfall meinen Stack von 2.905 (wenn ich gefoldet hätte) auf 9.760 steigern! Es ist der Anreiz einer Vergrößerung meines Stacks von fast 3,3-zu-1, der mich zum Push tendieren lässt.

Ich könnte tatsächlich noch bessere Odds auf mein Geld in dieser Situation bekommen. Wenn Spieler 6 mit einer grenzwertigen Hand und einem Raise eröffnet, und Spieler 9 mit einer Hand wie AK oder AQ callt, dann könnte Spieler 6 mein All-In callen und Spieler 9 einladen, erneut drüber ebenfalls All-In zu gehen. In diesem Szenario gelange ich gegen Spieler 9 Heads-Up und werde meinen Stack bei einem Sieg auf 11.265 steigern können, was einem Faktor von 3,9-zu-1 entspricht. Biete ich ihnen die Möglichkeit an, könnte jeder der beiden Spieler versucht sein, mich zu isolieren. Es ist Zockerei und wird in mindestens der Hälfte der Fälle zu meinem Ausscheiden aus dem Turnier führen. Aber auf lange Sicht sollte diese Spielweise sehr profitabel sein.

Rizen
Ich würde einfach folden. Ich habe ich nicht ausreichend Chips, um mit einem All-In jemanden folden zu lassen, und Zweien sind gegen keine andere Hand vorne. Meine größte Hoffnung besteht darin, dass Spieler 6 versucht, mich zu isolieren, damit ich mit „Dead Money" im Pot gegen eine Hand wie AK Heads-Up gelangen kann. Doch sehr wahrscheinlich werden beide Spieler callen und gegen zwei Spieler ist ein Paar Zweien im Showdown ziemlich furchtbar.

Apestyles
Ein Paar Zweien ist bei einem All-In zu dritt normalerweise eine recht schlechte Hand, und ich vermeide dies gerne. Mit rund fünf verbleibenden Big Blinds

würde ich viel lieber mit zwei beliebigen Karten als Erster All-In raisen und gegen schwache Gegner tatsächlich etwas Fold Equity haben, oder vielleicht eine Premium-Hand finden und mein Geld damit investieren.

Ergebnis: Unser Spieler foldet. Auf dem Flop kommen A♣6♣4♦. Spieler 6 bietet 2.600 und wird gecallt. Auf dem Turn erscheint die 2♥, Spieler 6 checkt. Spieler 9 bietet 3.000, und Spieler 6 foldet.

Hand 194

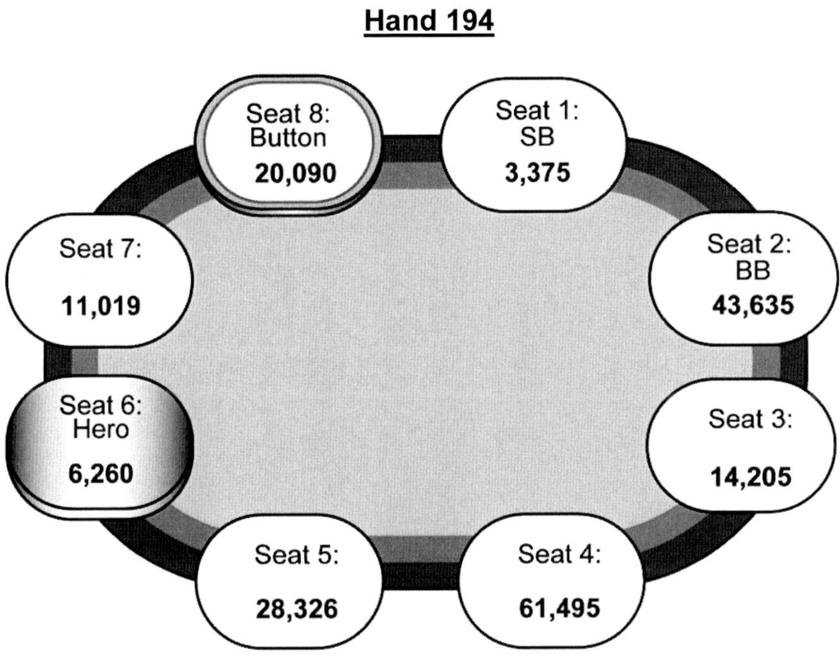

Situation: Dies ist ein 150 $-Turnier mit 55.000 $ garantiertem Preisgeld. Es sind nur noch 58 Spieler übrig, und 54 von ihnen kommen ins Geld. Die Blinds liegen 400/800 und das Ante beträgt 100. Der Stack unseres Spielers beträgt rund acht Big Blinds, allerdings mit einem M von 3 aufgrund des Antes.

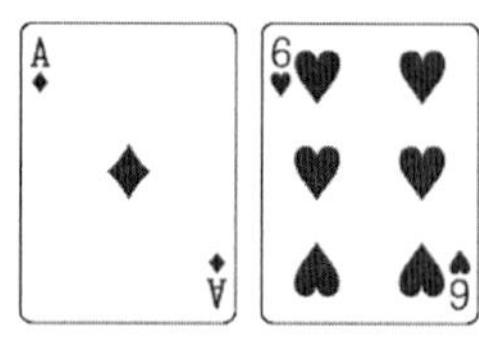

Vor dem Flop (2.000): Es wird zu unserem Spieler gefoldet. Was macht ihr?

PearlJammer
Mit einem M von lediglich 3 habe ich nur noch einen sehr kleinen Stack, doch er ist noch nicht klein genug, um mit zwei fast beliebigen Karten All-In gehen zu müssen. A6o ist in dieser Situation eine sehr grenzwertige Hand für ein All-In, und in Anbetracht der Stacks hinter mir halte ich es für besser zu folden. Hätte der Big Blind einen ähnlich kleinen Stack wie ich, würde ich zu einem All-In tendieren, da dann ein Fold von ihm wesentlich wahrscheinlicher wäre. Mit einem so großen Stack vergrößert sich sein Spektrum für einen Call allerdings drastisch, und A6o ist gegen zwei zufällige Karten nur sehr knapper Favorit. Und natürlich gibt es immer die Möglichkeit, dass hinter mir jemand mit einem stärkeren Ass oder einem hohen Paar auftaucht. Ich wäre viel eher gewillt, mit einer Hand wie JTs oder KQ in dieser Situation All-In zu gehen, als mit A6o.

Rizen
In dieser Situation würde ich All-In gehen. Spieler 7 und 1 werden es schwer haben, ohne eine starke Hand zu callen. Spieler 8 und 2 können sich etwas mehr Zockerei erlauben, aber gegen vier zufällige Hände ist A6 hier Favorit, besonders wenn man bedenkt, dass Spieler 7 und 1 wahrscheinlich alles außer ihren besten 10 Prozent an Händen folden werden. Mein Stack ist an einem Punkt, an dem mir das Ansammeln weiterer Chips eine Chance eröffnet, weit ins Turnier zu kommen, was mir wichtiger sein sollte, als es einfach nur ins Geld zu schaffen. Auf lange Sicht gleichen die Male, bei denen ich hier Chips anhäufe und die weite Strecke bis zum Finaltisch zurücklege, die Male mehr als aus, bei denen ich auf der Bubble ausscheide und es nicht schaffe, meine 150 $ zurück zu gewinnen. Mit einem größeren Stack (sagen wir 10.000 oder ähnlich), würde ich wahrscheinlich folden, da das Aufsammeln der Blinds nicht die gleiche Bedeutung für meinen Stack hätte, und ein Call gefolgt von einer Niederlage noch katastrophaler wäre. Mit einem noch kleineren Stack (sagen wir 4.000 oder ähnlich), würde ich ebenfalls folden, weil dann ein Call viel wahrscheinlicher wird. In dem Fall würde eine Verdopplung meines Stacks meine Chancen, weit im Turnier und an das "große Geld" zu kommen, nicht entscheidend vergrößern, also würde ich warten, bis ich entweder einen deutlicheren Vorteil habe, oder tatsächlich bereits in den Preisgeldrängen bin.

Apestyles
Ganz allgemein werde ich mit einem kleinen Stack auf der Bubble ein wenig tighter. Einen Platz im Preisgeld zu erreichen, ist in Turnieren kein entscheidender Faktor, aber doch beachtenswert. Nah an den Preisgeldrängen könnte ich zum Beispiel in Situationen folden, die eigentlich knapp zugunsten eines All-In ausfallen, um meine Gesamterwartung zu maximieren. Dies hier ist allerdings kein knapper Push. Wenn alle vier Spieler nach mir folden, werde ich meinen Stack um ca. 32 Prozent erhöhen und ich könnte sogar bei einem Call die beste Hand halten. Der Shortstack im Small Blind sollte tighter als normal sein und könnte bessere Hände folden, während mich der Big Stack im Big Blind mit schlechteren Händen wie JT+ oder jedem Paar callen könnte. Insgesamt ich dies für mich eine vorteilhafte Situation, und ich gehe All-in in der Hoffnung, den Pot ohne Showdown zu gewinnen.

Ergebnis: Unser Spieler geht All-In, und der Small Blind callt mit J♣J♥. Unser Spieler verbessert sich nicht.

Glossar

All-In: Alles Geld setzen, das man auf dem Tisch hat (seinen gesamten Stack).

A-x: Eine Hand, die ein Ass und eine beliebige Karte beinhaltet.

A-xs: Eine Hand, die ein Ass und eine beliebige, gleichfarbige Karte beinhaltet.

Backdoor: Eine Hand, die von Turn- und Riverkarte vervollständigt wird (identisch mit Runner-Runner).

Bad Beat: Eine unglückliche, ungerecht erscheinende Niederlage.

Bankroll: Die Gesamtsumme aller Gelder, die einem Spieler zum Pokern zur Verfügung stehen.

Blind: Ein Pflichteinsatz, den ein Spieler bringen muss, bevor die Karten ausgeteilt werden.

Block-Bet: Eine niedrige Bet, mit der man versucht, den Preis festzulegen und die Gegner davon abzuhalten, eine höhere Bet zu bringen.

Bluff: Eine Bet mit der Absicht, eine stärkere Hand zum Folden zu bringen.

Board: Die Gemeinschaftskarten.

Bounty-Turnier: Ein Turnier, bei dem ein zusätzlicher Preis ausgezahlt wird, wenn man bestimmte Spieler eliminiert.

Broadway: Jede Karte höher als die Zehn.

Check-Raise: Eine Setzfolge, in der ein Spieler erst checkt und dann in derselben Setzrunde nach der Bet eines Gegners raist.

Continuation Bet: Eine Bet auf dem Flop, die ein Preflop-Raiser seinem Raise vor dem Flop folgen lässt.

Cut-Off: Der Spieler unmittelbar zur Rechten des Button.

Dominiert: Ein Spieler, der Drawing Dead oder nahezu Drawing Dead ist, weil er nur auf eine Teilung des Pots drawt, oder ganz einfach die zweitbeste Hand hat, wird dominiert.

Doppelter Gutshot: Gleichzeitig zwei Gutshot Straight Draws in der Hand haben.

Drawing Dead: Ein Draw, mit dem man sich nur auf eine bereits geschlagene Hand verbessern kann.

EV: Der Erwartungswert eines Spielzugs.

Floaten: Eine fortgeschrittene Bluff-Technik, bei der Sie ohne ausreichenden Wert Ihrer Hand in einer Setzrunde eine Bet callen und dabei planen, den Pot in einer späteren Setzrunde mit einer Bet zu stehlen.

Fold Equity: Der sich aus der Wahrscheinlichkeit, Ihren Gegner durch eine Bet zum Folden zu bringen, ergebende Zuwachs an Equity.

Fold: Eine Hand aufgeben.

For Value: Eine Spielweise mit dem Ziel, Auszahlung mit der besten Hand zu bekommen.

Freecard: Die folgende Karte, wenn alle Spieler in der vorhergehenden Setzrunde checken.

Freezeout-Turnier: Ein typisches Turnier, bei dem Tische zusammengelegt werden, sobald Spieler eliminiert werden. In einem Freezout Turnier gibt es keine Rebuys oder Add-Ons.

Gemeinschaftskarten: Die Karten auf dem Board, die sich alle in der Hand aktiven Spieler teilen.

Gutshot: Ein Straight Draw, von dem bereits 4 Karten vorhanden sind, und zu dessen Vervollständigung sie eine von vier Karten eines bestimmten Ranges treffen müssen.

Hijack: Die Position zwei Plätze rechts neben dem Button (oder zur Rechten des Cut-Off).

Implied Odds: Odds für einen Call unter Berücksichtigung zukünftiger Bets, nachdem Sie Ihre Hand getroffen haben.

Loose: Ein Spieler, der zu viele Hände spielt.

Limpen: Callen vor dem Flop, wenn es noch kein Raise gab.

Open-ended: Ein Straight Draw, bei dem Sie zwei Karten in Ihrer Hand mit zwei Karten des Boards kombinieren (beispielsweise halten Sie 98xx auf einem Board mit 76x), so dass das Treffen einer Karte an einem der beiden Enden eine Straight komplettiert.

Out: Eine Karte, die Ihrer Hand zum Sieg verhelfen kann.

Overbet: Eine Bet, die größer ist als der Pot.

Overpair: Ein Pocket Pair, das höher ist als die höchste Karte des Boards.

Passiv: Ein Spieler, der nicht gerne bettet oder raist.

Post oak bluff: Ein Bluff bei dem man klein bietet in der Hoffnung, dass der Gegner dies als Stärke interpretiert.

Rebuy-Turnier: Ein Turnier, bei dem man für eine gewisse Zeit zusätzliche Chips nachkaufen kann, sobald man unter eine bestimmte Anzahl an Chips gefallen ist.

Reraise: *Verb*: Nachdem bereits ein Gegner geraist hat, raisen sie erneut. *Substantiv*: Jeder Raise nach einem bereits erfolgten Raise.

Reverse Implied Odds: Situationen, in denen man mit der eigenen Hand entweder wenig gewinnt oder viel verliert, weil man an die Stärke der eigenen Hand glaubt, wenn man sie getroffen hat, aber tatsächlich nur die zweitbeste Hand halt.

Runner-runner: sh. Backdoor

Salve: Eine Bluff-Bet; bezieht sich meistens auf eine Folge von Bluff-Bets in mehreren Setzrunden.

Satellite-Turnier: Ein Turnier, bei dem die bezahlten Plätze den Eintritt in ein teureres Turnier als Preisgeld erhalten.

Semi-Bluff: Eine Bet mit einer Hand, die im Moment vermutlich nicht die beste ist, aber eine realistische Chance hat, sich mit dem Erscheinen der nächsten Karte zur besten zu verbessern.

Set: Ein Drilling, der ein in Ihrer Hand verborgenes Paar und eine Karte des Boards nutzt (beispielsweise halten Sie AAxx und auf dem Board liegen Axx).

Slowplay: Mit einer starken Hand Schwäche vortäuschen.

Squeeze Play: Ein Reraise nach einem Raise und einem Call mit der Absicht, beide Spieler zum Folden zu bringen.

Test-Bet: Eine kleine Bet, dessen primäres Ziel darin besteht, Informationen über die Karten des Gegners zu erhalten, und wo man selber steht in der Hand.

Tight: Ein Spieler, der strikte Anforderungen an die Struktur der Starthände hat.

Tilt: Gefühlsbedingter Kontrollverlust, der zu unterdurchschnittlichen Entscheidungen im Spiel führt, gewöhnlich ausgelöst durch ein Ereignis, das als unglückliche Niederlage empfunden wird oder durch eine Serie solcher Ereignisse.

Trips: Ein Drilling, bei dem Sie eine Karte auf Ihrer Hand mit einem offenen Paar auf dem Board kombinieren.

UTG+1: Die Position zur Linken der ersten Position (“Under-the-Gun”)

Value Bet: Eine Bet, die bei einem Call Profit abwirft.

Varianz: Das Ausmaß unvorhersehbarer kurzfristiger Auf- und Abschwünge. Je größer die erwarteten Umschwünge sind, desto größer ist die Bankroll, die Sie brauchen, um Ihr Spiel zu finanzieren.

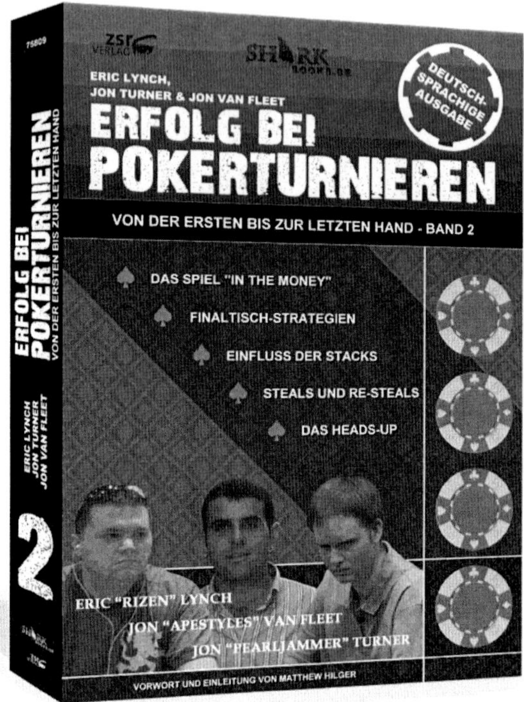

Sie haben es im Turnier ins Geld geschafft… Was nun?

Band 1 des Turnierbuches hat Ihnen gezeigt, wie Sie sich ins Geld manövrieren. Jetzt zeigen Ihnen **PearlJammer, Apestyles** und **Rizen** (die selber über 10.000.000 $ an Preisgeldern gewinnen konnten), wie Sie den Finaltisch erreichen und vernichten. Lernen Sie:

- ✓ Wie man die Veränderungen der Dynamik und der Stackgrößen ausnutzen kann, wenn sich das Feld verkleinert
- ✓ Die wichtigesten Strategien für den Finaltisch
- ✓ Wie Sie die schwachen Spieler attackieren und ausnutzen
- ✓ Wie die Handauswahl wechselt bis hin zum Heads-Up

uvm. …

Eine Leseprobe finden Sie auf: **www.sharkbooks.de**.

Ebenfalls erhältlich auf www.Sharkbooks.de:

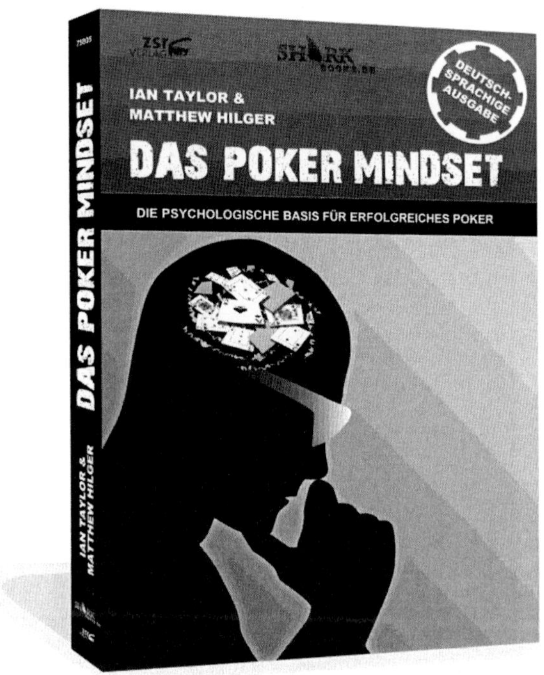

Was unterscheidet echte Pokerprofis von Amateuren?

Sind es übernatürliche Fähigkeiten wie Gedankenlesen, ein Gehirn mit der Funktionsweise eines Supercomputers oder tausende Stunden Spielerfahrung? *Nein.* Es ist die richtige Einstellung, das ***MINDSET***, um dauerhaft Höchstleistung am Pokertisch bringen zu können.

In diesem Buch lüften Taylor und Hilger die Geheimnisse über die Pokerdenkweise der Pros: der Umgang mit dem Tilt, mit Downswings oder mit Bad Beats und psychologische und emotionale Konzepte, die aus einem guten Amateur einen echten Profi machen.

Wenn Sie das Poker Mindset auf sich selbst übertragen lernen, werden Sie bald die Kontrolle über Ihr Spiel erlangen und als dauerhafter Gewinner den Pokertisch verlassen.

…und demnächst:

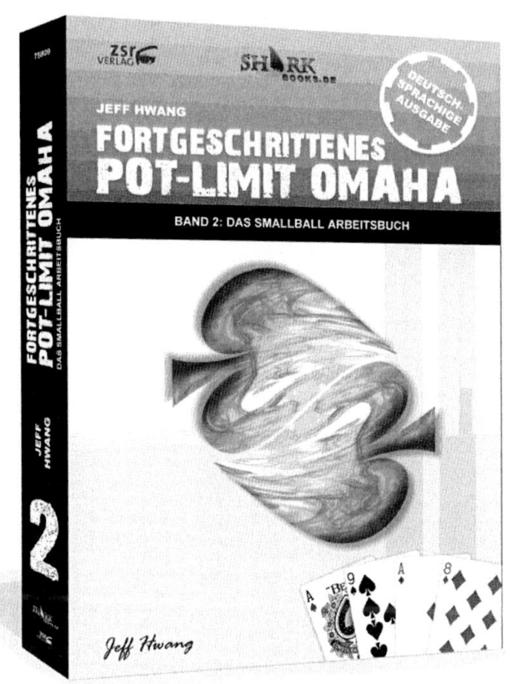

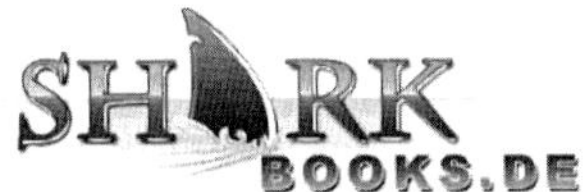

NOTIZEN:

NOTIZEN:

NOTIZEN:

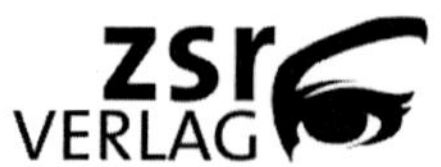